Handlungsfelder des
Bildungsmanagements

WAXMANN
STUDIUM ||||

Michael Gessler (Hrsg.)

Handlungsfelder des Bildungsmanagements

Ein Handbuch

Waxmann 2009
Münster / New York / München / Berlin

Bibliografische Information Der Deutschen Bibliothek

Die Deutsche Bibliothek verzeichnet diese Publikation in der
Deutschen Nationalbibliografie; detaillierte bibliografische
Daten sind im Internet über http://dnb.ddb.de abrufbar.

Waxmann Studium

ISSN 1869-2249

ISBN 978-3-8309-2223-0

© Waxmann Verlag GmbH, 2009

Postfach 8603, 48046 Münster

www.waxmann.com

info@waxmann.com

Umschlaggestaltung: Christian Averbeck, Münster
Titelbild: © Dmitriy Danilenko – Fotolia.com
Druck: Hubert & Co., Göttingen
Gedruckt auf alterungsbeständigem Papier, säurefrei gemäß ISO 9706
Alle Rechte vorbehalten
Printed in Germany

Inhalt

Personalmanagement 279
Michael Müller-Vorbrüggen

Personalführung 297
Klaus Götz und Jacqueline Heider

Bildungscontrolling 315
Walter Schöni

Projektmanagement **345**
Michael Gessler

Programmentwicklung und Revision **393**
Monika Kil

Entrepreneurship **407**
Jörg Freiling und Jan H. Wessels

Change Management **431**
Klaus Doppler

Autorinnen und Autoren **461**

Abbildungen

Tabellen

Strukturmodell der Handlungsfelder

Michael Gessler

Zielsetzung

- Sie kennen Gründe für die Bedeutungszunahme des Bildungsmanagements.
- Sie können „Management als Funktion" und „Management als Institution" unterscheiden und haben ein erstes Verständnis gewonnen, was die Funktion eines Bildungsmanagements ist.
- Sie kennen das Strukturmodell der Handlungsfelder.
- Sie können objektbezogene, objektübergreifende sowie kontextbezogene Handlungsfelder unterscheiden.

1 Einleitung

Als Domäne wird in der beruflichen Bildung ein abgegrenzter Handlungsbereich[1] bezeichnet, wobei nicht jeder Domäne immer ein Beruf oder Berufsfeld zugeordnet werden kann. Domänen weisen eine innere und eine äußere Struktur auf: Intern können Domänen in Handlungsfelder untergliedert werden; extern sind Domänen strukturell eingebunden in einen umfassenderen Sinn- und Handlungszusammenhang (Kontext). Eine ähnliche Form weist die „Domain" (bzw. Domäne) im Internet auf: Eine Domain bezeichnet dort einen abgegrenzten Namensraum (wie z.B. .org, .com, .de), der intern hierarchisch strukturiert (Root-Domain, Top-Level-Domains, Second-Level-Domains etc.) und extern eingebunden ist in den DNS-Namensraum.

Der Domänenbegriff hat sich in der Berufsbildungsforschung heute als Leitbegriff etabliert, da davon auszugehen ist, dass Expertenwissen (Ericsson & Smith, 1991), berufliche Kompetenzen (Gerstenmaier, 2004) sowie professionelles Handeln (Becker & Spöttl, 2008) domänenspezifisch sind. Der Domänenbegriff ist allerdings zunächst kein inhaltlicher Begriff, sondern ein formaler, der charakterisierbar ist u.a. mittels der Merkmale Grenze (Abgrenzung), Struktur (innere und äußere) sowie Relation (Einbettung). Was eine Domäne inhaltlich ausmacht, welche Anforderungen in einem beruflichen Handlungsbereich bestehen, ist jeweils zu konkretisieren. Weitergehend beschreibbar sind Domänen sodann u.a. mittels der bereichsspezifischen Arbeitsaufträge, -ziele, -produkte, -prozesse, -methoden, -mittel, -organisationen, -kulturen und -kontexte. Handlungen bilden hierbei eine Referenzebene zwischen externen (u.a. Aufgaben und Probleme) und internen (u.a. Dispositionen und Wissen) Bedingungen. Handlungen stehen allerdings nicht allein und für sich; sie gründen vielmehr auf dem Wechselspiel zwischen internen Bedingungen und individuell konstruierten Informationen über die externen Bedingungen (vgl. Straka, 2008).

---

1 Im Gegensatz zu der hier verwendeten Begriffsfassung (Domäne = beruflicher Handlungsbereich) werden z.B. im „Klieme-Gutachten" (Klieme et al., 2003) Domänen als schulisch-fachliche Lernbereiche (z.B. Lesen, Mathematik, Naturwissenschaften) verstanden.

Der Begriff Domäne wird nachfolgend für einen abgrenzbaren beruflichen Handlungsbereich verwendet (im Sinne von „Root-Domain"), der kontextuell eingebunden (z.B. in Sektoren) und in Handlungsfelder untergliederbar ist (im Sinne von „Top-Level-Domains"). In diesem einleitenden Kapitel wird die (innere) Struktur der Domäne Bildungsmanagement auf Basis zentraler Handlungsfelder beschrieben, ohne dass der Anspruch erhoben wird, die Domäne selbst damit hinreichend erfasst zu haben.[2]

Eine abgegrenzte Domäne Bildungsmanagement hat sich bislang weder etabliert, noch sind die zugehörigen Handlungsfelder eindeutig geklärt. Zu wenig bekannt sind die Anforderungen und Praktiken vor Ort, als dass von einem kongruenten Sinn- und Handlungszusammenhang gesprochen werden könnte. Diese Situation ist nicht überraschend, da die intensive Beschäftigung mit den Aufgaben und der Funktion eines Bildungsmanagements in Deutschland erst gegen Anfang der 1990er Jahre begann. So verzeichnet beispielsweise die Datenbank FIS Bildung im Zeitraum von 1980 bis 1989 unter dem Schlagwort „Bildungsmanagement" nur 26 Einträge. Die Zahl der Publikationen stieg Anfang der 1990er Jahre sprunghaft an mit 208 Einträgen im Zeitraum 1990 bis 1994, 767 Einträgen im Zeitraum 1995 bis 1999 und 1229 Einträgen im Zeitraum 2000 bis 2008. Ähnlich sprunghaft verlief die Einrichtung entsprechender Masterstudiengänge im Kontext des Bologna-Prozesses in den letzten 10 Jahren u.a. an der RWTH Aachen (Bildungs- und Wissensmanagement), der TU Berlin (Bildungswissenschaft – Organisation und Beratung), der Universität Düsseldorf (Weiterbildung und Bildungsmanagement), der Universität Erfurt (Bildungsmanagement/Education Management), der EFH Freiburg (Bildungsmanagement und religiöse Bildungsarbeit sowie Management und Didaktik), der PH Ludwigsburg (Bildungsmanagement), der Universität Magdeburg (Betriebliche Berufsbildung und Berufsbildungsmanagement), der Universität Oldenburg (Bildungsmanagement), der Universität Trier (Erziehungswissenschaft: Organisation von Wissen. Theorie, Empirie und Management von nichtschulischen Bildungsprozessen) und der PH Weingarten (Medien- und Bildungsmanagement). Was sind die Gründe und Anlässe für dieses gewachsene Interesse?

Im anglo-amerikanischen Sprachraum begannen die Diskussion, Modellentwicklung und Praxisforschung bereits in den 1970er Jahren. Insbesondere der IT-gestützte Aufbau eines Managementsystems im Schulbereich unter Einbeziehung einer noch jungen Disziplin, dem „Operational Research", Effizienzorientierung, neue Steuerungsmodelle und Wirkungskontrollen prägten dort die Diskussion (u.a. Handy & Hussain, 1969; Bonney, 1972; Goode, 1973; Connor et al., 1973). In Deutschland endete hingegen Mitte der 1970er Jahre die in den 1960er Jahren begonnene Bildungsreform, die, gemessen an den Erwartungen und Plänen, als gescheitert betrachten werden kann (Forneck & Wrana, 2003: 89). Durchgesetzt habe sich vielmehr „die Einsicht in die Nicht-Planbarkeit und Nicht-Steuerbarkeit von Lernprozessen" (ebd.: 87). Erst die *Verschärfung* der Problemlagen verstärkten in den 1990er Jahren den Bedarf nach Zielklärung, Steuerung, Wirtschaftlichkeits- und Wirkungskontrollen im Bildungsbereich und die Auseinandersetzung mit Fragen des Bildungsmanagements. An drei Themenkomplexen aus dem Bereich der beruflichen Weiterbildung soll diese Verschärfung der Problemlagen kurz verdeutlicht werden (vgl. Moraal, 2007).

---

2   Die Struktur des Bandes bildet die nachfolgend vorgestellte Struktur der domänenspezifischen Handlungsfelder ab. Jedes Handlungsfeld wird in einem gesonderten Beitrag vorgestellt.

(1) *Segmentation:* Die verschiedenen Interessensgruppen verfolgen teilweise unterschiedliche Weiterbildungsinteressen und -ziele. Die Zielsetzungen des Staates sind u.a. die Stärkung der wirtschaftlichen Wettbewerbsfähigkeit, die Förderung des gesellschaftlichen Zusammenhalts sowie der Abbau von Benachteiligung. Die Zielsetzungen der Unternehmen sind insbesondere die Anpassungsqualifizierung und Bedarfsdeckung. Die Interessen der Individuen sind u.a. Selbstreflexion, Kompetenzentwicklung sowie die Verbesserung und Sicherung der beruflichen Situation. Insofern ein lebensbegleitendes Lernen von den verschiedenen Interessensgruppen kooperativ verantwortet wird, besteht die Chance, diese Interessensvielfalt auszubalancieren. In Deutschland besteht allerdings eine weitgehende Segmentierung der Verantwortung: Die (1) berufliche Ausbildung und die betriebliche Weiterbildung (Moraal et al., 2009), die (2) schulische und die berufliche Bildung sowie die (3) schulische und berufliche Bildung einerseits und die akademische Bildung andererseits sind in Deutschland teilweise voneinander abgeschottete Systeme. Die Segmentation der Verantwortung hat bereits Tradition und die „Passungsprobleme" zwischen den Systemen vergrößern sich (vgl. Autorengruppe Bildungsbericht, 2008: 153).

(2) *Selektion:* Es nehmen weniger Nichterwerbstätige als Erwerbstätige, weniger Ältere als Jüngere, weniger Frauen als Männer, weniger Personen mit einem „niedrigen" als Personen mit einem „mittleren" oder „hohen" Schulabschluss, weniger Ausländer und Deutsche mit Migrationshintergrund als Deutsche ohne Migrationshintergrund an Weiterbildungen teil (vgl. Rosenbladt v. & Bilger, 2008: 151 ff.). Das Weiterbildungssystem ist hoch selektiv und dieses Problem verschärft sich durch die Kürzung der öffentlichen Weiterbildungsfinanzierung. In Zahlen: Die Bundesagentur für Arbeit kürzte innerhalb von 6 Jahren ihr Weiterbildungsbudget um 70 % von 7,8 Mrd. € in 1999 auf 2,3 Mrd. € in 2005, weshalb sich die Finanzierungsstruktur im Weiterbildungsbereich verschob. Der prozentuale Anteil der betrieblichen Weiterbildung an den Weiterbildungsausgaben stieg trotz eines absoluten Rückgangs in diesem Bereich in Höhe von 1,5 Mrd. € von 50,3 % in 1999 bzw. 9,4 Mrd. € auf 69,3 % in 2005 bzw. 7,9 Mrd. € (vgl. Autorengruppe Bildungsbericht, 2008: 32). Dieser Trend hat sich in 2006 und 2007 fortgesetzt (Statis, 2008: 48). Das Institut der deutschen Wirtschaft ermittelt als Kosten der betrieblichen Weiterbildung aufgrund eines anderen Berechnungsverfahrens für das Jahr 2004 sogar 26,8 Mrd. € (vgl. Werner, 2006) sowie für das Jahr 2007 27 Mrd. € (vgl. Lenske & Werner, 2009). Für die Weiterbildung bedeutet dies heute: „Die Weiterbildung wird zu einem großen Teil privat finanziert." (Statis, 2008: 46)[3]

(3) *Strukturwandel:* Stichworte des Strukturwandels sind u.a. Globalisierung, Konkurrenzdruck, Pluralisierung der Lebenslagen, atypische Beschäftigungsverhältnisse, demografischer sowie technologischer Wandel und Informatisierung. Schiersmann (2007) beschreibt den Strukturwandel in der beruflichen Weiterbildung als einen Trend von der funktions- und berufsorientierten hin zur prozessorientierten Weiterbildung (vgl. Tabelle 1.1).

---

3 Über das Konjunkturpaket II werden für 2009 und 2010 zusätzlich über 2 Mrd. € für Fortbildung und Qualifizierung zur Verfügung gestellt. Dies entspricht einer Verdopplung der aktuellen Ausgaben. Insgesamt entspricht das Budget dennoch nur ca. 50 % der Ausgaben von 1999.

Tabelle 1.1: Strukturwandel in der beruflichen Weiterbildung

Analysedimension	Berufs- und funktions-orientierte Weiterbildung	Prozessorientierte Weiterbildung
Selbstverständnis		
Gesellschaftlicher Kontext	Relativ stabile ökonomische und politische Rahmenbedingungen	Rascher Wandel, Globalisierung, Informatisierung, Individualisierung
Definition von Weiterbildung	Formalisierte Bildungsprozesse	Weiter Begriff im Rahmen des Konzepts Lebenslanges Lernen
Begrifflich-konzeptionelle Orientierungen/ Ziele	Aktualisierung & Erweiterung einzelner Qualifikation – bezogen auf Berufsbilder	Kompetenzentwicklung (im Sinne umfassender beruflicher Handlungsfähigkeit)
Lernebene		
Lehr-/ Lernkontexte	formalisierte Weiterbildung, Kurse und Seminare	Selbststeuerung als Leitbild, Stärkung arbeitsbegl. Lern-arrangements, Einbezug neuer Medien
Lerninhalte	Fachbezogene Kenntnisse und Fertigkeiten	Zusätzl. fachübergreifende, insbesondere sozialkommunikative und reflexive Kompetenzen
Lernende	Individueller Nachfrager (insbesondere Fach- und Führungskräfte)	Ausweitung prinzipiell auf alle betrieblichen Ebenen
Organisationale Kontexte		
Weiterbildungs-einrichtungen	Klassische Organisation	Öffnung und Vernetzung
Betriebl. Weiterbild. (in Großbetrieben)	Stabsabteilung	Profit-Center, Corporate University
Personal	Dozent/in, Wissensvermittler/in	Moderator/in, Lernbegleiter/in
Bildungspolitische Rahmenbedingungen		
Finanzierung	Vorherrschen institutioneller Finanzierung Betriebe, SGB III)	Tendenz zur Privatisierung von Weiterbildungskosten
Zeit	Während der Arbeitszeit, finanz. Kompensation für Nicht-Erwerbsarbeit (bei SGB III)	Aushandl. der Ressource Zeit zwischen Arbeitgebern und Arbeitsnehmern Lernzeitkonten
Zertifizierung	Abschlüsse nach Fortbildungs-ordnungen, Teilnahmebestätigungen	Zusätzlich: Kompetenzprofiling, Bildungspässe (inkl. non-formaler Kompetenzen)
Support	Beratung punktuell	Ausbau von Datenbanken, Beratung lebensbegleitend

Quelle: Schiersmann, 2007: 11

Der Strukturwandel erhöht den Bedarf nach Weiterbildung, während zugleich die Verantwortung zunehmend segmentiert und das System selektiver wird. Eine unheilvolle Scherenbewegung. Welche Aufgaben übernimmt hierbei das Bildungsmanagement?

Zu unterscheiden sind zunächst zwei Erscheinungsformen: (1) das „Management als Funktion" und (2) das „Management als Institution". Während das Management als Funktion die Tätigkeit „Managen" meint (u.a. Planen, Organisieren, Kontrollieren, Bewerten, Reflektieren, Steuern und Entwickeln), fokussiert das Management als Institution das Strukturgebilde (u.a. Stellen, Instanzen, Verfahrensanweisungen) mit der sichtbaren Instanz des „Managers", der innerhalb der Organisation, ausgestattet mit besonderen Rechten und Pflichten, eine Leitungsverantwortung wahrnimmt. Beim Management als Funktion geht es sodann um die Tätigkeit „Bildung managen", während beim Management als Institution die Rahmung im Zentrum steht, die organisationale Struktur eines „Bildungsmanagements", die Rolle eines „Bildungsmanagers" und, insgesamt betrachtet, die Frage, wie Entscheidungen vorbereitet, gefällt, legitimiert und umgesetzt werden. „Bildung managen" als Funktion meint die Planung, Organisation, Gestaltung, Steuerung, Evaluation und Entwicklung der *Lernumgebungen* und keine manipulative Beeinflussung. Bildungsmanagement ist eine Dienstleistung, die sich an Werten orientieren muss. Das Spannungsverhältnis, das zwischen den Begriffen Bildung und Management besteht, wird im Beitrag „Bildungsmanagement – ein orientierender Einstieg" betrachtet. Dieses Spannungsverhältnis besteht hinsichtlich der funktionellen Sichtweise von Management, der Tätigkeit, und hinsichtlich der institutionellen Sichtweise von Management, der organisationalen Struktur. Was genau ist damit gemeint?

Als Lernen der Organisation (Organisationslernen, lernende Organisation) ist eine Lernform gemeint, in der die Akteure einer Organisation die Prämissen der Strukturbildung, die bestehenden Werte, kritisch hinterfragen und transformieren (vgl. Geißler, 1995). Hinterfragt und ggf. infrage gestellt wird damit die institutionelle Form des Managements, die u.a. in Form von Routinen, Regeln, Prozessen und Kultur wirksam ist. Während die auf die Funktion bezogene Frage lautet, *was* und *wie* etwas ist und sein soll, lautet die rahmende institutionelle Frage, *warum* und *wofür* etwas ist und sein soll. Bildungsmanager haben in einer Organisation sodann eine doppelte Aufgabe: Einerseits stabilisieren sie die Organisation mittels der bestehenden Regeln („Bildung managen") und andererseits flexibilisieren und verändern sie die Organisation mittels der Reflexion und Kritik des Bestehenden („Bildungsmanagement"). Ihre Aufgabe ist es sodann, für sich und andere ein Umfeld zu schaffen, das es den Beteiligten und Betroffenen erlaubt, die Prämissen der Strukturbildung bzw. die bestehenden Werte zu hinterfragen und zu transformieren. Die Instanz des Bildungsmanagers ist ein Teil dieser Struktur, weshalb sie ein Teil der kritischen Reflexion ist. In den Beiträgen „Wissensmanagement", „Personalmanagement und -führung" sowie „Change Management" wird diese Aufgabe gesondert betrachtet.

Die zwei Formen von Management, Funktion und Institution, sind aufeinander bezogen. In einer Bildungsorganisation treten immer beide Erscheinungsformen eines Bildungsmanagements auf. Deutlich wird an dieser Funktionsbeschreibung allerdings auch, dass das Bildungsmanagement keine Wunder vollbringen kann und die o.g. Scherenbewegung nicht aufzulösen vermag.

2 Untersuchungsansätze

In der Literatur wird das Thema Bildungsmanagement in unterschiedlichen Bezügen dargestellt und diskutiert. Drei Bezüge können hierbei unterschieden werden: (1) Bildungsmanagement als eigenständige Domäne, entweder (1a) mit sektorenübergreifenden Bezügen oder (1b) mit sektorenspezifischen Bezügen; (2) Bildungsmanagement als Domäne in Kombination mit einer weiteren Domäne, entweder (2a) mit sektorenübergreifenden Bezügen oder (2b) mit sektorenspezifischen Bezügen; (3) Sektorenspezifisch werden einzelne Handlungsfelder des Bildungsmanagements gesondert betrachtet.

Nachfolgend werden exemplarisch einige einschlägige Publikationen mittels dieser Kategorien verortet. Die Liste ist bei weitem nicht abschließend. Sie soll das aufgezeigte Muster verdeutlichen. Zweck dieser Systematisierung ist es, den Ansatz dieses Bandes einordnen zu können.

(1a) Das Bildungsmanagement wird als eigenständige Domäne formiert. Die Sektorenbezüge sind vielfältig (vgl. Tabelle 1.2).

Tabelle 1.2: Bildungsmanagement als sektorenübergreifende Domäne

Name	Jahr
Schweizer, Iberer & Keller	2007
Gütl, Orthey & Laske	2006
Behrmann	2006

(1b) Bildungsmanagement wird als eigenständige Domäne formiert. Der Sektorenbezug ist spezifisch (vgl. Tabelle 1.3).

Tabelle 1.3: Bildungsmanagement als sektorenspezifische Domäne

Name	Sektor	Jahr
Röbken	Schule	2008
Diesner	Unternehmen	2008
Tomlinson	Schule	2004
Gonschorrek	Betriebliche Weiterbildung	2003
Falk	Betriebliche Weiterbildung	2000
Stamm	Sekundärer und tertiärer Bildungsbereich	1999
Merl	Berufliche Weiterbildung	1987

(2a) Bildungsmanagement wird mit einer weiteren Domäne kombiniert. Die Sektorenbezüge sind vielfältig (vgl. Tabelle 1.4).

Tabelle 1.4: Sektorenübergreifende Kombination von Domänen

Name	Domäne	Jahr
Henninger & Mandl	Medien- und Bildungsmanagement	2009
Carlsburg	Bildungs- und Kulturmanagement	2008

(2b) Bildungsmanagement wird mit einer weiteren Domäne kombiniert. Der Sektorenbezug ist spezifisch (vgl. Tabelle 1.5).

Tabelle 1.5: Sektorenspezifische Kombination von Domänen

Name	Domäne	Sektor	Jahr
Hanft	Bildungs- und Wissenschaftsmanagement	Hochschulen und Forschungseinrichtungen	2008
Schuster et al.	Bildungs- und Sozialmanagement	Elementarbereich	2006
Hahn	Personal- und Bildungsmanagement	Unternehmen	1993

(3) Sektorenspezifisch werden einzelne Handlungsfelder gesondert betrachtet (vgl. Tabelle 1.6).

Tabelle 1.6: Sektorenspezifische Handlungsfelder

Name	Sektor	Handlungsfeld	Jahr
Seufert	Hochschule	E-Learning	2008
Hasanbegovic	Betriebliche Bildung	Beratung	2008
Brahm et al.	Unternehmen	Demografischer Wandel	2008
Schöni	EB/Weiterbildung	Bildungscontrolling	2006
Bader & Sloane	Berufliche Ausbildung	Curriculumentwicklung	2002
Gieseke	EB/Weiterbildung	Programmplanung	2000

Im vorliegenden Band wird der Ansatz „Sektorenspezifische Handlungsfelder" verfolgt, wobei verschiedene Handlungsfelder des Bildungsmanagements im Überblick betrachtet werden. Die Auswahl der Handlungsfelder gründet auf einem Strukturmodell (vgl. Abbildung 1.1), das im folgenden Kapitel beschrieben wird.

Gleichwohl die ausgewählten Handlungsfelder für verschiedene Bildungsbereiche relevant sind, bestehen teilweise inhaltliche Unterschiede, weshalb eine Schwerpunktsetzung erfolgte. So bestehen beispielsweise im Handlungsfeld „Qualitätsmanagement" einerseits Überschneidungen zwischen beruflicher Aus- und Weiterbildung (z.B. ISO 9001, EFQM). Andererseits werden in berufsbildenden Schulen Konzepte umgesetzt (z.B. Q2E), die im außerschulischen Bereich eher unbekannt sind. In der beruflichen Weiterbildung werden wiederum Ansätze praktiziert (z.B. LQW), die den schulischen Bildungsbereich (noch) nicht erreicht haben. Die Handlungsfelder werden nachfolgend überwiegend im Kontext des quartären Bildungsbereichs betrachtet, wobei der Fokus im Beitrag „Rahmenbedingungen des Bildungsmanagements" in Richtung des tertiären Bildungsbereichs erweitert wird. Im Beitrag „Lebenslanges Lernen" wird sodann lebensphasenübergreifend der Bildungsbereich betrachtet. Trotz dieser Erweiterungen bildet insbesondere die berufliche Weiterbildung den Schwerpunkt des Bandes. Deutlich wird dies an den theoretischen Schwerpunktsetzungen sowie den ausgewählten Praxisbeispielen der Autorinnen und Autoren.

3 Strukturmodell

Die Handlungsfelder wurden mittels eines Strukturmodells ausgewählt. Die getroffene Auswahl wurde sodann empirisch validiert. 102 Experten von Unternehmen (n=31), Hochschulen (n=34) sowie Bildungsorganisationen (n=37) im Alter zwischen 23 und 62 Jahren (m=57, w=45) wurden die Handlungsfelder zur Bewertung vorgelegt. Gefragt wurde dichotom, ob es sich bei dem jeweiligen Handlungsfeld um ein zentrales Handlungsfeld des Bildungsmanagements handelt („stimme zu"/„stimme nicht zu"). Die Rückmeldung der Experten wurde mit einem binomialen asymptotischen einseitigen Test basierend auf einer Z Approximation geprüft (α=.05), woraufhin die H0 („stimme nicht zu" > 10 %) abgelehnt wurde (p=.021). Das Ergebnis der Expertenbefragung bestätigt die getroffene Auswahl mit einer Zustimmungsquote von über 90 % (p=.979).

Diese Form der empirischen Validierung ist geeignet, um eine bereits getroffene Auswahl zu bestätigen oder zu verwerfen. Sicherlich könnten weitere Handlungsfelder ergänzt werden. Es könnten zudem Schwerpunkte gebildet oder verschiedene Handlungsfelder zu einem Handlungsprofil kombiniert werden. So hat beispielsweise Hörmann (2009) mittels einer Delphi-Studie drei Handlungsprofile ermittelt: (1) *Entwicklung* als „Entwicklung, Gestaltung und Produktion von bildungsbezogenen und mediengestützten Dienstleistungen" (Hörmann, 2009: 18), (2) *operative Durchführung* als „Implementation, Management und Durchführung von bildungsbezogenen und mediengestützten Dienstleistungen" (ebd.: 18) sowie (3) *Bewertung* als „Bewertung bzw. Evaluation von bildungsbezogenen und mediengestützten Dienstleistungen und der Rückmeldung der gewonnenen Ergebnisse" (ebd.: 19). Diese Handlungsprofile bilden sich auch in unserem Strukturmodell ab.

3.1 Objektbezogene Handlungsfelder

Zur Identifikation der Handlungsfelder werden zwei Perspektiven, die Objekte und die Prozesse, unterschieden und sodann miteinander verschränkt. (1) *Objekte:* Auf welche „Gegenstände" ist das Bildungsmanagement ausgerichtet? (2) *Prozesse:* Welcher Verfahren (und Mittel) bedient sich das Bildungsmanagement?

Die Objekte werden als Objekt*kategorien* bezeichnet, da sie Elementklassen bilden. Objektkategorien sind (1) Bildungsprodukt, (2) Bildungspersonal und (3) Bildungsorganisation. Die Objektkategorie „Bildungsprodukt" umfasst das *Leistungsspektrum* einer Bildungsorganisation mit Blick auf die Teilnehmer/innen. Hierzu zählen u.a. Konzeptentwicklung, Training, Coaching, Beratung, Evaluation und Zertifizierung. Die Objektkategorie „Bildungspersonal" umfasst die *Leistungsträger* einer Bildungsorganisation. Hierzu zählen sowohl die fest angestellten Mitarbeiter als auch die freien Mitarbeiter. Die Objektkategorie „Bildungsorganisation" umfasst schließlich die *Leistungsbedingungen* einer Bildungsorganisation. Hiermit sind sowohl die Aufbau- und Ablauforganisation innerhalb der Bildungsorganisation gemeint als auch ihre Abgrenzung und Anbindung an die Umwelt. Gleichwohl die Objektkategorien analytisch unterscheidbar sind, bestehen vielfältige und nicht trennbare Wechselwirkungen.

Die Prozesse bestehen ebenfalls aus drei Prozess*kategorien.* Prozesskategorien sind (1) Basis-, (2) Steuerungs- und (3) Innovationsprozesse. Die Prozesskategorie „Basisprozesse" umfasst alle *auf Dauer* angelegten *grundlegenden Verfahren* einer Bildungseinrichtung. Die Prozesskategorie „Steuerungsprozesse" umfasst alle *auf Dauer* angelegten *qualitätssichernden sowie -verbessernden Verfahren* einer Bildungsorganisation. Grundlegende, qualitätssichernde und qualitätsverbessernde Verfahren sind *wertschöpfende Verfahren.* Mit „Wert" sind sowohl „harte" Faktoren, wie Geschwindigkeit, Fehlerfreiheit und Wirtschaftlichkeit, als auch „weiche" Faktoren, wie Sinn, Reflexivität, Selbstbestimmung und soziale Eingebundenheit, gemeint. Die Prozesskategorie „Innovationsprozesse" umfasst sodann alle *zeitlich befristeten* Verfahren einer Bildungsorganisation. Innovationsprozesse sind in der Regel ebenfalls wertschöpfend.

Werden die Objekt- und Prozesskategorien in einer Kreuztabelle aufeinander bezogen, entsteht eine Matrix mit neun Handlungsfeldern. Jedem Handlungsfeld ist nachfolgend ein gesonderter Beitrag gewidmet (vgl. Tabelle 1.7).

Tabelle 1.7: Objektbezogene Handlungsfelder

		Objektkategorien		
		Bildungsprodukt	Bildungspersonal	Bildungsorganisation
Prozess-kategorien	Basis-prozesse	Lernen und Lehren	Wissensmanagement	Bildungsmarketing
	Steuerungs-prozesse	Transfermanagement und Evaluation	Personalmanagement und -führung	Bildungscontrolling
	Innovations-prozesse	Programmentwicklung und Revision	Entrepreneurship	Change Management

Quelle: Eigene Darstellung

Für die Prozesskategorien gilt, wie schon für die Objektkategorien, dass sie nur in ihrer Gesamtheit und ihrer gelungenen Verbindung die Existenz einer Bildungsorganisation ermöglichen und sichern.

Die aufgeführten Handlungsfelder konstituieren sich mittels der beschriebenen Differenzen, weshalb zu klären ist, worin die Einheit der Differenz (Schnittstellen) besteht.

3.2 Objektübergreifende Handlungsfelder

Steuerungsprozesse sichern und verbessern die Qualität der Basisprozesse. Die Unterscheidung der Prozesse (und nicht ihre Konfundierung) ist konstitutiv für die qualitätssichernde und -verbessernde Wirkung der Steuerungsprozesse. Unabhängig davon wird die Qualität der Basisprozesse auch durch Selbstreflexion und Selbstkontrolle gesichert und entwickelt. Durch die Etablierung von Steuerungsprozessen besteht eine zusätzliche zweite Instanz: Die Funktion der Qualitätssicherung und -verbesserung wird ergänzend strukturell abgesichert. Diese Differenz kann auch als ein Unterschied zweier logischer Ebenen beschrieben werden: Steuerungsprozesse regulieren Basisprozesse. Eine ähnliche produktive Spannung besteht zwischen zeitlich befristeten Innovationsprozessen und zeitlich unbefristeten Basis- und Steuerungsprozessen.

Obwohl zwischen diesen Prozessklassen Abstimmungen erforderlich sind, ist gerade die Definition des Unterschieds (z.B. hinsichtlich Inhalt und Ressourcen) entscheidend für die erfolgreiche Gestaltung von Innovationsprozessen. Anders verhält es sich mit den Grenzen zwischen den Objektkategorien. Bildungsprodukt, Bildungspersonal und Bildungsorganisation unterscheiden sich und sind eng miteinander verwoben. Aufgrund der Verflechtungen wurden drei objektübergreifende Handlungsfelder zusätzlich aufgenommen mit einer spezifischen Perspektive: Statt der Objektkategorien stehen nun die Schnittstellen der Objekte im Zentrum. Die Fokussierung der Schnittstellen und Übergänge ist ein wesentliches Merkmal der Handlungsfelder „Lebenslanges Lernen", „Qualitätsmanagement" sowie „Projektmanagement" (vgl. Tabelle 1.8).

Tabelle 1.8: Objektübergreifende Handlungsfelder

		Objektkategorien		
		Bildungsprodukt	Bildungspersonal	Bildungsorganisation
Prozesskategorien	**Basisprozesse**		Lebenslanges Lernen	
	Steuerungsprozesse		Qualitätsmanagement	
	Innovationsprozesse		Projektmanagement	

Quelle: Eigene Darstellung

Ergänzend zu den aufgeführten Handlungsfeldern wurden kontextbezogene Handlungsfelder aufgenommen. Kontextbezogene Handlungsfelder bilden die Rahmung für Basis-, Steuerungs- und Innovationsprozesse. Diese Rahmung wirkt orientierend-sinngebend auf die Basis-, Steuerungs- und Innovationsprozesse.

3.3 Kontextbezogene Handlungsfelder

Die objektbezogenen und die objektübergreifenden Handlungsfelder bilden jeweils füreinander Kontexte. Diese haben wiederum eine Außen- und eine Binnenrahmung: Einerseits sind Bedingungen als *Außenstruktur* identifizierbar, die den Handlungsfeldern *Bedeutung* zuweist (u.a. Globalisierung). Andererseits weist Bildungsmanagement als Komposition von „Bildung" und „Management" eine *Binnenstruktur* auf: Die Begriffe „Bildung" und „Management" sind aufgrund ihres Entdeckungs-, Begründungs- und Verwendungszusammenhangs selbst *Träger von Bedeutung*, die sie auf das Kompositum übertragen. Beide Kontextstrukturen, Außen- und Binnenstruktur, werden in zwei einleitenden Kapiteln behandelt: „Rahmenbedingungen des Bildungsmanagements" (Außenstruktur) sowie „Bildungsmanagement – ein orientierender Einstieg" (Binnenstruktur). Der Umgang mit diesen Außen- und Binnenstrukturen bildet zwei gesonderte Handlungsfelder.

Auf Basis der fünf Prinzipien, (1) Unterschied zwischen Objekten und Prozessen, (2) unterschiedliche Objektkategorien, (3) unterschiedliche Prozesskategorien, (4) Schnittstellen sowie (5) Außen- und Binnenstruktur, wurden 15 Handlungsfelder definiert (vgl. Abbildung 1.1).

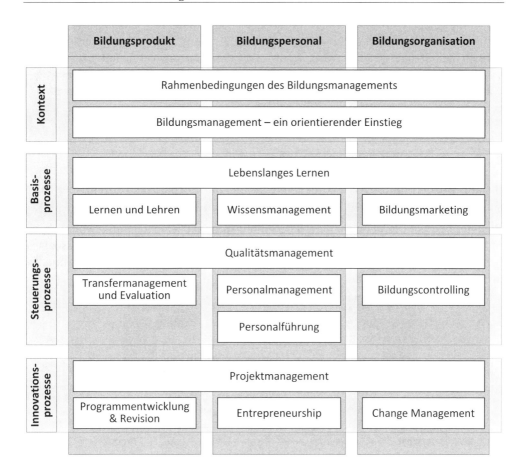

Abbildung 1.1: Strukturmodell der Handlungsfelder

Quelle: Eigene Darstellung

Die nachfolgende Annäherung an die Domäne Bildungsmanagement ist begrenzt auf diese Handlungsfelder, gleichwohl weitere Handlungsfelder zu ergänzen bzw. zu vertiefen wären, wie z.B. im Bereich „Bildungsprodukt" die Themen „Beratung", „(Kompetenz-)Diagnostik" sowie „Validierung und Zertifizierung informell erworbener Kompetenzen". Im Bereich „Bildungspersonal" wären u.a. die Themen „Professionalisierung", „Präsentation und Moderation" sowie „Kommunikation und Konflikt" und im Bereich „Bildungsorganisation" u.a. die Themen „Governance", „Recht" sowie „Sponsoring und Fundraising" zu ergänzen. Die Berücksichtigung weiterer Themen als eigenständige Kapitel hätte allerdings den Umfang dieses Bandes gesprengt. Es fand deshalb einerseits eine Auswahl und Schwerpunktbildung statt. Andererseits wurden die o.g. Themen in der Beschreibung und Diskussion der Handlungsfelder teilweise mit aufgegriffen.

Neben den verwendeten Strukturprinzipien sind weitere bzw. andere möglich und sinnvoll. Es würde sich allerdings ein anderes Bild mit einer anderen Schwerpunktbildung ergeben. Würde z.B. der Unterschied „Mikrodidaktik/Makrodidaktik" zugrunde gelegt, würde das Handlungsfeld „Lernen und Lehren" das Zentrum bilden, während die anderen Handlungsfelder diesen Kern umrahmen. Eine weitere Möglichkeit der Strukturierung wäre, wenn nach dem Beitrag verschiedener Wissenschaftsdisziplinen gefragt und nach Disziplinen strukturiert würde, weshalb das gewählte Strukturmodell nur eine mögliche Grundlage neben weiteren zur Spezifizierung der Domäne Bildungsmanagement bildet.

4 Spezifikation der Kategorien

Bislang wurden die Begriffe „Objektkategorien" und „Prozesskategorien" nur kurz skizziert. Diese Begriffe beinhalten bereits Setzungen. Was bezeichnen sie?

Bildungsprodukt: Die Wahl des Begriffs „Bildungsprodukt" erscheint ungewöhnlich, da mit einem Produkt Bedeutungen, wie Material und Ergebnis (Endprodukt), assoziierbar sind. Bildungsprodukte sind hingegen materiell und immateriell, prozess- und ergebnisbezogen (vgl. Abbildung 1.2).

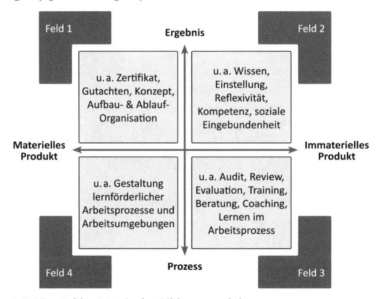

Abbildung 1.2: Vier-Felder-Matrix der Bildungsprodukte
Quelle: Eigene Darstellung

Bildungsprodukte können unterschiedliche Schwerpunktsetzungen und unterschiedliche Bezüge aufweisen (vgl. Abbildung 1.2). Ein Trainingskonzept wäre beispielsweise ein Bildungsprodukt des 1. Feldes (Ergebnis + materielles Produkt), während das Training dem 3. Feld (Prozess + immaterielles Produkt) und das Ergebnis des Trainings (z.B. soziale Eingebundenheit) dem 2. Feld (Ergebnis + immaterielles Produkt) zuzuordnen wären. Die Gestaltung lernförderlicher Arbeitsprozesse und Arbeitsumgebungen wäre wiederum im 4. Feld (Prozess + materielles Produkt) zu verorten, während das Lernen im Arbeitsprozess im 3. Feld und Ergebnisse im 1. Feld (z.B. Aufbau- und Ablauforganisation) sowie im 2. Feld (z.B. Kompetenz) verortet sind. Deutlich ist, dass Bildungsprodukte in der Regel mehrere Bezüge innerhalb der Vier-Felder-Matrix der Bildungsprodukte aufweisen.

Besonderheiten von Bildungsprodukten sind insbesondere, dass (1) das „Objekt" der Bildung, die Person, expansiv, affirmativ oder widerständig (vgl. Faulstich & Ludwig, 2004) selbst „produziert" bzw. nicht „produziert", im Prozess der Bildung (2) diskursiv Bedeutungen erst ausgehandelt werden, weshalb „Produktion und Konsumption weitgehend zusammenfallen" (Schiersmann, 2002: 26), (3) dieser Prozess linear nicht steuerbar und optimierbar ist. Zudem ist (4) das Ergebnis, der Output und Outcome schwer bis nicht messbar und (5) Wirkungen können zeitverzögert sowie in anderen als den beabsichtigten Lebensbereichen auftreten.

Bildungspersonal: Der Begriff Bildungspersonal ist umfassend zu verstehen. Gemeint sind u.a. Dozenten, Kursleiter, Projektleiter, Trainer, Berater, Coaches und Verwaltungskräfte als Organmitglieder, Arbeitnehmer, Selbstständige, Scheinselbstständige, arbeitnehmerähnliche Beschäftigte, Heimarbeiter und Leiharbeitnehmer.

Bildungsorganisation: Der Begriff „Bildungsorganisation" umfasst sowohl die Organisation innerhalb einer Bildungseinrichtung bzw. -abteilung (Aufbau- und Ablauforganisation) als auch die Abstimmung mit dem Umfeld, die Einbindung in das Umfeld sowie die Konstitution der Grenze zwischen Bildungsorganisation und Umfeld. Themen der Objektkategorie „Bildungsorganisation" sind die interne Integration, die externe Integration sowie die Abstimmung von interner und externer Integration. Der Begriff Bildungsorganisation wurde gewählt, da er eine Abteilung, z.B. innerhalb einer Unternehmung, eine Einrichtung, Institution bzw. Unternehmung und auch organisations- bzw. unternehmensübergreifende Kooperationen bezeichnet.

Prozessmodellierung: Ein Prozessschritt besteht aus der Definition der Voraussetzungen (Input), der Definition des Verfahrens (Aktivität) sowie der Definition der Ergebnisse (Output). Die Verknüpfung verschiedener Prozessschritte bildet sodann einen Prozess, wobei jeweils der Output des Vorgängerprozessschritts die Voraussetzung für den Nachfolgerprozessschritt bildet. Drei Prozesskategorien werden im Strukturmodell unterschieden: Basisprozesse, Steuerungsprozesse sowie Innovationsprozesse. Die Begriffe unterscheiden sich von den gängigen Definitionen. Verbreitet haben sich in der Folge der DIN EN ISO 9001 insbesondere die Begriffe Kern-, Management- und Stützprozessen, die wie folgt definiert werden:

„Kernprozesse sind die für das Unternehmen wertschöpfenden Prozesse. Sie wandeln Kundenerwartungen bzw. -anfragen in Produkte oder Dienstleistungen. Der Output des Kernprozesses kann unmittelbar vom Kunden bewertet werden. Klassische Kernprozesse sind der Produktentwicklungs- und der Kundenauftragsabwicklungsprozess. Managementprozesse (lenkende Prozesse, Führungsprozesse, Steuerungsprozesse) sind planende, bewertende und steuernde Tätigkeiten insbesondere durch prozessverantwortliche Mitarbeiter und die Unternehmensleitung. Typische Führungsprozesse sind die Strategieplanung für das Unternehmen oder die Durchführung von Reviews. Stützprozesse (unterstützende Prozesse, Supportprozesse) dienen zur Unterstützung der wertschöpfenden Prozesse. Sie ermöglichen den reibungslosen Ablauf der wertschöpfenden Prozesse. Hierzu zählen beispielsweise Verwaltungstätigkeiten, Prüfmittelmanagement, Instandhaltungsleistungen oder EDV-Dienste." (Pfeifer, 2001: 51)

Die Kriterien der Unterscheidung von Kern- und Stützprozessen wären demnach einerseits das Kriterium „Funktion" (u.a. Ausführen/Planen, Bewerten, Steuern/Unterstützen) und andererseits das Kriterium „Wertschöpfung": Stützprozesse seien „wertneutral" im Gegensatz zu den „werterhöhenden" Kernprozessen (Schlüter & Dunkhorst, 2000: 16). Stützprozesse „erhöhen den Kundennutzen nur indirekt und werden vom Kunden nicht wahrgenommen" im Gegensatz zu Kernprozessen (hier Nutzprozesse genannt), die der unternehmensexterne Kunde wahrnimmt und „die er auch zu entlohnen bereit ist." (Arndt, 2006: 79). Oftmals gelte deshalb die Formel: „Unterstützende Prozesse müssen outgesourct werden, Kernprozesse werden immer im eigenen Haus behalten" (Gross et al., 2006: 106).

So eindeutig diese Unterscheidung erscheint, so problematisch ist diese hinsichtlich (1) der Unterscheidung von Regel- und Innovationsprozessen, (2) des Stellenwerts interner Kunden sowie (3) der Stringenz der Argumentation.

1. Während die Ergebnisse und die einzusetzenden Mittel von Kern- und Stützprozessen weitgehend bekannt sind und ein hoher Erfahrungsbestand besteht, sind Innovationsprozesse als Projekte „einmalige und komplexe Prozesse, deren Aktivitätenfolgen nur wenig bekannt sind. Hier ist es allenfalls sinnvoll, grundsätzliche Prozessphasen und -schritte zu ermitteln" (Fischermanns & Liebelt, 2000: 31). Die gängige Definition von Kern-, Stütz- und Managementprozesse vernachlässigt diese Komplexitätsdifferenz und unterscheidet nicht zwischen Routine und Innovation.
2. Die Festlegung, was Kern- und was Stütz- sowie Führungs- bzw. Managementprozesse sind, ist abhängig vom Beobachter, da Stütz- und Managementprozesse selbst wiederum Kernprozesse (hier Ausführungsprozesse genannt) sind: „Ausführungsprozesse sind Prozesse, die Produkte/Dienstleistungen für prozessexterne Kunden bereitstellen. Es kann sich dabei um unternehmensinterne und -externe Kunden handeln. Auf Unternehmensebene sind es stets unternehmensexterne Kunden. Aus der Sicht von Führungs- und Unterstützungseinheiten sind deren Führungs- und Unterstützungsprozesse Ausführungsprozesse, die unternehmensinterne Kunden bedienen." (Fischermanns & Liebelt, 2000: 37). Die Betonung der Wertschöpfung und der Außensicht vernachlässigt somit, dass Stützprozesse Kernprozesse für interne Kunden sind.
3. Zudem ist die Argumentation nicht stringent: Wenn Stütz-, Support- bzw. Unterstützungsprozesse nur einen „indirekten Nutzen" bieten und deshalb outgesourct werden können (bzw. „müssen"), dann wären auch Führungs- bzw. Managementprozesse vom Outsourcing betroffen, da auch deren Nutzen indirekt ist. Dass die Berater einer Prozessoptimierung diese Konsequenz ausklammern, ist nicht überraschend.

Es vermischen sich in den gängigen Definitionen offensichtlich unterschiedliche Interessen: Das Interesse, Prozesse zu klassifizieren, konfundiert u.a. mit dem Interesse, Outsourcing zu betreiben, mit dem Ergebnis, dass sich Unschärfen einstellen: Wenn Führungsprozesse planende, bewertende und steuernde Aktivitäten sind, sind diese Prozesse zwar nicht direkt wertschöpfend, aber dennoch wertschöpfend. Gleiches gilt für die Stützprozesse: Wenn Stützprozesse den reibungslosen Ablauf der wertschöpfenden Prozesse ermöglichen, sind diese zwar nicht direkt wertschöpfend, aber dennoch wertschöpfend. Die Frage „make or buy" bzw. In- und Outsourcing ist vielmehr eine Frage der Kernkompetenz einer Organisation und hier stellt sich aller-dings die Frage, ob einzelne Prozesse nicht auszulagern sind, wenn diese nicht selbst beherrscht werden und das Interesse fehlt (u.a. Strategie und Markt) und/oder die Ressourcen fehlen (u.a. Zeit, Wissen, Finanzmittel), diese zu einer organisationsbe-zogenen Kernkompetenz auszubauen.

Organisationsbezogene Kernkompetenzen (nicht individuelle Kompetenzen) werden seit den 1990er Jahren in der wirtschaftswissenschaftlich geprägten Litera-tur intensiv diskutiert und können wie folgt definiert werden: „At least three tests can be applied to identify core competencies in a company. First, a core competence provides access to a wide variety of markets. [...] Second, a core competence should make a significant contribution to the perceived customer benefits of the end prod-uct. [...] Finally, a core competence should be difficult for competitors to imitate. And it will be difficult if it is a complex harmonization of individual technologies and pro-duction skills. " (Prahalad & Hamel, 1990: 83-84)

In Anlehnung an Prahalad und Hamel (1990) sowie Hoffmann et al. (1996) kön-nen organisationsbezogene Kernkompetenzen wie folgt definiert werden:

- Kernkompetenzen stellen die originäre Stärke einer Bildungsorganisation dar und grenzen diese von anderen ab. Sie sind relativ in Bezug auf das Profil von anderen Bildungsorganisationen zu bestimmen (Organisationsspezifität).
- Kernkompetenzen als Problemlösefähigkeiten tragen wesentlich zur Gestaltung der Bildungsprodukte bei. Sie stiften einen extern oder intern wahrnehmbaren Wert (Werthaltigkeit).
- Kernkompetenzen sind permanent erweiterbar, wachstumsorientiert und das Ergebnis eines organisationsspezifischen Lernprozesses und damit für andere Bildungsorganisationen schwer imitierbar (Nicht-Imitierbarkeit).
- Kernkompetenzen können nicht oder nur schwer ersetzt werden. Die Problem-lösungen sind organisationsspezifisch (Nicht-Substituierbarkeit).

Für die Prozesskategorien des Strukturmodells gilt sodann (vgl. Abb. 1.3):

- Insofern die Prozesse einer Bildungsorganisation nicht auf organisationsbezo-genen Kernkompetenzen beruhen, ist zu prüfen, ob diese Kompetenzen selbst entwickelt oder zugekauft werden können oder die Prozesse abzugeben sind.
- Als Prozesskategorien einer Bildungsorganisation sind Haupt- und Hilfsprozesse unterscheidbar. Hilfsprozesse ermöglichen den reibungslosen Ablauf der Haupt-prozesse. Hierzu zählen u.a. Instandhaltungsleistungen oder EDV-Dienste. Die Hilfsprozesse werden nachfolgend nicht berücksichtigt. Der Fokus liegt auf den Hauptprozessen einer Bildungsorganisation.
- Die Hauptprozesse einer Bildungsorganisation sind untergliederbar in zeitlich unbefristete Regelprozesse sowie zeitlich befristete Innovationsprozesse.
- Regelprozesse und Innovationsprozesse sind wiederum jeweils untergliederbar in Basis- und Steuerungsprozesse. Im Strukturmodell der Handlungsfelder wur-den nur die Basis- und Steuerungsprozesse der Regelprozesse berücksichtigt.[4]

---

4   Vgl. hierzu die Erläuterungen im Abschnitt „Basis- und Steuerungsprozesse der Innovationspro-zesse“.

In Abbildung 1.3 sind die Prozesse einer Bildungsorganisation nochmals im Überblick dargestellt.

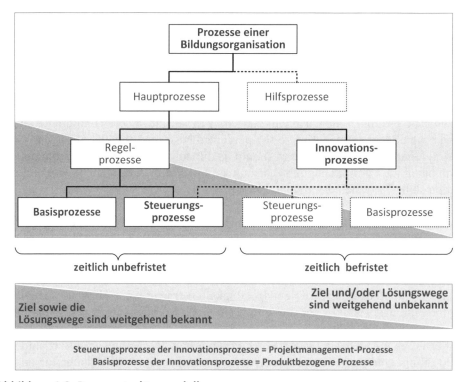

Abbildung 1.3: Prozessstrukturmodell
Quelle: Eigene Darstellung

Regelprozesse einerseits und Innovationsprozesse andererseits unterscheiden sich hinsichtlich ihrer *zeitlichen Befristung,* des Grades ihrer *relativen Neuartigkeit* sowie der *Einmaligkeit der Bedingungen.* Diese Unterschiede werden nun erläutert.

Innovationsprozesse: Zur Bewertung der Neuartigkeit ist der Bezugspunkt von Bedeutung. Was für die eine Person neu ist, kann für die andere Person alt sein, was für die eine Bildungsorganisation neu ist, kann für die andere alt sein, was für den einen Markt neu ist, kann für den anderen Markt alt sein. Diese Besonderheit von „neuartig" ist mit der Bezeichnung „relativ neuartig" gemeint. Zu klären wäre u.a., für wen was wie neu ist.

Hinsichtlich der relativen Neuartigkeit können inkrementelle und radikale Innovationen unterschieden werden. Die Wirkung einer Innovation bzw. der Grad der relativen Neuartigkeit werden hierbei *retrospektiv* bestimmt. Während eine inkrementelle Innovation eine schrittweise, relativ kleine Änderung meint, welche die bestehenden Produkte (inkrementelle Produktinnovation) und die gegebene Organisation (inkrementelle Prozessorganisation) nur geringfügig erneuert, bezeichnet die radikale Innovation eine sprunghafte Erneuerung, einen „Quantensprung". „Nach einer radikalen Innovation sind viele Unternehmen nicht mehr dieselben wie zuvor" (Hauschildt & Salomo, 2007: 21). Der Innovationsgrad kann retrospektiv spezifiziert werden. Erforderlich sind Parameter der Innovation. So ist beispielsweise die Wirkung einer Innovation hinsichtlich der eingesetzten Mittel, des Absatzmarkts, des Beschaffungsbereichs, der Methoden und Verfahren, der formalen und informalen Organisation sowie des Kapitalbedarfs bestimmbar (vgl. Abbildung 1.4).

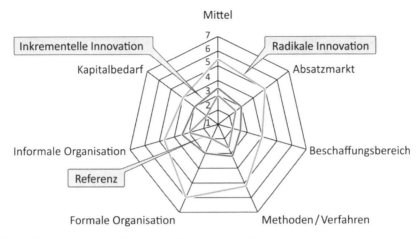

Abbildung 1.4: Inkrementelle und radikale Innovationen
Quelle: In Anlehnung an Schlaak, 1999: 230

Einfach ist die Zuschreibung, dass radikale Innovationen durch Innovationsprozesse ermöglicht werden. Schwieriger wird die Unterscheidung hinsichtlich der inkrementellen Innovation. Sowohl Regel- als auch Innovationsprozesse können eine inkrementelle Innovation hervorbringen. Eine retrospektive Betrachtung ist hierbei wenig hilfreich. *Prospektiv* können Regel- und Innovationsprozesse unterschieden werden hinsichtlich des Bekanntheitsgrades der (1) Ziele bzw. der zu erzielenden Ergebnisse sowie der (2) Lösungswege bzw. der einzusetzenden Mittel und Verfahren. Es gilt wiederum, dass ein Ziel etc. für die eine Person und/oder Bildungsorganisation neu sein kann, während dieses einer anderen Person und/oder Bildungsorganisation bereits wohl vertraut ist. Es gilt wieder die relative Neuartigkeit.

Innovationen, die aufgrund eines zu erzielenden gewünschten Ergebnisses mit zunächst unbekannten Mitteln induziert werden, sind der Normalfall (vgl. Hauschildt, 1999: 247). Innovationen, die aufgrund der Suche nach einer neuen Einsatzmöglichkeit für ein bestehendes Mittel induziert werden, sind seltener. Diese mittelinduzierten Innovationen haben allerdings verschiedene radikale Innovationen ermöglicht, weshalb es sich lohnt, auch diese Kategorie in den Blick zu nehmen. Beispielsweise entstand in der Forschung nach Kältemitteln bereits 1938 als Nebenprodukt das Polytetrafluorethylen, das ab 1954 zur Beschichtung von Pfannen verwendet wurde – die „Teflonpfanne" war geboren. 1969 entwickelte der US-Chemiker Robert W. Gore eine neue Form der Verarbeitung von Teflon, womit Teflon auf Textilien übertragbar wurde – die Geburtsstunde des „Gore Tex".

Ob jedoch ein Innovationsprozess tatsächlich von einem zeitlich unbefristeten Regelprozess abgegrenzt, ein Projektauftrag formuliert und ein Projekt initiiert werden, und diesem Projekt sodann zeitlich befristet gesonderte Ressourcen zur Realisierung zugestanden werden, ist in der Praxis von Fall zu Fall verschieden. So finden sich in der Praxis einerseits Projekte, die keine Innovationen zum Ziel haben, sondern andere Zielsetzungen verfolgen (z.B. Reputationsgewinn). Andererseits wird oftmals auch versucht, Innovationen in Regelprozessen zu realisieren, obwohl diese hierfür nicht geeignet sind. Diese Phänomene werden in der Praxis scherzhaft als „Projektitis" („für jedes Problem ein Projekt") und „Regelitis" („für alle Probleme eine Regel") bezeichnet. Hinzu kommt, und das erschwert die Abgrenzung erheblich, dass Projekte auch standardisiert sein können. So ist z.B. die Einführung eines Enterprise Resource Planning Systems (wie z.B. SAP) ein zeitlich befristetes Innovationsprojekt. Eine Unternehmensberatung, die mehrmals Projekte dieser Art begleitet, entwickelt mit der Zeit einen Standard zur Lösung des Problems. Innovationsprozesse sind insofern zu untergliedern in standardisierte Innovationsprojekte und Innovationsprojekte mit einer geringen Standardisierung. Dennoch handelt es sich für den Auftraggeber um eine Innovation, gleichwohl das Projekt für z.B. die Unternehmensberatung ein Standardprojekt sein kann. Ein anderes Beispiel: Für einen Bauträger ist der Bau eines Hauses Routine, während für den Auftraggeber das zu erzielende Ergebnis sowie die Lösungswege zunächst weitgehend unbekannt sind. Der Wissens- und der Erfahrungsunterschied zwischen Auftraggeber und Auftragnehmer (Projektleitung) stellen ein grundlegendes Problem bei der Realisierung von Innovationsprozessen dar. Um dieser Besonderheit von Projekten gerecht zu werden, werden nachfolgend drei *Projektarten* unterschieden: Routineprojekte, Standardprojekte sowie Innovationsprojekte.

In Standardprojekten sind das zu erzielende Ergebnis und die zur Verfügung stehenden Mittel teilweise bekannt, teilweise unbekannt. Zu unterscheiden sind hiervon nochmals die Routineprojekte. Vergleichbare Aktivitäten wurden bereits mehrmals durchgeführt. Der Grad an Erfahrung und Gewissheit ist höher als in Standardprojekten. Routineprojekte werden regelhaft ausgeführt und zählen zum geregelten Leistungsspektrum einer Bildungsorganisation. Sind weder Zweck noch Mittel bekannt, ist zunächst (z.B. in einem Vorprojekt) eine dieser beiden Größen zu klären.

In Abbildung 1.5 ist der Unterschied zwischen Routine-, Standard- sowie Innovationsprojekte nochmals grafisch veranschaulicht.

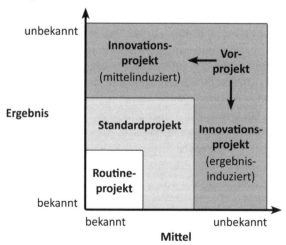

Abbildung 1.5: Routine-, Standard- und Innovationsprojekte
Quelle: In Anlehnung an Gessler, 2009: 38

Das Problem der Abgrenzung löst die DIN 69901-5 sodann mithilfe der Formulierung, dass ein Projekt *in der Gesamtheit der Bedingungen einmalig* ist (vgl. DIN 69901-5: 11). Diese Formulierung schließt den Status des Auftraggebers mit ein.

Routineprojekte zählen, gleichwohl zeitlich befristet, nicht zu den Innovationsprozessen. Da sie fortlaufend ausgeführt werden, ist zwar der konkrete Leistungsprozess befristet, im Hinblick auf das Leistungsspektrum einer Bildungsorganisation zählen sie allerdings zum kontinuierlichen und zeitlich fortlaufenden „Tagesgeschäft". „Alle Innovationen sind Projekte, aber nicht alle Projekte sind Innovationen." (Hauschildt, 1999: 238). Innovationsprozesse werden sodann wie folgt definiert:

> **Innovationsprozesse** bzw. Standard- und Innovationsprojekte sind in der Gesamtheit ihrer Bedingungen einmalig und relativ neuartig. Das konkret zu erreichende Ergebnis und/oder die einzusetzenden Mittel und Verfahren sind in Standard- und Innovationsprojekten teilweise unbekannt. Die Zielsetzungen von Standard- und Innovationsprojekten sind u.a. inkrementelle und/oder radikale Produkt- und/oder Prozessentwicklungen. Routineprojekte zählen nicht zu den Innovationsprozessen.

Basis- und Steuerungsprozesse der Innovationsprozesse: Innovationsprozesse unterscheiden sich von Regelprozessen in ihrer Zeitdimension sowie dem Grad der relativen Neuartigkeit. Innovationsprozesse bestehen aus zeitlich befristeten Basis- und Steuerungsprozessen, die, abgegrenzt als Standard- und Innovationsprojekte, der Entwicklung neuer Regelprozesse oder der Veränderung bestehender Regelprozesse dienen. Innovationsprozesse werden in Projektorientierten Organisationen oftmals doppelt abgesichert: Einerseits durch *zeitlich unbefristete Steuerungsprozesse* (z.B. Project Management Office) und andererseits durch *zeitlich befristete Steuerungsprozesse* (z.B. Project Office). Für die Zeitdauer der Innovationsprozesse sind in der Regel *zusätzliche* Steuerungsprozesse erforderlich, die zeitlich sodann befristet sind bzw. nur für die Dauer der Innovationsprozesse zum Tragen kommen. Sie sind eine Art „stille Ressource", die für die Dauer einer Innovation aktiviert werden. Im Prozessstrukturmodell (vgl. Abbildung 1.3) werden die Innovationsprozesse nicht weiter untergliedert, da auf der Ebene der Bildungsorganisation zunächst das Problem der Abgrenzung von Regel- und Innovationsprozessen zu lösen ist. Im Kapitel „Projektmanagement" (in diesem Band) werden Innovationsprozesse sodann detailliert untergliedert und der o.g. Unterschied der Steuerungsprozesse erläutert.

Insofern das Prinzip der ständigen Verbesserung in einer Organisation praktiziert wird, sind die zeitlich befristeten Innovationsprozesse *einerseits* voneinander unterscheidbar. *Andererseits* können zeitlich befristete Prozesse an zeitlich befristete Prozesse anschließen, wodurch in der Summe der Eindruck eines kontinuierlichen Prozesses („kontinuierlicher Verbesserungsprozess") entsteht.

Innovationsprozesse können neben ihrer Bedeutung für die Regelprozesse (sogenannte „interne Projekte", wie z.B. die Entwicklung und Veränderung der Regelprozesse) zudem eine *eigenständige Funktion* haben, indem der Prozess und das Produkt der Innovation direkt als Bildungsprodukt extern angeboten werden (sogenannte „Kundenprojekte" bzw. „externe Projekte"). Ähnlich wie die interne Form der kontinuierlichen Verbesserung den Status einer Quasi-Dauerhaftigkeit erreichen kann,

kann auch diese externe Form der zeitlich befristeten Leistungserstellung den Status einer Quasi-Kontinuität erreichen, wenn z.B. die Leistungserbringung in einer Vielzahl von Projekten erfolgt. Unterscheidbar sind diese zwei Formen (kontinuierlicher Verbesserungsprozess/kontinuierliche Leistungserbringung in Projekten) durch die Stellung des Auftraggebers: Während es sich im ersten Fall um eine interne Beauftragung handelt mit dem Zweck der Entwicklung oder Veränderung der Regelprozesse, handelt es sich im zweiten Fall um einen externen Auftraggeber mit dem Zweck der Entwicklung eines kundenspezifischen Bildungsprodukts. Werden Projekte dieser Art fortlaufend ausgeführt, können sie sich zu Routineprojekten wandeln, weshalb sie dann nicht mehr zu den Innovationsprozessen zu zählen sind.

Basis- und Steuerungsprozesse der Regelprozesse: Steuerungsprozesse der Regelprozesse unterscheiden sich von Basisprozessen der Regelprozesse grundsätzlich durch ihre *Funktion.* Sie stellen keine nebensächlichen substituierbaren Aktivitäten dar, sondern wertschöpfende Prozesse auf einer „Metaebene". Unabhängig von dem hier verwendeten Begriffsverständnis können Fehl- und Blindprozesse existieren, die nicht wertschöpfend sind. Die Aufgabe der Steuerungsprozesse ist sodann, diese zu korrigieren. Nach der hier vorgeschlagenen Begriffsfassung zählen sowohl Basis- als auch Steuerungsprozesse zur Kernkompetenz einer Organisation. Zeitlich unbefristete Basisprozesse (Regelprozesse) werden wie folgt definiert:

> **!** **Basisprozesse** realisieren regelbasiert sowie werteorientiert Anfragen und Erwartungen von Kunden. Basisprozesse umfassen insbesondere die Ausführung der Leistungserbringung („Lernen und Lehren"), die Bereitstellung des hierfür notwendigen Wissens („Wissensmanagement") sowie die Vermarktung der Bildungsprodukte („Bildungsmarketing").

Zeitlich unbefristete Steuerungsprozesse (Regelprozesse) werden schließlich wie folgt definiert:

> **!** **Steuerungsprozesse** sichern, verbessern und entwickeln regelorientiert sowie wertetransformierend die Qualität der Basisprozesse durch deren Planung, Steuerung, Kontrolle und Reflexion. Steuerungsprozesse umfassen u.a. die Sicherung, Verbesserung und Entwicklung der Qualität im Bereich der Bildungsprodukte („Evaluation und Transfer"), im Bereich des Bildungspersonals („Personalmanagement") sowie im Bereich der Bildungsorganisation („Bildungscontrolling"). Aufgrund dieses Begriffsverständnisses wird zwischen Steuerungs- und Führungs- bzw. Managementprozessen nicht gesondert unterschieden.

5   Fazit

In einer eher allgemeinen Fassung wird das Bildungsmanagement auf Fragen der Organisationsgestaltung bezogen. In diese Richtung weist u.a. der Ansatz von Gonschorrek (2003), der Bildungsmanagement als das „Aktionszentrum der lernenden Organisation" (ebd., 309) versteht. In die gleiche Richtung weist der Ansatz von Petersen (2003), der in einem dialogischen Management den Schlüssel sieht, die „Veränderung der Organisationsstrategie, -struktur, -kultur und der bisherigen Personalpolitik einleiten zu können" (Petersen & Lehnhoff, 2005: 223). Nach Behrmann (2006) ist die „Ausbalancierung ökonomischer und pädagogischer Handlungsformen und -muster" (ebd.: 92) Aufgabe eines reflexiven Bildungsmanagements, wobei diese Grenzen unterliegt aufgrund der Gemeinschafts- und Gemeinwohlorientierung professionellen pädagogischen Handelns (ebd.: 93).

Anwendungsbezogene Ansätze fokussieren stärker die konkreten Handlungsfelder des Bildungsmanagements und die notwendigen Kompetenzen der Akteure. So betrachtet beispielsweise Hanft (2009) die Anforderungen an ein Bildungs- und Wissenschaftsmanagement in Hochschulen und Forschungseinrichtungen. Henninger und Mandl (2009) gehen ähnlich spezifisch mit einer allerdings anderen Schwerpunktsetzung vor. Sie betrachten das Bildungsmanagement im Kontext „digitaler Medien". Insbesondere die Verflechtung von Bildung und Technologien sowie die Frage „Was sollten Medien- und Bildungsmanager können?" (ebd.: 9) wird hier im Hinblick auf das notwendige fachsystematische und fachpraktische Wissen betrachtet. Eine anwendungsorientierte Ausrichtung und Sichtweise vertreten ebenfalls Müller et al. (2008), wobei hier Leitungsfunktionen in unterschiedlichen Bildungsbereichen im Blickpunkt stehen.

Diese zwei Zugänge, allgemein und anwendungsbezogen, erinnern an das „Bandbreiten-Genauigkeits-Dilemma": Die Verwendbarkeit und Nützlichkeit des Domänenwissens steigen einerseits mit dem Allgemeinheitsgrad, da es vielfältig zur Bearbeitung von Fragen, Aufgaben und Problemen in unterschiedlichen Situationen verwendbar ist (Bandbreite). Andererseits wird dieser Zugewinn „erkauft" mit einer geringeren (Pass-)Genauigkeit des Wissens, da es auf spezifische Situationen wenig abgestimmt ist, womit die Anwendbarkeit und Nützlichkeit für konkrete Situationen sinken (vgl. Friedrich & Mandl, 1992). Anders formuliert: Je allgemeiner bzw. abstrahierter Domänenwissen ist, desto vielfältiger verwendbar und desto schwerer anwendbar ist es. Das Dilemma wirkt auch im umgekehrten Fall: Je spezifischer und situierter Domänenwissen ist, desto leichter anwendbar und desto schwieriger ist es in unterschiedlichen Bereichen verwendbar. Das Dilemma wirkt allerdings nur, wenn der Faktor Zeit nicht berücksichtigt und das Dilemma als Entscheidungsproblem (entweder-oder) gesehen wird.

Die Wahl der Bandbreite bildet im Hinblick auf ein Managementthema eine zentrale Frage, da notwendigerweise Produkte, Personen, Organisationen und Kontextbedingungen gleichzeitig zu betrachten sind, woraus automatisch eine gewisse Bandbreite resultiert. Um einen Anwendungsbezug ermöglichen zu können, wurden in diesem Band einerseits Handlungsfelder und andererseits der quartäre Bildungsbereich als Schwerpunkte gewählt, gleichwohl die Bezüge, wie eingangs bereits erwähnt, in den einzelnen Beiträgen teilweise darüber hinausgehen.

Unterscheidbar sind neben der Frage der Wahl der Bandbreite und Genauigkeit zudem drei weitere Sichtweisen mit drei unterschiedlichen Referenzierungen. Bildungsmanagement kann u.a. im Kontext von „Qualifikation/Schlüsselqualifikation", „Bildung" und „Kompetenz" betrachtet werden.

Für Decker stehen die „Schlüsselqualifikationen" im Zentrum eines Bildungsmanagements. Nach Decker sei eine „Qualifizierung der Menschen im Nachgang" heute nicht mehr ausreichend. Weiterbildung müsse „in Zukunft stärker vorausschauend geschehen und ihren Inhalt auf Schlüsselqualifikation verlagern, wie z.B. Informationsverarbeitung, Lernen lernen, im Team arbeiten, in Zusammenhängen denken und handeln, sich selbst verantwortlich weiterentwickeln." (Decker, 1995: 30). Bildung übernehme sodann eine „Schrittmacherrolle für die persönliche Entwicklung, für die Wettbewerbsfähigkeit der Wirtschaft und der sozialen Institutionen, für die soziale Kommunikation, das Klima und die Beziehungsqualität zwischen Menschen, Mitarbeitern in Betrieben, Organisationen, Teams." (ebd.: 31). Grundlage hierfür könne ein dem NLP (Neurolinguistische Programmierung) entlehntes Modell sein (ebd.: 72). „Bildung" und „Management" sind in diesem Ansatz komplementäre Funktionen. Für Behrmann bildet hingegen das Spannungsverhältnis von pädagogischen und ökonomischen Prinzipien den Ausgangs- und Zielpunkt eines reflexiven Bildungsmanagements. „Bildung" sei gemeinschaftsorientiert, beruhe auf einem „gesellschaftlichen Mandat" und vollziehe sich „im Modus einer aufgeklärten ethischen Reflexivität" und in der „Realisierung interaktiver Wechselseitigkeit des Handelns und des Ausgleichs von verantwortbaren Handlungsnormen der Interaktionspartner", womit sich Bildung „aus einer rein zweckrationalen Verhaftung zu lösen vermag." (Behrmann, 2006: 94) Identifizierbar ist zudem eine weitere intermediäre Position, wobei der Kompetenzbegriff mittels Fähigkeitskonstrukten operationalisiert wird und sich die Begriffe „Qualifikationen" und „Bildung" teilweise miteinander vermischen (vgl. Gonschorrek, 2003: 183).

„Bildung" und „Management" miteinander in Bezug zu setzen, bedeutet weder, die Unterschiede zwischen pädagogischen und ökonomischen Prinzipien aufzulösen und eine Konvergenz anzunehmen, noch in der Beobachtung der Unvereinbarkeit zu verharren und eine unvereinbare Divergenz zu setzen.[5] „Bildung" und „Management" in Bezug zu setzen, bedeutet vielmehr, zwei unterschiedliche Perspektiven auf einen Gegenstandsbereich anzuwenden und nach gestaltbaren Bedingungen und deren Grenzen zu suchen. Gesucht sind einerseits „das Muster, das verbindet" (Bateson, 1993: 15) und andererseits die Unterschiede. Die Ausbalancierung von Humanität und Wirtschaftlichkeit bildet ein fortlaufendes Spannungsfeld des Bildungsmanagements. Dieses Spannungsfeld kann als das Grundparadigma des Bildungsmanagements bezeichnet werden.

Literatur

ARNDT, H. (2006). Supply Chain Management: Optimierung logistischer Prozesse. 3. Auflage. Wiesbaden: Gabler.

ARNOLD, R. (1995). Bildung *und* oder *oder* Qualifikation? Divergenzen und Konvergenzen in der betrieblichen Weiterbildung. In R. Arnold (Hrsg.), Betriebliche Weiterbildung zwischen Bildung und Qualifizierung (S. 1–26). Frankfurt a.M.: GAFB.

AUTORENGRUPPE BILDUNGSBERICHTSERSTATTUNG (Hrsg.) (2008). Bildung in Deutschland 2008: Ein indikatorengestützter Bericht mit einer Analyse der Übergänge im Anschluss an den Sekundarbereich I. Bielefeld: Bertelsmann.

---

5   Zur These der Divergenz von Bildung und Qualifikation vgl. Kade 1983, zur These der Konvergenz von Bildung und Qualifikation vgl. Arnold 1995. Zur Kritik der Thesen vgl. Harteis 2004.

BADER, R. & SLOANE, P. (2002). Bildungsmanagement im Lernfeldkonzept: curriculare und organisatorische Entwicklung. Paderborn: Eusl-Verlag.

BATESON, G. (1993). Geist und Natur: Eine notwendige Einheit. 3. Auflage. Frankfurt a.M.: Suhrkamp.

BECKER, M. & SPÖTTL, G. (2008). Berufswissenschaftliche Forschung: Ein Arbeitsbuch für Studium und Praxis. Frankfurt a.M.: Peter Lang.

BEHRMANN, D. (2006). Reflexives Bildungsmanagement: Pädagogische Perspektiven und managementtheoretische Implikationen einer strategischen und entwicklungsorientierten Gestaltung von Transformationsprozessen in Schule und Weiterbildung. Frankfurt a.M.: Peter Lang.

BONNEY, L.A. (1972). Changes in Organizational Climate Associated with Development and Implementation of an Educational Management System. San Bernardino. URL: http://www.eric.ed.gov/ERICDocs/data/ericdocs2sql/content_storage_01/0000019b/80/39/25/68.pdf (07.07.09).

CARLSBURG V., G. (2008). Bildungs- und Kulturmanagement (The Management of Education and Culture). Baltische Studien zur Erziehungs- und Sozialwissenschaft. Frankfurt a.M.: Peter Lang.

CONNOR, J., KAUFMANN, R., LESSINGER, L. & McVITY, R. (1973). Independent educational management audit – a system approach. Washington: College University Press. URL: http://www.eric.ed.gov/ERICDocs/data/ericdocs2sql/content_storage_01/0000019b/80/32/80/97.pdf (07.07.09).

DIESNER, I. (2008). Bildungsmanagement in Unternehmen: Konzeptualisierung einer Theorie auf der normativen und strategischen Ebene. Wiesbaden: Gabler Edition Wissenschaft.

DIN 69901–5 (2009). Projektmanagement – Projektmanagementsysteme – Teil 5: Begriffe. Berlin Beuth.

ERICSSON, K. & SMITH, J. (1991). Prospects and limits of the empirical study of expertise: an introduction. In K.A. Ericsson & J. Smith, J. (Hrsg.), Toward a general theory of Expertise (1–38). Cambridge: Cambridge University Press.

FALK, R. (2000). Betriebliches Bildungsmanagement. Stuttgart: Schäffer-Poeschel.

FAULSTICH, P. & LUDWIG, J. (Hrsg.) (2004). Expansives Lernen. Baltmannsweiler: Schneider Hohengehren.

FISCHERMANNS, G. & LIEBELT, W. (2000). Grundlagen der Prozessorganisation. Gießen: Dr. Götz Schmidt.

FORNECK, H. & WRANA, D. (2003). Ein verschlugenes Feld: Eine Einführung in die Erziehungswissenschaft. Bielefeld: Bertelsmann.

FRIEDRICH, H.F. & MANDL, H. (1992). Lern- und Denkstrategien – ein Problemaufriß. In H. Mandl & H.F. Friedrich (Hrsg.), Lern- und Denkstrategien (S. 3–54). Göttingen: Hogrefe.

GEIßLER, H. (1995). Grundlagen des Organisationslernens. 2. Auflage. Weinheim: Dt. Studien-Verlag.

GERSTENMAIER, J. (2004). Domänenspezifisches Wissen als Dimension beruflicher Entwicklung. In F. Rauner (Hrsg.), Qualifikationsforschung und Curriculum (S. 151–163). Bielefeld: Bertelsmann.

GESSLER, M. (2009). Projektarten. In GPM Deutsche Gesellschaft für Projektmanagement & M. Gessler (Hrsg.), Kompetenzbasiertes Projektmanagement (PM3): Handbuch für die Projektarbeit, Qualifizierung und Zertifizierung auf Basis der IPMA Competence Baseline Version 3.0 (S. 34–41). Nürnberg: GPM.

GIESEKE, W. (Hrsg.) (2000). Programmplanung als Bildungsmanagement? Qualitative Studie in Perspektivverschränkung: Begleituntersuchung des Modellversuchs „Erprobung eines Berufseinführungskonzeptes für hauptberufliche pädagogische Mitarbeiterinnen in der konfessionellen Erwachsenenbildung". Recklinghausen: Bitter.

GONSCHORREK, U. (2003). Bildungsmanagement in Unternehmen, Verwaltungen und Non-Profit-Organisationen. Berlin: Berliner Wissenschafts-Verlag.

GOODE, J. M. (Hrsg.) (1973). Readings in educational management. New York: AMACOM.

GROSS, J., BORDT, J. & MUSMACHER, M. (2006). Business Process Outsourcing: Grundlagen, Methoden, Erfahrungen. Wiesbaden: Gabler.

GÜTL, B., ORTHEY, F. & LASKE, S. (Hrsg.) (2006). Bildungsmanagement: Differenzen bilden zwischen System und Umwelt. München und Mering: Rainer Hampp.

HAHN, W. (1993). Soziale Kompetenz im kooperativen Personal- und Bildungsmanagement. Dissertation, Universität Bonn.

HANDY, W. & HUSSAIN, K. (1969). Network analysis for educational management. New York: Prentice-Hall.

HANFT, A. (2009). Bildungs- und Wissenschaftsmanagement. München: Vahlen.

HARTEIS, C. (2004). Zur Diskussion über die Konvergenz ökonomischer und pädagogischer Prinzipien betrieblicher Personal- und Organisationsentwicklung. Zeitschrift für Erziehungswissenschaft, 7 (2), 277–290.

HASANBEGOVIC, J. (2008). Beratung im betrieblichen Bildungsmanagement: Analyse und Gestaltung eines Systemtypen. Dissertation, Hochschule St. Gallen.
URL: http://www.biblio.unisg.ch/www/edis.nsf/wwwDisplayIdentifier/3507 (07.07.2009).

HAUSCHILDT, J. (1999). Promotoren: Projektmanager der Innovation. In J. Hauschildt & H.G. Gemünden (Hrsg.), Promotoren: Champions der Innovation (S. 233–254). 2. Auflage. Wiesbaden: Gabler.

HAUSCHILDT, J. & SALOMO, S. (2007). Innovationsmanagement. 4. Auflage. München: Vahlen.

HENNINGER, M. & MANDL, H. (Hrsg.) (2009). Handbuch Medien- und Bildungsmanagement. Weinheim und Basel: Beltz.

HÖRMANN, C. (2009). Aufgabenstellungen und Kompetenzprofile im Medien- und Bildungsmanagement. In M. Henninger & H. Mandl (Hrsg.), Handbuch Medien- und Bildungsmanagement (S. 12–20). Weinheim und Basel: Beltz.

HOFFMANN, W., HANEBECK, C. & SCHEER, A.W. (1996). Kooperationsbörse: Der Weg zum virtuellen Unternehmen. M&C-Management & Computer, 4. Jg., H. 1, 35–41.

KADE, J. (1983): Bildung oder Qualifikation? Zur Gesellschaftlichkeit beruflichen Lebens. Zeitschrift für Pädagogik, 29 (6), 859–876.

KLIEME, E., AVENARIUS, H., BLUM, W., DÖBRICH, P., GRUBER, H., PRENZEL, M., REISS, K., RIQUARTS, K., ROST, J., TENORTH, H.-E. & VOLLMER, H. (2003). Zur Entwicklung nationaler Bildungsstandards: Eine Expertise. Hrsg. v. Bundesministerium für Bildung und Forschung, Referat Öffentlichkeitsarbeit. Bonn: BMBF.

LENSKE, W. & WERNER, D. (2009). Umfang, Kosten und Trends der betrieblichen Weiterbildung: Ergebnisse der IW-Weiterbildungserhebung 2008. Köln: Institut der deutschen Wirtschaft. URL: http://www.iwkoeln.de/Portals/0/pdf/pressemappe/2008/pm_260109_IW-Trends.pdf (07.07.2009).

MERL, A. (1987). Bildungsmanagement in der beruflichen Weiterbildung. Dissertation, Universität für Bildungswissenschaften, Klagenfurt.

MORAAL, D. (2007). Überarbeitung der Stellungnahme zum Fragenkatalog zur Anhörung des Bundestagsausschusses für Bildung, Forschung und Technikfolgenabschätzung am 29.1.2007 in Berlin zum Thema „Lebenslanges Lernen – Bedarf und Finanzierung". URL: http://www.bibb.de/de/30130.htm#jump01 (07.07.2009).

MORAAL, D., LORIG, B., SCHREIBER, D. & AZEEZ, U. (2009). Ein Blick hinter die Kulissen der betrieblichen Weiterbildung in Deutschland: Daten und Fakten der nationalen CVTS3-Zusatzerhebung. BiBB Report, 7. URL: http://www.bibb.de/dokumente/pdf/a12_bibbreport_2009_07.pdf (07.07.2009).

MÜLLER, U., SCHWEIZER, G. & WIPPERMANN, S. (2008). Visionen entwickeln – Bildungsprozesse wirksam steuern – Führung professionell gestalten: Dokumentation zum Masterstudiengang Bildungsmanagement der Landesstiftung Baden-Württemberg. Bielefeld: Bertelsmann.

PETERSEN, J. (2003). Dialogisches Management. Frankfurt a.M.: Peter Lang.

PETERSEN, J. & Lehnhoff, A. (2005). Neue Trends im Bildungsmanagement. In B. Dewe, G. Wiesner & C. Zeuner (Hrsg.), Milieus, Arbeit, Wissen: Realität in der Erwachsenenbildung (S. 221–228). Bielefeld: Bertelsmann.

PFEIFER, T. (2001). Qualitätsmanagement: Strategien, Methoden, Techniken. 3. Auflage. München: Hanser.

PRAHALAD, C.K. & HAMEL, G. (1990). The core competence of the corporation. Harvard Business Review, 68 (3), 79–91.

RÖBKEN, H. (2008). Bildungsmanagement in der Schule: Eine Bildungseinrichtung effektiv und nachhaltig führen. München: Oldenbourg.

ROSENBLADT V., B. & BILGER, F. (2008). Weiterbildungsverhalten in Deutschland: Berichtssystem Weiterbildung und Adult Education Survey 2007. Band 1. Bielefeld: Bertelsmann.

SCHIERSMANN, C. (2002). Zweierlei Herausforderungen: Die Wissenschaft von der Weiterbildung angesichts der Qualitätsdebatte. DIE Zeitschrift für Erwachsenenbildung. 9 (3), 25–27.

SCHIERSMANN, C. (2007). Berufliche Weiterbildung. Wiesbaden: VS Verlag.

SCHLAAK, T. (1999). Der Innovationsgrad als Schlüsselvariable: Perspektiven für das Management von Produktentwicklungen. Wiesbaden: Dt. Univ.-Verlag.

SCHLÜTER, S. & DUNKHORST, P. (2000). ISO 9001: 2000 – ualitätsmanagement praxisgerecht einführen und weiterentwickeln. Hamburg: Behr.

SCHÖNI, W. (2006). Handbuch Bildungscontrolling: Steuerung von Bildungsprozessen in Unternehmen und Bildungseinrichtungen. Zürich: Rüegger.

SCHUSTER, K., VIERNICKEL, S. & WELTZIEN, D. (2006). Bildungsmanagement: Methoden und Instrumente der Umsetzung pädagogischer Konzepte. Remagen: ibus-Verlag.

SCHWEIZER, G., IBERER, U. & KELLER, H. (Hrsg.) (2007). Lernen am Unterschied: Bildungsprozesse gestalten – Innovationen vorantreiben. Bielefeld: Bertelsmann.

SEUFERT, S. (2008). Innovationsorientiertes Bildungsmanagement: Hochschulentwicklung durch Sicherung der Nachhaltigkeit von eLearning. Wiesbaden: VS Verlag.

STAMM, M. (1999). Qualitätsevaluation und Bildungsmanagement im sekundären und tertiären Bildungsbereich. 2. Auflage. Köln: Fortis Verlag FH.

STATIS (2008). Bildungsfinanzbericht. Im Auftrag des BMBF und KMK. Wiesbaden: Statistisches Bundesamt.

STRAKA, G.A. & MACKE, G. (2008). Handlungskompetenz – wo bleibt die Sachstruktur? Zeitschrift für Berufs- und Wirtschaftspädagogik, 104, 590–600.

TOMLINSON, H. (Hrsg.) (2004). Educational Management: Major themes in education. Vol. 1–4. London: Routledge.

WERNER, D. (2006). Trends und Kosten der betrieblichen Weiterbildung: Ergebnisse der IW-Weiterbildungserhebung 2005. Vorabdruck aus: IW-Trends – Vierteljahresschrift zur empirischen Wirtschaftsforschung aus dem Institut der deutschen Wirtschaft Köln, 33. Jahrgang, Heft 1/2006. URL: http://www.iwkoeln.de/data/pdf/content/trends01_06_2.pdf (07.07.2009).

Rahmenbedingungen des Bildungsmanagements

Michaela Knust und Anke Hanft

Zielsetzung

- Sie können wesentliche Kernaspekte der externen und institutionellen Kontextfaktoren mit eigenen Worten beschreiben.
- Sie können die in den externen Kontextfaktoren eingebetteten Wirkmechanismen, wie die Internationalisierung und Ökonomisierung, die Relevanz des lebenslangen Lernens, die Auswirkungen der Nutzung neuer Medien sowie die Relevanz zur Bildungsberatung erläutern.
- Sie können über dies hinaus einen Anwendungsbezug zum Bildungsmanagement herstellen und kritisch die gegebenen Vor- und Nachteile sowie Implikationen der externen Kontextfaktoren auf das Bildungsmanagement darlegen.
- Sie können die Wirkungsweisen der in den institutionellen Kontextfaktoren dargestellten theoretischen Grundlagen erläutern.
- Sie können über dies hinaus beurteilen, welche Auswirkungen die genannten theoretischen Modelle bzw. Perspektiven auf Bildungsinstitutionen haben und werden für mögliche Herausforderungen im Management solcher Einrichtungen sensibilisiert.

1 Einleitung

Die Gestaltung von Bildungsprozessen in Bildungsinstitutionen folgt bildungsstrategischen Zielvorgaben, die, ausgehend von einer Umwelt- und Ressourcenanalyse, auf Basis grundsätzlicher Leitvorgaben im Unternehmen entwickelt werden. Die Analyse externer Kontextfaktoren und interner Rahmenbedingungen gilt daher als untrennbarer Bestandteil und als Voraussetzung des Bildungsmanagements. Nachfolgend werden aktuelle bildungspolitische Entwicklungen dargelegt und auf ihre Implikationen für das Management untersucht. Daneben werden weitere Einflussfaktoren, wie z.B. die technologische Entwicklung in ihren Auswirkungen auf die Organisation von Bildungsprozessen, beschrieben. Vor dem Hintergrund der wachsenden Bedeutung des Humankapitels wird nachfolgend der Fokus daher einerseits auf Rahmenbedingungen gelegt, wie sie in der Internationalisierung und Ökonomisierung, dem lebenslangen Lernen, dem Lernen mit neuen Medien und der Relevanz der Bildungsberatung zum Ausdruck kommen, andererseits erfolgt eine Einführung in die besonderen Charakteristika von Bildungseinrichtungen und in alternative organisationstheoretische Perspektiven auf der Ebene der institutionellen Kontextfaktoren.[1]

---

1 Dieser Beitrag ist im Wesentlichen ein Extrakt aus Hanft, 2008, Kapitel 1.

2 Externe Kontextfaktoren

Externe Kontextfaktoren sind Faktoren, die von außen auf die Bildungseinrichtung einwirken und kaum durch die Institution selbst zu beeinflussen sind. Hier sind z.B. aktuelle bildungspolitische, technologische, aber auch theoretisch fundierte Aspekte anzuführen.

2.1 Internationalisierung und Ökonomisierung

Die Frage, die es in diesem Abschnitt zu klären gilt, ist: Wie wirken sich die aktuell wahrzunehmende Internationalisierung und Ökonomisierung auf Bildungseinrichtungen aus?

Die Dynamik der Internationalisierung des Bildungsmarktes ist insbesondere seit der Einführung eines *europäischen Bildungsraums*, d.h. in etwa seit der Jahrtausendwende, deutlich spürbar. Sowohl über nationale als auch über internationale Programme, Förderlinien oder Initiativen wird seitens der Bildungspolitik versucht, die internationale Wettbewerbsfähigkeit der EU-Mitgliedstaaten zu stärken. Hierbei ist ein wachsender Einfluss der europäischen Bildungspolitik auch auf das deutsche Bildungssystem deutlich spürbar. Neben der Schaffung eines europäischen Bildungsraums stellt ebenso die *Globalisierung der Bildungsmärkte* einen wichtigen Kontextfaktor für Bildungseinrichtungen dar. Die Dienstleistung Bildung ist als 5. Sektor im GATS-Abkommen aufgenommen worden, was zur Folge hat, dass zwischen den im Abkommen vereinten Mitgliedstaaten eine Liberalisierung des Handels mit (nicht öffentlich geförderten) Bildungsdienstleistungen angestrebt wird.

Europäischer Bildungsraum

Insbesondere seit Beginn des Bologna Prozesses (1999), der als Meilenstein in der Reformierung der europäischen Hochschullandschaft bezeichnet werden kann, werden national und europaweit bildungspolitische Weichenstellungen vorgenommen, um einen europäischen Bildungsraum zu schaffen. Ziel soll es sein, die Mobilität von Studierenden, Auszubildenden und berufstätigen Lernenden in Europa zu fördern, um hierdurch die Wirtschaftskraft des europäischen Wirtschaftsraums zu stärken.

 Der Europäische Rat beschloss 2000 die sog. „Lissabon-Strategie", in deren Fokus der „Übergang zu einer wissensbasierten Wirtschaft und Gesellschaft durch bessere Politiken für die Informationsgesellschaft und für die Bereiche Forschung und Entwicklung" stand (2000).

Im Jahr 2005 wurde auf einer Nachfolgekonferenz Zwischenbilanz bzgl. des ehrgeizigen Ziels gezogen, Europa bis zum Jahr 2010 zum wettbewerbsfähigsten und dynamischsten wissensbasierten Wirtschaftsraum weltweit zu transformieren. Insbesondere die Förderung von Wissen und Innovation sowie Investitionen in die Hochschulbildung wurden als zentrale Schwerpunkte für diesen Prozess noch einmal betont, da Hochschulen bei der Umsetzung der Lissabon-Strategie als wichtiger Motor angesehen werden (Europäische Union, 2006: 4).

Nachfolgend zur Lissabon-Erklärung verständigten sich im November 2002 die EU-Bildungsminister dahingehend, neben einem europäischen Hochschulraum ebenso einen europäischen Raum der beruflichen Bildung zu etablieren, was in die sog. „Kopenhagen-Erklärung" mündete (European Commission, 2002).

Um die Mobilität in einem europäischen Arbeitsmarkt zu fördern, sollen individuelle Kompetenzen verschiedenen Bildungs- und Berufsbildungsstufen, Berufen und Branchen sowie Ländern zugeordnet werden können. In diesem Zusammenhang wird seit dieser Zeit ein Anrechnungs- und Übertragungssystem für die berufliche Bildung entwickelt, dessen erste Schritte zur Realisierung inzwischen eingeleitet wurden (Severing, 2006a: 23 f.):

- *Europass:* Im von der EU im Jahr 2004 eingeführten Europass können Qualifikationen, berufliche Erfahrungen und Fähigkeiten anhand eines einheitlichen gemeinschaftlichen Rahmenkonzepts dargestellt werden. Ziel ist es, ein umfassendes Bild der Kompetenzen und Fähigkeiten eines Individuums zu generieren, welches durch die gegebene Transparenz eine interpersonale Vergleichbarkeit ermöglicht und somit die Mobilität der Beschäftigten fördern soll (Bundesinstitut für Berufsbildung, 2009).
- *ECVET:* Im „European Credit System for Vocational Education and Training" werden Lernleistungen in der beruflichen Bildung in einem Leistungspunktesystem mit dem Ziel dargestellt, die Transparenz, Transferierbarkeit, Vergleichbarkeit und wechselseitige Anerkennung von beruflichen Qualifikationen und Kompetenzen auf unterschiedlichen Niveauebenen zu fördern (Europäische Kommission, 2004).
- *EQF:* Mit dem „European Qualification Framework" werden Referenzniveaus für die berufliche und die Hochschulbildung geschaffen, indem unterschiedliche Kompetenzbereiche auf insgesamt acht Niveauebenen beschrieben werden (die Hochschulbildung wird über die obersten drei Niveauebenen abgebildet). Ziel ist es, mittels des EQF die Durchlässigkeit zwischen beruflicher und akademischer Bildung zu fördern (Europäische Kommission, 2008a).

Derzeit setzt die Europäische Kommission folgende prioritäre Foki für den Zeitraum 2009–2010 (Europäische Kommission, 2008b: 8):

- Validierung nicht formalen und informellen Lernens zur Umsetzung einer Strategie des lebenslangen Lernens;
- Verknüpfung aller nationalen Qualifikationssysteme mit dem EQF bis 2010 und Unterstützung eines auf Lernergebnissen (sog. „Outcomeorientierung") basierenden Konzepts für Normen, Qualifikationen, Bewertungs- und Validierungsverfahren, für die Übertragung von Leistungen sowie für Lehrpläne und die Qualitätssicherung.
- Abbau von Barrieren der Zusammenarbeit und Ausweitung der Mobilität in akademischen und nicht akademischen Lernkontexten.

Globalisierung der Bildungsmärkte

In einer bildungspolitischen Analyse der OECD aus dem Jahr 2002 (OECD, 2002: 106 f.) wurde festgehalten, dass sich die Zahl ausländischer Studierender in den OECD-Ländern in den letzten 20 Jahren verdoppelt hat. Dies zeigt deutlich, dass die internationale Nachfrage nach Bildungsdienstleistungen – insbesondere im tertiären Bereich – stark gestiegen ist. Hierbei besteht eine Konzentration auf bestimmte Länder: Mehr als drei Viertel aller ins Ausland gehenden Studierenden verteilten sich 1999 auf gerade mal sechs Länder, wobei die USA 31 % internationale Studierende, das Vereinigte Königreich 15 % und Deutschland 12 % aufnehmen. Frankreich nimmt 9 % ausländische Studierende auf, Australien 7 % und Japan 4 %. Bildungsforscher erwarten, dass sich der Trend der Studierendenmobilität in der Zukunft noch weiter positiv entwickeln wird (z.B. Teichler, 2005: 320).

Aktuell stehen allerdings eher ökonomische Beweggründe im Zentrum der Aufnahme und Entsendung von Studierenden als kulturelle oder politische Motive, wie es in der Mitte des letzten Jahrhunderts noch der Fall war (Hochschulen erhalten üblicherweise höhere Studiengebühren von ausländischen Studierenden als von inländischen). Insbesondere durch die steigende internationale Nachfrage nach, aber auch durch die sich verbessernde informationstechnische Unterstützung von Bildungsprogrammen (z.B. E-Learning) hat der Handel mit Bildungsdienstleistungen an Attraktivität und Relevanz gewonnen. Beispielhaft sei Australien angeführt, wo mehr als ein Drittel aller eingeschriebenen Studierenden „off Campus" über ein Fernstudium studiert (OECD, 2002: 105).

Wenn verstärkt ökonomische Interessen bei dem Handel mit Bildungsdienstleistungen in den Vordergrund treten, ist zu hinterfragen: Wer profitiert am meisten davon? Und wie kann man sich ggf. gegen unliebsamen Wettbewerb von außen schützen? Bis 1995 war der Handel mit Bildungsdienstleistungen eingeschränkt. Inländische Anbieter konnten sich vor Anbietern aus dem Ausland „schützen", indem entsprechende Markteintrittsbarrieren für ausländische Anbieter (z.B. Restriktionen, Zölle etc.) aufgestellt wurden. Mit dem 1995 in Kraft getretenen GATS-Abkommen (General Agreement on Trade in Services; Allgemeines Abkommen über den Handel mit Dienstleistungen) wird nun jedoch eine Liberalisierung des Bildungsmarkts verfolgt.

> **!** Das **GATS-Abkommen** umfasst grundsätzlich alle Dienstleistungen in insgesamt 12 Sektoren – ausgenommen solche, die im Rahmen staatlicher Zuständigkeit erbracht werden (hierbei handelt es sich um Dienstleistungen, die weder zu kommerziellen Zwecken, noch im Wettbewerb zu anderen Dienstleistungen erbracht werden) (WTO, 1995, Artikel I).

Im Vordergrund des Abkommens stehen zwei Liberalisierungsprinzipien:

- *Meistbegünstigung:* Verlangt eine gleiche Behandlung aller ausländischen Handelspartner.
- *Inländerbehandlung:* Verlangt eine gleiche Behandlung von aus- und inländischen Anbietern.

Die mehr als 150 Mitgliedsstaaten der WTO sind aufgefordert, Listen von Verpflichtungen vorzulegen, in denen sie ihre Liberalisierungsmaßnahmen nach Sektoren und Formen der Dienstleistungserbringung aufführen. In GATS werden vier Formen der Erbringung (sog. „Modes") unterschieden (Anthofer, 2005: 24 f.):

- *Modus 1 „Grenzüberschreitende Erbringung"*: Lieferung einer Dienstleistung von einem Land in das andere (z.B. E-Learning Angebote, die per Internet abgerufen werden können),
- *Modus 2 „Nutzung im Ausland":* Erbringung einer Dienstleistung innerhalb eines Landes für Konsumenten eines anderen Landes (z.B. für Studierende aus dem Ausland),
- *Modus 3 „Kommerzielle Präsenz"*: Erbringung einer Dienstleistung durch die kommerzielle Präsenz in einem anderen Land (z.B. international tätige Sprachschulen),
- *Modus 4 „Präsenz natürlicher Personen":* Erbringung einer Dienstleistung durch Personen, die sich zu diesem Zweck temporär in ein anderes Land begeben (z.B. muttersprachliches Lehrpersonal an einer Sprachschule).

Aufgrund der Verbreitung der modernen Informations- und Kommunikationstechnologien sind gegenwärtig enorme Zuwächse im Modus 1 zu verzeichnen, während in der Vergangenheit der Modus 2 dominierte. Für die Zukunft schreibt die OECD den Modes 3 und 4 ein großes Wachstumspotenzial zu (OECD, 2002: 104 f.).

Im Bildungssektor ist eine Zurückhaltung bzgl. einer Liberalisierung des Handels zu verzeichnen, insbesondere was die Regelung der Primarbildung sowie die im eigenen Land tätigen ausländischen Einrichtungen, Unternehmen und Experten (Mode 3 und 4) anbelangt (OECD, 2002: 120). Insgesamt gilt der Bildungssektor als der derzeit am wenigsten liberalisierte im Abkommen, wenngleich sich einige Länder (insbes. die USA, Australien und Neuseeland) sehr um ein Vorankommen der Liberalisierung bemühen. So wurde z.B. von der US-Regierung eine Liste mit Handelshemmnissen vorgelegt, die einem internationalen Handel von US-Bildungsdienstleistungen entgegenstehen. Allem voran geht es hierbei um staatliche Subventionen im Bereich der beruflichen Weiterbildung (Severing, 2006b: 29), die seitens der USA ebenso eingefordert werden. Allerdings vertritt die EU im Namen ihrer Mitgliedsländer die Auffassung, dass „die Inländerbehandlung nicht für die Bereitstellung von Subventionen an ausländische Anbieter im öffentlichen Bildungswesen zutrifft" (OECD, 2002: 122). Analog existieren in den USA ebenso Beschränkungen, die im Rahmen einer Liberalisierung aufzuheben wären, sofern sie unter die Inländerbehandlung fallen würden, wie z.B. der Zugang für ausländische Anbieter zu Stipendien und Zuschüssen.

2.2 Lebenslanges Lernen

Im Fokus des lebenslangen Lernens stehen Anforderungen an Kenntnisse und Fertigkeiten, die von allen erworben werden müssen – ungeachtet des Alters. So beginnt das lebenslange Lernen bereits im Kindesalter. Kinder sind darauf vorzubereiten und zu motivieren, während ihres gesamten Lebens weiter zu lernen. Und erwachsene Lernende (Beschäftigte sowie Erwerbslose) sollen die Möglichkeit erhalten, ihre Qualifikationen fortlaufend zu verbessern oder sich beruflich neu zu orientieren (OECD, 1996: 15).

Die OECD fasst unter dem lebenslangen Lernen die persönliche und soziale Entwicklung in allen ihren Formen und in allen Lebenszusammenhängen zusammen. Hierbei bezieht sie formale Formen (z.B. in der Schule, in Bildungseinrichtungen der beruflichen, tertiären und der Erwachsenenbildung) und informelle Formen (z.B. zu Hause, am Arbeitsplatz und in der Gemeinschaft) mit ein.

Ähnlich definiert die Kommission der europäischen Gemeinschaften im Jahr 2000 wie folgt:

 Es soll einen allgemeinen Zugang zum Lernen umfassen, damit neue Qualifikationen erworben bzw. bestehende aktualisiert werden können. Im Rahmen des lebenslangen Lernens müssen überdies Methoden zur Bewertung von Lernprozessen und -erfolgen entwickelt bzw. verbessert werden, insbesondere bezogen auf nicht-formales und informelles Lernen (Kommission der europäischen Gemeinschaften, 2000: 4).

Lebenslanges Lernen als Konzept ist bereits in den 1970er Jahren in Deutschland diskutiert worden – insofern nicht neu. Allerdings erfährt das Konzept aktuell aufgrund verschiedener Faktoren neue Relevanz:

- Zum einen verliert das traditionelle *Vorratsmodell* für Bildung an Bedeutung, bei dem Lernen auf direktem Weg verläuft und mit der Hochschulbildung als höchste Stufe endet. Vielmehr sind aktuell und auch zukünftig Modelle der *permanenten Bildungserneuerung* erforderlich, um den Stillstand bzw. Rückschritt einer Volkswirtschaft zu vermeiden. In einem solchen Modell vermischen sich dann zusehends die bislang institutionell getrennt verlaufenden Prozesse der Allgemein-, Berufs-, Hochschul- und Weiterbildung in den jeweiligen Bildungsbiografien der Lernenden (Baethge, Buss, & Lanfer, 2003: 9).
- Zum anderen erfordern *demografische Entwicklungen* sowie die fortschreitende *Dynamik in der Technologieentwicklung*, die Spezialwissen schnell veralten lässt und daher eine generelle Lernbereitschaft fordert, ein kontinuierliches Lernen im Lebenslauf.

Laut Statistischem Bundesamt werden der Bevölkerung im Erwerbsalter künftig immer mehr Senioren gegenüberstehen. Entfielen 2005 32 ältere Personen (> 65 Jahre) auf 100 Personen im Erwerbsalter (20-64 Jahre), so wird der „Altenquotient" für das Jahr 2050 auf 60 geschätzt. Es ist bereits jetzt absehbar, dass sich die Altersstruktur innerhalb des Erwerbsalters deutlich zu Lasten der Älteren verschieben wird: In 2005 gehörten 50 % der Menschen im erwerbsfähigen Alter zur mittleren Altersgruppe (30-49 Jahre), knapp 20 % zur jungen (20-29 Jahre) und 30 % zur älteren (50-64 Jahre). Im Jahr 2050 wird die mittlere Altersgruppe nur noch ca. 43 % ausmachen, wohingegen die der älteren auf ca. 40 % ansteigt, d.h. die jüngere und mittlere Gruppe verlieren an Anteilen, die ältere nimmt um ca. 10 % zu, was dazu führt, dass das Bild der Erwerbstätigen stark durch die ältere Generation geprägt sein wird (Statistisches Bundesamt, 2006: 6)

In einem Strategiepapier der Bund-Länderkommission für Bildungsplanung und Forschungsförderung (BLK) werden die Herausforderungen und die allgemeinen, akademischen und beruflichen Bildungssysteme in Bezug zum lebenslangen Lernen wie folgt formuliert (Bund-Länderkommission für Bildungsplanung und Forschungsförderung (BLK), 2004: 14 ff.):

- *Einbeziehung informellen Lernens:* Ausgehend davon, dass sich die meisten Lernprozesse außerhalb von Institutionen vollziehen, soll das informelle Lernen stärker in die Förderung mit einbezogen werden.
- *Selbststeuerung:* Lernen unterliegt individuellen Lernbiografien und unterschiedlichen Lernvoraussetzungen. Es kann zunehmend nur von den Lernenden selbst angemessen gesteuert werden, die dabei auch auf fremd organisierte Angebote zugreifen.
- *Kompetenzentwicklung:* Die Bewältigung von praktischen Lebens- und Arbeitsanforderungen reicht von der Ziel fördernden Nutzung der Informations- und Kommunikationstechnologien bis zur Erfüllung von Bildungsstandards und erfordert die ständige Entwicklung von Kompetenzen.
- *Vernetzung:* Institutionen sind zu vernetzen und in ihren Funktionen an die Erfordernisse des lebenslangen Lernens anzupassen. Sowohl einzelne Bildungsstufen als auch Bildungsangebote auf einer Ebene sind stärker aufeinander zu beziehen.
- *Modularisierung:* Lernangebote sind zu modularisieren und Lernmaterialien so zu gestalten, dass sie den Lernenden die Ausrichtung der Lernprozesse nach ihren Bedürfnissen erleichtern.
- *Lernberatung:* Über eine offene und kompetenzorientierte Lernberatung soll das selbstgesteuerte Lernen unterstützt werden.
- *Neue Lernkultur/Popularisierung des Lernens:* Eine motivierende Popularisierung des Lernens soll den drohenden Motivationsverlust angesichts der zunehmenden Komplexität des Lern(um)felds auffangen.
- *Chancengerechter Zugang:* Die Rahmenbedingungen sind so zu gestalten, dass keiner vom Bildungs- und Lernprozess ausgeschlossen ist. Dies gilt insbesondere für bildungsfernere Menschen.

Aufgrund bestehender Defizite in der Hochschulbildung, das lebenslange Lernen betreffend, hat die Hochschulrektorenkonferenz (HRK) anlässlich der Veröffentlichung des EU-Memorandums Empfehlungen zur Stärkung der wissenschaftlichen Weiterbildung vorgelegt (Hochschulrektorenkonferenz, 2001). Im Jahre 2004 stellte die HRK fest, dass lebenslanges Lernen in Hochschulen weiterhin eine Randposition einnimmt und nur selten in zentralen Strategien, Prozessen und Entscheidungsfindungen integriert ist (Hochschulrektorenkonferenz, 2004: 227). Eine Einschätzung, die in internationalen Vergleichsstudien bestätigt wird (Hanft & Knust, 2007). Im Zuge des Bologna-Prozesses erwartet die HRK (2004: 226) eine Neupositionierung des lebenslangen Lernens auf der Ebene der Hochschulweiterbildung. Auch der Wissenschaftsrat sieht den Bologna-Prozess im Zeichen des lebenslangen Lernens. Er empfiehlt, die Weiterbildung nicht als gesondertes Handlungsfeld zu betrachten, sondern als Kernaufgabe der Hochschulen in gestufte Studienstrukturen einzubinden (Wissenschaftsrat, 2006). Sowohl akademisches als auch berufsbezogenes Lernen soll insofern zu einem Leitprinzip im deutschen Bildungssystem avancieren.

2.3 Neue Medien in der Bildung

Neue Medien in der Bildung implizieren keine hierarchische Überordnung zu alten Medien oder gar deren Abwertung. Neue Medien bringen sowohl neue Möglichkeiten und Chancen als auch Risiken und Probleme mit sich und sind deshalb nicht per se besser oder schlechter als die alten Medien (Knust, 2006: 27).

Das Besondere an den neuen Medien ist, dass sie computer- bzw. webbasiert, multimedial, hyperstrukturiert, teilweise interaktiv und kommunikativ gestaltet sein können und i. d. R. eine komplexere Eindrucksqualität aufweisen (Lang, 2002: 29 ff.). Eine explorative Studie der Universität Dresden zeigt, dass die Ortsunabhängigkeit des Bildungsangebotes, verbesserte Recherchemöglichkeiten unter Rückgriff auf entsprechende Datenbanken sowie der verstärkte Einbezug von Bild- und Tonmaterialien als positive Aspekte gewertet werden. Dem gegenüber stehen allerdings Herausforderungen, die sich in einer kostenintensiven Entwicklung, einer aufwändigen Aufbereitung von Lehr-/Lernmaterialien und Pflege dieser Programme sowie dem erhöhten Betreuungsaufwand manifestieren (Herm et al., 2003: 27). Lernen mit neuen Medien umfasst Lehr-/Lernszenarien unter Nutzung von Computertechnologie (sog. „computer-based-trainings" CBT) bzw. Internet-Technologie (sog. „web-based trainings" WBT).

- Didaktisch knüpfen CBT an Ansätze des programmierten Unterrichts und somit den Behaviorismus an, d.h. das Lehr-/Lernszenario lässt wenig bzw. keinen Raum für die Lernenden, selbstgestaltend auf die Lerninhalte einwirken zu können. Vielmehr folgen die Lernenden vorgegebenen Lerninstruktionen und erhalten unmittelbares, zuvor fest programmiertes Feedback auf die jeweils erarbeiteten Ergebnisse. Ein Einsatz von CBT ist insbesondere auf autodidaktische Lehr-/ Lernszenarien ausgelegt und ihr Wirkungsgrad ist aus pädagogischer Sicht durchaus umstritten (Kerres, 2001: 55 ff.). Allerdings können CBT eine sinnvolle Unterstützung für gut sequenzierbare Inhalte sein, wie z.B. bei Sprachtrainings.
- Auch WBT stehen didaktisch in der Tradition des programmierten Unterrichts, bieten jedoch mittlerweile die Möglichkeiten, neue pädagogische Ansätze umzusetzen, wie z.B. Problem lösendes, entdeckendes Lernen oder ein konstruktivistisch orientiertes Projektstudium. Werden CBT auf festen Datenträgern produziert, deren Inhalte nur mit erheblichem finanziellen Aufwand ständig aktuell gehalten werden können, bieten WBT diesbezüglich (mittlerweile) bessere und kostengünstigere Optionen der Aktualisierung.

Grundsätzlich müssen bei der Erstellung von CBT und WBT neben den didaktischen immer ökonomische Faktoren mit berücksichtigt werden, da das Entwickeln didaktisch anspruchsvoller und multimedial gestalteter CBT/WBT sehr hohe Produktionskosten impliziert. Hagenhoff (2002: 73 f.) führt aus, dass sich der Einsatz von CBT bzw. WBT erst bei einer hohen Teilnehmerzahl rechtfertigen lässt, welche sich entweder dann einstellt, wenn eine Veranstaltung über einen möglichst langen Zeitraum angeboten wird, oder durch entsprechende kostengünstige Anpassungen verschiedenen Zielgruppen zugänglich gemacht werden kann.[2] Kamin (2004: 211 ff.) konstatiert, dass die Produktionskosten durch eine geeignete Aufbereitung solcher Lehr-/ Lernmaterialien möglichst gering gehalten werden können, und stellt diesbezüglich eine Kon-

---

2   Hierbei stellt sich jedoch die Frage nach der Wahrung der Aktualität der Lehr-/Lernmaterialien.

zeption zur Mehrfachverwendung von WBT vor, indem er eine modulare und offene Bildungsproduktarchitektur entwickelt und anhand von beispielhaften Anwendungen verdeutlicht, wie die Anpassung modularer Lehr-/Lernmaterialien an die jeweilige Zielgruppe realisiert werden kann. Insgesamt muss jedoch festgehalten werden, dass der Einsatz von CBT/WBT eine entsprechend hohe Nachfrage erfordert.

Soziale Isolation stellt sowohl bei CBT als auch bei WBT einen Kritikpunkt dar, weshalb mittlerweile eher solche Lehr-/Lernkonzepte entwickelt werden, die eine interaktive Kommunikation erlauben und eine Zusammenarbeit zwischen Lernenden und Lehrenden an verschiedenen Lernorten ermöglichen. Medien sind in diesen Lehr-/Lernszenarien, die unter dem Begriff „computer supported kooperative learning" (CSCL) zusammengefasst werden, keine „Behälter", in denen Wissen gespeichert und übermittelt wird, sondern „Werkzeuge", die Wissen (re)konstruieren (Kerres, 2001: 82). Als wesentliches Element werden Lernende, Experten, Tutoren, Mentoren und Dozenten in einem Netzwerk verbunden, in welchem gemeinsam in inhaltlich offen gestalteten Lehr-/Lernszenarien an Problemstellungen, Projekten oder Fallstudien gearbeitet werden kann. Hierbei entfernt sich der Dozent von der Rolle als instruierender Lehrer und nimmt stattdessen die Rolle eines Lernberaters ein. Plattformen, die solche Lehr-/Lernszenarien unterstützen, sind mittlerweile sehr vielfältig. Beispielhaft zu nennen sind Blackboard, Clix oder open source Plattformen, wie Ilias oder Moodle. Auch wenn die soziale Interaktion mittlerweile sehr gut über Internettechnologien abgebildet werden kann, haben sich neben der reinen Online-lehre inzwischen vor allem Blended-Learning-Formate etabliert, die eine Kombination aus Onlinelernen und Präsenzlernen darstellen und die Vorzüge der jeweiligen Lehr-/Lernformen verknüpfen. Die in solchen Szenarien eingebetteten Lernprozesse erwarten einen selbstorganisierten und selbstgesteuerten Lerner. Lernen wird hierbei nicht mehr vom Klassenraum oder vom Computer her gedacht, sondern aus der Perspektive einer nutzeradäquaten Lernumgebung (Sauter & Sauter, 2002).

Die Entwicklung vom instruktiven zum entdeckenden, selbstgesteuerten Lernen erfordert eine umfassende Unterstützung. Dabei ist zu konstatieren, dass der Support umso bedeutsamer wird, je komplexer das Lehr-/Lernarrangement ist (Tait & Mills, 2003). Hierbei wird der Support auf drei unterschiedlichen Ebenen relevant (Zawacki-Richter, 2004):

- *Faculty Support:* Lehrende sind auf neue Aufgaben in onlinegestützten Lehr-/Lernszenarien über entsprechende Betreuung und Schulung vorzubereiten.
- *Studierenden-Support:* Lernende sind zunächst an onlinegestützte Lernformen heranzuführen, indem z.B. technische Unterstützung oder eine Einführung in die internetspezifischen Diskussions- und Kommunikationsregeln angeboten wird.
- *Administrativer Support:* Die administrativen Aufgaben wachsen mit der Komplexität der Lerndesigns. Von der technologischen Infrastruktur über administrative Funktionen und Abläufe bedürfen Lehrende und Lernende der besonderen Unterstützung.

Nach einer Phase des „Trial and Errors" in den späten 1990er Jahren konsolidiert sich das E-Learning mittlerweile. Viele der anfänglich erprobten und mit erheblichem finanziellem Aufwand geförderten Projekte konnten sich nicht am Markt durchsetzen (so gab es z.B. kaum nachhaltige E-Learningangebote aus der Förderlinie „Neue Medien in der Bildung"). Die ursprünglichen Erwartungen, mit E-Learning erhebliche Einspareffekte zu erzielen, wurden nicht erfüllt. In der sich anschließenden Konsolidierungsphase haben sich Lehr-/Lernszenarien entwickelt, die eine sinnvolle Verbindung zwischen präsenzorientierten und onlinebasierten Lehr-/Lernangeboten herstellen, wie dies in Blended-Learning-Ansätzen der Fall ist. Daraus ergeben sich für die Gestaltung solcher Lehr-/Lernangebote in Bildungseinrichtungen vier Szenarien (Hanft & Müskens, 2002):

- *Periphere Ergänzung der Präsenzlehre durch internetbasierte Dienste:* In diesem Szenario bleibt die physische Präsenz der Lernenden an der Bildungseinrichtung uneingeschränkt bestehen. Daneben besteht eine virtuelle Infrastruktur, die nicht oder nur lose mit den Lernangeboten gekoppelt ist. Die Nutzung der virtuellen Infrastruktur ist weitgehend dem persönlichen Können und der individuellen Motivation der Teilnehmenden überlassen und stellt keine Notwendigkeit für das erfolgreiche Lernen bzw. wissenschaftliche Arbeiten dar. Es besteht eine hohe örtliche und zeitliche Gebundenheit aller Akteure.

- *Direkte Unterstützung der Präsenzlehre durch internetbasierte Dienste:* Bei dieser Variante des Einsatzes von Informations- und Kommunikationstechnologien stellen die im Netz zur Verfügung gestellten Materialien (z.B. Folien, Literaturliste) bzw. Dienste (z.B. Diskussionsforum) eine fest mit dem Lehrangebot verknüpfte Dienstleistung dar. Die Nutzung der neuen Medien wird hiermit zum notwendigen Bestandteil erfolgreichen Lehrens und Lernens. Von den Teilnehmenden wird zwar weiterhin die physische Anwesenheit erwartet, sie können aber virtuelle Strukturen selbstgesteuert nutzen und ihren Lehr- bzw. Lernprozess damit flexibler und interaktiver gestalten (z.B. durch zusätzliche asynchrone Kommunikationsmöglichkeiten). Voraussetzung hierfür sind Grundkenntnisse in der Nutzung der gebräuchlichen Online-Dienste.

- *Reine Online-Angebote:* Neben Möglichkeiten der Übermittlung von Studienmaterialien und Plattformen für die Kommunikation unter den Teilnehmenden sind auch alle administrativen Leistungen (z.B. Anmeldeverfahren) und die Betreuung der Lernenden sowie die Lernerfolgskontrolle in virtuellen Strukturen realisiert. Die Teilnehmenden sind damit fast vollkommen unabhängig von festen Zeitschemata und Veranstaltungsorten. Von allen Beteiligten wird eine hohe Kompetenz in der Nutzung der neuen Medien erwartet, da alle Bedürfnisse hierüber vermittelt werden müssen.

- *Hybrid-Angebot:* Hierbei handelt es sich um Lehrveranstaltungen, deren Distribution zum Teil in Präsenzform und zum Teil online (z.B. über eine Lehr-/Lernplattform) organisiert ist. Netzbasierte Informations- und Kommunikationsdienste stellen ein wichtiges Strukturelement dar, dessen Möglichkeiten und Beschränkungen zu neuen Formen des Lehrens und Lernens führen. Die i.d.R. auf ein Minimum reduzierten Präsenzveranstaltungen dienen in diesem Szenario vor allem auch der sozialen Interaktion. Wichtige Elemente des Wissenserwerbs online sind moderierte, asynchrone Diskussionen, kollaborative Gruppenarbeit (z.B. mittels Computer Supported Cooperative Work oder Computer Supported Collaborative Work (CSCW) sowie die Bearbeitung interaktiv gestalteter Studienmaterialien. Die individuelle Betreuung der Lernenden durch Tutoren hat große Bedeutung für die Motivation und das Durchhaltevermögen während der Online-Phasen.

Die Nutzung onlinebasierter Lehr-/Lernformen nimmt bei Hochschulen vor allem eine unterstützende Funktion ein, wohingegen in der betrieblichen und beruflichen Weiterbildung die technischen und didaktischen Möglichkeiten des internetgestützten Lernens sehr viel breiter genutzt werden. Veranstaltungen mit weitgehender Mediennutzung, wie Hybrid- und reine Online-Lehrangebote, finden sich daher vor allem in der betrieblichen Weiterbildung. In der Personalentwicklung von Unternehmen und in Corporate Universities ist E-Learning inzwischen fester Bestandteil (Kraemer & Müller, 2001). Dennoch ist auch an Hochschulen Bewegung diesbezüglich festzustellen. Ausgehend von erfolgreich verlaufenden Pilotprojekten, deuten sich mehrfach institutionelle Zusammenführungen vormals verstreuter Bereiche für das Fernstudium und der Weiterbildung an. Zielgruppe solcher Zentren sind zumeist berufstätige Weiterbildungsinteressierte, für die eine wachsende Zahl von Angeboten entsteht, die über einzelne Qualifizierungsmodule hinaus auch ganze Studiengänge mit Bachelor- oder Master-Abschluss umfassen. International entstehen For-Profit-Einrichtungen, die als virtuelle Hochschulen ihre Produkte mithilfe der Internettechnologien auf einem globalen Markt platzieren (z.B. Phoenix University).

2.4 Beratungsdienstleistungen in der Bildung

Die Relevanz einer Bildungsberatung wird durch die Internationalisierung des Bildungsmarkts, die Erfordernisse, ein Leben lang zu lernen sowie die zunehmende Vielfalt und Intransparenz von Lernoptionen (z.B. unter Nutzung neuer Medien) deutlich (Siebert, 2001). Bildungsberatung umfasst eine Fülle von Angeboten der Bildungs-, Berufs-, Laufbahn- und Karriereberatung, die von Dienstleistungsunternehmen und öffentlichen Einrichtungen angeboten werden. Allerdings ist zu kritisieren, dass bestehende Beratungsangebote nur unzureichend miteinander vernetzt und im System der allgemeinen und beruflichen Bildung verankert sind. In seiner Entschließung zum lebensbegleitenden Lernen vom 27. Juni 2002 fordert der Rat der Europäischen Union seine Mitgliedstaaten daher auf, die Informations-, Beratungs- und Orientierungsangebote in der Aus- und Weiterbildung weiterzuentwickeln und geeignete Instrumente bereitzustellen, mit denen Informationen über Aus- und Weiterbildungsangebote und Beschäftigungsmöglichkeiten zugänglich gemacht werden können.

> !
>
> In einer weiteren Entschließung vom 18. Mai 2004 präzisiert und priorisiert er die Notwendigkeit einer lebensbegleitenden Beratung (Rat der Europäischen Union, 2004: 8 f.):
> - *Entwicklung* eines hochwertigen Beratungsangebots,
> - engere *Zusammenarbeit* auf dem Gebiet der Beratung durch Maßnahmen und Politiken im Kontext der Lissabon-Strategie,
> - *Neuausrichtung* der Beratung als integraler Bestandteil der Programme der allgemeinen und beruflichen Bildung,
> - *Verbesserung* der Maßnahmen zur Sicherung der Qualität der Beratungsdienste, -informationen und -produkte sowie
> - *Vernetzung* der vielfältigen und überwiegend vereinzelt arbeitenden Beratungseinrichtungen und -instanzen.

Eine stärkere Integration der Beratung in das bestehende Bildungs- und Beschäftigungssystem fordert auch die OECD im Gutachten „Career Guidance" (OECD, 2004), das Bildungsberatung für alle Alters- und Zielgruppen zusammenfasst und die Unterscheidung zwischen Bildungsberatung, Studienberatung, Berufsberatung und Weiterbildungsberatung mit unterschiedlichen Anbietern und Zuständigkeiten aufhebt. Steckt Deutschland noch in den „Kinderschuhen" einer umfassenden Karriereberatung, machen andere Länder vor, wie solch eine Beratungsleistung professionell angeboten wird. So gilt Kanada weltweit als führend im Bereich der Karriereberattung. Karriere meint dort allerdings nicht die berufliche Laufbahn im klassischen Sinne, sondern die persönliche Lebensplanung, die Leben und Arbeiten integriert und in einer Zeit, in der traditionelle berufliche Tätigkeitsfelder an Bedeutung verlieren, die Entwicklung persönlicher Kompetenzprofile in den Mittelpunkt rückt (Bundesinstitut für Berufsbildung, 2005: 5 ff.).

3   Institutionelle Kontextfaktoren

Bildungseinrichtungen sind durch institutionelle Charakteristika gekennzeichnet, die sie von anderen Institutionen unterscheiden und besondere Anforderungen an das Management stellen. Die spezifischen Merkmale von Bildungsinstitutionen sind in der organisationstheoretischen Forschung aus verschiedenen Perspektiven und mit unterschiedlichen Foki beschrieben und analysiert worden. Um das Handeln von Individuen im Bildungssystem zu erklären, gewinnt gegenwärtig insb. die neue Institutionenökonomik an Bedeutung. Insofern wird nachfolgend Bildung als Investition in Humankapital auf Grundlage der Neuen Institutionenökonomik beschrieben, bevor im Anschluss daran besondere Charakteristika von Bildungseinrichtungen sowie unterschiedliche organisationstheoretische Perspektiven dargelegt werden.

3.1 Bildung als Investition

In der Bildungspolitik wird davon ausgegangen, dass eine Bildungsentscheidung mit Ertragserwartungen verbunden ist, wie z.B. höherem Einkommen oder besseren Aufstiegschancen (Monopolkommission, 2000: 69). Die Entscheidung für Bildung stellt jeden Akteur daher vor die Herausforderung, seine Investitionen (z.B. monetär, zeitlich) vor dem Hintergrund eines zu erwartenden Nutzen abwägen zu müssen. Nach der neuen Institutionenökonomik wird er dabei Formen von ökonomischen Austauschbeziehungen bevorzugen, die den geringsten Koordinationsaufwand, die geringsten Kosten und die größte Effizienz aufweisen (Ebers & Gotsch, 1999: 199).

Im Mittelpunkt der Ansätze der Neuen Institutionenökonomik stehen vor allem Überlegungen der Leistungsbereitstellung und -tiefe (Transaktionskostentheorie), der Gestaltung von vertraglichen Austauschbeziehungen (Principal-Agent-Theorie) sowie bzgl. der Verfügungsrechte (Richter & Furubotn, 2003: 39), die sich nicht nur auf die Beziehung Bildungsanbieter – Bildungsnachfrager übertragen lassen, sondern auch auf die Gestaltung der Außenbeziehungen von Bildungsinstitutionen Einfluss nehmen.

Ob es zu einem Vertrag oder einer Beziehung kommt, wird nach der *Transaktionskostentheorie* insb. durch das Ausmaß spezifischer Investitionen (Zeitaufwand, monetärer Aufwand), Unsicherheit (z.B. hinsichtlich des zu erwartenden Nutzens) sowie die Transaktionshäufigkeit (z.B. im Verhältnis zum Aufwand bei der Vertragsanbahnung) bestimmt, wobei diese Faktoren durch institutionelle Arrangements (z.B. Anreizintensität, Anpassungsfähigkeit, das Vertrauen auf bürokratische Steuerung und Kontrolle sowie die vertragsrechtlichen Grundlagen) beeinflusst werden können.

Aus der Perspektive der Bildungsinstitution ist zu entscheiden, unter welchen Bedingungen Leistungen besser eigen erstellt oder fremd vergeben werden sollten, wobei es eine strategische Grundempfehlung der Transaktionskostentheorie ist, dass Leistungen, die kaum einen spezifischen Ressourceneinsatz benötigen und von geringer strategischer Relevanz sind, eher externen Marktpartnern anzuvertrauen sind, während strategisch wichtige Aufgaben mit hoher Spezifität im eigenen Kernbereich liegen sollten (Naschold & Bogumil, 2000: 72; Picot & Wolff, 1994). Strategisch wichtige Aufgaben, z.B. das Erstellen von Lehr-/Lerninhalten oder das Qualitätsmanagement, sollten somit intern organisiert werden, wohingegen z.B. die Gebäudereinigung oder Druckaufgaben als Leistungen mit geringer strategischer Relevanz extern vergeben werden sollten.

Im Kern des *Principal-Agent-Ansatzes* (PAT) steht die Gestaltung vertraglicher Beziehungen zwischen einem Auftraggeber („Prinzipal") und einem Auftragnehmer („Agent") unter den Bedingungen ungleicher Informationsverteilung und Unsicherheit sowie unter Berücksichtigung der Risikoverteilung unter den Akteuren, wobei davon ausgegangen wird, dass das Verhalten der Akteure (Wirtschaftssubjekte) vom Prinzip der *Nutzenmaximierung* geleitet ist und dass diese in ihren Entscheidungsfindungen stets eingeschränkt sind. Für Bildungsdienstleistungen sind diese Überlegungen von besonderer Relevanz, da sie in ihrer Qualität vorab wenig transparent sind, somit also Informationen, externen Zertifizierungen oder Akkreditierungen eine besondere Bedeutung zugeschrieben werden kann. In vertraglichen Regelungen können ggf. über Anreiz- und Kontrollmaßnahmen Risiken für die Beteiligten verringert werden, auch wenn hierdurch Kosten entstehen. Das Gestaltungspotenzial für die Optimierung von Verträgen richtet sich insbesondere auf die Minimierung dieser Kosten (Ebers & Gotsch, 1999: 209 ff.).

In der *Property Rights Theory* (PRT) wird davon ausgegangen, dass Akteure zur Zielerreichung auf Ressourcen zurückgreifen, deren Nutzung in Verfügungsrechten geregelt ist. Akteure werden insofern die Verfügungsrechte über Ressourcen in der Weise gestalten, dass sich ihnen ein größtmöglicher Nutzen bietet. Der für sie zu erwartende Nettonutzen wird umso geringer ausfallen, je höher die anfallenden Transaktionskosten sind (Ebers & Gotsch, 1999: 201), die z.B. für die Bestimmung, Übertragung, Durchsetzung oder Sicherung von Verfügungsrechten, aber auch während der Phase der Informationsgewinnung bzw. während der Verhandlungs-/Abschlussphase anfallen können. Das Recht der Hochschulen an der Verfügung über die eigenen Ressourcen (Dozenten, Lehr-/Lernmaterialien, Räume, Technologien) wird z.B. durch gesetzliche Rahmenbedingungen eingegrenzt. Dabei gilt, dass der Grad der institutionellen Einschränkung der Nutzungsmöglichkeiten einer Ressource und/oder der Grad der Verteilung der Verfügungsrechte an einer Ressource auf mehrere

Individuen den Grad der „Ausdünnung" der Verfügungsrechte definiert (Ebers & Gotsch, 1999: 201).

Bildungsinstitutionen sehen sich insofern mit der Anforderung konfrontiert, die Dienstleistung Bildung möglichst effektiv und effizient anzubieten, was unterschiedliche Folgen mit sich bringt:

 Die Produzenten-Konsumenten-Beziehung löst die Idealvorstellung einer Gemeinschaft von Lehrenden und Lernenden bzw. die Idee des sozialintegrativen Lehrendenverhaltens (Tausch & Tausch, 1968) ab.

Lernende erwarten für die getätigte Bildungsinvestition eine möglichst hochwertige Gegenleistung. Lernende werden vielfach auch als „Kunden" bezeichnet, wobei der Kundenbegriff in der Erwachsenenbildung durchaus kontrovers diskutiert wird. Dies zum einen, weil er nicht aus der Rolle des Co-Produzenten der Bildungsdienstleistung entlassen werden kann (Orthey, 2003: 182), und zum anderen, weil teilweise auch die Arbeitgeber als Kunden betrachtet werden (Silberer & Wandt, 2005: 8). Radikale Kritiker des Kundenbegriffs sehen eine prinzipielle Unvereinbarkeit zwischen der Kunden-Anbieter-Beziehung und der Teilnehmer-Pädagogen-Beziehung. Der Logik moderner Organisationsentwicklungen in der Weiterbildung folgend, wird allerdings häufig von einem teilnehmerorientierten Kundenbegriff ausgegangen, mit dem ein sich änderndes Verhältnis von Angebot und Nachfrage in der Erwachsenenbildung zum Ausdruck gebracht und sowohl die gesellschaftlichen als auch die individuellen Bedürfnisse stärker betont werden sollen (Bastian, 2002: 12 ff.; Nuissl, 2003: 176 f.).

 Die Forderung der Verwertbarkeit von Bildung für den Arbeitsmarkt impliziert einen hohen Druck zur externen Evaluierung und zur Schaffung von allgemeinen und auf dem Arbeitsmarkt anerkannten Bildungsabschlüssen.

Im Bereich der Weiterbildung ist z.B. zu erkennen, dass mit den neuen „Xpert-Abschlüssen" der Volkshochschulen[3] im Vergleich zu den früheren Abschlüssen (z.B. VHS-Computer-Pass) eine europäische Vergleichbarkeit und Anerkennung von Abschlüssen angestrebt wird, um die Mobilität der Absolventen auf dem Arbeitsmarkt zu unterstützen (Hanft et al. 2004: 27 ff.). Bildungsinstitutionen sehen sich einem wachsenden *Wettbewerb* ausgesetzt.

Dies ist vor allem in der verstärkten Mobilität der Lernenden begründet, dem zunehmenden Angebot von E-learning- bzw. Blended-Learning-Programmen sowie der Reduzierung von Qualitätsunsicherheit durch standardisierte Qualitätssicherungsverfahren in der Bildung. Der Markt der Bildungsanbieter erweitert sich hierbei sowohl horizontal als auch vertikal: Eine horizontale Erweiterung findet statt, weil andere, durchaus weiter entfernt liegende Bildungsinstitutionen gleichen Typs zu realen Alternativen für die potenziellen Lernenden werden. Vertikal erweitert sich der Wettbewerb, da bestimmte Abschlusstypen bzw. Zertifikatsformen nicht mehr zwangsläufig mit einem bestimmten Typ von Bildungseinrichtung einhergehen (z.B.

---

3   Vgl. http://www.xpert-zertifikate.de, abgerufen am 14.05.2009.

werden Zertifikate zum „Xpert European Computer Passport" nicht nur von Volkshochschulen, sondern auch von Einrichtungen, wie der Gesellschaft für Berufliche
Bildung in Brandenburg oder der Frauenbildungsinitiative feffa e.V. im Nordosten
Niedersachsens, vergeben). Zudem ist zu erkennen, dass bei den Hochschulabschlüs-
sen zunehmend die traditionell sehr ausgeprägten Grenzen zwischen Universitäten
und Fachhochschulen verschwinden. Im Zuge des Bologna-Prozesses vergeben sie
nicht mehr unterschiedliche Typen von Diploma, sondern schließen das Studium
beide mit – formal – gleichwertigen Bachelor- oder Master-Abschlüssen ab.

3.2 Besondere Charakteristika von Bildungsinstitutionen

In der Institutionenökonomik gelten Institutionen als Systeme „miteinander ver-
knüpfter, formgebundener (formaler) und formungebundener (informeller) Regeln
(Normen) einschließlich der Vorkehrungen zu deren Durchsetzung" (Richter & Furubotn, 2003: 7), die das Handeln von Akteuren steuern. Akteure handeln (begrenzt)
rational, indem sie bei der Verfolgung ihrer Ziele institutionelle Handlungsbedingun-
gen wahrnehmen und in ihren Entscheidungen berücksichtigen (Edeling, 1999: 9).
Institutionelle Rahmenbedingungen werden für das wirtschaftliche Handeln somit
nicht als neutral angesehen, sondern fließen als Kostenfaktoren in die Gestaltung
institutioneller Arrangements ein. Vor diesem Hintergrund werden die besonderen
Charakteristika von Bildungsinstitutionen in der wissenschaftlichen Diskussion vielfach als Herausforderung für die interne Strukturierung und das Management gesehen (Baldridge et al., 1977; Cohen & March, 1974; Meyer & Rowan, 1977; Weick,
1976) Was aber sind genau diese besonderen Charakteristika? Den Ausführungen
von Baldridge et al. (1977) folgend, wird dies im Weiteren erläutert

Zielunklarheit

Im Gegensatz zu anderen Profit- oder Non-Profit-Einrichtungen fällt eine Zielformulierung in Bildungsinstitutionen oftmals schwerer.

Forschungsziele unterliegen einem Prozess und können oft nur vage formuliert
werden bzw. müssen angepasst werden. Lehrende und Wissenschaftler arbeiten, insbesondere in Hochschulen, überaus selbstständig und verfolgen eigene Ziele, die von
den Zielen der Gesamtorganisation durchaus abweichen können. In Organisationsstrukturen von Bildungs- und Wissenschaftseinrichtungen ist daher üblicherweise ein
höherer Grad an Aufgabenunsicherheit zu erkennen (Baldridge et al., 1977: 128).

Bildungsinstitutionen versuchen i.d.R., verschiedene Ziele unterschiedlicher Stakeholder in Einklang zu bringen. Außerdem ist es für sie schwierig, neue Ziele, die
aus der Umwelt an sie herangetragen werden, abzulehnen. Ob es sich um einen unmittelbaren Berufsbezug der Bildungsprogramme oder die Förderung der regionalen
Zusammenarbeit handelt – Bildungseinrichtungen versuchen, diesen Erwartungen
gerecht zu werden.

Klientenbezug

Bildungseinrichtungen haben es, wie alle Dienstleistungseinrichtungen, mit einem
sog. „externen Faktor" (z.B. Bodendorf, 1999: 2 f.) zu tun, dem Lernenden. Die Lernenden sind als Leistungsempfänger direkt an der Leistungserstellung beteiligt. Sie
nehmen als externe Faktoren signifikanten Einfluss auf die Prozesse (am Kunden)
und die Entscheidungsstrukturen von Bildungsinstitutionen. Auch Schulkinder haben normalerweise einflussreiche Eltern hinter sich stehen, die eine Stimme bei der
Ausgestaltung der Bildungseinrichtung haben. In Hochschulen können die Studierenden selbst für sich sprechen und machen davon in der Regel auch Gebrauch
(Baldridge et al., 1977).

Problematische Technologien

Bildungseinrichtungen arbeiten in der Regel mit Kunden, die sehr individuelle Bedürfnisse und Anforderungen haben und auf die sie daher sehr individuell eingehen
müssen. Ihre Arbeitsprozesse sind insofern häufig weniger strukturierbar und kon-
trollierbar, sie arbeiten mit „problematischen Technologien".

Ein Bankbetrieb kann z.B. spezielle arbeitsteilige Schritte im Rahmen der Leistungserbringung durchlaufen und es können sowohl ungelernte als auch ausgebildete Fachkräfte zum Einsatz kommen. Bildungsinstitutionen können jedoch nur schwer
standardisierte Arbeitsabläufe definieren. Zudem ist die Qualität der Leistungserbringung aufgrund des Einbezugs des externen Faktors oft nur schwer zu erfassen
(Baldridge et al., 1977).

Professionenbezug

Bildungsinstitutionen unterscheiden sich von anderen Einrichtungen dadurch, dass
die Leistung durch professionell ausgebildete Spezialisten, sog. Professionelle, ausgeführt wird (Mintzberg, 1979: 50).

Bildungsinstitutionen stellen Lehrende ein, Hochschulen berufen Wissenschaftler und Lehrkräfte. Diese Professionen nutzen eine große Bandbreite von Fähigkeiten zur Bewältigung der komplexen und teilweise nicht prognostizierbaren Arbeitsaufgaben. Anstatt den Leistungserbringungsprozess in einzelne Arbeitsschritte zu
zergliedern, werden die Prozessschritte durch einen einzelnen Professionellen ausgeführt. Professionelle sind gekennzeichnet durch (Mintzberg, 1979: 50 f.)

- einen hohen Grad an *Autonomie* in der Aufgabenerfüllung.
- *gespaltene Loyalitäten,* d.h. Professionelle fühlen sich häufig zuerst ihrer Profession verpflichtet (z.B. der Medizin, der Architektur, der wissenschaftlichen Disziplin), erst danach der Organisation, in der sie tätig sind.
- *Peer-Evaluation,* die erforderlich wird, weil die Leistungserbringung hochkom-
  plex ist und insofern ausschließlich von Fachkollegen bewertet und kontrolliert
  werden kann.

Externe Verwundbarkeit

Der Grad der externen Abhängigkeit differiert zwischen Wirtschaftsunternehmen und – insbesondere öffentlichen – Bildungseinrichtungen.

Auch wenn Kundenbedürfnisse oder staatliche Vorgaben das unternehmerische Handeln in gewisser Hinsicht einschränken, verfügen Unternehmen in einer freien Marktwirtschaft über einen relativ hohen Grad an Autonomie, da sie im Wesentlichen sehr frei über ihre Angebote und Prozesse entscheiden können. Im Gegensatz dazu existieren solche Organisationen, die mehr oder weniger vollständig durch ihre Umwelt bestimmt sind (Baldridge et al., 1977). Öffentliche Bildungsinstitutionen werden beispielsweise von einer kritischen Öffentlichkeit dauerhaft dahingehend überprüft, ob die angebotenen Leistungen den Erwartungen und Bedürfnissen der Umwelt entsprechen. Mit veränderten Umwelterwartungen und Einflussmöglichkeiten ändern sich insofern auch ihre Organisations- und Steuerungsmechanismen.

Organisierte Anarchie

Aufgrund der zuvor genannten Charakteristika, wie Zielunklarheit, unklare Technologien, enger Klientenbezug, externe Verwundbarkeit und Professionenbezug, werden Bildungsinstitutionen als eine organisierte Anarchie mit schwach ausgeprägten zentralen Steuerungsmöglichkeiten beschrieben: „In einer Universitätsanarchie trifft jedes Individuum autonome Entscheidungen. Lehrer entscheiden ob, wann und was sie lehren. Studenten entscheiden ob, wann und was sie lernen. Gesetzgeber und Sponsoren entscheiden, ob, wann und was sie finanziell unterstützen. Es werden weder Koordination noch Kontrolle ausgeübt. Ressourcen werden so zugeteilt, wie es sich aus der Situation heraus ergibt, aber ohne expliziten Bezug zu einem übergeordneten Ziel. Die ‚Entscheidungen‘ des Systems gehen aus dem System selbst hervor, wurden aber weder von jemandem intendiert noch von jemandem maßgeblich kontrolliert“ (Cohen & March, 1974: 33 f.).

Das Bild einer organisierten Anarchie spiegelt die Organisationsdynamik wider, die insbesondere in akademischen Organisationen häufig anzutreffen ist und den Handlungsrahmen für den Einsatz von Managementkonzepten begrenzt. Führungskräfte (z.B. Schulleiter, Hochschulleitungen, Dekane) verfügen in der Regel über wenig Durchsetzungsmacht und Entscheidungen werden von einzelnen Personen getroffen, die nicht unbedingt über die entsprechende Positionsmacht (dafür aber über die Expertenmacht) verfügen.

3.3 Alternative organisationstheoretische Perspektiven

Bildungsinstitutionen lassen sich nicht mit einem einzelnen Schema beschreiben. Eine Möglichkeit, ihre organisatorischen Besonderheiten einzufangen, ist, möglichst mehrere theoretische Perspektiven einzunehmen, in der jede Theorie als eine Art „Linse“ fungiert, mit der typische Aspekte der Steuerung von Bildungseinrichtungen aus einem anderen Blickwinkel betrachtet werden. Insofern werden nachfolgend kurz relevante Organisationstheorien skizziert, die häufig im Zusammenhang mit Bildungsinstitutionen diskutiert werden. Hierbei sind einige „Linsen“ generell für

Bildungsinstitutionen gültig, andere gelten insbesondere für öffentliche Bildungs- und Wissenschaftseinrichtungen (Hochschulen).

Bildungsinstitutionen als professionelle Bürokratie

Insbesondere staatliche bzw. staatlich anerkannte Hochschulen stellen Bildungsinstitutionen als professionelle Bürokratie dar. Hierbei ist die professionelle Bürokratie mit drei wesentlichen Managementherausforderungen konfrontiert: Koordinationsschwierigkeiten, Gestaltung des Handlungsspielraums und Innovationsproblemen (Mintzberg, 1979: 65 ff.):

- *Koordinationsschwierigkeiten:* Professionelle Bürokratie lässt sich nur effektiv über die Standardisierung von Kompetenzen und Fähigkeiten der Professionellen steuern. Solange dies zu befriedigenden Lösungen führt, ist gegen eine solch bürokratische Arbeitsteilung („Pigeonholing", zu Deutsch: in Schubladen sortieren) nichts einzuwenden. Allerdings lassen sich nur wenige Klientenwünsche mit entsprechend standardisierten Arbeitsabläufen bedienen, insbesondere dann, wenn unklar definierte Zuständigkeiten herrschen. Das Pigeonholing entpuppt sich insofern als eine zentrale Konfliktquelle für professionelle Bürokratien. Viele mikropolitische Spiele werden über unklar definierte Zuständigkeiten ausgetragen, die viel Zeit und Energie kosten können.
- *Gestaltung des Handlungsspielraums:* Der gegebene und notwendige Handlungsspielraum der Professionellen in Bildungsinstitutionen zieht eine Reihe von Dysfunktionalitäten nach sich: Er ermöglicht es den Experten, die Bedürfnisse der Klienten zum gewissen Teil bzw. die der übergeordneten Organisation zu ignorieren. Als (üblicherweise) Novize kann der Klient die Kompetenzen des Experten nicht unmittelbar bewerten, weil sich z.B. nicht evaluieren lässt, ob sich der Experte kontinuierlich weiter qualifiziert und seine Kenntnisse up to date sind. Ebenso wenig lässt sich die Ergebnisqualität direkt beurteilen.
- *Innovationsprobleme:* Professionelle Bürokratien zeichnen sich insbesondere durch ihre stark dezentralisierte Struktur aus, die einer in Restrukturierungsphasen notwendigen interdisziplinären Zusammenarbeit im Wege steht. Ähnlich wie klassische Bürokratien, die generell als unflexibel und träge gelten, neigen auch professionelle Bürokratien zum organisatorischen Konservatismus. Anstatt für neue Probleme neue Lösungen zu entwickeln, verleitet die dezentrale Organisationsstruktur dazu, dass neue Probleme in die alten Schubladen sortiert werden.

Bildungsinstitutionen als institutionalisierte Gebilde

Bildungsinstitutionen sind zum einen sehr empfänglich für externe Erwartungshaltungen von Stakeholdern, wie z.B. von der Bildungspolitik, von Studierenden, Eltern, Arbeitgebern oder der Wissenschaft, denn sie stehen in unmittelbarer Abhängigkeit zu diesen Gruppierungen, wollen sie ihren Ressourcenzufluss sichern. Sie sehen sich zum anderen einer Vielfalt institutionalisierter Umwelterwartungen ausgesetzt. Neben der Bewältigung der klassischen Dilemmata zwischen Forschung und Lehre sowie Bildung und Ausbildung sollen Bildungsorganisationen in letzter Zeit auch zunehmend effektive Entscheidungen treffen, den Wissenstransfer in die Praxis gewährleisten und Geschlechterparität bei der Stellenbesetzung sicherstellen (Hasse & Krücken, 1999: 14).

Sehen sich Organisationen widersprüchlichen Erwartungen ausgesetzt, übernehmen sie spezifische Strukturelemente zur Bewältigung von Organisationsproblemen, wie z.B. die Einführung eines Qualitätsmanagementsystems oder den Aufbau einer Transferstelle, mit denen signalisiert werden soll, dass ein Transfer von Forschungsergebnissen in die Wirtschaft realisiert wird. Bereits in den späten 1970er Jahren wurde argumentiert, dass Bildungsinstitutionen solche Strukturelemente zwar formal postulieren, sie jedoch de facto nicht befolgen. Im Ergebnis zeigen sich zwei parallele Organisationsstrukturen: Eine formale, nach außen hin sichtbare, in der die Organisation dem gesellschaftlichen Erwartungsdruck zu entsprechen versucht, und eine interne, in der die physischen Arbeitsprozesse vollzogen werden. Indem die formale von der physisch gelebten Struktur entkoppelt wird, können Bildungseinrichtungen die durch die Umwelt legitimierte formale Struktur aufrechterhalten und zugleich die tägliche Praxis der Aufgabenerfüllung an den tatsächlichen technologischen Erfordernissen ausrichten (Meyer & Rowan, 1977).

Allerdings wird der eben beschriebene (neoinstitutionalistische) Ansatz dahingehend kritisiert, dass er Institutionen als rein passive Gebilde wertet, die sich lediglich an externe Vorgaben und soziale Normen anpassen, um überlebensfähig zu bleiben (Powell & DiMaggio, 1991). Bei dieser Sichtweise wird außer Acht gelassen, dass Bildungsinstitutionen durch ihr Verhalten sehr wohl auch aktiv ihre Umwelt beeinflussen können (Oliver, 1991).

Insgesamt leistet der soziologische Neo-Institutionalismus einen wichtigen Erklärungsbeitrag für Bildungsinstitutionen, weil die Aufmerksamkeit darauf gelenkt wird, dass die Übernahme von institutionalisierten Regeln zwar nicht immer die technische Effizienz der Arbeitsprozesse erhöht, dennoch durchaus als rationale Verhaltensweise gedeutet werden kann. Das Wissen über verschiedene Reaktionsformen mit vielschichtigen und zum Teil auch widersprüchlichen Anforderungen bietet ein besseres Verständnis darüber, wie sich Wandlungsprozesse in Bildungsinstitutionen vollziehen und erfolgreich gemanagt werden können.

Bildungsinstitutionen als mikropolitische Gebilde

Im mikropolitischen Prozessansatz werden Organisationen als begrenzt rational steuerbare Gefüge „interessengeleiteter Interventionen, Aushandlungen, Konflikte mit jeweils nur temporären Problemlösungen" (Türk, 1989: 122) erfasst. Empirische Analysen zeigen, dass Entscheidungsprozesse z.B. in wissenschaftlichen Einrichtungen weniger rational oder kollegial ablaufen, sondern vielmehr durch laufende Aushandlungsprozesse zwischen verschiedenen Interessengruppen mit konfligierenden Zielen, Werten und Präferenzen geprägt sind (Baldridge, 1971). Bildungsinstitutionen sind unter dieser Perspektive ein Ergebnis von permanent stattfindenden Auseinandersetzungen und Spielen der autonomen Akteure, die die ihnen hierfür zur Verfügung stehenden Machtquellen und Einflussmöglichkeiten strategisch nutzen.

Insbesondere mehrdeutige, instabile und wenig transparente Entscheidungssituationen bieten mikropolitischen Prozessen ideale Grundvoraussetzungen (Lüde, 2003: 271; Madison et al., 1980). Motive für mikropolitische Spiele liegen in den unterschiedlichen Karrieremotiven, Machtquellen, im Konkurrenzverhalten und in der üblicherweise als knapp empfundenen Ressourcenausstattung (Hinck et al., 2002; Lüde, 2003: 272). Mikropolitische Maßnahmen der Akteure zur Sicherung der als erforderlich angesehenen Ressourcenausstattung sind z.B. Koalitionen, Verhandlungen, taktische Manöver oder Reziprokgeschäfte. Allerdings benötigen sie hierzu einen gewissen Handlungsspielraum (Crozier & Friedberg, 1979). Insofern besteht die These, dass die Entscheidungsprozesse umso mikropolitischer werden, je größer sich die Handlungsspielräume der Akteure gestalten (Crozier & Friedberg, 1993: 8).

Bourgeois & Nizet (1993: 404) haben in Anlehnung an die Arbeiten von Crozier & Friedberg (1979; 1993) sowie anderen Wissenschaftlern (z.B. Etzioni, 1961: 111 ff.; French & Raven, 1968; Pettigrew, 1972; Pfeffer, 1981; Pfeffer & Salancik, 1974) für akademische Einrichtungen insgesamt sieben Machtquellen zusammengestellt und empirisch untersucht. Dazu zählen:

- *Expertenwissen* als wichtige Machtquelle zur Beeinflussung von akademischen Entscheidungsprozessen.
- *Monetäre Mittel* als kritische Ressource zur Nutzung der Handlungsspielräume der Akteure.
- *Informationen* als Mittel zur Akkumulation von Macht (u.a. „hidden informations").
- *Zeit* als wichtige Sekundärressource in Bezug auf Beschleunigung oder Verlangsamung von Entscheidungsprozessen (um sich z.B. andere Machtquellen zu beschaffen).
- Organisatorische *Regeln,* die bestimmte Gruppen oder Personen daran hindern, ihre Ziele zu erreichen (z.B. wegen mangelnder Autorität).
- *Koalitionen* als wichtige Legitimierungsfunktion bei der Durchsetzung von günstigen Handlungsalternativen (insbesondere im akademischen Kontext).
- *Sprache* und *symbolische Handlungen* zur Beeinflussung von Entscheidungsprozessen (z.B. akademischer Titel, Platz in Gremien, persönliche Einladungen zu bestimmten Veranstaltungen etc.).

Aufgabe einer Organisationsführung ist es, die mikropolitischen Spiele und Interessenkonflikte zu erkennen, positiv zu deuten und in die gestalterischen Überlegungen und Maßnahmen mit einzubeziehen (Küpper & Ortmann, 1988). Ein bewusster Umgang setzt allerdings voraus, dass die Leitung so sensibel ist, dass sie die jeweils verfolgten Interessen erkennt, die Konflikte nachvollziehen kann und die bestehenden Machtstrukturen durchschaut (Morgan, 2002: 153 ff.).

Bildungsinstitutionen als kulturelle Gebilde

Bildungsinstitutionen gelten als stark kulturell geprägte Gebilde, denen gemeinsam entwickelte Glaubensvorstellungen, Werte und Normen zugrunde liegen (z.B. Kuh & Whitt, 1988). Organisatorische Handlungen sind insofern nur aus der kulturellen Verfasstheit des Systems heraus interpretierbar. Sämtliche Organisationskulturen sind komplexe und schwer fassbare Konstrukte mit eigenen Symbolen, Ritualen, Normen, Standards sowie tiefer liegenden Grundannahmen.

Im „*Kulturmodell"* von Schein (1985) beinhalten die Basisannahmen grundlegende Orientierungs- und Vorstellungsmuster, welche die Wahrnehmung und das Handeln der Akteure prägen. So existiert in einer Schule z.B. die Vorstellung darüber, ob die externe Umwelt (z.B. Eltern) als bedrohlich oder herausfordernd wahrgenommen wird oder ob man sie prinzipiell als bezwingbar und gestaltbar betrachtet. Normen und Standards, die als ungeschriebene Verhaltensrichtlinien das Zusammenspiel in einer Organisation prägen, definieren im Weiteren das *„Weltbild"* dieser Organisation (Schein, 1985). Hierüber wird z.B. implizit das Verhalten zwischen Lehrenden, zwischen Organisationsleitung und Mitarbeitenden oder zwischen Männern und Frauen festgelegt. Wie gestaltet sich z.B. das Zusammenspiel zwischen Vorgesetzten und Mitarbeitenden? Siezen oder Duzen sich Lernende mit den Lehrenden?

Schließlich existieren im *„Symbolsystem"* beobachtbare, mitunter aber auch schwer zu interpretierende kulturelle Schöpfungen und Artefakte einer Organisation, wie z.B. der Kleidungsstil oder ritualisierte Verhaltensweisen. Dieser expressiven Ebene der Organisationskultur kommt die Aufgabe zu, die schwer fassbaren tiefer liegenden Elemente der Normen und Basisannahmen nach innen und außen zu kommunizieren und auf diese Weise lebendig zu halten (Schein, 1985).

Eine kulturelle Prägung ist im gewissen Umfang in der Lage, in Expertenorganisationen, die typischerweise stark fragmentiert sind, Konformität erzeugen und damit Kooperation und interdisziplinäre Zusammenarbeit zu fördern (Dill, 1982). In Großorganisationen erfüllt die Organisationskultur insofern eine Art Kompassfunktion: Sie macht die Welt für Organisationsmitglieder verständlich und überschaubar und schafft damit eine Basis für das tägliche Handeln. Gleichzeitig kann sie Motivation und Teamgeist fördern und insofern die Bereitschaft entstehen lassen, sich für die Einrichtung zu engagieren.

Sehr stark ausgeprägte Organisationskulturen können sich allerdings auch als Hemmschuh für das Change Management einer Bildungsinstitution erweisen (vgl. Kap. „Change Management" von Klaus Doppler in diesem Band). Die Sicherheit, die eine gemeinsame Kultur stiftet, muss bei grundlegenden Reformprojekten insofern infrage gestellt und möglicherweise aufgelöst werden.

Bildungsinstitutionen als lose gekoppelte Gebilde

„Stellen Sie sich vor, Sie sind entweder Schiedsrichter, Trainer, Spieler oder Zuschauer bei einem Fußballspiel. Das Spielfeld ist rund, mehrere Tore sind willkürlich am Spielfeldrand verstreut. Die Leute können in das Spiel einsteigen und es verlassen, wann sie wollen; sie können Bälle einwerfen, wann es ihnen passt; sie können sagen: „Ich habe ein Tor gemacht" wann und so oft sie wollen. Das ganze Spiel findet auf einem schrägen Spielfeld statt, und das Spiel wird so gespielt, als ob es Sinn macht. Wenn Sie jetzt Schulleiter mit Schiedsrichtern, Lehrer mit Trainern, Studenten mit Spielern, Eltern mit Zuschauern und Bildung mit Fußball austauschen, bekommen Sie eine unkonventionelle Darstellung einer Bildungsorganisation" (March zitiert in Weick, 1976: 1).

Mit diesem Bild lenkt Weick (1976) erstmalig den Fokus auf die teilweise schwer steuerbaren und nur lose miteinander gekoppelten Ziele, Arbeitsprozesse und Ergebnisse von Bildungsinstitutionen. Der Begriff „lose Kopplung" beschreibt Ereignisse in Organisationen, die zwar miteinander in Beziehung stehen, aber die jeweils auch einen eigenen Sinn verfolgen und eine eigene Identität zeigen und daher auch zum gewissen Grad getrennt voneinander operieren. Das Konzept der losen Kopplung ist in den letzten 30 Jahren vielfach im Zusammenhang mit Organisation und der Steuerbarkeit von Bildungsinstitutionen diskutiert worden (z.B. Meyer & Rowan, 1977; Orton & Weick, 1990; Weick, 1976). Lose Kopplungen bieten sowohl Vor- als auch Nachteile innerhalb einer Bildungsinstitution, wie z.B. (Laske & Meister-Scheytt, 2006: 108, in Anlehnung an Weick, 1976):

- *Fachkulturen:* Lose Kopplung ermöglicht die Ausbildung verschiedener Fachkulturen, ohne dass diese den administrativen Bereich beeinflussen. Allerdings wird die Zusammenarbeit zwischen den einzelnen Einheiten (Fachbereichen) untereinander sowie mit der Verwaltung erschwert.
- *Umweltwahrnehmung:* Lose Kopplung ermöglicht eine sensible Umweltwahrnehmung und schnelle Anpassung durch Spezialisierung. Allerdings befördert diese Spezialisierung einen „Tunnelblick".
- *Gegenseitige Beeinflussung:* Durch lose Kopplung nehmen Probleme in einer Subeinheit keinen/geringen Einfluss auf die Aktivitäten anderer Subeinheiten. Allerdings wird das Change Management aufgrund fehlender direkter Steuerungs- und Einflussmöglichkeiten hierdurch erschwert.

Über Bildungsreformen (wie z.B. Einführung von Graduiertenkollegs oder Modularisierung von Lehrangeboten) wurde in den letzten Jahren versucht, Bildungsinstitutionen wieder stärker in eine Gesamtorganisation zu integrieren und fester miteinander zu koppeln (Lutz, 1982). Allerdings ist festzustellen, dass der Kopplung einzelner Subeinheiten in Bildungseinrichtungen Grenzen gesetzt sind. Die Wirksamkeit solcher Maßnahmen wird insofern von Ökonomen, Politikwissenschaftlern und Soziologen hinterfragt, da die gewünschten Effekte häufig ausbleiben: „Organizational innovations that have so far been tried (decentralization, performance contracting) as yet show no significant improvement in outcomes compared with traditional forms of organization...There is considerable evidence that many of the short run gains from educational interventions fade away after two or three years if they are not reinforced" (Averch et al., 1974, zitiert in March, 1999: 365).

Relevanz von Reputation für Bildungsinstitutionen

Um die vorherigen Ausführungen abzurunden und erneut gezielt auf Bildungsinstitutionen zu fokussieren, werden nun abschließend Ausführungen zur Relevanz der Reputation vorgenommen. Bildung gilt als „Erfahrungsgut", d.h. Kunden (Lernende, Arbeitgeber) können erst nach der erfolgten Dienstleistung Urteile über die Qualität der erfahrenen Leistung fällen. Insofern ist es für Bildungsinstitutionen sehr wichtig, relevante Ersatzkriterien zur Beurteilung ihrer Qualität zu schaffen. Die wohl wichtigste, weil authentischste, ist die Reputation. Reputation wird üblicherweise als „Ansehen" oder „guter Ruf" eines Anbieters in Bezug auf die Produkt- oder Dienstleistungsqualität definiert (Nerb, 2002: 2). Aus Sicht der Nachfragenden ist es im Bildungsbereich häufig einfacher bzw. die einzige Möglichkeit, sich auf das Ansehen der Anbieterinstitution zu verlassen, als zu versuchen, über andere Kriterien die wahre Qualität der Dienstleistung zu ermitteln (Baden-Fuller & Hwee Ang, 2001: 743). Aus Sicht der Anbietenden unterstützt eine positive Reputation die Akquise von Ressourcen, wie z.B.

die Rekrutierung von Personal oder die Beschaffung von Finanzmitteln (Fombrum, 1996). Mittlerweile existieren zahlreiche Ansätze zur Bestimmung der Leistungsqualität von Bildungsinstitutionen, aus denen sich verschiedene Reputationsindikatoren ableiten lassen (Astin, 1982; Astin & Solmon, 1979; D'Aveni, 1996; Theus, 1993):

- *Selektivität:* Reputierliche Bildungseinrichtungen beschränken oft die Zugangsmöglichkeiten für Lehrende und Lernende über Aufnahmeprüfungen, gutachterliche Stellungnahmen, Essays etc. (Vanfossen, 1979: 40).

- *Gebühren:* Empirische Studien zeigen, dass häufig der Preis zur Bestimmung der Qualität von schwer messbaren Leistungen als Ersatzbewertungskriterium herangezogen wird (z.B. Landon & Smith, 1998 zur Beurteilung von Weinqualität). Insofern verwundert es nicht, dass reputierliche Bildungseinrichtungen üblicherweise überdurchschnittlich hohe Gebühren verlangen. Dies lässt sich nicht ausschließlich ökonomisch begründen, sondern ebenso aufgrund der preisabhängigen Qualitätsbeurteilung.

- *Experten:* Reputierliche Bildungsinstitutionen verfügen in der Regel über viele, häufig auch überdurchschnittlich sichtbare Lehrende (Geiger, 2002: 27), die sich durch ihre akademische Reputation auszeichnen.

- *Kooperationen:* Enge Verbindungen zu angesehenen Firmen, gemeinnützigen Organisationen oder anderen Bildungsorganisationen gelten als weiterer Reputationsindikator, denn die Kooperationspartner fungieren als Referenzen für die Bildungseinrichtung.

Die bis hier skizzierten Ausführungen haben verdeutlicht, dass sich komplexe Organisationen, wie Bildungsinstitutionen, nicht mittels eines einzigen theoretischen Blickwinkels beschreiben lassen. Jede Bildungsinstitution verfügt über bestimmte Lern- bzw. Entwicklungskapazitäten und -ressourcen. Jede Bildungsinstitution ist in einen bestimmten kulturellen Kontext eingebettet und verfolgt eigene Werte, Überzeugungen und soziale Vorgehensweisen. In jeder Bildungsinstitution finden mikropolitische Prozesse statt, in denen Akteure versuchen, die eigenen Interessen durchzusetzen. Jede Bildungsinstitution setzt ihre Reputationsmöglichkeiten im entsprechenden Umfang zur Gewinnung von Kunden ein. Das Verständnis der angesprochenen Perspektiven und Wirkmechanismen bietet eine grundlegende Basis zur Bewältigung der komplexen Organisationsrealität, die nachfolgend stärker detailliert in den Basis-, Steuerungs- und Innovationsprozessen beschrieben wird.

Literatur

Anthofer, H. (2005). GATS und die Liberalisierung von Bildungsdienstleistungen: Eine Bestandsaufnahme. Studie im Auftrag der Kammer für Arbeiter und Angestellte für Wien. Wien: Kammer für Arbeiter und Angestellte für Wien.

Astin, A.W. (1982). Why Not Try Some New Ways of Measuring Quality. Educational Record, 62(2), 10–15.

Astin, A.W. & Solmon, L.C. (1979). Measuring Academic Quality: An Interim Report. Change, 11(6), 48–51.

Averch, H., Carroll, S.J., Donaldson, T.S., Kiesling, H. & Pincus, J. (1974). How effective is schooling? Englewood Cliffs, N.J.: Educat. Technology Publ.

BADEN-FULLER, C. & HWEE ANG, S. (2001). Building Reputations: The Role of Alliances in the European Business School Scene. Long Range Planning, 34, 741–755.

BAETHGE, M., BUSS, K.-P. & LANFER, C. (2003). Konzeptionelle Grundlagen für einen Nationalen Bildungsbericht – Berufliche Bildung und Weiterbildung/Lebenslanges Lernen. Berlin: BMBF.

BALDRIDGE, J.V. (1971). Power and Conflict in the University. New York: Wiley.

BALDRIDGE, J.V., CURTIS, D.V., ECKER, G.P. & RILEY, G.L. (1977). Alternative Models of Governance in Higher Education. In G.L. Riley & J.V. Baldridge (Hrsg.), Governing Academic Organizations (S. 2–25). Berkeley, CA: McCutchan.

BASTIAN, H. (2002). Der Teilnehmer als Kunde – der Bildungsauftrag als Dienstleistung. In H. Bastian, W. Beer & J. Knoll (Hrsg.), Pädagogisch denken – wirtschaftlich handeln (S. 11–24). Bielefeld: Bertelsmann.

BODENDORF, F. (1999). Wirtschaftsinformatik im Dienstleistungsbereich. Berlin u.a.: Springer.

BOURGEOIS, E. & NIZET, J. (1993). Influence in Academic Decision Making – Towards a Typology of Strategies. Higher Education, 26, 387–409.

BUND-LÄNDERKOMMISSION FÜR BILDUNGSPLANUNG UND FORSCHUNGSFÖRDERUNG (BLK) (2004). Strategie für Lebenslanges Lernen in der Bundesrepublik Deutschland. URL: http.//www.bmbf.de/pub/strategie_lebenslanges_lernen_blk_heft115.pdf (06.05.2009).

BUNDESINSTITUT FÜR BERUFSBILDUNG. (2005). Neues aus Europa. Ausgabe 11. URL: http://www.bibb.de/ dokumente/pdf/foko6_neues-aus-europa_11.pdf (15.05.2009).

BUNDESINSTITUT FÜR BERUFSBILDUNG. (2009). Europass. URL: http://www.europass-info.de/de/start.asp (06.05.2009).

COHEN, M.D. & MARCH, J.G. (1974). Leadership and Ambiguity – The American College President. Boston, Ma.: McGraw-Hill.

CROZIER, M. & FRIEDBERG, E. (1979). Macht und Organisation: Die Zwänge kollektiven Handelns. Königstein/Ts.: Athenäum Verlag.

CROZIER, M. & FRIEDBERG, E. (1993). Macht und Organisation: Die Zwänge kollektiven Handelns. Neuausgabe, Frankfurt a.M.: A. Hain.

D'AVENI, R. A. (1996). A Multiple-Constituency: Status-Based Approach to Interorganizational Mobility of Faculty and Input-Output Competition Among Business Schools. Organization Science, 7(2), 166–189.

DILL, D.D. (1982). The Management of Academic Culture: Notes on the Management of Meaning and Social Integration. Higher Education, 11, 303–320.

EBERS, M. & GOTSCH, W. (1999). Institutionenökonomische Theorien der Organisation. In A. Kieser (Hrsg.), Organisationstheorien (S. 199–252). 3. Auflage. Stuttgart: Kohlhammer.

EDELING, T. (1999). Der Neue Institutionalismus in Ökonomie und Soziologie. In T. Edeling, W. Jann & D. Wagner (Hrsg.), Institutionenökonomie und Neuer Institutionalismus. Überlegungen zur Organisationstheorie (S. 7–16). Opladen: Leske + Budrich.

ETZIONI, A. (1961). A Comparative Analysis of Complex Organizations: On Power, Involvement and their Correlates. New York: The Free Press of Glencoe.

EUROPÄISCHE KOMMISSION (2004). Europäisches Credit Transfer System für Berufsbildung (ECVET). URL: http://www.na-bibb.de/uploads/leo/ecvet_eu-kommission_leitlinien.pdf (06.05.2009).

EUROPÄISCHE KOMMISSION (2008a). Der Europäische Qualifikationsrahmen für lebenslanges Lernen (EQR). URL http://ec.europa.eu/dgs/education_culture/publ/pdf/eqf/broch_de.pdf (06.05.09).

EUROPÄISCHE KOMMISSION (2008b). Ein aktualisierter strategischer Rahmen für die europäische Zusammenarbeit auf dem Gebiet der allgemeinen und beruflichen Bildung. URL: http://ec.europa.eu/ education/lifelong-learning-policy/doc/com865_de.pdf (06.05.09).

EUROPÄISCHE UNION (2006). Lisbon Strategy for Growth and Jobs: Commission's annual progress report. URL: http://www.central2013.eu/fileadmin/user_upload/Downloads/Tools_Resources/Lisbon_ MEMO-06-23_EN_1_.pdf (06.05.09).

EUROPÄISCHER RAT (2000). Schlussfolgerungen des Vorsitzes zur Sondertagung des Europäischen Rats in Lissabon vom 23./24.03.2000. URL: www.europarl.europa.eu/summits/lis1_de.htm (14.02.2008).

EUROPEAN COMMISSION (2002). The Copenhagen Declaration. URL: http://www.bmbf.de/pub /copenhagen_declaration_eng_final.pdf (06.05.2009).

FOMBRUM, C. (1996). Reputation: Realizing Value from Corporate Image. Cambridge, MA.

FRENCH, J.R.P. & RAVEN, B. (1968). The Bases of Social Power. In D. Cartwright (Hrsg.), Studies in Social Power (S. 150–167). Ann Arbor: Univ. of Michigan.

GEIGER, R.L. (2002). Differenziation, Hierarchy and Diversity: An Overview of Higher Education in the United States In R. McAdams (Hrsg.), Trends in American and German Higher Education (S. 19– 32). Cambridge, MA.: American Academy of Arts and Sciences.

HAGENHOFF, S. (2002). Universitäre Bildungskooperationen: Gestaltungsvarianten für Geschäftsmodelle. Wiesbaden: Deutscher Univ.-Verlag.

HANFT, A. (2008). Bildungs- und Wissenschaftsmanagement. München: Vahlen.

HANFT, A., & KNUST, M. (2007). Weiterbildung und lebenslanges Lernen in Hochschulen: Eine internationale Vergleichsstudie zu Strukturen, Organisation und Angebotsformen. Münster: Waxmann.

HANFT, A. & MÜSKENS, I. (2002). Umsetzung von Virtualität an deutschen und internationalen Hochschulen. In S. Metz-Göckel (Hrsg.), Lehren und Lernen an der Internationalen Frauenuniversität. Ergebnisse der wissenschaftlichen Begleituntersuchung (S. 339–368). Opladen: Leske + Budrich.

HANFT, A., MÜSKENS, W. & MUCKEL, P. (2004). Zertifizierung und Nachweis von IT-Kompetenzen. Gutachten im Rahmen des Forschungs- und Entwicklungsprogramms "Lernkultur Kompetenzentwicklung". Berlin.

HASSE, R. & KRÜCKEN, G. (1999). Neo-Institutionalismus. Bielefeld: Transcript.

HERM, B., KOEPERNIK, C., LEUTERER, V., RICHTER, K. & WOLTER, A. (2003). Lebenslanges Lernen und Weiterbildung im deutschen Hochschulsystem: Eine explorative Studie zu den Implementierungsstrategien deutscher Hochschulen. Untersuchungsbericht im Auftrag des Stifterverbandes für die Deutsche Wissenschaft. URL: http://www.uni-tuebingen.de/Bologna/download/master/Hochschulen-Weiterbildung/Stifter/Studie%20Implementierung.pdf (07.05.2009).

HINCK, D., LANGER, R. & LÜDE, V. R. (2002). Entscheidungsprozesse in der universitären Selbstverwaltung: Ergebnisse einer empirischen Studie. In R. v. Lüde, D. Moldt & R. Valk (Hrsg.), Sozionik: Modellierung soziologischer Theorie (S. 51–63). Münster u.a.: LIT.

HOCHSCHULREKTORENKONFERENZ (2001). Stellungnahme der HRK zum EU Memorandum über lebenslanges Lernen vom 03.07.2001. URL: www.hrk.de/de/beschluesse/109_330.php?datum=194.+Plenum +am+3.+Juli+2001 (06.05.2009).

HOCHSCHULREKTORENKONFERENZ (2004). Bologna-Reader. URL: www.hrk.de/bologna/de/Bologna _Reader _gesamt.pdf (06.05.2009).

KAMIN, O. (2004). Mehrfachverwendbare elektronische Lehr-/ Lernarrangements. Lohmar u.a.: Eul.

KERRES, M. (2001). Multimediale und telemediale Lernumgebungen: Konzeption und Entwicklung. 2. Auflage. München: Oldenbourg.

KNUST, M. (2006). Geschäftsmodelle der wissenschaftlichen Weiterbildung: Eine Analyse unter Berücksichtigung empirischer Ergebnisse. Lohmar u.a.: Eul.

KOMMISSION DER EUROPÄISCHEN GEMEINSCHAFTEN (2000). Memorandum über Lebenslanges Lernen. URL: http://www.bologna-Berlin2003.de/pdf/MemorandumDe.pdf (06.05.2009).

KRAEMER, W. & MÜLLER, M. (Hrsg.) (2001). Corporate Universities und E-Learning: Personalentwicklung und lebenslanges Lernen. Wiesbaden: Gabler.

KUH, G.D. & WHITT, E.J. (1988). The invisible tapestry: Culture in American Colleges and Universities. In ASHE-ERIC Higher Education Report No. 1. Washington D.C.: Clearinghouse on higher Education, George Washington University.

KÜPPER, W. & ORTMANN, G. (1988). Mikropolitik: Rationalität, Macht und Spiele in Organisationen. Opladen: Westdt. Verlag.

LANDON, S. & SMITH, C.E. (1998). Quality Expectations, Reputation, and Price. Southern Economic Journal, 64(3), 628–647.

LANG, N. (2002). Lernen in der Informationsgesellschaft. In U. Scheffer & F. Hesse (Hrsg.), E-Learning: Die Revolution des Lernens gewinnbringend einsetzen (S. 23–42). Stuttgart: Klett-Cotta.

LASKE, S. & MEISTER-SCHEYTT, C. (2006). Leitungskompetenz. In A. Pellert (Hrsg.), Einführung in das Hochschul- und Wissenschaftsmanagement (S. 102–118). Bonn: Lemmens.

LÜDE, V. R. (2003). Jenseits von garbage cans? Kommunikation und Entscheidung in Universitäten. In K.-H. Hillmann & G.W. Oesterdiekhoff (Hrsg.), Die Verbesserung des menschlichen Zusammenlebens: eine Herausforderung für die Soziologie (S. 263–287). Opladen: Leske + Budrich.

LUTZ, F.W. (1982). Tightening up Loose Coupling in Organizations of Higher Education. Administrative Science Quarterly, 27(4), 653–669.

MADISON, D.L., ALLEN, R.W., PORTER, L.W., RENWICK, P.A. & MAYES, B.T. (1980). Organizational Politics: An Exploration of Managers' Perceptions. Human Relations, 33(2), 79–101.

MARCH, J. G. (1999). The Pursuit of Organizational Intelligence. Oxford.

MEYER, J.W. & ROWAN, B. (1977). Institutionalized Organizations: Formal Structures as Myth and Ceremony. American Sociological Review, 83, 340–363.

MINTZBERG, H. (1979). The Professional Bureaucracy. In H. Mintzberg (Hrsg.), The Structuring of Organizations: A Synthesis of Research. Englewood Cliffs (N.J.): Prentice-Hall.

MONOPOLKOMMISSION (2000). Wettbewerb als Leitbild für die Hochschulpolitik. Sondergutachten der Monopolkommission gemäß § 44 Abs. 1 Satz 4 GWB. Baden-Baden.

MORGAN, G. (2002). Bilder einer Organisation. Stuttgart: Klett-Cotta.

NASCHOLD, F. & BOGUMIL, J. (2000). Modernisierung des Staates: New Public Management in deutscher und internationaler Perspektive. 2. Auflage. Opladen: Leske + Budrich.

NERB, M. (2002). Reputation: Begriffsbestimmung und Möglichkeiten der Operationalisierung. Arbeitspapier, Band 123. München.

NUISSL, E. (2003). Kundschaft von Weiterbildung erzeugen. GdWZ, 2003(4), 176–178.

OECD (1996). Lifelong Learning for all. A report published by the OECD Education Committee at Ministerial Level. Paris: OECD.

OECD (2002). Bildungspolitische Analyse.
URL: www.educa.ch/tools/11770/files/oecd_bild.pol.analyse_2002.pdf (06.05.2009).

OECD. (2004). Career Guidance – A Handbook for Policy Makers.
URL: http://www.oecd.org/dataoecd/53/53/34060761.pdf (15.05.2009).

ORTHEY, F. (2003). Zuspitzung zum Konzept der Kundenorientierung. GdWZ, 2003(2), 179–182.

ORTON, J.D. & WEICK, K.E. (1990). Loosely Coupled Systems: A Reconceptualization. Academy of Management Review, 15(2), 203–224.

PETTIGREW, A. M. (1972). Information Control as a Power Resource. Sociology, 6, 187–204.

PFEFFER, J. (1981). Power in Organizations. Marshfield, MA.: Pitman Publishing.

PFEFFER, J. & SALANCIK, G. (1974). The Bases and Use of Power in Organizational Decision Making: The Case of a University. Administrative Science Quarterly, 19(4), 453–474.

PICOT, A. & WOLFF, B. (1994). Zur ökonomischen Organisation öffentlicher Leistungen – „Lean Management" im öffentlichen Sektor. In F. Naschold & M. Pröhl (Hrsg.), Produktivität öffentlicher Dienstleistungen (S. 51–120). Bd. 1. Gütersloh: Bertelsmann Stiftung.

RAT DER EUROPÄISCHEN UNION (2004). Entwurf einer Entschließung des Rates und der im Rat vereinigten Vertreter der Regierungen der Mitgliedstaaten über den Ausbau der Politiken, Systeme und Praktiken auf dem Gebiet der lebensbegleitenden Beratung in Europa.
URL: http://ec.europa.eu/education/policies/2010/doc/resolution2004_de.pdf (15.05.2009).

RICHTER, R. & FURUBOTN, E. (2003). Neue Institutionenökonomik: Eine Einführung und kritische Würdigung. 3. Auflage. Tübingen: Mohr Siebeck.

SAUTER, A. & SAUTER, W. (2002). Blended Learning: Effiziente Integration von E-Learning und Präsenztraining. Neuwied: Luchterhand.

SCHEIN, E.H. (1985). Organizational Culture and Leadership: A Dynamic View. San Francisco: Jossey-Bass.

SEVERING, E. (2006A). Europa und die Berufsbildung: Gemeinsame Zertifizierungsstandards als Reformanstoß. In H. Loebe (Hrsg.), Europäisierung der Ausbildung (S. 21–41). Bielefeld: Bertelsmann.

SEVERING, E. (2006B). Europäische Zertifizierungsstandards in der Berufsbildung. Zeitschrift für Berufs- und Wirtschaftspädagogik, 102(1), 15–29.

SIEBERT, H. (2001). Selbstgesteuertes Lernen und Lernberatung: Neue Lernkulturen in Zeiten der Postmoderne. Neuwied: Luchterhand.

SILBERER, G. & WANDT, J. (2005). Customer Orientation in Higher Education: Differing Customer Definitions and Limited Customer Knowledge. Beiträge zur Marketingwissenschaft, Nr. 53. Göttingen: Universität Göttingen.

STATISTISCHES BUNDESAMT. (2006). Bevölkerungsentwicklung Deutschlands bis zum Jahre 2050. Ergebnisse der 11. Koordinierten Bevölkerungsvorausberechnung. Wiesbaden.

TAIT, A. & MILLS, R. (2003). Rethinking learner support in distance education, change and continuity in an international context. London, New York: RoutledgeFalmer.

TAUSCH, R. & TAUSCH, A.-M. (1968). Erziehungspsychologie. Göttingen: Hogrefe.

TEICHLER, U. (2005). Hochschulsysteme: Quantitative und strukturelle Dynamiken, Differenzierungen und der Bologna-Prozess. Studienreihe Bildungs- und Wissenschaftsmanagement, hrsg. von A. Hanft, Bd. 1. Münster: Waxmann.

THEUS, K. (1993). Academic Reputations: The Process of Formation and Decay. Publicrelations Review, 9(3), 277–291.

TÜRK, K. (1989). Neuere Entwicklungen in der Organisationsforschung: Ein Trend Report. Stuttgart: Enke.

VANFOSSEN, B.E. (1979). The Structure of Social Inequality. Boston, MA.: Little, Brown.

WEICK, K.E. (1976). Educational Institutions as Loosely Coupled Systems. Administrative Science Quarterly, 21(March), 1–19.

WISSENSCHAFTSRAT (2006). Empfehlungen zur künftigen Rolle der Universitäten im Wissenschaftssystem. URL: http://www.wissenschaftsrat.de/texte/7067-06.pdf (06.05.2009).

WTO (1995). Annex1B – General Agreement on Trade in Services. URL: http://www.wto.org/english/docs_e/legal_e/26-gats.pdf (06.05.2009).

ZAWACKI-RICHTER, O. (2004). Support im Online Studium: Die Entstehung eines neuen pädagogischen Aktivitätsfeldes. Innsbruck: Studien-Verlag.

Bildungsmanagement – ein orientierender Einstieg

Ulrich Müller

Zielsetzung

- Sie finden einen ersten, systematischen Einstieg in das Thema und können sich im Handlungsfeld Bildungsmanagement orientieren.
- Sie können zentrale Begriffe des Bildungsmanagements definieren und verstehen deren Zusammenhang.
- Sie erarbeiten sich mithilfe des Rahmenmodells einen Überblick zu Führungsaufgaben und -strukturen in Bildungsorganisationen und -abteilungen.
- Sie können das im Beitrag entwickelte Modell an Praxisbeispielen – z.B. der Bildungseinrichtung oder dem Unternehmen, in der/dem sie arbeiten – erläutern.
- Sie können Bildungsorganisationen mithilfe des angeeigneten Strukturwissens theoriegeleitet und unter Anwendung einer wissenschaftlichen Terminologie analysieren und reflektieren.
- Sie setzen sich kritisch mit vorgefundenen Leitbildern, Strategien, Strukturen, Normen, Werten und Prozessen auseinander.
- Sie verstehen Leitungsaufgaben in Bildungsinstitutionen in ihrem systemischen Zusammenhang.
- Sie können die wichtigsten Aufgaben des Bildungsmanagements auf den Handlungsebenen Bildungsprozess- und Bildungsbetriebsmanagement benennen und beschreiben.

1 Einleitung

Der Beitrag beschreibt zentrale Grundlagen des Bildungsmanagements. Er nimmt im ersten Abschnitt seinen Ausgangspunkt an Praxisbeispielen, anhand derer zunächst eine erste Näherung vorgenommen wird, was unter Bildungsmanagement verstanden werden kann. Eine zweite Näherung erfolgt über die Metapher des „Navigierens im permanenten Wildwasser", mit der die Aufgaben und Tätigkeiten von Führungskräften gekennzeichnet werden. In einem dritten Schritt erfolgt eine systematische Begriffsklärung über die beiden Wortbestandteile ‚Bildung' und ‚Management'.

Im Zentrum des zweiten Abschnitts steht die Skizze zu einem orientierenden Rahmenmodell für Bildungsmanagement. Dieses bietet einen theoretisch fundierten Ordnungsrahmen, in dem Leitungsaufgaben im Bildungsbereich verortet und mit den Entscheidungen begründet werden können.

2 Grundlagen: Was ist Bildungsmanagement?

2.1 Praxisbeispiele

Um eine erste Vorstellung von dem Aufgabenfeld Bildungsmanagement zu gewinnen, wollen wir zunächst einen kurzen Blick auf einige Praxisbeispiele werfen:

- Frau Margraf leitet die Volkshochschule Martenburg.
- Herr Neumann leitet die innerbetriebliche Fortbildung der Felsenstein Klinik.
- Frau Altinger plant das Seminarangebot der Weiterbildungsakademie in der Buchner Service GmbH, einem Automobil-Zulieferer.
- Herr Aigner leitet die „Leadership Akademie", ein Unternehmen des Arbeitgeberverbandes.
- Frau Bauer ist Fachbereichsleiterin „Sprachen" an der Volkshochschule Bad Bergen und plant gerade das Programmangebot „Deutsch als Fremdsprache" (DAF).

Was ist den beschriebenen Praxisbeispielen gemeinsam? Es handelt sich um Leitungs- und Führungsaufgaben in Bildungsorganisationen und -abteilungen. Um uns einen etwas genaueren Eindruck zu verschaffen, können wir einen Blick in die Tagebücher von Frau Margraf und Herrn Aigner werfen.[1]

Ein Tag aus dem Leben von Ilona Margraf, Leiterin der Volkshochschule Martenburg:

> „Heute war mein erster Arbeitstag. Ich bin begeistert von meiner neuen Aufgabe – und gleichzeitig verwirrt und suche noch Orientierung. Herr Rosner, mein Stellvertreter, hat mich überlegt durch den Tag begleitet. Als Erstes hat er mich durch das ganze Haus geführt und mir alle Unterrichtsräume gezeigt (wie sich herausgestellt hat, sind sie nicht alle so schön wie der große Saal, den man mir bei meinem Vorstellungsgespräch präsentiert hat...). Wir waren beim Hausmeister und in allen Büros. Herr Rosner hat mir meine MitarbeiterInnen vorgestellt. Ich habe viele Fragen gestellt und konnte mir einen guten Überblick über die wichtigsten Prozesse und Strukturen verschaffen: Wie funktioniert die Anmeldung? Wie sieht der Jahresplan aus? Wann beginnen wir mit der Planung des Programms? Wie ist der Prozess organisiert... Unweigerlich haben sich in unserem Gespräch nach und nach auch die großen und kleinen Probleme der Volkshochschule herausgestellt, die momentan anstehen. Zwei Stellen sind gegenwärtig nicht besetzt, die Ausschreibung sollte so bald wie möglich erfolgen. Genauso drängend ist es, das Budget zu überprüfen. Ich war darauf vorbereitet, dass die Finanzlage kritisch ist, aber das ganze Ausmaß der Situation scheint sich jetzt erst nach und nach zu entpuppen ...
>
> Jetzt schwirrt mir der Kopf. Es fällt enorm schwer, diese Flut an Informationen zu verarbeiten. Natürlich ist mir klar, dass das ganz normal ist am Ende des ersten Tages ... Und ich kenne das ja auch von meinen früheren Arbeitsstellen. Aber jetzt

---

1   Im Masterstudiengang Bildungsmanagement an der Pädagogischen Hochschule Ludwigsburg führen wir zu Beginn des Studiums ein Lerntagebuch ein (vgl. Müller 2006). Dieses wird für die Studierenden zu einem ständigen Begleiter, für viele auch über das Ende ihres Studiums hinaus. Die hier wiedergegebenen Passagen sind in der dargestellten Form fiktiv, spiegeln jedoch Berichte und Erfahrungen unserer Teilnehmer/innen wider.

ist es anders: Ich stehe in der vollen Leitungsverantwortung und bereits morgen muss ich erste Entscheidungen fällen, ohne das Ganze auch nur ansatzweise zu durchschauen. Wie bekomme ich hier schnell einen guten Überblick? Ja, im Qualitätshandbuch der Volkshochschule ist im Prinzip alles niedergelegt, möchte man meinen. Aber, abgesehen davon, dass ich nicht weiß, ob dieses Handbuch realistisch abbildet, wie die Einrichtung funktioniert, und ob alles so gelebt wird: Darunter liegt ein Geflecht an Informellem. Und: ich brauche das konkreter und anschaulicher. Am liebsten wäre mir etwas zum Anfassen: Ein Modell der Volkshochschule, das alles abbildet. Gerade auch für meine Reformvorhaben. Ich müsste mit diesem Modell auch sozusagen ‚bauen‘ können bzw. den Umbau der Organisation erproben. Leider habe ich auch nicht wirklich Zeit für das Alles. In meinem Posteingang stapeln sich die Briefe und E-Mails, die sich während der Vakanz der Stelle angesammelt haben. Mein Terminkalender füllt sich mit jedem Telefonat, das ich annehme, und mit jedem Gespräch, das ich führe...“

Ein Tag im Leben von May Aigner, Geschäftsführer der Leadership Akademie:

„Heute hat nun auch die Borg AG, ein Automobilzulieferer, alle bei uns für dieses Jahr gebuchten Seminare storniert. Damit fällt nun in wenigen Wochen der dritte Großkunde komplett aus. Die Wirtschaftskrise hat jetzt auch uns voll erwischt.

Wie können wir auf diesen Auftragseinbruch reagieren? Kosten sparen darf nicht alles sein! Vielleicht bietet die Krise ja auch Chancen, können wir mit unseren Angeboten neue Kunden erreichen? An welche Branchen und Unternehmen haben wir noch nicht gedacht? Aber, vielleicht besser: Können wir unseren vorhandenen Kunden neue Angebote machen, die ihnen jetzt in der Wirtschaftskrise helfen? Ich würde gerne mal mit zwei bis drei unserer Stammkunden einen kleinen Workshop machen und nachforschen, ob es gerade jetzt in der Krise spezifische Lernbedarfe gibt, auf die wir mit geeigneten Maßnahmen reagieren können“.

Bildungsmanagement bezeichnet Führungs- bzw. Leitungsaufgaben in Bildungseinrichtungen und -abteilungen. Dabei geht es um die Ausrichtung und Steuerung der Organisation, des Unternehmens oder einzelner Aufgaben und Prozesse auf bestimmte Ziele hin. „Führung ist zielbezogene Einflussnahme“ (Rosenstiel, 2003: 4). Die Aufgaben umfassen planende, koordinierende und kontrollierende Tätigkeiten auf Gebieten, wie Personal, Organisation, Finanzen, Marketing, Programmplanung oder Qualität.

Mit ‚Bildungsorganisation‘ meinen wir eine relativ eigenständige Einheit im Sinne einer ‚Bildungseinrichtung‘ bzw. eines ‚Bildungsbetriebs‘, also z.B. einer Volkshochschule, einer katholischen Akademie, der Akademie eines Wirtschaftsverbands oder des Kleinstunternehmens eines selbstständigen Trainers. ‚Bildungsabteilung‘ bezeichnet dagegen eine untergeordnete betriebliche Einheit, die mit Bildungsaufgaben in einer Organisation oder einem Betrieb befasst ist, z.B. die Ausbildungs- oder Weiterbildungsabteilung in einem Automobilunternehmen oder in einem Krankenhaus.

,Leitung' bezieht sich dabei auf den eher sachbezogenen Aspekt dieser Aufgaben, ,Führung' auf den eher personenbezogenen Aspekt. Diese Aspekte sind vielfältig miteinander verschränkt. Der Terminus ,Management' fasst beide Aspekte zusammen.

Leitfragen und Impulse[2]:

- Was verbinden Sie mit „Leitung"?
- Welche Erfahrungen haben Sie als Führende/r und als Geführte/r)?
- Welche Leitungsaufgaben kennen und erleben Sie in der Einrichtung/dem Betrieb, in der/dem Sie arbeiten?
- Welche Dokumente kennen Sie?
- Können Sie die Führungsstrukturen und -prozesse der Einrichtung/des Unternehmens beschreiben?

2.2 Eine Metapher: Bildungsmanagement als „Navigieren im permanenten Wildwasser"

Die Rahmenbedingungen, unter denen Bildungsorganisationen und -abteilungen heute tätig sind, wurden im Beitrag von Knust und Hanft (in diesem Band) beschrieben. Stichworte, wie Globalisierung, neue Technologien, Wissensexplosion, Armut und Hunger, Bevölkerungsentwicklung, Klimawandel oder globale Wirtschaftskrise, können den schnellen und tiefgreifenden Wandel, dem unsere Welt heute unterworfen ist, nur ansatzweise kennzeichnen. Menschen handeln in immer komplexeren Situationen, die in ein kaum überschaubares Netz vielfältiger Zusammenhänge technischer, sozialer, wirtschaftlicher und kultureller Art eingebunden sind. Wirtschaftsunternehmen agieren weltweit, ihre Mitarbeiter arbeiten in Teams zusammen, deren Mitglieder unterschiedlichen Nationalitäten, Kulturkreisen oder Religionsgemeinschaften angehören. Alle Beteiligten sehen sich mit ständig neuen Technologien, Verfahren, Begriffen und Zusammenhängen konfrontiert und müssen einen fortdauernden Strom von Veränderungen bewältigen.

Der amerikanische Organisationspsychologe Peter B. Vaill (1998) bezeichnet die schwierigen Verhältnisse in den komplexen, interdependenten und instabilen Großsystemen unserer heutigen Gesellschaft mit dem plastischen Begriff „permanentes Wildwasser". Dieses „permanente Wildwasser" nötigt uns, ständig Dinge zu tun, mit denen wir wenig Erfahrung haben oder die wir noch nie vorher getan haben. Anstatt Routineaufgaben zu erledigen, sind wir ständig gefordert, einfallsreiche und innovative Lösungen für immer wieder neue Problemlagen zu finden. Die als „permanentes Wildwasser" bezeichnete Situation betrifft Bildungsorganisationen – ob es sich nun um eine betriebliche Bildungsabteilung, eine Erwachsenenbildungseinrichtung oder eine Schule handelt – in doppelter Weise: *Zum einen* ist es ihre Aufgabe, die Lernenden

---

2 Mein Anliegen ist es, mit diesem einführenden Beitrag eine Brücke zwischen theoretischen Klärungen und Beobachtungen/Erfahrungen in der Praxis zu schlagen. Deswegen bitte ich Sie, meine Leserin/meinen Leser, immer wieder, Ihre eigene Praxis zu reflektieren. Sofern Sie noch nicht in der Weiterbildung oder betrieblichen Bildung tätig sind, beziehen Sie sich bitte auf eine Einrichtung oder einen Betrieb, den Sie z.B. während eines Praktikums kennengelernt haben. Die Fragen und Impulse eignen sich auch für Erkundungen im Rahmen von Einführungsveranstaltungen.

auf die Bewältigung von „Wildwasserbedingungen" vorzubereiten und sie bei der Aneignung entsprechender Kompetenzen zu unterstützen. *Zum anderen* agieren diese Organisationen selbst unter „Wildwasserbedingungen" und müssen sich z.B. unter hohem Konkurrenzdruck auf umkämpften und sich schnell verändernden Märkten behaupten.

Bildungsinstitutionen sind gefordert, diesen neuen Anforderungen Rechnung zu tragen. Bildung ist nicht die Lösung für die eingangs erwähnten Problemlagen, doch ohne Bildung wird keine dieser Herausforderungen zu bewältigen sein! Menschen brauchen vielfältige Unterstützung, um sich die Kompetenzen aneignen zu können, die für die Lösung der Probleme notwendig sind. Dabei greifen die traditionellen Formen des Lehrens und Lernens, die überkommenen Konzepte und Methoden zu kurz. Um das ganze Potenzial menschlichen Lernens zu wecken und zu pflegen, bedarf es einer *neuen Lernkultur*, die

- aktives, handlungsorientiertes und persönlichkeitsbildendes Lernen ermöglicht,
- sich innovativer und kreativer Lernformen bedient,
- vielfältige Lernorte nutzt und integriert: neben den „klassischen" Seminar- und Unterrichtsräumen z.B. auch den Arbeitsplatz, Museen und Bibliotheken oder virtuelle Lernräume,
- selbstorganisiertes Lernen unterstützt,
- die vielfältigen Möglichkeiten der neuen Medien nutzt, dabei aber auch deren Grenzen nicht übersieht.

Es gilt, unsere Bildungsinstitutionen von „Lehranstalten" zu vielfältigen und inspirierenden „Lernlandschaften" umzubauen. Doch für diese neuen Aufgaben steht nur selten eine reiche finanzielle Ausstattung zur Verfügung, im Gegenteil: Angesichts knapper Mittel sind Bildungsorganisationen gefordert, mit den vorhandenen Ressourcen sparsam umzugehen, sie so einzusetzen, dass daraus der größtmögliche Lerngewinn resultiert, und ihre Wirksamkeit unter Beweis zu stellen. Auch Bildungsorganisationen und -prozesse werden heute an Kriterien, wie zielorientiertem Handeln und effektiver Ressourcenbewirtschaftung, gemessen. Um die nötigen Reformen in Bildungsinstitutionen erfolgreich anstoßen und nachhaltig umsetzen zu können, genügt eine bürokratische Verwaltung nicht mehr. Vielmehr bedarf es eines modernen, gleichermaßen visionären wie effektiven Managements. So stehen Führungskräfte im Bildungsbereich vor großen Herausforderungen und zwar sowohl in pädagogischer, als auch in wirtschaftlicher Hinsicht. Zur Bewältigung dieser anspruchsvollen Aufgaben benötigen sie vielfältige Kompetenzen – und müssen den Überblick bewahren.

Vaills Metapher aufgreifend und fortführend, lassen sich die Aufgaben von Führungskräften im Bildungsbereich als „Navigieren im permanenten Wildwasser" beschreiben. Navigieren kommt aus dem Lateinischen und bedeutet ursprünglich „schiffen, zur See fahren". Das ZEIT-Lexikon definiert „Navigation" als „das Führen eines Wasser- Luft- oder Raumfahrzeugs von einem Ausgangsort auf bestimmtem Weg zu einem Zielort, einschließlich der dazu erforderlichen Mess- und Rechenvorgänge zur Bestimmung des augenblicklichen Standortes (Ortsbestimmung) und des Kurses" (DIE ZEIT: Das Lexikon, Bd. 10: 271 f.).

Die Metapher des „Navigieren im permanenten Wildwasser" ist im Grunde paradox – und kennzeichnet gerade dadurch besonders treffend den Spannungsbogen der

Aufgabenstellung: Wildwasser ist buchstäblich „im Fluss". Die Richtung und der grundsätzliche Verlauf sind weitgehend vorgegeben. Auf den ersten Blick bleibt uns nichts anderes übrig, als dem Flusslauf zu folgen und zu sehen, wie wir am besten durchkommen. *„Navigation"* – als Begriff aus der Seefahrt – setzt andere Akzente: Hier geht es darum, sorgfältig den eigenen Standort zu bestimmen, das Ziel anzupeilen und eine Route zu finden. Orientierungspunkte für die Navigation auf hoher See boten über Jahrhunderte hinweg die Fixsterne. Ein bewegtes Umfeld oder vorüberziehende „Stars" eignen sich dafür nicht! Die Standortbestimmung muss besonders sorgfältig erfolgen, denn kleine Abweichungen werden aufgrund der Winkelgesetze bei der künftigen Fahrt drastisch vergrößert und haben fatale Folgen. Wer im permanenten Wildwasser navigieren will, muss dazu das Tempo reduzieren, aus dem Fluss „aussteigen" und vorübergehend ganz stehenbleiben. Eine sorgfältige Standortbestimmung und gute Landkarten führen ggf. zu dem Ergebnis, dass es besser ist, den Lauf des Flusses zu verlassen, über Land zu gehen und eine Schlaufe des Flusses abzukürzen.

Das permanente Wildwasser nötigt uns in Bildungsorganisationen oft ein hohes Tempo ab, das keine Zeit mehr lässt für sorgfältige Standortbestimmung und Routenplanung. Diese Zeit aber sollten wir uns nehmen! Gerade dann, wenn man den Wandel akzeptiert und die erforderlichen Innovationen vorantreiben will, bedarf es der Zeit, um zwischen der Mode und dem bloßen Aktivismus auf der einen Seite sowie den notwendigen Veränderungen und der echten Erneuerung auf der anderen Seite unterscheiden zu können. Weder macht es Sinn, *immer* den „Stars der Szene" zu folgen und *jede* Management-Mode mitzumachen, noch zahlt es sich aus, *immer und sofort* die jeweils neuste Software-Version anzuschaffen.

> **!** Führungsaufgaben in Bildungseinrichtungen sind komplex. Die Systembedingungen, unter denen Organisationen heute agieren, sind unübersichtlich und einem schnellen Wandel unterworfen. Führungskräfte handeln unter hohem Druck. Die Anforderungen, die an sie gestellt werden, sind paradox und stehen in vielfältigen Spannungsfeldern, wie z.B. Mitarbeiter- vs. Aufgabenorientierung, langfristige, proaktive und vorausschauende Planung vs. kurzfristiges Reagieren auf akute Problemlagen, Stabilität vs. Flexibilität etc. Die Metapher „Navigieren im permanenten Wildwasser" umschreibt diese Aufgabenstellung.

Leitfragen und Impulse

- Beschreiben Sie Veränderungsprozesse im Umfeld der Organisation, in der Sie arbeiten und welche Konsequenzen diese haben (und künftig bekommen könnten). Nehmen Sie dabei auch die nähere Zukunft in den Blick (2–3 Jahre).
- Was sind die großen Herausforderungen, vor denen Ihr Unternehmen steht?
- Welche „Wildwassersituationen" müssen die Lernenden, mit denen Sie arbeiten, bewältigen? Welche Kompetenzen werden dazu benötigt?
- Wie würden Sie die Lernkultur in Ihrem Unternehmen kennzeichnen? Ist sie den zu vermittelnden Kompetenzen angemessen? Wo liegen Stärken und Schwächen?
- Schreiben Sie einen Tagebucheintrag zu Ihren persönlichen „Wildwasserbedingungen".

2.3 Systematische Begriffsklärung

Bildungsmanagement benötigt eine doppelte theoretische Fundierung, einerseits in der Erziehungswissenschaft, andererseits in der Managementwissenschaft. Eine Annäherung an ein systematisches Verständnis von Bildungsmanagement setzt daher die Klärung der beiden Teilbegriffe ‚Bildung' und ‚Management' voraus. Zu beiden Begriffen existiert eine Vielzahl von Definitionen und Ausdeutungen, die im Folgenden auch nicht annähernd aufgearbeitet werden können. Die nachstehenden Überlegungen verstehen sich daher im Sinne einer *Arbeitsdefinition*.

Bildung

Zur erziehungswissenschaftlichen Fundierung stellt der Bildungsbegriff ein zentrales Kriterium dar. Dabei ist sinnvollerweise zu unterscheiden zwischen ‚Bildung' als einem allgemeinen Systembegriff für institutionalisiertes Lehren und Lernen, wie er z.B. zum Ausdruck kommt in Begriffen wie Bildungswesen, Bildungsplanung, Bildungsabteilung, Bildungsforschung etc., und einem umfassenderen, anthropologisch, geschichtsphilosophisch und pädagogisch begründeten Bildungsbegriff im Sinne einer theoretischen Fundierung. Neben systematischen Klärungen und empirischen Fakten muss diese Bildungstheorie auch Fragen einer normativen Orientierung thematisieren: Was sollen wir tun?

Auf den erstgenannten Systembegriff beziehen wir uns, wenn wir von Bildungsmanagement als Leitung von Bildungsorganisationen sprechen. Für dieses Leitungshandeln kann der zweite genannte, theoretische Bildungsbegriff Orientierung geben. Wenn zum Beispiel die Leitung und die Mitarbeiter eines Bildungswerks im Zuge eines Leitbildprozesses diskutiert, wozu es überhaupt existiert, was seine eigentlichen, „letzten" Ziele sind, an welchen Vorstellungen zum Lernen und Lehren man sich orientieren will – dann geht es genau um jene Fragen, die eine Bildungstheorie beantworten kann, vielleicht aber auch nur aufzuwerfen in der Lage ist.

Diese normative Grundlegung ist nicht nur für das öffentliche Bildungswesen relevant, sondern auch – wenngleich in etwas anderer Akzentuierung – für die Bildungsarbeit in Betrieben. Auch unternehmerisches Handeln steht oft mitten im Brennpunkt gesellschaftlicher Wert- und Interessenskonflikte und bedarf einer rational nachvollziehbaren, ethischen Begründung (vgl. Ulrich, 2004).

Der Bildungsbegriff steht in der Tradition der europäischen Aufklärung. Wesentliche, bis heute wirksame Vorstellungen gehen auf die „klassischen" Bildungstheorien aus der Zeit zwischen 1770 und 1830 zurück.[3] Bildung kann verstanden werden als der Prozess, in dem Menschen sich Wissen, Haltung und Können aneignen, um ihr Leben selbstständig und verantwortlich bewältigen und gestalten zu können. Das Ergebnis von Bildung hat A. Kaiser (1985) als „Handlungsfähigkeit in Situationen" beschrieben, W. Klafki (1996) spricht vom selbsttätig erarbeiteten und personal verantworteten Zusammenhang der drei Grundfähigkeiten *Selbstbestimmung*, *Mitbestimmung* und *Solidaritätsfähigkeit*.

---

3   Eine kurz gefasste und prägnante Darstellung des Bildungsbegriffs findet sich bei Schwenk 1989; vgl. zum Folgenden auch Müller 2003: 51-79.

Bildung bezeichnet den Prozess der Entwicklung von Individualität und Persönlichkeit eines Menschen in der Auseinandersetzung mit der ihn umgebenden sozialen und natürlichen Umwelt. Sie ist auf Vernünftigkeit gegründet und erfolgt – als lebenslange Aufgabe – letztendlich selbstbestimmt, in eigener Verantwortung, als *Selbstbildung.* Diese Aufgabe betrifft den ganzen Menschen, „mit Kopf, Herz und Hand".

Bildung bezeichnet ein *reflexives* Lernen, das auf Sinn bezogen ist und sich an einer normativen Grundlage, einem Ethos orientiert. Ein solches Ethos kann heute nicht mehr allgemein verbindlich formuliert werden, sondern muss in Verständigungsprozessen geklärt werden.

Die angestrebte Art des Lernens beinhaltet auch, sich gegenüber sich selbst und gegenüber seiner Umwelt distanziert kritisch verhalten zu können, sich, andere und Sachverhalte infrage stellen, weiterdenken zu können. Es zielt auf die Entwicklung einer kritischen Urteilsfähigkeit. Als kritische Auseinandersetzung, als ein Sich-Reiben am Gegebenen führt Bildung über das Gegebene hinaus und verweist auf die Entwicklung von Vorstellungen, wie die Welt auch sein könnte, wie sie sein sollte.

Im Mittelpunkt pädagogischen Denkens und Handelns steht der einzelne Mensch, den es nach seinen individuellen Entwicklungsmöglichkeiten zu fördern gilt. Erwartungen, die als Qualifikationsanforderungen von außen, z.B. von Staat, Wirtschaft oder Kirche, an das Individuum herangetragen werden, sind notwendige und berechtigte und auch potenziell hilfreiche Lernanforderungen. Sie sind aus pädagogischer Sicht jedoch daraufhin zu prüfen, ob sie auch der Entwicklung des Individuums dienlich sind oder dieser Entwicklung zumindest nicht entgegenstehen. Die Pädagogik hat also die Aufgabe, zwischen den *Anforderungen an das Individuum* und den *Ansprüchen des Individuums* zu vermitteln.

Im betrieblichen Handlungsfeld ist dieses pädagogische Denken in besonderem Maße außerpädagogischen Einflüssen ausgesetzt: Ein Betrieb investiert in Bildung, weil er sich davon erwartet, dass die Mitarbeiter dann ihre betrieblichen Aufgaben besser erfüllen können. Das Unternehmen ist interessiert an der Verwertung der Arbeitskraft seiner Mitarbeiter und erwartet, dass Bildung einen Beitrag zur Wertschöpfung leistet. Oswald Neuberger hat die damit angesprochene Ambivalenz unter Bezugnahme auf ein gängiges Motto der Personalarbeit in einem Wortspiel im besten Sinne „auf den Punkt gebracht": „Der Mensch ist Mittelpunkt – Der Mensch ist Mittel. Punkt" (vgl. Neuberger, 1990).[4]

Die pädagogische Sicht auf den Menschen zielt also auf die Entwicklung seiner Subjektivität, die betriebswirtschaftliche Sicht auf die Verwertung seiner Arbeitskraft unter ökonomischen Gesichtspunkten ab. Vor diesem Hintergrund ist zu prüfen, ob auch im betrieblichen Kontext von ‚Bildung' im oben skizzierten Sinne zu sprechen ist oder ob, wie häufig unterstellt, ein unüberbrückbarer Interessengegensatz vorliegt. Auf der Grundlage einer Vorstellung von lebenslangem und „lebensbreitem" Lernen ist unsere Arbeitshypothese die „Unteilbarkeit von Bildung". Demnach wäre Bildung als eine Form kritisch-solidarischer Weltaneignung gleicherma-

---

4   Neuberger macht dieses Wortspiel auch zum Programm seines Lehrstuhls, auf dessen Homepage sich eine gleichermaßen irritierende wie inspirierende Animation der verschiedenen Lesarten findet: http://www.wiwi.uni-augsburg.de/bwl/neuberger.

ßen die Grundlage sowohl für technische Innovationen als auch für den Einsatz für die Verbesserung der Lebensumstände von Menschen.

Management

Der Terminus ‚Management‘ geht zurück auf den lateinischen Ausdruck ‚manum agere‘: „an der Hand führen“. Im Italienischen wird daraus das Wort ‚manegiare‘: „handhaben, bewerkstelligen, an der Hand führen“ (ursprünglich auf Pferde bezogen, daher auch „zureiten“!), im Englischen bedeutet ‚to manage‘: „handhaben, bewerkstelligen, mit etwas zurechtkommen“, im übertragenen Sinne: „verwalten, bewirtschaften, leiten“. Im Deutschen hat sich der Begriff nach 1945 für „führen, leiten“ eingebürgert, wohl auch, um das durch die Nazizeit belastete Wort „führen“ zu vermeiden.

Die Autoren des Neuen St. Galler Management-Modells, auf das wir uns im Folgenden noch beziehen werden, verstehen Management als „ein System von Aufgaben, die sich ... als *Gestalten, Lenken (Steuern) und Weiterentwickeln zweckorientierter soziotechnischer Organisationen* zusammenfassen lassen“ (Dubs u.a., 2004: 70, in enger Anlehnung an Ulrich, 1984).

Dabei ist der Begriff der ‚Organisation‘ weiter gefasst als ‚Unternehmung‘ und bezieht sich auch auf andere Institutionen, wie z.B. öffentliche Verwaltungen, kirchliche Organisationen oder Fußballvereine. Im Hinblick auf unser Anliegen eines Bildungsmanagements ist es zudem wichtig, dass auch die Leitung einer organisatorischen Einheit innerhalb einer Organisation in den Blick genommen werden kann, also z.B. die Aus- oder Weiterbildungsabteilung in einem größeren Betrieb.

Ein zentraler Aspekt des Managementhandelns ist die Zielerreichung. Fredmund Malik formuliert daher die „Resultatorientierung“ als den ersten Grundsatz für Management: „Management ist der Beruf des Resultate-Erzielens oder des Resultate-Erwirkens. Der Prüfstein ist das Erreichen von Zielen und die Erfüllung von Aufgaben“ (Malik, 2000: 73). Eng verknüpft damit ist der Aspekt eines ökonomischen Mitteleinsatzes: Die vorhandenen Ressourcen sind im Hinblick auf die Erreichung eines bestimmten Zieles möglichst effektiv einzusetzen.

Bildungsmanagement

Mit den beiden Teilbegriffen ‚Bildung‘ und ‚Management‘ sind wir damit in gewisser Weise mit zwei Rationalitäten konfrontiert. Gerade in dem Spannungsgefüge zwischen Subjektorientierung auf der einen Seite und Verwertungsinteressen, Streben nach Effektivität und Effizienz auf der anderen Seite müssen sich Bildung und Bildungsmanagement bewähren.

Die Einführung von Denkweisen, Begrifflichkeiten und Instrumenten aus dem Bereich des Managements hat im Bildungsbereich in den letzten Jahrzehnten vielfältige Irritationen und Diskussionen ausgelöst. Es wurde die Gefahr einer völligen Ökonomisierung und Instrumentalisierung beschworen, ein mangelndes pädagogisches Professionsbewusstsein vermutet und in Abrede gestellt, dass sich Bildung überhaupt managen lässt[5]. Tatsächlich ist „Bildung“ mit Sicherheit kein Produkt, das

---

5   Zu dieser Diskussion vgl. z.B. für den Bereich der Erwachsenenbildung: Meisel, 1999.

einfach verkauft und konsumiert werden kann, wie Autos oder Waschmittel. Bildung wird von den lernenden Subjekten selbsttätig angeeignet und bedarf im besonderen Maße der eigenen Anstrengung. Die Bildung selbst ist daher für jedwede Art von Management nicht verfügbar. Das, was eine Bildungseinrichtung anbietet, ist jedoch nicht die Bildung selbst, sondern die *Unterstützung und Hilfe bei Bildungsprozessen*. Nur in diesem Sinne, als Dienstleistung, kann man Bildung managen. Dabei unterscheiden sich Bildungsdienstleistungen von anderen Dienstleistungen unter anderem durch das außergewöhnlich hohe Maß an Mitwirkung des Kunden (vgl. Schlutz, 2006: 20 ff.).

Zur Entwicklung eines tragfähigen Konzepts für Bildungsmanagement sollten daher Management-Konzepte aus den ökonomischen Wissenschaften nicht unkritisch übernommen werden, sondern es ist zu prüfen, ob sie dem besonderen Charakter von Bildungsprozessen und den daraus resultierenden Aufgaben der Leitung von Bildungseinrichtungen gerecht werden. Es ist notwendig, das Spezifikum von Leitungsaufgaben im Bildungsbereich herauszuarbeiten und Management-Konzepte daraufhin zu prüfen, inwiefern sie geeignet sind, Führungskräfte im Bildungsbereich bei ihren Leitungsaufgaben zu unterstützen.

Auf der anderen Seite sind auch die generellen und häufig pauschalisierenden Vorbehalte gegenüber ökonomischen Kategorien, die im Bildungswesen immer noch verbreitet sind, einer kritischen Überprüfung zu unterziehen.

Im Anschluss an das oben entwickelte Verständnis von Bildung und von Management soll nun eine Arbeitsdefinition für Bildungsmanagement vorgeschlagen werden:

> Bildungsmanagement bezeichnet die Gestaltung, Steuerung und Entwicklung von sozio-technischen Systemen, die dem Zweck der Bildung von Menschen mit dem Ziel der Urteils- und Handlungsfähigkeit dienen.[6]

Leitfragen und Impulse

- Diskutieren Sie den vorgestellten Bildungsbegriff! Finden Sie sich wieder? Würden Sie andere Akzente setzen?
- Diskutieren Sie den vorgestellten Managementbegriff! Finden Sie sich wieder? Würden Sie andere Akzente setzen?
- Wie bewerten Sie das Spannungsgefüge zwischen Pädagogik und Management?
- Wo und wie erleben Sie in der Praxis Konflikte zwischen der Orientierung an den Lernenden und den ökonomischen Anforderungen/Bedingungen?
- Kennen Sie Beispiele für konstruktive Lösungen? Wie sehen diese aus?

---

6   Mit dieser Zielformulierung ist die Arbeitsdefinition einerseits anschlussfähig an die aktuelle Kompetenzdebatte, andererseits offen für die Kriterien einer ganzheitlichen Bildungstheorie, wie sie oben kurz skizziert wurde.

3 Bildungsmanagement – Skizze zu einem orientierenden Rahmenmodell

Unser Einstieg in das Thema erfolgte über Praxisbeispiele, die Kennzeichnung der Aufgaben von Führungskräften mit der Metapher „Navigieren im permanenten Wildwasser" und eine systematische Begriffsklärung. Vor diesem Hintergrund soll nun im Folgenden eine Skizze zu einem Rahmenmodell für Bildungsmanagement entwickelt werden, das in gewisser Weise eine „mentale Landkarte für das Navigieren im permanenten Wildwasser" bietet. Das Modell dient der Veranschaulichung der komplexen Umfeldbedingungen – des „Terrains" – und der Zusammenhänge, die das Handeln der Akteure bestimmen. Es bietet einen Ordnungsrahmen, in dem Aufgaben, Fragen und Problemstellungen des Bildungsmanagements verortet werden können, und stellt eine Begrifflichkeit zur Verfügung als Grundlage für die Kommunikation in der Organisation.

In Situationen wie jenen, in denen sich die Protagonisten unserer Praxisbeispiele, Frau Margraf und Herr Aigner, befinden (vgl. 2.1), soll das in diesem Text entwickelte Rahmenmodell Orientierungshilfe bieten. Das zentrale Anliegen ist es, Führungskräfte bei der Bewältigung ihrer komplexen Aufgaben zu unterstützen, indem das Modell ihnen eine Orientierung über ihren Handlungsrahmen bietet. Gleichermaßen bietet das Modell eine systematische Grundlage, um sich als Studierender das Themen- und Aufgabengebiet des Bildungsmanagements zu erschließen.

3.1 Bildungsmanagement als didaktisches Handeln

Anknüpfungspunkte für ein erziehungswissenschaftliches Verständnis von Managementprozessen in Bildungsorganisationen und von Bildungsprozessen finden sich in dem von Flechsig/Haller bereits in den 1970er Jahren entwickelten Konzept des didaktischen Handelns. Die Autoren unterscheiden *didaktisches Handeln* vom Unterrichten und bezeichnen mit diesem weiter gefassten Begriff alle Aktionen, die auf die *Gestaltung von Lehr- und Lernprozessen* bezogen sind. Nach diesem Verständnis ist nicht nur die Tätigkeit des Lehrers oder Ausbilders ein didaktisches Handeln, sondern auch die Arbeit des Kultusministers, der neue Lehrpläne entwickeln lässt, die Arbeit des Redakteurs, der eine Sendung im Bildungsfernsehen betreut, oder aber auch die Tätigkeit des Autodidakten, der sich entschließt, die Sendung im Fernsehen anzusehen und mit Kollegen zu diskutieren (Flechsig & Haller, 1975: 10 ff.). Didaktisches Handeln umfasst also Prozesse der *unmittelbaren Einwirkung auf Lehr-Lernprozesse* (wie z.B. Unterricht) und Prozesse der *mittelbaren Einflussnahme* durch die Gestaltung der Umfeld- bzw. Bedingungsfaktoren von Bildungsprozessen.

Didaktisches Handeln geschieht auf unterschiedlichen Handlungsebenen. Wir wollen für die folgenden Überlegungen vier solcher Ebenen unterscheiden, die mit den Kurzbegriffen Bildungspolitik, Institution, Didaktik und Kommunikation bezeichnet werden sollen.[7]

---

7 Wo die Grenzen zwischen diesen Ebenen liegen, ist nicht einfach zu bestimmen. Flechsig & Haller (1975) unterscheiden selbst zunächst fünf Ebenen, Flechsig (1989) in einem späteren, speziell auf die Weiterbildung bezogenen Beitrag sechs. Weinberg (1989) adaptiert das Modell, reduziert es jedoch auf vier Ebenen. Je nach Fragestellung ist es vermutlich notwendig, die Systemgrenzen bzw. die Trennlinien zwischen den Ebenen jeweils unterschiedlich zu ziehen. Ich beziehe mich im

Auf der ersten Ebene, der „*Bildungspolitik*", werden die Rahmenbedingungen von Bildungsarbeit gestaltet, z.B. durch die Verabschiedung von Gesetzen, Verordnungen etc. Hier agieren in erster Linie (Bildungs-)Politiker und Verbandsfunktionäre.

Auf der zweiten Ebene, der „*Institution*", geht es um die Leitung und Gestaltung der einzelnen Organisation, also z.B. einer Schule, Erwachsenenbildungseinrichtung oder dem Bildungswerk eines Wirtschaftsverbands. Hier werden v. a. die oberen Führungskräfte von Bildungsorganisationen, also Schulleiter, Volkshochschulleiter, Leiter Personalentwicklung etc.[8], tätig.

Auf der dritten Ebene, der „*Didaktik*", werden die im engeren Sinne didaktischen Prozesse geplant und organisiert: das Jahresprogramm einer Erwachsenenbildungseinrichtung, das Schulcurriculum, ein neues Qualifizierungsprogramm für Führungskräfte. Hier agieren Fachbereichsleiter in der Erwachsenenbildung, Fachgruppensprecher in der Schule, Teamleiter in der betrieblichen Bildung.

Auf der vierten und letzten Ebene schließlich, der „*Kommunikation*", ist der eigentliche Lehr-/Lernprozess angesiedelt: die Durchführung des einzelnen Kurses in der Erwachsenenbildung, der Unterricht in einer Schulklasse, die Moderation und Leitung eines Workshops in einem Betrieb. Die Akteure auf dieser Handlungsebene sind Dozenten, Trainer, Moderatoren, Lehrer etc.

Ausgehend von diesem Modell, wollen wir im Folgenden *Bildungsmanagement als didaktisches Handeln* verstehen, das vorwiegend auf den beiden Handlungsebenen Institution und Didaktik vollzogen wird[9]. Konzeptionell soll für diese beiden Handlungsebenen Bildungsmanagement in zwei spezifischen Handlungsformen entwickelt werden (vgl. Abb. 1): Das Bildungs*betriebs*management (Handlungsebene Institution) zielt auf die Leitung einer Bildungsinstitution im Sinne einer betrieblichen Einheit (z.B. einer Schule, einer Volkshochschule oder eines betrieblichen Bildungswerks). Das Bildungs*prozess*management (Handlungsebene Didaktik) bezieht sich auf die Entwicklung und Steuerung des Kernprozesses einer Bildungsorganisation, nämlich Bildungsangebote zu planen, anzubieten und durchzuführen und so Lernen zu initiieren, zu ermöglichen, zu organisieren und zu begleiten. Beide Handlungsformen erfolgen vor dem Hintergrund und unter den Bedingungen einer Welt im Wandel, wie es die Abbildung andeutet.

Folgenden auf die von Weinberg gewählten vier Ebenen, die jedoch von dem engeren Blickwinkel auf Erwachsenenbildung wieder geweitet und zusätzlich kürzer und etwas abweichend bezeichnet werden.

8   Im betrieblichen Bereich ist die Zuordnung auf den ersten Blick etwas problematisch, da hier unklar ist, ob der gesamte Betrieb oder nur die Bildungsabteilung als „Institution" verstanden werden sollen und je nachdem nicht nur der Leiter des Bildungswesens, sondern auch – auf einer unterschiedlichen hierarchischen Ebene – die Unternehmensleitung aktiv sind. Wir werden dies weiter unten noch einmal etwas differenzierter betrachten.

9   Die Unterscheidung der Handlungsebenen ist ein heuristisches Konzept. Nicht alle in der Realität vorfindbaren Fälle und Prozesse sind eindeutig einer Ebene zuzuordnen, es gibt vielfache Überlappungen und Mischformen. Auch lassen sich Tätigkeiten auf den Ebenen ‚Bildungspolitik' und ‚Kommunikation' finden, die als Bildungsmanagement bezeichnet werden können. Weiterhin ist zu fragen, ob für die Leitungsaufgaben innerhalb von Verbänden, die wieder deutlich anders strukturiert sind als Einzel-Organisationen, nicht ein eigenes Bildungsverbandsmanagement zu entwickeln wäre.

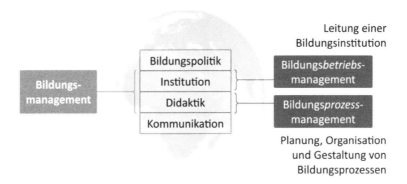

Abbildung 3.1: Bildungsmanagement als didaktisches Handeln

Quelle: Müller, 2007: 108

3.2 Ein allgemeines Managementmodell

Im Hinblick auf die managementwissenschaftliche (bzw. betriebswirtschaftliche) Fundierung stellt sich zunächst die Frage, ob für das Bildungsmanagement ein neuer, spezieller Managementansatz entwickelt werden muss. Weber u.a. argumentieren z.B. mit den Besonderheiten von Weiterbildungsorganisationen für ein eigenständiges *Führungsmodell für die Weiterbildung* (Weber, Senn & Fischer, 2006: 7). Das im Folgenden dargestellte Rahmenmodell für Bildungsmanagement stützt sich dagegen im Wesentlichen auf einen allgemeinen Management-Ansatz: das neue St. Galler Management Modell (vgl. Rüegg-Stürm, 2004; Dubs, Euler, Rüegg-Stürm & Wyss, 2004). Dieser Ansatz wird im Hinblick auf Leitungsaufgaben in Bildungseinrichtungen erweitert und spezifiziert. Für den Schulbereich liegen solche Adaptionen bereits vor (vgl. Dubs, 2005; Seitz & Capaul, 2007), für die Erwachsenenbildung und die betriebliche Bildung sind sie noch zu leisten.[10]

Das neue St. Galler Management Modell basiert auf einem systemisch-konstruktivistischen Managementansatz, der in besonderer Weise anschlussfähig für eine erziehungswissenschaftliche Betrachtung von Managementprozessen erscheint. Die Autoren des Modells verstehen eine Unternehmung oder Organisation als ein komplexes System, das von einer Umwelt unterscheidbar ist. Das System selbst besteht aus einer Vielzahl von Systemelementen, zwischen denen wiederum vielfältige Beziehungen und Wechselwirkungen bestehen (Rüegg-Stürm, 2004: 17 ff.)[11]. Mithilfe des Managementmodells soll es möglich sein, in diese komplexe Struktur Ordnung zu bringen, logische Verbindungen und gewisse Wirkungszusammenhänge aufzuzeigen und damit Orientierungen zu ermöglichen (ebd.: 13). Das Modell unterscheidet sechs zentrale Begriffskategorien: Umweltsphären, Anspruchsgruppen, Interaktionsthemen, Ordnungsmomente, Prozesse und Entwicklungsmodi (vgl. ebd.: 21). Die nachstehende Abbildung zeigt das Modell im Überblick.

---

10 Zu einer ersten Skizze für ein die Bildungsbereiche umfassendes Modell vgl. Müller 2007.

11 Auf die systemtheoretischen Grundlagen kann im Folgenden nicht näher eingegangen werden.

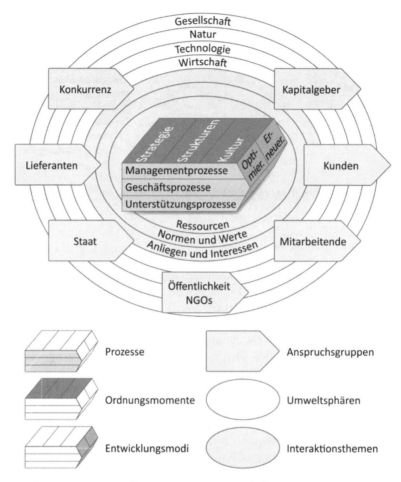

Abbildung 3.2: Das neue St. Galler Management-Modell
Quelle: Rüegg-Stürm, 2004: 22

Das Modell versteht unter *Umweltsphären* die wichtigsten Kontexte, in die eine Organisation eingebettet ist und unterscheidet dabei die vier Sphären Gesellschaft, Natur, Technologie und Wirtschaft.

Als *Anspruchsgruppen* (oder Stakeholder) werden Menschen und Organisationen bezeichnet, die für die Organisation relevant sind oder die sie aus normativen Erwägungen für sich als relevant erklärt. Eine Organisation ist nicht aus Selbstzweck tätig, sondern erbringt ihre Leistungen in Interaktion mit unterschiedlichen Anspruchsgruppen (Rüegg-Stürm, 2004: 29). Mit diesen Anspruchsgruppen steht die Unternehmung in vielfältigen Austauschbeziehungen. Die „Gegenstände" dieser Austauschbeziehungen werden als *Interaktionsthemen* bezeichnet. Darunter versteht das St. Galler Managementmodell alles, „*was* von den Anspruchsgruppen an die Unternehmung herangetragen, dieser zur Verfügung gestellt oder streitig gemacht wird – oder umgekehrt betrachtet: worum sich eine Unternehmung streiten muss" (Rüegg-Stürm, 2004: 33). Das Modell unterscheidet dabei einerseits *personen-* und *kulturgebundene* Elemente, wie *Anliegen, Interessen, Normen* und *Werte*, und andererseits *objektgebundene* Elemente, d.h. *Ressourcen*.

Die Aktivitäten einer Organisation laufen nicht in einer beliebigen Form ab, sondern in einem mehr oder weniger geordneten Rahmen. Die Ordnungsmomente einer Organisation strukturieren das Alltagsgeschehen in einem Unternehmen und richten es auf die Erzielung der gewünschten Ergebnisse und Wirkungen aus (ebd.: 23). Das Modell unterscheidet drei Arten von Ordnungsmomenten: Strategie, Struktur und Kultur (vgl. ebd.: 37 ff.). Die Strategie richtet die Organisation auf die erfolgsentscheidenden Aspekte der eigenen Tätigkeit aus; es geht um das WAS bzw. um die Entscheidung, „die richtigen Dinge zu tun". Um dieses Ziel zu erreichen, müssen die einzelnen Aktivitäten in der Organisation koordiniert werden. Diese Koordination der einzelnen Aktivitäten müssen die Strukturen der Organisation leisten. Hier geht es um das WIE bzw. darum, „die Dinge richtig zu tun". Schließlich bedarf die Organisation eines gemeinsamen Sinnhorizonts, sie muss in der Lage sein, Fragen nach dem WARUM und WOZU der eigenen Existenz und Tätigkeit zu beantworten. Dieser Sinnhorizont kann vor allen Dingen dort unterstützend wirken, wo es keine detaillierten Vorgaben für das Vorgehen gibt, sondern Interpretations- und Gestaltungsspielraum bestehen. Diese Sinn stiftende Funktion wird durch die Kultur einer Unternehmung verkörpert.

Prozesse sind „eine Menge (oder ein System) von Aufgaben, die in einer mehr oder weniger standardmäßig vorgegebenen Abfolge zu erledigen sind (Aufgabenkette)" (Rüegg-Stürm, 2004: 66). In dem Modell werden drei Arten von Prozessen unterschieden: Managementprozesse, Geschäftsprozesse und Unterstützungsprozesse.

Managementprozesse umfassen alle Aufgaben, die mit der Gestaltung, Steuerung und Entwicklung einer Organisation zu tun haben. Geschäftsprozesse sind jene Aktivitäten einer Unternehmung, die unmittelbar auf die Stiftung von Kundennutzen ausgerichtet sind. Im Mittelpunkt der Geschäftsprozesse stehen dabei die Prozesse der Leistungserstellung. Unterstützungsprozesse schließlich dienen der Bereitstellung der Infrastruktur und der Erbringung der internen Dienstleistungen, die notwendig sind, damit die Geschäftsprozesse vollzogen werden können. Hierzu zählen z.B. Personalarbeit, Infrastrukturbewirtschaftung – oder eben Bildungsarbeit.

Um in einer sich schnell und tiefgreifend verändernden Umwelt bestehen zu können, muss sich eine Organisation kontinuierlich weiterentwickeln. Das neue St. Galler Managementmodell kennt zwei unterschiedliche Entwicklungsmodi: die kontinuierliche Optimierung im Sinne einer evolutionären Weiterentwicklung und die grundlegende Erneuerung im Sinne eines tiefgreifenden, revolutionären Veränderungsprozesses (vgl. Rüegg-Stürm, 2004: 83 f.).

3.3 Skizze zu einem Rahmenmodell für Bildungsmanagement

Zur Entwicklung eines Rahmenmodells für Bildungsmanagement sind die Kategorien des allgemeinen Managementmodells im Hinblick auf die Leitung einer Bildungsorganisation zu beschreiben und zu reflektieren. Die nachstehende Abbildung zeigt das Modell in der Übersicht.

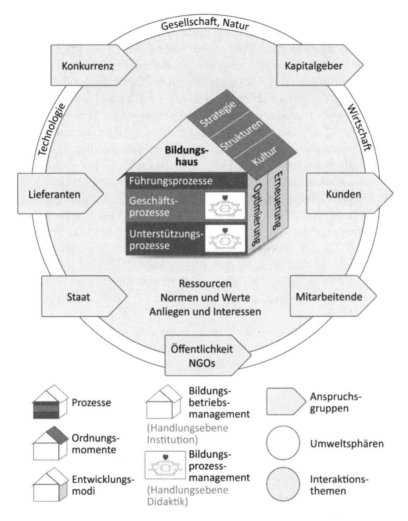

Abbildung 3.3: Bildungsmanagement – ein orientierendes Rahmenmodell
Quelle: Müller, 2007: 116

Das Rahmenmodell soll ein Grundgerüst bieten, das im Hinblick auf die je konkreten Gegebenheiten in der jeweiligen Institution zu füllen ist. So soll es z.B. einer Einrichtung der Erwachsenenbildung erleichtern, bei der Entwicklung ihres Unternehmenskonzepts und ihres Programmangebots ein umfassenderes Bild der eigenen Rahmenbedingungen und Handlungsmöglichkeiten gewinnen zu können. Das Modell ist als ein *spezifisches Modell* für einen *spezifischen Organisationstyp* angelegt, nämlich im Hinblick auf Bildungsorganisationen oder -einheiten. Dazu muss die für Bildungsorganisationen und -abteilungen spezifische Aufgabe, die Organisation und Durchführung von Bildungsangeboten, in das allgemeine Modell integriert und verortet werden.

Im Folgenden sollen das Bildungs*betriebs*management und das Bildungsprozessmanagement als konstituierende Handlungsebenen des Bildungsmanagements näher erläutert werden.

Bildungsbetriebsmanagement

Das Bildungsbetriebsmanagement bezieht sich auf die Gesamtleitung einer Bildungseinrichtung unter pädagogischen und betriebswirtschaftlichen Aspekten. Auf dieser Handlungsebene geht es z.B. um die grundlegende Ausrichtung der Einrichtung und die Entwicklung einer langfristigen Strategie. Es sind Fragen des organisationalen Aufbaus zu beantworten, Aufgaben der Personalarbeit, wie Personalgewinnung, Personalbeurteilung und Personalentwicklung, zu erfüllen oder ein Qualitätsmanagement aufzustellen.

In Abschnitt 2.2 wurde die „Welt im Wandel" als Bedingungshintergrund für Bildung und Bildungsmanagement thematisiert. Mithilfe der Kategorie *„Umweltsphären"* lässt sich dieser Bedingungshintergrund nun weiter differenzieren. Um auf Trends reagieren zu können oder – besser noch – sie vorab erkennen und proaktiv tätig werden zu können, zählen die Beobachtung und Analyse von Veränderungen in den relevanten Umweltsphären zu den zentralen und kontinuierlich zu erfüllenden Aufgaben für die Leiter von Bildungseinrichtungen. Beispielsweise haben Veränderungen in der Altersstruktur – ein Aspekt der Umweltsphäre Gesellschaft – gravierende Auswirkungen für die Erwachsenenbildung und viele Einrichtungen reagieren bereits mit Anpassungen in der Marketing- und Programmplanungsstrategie. Umweltsphären sind zahlreich gestaltet und unübersichtlich. Eine mögliche Marketingstrategie könnte z.B. darauf setzen, die entscheidenden Trends zu entdecken, bevor sie zu Allgemeinplätzen bzw. zur Mode werden und sich so Marktvorteile zu sichern. Geeignete Medien zu finden, die im unübersichtlichen Terrain frühzeitig die richtigen Informationen liefern, ist daher eine Schlüsselaufgabe.

Am Beispiel einer städtischen Volkshochschule können die *Anspruchsgruppen* einer Erwachsenenbildungseinrichtung konkretisiert werden. Dazu zählen die Stadt als Träger und ein wesentlicher Finanzier der Einrichtung, die Bürger der Stadt als interessierte Öffentlichkeit und als potenzielle Kunden, die Teilnehmenden in den Veranstaltungen, die hauptberuflichen Mitarbeiter und die nebenberuflichen Dozenten, die konkurrierenden Institutionen, wie z.B. kirchliche Bildungswerke und private Bildungsträger, das Land, das über Zuschüsse einen weiteren Teil der Finanzierung übernimmt und über die Landesgesetzgebung den juristischen Handlungsrahmen reguliert. Jede Bildungsorganisation steht vor der Aufgabe, die für sie relevanten Anspruchsgruppen zu identifizieren und ein Konzept für die Interaktion mit diesen Gruppen zu entwickeln. Dieses Konzept kann strategisch ausgerichtet sein und sich vor allem an der Wirkmächtigkeit der Ansprüche und Interessen einer Gruppe orientieren oder es kann eher normativ-kritisch orientiert sein und aufgrund ethischer Überlegungen sich an Gruppen orientieren, deren tatsächlicher Einfluss gering ist (Rüegg-Stürm, 2004: 29). Aufgrund solcher, eher ethisch motivierter Überlegungen und eines entsprechenden Verständnisses des eigenen Auftrags erhält z.B. manche Erwachsenenbildungseinrichtung ein Angebot im Bereich Alphabetisierung aufrecht, obwohl die damit angesprochene Zielgruppe wenig Einfluss hat und das Angebot zur Existenzsicherung nur wenig beiträgt.

Wie jede andere Organisation steht auch eine Bildungseinrichtung mit ihren Anspruchsgruppen über *Interaktionsthemen* in vielfältigen Austauschbeziehungen. Die

Ansprüche der verschiedenen Anspruchsgruppen an die Bildungsorganisation müssen mit den eigenen Werten, Normen und Anliegen ausbalanciert werden.

Eine Bildungsorganisation muss ihren eigenen normativen Orientierungsrahmen offen legen, laufend und systematisch reflektieren und so ihre eigene Position unter Berücksichtigung der begründeten Anliegen und Interessen der verschiedenen Anspruchsgruppen bestimmen. Nicht zuletzt dazu dienen Leitbilder und Programme (vgl. Dubs, 2005: 26).

Ordnungsmomente: Aufbauend auf solchen normativen Überlegungen sind Entscheidungen über die grundsätzliche, zukunftsorientierte Ausrichtung eines Bildungsunternehmens/einer Bildungsorganisation zu treffen. Das Leitbild als Dokument gemeinsam getragener Zielvorstellungen bildet die Grundlage für die Entwicklung einer *Strategie* für einen überschaubaren Zeitraum von z.B. drei Jahren. Zur Implementierung dieser Strategie in das konkrete Handeln der Führungskräfte und Mitarbeiter in der Organisation bedarf es geeigneter Instrumente und Maßnahmen. Hier kann als Beispiel die Balanced Scorecard genannt werden, ein in vielen Unternehmen verbreitetes Management-Tool, das zunehmend auch im Bildungsbereich eingesetzt wird (vgl. Schweizer & Gloger, 2006). Das zweite Ordnungsmoment einer Bildungseinrichtung sind ihre *Strukturen*, wie sie z.B. in Stellen und ihrer Beschreibung, Geschäftsverteilungsplänen und Organigrammen dargestellt werden (vgl. Bartz, 2006). Schließlich bilden Organisationen einen gewissen „Charakter" aus, der sich in ihrer Kultur niederschlägt. Gemeinsame Grundannahmen und Werte einer Bildungseinrichtung schlagen sich nieder in Symbolen und Ritualen, in der äußeren Gestaltung des Bildungshauses, in Sprache und Auftreten der Mitarbeiter. Diese Kultur ist spürbar und erlebbar. Sie zu gestalten ist eine wesentliche Leitungsaufgabe (vgl. Dubs, 2005: 118). Dabei muss man sich jedoch bewusst sein, dass sich Organisationskulturen über einen längeren Zeitraum herausbilden und daher auch nur unter einer längerfristigen Perspektive veränderbar sind. Der sicherlich bedeutsamste kulturelle Aspekt einer Bildungsorganisation ist die in ihr gelebte und erlebte *Lernkultur.* Lernkulturen bieten Orientierung für Bildungsprozesse und wirken sich auf das konkrete Lehren und Lernen aus. Sie sind „in und durch Lehr-, Lern- sowie Kooperations- und Kommunikationsprozesse immer wieder aufs Neue hergestellte Rahmungen, die ihren Mitgliedern spezifische Entwicklungsmöglichkeiten bieten" (Weinberg, 1999: 98). Die Lernkultur umfasst u.a. das Selbst- und Rollenverständnis der Lernenden und Lehrenden und zeigt sich u.a. in der Raumgestaltung, im Repertoire der Lehr-/Lernmethoden, in der Medienausstattung, in der Nutzung unterschiedlicher Lernorte, in Ritualen und Regeln der Kommunikation.

Prozesse: Der wichtigste Prozess in einer Bildungseinrichtung oder -abteilung ist das Bildungsprozessmanagement. Hier geht es um die Erbringung der zentralen Aufgabe. Das Bildungsprozessmanagement ist in dem Modell an zwei Stellen verortet. Daran lässt sich zum einen das zentrale Spezifikum von Bildungsorganisationen festmachen. Zum anderen zeigen sich darin wichtige Unterschiede in den Bildungsbereichen und in verschiedenen Organisationstypen. Im Hinblick auf die Konstitution eines Bildungsmanagements, das die Bildungsbereiche umfassend betrachtet, scheint es in besonderem Maße nötig, gerade die Gemeinsamkeiten und Unterschiede zwischen den Bereichen und zwischen den jeweiligen Institutionstypen herauszuarbeiten.

In der oben dargestellten Form bildet das Modell einen spezifischen Organisationstyp ab, dessen primärer Existenzgrund die Erbringung von Bildungsdienstleistungen ist. Zu dieser Art von Organisation zählen Schulen, Erwachsenenbildungseinrichtungen oder Weiterbildungsakademien der Wirtschaft, die eigenständig auf einem (externen) Markt tätig sind. In diesen Organisationen zielt das Bildungsprozessmanagement auf den zentralen Geschäftsprozess. Mit ihrem Angebot wendet sich die Organisation an externe Kunden. Anders verhält es sich, wenn eine Organisation primär andere Zwecke als Bildung verfolgt, z.B. ein Unternehmen der Automobilbranche oder die Steuerbehörde eines Landes. Auch in diesen Organisationen findet Bildungsarbeit statt, jedoch nicht als zentraler Geschäftsprozess, sondern als Unterstützungsprozess neben anderen (wie z.B. Personalarbeit oder Infrastrukturbewirtschaftung). Bildung ist in diesem Kontext anderen Zielen und Aufgaben untergeordnet (vgl. Abbildung 3.4).

Auch in einer Organisation mit dem primären Zweck, Bildung anzubieten, findet sich jedoch Bildungsarbeit als Unterstützungsprozess. Wenn beispielsweise eine Erwachsenenbildungseinrichtung ihre eigenen Dozenten fortbildet („Train-the-trainer"), so ist dies ein Unterstützungsprozess, der sich an die eigenen Mitarbeiter wendet. Mithilfe des Rahmenmodells können die strukturellen Unterschiede zwischen unterschiedlichen Bildungsbereichen und den sich dort (funktional) ausdifferenzierenden Organisationstypen herausgearbeitet werden.

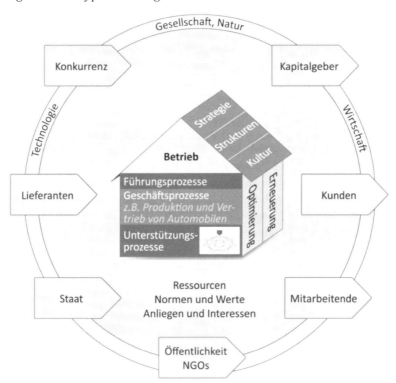

Abbildung 3.4: Bildungsmanagement als Unterstützungsprozess
Quelle: Müller, 2007: 118

Leitfragen und Impulse

- Welche Veränderungen in den Umweltsphären sind für Ihre Einrichtung besonders relevant? Welche werden es künftig voraussichtlich werden? Wie ist die Organisation auf diese Veränderungen vorbereitet?
- Welche Anspruchsgruppen können Sie für Ihr Unternehmen identifizieren? Wie wichtig sind die einzelnen Gruppen und wie stark ist ihr Einfluss?
- Was sind die zentralen Werte und Normen, an denen sich Ihre Organisation ausrichtet? Wie werden diese an die Anspruchsgruppen kommuniziert? Welche Ressourcen tauscht das Unternehmen mit den Anspruchsgruppen aus? Wo existiert Knappheit, wo gibt es in besonderem Maße Konkurrenz und Konflikte?
- Welche Ordnungsmomente können Sie identifizieren? Gibt es eine schriftlich niedergelegte Strategie? Ist Ihnen diese bekannt, wird sie kommuniziert? Wie ist die Organisation aufgebaut? Welche Strukturen existieren? Wie würden Sie die Kultur des Unternehmens kennzeichnen?
- Welche Führungsprozesse kennen Sie in Ihrer Organisation?
- Welche Unterstützungsprozesse können Sie unterscheiden?
- Wie und wo würden Sie das Bildungsprozessmanagement in Ihrer Organisation verorten?

Bildungsprozessmanagement

Bildungsprozessmanagement bezieht sich auf die Entwicklung und Steuerung des Kernprozesses einer Bildungsorganisation. Es zielt auf das Initiieren, Planen, Gestalten, Anbieten, Durchführen und Auswerten von Lernmöglichkeiten. Im System der didaktischen Handlungsebenen ist das Bildungsprozessmanagement auf der Ebene „Didaktik" angesiedelt. Im Zentrum unseres Denkens und Handelns stehen dabei die *Lernenden*.

Bildungsprozessmanagement kann angewendet werden auf das Gesamtprogramm einer Einrichtung (z.B. die Programmplanung einer Volkshochschule, das Gesamtprogramm einer Weiterbildungsakademie oder die Entwicklung eines schulinternen Curriculums) oder aber auf einzelne Projekte (z.B. das Teilprogramm „Seniorenakademie" der VHS, eine Qualifizierungsreihe für die neu ernannten Führungskräfte eines Konzerns oder für ein Projekt zur Qualifizierung von Streitschlichtern in einer Schule).

Unser Modell für das Bildungsprozessmanagement umfasst einen Handlungszyklus, der von der Bildungsbedarfsanalyse, über Programmplanung, Veranstaltung, Prüfung, Transfersicherung, Evaluation bis zur Programmrevision reicht. Die folgende Abbildung zeigt diesen Zyklus im Überblick. Im Folgenden werden die einzelnen Elemente der Grafik erläutert, anschließend die einzelnen Handlungsschritte kurz gekennzeichnet.[12]

---

12 Weiterführende Darstellungen und umfangreiche Materialien finden sich in Iberer & Müller, 2006.

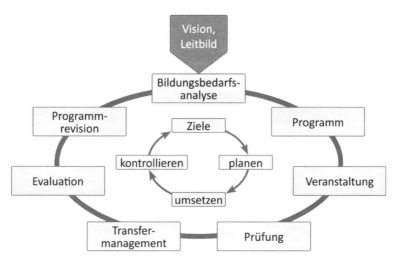

Abbildung 3.5: Bildungprozessmanagement

Quelle: Müller, 2007: 113

Der gesamte Handlungszyklus ist anzubinden an die Vision, das Leitbild und die Strategie der Organisation. Dadurch gerät in den Blick, dass es z.B. in der betrieblichen Weiterbildung um eine langfristige und proaktive „Vorsorge" im Hinblick auf künftige Herausforderungen und die zu ihrer Bewältigung notwendigen Kompetenzen der Mitarbeiter geht.

Der innere Kreis der Grafik stellt ein allgemeines Handlungsmodell dar, das in einem Zyklus dargestellt und dem Managementhandeln zugrunde gelegt werden kann. Es wird in der Literatur in unterschiedlichen Varianten beschrieben. In analoger Form bildet der Zyklus auch die Basis jedes systematischen pädagogischen Denkens und Handelns. Dieser Zyklus stellt einerseits die innere Logik, das Grundgerüst, dar, nach dem sich der gesamte Bildungsprozessmanagementkreislauf aufbaut, er findet sich jedoch auch in jedem einzelnen Handlungsschritt des Kreislaufs.

Der äußere Kreis stellt die einzelnen Handlungsschritte dar. Die *Bildungsbedarfsanalyse* fragt danach, was überhaupt gelernt werden soll. Sie zielt auf eine systematische Ermittlung des Bildungsbedarfs aus der Sicht der Lernenden (subjektive Bildungsbedürfnisse) sowie der „abnehmenden Systeme" („objektive" Bildungsbedarfe aufgrund von Handlungssituationen, gesellschaftlicher bzw. betrieblicher Bildungsbedarf). Eine sorgfältige Bedarfsanalyse ist entscheidend im Hinblick auf gelingendes Lernen, denn sie stellt die „Passung" her zwischen den Lernenden, den Handlungsanforderungen und dem geplanten Lernangebot.

Das *Programm* meint die Gesamtheit *der Dienstleistungen und Produkte* einer Bildungsorganisation oder -abteilung. Gemeinhin denkt man dabei zunächst an eine Zusammenstellung von Seminaren in einem Programmheft oder an ein Curriculum für eine Schule. Wir verstehen Programm jedoch in einem erweiterten Sinne: Vor dem Hintergrund komplexer Lernanforderungen bedarf eine wirkungsvolle Lernunterstützung einer breiten Palette von Lern- und Unterstützungsformen. Das „Programm" einer Bildungseinrichtung kann daher auch umfassen: Lernberatung, Coaching, Moderation von Workshops, ein Lernfest, Selbstlernmaterialien etc. In vielen

Fällen werden Programme mehrere Lernformen im Sinne eines „Blended Learning" oder – besser – „Integrierten Lernens" zusammenführen. Dabei geht es um die wohlüberlegte und didaktisch begründete Verzahnung unterschiedlicher personaler und medialer Lernformen. Die *Veranstaltung* bezeichnet das Angebot und die Durchführung einer einzelnen, konkret umschriebenen Maßnahme im Rahmen des Gesamtprogramms. Die *Prüfung* ist ein Erhebungsverfahren, das zu einem bestimmten Zeitpunkt die erbrachte Leistung, das Wissen, Können und Vermögen eines Lernenden feststellen und bewerten soll. Gerade im Hinblick auf Prüfungen lassen sich große Unterschiede zwischen den drei Bildungsbereichen feststellen. Während der Lernalltag in einer Schule maßgeblich von Prüfungsabläufen gekennzeichnet ist, finden weite Teile der Erwachsenenbildung praktisch ohne Prüfungen statt.

Etwas lernen, das ist die eine Sache. Es im beruflichen oder privaten Alltag anzuwenden – und zwar auf Dauer – das ist die andere. Das *Transfermanagement* bezieht sich auf alle Aktivitäten, die dazu beitragen können, die langfristige Beibehaltung, die Umsetzung und Anwendung des Gelernten zu unterstützen und sicherzustellen. Dabei ist nicht nur an methodisch-didaktische Maßnahmen zu denken, sondern auch daran, was im Anwendungsfeld zur Umsetzung beigetragen werden kann, z.B. von den Führungskräften (vgl. Müller, Ihlein & Nagel, 2007).

Die *Evaluation* meint das *methodische Erfassen und Bewerten* der Wirkungen von Bildung. Sie kann sich beziehen auf das Gesamtprogramm oder auf einzelne Maßnahmen, auf Input-, Prozess-, Output- oder Outcome-Variablen.

Mit der *Programmrevision* schließt sich der Kreis des Bildungsprozessmanagements. Sie dient der Überprüfung und Weiterentwicklung der eigenen Arbeit. Dazu wird der gesamte Kreislauf einer Revision im Hinblick auf die Erreichung der gesteckten Ziele unterzogen. Die Programmrevision mündet ggf. in die Überarbeitung des Programms. Von Planungszyklus zu Planungszyklus (z.B. ein Jahr, ein Semester) kann das Programm weiterentwickelt und verbessert und so den sich verändernden Rahmenbedingungen angepasst werden. Systemisch gesehen, ist die Programmrevision der entscheidende Schritt zur Selbsterneuerung des Bildungsprozessmanagements.

Der gesamte Zyklus des Bildungsprozessmanagements ist verknüpft mit der Handlungsebene des Bildungsbetriebsmanagements. Für das gesamte Programm, aber auch bei jedem einzelnen Projekt geht es z.B. darum, Mitarbeiter auszuwählen, Ressourcen zu kalkulieren, zu budgetieren und zu finanzieren, eine Maßnahme zu kommunizieren, zu vermarkten und zu verkaufen, die Qualität zu sichern.

Leitfragen und Impulse

- Können Sie die dargestellte Terminologie zum Bildungsprozessmanagement nachvollziehen?
- Existiert in Ihrer Organisation ein systematisches Bildungsprozessmanagement? Werden alle Handlungsschritte durchgeführt? Gibt es ggf. Schwächen?
- Bitte gehen Sie die Handlungsschritte der Reihe nach durch und prüfen Sie:
  - Wie wird der Handlungsschritt durchgeführt?
  - Welche Verfahren und Prozesse kommen zum Einsatz?
  - Sind sie in einem Handbuch dokumentiert (z.B. im Qualitätshandbuch)?
  - Wo liegen die Stärken, wo die Schwächen?

4 Ausblick

Die Menschheit als Ganzes, die Einzelstaaten und die Staatengemeinschaft, die Unternehmen, aber auch jeder einzelne Mensch stehen heute vor großen Herausforderungen. Ob auf politischer, betrieblicher oder individueller Ebene: Zur Bewältigung dieser Herausforderungen bedarf es Menschen, die kritisch und eigenständig denken, die bereit sind, Verantwortung zu übernehmen und sich engagiert einzusetzen, die Mut haben, auch Schwieriges anzupacken und Geduld, es bis zum Ende durchzuhalten. Bildung ist nicht die Lösung der genannten Probleme, doch sie kann dabei einen wichtigen Beitrag leisten. Wohl keines der angesprochenen Themen wird sich ohne geeignete Formen der vorbereitenden oder begleitenden Unterstützung durch Bildungsprozesse und -maßnahmen lösen lassen. Das Bildungsmanagement sorgt für die Gestaltung der notwendigen Rahmenbedingungen. Es steuert den zielgerichteten, sparsamen und wirksamen Einsatz der Ressourcen mit dem Ziel einer optimalen Ermöglichung des Lernens von Menschen.

Wir verstehen Bildungsmanagement als eine Form didaktischen Handelns. Im Mittelpunkt des vorgeschlagenen Rahmenmodells steht der *lernende Mensch*. Führungskräfte handeln im Alltag unter hohem Druck. Tag für Tag drängen sich neue Fragen und Probleme in den Vordergrund, wie z.B. eine plötzlich auftretende Finanzierungslücke oder ein akuter Konflikt zwischen Mitarbeitern. Bildungsmanagement als didaktisches Handeln erinnert daran, dass das Leitungshandeln auf das *Lernen von Menschen* zielt. Jedwede Aktion, ob es sich um Entscheidungen im Finanzbereich, um die Organisation von Verwaltungsakten oder um Personalauswahl handelt, muss vor diesem Zielhorizont reflektiert, getroffen und verantwortet werden.

Literatur

BEHRMANN, D. (2006). Reflexives Bildungsmanagement. Frankfurt a.M.: Peter Lang.

BARTZ, A. (2006). Grundlagen organisatorischer Gestaltung. In H. Buchen & H.-G. Rolff (Hrsg.), Professionswissen Schulleitung (S. 365–417). Weinheim und Basel: Beltz.

BÖTTCHER, W. (2006). Outputsteuerung durch Bildungsstandards. In H. Buchen & H.G. Rolff (Hrsg.), Professionswissen Schulleitung (S. 673–710). Weinheim und Basel: Beltz.

BUCHEN, H. & ROLFF, H. (Hrsg.) (2006). Professionswissen Schulleitung. Weinheim und Basel: Beltz.

CRAINER, S. & DEARLOVE, D. (2006). Der Atlas des Managements: Navigationshilfen für die Reise durch die Business-Welt. Frankfurt: Manager Magazin.

DECKER, F. (1995). Bildungsmanagement für eine neue Praxis. München: Lexika.

DUBS, R. (2005). Die Führung einer Schule: Leadership und Management. Zürich: Franz Steiner.

DUBS, R., EULER, D., RÜEGG-STÜRM, J. & WYSS, C. (Hrsg.) (2004). Einführung in die Managementlehre. 5 Bände. Bern: Haupt.

EULER, D. (2004). Bildungsmanagement. In R. Dubs, D. Euler, J. Rüegg-Stürm & C. Wyss (Hrsg.), Einführung in die Managementlehre (S. 31–57). Bd. 4. Bern: Haupt.

FLECHSIG, K. & HALLER, H. (1975). Einführung in didaktisches Handeln. Stuttgart: Klett.

HENTIG, H. VON (1996). Bildung: Ein Essay. München: Hauser.

HENTIG, H. VON (2004). Einführung in den Bildungsplan 2004. URL: http://www.bildung-staerkt-menschen.de/service/downloads/Sonstiges/Einfuehrung_BP.pdf (11.05.09).

IBERER, U. & MÜLLER, U. (2006). Bildung managen – eine Lern- und Arbeitsumgebung für das Bildungsprozessmanagement. URL: http://www.bildungsprozessmanagement.de (01.08.2006).

KAISER, A. (1985). Sinn und Situation: Grundlinien einer Didaktik der Erwachsenenbildung. Bad Heilbrunn: Klinkhart.

KLAFKI, W. (1996). Neue Studien zur Bildungstheorie und Didaktik: Zeitgemäße Bildung und kritisch-konstruktive Didaktik. Weinheim: Beltz.

LE MONDE DIPLOMATIQUE & TAZ VERLAGS- UND VERTRIEBS GMBH (2006). Atlas der Globalisierung: Die neuen Daten und Fakten zur Lage der Welt. Berlin: Le Monde.

MÜLLER, U. (2000). Der Mensch im Mittelpunkt: Bildung für nachhaltige Entwicklung benötigt eine Klärung des Bildungsbegriffes. Politische Ökologie, Sonderheft 12, 8–11.

MÜLLER, U. (2003). Weiterbildung der Weiterbildung: Professionalisierung der beruflichen Weiterbildung durch pädagogische Qualifizierung des Personals. Hamburg: Kovac.

MÜLLER, U. (2006). Berufsbegleitende Qualifikation für Führungsaufgaben im Bildungsbereich: Das Projekt Master-Studiengang Bildungsmanagement an der PH Ludwigsburg. Grundlagen der Weiterbildung – Praxishilfen, Systemstelle 9.20.20.29, Luchterhand: Neuwied.

MÜLLER, U. (2007). Bildungsmanagement – Skizze zu einem orientierenden Rahmenmodell. In G. Schweizer, U. Iberer & H. Keller (Hrsg.), Lernen am Unterschied: Bildungsprozesse gestalten – Innovationen vorantreiben (S. 99–121). Bielefeld: Bertelsmann.

MÜLLER, U. & IBERER, U. (2007). Programmentwicklung als Bildungsprozessmanagement. Erwachsenenbildung, 53 (4), 205–209.

MÜLLER, U., IHLEIN, M. & NAGEL, C. (2007). Transfermanagement. In G. Schweizer, U. Iberer, H. Keller (Hrsg.), Lernen am Unterschied: Bildungsprozesse gestalten – Innovationen vorantreiben (S. 191–220). Bielefeld: Bertelsmann.

MÜLLER, U., SCHWEIZER, G. & WIPPERMANN, S. (Hrsg.) (2008). Visionen entwickeln – Bildungsprozesse wirksam steuern – Führung professionell gestalten: Dokumentation zum Masterstudiengang Bildungsmanagement der Landesstiftung Baden-Württemberg. Bielefeld: Bertelsmann.

NEUBERGER, O. (1990). „Der Mensch ist Mittelpunkt. Der Mensch ist Mittel. Punkt. 8 Thesen zum Personalwesen". Personalführung, 1, 3–10.

RÜEG-STÜRM, J. (2004). Das neue St. Galler Management-Modell: Grundkategorien einer integrierten Managementlehre. Bern: Haupt.

SCHULTZ, E. (2006): Bildungsdienstleistungen und Angebotsentwicklung. Münster: Waxmann.

SCHWEIZER, G. & GLOGER, H. (2006). Die Balanced Scorecard als Managementverfahren für die Leitung von Schulen. Unterricht-Wirtschaft, 25, 39–44.

SCHWENK, B. (1989). Bildung. In D. Lenzen (Hrsg.), Pädagogische Grundbegriffe. 2. Bde. Stuttgart: Rowohlt.

SEITZ, H. & CAPAUL, R. (2007). Schulführung und Schulentwicklung. Bern: Haupt.

ULRICH, P. (2004). Die normativen Grundlagen der unternehmerischen Tätigkeit. In R. Dubs, D. Euler, J. Rüegg-Stürm & C. Wyss (Hrsg.), Einführung in die Managementlehre (S. 143–165). Bd. 1. Bern: Haupt.

WEBER, K., SENN, P. & FISCHER, A. (2006). Führungsmodell für Weiterbildungsorganisationen FWB. Arbeitsbericht 33, Universität. Bern.

WEINBERG, J. (1989). Einführung in das Studium der Erwachsenenbildung. Bad Heilbrunn: Klinkhart.

WEINBERG, J. (1999). Lernkultur: Begriff, Geschichte, Perspektiven. In Arbeitsgemeinschaft für Qualifikations-Entwicklungs-Management (Hrsg.), Kompetenzentwicklung 1999, Aspekte einer neuen Lernkultur: Argumente, Erfahrungen, Konsequenzen (S. 81–143). Münster: Waxmann.

Lebenslanges Lernen

Andreas Sebe-Opfermann und Michael Gessler

Zielsetzung

- Sie können die Entstehung und Entwicklung des Konzepts beschreiben.
- Sie können die wichtigsten bildungspolitischen, ökonomischen und gesellschaftlichen Antriebe und Entwicklungen hinter dem Konzept des lebenslangen Lernens erläutern.
- Sie können die Begrifflichkeiten Wissensgesellschaft und lebenslanges Lernen definieren.
- Sie können die wichtigsten Formen des lebenslangen Lernens benennen.
- Sie können die wichtigsten Voraussetzungen des lebenslangen Lernens erklären.
- Sie können die Formen des lebenslangen Lernens im Kontext formaler und anderer Lernformen einordnen.
- Sie können die Akteure des lebenslangen Lernens benennen.
- Sie können eine differenzierte Adressatenstruktur des lebenslangen Lernens erläutern.
- Sie können unterschiedliche Adressatengruppen hinsichtlich der Lernformen, Interessen und Lernorte in Bezug auf das lebenslange Lernen erläutern.
- Sie können unterstützende Institutionen für das lebenslange Lernen benennen.
- Sie können wichtige empirische Dokumentationen zum Monitoring des lebenslangen Lernens benennen.
- Sie können wichtige Forschungsbereiche des lebenslangen Lernens benennen.
- Sie können institutionelle und politische Maßnahmen zur Etablierung des lebenslangen Lernens näher erläutern.

1 Einleitung

Das lebenslange Lernen ist aus der heutigen bildungspolitischen Landschaft als auch aus dem erziehungswissenschaftlichen Diskurs zur Gestaltung von Lernen nicht mehr wegzudenken. Wie diese Koexistenz in zwei Bereichen erwarten lässt, gibt es nicht *das* lebenslange Lernen, weder als ein Phänomen noch als eine einheitliche Definition. Um sowohl der bildungspolitischen als auch der erziehungswissenschaftlichen Ebene dieses Themas gerecht zu werden, soll im Folgenden das lebenslange Lernen als ein Konzept verstanden werden, das zunächst nur „das Aufnehmen, Erschließen, Deuten, Einordnen von Informationen, Eindrücken, Erfahrungen während der gesamten Lebenszeit" (Dohmen, 2001: 186) bezeichnet. Im Kontext von Bildung hat das Konzept des lebenslangen Lernens eine bis in die 1960er zurückreichende Entwicklungsgeschichte und nimmt heute als eine bildungspolitische „Megastrategie" (Faulstich, 2008: 218) auch im wissenschaftlichen Bereich eine herausgehobene Stellung ein.

In diesem Artikel sollen die Entstehung und die Entwicklung des Konzepts des lebenslangen Lernens von seinen Anfängen in den 1960er Jahren, über seine Fortentwicklung sowohl als bildungspolitische Leitlinie als auch als ein neues Diskussionsfeld erziehungswissenschaftlicher Forschung, bis hin zu seiner aktuellen Ausprägung und Wirkung skizziert werden. Wichtige gesellschaftliche Rahmenbedingungen, Antriebs- und Gestaltungskräfte, persönliche und gesellschaftliche Voraussetzungen sowie aktuelle bildungspolitische Maßnahmen werden dabei dargestellt und erläutert.

2 Gesellschaftliche Wandlungsprozesse

Das lebenslange Lernen ist kein neues Phänomen. Es gehört zu den grundlegenden Fähigkeiten des Menschen, sich bis zu seinem Lebensende Neues aneignen zu können, wie etwa aus den aktuellen, aus den vergangenen oder den antizipierten zukünftigen Situationen. Das lebenslange Lernen ist als bildungspolitisches, erziehungs- bzw. bildungsorganisatorisches Gesamtkonzept jedoch eine Neuerscheinung, die sich auf die veränderten allgemeinen gesellschaftlichen Rahmenbedingungen durch die Entwicklungstrends in den postindustriellen westlichen Gesellschaften zurückführen lässt (vgl. Ahlheit, 2008: 20). Gemeint sind damit (1) der demografische Wandel und die zunehmend pluralisierten Lebensverhältnisse, (2) die immer stärker und komplexer sich abzeichnende Dysfunktionalität der bestehenden Bildungsinstitutionen und Bildungsstrukturen, (3) die veränderte Bedeutung und Struktur von Arbeit und die neue, alle Lebensbereiche tangierende Rolle von Wissen und Verwissenschaftlichung, (4) die individuellen Anforderungen, die sich aus den oben genannten und weiteren gesellschaftlichen Transformationen ergeben, die als „Individualisierung" und „reflexive Modernisierung" umschreiben lassen (vgl. Beck, 1986; Beck, Giddens & Lash, 1996).

Im Folgenden sollen die oben genannten Rahmenbedingungen, die in Form gesamtgesellschaftlicher Herausforderungen einen maßgeblichen Einfluss auf die Entwicklung und das Konzept des lebenslangen Lernens gehabt haben und immer noch haben, erläutert werden.

2.1 Demografischer Wandel und pluralisierte Lebensverhältnisse

Eine sich bereits jetzt abzeichnende gesamtgesellschaftliche Herausforderung ist die seit längerem beobachtbare, zahlenmäßig abnehmende und zugleich alternde Gesellschaft, die aus den sinkenden Geburtenzahlen und der zugleich steigenden Lebenserwartung resultiert. Dies hat gravierende Folgen u.a. für das Verhältnis der erwerbstätigen und der nichterwerbstätigen Teile der Bevölkerung und damit für die Anforderungen an das Bildungssystem im Sinne der quantitativen und qualitativen Nachfrage nach Bildungsangeboten (vgl. Gatzke, 2007). Der Bedarf an qualifizierten Fachkräften wird durch die nachkommenden Generationen junger Absolventen des Bildungssystems nicht allein gedeckt werden können. Das Angebot wird durch noch nicht genutzte Potenziale in allen Altersgruppen der Gesellschaft ergänzt werden müssen (vgl. Autorengruppe Bildungsberichterstattung, 2008: 17).

Neue Formen des Zusammenlebens entstehen und verändern die Verhältnisse der bisherigen Lebensformen und dies vor allem bei den jungen Menschen. Dadurch verändern sich auch die Voraussetzungen und Möglichkeiten der Einzelnen für die Teilnahme an den Bildungsmöglichkeiten im Lebensverlauf sowie für das Zusammenwirken von Familien und Erziehungs- und Bildungseinrichtungen.

In dem Alter von 25 bis unter 35 Jahren – die Altersspanne, in der am häufigsten Kinder geboren werden – ist seit 1996 insgesamt eine Zunahme von Lebensgemeinschaften und von Alleinstehenden ohne Kinder sowie von Alleinerziehenden zu beobachten. Aus einer auf die Zukunft gerichteten Perspektive ist es von besonderer Bedeutung, dass die wirtschaftlichen, aber auch kulturellen und sozialen Ressourcen der Lebensgemeinschaft, in der Kinder aufwachsen, einen direkten Einfluss auf das Ausmaß an Unterstützung für ihre Bildung ausüben (Autorengruppe Bildungsberichterstattung, 2008: 57). Arbeitslosigkeit, ein geringes Einkommen und eine niedrige Schulbildung im engsten familiären Umfeld stellen sogenannte „Risikolagen" für Heranwachsende dar, die sich nachteilig auf deren Bildungschancen auswirken können. Jedes fünfte Ehepaar mit Kindern im Alter unter 18 Jahren muss mit weniger als 60 % des durchschnittlichen Familieneinkommens auskommen. Jede vierte Lebensgemeinschaft mit Kindern lebt unter der Armutsgefährdungsgrenze. Am stärksten betroffen sind Alleinerziehende, deren Armutsrisiko doppelt so groß ist wie das von Ehepaaren.

Ebenso ist im Hinblick auf die ethnische und kulturelle Vielfalt die deutsche Gesellschaft im Wandel. Die Menschen mit einem Migrationshintergrund stellen bundesweit 18 % der Bevölkerung, wobei starke regionale Unterschiede von 8 % in Ostdeutschland bis 50 % in Berlin zu beobachten sind. Der Anteil der Jugendlichen und jungen Menschen unter 25 Jahren beträgt in den westlichen Ländern 30 % (Autorengruppe Bildungsberichterstattung, 2008: 19). Der Großteil dieser jungen Menschen sind wegen ihres Hintergrunds auf allen Stufen des Bildungssystems benachteiligt (Autorengruppe Bildungsberichterstattung, 2008: 11).

2.2 Zunehmende Dysfunktionalität des Bildungssystems

Im Folgenden werden, dem zeitlichen Ablauf der unterschiedlichen Lebensphasen entsprechend, die einzelnen Problembereiche des Bildungssystems beleuchtet.

Der Bereich der frühkindlichen Bildung für Kinder im Vorschulalter hat in dem Zeitraum zwischen 2004 und 2007 einen starken Anstieg erfahren. Der Anteil der Kinder unter 3 Jahren in Tageseinrichtungen betrug 10 % in West- und 41 % in Ostdeutschland. Der weitere Ausbau mit dem Ziel, eine 35 %-ige Versorgungsquote im Jahre 2013 zu erreichen, hat gerade erst begonnen. Dafür werden jährlich weitere 70000 Plätze und entsprechend ausgebildetes Personal benötigt. Doch die Zahl der Kinder im Vorschulalter ohne ausreichende Deutschkenntnisse beträgt in manchen Bundesländern bereits mehr als 20 Prozent.

Aufgrund veränderter Rahmenbedingungen wurde die Schuleingangsphase in verschiedenen Bundesländern flexibler gestaltet: Die Zahl vorzeitiger Einschulungen steigt, gleichzeitig gehen die Rückstellungen zurück mit dem Effekt, dass das Einschulungsalter sinkt. Dennoch ist der prägende Charakter des Übergangs von der Primarstufe in die Sekundarstufe I im deutschen Bildungssystem nach wie vor eine

Quelle der sozialen Selektion, die im weiteren Verlauf der Bildungskarriere nur in 3 % der Fälle – zum Großteil durch einen Wechsel in niedriger qualifizierende Schularten – korrigiert wird.

Aus dieser Sicht ist die in verschiedenen Studien (vgl. BMFSFJ, 2002) festgestellte soziale Segregation des Bildungssystems und die Benachteiligung von Kindern aus einem bildungsfernen familiären Umfeld bzw. mit einem Migrationshintergrund ein dringendes Handlungsfeld.

Die Forschungsergebnisse aus den internationalen und nationalen Studien (vgl. Baumert, 2004; Spiel, 2006) weisen auf eine große Herausforderung im Hinblick auf die geforderten Aufgaben von Schule und Hochschule im Kontext des lebenslangen Lernens hin. Die Schule fördert nur sehr begrenzt entscheidende Basiskompetenzen und Haltungen, die für das lebenslange Lernen als Grundvoraussetzung gelten. Zurzeit ist sogar der gegenteilige Effekt zu beobachten, indem das Interesse und die Freude am Lernen mit zunehmender Verweildauer in der Schule abnehmen (vgl. (Fend, 1997; Spiel, 2002). Die Schülerinnen und Schüler verbinden mit dem Lernort Schule und mit den schulischen Lerninhalten wenig Freude. Besonders alarmierend ist der Befund, dass Lehrkräfte für sich und die Schule nur wenige Handlungsspielräume für eine bessere Förderung sehen (vgl. Spiel, 2006).

Der Anteil der Studienberechtigten ist zwar von 2001 bis 2006 bei der Fachhochschulreife von 10 auf 14 % und bei der allgemeinen Hochschulreife von 26 auf 30 % gestiegen, liegt aber im internationalen Vergleich unter dem Durchschnitt und weit hinter der Zielmarke des Wissenschaftsrates von 50 %. Die Absolventenquote von Hochschulen beträgt bezogen auf die Altersjahrgänge 22% und befindet sich weit unter der Empfehlung des Wissenschaftsrates von 35%, ebenso liegt der Anteil der Personen (25- bis 65-Jährige) mit einem Abschluss im tertiären Bereich unter dem OECD-Druchschnitt von 26%.[1] Die Übergänge in die berufliche Ausbildung bzw. in die Hochschule sowie anschließend in den Arbeitsmarkt verlaufen oftmals kompliziert und langwierig. Eine besondere Problematik ergibt sich aus der großen Gruppe von etwa 8 % der Schülerinnen und Schüler, die jährlich das Schulsystem ohne einen Abschluss verlassen. Überproportional betroffen davon sind junge Menschen mit einem Migrationshintergrund.

In Deutschland erreichten 2006 nur 72 % der 20- bis 25-Jährigen Abschlüsse, die nach den EU-Vorstellungen eine Mindestqualifikation für den Eintritt in den Arbeitsmarkt darstellen, also eine abgeschlossene Berufsausbildung, Hoch- oder Fachhochschulreife. Dies liegt unter dem Wert von 2000 und unter dem EU-Durchschnitt. Die EU hat für 2010 85 % als Zielmarke formuliert.

Eine ebenfalls alarmierende Entwicklung stellt der starke Anstieg des sogenannten Übergangssystems dar, das für die Abgänger der allgemeinbildenden Schulen, die nicht unmittelbar in eine voll qualifizierende Ausbildung eintreten können, geschaffen wurde. Die hohe Abbrecherquote und das schlechte Abschneiden der Teilnehmer mit einem niedrigen oder keinem Schulabschluss lassen an der Effektivität der hier gebündelten Maßnahmen starke Zweifel aufkommen. Trotz der gestiegenen Ausbil-

---

1   Im Vergleich zu anderen Ländern verfügt Deutschland allerdings über ein ausgebautes berufliches Bildungssystem als Alternativ zu einem Hochschulstudium, was die im OECD-Durchschnitt niedrigere Abschlussquote im tertiären Bereich relativiert.

dungsplatzzahlen bleibt nach wie vor die Anzahl der Ausbildungsplätze im dualen Bildungssystem deutlich hinter der Nachfrage zurück.

Die Beteiligung der Jugendlichen an der Bildung sowohl in der Schule als auch in den kulturellen und sozialen Zusammenhängen ist geprägt von alten und neu entstandenen sozialen Ungleichheiten (vgl. Krüger, 2009).

Die Teilnahme an der allgemeinen und beruflichen Weiterbildung stagniert seit einem halben Jahrzehnt. Eine differenzierte Betrachtung des Weiterbildungsverhaltens deckt Muster sozialer Disparitäten auf. Als wichtige Einflussfaktoren für die Weiterbildungsteilnahme sind dabei Schul- und Berufsabschluss, Alter sowie Migrationshintergrund zu nennen. Niedrige Schul- und Berufsabschlüsse gehen dabei mit einer geringen Weiterbildungsbeteiligung einher. Ein weiteres Manko stellt das Weiterbildungsangebot deutscher Unternehmen dar, das im internationalen Vergleich unter dem Durchschnitt liegt (vgl. Autorengruppe Bildungsberichterstattung, 2008).

Seit Anfang der 1980er Jahre ist die Teilnahme an der Weiterbildung in allen Altersgruppen stetig gewachsen, von 1997 bis 2003 gingen die Teilnehmerzahlen dagegen zurück, um 2003 zu stagnieren (vgl. Autorengruppe Bildungsberichterstattung, 2008). Eine Ausnahme bildet die Weiterbildungsbeteiligung Älterer: ab dem fünfzigsten Lebensjahr sinkt die Teilnahme an der Weiterbildung drastisch ab. Insbesondere Menschen mit niedrigen schulischen Abschlüssen und noch ausgeprägter bei Personen mit niedrigen beruflichen Abschlüssen nehmen unterproportional entsprechende Weiterbildungsangebote wahr (Tippelt, 2008: 21).

2.3 Veränderung von Erwerbstätigkeit und Bedeutung von Wissen

Seit Anfang der Industrialisierung haben sich in den Industriestaaten nicht nur die Arbeitszeit und die Arbeitsbedingungen drastisch verändert (vgl. Hall, 1999: 427), sondern auch die Art der Arbeit und der Verlauf der Arbeitsbiografien. Der maßgebliche Trend ist die Ausdehnung des Dienstleistungssektors bei gleichzeitigem Rückgang der anderen Bereiche (vgl. Statis, 2009.). So entfielen 2007 nicht nur rund 70 % der Bruttowertschöpfung auf diesen Sektor, sondern auch die meisten neuen Arbeitsplätze (vgl. Autorengruppe Bildungsberichterstattung, 2008). Neue Berufsbilder und veränderte Anforderungsprofile mit neuen und hohen Qualifikationsanforderungen für eine große Zahl von Beschäftigungsverhältnissen sind eine direkte Folge dieses Strukturwandels, der durch die zunehmende Internationalisierung der Wertschöpfungsketten noch weiter verstärkt wird. Dies geht einher mit der wachsenden wirtschaftlichen und gesellschaftlichen Bedeutung von Wissen in einem noch nie da gewesenen Umfang und mit einer hohen Komplexität. Kompetenter Umgang, Verarbeitung und Nutzung von Wissen in Form von analytischem Denken, Kommunikations- und Problemlösungskompetenzen werden zunehmend zur grundlegenden Anforderung an Arbeitskräfte und zum entscheidenden Wirtschaftsfaktor (Dewe, 2007: 9). Damit ist die weitgehend anerkannte Diagnose vom Wandel zur Wissensgesellschaft (vgl. Rohrbach, 2008: 161) angesprochen, nach der das Wissen zunehmend Grundlage und Richtschnur des Handelns auf breiter gesellschaftlicher Ebene wird (Stehr 2001: 10). Freiwillige und unfreiwillige Berufswechsel, ein flexibler Umgang mit den Arbeits- und Fortbildungsphasen sowie innovative Strategien bei der Karriere- und Lebensplanung lösen zunehmend das bisherige konsistente „Arbeitsleben", den Normalfall – zumeist männlicher Arbeitsbiografie – ab (Arthur, Inkson & Pringle, 1999). Damit werden die Institutionen des Beschäftigungssystems und des Arbeitsmarkts, die Sozial- und Rentenversicherung, vor allem jedoch die Institutionen des Bildungssystems vor die Herausforderung gestellt, den Flexibilisierungsfolgen der Arbeitsmarktentwicklung durch adäquate Angebote wirksam zu begegnen und die Qualifikation der Arbeitskräften, inbesondere vor dem Hintergrund der Internationalisierung der Märkte, zu gewährleisten.

2.4 Individuelle Anforderungen

Die oben genannten wirtschaftlichen und demografischen Veränderungen weisen in der subjektiven Deutung einen ambivalenten Charakter auf. Der permanente, sich beschleunigende Wandel der gesellschaftlichen und wirtschaftlichen Verhältnisse hat auf der individuellen Ebene gravierende Auswirkungen auf die Möglichkeiten der Lebensplanung, nicht nur hinsichtlich des Bereichs der Berufstätigkeit, sondern aller Lebensbereiche. Um mit dem Wandel Schritt zu halten, wird eine fortlaufende Weiterbildung unverzichtbar (vgl. Dietsche, 2004), um einerseits die eigene Arbeitsfähigkeit zu gewährleisten und sich andererseits Chancen der Mitbestimmung in Arbeitswelt und Gesellschaft zu erhalten (Dohmen 2001). Ebenso werden eine langfristige Familien- und Lebensplanung angesichts der Flexibilisierungsanforderungen des Arbeitsmarktes zunehmend zu einer komplexen Aufgabe, auf die weder das tradierte Wissen früherer Generationen noch die im bestehenden Bildungssystem erworbene Grundbildung vorzubreiten vermögen. Angesprochen ist hiermit insbesondere die Fähigkeit, im Verlauf des Lebens Krisen und Lernphasen bewältigen und gewünschte oder nötige Kompetenzen erwerben zu können.

Individuelle Voraussetzungen für das lebenslange Lernen

Das lebenslange Lernen im Sinne einer aktiven Gestaltung der eigenen Lernbiografie im Hinblick auf die persönlichen und gesellschaftlichen Anforderungen hängt neben den Rahmenbedingungen, entscheidend von den persönlichen Voraussetzungen ab. Der europäische Referenzrahmen „Schlüsselkompetenzen für lebenslanges Lernen"[2] nennt als zentrale Anfoderungen „eine Kombination aus Wissen, Fähigkeiten und Einstellungen, die an den jeweiligen Kontext angepasst sind" (Europäische Kommission, 2007: 4) und zählt hierzu folgende Kompetenzen: Sprachkompetenzen, mathematische Kompetenzen und grundlegende naturwissenschaftlich-technische Kompetenzen, Kompetenzen im Umgang mit Computern, Lernkompetenzen, soziale Kompetenzen und Bürgerkompetenzen, Eigeninitiative und unternehmerische Kompetenz, Kulturbewusstsein und kulturelle Ausdrucksfähigkeit. Für das lebenslange Lernen und damit für alle diese Kompetenzbereiche werden heute als grundlegend notwendig Motivation und Interesse, Wertschätzung für Bildung und Lernen sowie Lern-

---

2   Der Referenzrahmen ist das Ergebnis der Zusammenarbeit zwischen der Europäischen Kommission und den Mitgliedstaaten im Rahmen des Arbeitsprogramms „Allgemeine und berufliche Bildung 2010", das die Grundlage für die politische Kooperation im Bereich der allgemeinen und beruflichen Bildung darstellt und u.a. gemeinsam festgelegte Ziele enthält.

kompetenzen erachtet, um diese Bereitschaft auch erfolgreich umsetzen zu können (vgl. Spiel, 2006).

Interesse und Lernmotivation

Die Frage, warum sich Individuen mit etwas ausdauernd und zielstrebig lernend auseinandersetzen, wird in den Wissenschaften schon lange untersucht und u.a. mit den Konzepten Motivation und Interesse beantwortet. Die Lernmotivation steht für den „Wunsch bzw. die Absicht, bestimmte Inhalte oder Fertigkeiten zu lernen, bzw. bestimmte Aufgaben auszuführen" (Schiefele & Köller, 2006: 303). Je nach dem Grund bzw. der Zielsetzung wird zumeist zwischen der extrinsischen und intrinsischen Motivation unterschieden. Von der extrinsischen Motivation spricht man dann, wenn Lernende z.B. dadurch motiviert sind, dass sie besser als andere sein möchten, d.h. wenn sich die Absicht eher auf erwartete, außerhalb der beabsichtigten Handlung liegende Folgen bezieht, von der intrinsischen Motivation dagegen dann, wenn es um Handlungen geht, die der jeweiligen Person an sich als interessant, spannend oder herausfordernd erscheinen.

Nach den heutigen Erkenntnissen spielen die Interessen beim Lernvorgang eine zentrale Rolle für das Auftreten der intrinsischen Lernmotivation (vgl. Schiefele & Köller, 2006). Unter dem Interesse wird die Beziehung einer Person zu einem Gegenstand, z.B. Inhalt, Thema, Fachgebiet oder Objektbereich, verstanden, das/der für sie eine besondere Relevanz besitzt (vgl. Krapp 2006). Fachspezifische Interessen und die intrinsische Motivation haben positive Effekte auf das subjektive Engagement und damit auf die Aufnahme und Verarbeitung neuer Informationen (vgl. Weinert, 1996) und bedingen tiefer gehendes, verständnisorientiertes Lernen (vgl. z.B. Schiefele, 1996). Dieser Zusammenhang nimmt im Laufe der Schulzeit zu (vgl. Helmke & Weinert, 1997) und kann für das Lernen Erwachsener als eine wichtige Bedingung für effektive Lernhandlungen angesehen werden (vgl. Mandl et al., 1997). Die Motivation und das Interesse der Lernenden fallen umso stärker ins Gewicht, je höher das Maß der Selbststeuerung beim Lernen ist (vgl. Weidenmann, 2006).

Lernkompetenzen

Als Lernkompetenzen werden jene Kompetenzen bezeichnet, die das Individuum dazu befähigen, das eigene Lernen wirksam zu steuern. Ein Konzept, das dies beschreibt, ist jenes des selbstregulierten Lernens. Die Fähigkeit zum selbstregulierten Lernen beinhaltet, „in der Lage zu sein, Wissen, Fertigkeiten und Einstellungen zu entwickeln, die zukünftiges Lernen fördern und erleichtern und die – vom ursprünglichen Lernkontext abstrahiert – auf andere Lernsituationen übertragen werden können" (Baumert et al., 2000: 2). Dabei wird zwischen der Regulation der Informationsverarbeitung, der metakognitiven Steuerung des Lernens und der Regulation der Motivation unterschieden (Boekaerts, 1999). Diese Fähigkeiten erweisen sich als von weitreichender Bedeutung, sind sie doch langfristig erforderlich, um das Interesse am Lernen aufrechtzuerhalten. Motivation und das Interesse sind langfristig wahrscheinlich nur aufrechtzuerhalten, wenn Lernende in der Lage sind, ihr Lernen zu reflektieren, zu steuern (Schiefele, 2000) und sich als selbstbestimmt bei einer Sache erleben können (Ryan, 2000).

3 Bildungspolitische Hintergründe und Entwicklungen

Geht man von der Tragweite des Konzepts des lebenslangen Lernens aus, so lohnt es sich, einen Blick auf die Entstehung und Entwicklung dieses Konzepts und die damit zusammenhängenden Begrifflichkeiten zu werfen.

3.1 Bildungspolitische Entwicklungslinien

Lebenslanges Lernen in supranationalen Programmatiken

Die Idee des lebenslangen Lernens hat ihren Ausgangspunkt in den Anfängen der 1960er Jahre, als Bildungsexperten zunehmend der Meinung waren, dass eine Fortführung und Erweiterung der organisierten Bildungsbemühungen zu weitreichenden Fehlentwicklungen führen würden (vgl. Faulstich, 2008). Seit Beginn der 1970er Jahre kann die wachsende Bedeutung der Konzepte, die das Lernen über die Lebensspanne thematisieren, im Kontext der bildungspolitischen Entwicklungen anhand von Dokumenten und Programmen supranationaler Institutionen, wie des Europarats, der OECD, der UNESCO, der Europäischen Union und der Weltbank, ablesen. Das Projekt unter dem Namen „Education permanente", das von dem damaligen französischen Erziehungsminister Edgar Faure vorgeschlagen wurde, gilt heute als die erste Manifestation des Konzepts des lebenslangen Lernens. Die daraus erwachsene internationale Diskussion lieferte den Anstoß zu umfassenden bildungspolitischen Entwürfen, hinter denen große internationale Organisationen, wie die UNESCO, der Europäische Rat oder die OECD, stehen (Dietsche, 2004). Mit der Lissabon-Erklärung des Europäischen Rats aus dem Jahre 2000 mit dem Ziel, Europa zu der wettbewerbsfähigsten und dynamischsten, wissensbasierten Region der Welt, mit einem dauerhaften Wirtschaftswachstum, mehr und besseren Arbeitsplätzen sowie einem größeren sozialen Zusammenhalt zu entwickeln (Europäischer Rat in Lissabon am 22. und 23. März 2000), nimmt das Konzept des lebenslangen Lernens endgültig eine zentrale strategische Position bei der Entwicklung des Europäischen Wirtschaftsraums ein.

Zentrale Dokumente der oben genannten Institutionen belegen jedoch, dass die Konzepte, die heute unter dem Sammelbegriff des lebenslangen Lernens firmieren, zwischenzeitlich verändert wurden und sich Schwerpunkte und Zielsetzungen änderten (Dietsche, 2004). Dies wird im Folgenden skizziert.

So verfolgt der Europarat, „das demokratische Gewissen Europas" (Link, 1997: 202), in seinen Aussagen zum lebenslangen Lernen die Realisierung von mehr Demokratie, Chancengleichheit und Ganzheitlichkeit. Die Europäische Union, die sich mitten in einem Transformationsprozess von einer rein wirtschaftspolitischen hin zu einer politischen Gemeinschaft befindet, legt den Schwerpunkt ihrer Ziele, die durch das lebenslange Lernen erreicht werden sollen, einerseits auf die Beschäftigungsfähigkeit ihrer Bürger und andererseits auf die Schaffung einer neuen verbindenden europäischen Identität (Kraus, 2001: 23). Die UNESCO verfolgte in ihrem ersten Bericht 1972 das Ziel, durch das lebenslange Lernen Menschen die Chance und die Mittel zur Persönlichkeitsentwicklung und zur Aneignung der Welt zu eröffnen und damit eine Veränderung von Gesellschaft in Richtung von mehr Demokratie, Fortschritt, Ganzheitlichkeit und wissenschaftlich fundiertem Humanismus zu erreichen. Daran anknüpfend, wird im Delor-Bericht von 1996 auf die Schaffung des „mündigen Bürgers" abgezielt, der auf dem Hintergrund der Werte Humanismus, Chancengleichheit, Fortschritt und der Entfaltung der Persönlichkeit durch das lebenslange Lernen in die Lage versetzt werden soll, die gesellschaftlichen Entwicklungen aktiv in Richtung auf eine gerechte und demokratische Weltgesellschaft hin zu gestalten. Die OECD zielt, ihrem Organisationsverständnis entsprechend, mit dem lebenslangen Lernen funktional auf die Steigerung des Wirtschaftswachstums ab, darüber hinaus werden allerdings als weitere Ziele sozialer Zusammenhang und persönliche Entwicklung benannt. Dabei vollzieht die OECD von den 1970er Jahren her, als der Begriff „recurrent education" eine primär organisierte Bildung im Fokus hatte, mit der „Lifelong Education for All" eine Entgrenzung des Lernens und eine Erweiterung der Adressatenkreise.

Die recht unterschiedlichen Konzepte weisen hinsichtlich ihrer Begründungsargumentation und ihrer Gestaltungsvorschläge zu Lehr- und Lernsituationen dennoch Übereinstimmungen auf, die als das bildungspolitische Kernkonzept des lebenslangen Lernens betrachtet werden können (Kraus, 2001).

Übereinstimmend wird von der Annahme eines weitreichenden allgemeinen Wandels ausgegangen, der zur Entwicklung und Implementation neuer Konzepte für die Umgestaltung des Bildungsbereichs zwingt. Ebenso wird die Erwartung geäußert, dass diese Konzepte eine gesellschaftliche Bewegung in Gang bringen, die sich künftigen Veränderungen stetig anpassen wird (Kraus, 2001). Die zentrale methodische Leitlinie ist das Prinzip der Selbstorganisation der Lernprozesse durch die Lernenden. Die Rolle der Lernenden und der Lehrenden erfährt eine massive Verschiebung von der passiven Haltung hin zur maßgeblich gestaltenden Instanz beim Lernenden und von der Wissensvermittlung zur Begleitung und Beratung beim Lehrenden. Die Fähigkeit, sich neue Wissensgebiete eigenständig zu erschließen und die eigene Lernfähigkeit über die Lebensspanne zu erhalten, ist bei allen Konzepten einer der zentralen Lerninhalte. Die hier diskutierten Konzepte zum lebenslangen Lernen bedienen sich ebenfalls des gängigen Entwicklungsmodells, nach dem Wesentliches in der Kindheit und Jugend gelernt und im Erwachsenenalter neben oder in der Erwerbsarbeit umgesetzt werden soll. Grundlegend wird davon ausgegangen, dass das Lernen des Lernens in der Jugend „für das Leben" bestimmt ist und dass Erwachsene grundsätzlich in der Lage sind, zu lernen. Es bedarf lediglich angemessener Bedingungen, damit diese Fähigkeit ein Leben lang eingesetzt werden kann. Damit werden den jeweiligen Bildungsinstitutionen im Zusammenhang mit dem lebenslangen Lernen bestimmte Aufgabenbereiche zugewiesen.

Lebenslanges Lernen in Deutschland: Die Diskussion um das lebenslange Lernen wird in Deutschland seit ca. 40 Jahren auf mehreren Ebenen geführt: als bildungspolitische Agenda mit wechselnden Annahmen und Zielen und als ein neuer Schwerpunkt erziehungswissenschaftlicher Forschung. Bereits in den Anfängen kristallisierten sich die heute noch erkennbaren Prinzipien heraus: die bis dahin überragende Bedeutung der in der Schule, Ausbildung und Hochschule erworbenen Kenntnisse in der Jugendphase und die damit verbundenen Abschlüsse und Berechtigungsscheine, verlieren an lebensentscheidender Bedeutung (vgl. Spies, 2001; Bittlingmayer, 2001), wohingegen die Weiterbildung im weiteren Lebensverlauf eine stärkere Berücksichtigung findet. Ebenso erfährt das praktische Lernen anhand konkreter Erfahrungen im schulischen Kontext eine Aufwertung (Edding, 1970).

Einen Aufschwung erfährt das Thema des lebenslangen Lernens in Deutschland in der Mitte der 1990er Jahre. Im Auftrag des Bundesministeriums für Bildung, Wissenschaft, Forschung und Technologie erstellt Dohmen (1996) das Gutachten „Lebenslanges Lernen. Leitlinien einer modernen Bildungspolitik", in dem der Stand in Deutschland analysiert und Handlungsempfehlungen formuliert werden sowie die internationale Diskussion zum Thema nachgezeichnet wird. Hierbei werden insbesondere die nicht institutionalisierten, selbst gesteuerten Formen des Lernens und deren Vernetzung herausgestellt, neue Lernorte und umfassende Reformen des Bildungssystems gefordert. Zur gleichen Zeit beginnt ein größerer erziehungswissenschaftlicher Diskurs zum Thema des lebenslangen Lernens.

Strategien für das lebenslange Lernen: Dem Gutachten von Dohmen (Dohmen, 1996) folgte ein Zeitraum zunehmender Aktivitäten auf Landes- und Bundesebene, in denen sich der politische Wille, wie etwa im „Strategiepapier der Bund-Länder Kommission" (BLK Bund-Länder-Kommission für Bildungsplanung und Forschungsförderung, 2004) zur Umgestaltung der bestehenden Bildungsstrukturen für das lebenslange Lernen niederschlug.

Den bereits erwähnten gesamtgesellschaftlichen Veränderungen sollte mithilfe einer Bildungsoffensive begegnet werden, die möglichst alle Kompetenzen und Problemlösepotenziale in der gesamten Bevölkerung mobilisieren sollte. So startete das Bundesministerium für Bildung und Forschung (BMBF) 2001 das Aktionsprogramm „Lebensbegleitendes Lernen für alle", das alle Forschungs-, Entwicklungs- und Erprobungsmaßnahmen des Bundes bündelte, die der Förderung und Weiterentwicklung des lebensbegleitenden Lernens[3] dienten. Das Ziel waren die nachhaltige Förderung des lebensbegleitenden Lernens aller Menschen und eine zukunftsorientierte Veränderung der Bildungsstrukturen.

Bund-Länder-Kommission für Bildungsplanung: Einen weiteren wichtigen Schritt markierte der von der Bund-Länder-Kommission für Bildungsplanung (BLK) angestoßene Prozess zur Entwicklung einer bundesweiten Strategie zur Etablierung und Unterstützung des lebenslangen Lernens, welche die nationalen Maßnahmen koordinieren und diese mit den europäischen Aktionsprogrammen abstimmen sollte. Eine Expertenkommission erarbeitete auf mehreren Ebenen ein breites Fundament für das Strategiepapier. In einer weit angelegten Befragung wurde die öffentliche Meinung zum lebenslangen Lernen erhoben, ebenso die wissenschaftliche Diskussion zum Thema analysiert und für die Konzeptentwicklung aufgearbeitet. Weiterhin wurde eine große Palette von Pilotprojekten zum lebenslangen Lernen ausgewertet (vgl. Bund-Länder-Kommission für Bildungsplanung und Forschungsförderung,

---

3   Lebensbegleitendes und lebenslanges Lernen werden in diesem Zusammenhang in den allermeisten Fällen synonym verwendet.

2004). Im gleichen Zeitraum wurde die Expertenkommission „Finanzierung Lebenslangen Lernens" mit der Aufgabe betraut, neue realistische Finanzierungsmöglichkeiten zu sondieren und zu entwickeln, welche die bisherigen Finanzierungsströme
berücksichtigen und gleichzeitig die Bildungsbereitschaft sowie die Eigenverantwortung der einzelnen Individuen stimulieren und stärken sollten (Expertenkommission
Finanzierung Lebenslangen Lernens 28. Juli, 2004).

In dem 2004 vorgelegten Strategiepapier der Bund-Länder-Kommission wird eine institutionelle Supportstruktur für das lebenslange Lernen entworfen, bei der die
unterschiedlichen Zielgruppen, Bildungsbereiche und alle möglichen Lernformen
berücksichtigt werden: von der Frühförderung über den Elementarbereich, die Schulen, Hochschulen, bis hin zur Weiterbildung inklusive der informellen Lernsituationen und Lernorte sowie aller Lebensphasen der menschlichen Entwicklung.

Im Fokus der Betrachtung liegen dabei die Aktivitäten, die geeignet erscheinen,
die informellen Lernformen, die Selbststeuerung der Lernenden und die Kompetenzen zur allgemeinen Bewältigung der praktischen Lebens- und Arbeitsanforderungen zu fördern. Des Weiteren wird eine Vernetzung aller Lernangebote und -mög-
lichkeiten zu einer Infrastruktur angestrebt, die neben dem fremd- auch selbstorganisiertes Lernen ermöglicht. Auf der Ebene der Lerninhalte soll eine modulare
Aufbereitung den Bedürfnissen und Interessen der Lernenden entgegenkommen. Die
Orientierung und Hilfe auf diesem neuen Feld sollen durch die Lernberatung geleistet werden. Perspektivisch soll durch die Popularisierung des Lernens und unter der
Einbeziehung der neuen Lernmedien eine neue, zum Lernen motivierende Lernkultur in allen Bevölkerungsschichten etabliert werden. Durch geeignete Rahmenbedingungen soll ein chancengleicher Zugang insbesondere für bildungsferne Menschen
gewährleistet werden (vgl. Kraus, 2001; Bund-Länder-Kommission für Bildungsplanung und Forschungsförderung, 2004).

Die entwickelten Strategien kamen in dieser Form nicht zum Tragen. Das Ergebnis der Bundestagswahl 2005 führte zu einer Verschiebung der politischen Mehrhei-
ten und die Zuständigkeiten von Bund und Ländern wurden neu geordnet. Im Zuge
dessen wurde die Bund-Länder-Kommission (BLK) abgeschafft sowie die von ihr
initiierten Förderprogramme abgewickelt.

Die Abschaffung der BLK kann als eine tiefe Zäsur hinsichtlich einer bundesweit
gebündelten Strategie für das lebenslange Lernen gewertet werden. 2007 wurde von
der Bundesregierung zur Sicherung der Verfügbarkeit von qualifizierten Fachkräften
die Vorbereitung einer Strategie beschlossen, die 2008 vom Bundeskabinett unter
dem Namen „Konzeption der Bundesregierung zum Lernen im Lebenslauf" verabschiedet wurde. Unter diesem neuen Motto knüpft die Konzeption an die Maßnahmen der sogenannten Qualifizierungsinitiative der Bundesregierung an.

Qualifizierungsinitiative: Im Rahmen der Qualifizierungsinitiative, einer Aktion, die
im Oktober 2008 auf dem sog. „Bildungsgipfel" in Dresden verabschiedet wurde, haben sich Bund und Länder jeweils in ihren Zuständigkeitsbereichen auf Maßnahmen
verständigt, die das Angebot an qualifizierten Fachkräften – auch vor dem Hintergrund der absehbaren demografischen Veränderungen – sichern sollen. Vor dem
Hintergrund der angestrebten Zielmarke von zehn Prozent des Bruttoinlandspro-
dukts an Ausgaben für die Bildung und Forschung bis zum Jahr 2015 (BMBF, 2009)
bündelt die Initiative eine Reihe von Vorhaben und konkreten Maßnahmen aus meh-

reren Politikbereichen und allen Ebenen der Bildung – von der frühkindlichen Förderung, über den Übergang von der Schule zur Hochschule, über die Förderung von
Technik und Naturwissenschaften, bis hin zur Weiterbildung. Unter dem Motto „Jeder soll die Chance zum Aufstieg durch Bildung haben" sind folgende Maßnahmen
vorgesehen.

In der frühkindlichen Bildung sollen neben dem Ausbau der Kindertagesbetreu-
ung für unter Dreijährige bis 2013 auf 35 Prozent verstärkt qualifiziertes Personal
gewonnen und Weiterbildungsangebote entwickelt werden.[4] Bis 2010 sollen verbindliche Sprachstandsfeststellungen und bis zum Jahr 2012 eine intensivierte
Sprachförderung der Kinder entsprechende Sprachbarrieren bereits vor der Ein-
schulung abbauen. Aufeinander abgestimmte Bildungsziele der Länder sollen in den
Kindertagesstätten und Grundschulen sowie in den Schulen konsequent umgesetzt
und weiterentwickelt werden.

Des Weiteren wird angestrebt, die Zahl der Schulabgänger ohne einen Abschluss
von derzeit acht Prozent auf vier Prozent und die Zahl der jungen Erwachsenen ohne
einen Schulabschluss von 17 Prozent auf 8,5 Prozent bis 2015 zu halbieren. Praxis-
angebote an Schulen sollen eine Orientierungsmöglichkeit für den künftigen Beruf
bieten. Die Durchlässigkeit zwischen der beruflichen und der akademischen Bildung
soll erleichtert und die Studienanfängerquote im Bundesdurchschnitt auf 40 Prozent
eines Jahrgangs erhöht werden. Besondere Anreize für Studienplätze von dringend
benötigten akademischen Fächern[5] sollen den Mangel an qualifizierten Hochschul-
abgängern abbauen helfen.

In der Berufsausbildung soll die Zahl der Ausbildungsplätze, insbesondere für
benachteiligte Jugendliche, erhöht werden. Mit frühzeitiger Begleitung und Beratung
und durch finanzielle Anreize für die entsprechenden Betriebe[6] sollen bis 2010 etwa
100 000 zusätzliche Ausbildungsplätze für Jugendliche und heranwachsende „Alt-
bewerber" geschaffen werden.

Im Bereich der Weiterbildung wird angestrebt, bis 2015 eine Beteiligung der Er-
werbsbevölkerung von 43 auf 50 Prozent in der „formalisierten Weiterbildung" und
von 72 auf 80 Prozent in allen Lernformen zu erreichen. Insbesondere soll die Beteiligung der Geringqualifizierten an allen Formen der Weiterbildung gesteigert werden. Dazu sollen über finanzielle Anreize[7] und günstige Finanzierungsmöglichkeiten[8]
insbesondere bildungsferne Personen, ältere Erwerbstätige und Arbeitssuchende[9]
für eine höhere Weiterbildungsbeteiligung gewonnen werden. Regionale Weiterbil-
dungsstrukturen sollen in Zusammenarbeit mit großen Stiftungen[10], den Kommunen

---

4   Siehe „Fortbildungsinitiative Kinderbetreuung" und „Aktionsprogramm Kindertagespflege" vom
     BMBF und BMFSFJ.
5   Fächer wie Mathematik, Informatik, Naturwissenschaften, Technik (BMBF & KMK, 2007).
6   Der „Ausbildungsbonus" wird den Arbeitgebern einmalig pauschal gewährt, welche die zusätzli-
     chen Ausbildungsplätze für förderbedürftige Altbewerber schaffen.
7   Die „Bildungsprämie" beträgt max. 154 € und wird Erwerbstätigen mit einem Jahreseinkommen
     von bis zu 20 000 € gewährt, bei mindestens gleich hoher Eigenbeteiligung an den Weiterbil-
     dungskosten (http://www.bildungspraemie.info/.
8   Bildungssparen nach dem Vermögensbildungsgesetz sowie zinsgünstige Weiterbildungsdarlehen.
9   „Initiative 50plus", die unter anderem die Vergabe von Bildungsgutscheinen an Mitarbeiterinnen
     und Mitarbeiter von KMU ab dem 45. Lebensjahr vorsieht.
10   BMBF Initiative „Lernen vor Ort", www.lernen-vor-ort.info.

und der Bundesagentur für Arbeit in Zukunft die Aufgabe übernehmen, die unterschiedlichen Zuständigkeiten für die Bildung besser miteinander zu verknüpfen und
die Weiterentwicklung der Weiterbildungslandschaft zentral zu koordinieren. Darüber hinaus soll die Forschung zu allen Phasen des lebenslangen Lernens intensiviert
und die Anwendung ihrer Ergebnisse gefördert werden.

3.2 Lebenslanges Lernen – das bildungspolitische Konzept für das 21. Jahrhundert

Mit dem „Europäischen Jahr des lebenslangen Lernens" und der Zielsetzung der
OECD „Lifelong Learning for All" im Jahre 1996 avancierte das Konzept des lebenslangen Lernens zum weltweit zentralen bildungspolitischen Begriff. Hierbei wird
auch die zunehmende Erweiterung der Adressaten explizit auf alle Gesellschaftsmitglieder deutlich. Dies geht auf die in weiten Teilen der Politik und der Wissenschaft anerkannte Einsicht zurück, dass das lebenslange Lernen aller Bürger als eine
zwingende Voraussetzung für die friedliche, konstruktive und demokratische Bewältigung der gegenwärtigen und der sich abzeichnenden politischen, sozialen, kulturellen und ökonomischen Transformationsprobleme betrachtet wird. In diesem Zusammenhang hat sich ein erweitertes Lernverständnis herauskristallisiert. Explizit
mit eingeschlossen werden non-formale und informelle Lernformen (Dohmen,
2001). Non-formales Lernen steht zusammenfassend für *organisierte* Lernprozesse,
die nicht zum Erwerb eines anerkannten Schul- oder Berufsabschlusses führen,
gleichwohl Zertifikate oder Nachweise erworben werden können (vgl. Straka, 2004:
12). Formale reguläre Bildungsgänge führen hingegen zu einem gesellschaftlich
anerkannten Abschluss (vgl. Rosenblatt v. & Bilger, 2008: 49). Informelle Lernformen bezeichnen alle Lernsituationen, die sich in alltäglichen, natürlichen Lebenszusammenhängen vollziehen, nicht didaktisch organisiert sind und die von den Lernenden nicht immer als eine Erweiterung ihres Wissens und ihrer Kompetenzen
wahrgenommen werden (Dohmen, 2001: 28 f.; Autorengruppe Bildungsberichterstattung 2008: VIII). Das informelle Lernen kann im Alltag, am Arbeitsplatz, in der
Familie oder in der Freizeit in den unmittelbaren Anforderungssituationen stattfinden. Damit werden jeder Ort und jede Situation als potenziell offen für das Lernen
betrachtet, wodurch der Horizont für neue Lernorte erheblich erweitert wird.

Insgesamt kann das Konzept des lebenslangen Lernens auf der bildungspolitischen und bildungsprogrammatischen Ebene als ein auf die Zukunft gerichtetes Konzept betrachtet werden, das, ausgehend von den vorherrschenden Bedingungen, in
der Antizipation der zukünftigen Entwicklungen das Lernen zum Leitmotiv (vgl.
Kraus, 2001) des gesellschaftlichen Zusammenlebens erhebt (vgl. z.B. Europäische
Kommission, 2000; Rat der Europäischen Union, 2002; OECD, 1996; UNESCO, 1997;
Dohmen, 1996). Die aus dem gesellschaftlichen und ökonomischen Wandel ableitba-
ren Anforderungen werden als Legitimation und Leitlinie für die Umgestaltung der
Bildungssysteme verwendet (vgl. Brödel, 1998).

4 Lebenslanges Lernen – Adressaten und Akteure

Das lebenslange Lernen bezieht sich, wie der Name schon aussagt, auf alle Lebensphasen und Lebensbereiche. Eine wichtige Rolle bei der Förderung und Weiterentwicklung der dazu nötigen Kompetenzen übernehmen die bestehenden Bildungsinstitutionen.

4.1 Adressaten und Lebensphasen des lebenslangen Lernens

Das lebenslange Lernen vollzieht sich entsprechend der jeweiligen Lebensphase, in die es eingebettet ist, in unterschiedlichen biografischen Kontexten und ist in seiner Funktion und Tragweite unterschiedlich. Das formale Bildungssystem der Bundesrepublik Deutschland ist auch bei Berücksichtigung der Bedeutung der non-formalen und informellen Lernformen der zentrale Bereich, in dem ein Großteil der Bevölkerung ihre prägenden Lern- und Bildungserfahrungen macht. Etwa ein Fünftel der Bevölkerung Deutschlands nutzen die verschiedenen Angebote des Bildungssystems von den Kindergarteneinrichtungen über die allgemeinbildenden Schulen, die Einrichtungen der beruflichen Ausbildung bis hin zu den Hochschulen. Darüber hinaus besuchen jährlich etwa 25 Millionen Teilnehmer Weiterbildungsveranstaltungen der verschiedensten Art. Insgesamt wurden 2006 in Deutschland 6 % des Bruttoinlandsproduks für das Bildungssystem aufgewendet (BMBF, 2009). Damit ist das formale Bildungssystem grundlegend zur Umsetzung jeglicher Vorstellungen des lebenslangen Lernens.

Einteilung der Lebensphasen: Die konkrete Ausgestaltung des lebenslangen Lernens wird im Folgenden anhand der Lebensphasen dargestellt. Die Einteilung des Lebensverlaufs kann vielfältig vorgenommen werden. Dem bildungspolitischen Kontext entlehnt, wird an dieser Stelle die Einteilung des Lebensverlaufs in die groben Phasen Kinder, Jugendliche, junge Erwachsene, Erwachsene und Ältere vorgenommen (vgl. Bund-Länder-Kommission für Bildungsplanung und Forschungsförderung, 2004), da sie sowohl die Phasen der schulischen Ausbildung als auch die wichtigen Entwicklungsphasen des menschlichen Lebens integriert.

Kinder: Der Lebensphase der Kinder wird im Konzept des lebenslangen Lernens eine besondere Bedeutung beigemessen, da nach den heutigen Erkenntnissen in dieser Entwicklungsphase die Grundlagen für die zukünftige Lernbereitschaft, die Neugierde und Freude am Lernen gelegt werden sowie die Entwicklung zur eigenständigen Persönlichkeit angestoßen wird. Es gilt, diese Fähigkeiten möglichst früh schon zu unterstützen. Ebenfalls in der Lebensphase der Kinder werden „die Weichen für einen chancengerechten Zugang zu Bildung und damit zu Lebenschancen" (Bund-Länder-Kommission für Bildungsplanung und Forschungsförderung, 2004) gelegt.

In diesem Zusammenhang gewinnt bei der kindlichen Frühförderung die Familie zunehmend an Bedeutung. Trotz der historischen Vielfalt der gesellschaftlichen Lebensformen ist in der Kindheit der Regelfall für die basalen Bildungsprozesse, wie die Entwicklung der grundlegenden „Daseins-Kompetenzen", die weit über diese Lebensphase hinaus von Bedeutung sind, nach wie vor die Familie (Krappmann, 2003). Dies bestätigt nicht zuletzt der enge Zusammenhang zwischen dem Bildungserfolg der Kinder und ihrem nächsten sozialen Umfeld, der Familie (BMFSFJ, 2002). Von besonderer Bedeutung ist die Entwicklung des Sprachvermögens, die häufig in Familien mit einem niedrigeren Bildungsniveau und in Familien mit einem Migrationshintergrund behindert wird und so eine Barriere auf dem Weg zum Bildungserfolg für Kinder darstellt. Auf der gesellschaftlichen Ebene sind die geringe Anerkennung und Unterstützung der Elternschaft und der Ausbau der betreuenden Institutionen für die Kinder das vordringliche Problem (BMFSFJ, 2002).

Neue Lehrpläne im Bereich der Kindergartentagesstätten und im Elementarbereich sind einerseits ursächlich auf die neueren Erkenntnisse im Bereich der Frühpädagogik (Oberhuemer, 2003) und andererseits auf die Umsetzung des Konzepts des lebenslangen Lernens zurückzuführen. So haben Ansätze Eingang in curriculare Konzepte gefunden, die beispielsweise die kulturellen, persönlichen, sozialen und geschlechtsbezogenen Unterschiede aufnehmen (Fthenakis, 2003). Ebenso wurde das curriculare Blickfeld für die frühen schulischen Bildungsprozesse erweitert, in dem Bildung als ein sozialer Prozess begriffen wird, an dem über die Kinder und die Fachkräfte hinaus auch die Eltern und andere Erwachsene aktiv beteiligt sind (Fthenakis, 2003b: 27).

Jugendliche: Der Übergang von der Kindheit in das Erwachsenenalter hat sich in den letzten 50 Jahren erheblich gewandelt. Von einer Lebensphase, gekennzeichnet durch eine relativ kurze Dauer und eine geringe Eigenständigkeit, hat sich die Zeit der Jugend im Laufe der letzten fünf Jahrzehnte durch die Verlängerung der Schulzeit und die Ausweitung der weiterführenden Bildungsgänge erheblich verlängert und gleichzeitig entstrukturiert (Hurrelmann, 2005).

In der Jugendphase überwiegen die durch die Schule geprägten Lernprozesse. Die größtenteils fremd organisierten Strukturen der Schule und das Erlernen zumeist von bestimmten Fachkompetenzen stehen in diesem Abschnitt im Vordergrund. Die heutigen Jugendlichen neigen stärker zur Individualisierung, sind stärker konsumorientiert, aber später ökonomisch selbstständiger als frühere Generationen. Das schulische Lernen hat für sie primär das Ziel die Optionen der Lebenschancen zu verbessern. Dafür spielt das familiäre Umfeld hinsichtlich der zur Verfügung stehenden Bildungsressourcen und der gelebten Erziehungsstile eine wesentliche Rolle.

Eine besondere Bedeutung im Hinblick auf das lebenslange Lernen wird neben dem Erwerb der Fachkompetenzen den sogenannten Basiskompetenzen, wie der Lern-, Handlungs-, Sozialkompetenz, den personalen Kompetenzen und der Teamfähigkeit beigemessen. Die Fähigkeit zum selbstorganisierten und selbstständigen Lernen sollte in dieser Phase vermittelt und eingeübt werden. Mithilfe der Lernberatung sollten mögliche Lernprobleme angegangen sowie die Orientierung hinsichtlich der Berufswahl unterstützt werden. Dies erfordert eine neue Lernkultur in den Schulen. (Bund-Länder-Kommission für Bildungsplanung und Forschungsförderung, 2004: 31)

Junge Erwachsene: Diese Lebensphase beginnt, laut Definition der Bund-Länder-Kommission, mit dem Eintritt in die Arbeitswelt, einschließlich der beruflichen Erstausbildung, und endet mit der Aufnahme einer geregelten Berufstätigkeit (vgl. Bund-Länder-Kommission für Bildungsplanung und Forschungsförderung, 2004). Diese Phase ist individuell stark heterogen gekennzeichnet durch die zunehmende Eigenverantwortlichkeit im Hinblick auf die Bildungswege, die Ablösung von der Herkunftsfamilie und die Übernahme der finanziellen und gesellschaftlichen Verantwortung. Hier werden prägende Weichenstellungen für die eigene Persönlichkeit und die weitere berufliche Zukunft gestellt. Dabei sind die Lernerfahrungen von besonderer Tragweite, da sie das zukünftige Verhalten, auch hinsichtlich des Lernens, formen. Eine erfolgreiche Grundlage für das lebenslange Lernen ist hier eine Haltung, aufgrund der junge Erwachsene den Übergang ins Erwerbsleben nicht als einen Abschluss, sondern als eine Zwischenstation ihres Lernens begreifen. Auch in diesem Zeitraum sind Bildungsinstitutionen und die jeweilige familiäre Situation, das jeweilige soziale Milieu von besonderer Bedeutung (vgl. Bund-Länder-Kommission für Bildungsplanung und Forschungsförderung, 2004).

Erwachsene: Die Phase des Erwachsenenalters wird stark von den vorhergehenden Lebensabschnitten geprägt und ist durch ein eigenständiges und eigenverantwortliches Handeln im Rahmen der jeweiligen Umstände gekennzeichnet. Diese Lebensphase ist für eine zunehmende Zahl von Menschen von gesellschaftlichen und wirtschaftlichen Veränderungen betroffen, die durch Brüche und wechselnde Lebensphasen gekennzeichnet werden (Elternzeit, unterschiedliche berufliche Tätigkeiten, Arbeitslosigkeit, Mobilitätsanforderungen etc.) (Bund-Länder-Kommission für Bildungsplanung und Forschungsförderung, 2004: 26). Die Folge ist eine Pluralität von Rollen-Skripten, für die sich die Individuen je nach situativer Angemessenheit immer wieder neu entscheiden müssen (Nittel, 2003).

Der Eintritt in das mittlere Erwachsenenalter im Sinne der hier beschriebenen Auffassung ist keinesfalls zwingend. Sie ist vielmehr als eine Option zu begreifen, deren konkrete Ausgestaltung überwiegend von den individuellen Bildungsanstrengungen geformt wird (Mader, 2002).

Im Kontext des lebenslangen Lernens erweist sich die Fähigkeit des Einzelnen, sich aktiv mit der eigenen Biografie im Hinblick auf die gestalterischen Optionen auseinanderzusetzen, als eine wichtige Grundlage für die Bewältigung der bereits eingetretenen und der erwarteten gesellschaftlichen und ökonomischen Umbrüche. Dieser Zusammenhang wird unter dem Begriff „biografisches Lernen" thematisiert (z.B. Behrens-Cobet & Reichling, 1997; Kade & Seitter, 1996; Mader, 2002).

Ältere: Diese Lebensphase umfasst Erwachsene, die sich in der Regel in einem Alter nur noch wenige Jahre vor dem Ruhestand oder bereits im Ruhestand befinden. Das Lernen und die Entwicklung im fortgeschrittenen Alter sind anhand vielfältiger Forschungszugänge Gegenstand von Untersuchungen gewesen. Sie lieferten Antworten auf die Fragen etwa nach den Entwicklungsreserven im Alter, nach der kognitiven Leistungsfähigkeit, nach den Entwicklungen im Zusammenhang mit dem Übergang von der Erwerbsarbeit in den Ruhestand. Die Bildung im Alter hat sich als eine eigenständige pädagogische Aufgabe in der Konsequenz der Herausbildung und Ausdehnung einer Lebensphase, die relativ frei von beruflichen und familiären Verpflichtungen ist, realisiert.

Die Auseinandersetzung mit der Frage wie Ältere lernen, was sie lernen und was sie mit dem Gelernten anfangen, hat eine starke Aufwertung in jüngerer Zeit erfahren. Der demografische Wandel und die damit verbundenen gesellschaftlichen Veränderungen, wie etwa die Erhöhung des Rentenalters, das Risiko der möglichen Altersarmut und die vom Arbeitsmarkt verursachte Frühverrentung, verleihen dem Lernen Älterer im Kontext des lebenslangen Lernens eine neue Bedeutung, wenn nicht sogar Brisanz (Dietsche, 2004; Gessler & Stübe, 2008). Die Erfahrungen älterer Menschen beinhalten oft einen besonderen Wissensvorsprung, der für die Gestaltung der kulturellen und gesellschaftlichen Entwicklung von großer Bedeutung sein kann. Sie sind auch der Ausgangspunkt für die Beteiligung an der Gestaltung der Gesellschaft und machen ältere Menschen zu einem wichtigen Teil der Gesellschaft, von dem viele wertvolle Impulse ausgehen. Darüber hinaus eröffnet das lebenslange Lernen den älteren Menschen neue Möglichkeiten eines sinnerfüllten Lebens im Alter.

4.2 Akteure institutioneller Angebote und Dienstleistungen zur Unterstützung des lebenslangen Lernens in Deutschland

Allgemeinbildende und berufliche Schulen: 2006 standen in Deutschland Kindern, Jugendlichen und jungen Erwachsenen 49794 schulische Einrichtungen zu Verfügung, davon waren 79 % allgemeinbildende und 21 % berufliche Schulen. Knapp 10 % der Schulen waren dabei in privater Trägerschaft, von denen 6 % allgemeinbildend und 4 % berufliche Schulen waren (Statis, 2007a: 121).

Hochschulen und Fachhochschulen: Im Studienjahr 2008/2009 haben Studierende an 415 Hochschulen einen Bildungsgang begonnen. Davon waren 41 % Fachhochschulen, weitere 26 % Universitäten, 13 % Kunsthochschulen, 8 % Verwaltungshochschulen, 8 % Hochschulkliniken, 3 % theologische und 1 % pädagogische Hochschulen. Über zwei Drittel der Hochschulen (70 %) waren dabei in Trägerschaft der Länder, mehr als jede vierte (28 %) in privater Hand und nur 2 % in Trägerschaft des Bundes (Statis, 2009: 10).

Weiterbildung: Auf dem deutschen Weiterbildungsmarkt sind rund 17.000 Einrichtungen aktiv, davon bieten 56 % berufliche, 6 % allgemeine, politische oder kulturelle Weiterbildung an und 38 % bedienen beide Angebotsschwerpunkte (Ulrich, 2008). Die größte Gruppe der Anbieter stellen die privaten Institutionen dar (46 %), zumeist Betriebe und Arbeitgeber (Tippelt, 2008: 21), gefolgt von den Volkshochschulen (26 %), sowie von Einrichtungen anderer Vereine und Verbände (8 %). Weitere Anbieter sind Einrichtungen der Wirtschaft (6 %) wie des Arbeitgeberverbandes und der Kammern, der Kirchen und der konfessionellen Verbände (4 %), der öffentlichen Einrichtungen der Gemeinden, Museen und Büchereien (4 %) sowie der Gewerkschaften (2 %). Weitere 3 % der Angebote werden von selbstständigen Trainern angeboten. Die Größe dieses Segments entspricht dem Angebot der allgemeinbildenden und beruflichen Schulen, die ebenfalls 3 % abdecken. Die Hochschulen und Universitäten (2 %), die Fachhochschulen (1 %) sowie die Einrichtungen von politischen Parteien oder Stiftungen stellen die kleinsten Anbietergruppen (Ulrich, 2008).

5   Monitoring und Erforschung des lebenslangen Lernens

In Deutschland gibt es kein explizites Monitoring, welches das lebenslange Lernen als Gesamtkonzept dokumentiert. Es gibt eine Vielzahl von Studien und statistischen Angaben, die in diesem Sinne interpretierbar sind, nur eine Zusammenschau, die dies leistet, liegt zurzeit noch nicht vor. Daher werden im Folgenden die bundesweit vorhandenen Berichte und regelmäßigen Reports dargestellt, die große Bereiche der Bildungslandschaft zum Thema haben.

5.1 Berichterstattung und Erhebungen

Am umfassendsten wird die Situation des lebenslangen Lernens in der Bildungsberichterstattung im Auftrag des Bundesministeriums für Bildung und Forschung und der Kultusministerkonferenz dargestellt, die zu einem Großteil auf regelmäßig aktualisierten, öffentlich bereitgestellten Kennziffern[11] beruht. Ein ebenfalls umfassender Bericht mit dem Schwerpunkt berufliche Bildung ist der Berufsbildungsbericht, der ebenfalls kurz vorgestellt wird. Neben diesen umfassenden Berichten besteht eine Vielzahl von Einzelerhebung, die klassifizierbar sind nach Teilnehmer-, Anbieter- und Unternehmensauskunft (vgl. Tabelle 4.1). Von diesen Einzelberichten wird das BSW/AES, der wbmonitor sowie der CVTS kurz vorgestellt.

Tabelle 4.1: Erhebungen in der beruflichen Weiterbildung

Auskunft der Teilnehmer	Auskunft der Anbieter	Auskunft der Unternehmen
▪ BSW Berichtssystem Weiterbildung/AES Adult Education Survey (BMBF Bundesminsisterium für Bildung und Forschung) ▪ Mikrozensus (Statistisches Bundesamt) ▪ SOEP Sozio-oekonomische Panel (Deutsches Institut für Wirtschaftsforschung) ▪ Erwerbstätigenbefragung (BIBB Bundesinstitut für Berufsbildung und BAuA Bundesanstalt für Arbeitsschutz und Arbeitsmedizin)	▪ wbmonitor (BIBB Bundesinstitut für Berufsbildung) ▪ Verbundstatistik (DIE Deutsches Institut für Erwachsenenbildung) ▪ Weiterbildungsszene Deutschland (managerSeminare Verlags GmbH) ▪ Trends in der Weiterbildung (Wuppertaler Kreis e.V.) ▪ Lünendonk Liste und Lünendonk Studie (Lünendonk GmbH)	▪ CVTS Continuing Vocational Training Survey (Statistisches Bundesamt) ▪ CVTS-Zusatzerhebung (BIBB Bundesinstitut für Berufsbildung) ▪ IAB-Betriebspanel (Institut für Arbeitsmarkt- und Berufsforschung der Bundesagentur für Arbeit) ▪ IW-Weiterbildungserhebung (Institut der deutschen Wirtschaft)

Quelle: Eigene Darstellung

---

11 www.bildungsbericht.de.

Bildung in Deutschland: Seit 2006 ist mit dem ersten nationalen Bericht „Bildung in Deutschland" erstmals eine umfassende empirische Bestandsaufnahme des deutschen Bildungssystems vorgelegt worden. Unter der Federführung des Deutschen Instituts für Internationale Pädagogische Forschung (DIPF) erarbeitete ein Konsortium aus Forschungsinstituten[12] ein Gesamtbild zu den Rahmenbedingungen, Verlaufsmerkmalen, Ergebnissen und Erträgen der Bildungsprozesse im deutschen Bildungssystem. Der Bericht markiert den Anfang einer auf Dauer angelegten Berichterstattung, die auf der Basis der amtlichen Statistik sowie ergänzender bundesweit repräsentativer Survey- und Paneldaten im zweijährigen Abstand steuerungsrelevante Informationen zu den verschiedenen Bereichen des Bildungswesens liefern soll. Er analysiert das gesamte institutionelle Gefüge des Bildungswesens von der frühkindlichen Bildung, Betreuung und Erziehung über das allgemein bildende Schulwesen, die berufliche Ausbildung und die Hochschulbildung bis hin zur Weiterbildung im Erwachsenenalter. Um die Konstanz der Berichterstattung und auf diese Weise einen Vergleich im Zeitverlauf zu gewährleisten, werden zu einem gleichbleibenden Satz von Kernindikatoren, die jeweils für ein zentrales Merkmal der Bildungsprozesse bzw. einen zentralen Aspekt der Bildungsqualität stehen, problemorientierte Analysen vorgenommen. Andererseits enthalten die Berichte je nach dem Schwerpunkt weitere Indikatoren. Der erste Bericht von 2006 enthält Indikatoren und Analysen zu der Bildung und Migration, während der zweite Band von 2008 weitere Indikatoren zum Bildungspersonal und vertiefend zu den Übergängen nach der Schule in Ausbildung, Studium und Arbeitsmarkt enthält.

Das Ziel der Berichte ist es, die Entwicklung des Bildungswesens darzustellen, die Stärken und Schwächen zu identifizieren, die Leistungsfähigkeit der Systeme im Länder- und im internationalen Vergleich zu ermöglichen und letztendlich den politischen Handlungsbedarf zu identifizieren (vgl. Autorengruppe Bildungsberichterstattung, 2008; Konsortium Bildungsberichterstattung, 2006).

Berufsbildungsbericht: Die aktuelle Situation in der beruflichen Ausbildung ist zusammenfassend dem jährlich erscheinenden Berufsbildungsbericht des Bundesministeriums für Bildung und Forschung (BMBF) zu entnehmen. Im Berufsbildungsbericht 2009 werden unter anderem die Ausbildungsbilanz des Jahres 2008, die Informationen zum Ausbildungsmarkt, zur Struktur und Entwicklung der Berufsausbildung, zum Übergangssystem, zur Qualitätssicherung und der Einrichtung der Qualifizierungsinitiative „Aufstieg durch Bildung" sowie zur europäischen und internationalen Zusammenarbeit in der Berufsbildungspolitik behandelt. Schwerpunkt des Berufsbildungsberichts ist der Bericht über die Berufsbildungs*politik* der Bundesregierung.

Dazu bietet der Datenreport des Bundesinstituts für Berufsbildung (BIBB) ergänzend zahlreiche Informationen und Analysen rund um die Entwicklung der beruflichen Bildung. Der Bericht 2009 bietet zusätzliche Informationen zu den zentralen Indikatoren zur beruflichen Ausbildung und zur beruflichen Weiterbildung und

---

12 Dazu gehören neben dem Deutschen Institut für Internationale Pädagogische Forschung (DIPF) das Deutsche Jugendinstitut (DJI), das Hochschul-Informations-System (HIS), das Soziologische Forschungsinstitut an der Universität Göttingen (SOFI) sowie die Statistischen Ämter des Bundes und der Länder.

zeichnet die Entwicklungen im Zeitverlauf nach. Das Schwerpunktthema des Berichts 2009 sind die „Ausbildungsbausteine" sowie die Entwicklungen in der europäischen und internationalen Zusammenarbeit in der Berufsbildung (BMBF, 2009).

BSW Berichtssystem Weiterbildung und AES Adult Education Survey: Einen kontinuierlichen Überblick über das Weiterbildungsgeschehen in Deutschland liefert seit 1979 im Dreijahresturnus das Berichtssystem Weiterbildung (BSW). Das BSW wird im Auftrag des Bundesministeriums für Bildung und Forschung (BMBF) vom TNS Infratest Sozialforschung in Kooperation mit dem Institut für Entwicklungsplanung und Strukturforschung an der Universität Hannover (IES) sowie der Sozialwissenschaftlichen Forschung und Beratung München erstellt und stützt sich auf repräsentative Bevölkerungsbefragungen zu Umfang und Richtung der Weiterbildungsbeteiligung. Damit liefert das BSW wichtige Informationen von der und über die Nachfrageseite, also aus der Perspektive der Teilnehmenden von Weiterbildung, die im Zeitverlauf analysierbar sind. Darüber hinaus enthält es neben Hochrechnungen zu Teilnahmequoten auch Daten zu den Angebotsstrukturen der allgemeinen und beruflichen Weiterbildung, zum Volumen der beruflichen Weiterbildung und eine Dokumentation der sonstigen Datenquellen zur Weiterbildungssituation in Deutschland.

Das Berichtsystem Weiterbildung wurde letztmals 2007 (BSW-Trend 2007 mit rd. 3.500 Befragten) durchgeführt. Parallel wurde 2007 erstmals der Adult Education Survey durchgeführt (AES 2007 mit rd. 7.300 Befragten). Der Wechsel vom BSW zum AES ermöglicht zukünftig einen europäischen Vergleich. Die Ergebnisse beider Erhebungen sind in einem Band veröffentlicht (Rosenblatt v. & Bilger, 2008).

wbmonitor: Das Bundesinstitut für Berufsbildung stellt seit 2001 mit dem wbmonitor[13] ein weiteres Instrument zur Verfügung, das die Entwicklungen des lebenslangen Lernens im Bereich der Weiterbildung für die Anbieter und die Öffentlichkeit aufbereiten und mehr Transparenz bezüglich des Weiterbildungsmarktes gewährleisten soll. Einmal jährlich wird dazu eine repräsentative Anzahl von Weiterbildungsanbieter zu einem aktuellen Thema, ihrem Leistungsangebot und ihrer Geschäftsentwicklung befragt. Ein zentrales Ergebnis stellt der wbmonitor-Klimaindex dar, der – analog zum ifo-Geschäftsklimaindex – die wirtschaftliche Situation der Anbieter abbildet. Ab 2007 wurde in Zusammenarbeit mit dem Deutschen Institut für Erwachsenenbildung (DIE) der Fokus von der beruflichen Bildung auch auf die allgemeine Weiterbildung ausgedehnt und die Datenerhebung auf ein Onlineverfahren umgestellt. Mit dem wbmonitor streben das BIBB und das DIE an, zeitnah Basisinformationen zur Weiterbildung schnell und einfach über das Internet allgemein zugänglich zu machen, um die Entwicklungen im Weiterbildungsbereich frühzeitig sichtbar werden zu lassen. Der wbmonitor stellt zurzeit die größte jährliche Umfrage bei Weiterbildungsanbietern in Deutschland dar (BiBB, 2009: 115).

CVTS Continuing Vocation Training Survey: Es handelt sich hierbei um eine europaweite Befragung, die im Abstand von 6 Jahren durchgeführt wird (1994, 2000 und 2006). Der aktuelle Bericht (CVTS 3) ist 2007 erschienen (Statis, 2007b). Der CVTS erfasst das Segment der betrieblichen Weiterbildung. Befragt wurden in Deutschland

---

13 https://www.wbmonitor.de/

ca. 10.000 Unternehmen hinsichtlich der Gestaltung und Organisation der beruflichen Weiterbildung in den Unternehmen.

Das BIBB Bundesinstitut für Berufsbildung führt ergänzend zum CVTS die sogenannten CVTS-Zusatzerhebungen durch, wobei hier ergänzend qualitative Aspekte im Vordergrund stehen, wie z.B. die Untersützung der älteren Beschäftigten (vgl. Moraal et al., 2009).

5.2 Erforschung des lebenslangen Lernens

So wie das lebenslange Lernen sämtliche Lernprozesse über die Lebensspanne hinweg umfasst, so mannigfalt und vielfältig sind die Forschungsbereiche, die dieses Thema behandeln. Alle Forschungsaktivitäten der Bildungsforschung tangieren direkt oder indirekt Aspekte des lebenslangen Lernens. Eine wichtige Aufgabe der Bildungsforschung ist es, wissenschaftliche Erkenntnisse zu erarbeiten, die eine rationale Begründung der bildungspraktischen und bildungspolitischen Entscheidungen ermöglichen (Tippelt, 2009). Dies schließt Untersuchungen der Voraussetzungen und Möglichkeiten der Bildungs- und Erziehungsprozesse in institutionellen und gesellschaftlichen Kontexten ebenso mit ein wie die Analyse der schulischen[14] und außerschulischen Lehr- und Lernprozesse sowie der informellen Sozialisationsbereiche. Eine selbst nur skizzenhafte Darstellung der Forschungsbereiche würde den Rahmen dieses Beitrags sprengen.[15] Es werden nachfolgend kursorisch einzelne Forschungsbereiche, insbesondere die Teilnehmer- und Adressatenforschung sowie die Milieuforschung, der Weiterbildungsforschung benannt.

Die Weiterbildung als Teil des Bildungssystems ist ein wichtiges Segment der Erziehungswissenschaft und Bildungsforschung (Tippelt, 2006) sowie neuerdings ein interdisziplinäres Querschnittsforschungsgebiet, in dem die Beiträge zahlreicher Nachbarwissenschaften[16] Verwendung finden. Die grundsätzliche Schwierigkeit, die sich einerseits aus den historisch gewachsenen Forschungsfeldern, -traditionen und -selbstverständnissen, andererseits aus der Weite und Komplexität des Themas ergibt, ist die fehlende umspannende Perspektive auf das Lernen als lebenslanges Kontinuum, das, in unterschiedliche Handlungsbezüge eingebettet, vollzogen wird (Nuissl von Rein, 2009: 415).

Teilnehmer- und Adressatenforschung: Die Teilnehmer- und Adressatenforschung befasst sich mit den Lernvoraussetzungen, Bildungserwartungen, Lernmotivationen, ethnischen, geschlechtsspezifischen und regionalen Besonderheiten sowie insgesamt mit den fördernden und hemmenden Faktoren des Lernens im Erwachsenenalter. In der Institutionsforschung werden neben Bildungsangeboten, Planungsprozessen und dem Management von Institutionen auch das Lernverhalten und die Lernmöglichkeiten Erwachsener außerhalb von Bildungsinstitutionen sowie die Anforderun-

---

14 Einen aktuellen Überblick hierzu bietet das Handbuch Schulforschung von Helsper und Böhme (Helsper, 2008).

15 Einen systematischen Überblick über die Perspektiven, Theorien und Forschungsergebnisse der Bildungsforschung gibt das von Tippelt und Schmidt herausgegebene Handbuch Bildungsforschung (Tippelt, 2009).

16 U.a. Wirtschaftswissenschaft, Psychologie, Neurowissenschaften, Soziologie, Sprachwissenschaft (vgl. Nuissl von Rein, 2009: 412).

gen an das Personal im Weiterbildungsbereich untersucht. Die Arbeits- und Berufs-
forschung umfasst die Untersuchungen, welche die Auswirkungen der Wandlungen
der Erwerbsarbeit und des Arbeitsmarktes, die sich daraus ergebenden Qualifikati-
ons- und Kompetenzerfordernisse sowie die notwendigen Lern- und Bildungsarran-
gements zum Gegenstand haben. Mit der Entwicklung und Erprobung der didak-
tisch-methodischen Konzepte, in denen es um den Zusammenhang von Themen, Adressaten, Lernzeiten, Lernorten, Zertifikaten und Lehrenden geht, befasst sich die
didaktisch-methodische Entwicklungsforschung.

Die differenzierte Betrachtung von Bedingungsfaktoren der Unterrichtsituatio-
nen, die Interaktionsprozesse in Lehr-Lern-Verfahren sowie das Lernverhalten sind
die Grundfragen in der Lehr-Lern-Forschung. Die historisch-politische Forschung
untersucht die historischen Grundlagen und die Akteure der Erwachsenenbildung in
Politik, Wissenschaft und Praxis (Weinberg, 2000: 35 ff.)

Die aktuellen Forschungsthemen betreffen den Einsatz der modernen Informati-
ons- und Kommunikationssysteme beim Lernen und die sich verändernden Tätigkeits-
feldern in der Weiterbildung, die dem gesellschaftlichen Wandel und der damit einhergehenden Bedeutungsänderung von Bildung geschuldet sind. Hierdurch werden
Fragen der Bildungsplanung, der Bildungsberatung, des Umgangs mit Medien, der
Wirtschaftlichkeit zum Gegenstand aktueller Untersuchungen. Hinzu kommen die For-
schungsfragen, die immer wieder aktuell an die Weiterbildungspraxis gestellt werden
müssen: wie etwa die Fragen nach den aktuellen Themen und Programmen der Bildungsanbieter und ihr Verhältnis zum – geschätzten – Bedarf, nach dem in der Weiterbildung tätigen Personal, nach der Beteiligung an den Weiterbildungsangeboten.

Milieuforschung: Die Betrachtung der konkreten Ausgestaltung des Konzepts des lebenslangen Lernens in den einzelnen Lebensphasen und ihrer Eigenheiten hinsichtlich des Lernens sowie der damit verbundenen Konsequenzen und Folgen für Bildungsangebot und Bildungseinrichtungen hat gezeigt, insbesondere für die Gruppe
der Erwachsenen und Älteren, dass eine weitere Differenzierung nötig ist. Auf-
schlussreiche Erkenntnisse liefert hierzu die Adressatenforschung, insbesondere die
Milieuforschung. In der Adressaten-, Zielgruppen- und Teilnehmerforschung, insbesondere in der sozialen Milieuforschung, wird der Frage nach den Teilnehmern und
den differenzierten Nachfragestrukturen in der Weiterbildung nachgegangen. Auf
der Basis der sozialen Lage, der Lebensstile der Lebenspläne und der Lebensorien-
tierungen von Menschen werden ihre Interessen und Anforderungen an die Weiterbildung ergründet sowie ihre möglichen Lernhemmnisse und Barrieren zur Wahrnehmung von Weiterbildungsangeboten herausgearbeitet (Barz & Tippelt, 2004a).

6   Prägnante Entwicklungen

6.1 Lernberatung und Kompetenzdiagnostik

Lernberatung: Auf dem Hintergrund der anfangs aufgezeigten gesellschaftlichen
Tendenzen, die das lebenslange Lernen immer mehr als eine Notwendigkeit erscheinen lassen, wird die Fähigkeit, die eigene Bildungsbiografie und die eigenen Lernprozesse immer wieder reflektieren und steuern zu können, wichtiger denn je. Die

Erkenntnisse der Bildungsforschung (Autorengruppe Bildungsberichterstattung, 2008: 57; Tippelt, 2008: 21) belegen jedoch, dass die Beherrschung dieser Fähigkeiten bei keiner Altersgruppe als selbstverständlich angesehen werden kann. Die hohen Abbrecherquoten in der Schule, Ausbildung und Hochschule sowie der herrschende Mangel an Fachkräften sind zum großen Teil auf die fehlende Transparenz und Beratung in der Bildungslandschaft zurückzuführen. In diesem Spannungsfeld nimmt die Lern- und Bildungsberatung eine wichtige Rolle bei der Unterstützung des lebenslangen Lernens ein (z.B. Rat der Europäischen Union, 2004; Dietsche, 2004; Barz & Tippelt, 2004b). In den 1970er Jahren wurde der institutionalisierten Bildungsberatung noch eine kompensatorische Funktion bei der Überwindung der geringen Durchlässigkeit des Bildungssystems zugedacht (Deutscher Bildungsrat, 1970: 141). Heute hingegen ist ihre Aufgabe nicht auf einzelne Bildungs- und Lebensabschnitte fokussiert, sondern sollte den gesamten Verlauf menschlicher Entwicklung umspannend lebensbegleitende Bildungsprozesse im Blick haben. Es geht vor allem um eine Beratung, die eine zu den individuellen Fähigkeiten des Einzelnen passende schulische und berufliche Laufbahn fokussiert. Dies macht es notwendig, Orientierung über die Anbieter zu bieten, Hilfestellung bei der Bewertung der eigenen Kompetenzen zu geben und darüber hinaus die Selbstorganisation und die Selbststeuerungsfähigkeiten im Sinne von „Berufslaufbahnkompetenzen" zu fördern. Um dem steigenden Bedarf nach den flexiblen und mobilen Lern- und (Aus-)Bildungsmöglichkeiten gerecht zu werden, empfiehlt es sich, Beratungsmodelle, welche die Vielfalt der Lebenslagen und Zielgruppen mit berücksichtigen, einzusetzen (Moos-Czech, 2009). Von weiterer Bedeutung sind dabei sowohl ein erleichterter Zugang, etwa für Berufstätige, Ältere und für Benachteiligte, als auch zielgruppengerechte Beratungsangebote und -strategien sowie geeignete Medien. Sowohl für die Anbieter als auch für die Nutzer ist nur ein Beratungsangebot im Sinne des lebenslangen Lernens hilfreich, das eine bildungsbereichsübergreifende und trägerneutrale Beratungsstruktur aufweist. Langfristig nachhaltig erscheint ein solches Angebot nur durch die Erweiterung des Beratungsspektrums auf den europäischen Raum und mit der Implementierung von Qualitätssicherungssystemen.

Kompetenzdiagnostik: Insbesondere auf dem Gebiet der Erfassung und Bewertung von Fähigkeiten und Kenntnissen wurde durch den erweiterten Lernbegriff im Konzept des lebenslangen Lernens eine Akzentverschiebung von den Qualifikationen zu den Kompetenzen aufgegriffen. Die Qualifikationen stehen für die Gesamtheit der Wissensbestände und Fähigkeiten, die in den formalen Bildungskontexten erworben und durch Prüfungen bewertet wurden. Im Gegensatz dazu werden die Kompetenzen als die tatsächlich anwendbaren Kenntnisse und Fähigkeiten zum situationsgerechten, effektiven Handeln verstanden (Gnahs, 2008). Neben dem Nachweis von erfolgreich abgeschlossenen Bildungsgängen, wie z.B. Zeugnissen, Diplomen oder Gesellenbriefen, finden in dieser Betrachtungsweise die Ergebnisse informeller und nonformaler Lernprozesse ebenfalls Berücksichtigung. Damit wird die Bedeutung der formalisierten Bildungslaufbahnen und der damit verbundenen Prüfungen und Abschlüsse relativiert.

Die Neuorientierung am tatsächlichen Leistungsvermögen, unabhängig davon, ob diese in formalen, non-formalen oder informellen Lernprozessen erworben wurden, erfordert neue Verfahren, welche die vorhandenen Kompetenzen erfassbar und vergleichbar machen. Die weltweiten Anstrengungen, dieses Ziel zu erreichen, lassen sich in drei grundsätzliche Bereiche ordnen, die in diesem Rahmen nur kurz vorgestellt werden können (Gnahs, 2008). Zum Ersten sind die Ansätze zu nennen, die Personen helfen sollen, ihre eigenen Kompetenzen selbst zu erkennen, zu bewerten und einzuordnen.[17] Zweitens sind die Initiativen zu erwähnen, die versuchen, die Kompetenzen einzuschätzen, zu vergleichen bzw. vergleichbar zu machen.[18] Zum Dritten sind die Anstrengungen anzuführen, die versuchen, bei Erwachsenen direkt die Kompetenzen zu messen und sie international vergleichbar zu machen.[19]

6.2 Lernende Regionen

Ein weiterer Schwerpunkt der bildungspolitischen Aktivitäten, der zur Entwicklung des lebenslangen Lernens beitragen soll, sind die sogenannten „Lernende Regionen". Der Kernpunkt des in den 1990er Jahren in der Bildungspolitik geprägten Begriffs ist es, durch die Vernetzung der Bildungsakteure die strukturellen Voraussetzungen für das lebenslange Lernen dort zu schaffen, wo das Lernen stattfindet: wo gelebt und gearbeitet wird - in der Region. Das im Jahr 2004 gestartete Aktionsprogramm des Bundesministeriums für Bildung und Forschung "Lernende Regionen – Förderung von Netzwerken" unter Beteiligung aller Länder und des Europäischen Sozialfonds der Europäischen Union versucht, die wichtigen Institutionen des Bundes, der Länder, der Sozialpartner, der Verbände, anderer Bildungsträger, der kulturellen und sozialen Einrichtungen, Kammern, Gewerkschaften und Unternehmen zu vernetzen.[20] Durch die kooperative Vernetzung sollen die Bildungsanbieter in die Lage versetzt werden, den Strukturwandel für das lebenslange Lernen durch eine gemeinsame Entwicklung von neuen innovativen Angeboten aktiv zu gestalten. Die Kooperation unter den Bildungsanbietern soll zu einer qualitativen Verbesserung der Angebote, insbesondere im Sinne einer stärkeren Nutzerorientierung, führen (BMBF, 2004) ebenso wie zur Entwicklung neuer zeitgemäßer Organisationsstrukturen. In Fachtagungen und Konferenzen werden die Erfahrungen aus den einzelnen Projekten systematisch aufgearbeitet und übertragbare Erfolgsfaktoren sowie Modelle vorgestellt. Die Lernenden Regionen stellen einen Höhepunkt in der Vernetzung der Akteure im Bildungsbereich dar (Tippelt, 2006: 282), mit denen versucht wird, u.a. die strukturellen Probleme, wie die Ansprache der Lernenden, zu verbessern oder Doppelangebote sowie Angebotslücken zu vermeiden, um das Leistungspotenzial der regionalen Bildungslandschaft besser auszuschöpfen.

Im Rahmen des Aktionsprogramms sollen neben der Vernetzung aller Bildungsbereiche die Eigenverantwortung der Lernenden für ihr Lernen und ihre Fähigkeit, dies selbst gesteuert umzusetzen, gestärkt werden. Ferner sollen bildungsferne und

---

17 Z.B. in Form von Portfolios oder Pässe, wie etwa beim ProfilPASS.

18 Beispielsweise der Europäische Qualifikationsrahmen (vgl. Kommission der Europäischen Gemeinschaften, 2005) oder das Europäische Kreditpunktesystem für die berufliche Bildung (vgl. BMBF, 2005).

19 Z.B. die analog zu PISA von der OECD geplanten Programme for the International Assessment of Adult Competencies, deren erste Welle voraussichtlich 2011 erhoben wird (vgl. Ganhs, 2007).

20 http://www.lernende-regionen.info

benachteiligte Gruppen zum Lernen motiviert und Zugangsbarrieren zu Lernwelten abgebaut werden.

Die Aufgabe scheint keine einfache zu sein. Der Erfolg der regionalen Anstrengungen, die Akteure der Bildungslandschaft zu vernetzen und eine konstruktive Zusammenarbeit im Sinne einer nachhaltigen regionalen Lernkultur zu etablieren, hängt stark davon ab, inwiefern es gelingt, die bestehenden Segmentierungen, Steuerung- und Machtstrukturen so zu transformieren, dass über die Institutionsgrenzen und spezifischen Egoismen hinaus Kooperation möglich wird (Tippelt, 2006: 287). Ein in diesem Programm verankertes Instrument ist das sogenannte Lernfest.

6.3 Lernfeste

Die in Großbritannien als Adult Learner's Week bekannten Lernfeste haben international und seit 1998 auch in Deutschland ihren Eingang in die Bildungslandschaft gefunden. Die Lernfeste sind in Deutschland ein wichtiger Teil der von Bund und den Ländern initiierten bundesweiten Anstrengung, für die Idee des lebenslangen Lernens in der Öffentlichkeit zu werben (Meyer, 2001). Die Lernfeste stellen ein Forum dar, auf denen sich Bildungsakteure aller Couleur aus der Region ihre Angebote auf interessante neue Weise präsentieren können. Viele tausend Volkshochschulen, Bildungswerke, Bibliotheken, Kulturämter, Bürger-Initiativen, Betriebe, Stadtverwaltungen, Organisationen und Einrichtungen des gesellschaftlichen Lebens haben sich an den bisherigen bundesweiten und regionalen Lernfesten beteiligt. Mehrere Hunderttausend Besucher haben die Angebote der Bildungsakteure ihrer Region kennenlernen können.

Eine weitere wichtige Rolle spielen die Lernfeste bei der Vernetzung der regionalen Bildungsanbieter. Zu diesem Zweck fanden und finden ergänzend zu den Lernfesten zumeist auf regionaler Ebene Beratungsworkshops und Tagungen statt, die einerseits der Etablierung der Idee des Lernfestes dienen, andererseits den Erfahrungsaustausch, die Vernetzung und die damit einhergehende neue Kooperationskultur unter den Bildungsakteuren fördern (Meyer, 2001). Damit sollen Lernfeste in ihrer Wirkung weit über Werbemaßnahmen hinaus gehen. Sie sollen zur Erneuerung der Bildungs- und Weiterbildungslandschaft beitragen und dienen als gesellschaftlicher Erprobungsraum für Lernende und Bildungs- und Weiterbildungsinstitutionen.

7   Fazit

Das Lernen vollzieht sich offensichtlich im gesamten menschlichen Lebenslauf: täglich erfahren wir Neues, erwerben Fähigkeiten, erleben neue Gefühlszustände bei Gesprächen mit Freunden, beim Lesen, Fernsehen oder beim Surfen im Internet. Wir probieren Neues aus, planen, denken nach. Ob bedeutungsvoll, einzigartig oder trivial – ob wir wollen oder nicht, wir sind lebenslang Lernende. In diesem Kontext geht es jedoch nur zum Teil um diese fundamentale menschliche Eigenschaft.

Die gesellschaftlichen, wirtschaftlichen, politischen und sozialen Entwicklungen neueren Datums haben in den westlichen Industriestaaten zur Entstehung zahlreicher Aktivitäten und Konzepte auf internationaler und nationaler Ebene zu diesem Thema beigetragen. Heute ist das lebenslange Lernen als eine bildungspolitische Megastrategie (Faulstich, 2008) die Antwort auf die wirtschaftlichen, sozialen und kulturellen Herausforderungen. Damit sind die Veränderungen der Gesellschaft gemeint, wie die sich ändernde Altersstruktur und die zunehmende Pluralisierung der Lebensverhältnisse, die sich abzeichnende Dysfunktionalität der bestehenden Bildungsinstitutionen und Bildungsstrukturen, die veränderte Bedeutung und Struktur der Arbeit, die wachsende Rolle des Wissens und der Verwissenschaftlichung sowie die damit einhergehenden individuellen Anforderungen, die sich aus den oben genannten Transformationen ergeben und als „Individualisierung" umschreiben lassen (Beck, 1986; Beck, Giddens & Lash, 1996).

Das lebenslange Lernen bedeutet in diesem Kontext sinnvolle Lern- und Bildungsaktivitäten während des gesamten Lebensverlaufs über die zeitlich begrenzte formale Phase der Schule, der beruflichen und der Hochschulausbildung hinaus (vgl. Europäische Kommission, 2000). Mit eingeschlossen sind neben den formalen ebenso auch die non-formalen und die informellen Lernprozesse.

Das Konzept des lebenslangen Lernens eröffnet mit der lebensumspannenden Perspektive einen neuen Blick auf das Lernen und die Lernorganisation, die sich schon ab den frühsten Entwicklungsschritten und nicht erst im Jugend- oder Erwachsenenalter auswirkt. In diesem Sinne sollen ab den ersten Anfängen der Bildungsbemühungen nicht die Effektivität des Lehrens, sondern die Situation und Voraussetzungen der Lernenden im Mittelpunkt stehen. Neben der Vermittlung der grundlegenden Kulturtechniken, wie Lesen, Schreiben, Rechnen, oder dem kompetenten Umgang mit Computern müssen die Bildungsinstitutionen sich darauf einstellen, ihre Klientel auf lebenslange, selbstbestimmte Lernprozesse vorzubereiten. Dies bedeutet eine Verschiebung des Schwerpunkts von der Frage, wie ein bestimmter Lehrstoff möglichst erfolgreich gelehrt werden kann, hin zur Frage, in welchen Lernumwelten selbstbestimmte Lernprozesse am ehesten stimuliert werden können, beziehungsweise unter welchen Bedingungen das Lernen selbst gelernt werden kann. Damit geht eine Erweiterung dessen einher, was unter dem Lernen verstanden wird. Das Lernen ist nicht mehr die Aneignung von Faktenwissen, sondern ist ganzheitlicher zu verstehen und zwar als ein Prozess, der eingebettet ist in praktische Erfahrungen mit Raum für soziale und emotionale Facetten.

Hieraus ergeben sich nach Spiel (zusammenfassend vgl. Spiel, 2006) bestimmte Anforderungen und Aufgaben an die Bildungsinstitutionen Schule und Hochschule, um die Bereitschaft und die Fähigkeit zum lebenslangen Lernen zu fördern: (a) Frühe Förderung und gezielte Weiterentwicklung der positiven motivationalen Haltungen aus der Vorschule und aus den ersten Schuljahren, insbesondere im Hinblick auf die Lernaktivitäten. (b) Verstärkte Berücksichtigung der Interessen und Lebenswelten der Lernenden. (c) Stärkere Orientierung an realen Problemen. (d) Einüben von selbst gesteuertem, eigenverantwortlichem Lernen. (e) Lernen in Gruppen und Projekten. (f) Stärkere Betonung der Kompetenzerweiterung im Gegensatz zu Performanzorientierung und Erwerb von Qualifikationsnachweisen als Ziel des Lernens. (g) Weiterbildung des Lehr- und Lernpersonals, um die oben genannten Ziele effektiver erreichen zu können.

Das lebenslange Lernen ist trotz der Allgegenwärtigkeit weder ein einheitliches, noch ein wertfreies Konzept. Es basiert auf Interpretationen und Wertungen von mehr oder weniger beobachtbaren Tendenzen, die je nach Institution, bzw. Akteur als Begründung und Rechtfertigung für bestimmte Aussagen und Maßnahmen herangezogen werden. Im Folgenden sollen ausgewählte Aspekte problematisiert werden.

In der bildungspolitisch geprägten Perspektive ist das lebenslange Lernen eine ökonomische und soziale Notwendigkeit, die Konsequenzen für die gesellschaftliche Organisation des individuellen und kollektiven Lernens nach sich zieht. Alle Gesellschaftsmitglieder „sollen gleiche Chancen haben, um sich an die Anforderungen des sozialen und wirtschaftlichen Wandels anzupassen und aktiv an der Gestaltung von Europas Zukunft mitzuwirken" (Europäische Kommission, 2000: 3). Die angestrebten Ziele sind Wettbewerbsfähigkeit, Beschäftigung und Anpassungskompetenz der „Arbeitsbevölkerung". Aus dieser Perspektive kann das lebenslange Lernen als adäquate individuelle Strategie für einen konstruktiven Umgang mit den rapiden gesellschaftlichen Veränderungen interpretiert werden (Ahlheit, 2008).

Gleichzeitig sollen durch das lebenslange Lernen aber persönliche Entfaltung, Fähigkeiten zur Gestaltung der eigenen Biografie sowie soziales Engagement gefördert werden. Die offene Frage ist, wie die Zeitdiagnose von zunehmendem Anpassungsdruck an den Arbeitsmarkt und die freie Entfaltung und Lebensplanung miteinander vereinbar sind. Die oben genannten Verhältnisse können als weitere Vereinnahmung durch das lebenslange Lernen mit dem Fokus der beruflichen Verwertbarkeit als Zwang und Einschränkung persönlicher Entfaltung und Lebensplanung gedeutet werden (Benikowski, 2008: 23). Kade und Seitter umschreiben diese Ambivalenzen mit den Begriffspaaren „Emanzipation und Obligation" sowie „Risikobewältigung und Risikoerzeugung" (Kade, 1998: 52 f.).

Die aktuellen gesellschaftlichen Sozialschichten sind durchlässiger denn je in der Geschichte der Bundesrepublik zuvor und bergen das Potenzial, dass der Einzelne mehr denn je Möglichkeiten erhält, durch Bildung und Lernen den eigenen Lebenslauf aktiv zu gestalten und dem Herkunftsmilieu zu entwachsen. So wird in den bildungspolitischen Konzepten das lebenslange Lernen aller Gesellschaftsmitglieder als eine zwingende Voraussetzung für die friedliche, konstruktive und demokratische Bewältigung der gegenwärtigen und sich abzeichnenden politischen, sozialen, kulturellen und ökonomischen Transformationsprobleme betrachtet. Demnach sollten die Institutionen des Bildungssystems neben der beruflichen Verwertbarkeit diesen Aspekt in der Zielsetzung ihrer Angebote mit berücksichtigen und die nötigen Fähigkeiten für die Gestaltung „modernisierter" Lebensläufe und für den Umgang mit den neuen Risiken der individuellen Lebensplanung vermitteln (Alheit, 2002). Dem gegenüber steht das Problem des engen Zusammenhangs zwischen der sozialen Herkunft und den schulischen Abschlüssen. Dieser Zusammenhang – so der heutige Stand – verschärft sich beim Übergang in die berufliche Bildung und Hochschule und ist prägend für das weitere Bildungsverhalten im Lebensverlauf (Tippelt, 2008). Vor diesem Hintergrund erscheint es auch fraglich, inwiefern Gestaltung jenseits individueller und gesellschaftlicher Begrenzungen möglich ist. Die Bildung kann nicht über bestimmte individuelle Leistungsgrenzen hinweg zu einem gesellschaftlichen Erfolg oder sogar zu einem gelungenen Leben führen. Und die Bildung allein – auch die lebenslange – kann gesellschaftliche Ungleichheiten nicht ausgleichen. Insbesondere dann nicht, wenn die bekannten Selektions- und Exklusionsmechanismen des Bildungssystems nicht abgebaut werden. Im Gegenteil, ein derartig einseitiges Konzept des lebenslangen Lernens verschleiert und verschärft sie womöglich (Field, 2000: 103 ff.).

Die Weiterentwicklung des Bildungssystems ist, in einer größeren Zeitperspektive gesehen, ein stetiger Vorgang, der einmal mit höherer und einmal mit geringerer Geschwindigkeit abläuft. Ebenso lassen sich die Zeitperioden oder Ereignisse benennen, die eine Neuorientierung begünstigen, wenn nicht sogar erzeugen. Die Altersstruktur der deutschen Lehrerschaft und die Neuschaffung von mehreren zehntausend Stellen für die frühkindliche Betreuung bieten einerseits so eine Chance und stellen gleichzeitig eine der großen Herausforderungen dar. Es bedarf einerseits einer großen und gezielten Anstrengung, um den Bedarf an neuen Lehrkräften zu decken (KMK, 2003). Es ist zu fragen, ob damit auch eine neue, erweiterte Unterrichts- und Schulkultur im Sinne des Konzepts des lebenslangen Lernens auf breiter Basis umsetzbar sein wird.

Ob die geplanten bildungspolitischen Maßnahmen ausreichen werden oder dazu geeignet sind, die gesetzten Ziele zu erreichen, und ob die gewünschten Effekte auftreten, um den benannten Herausforderungen zu begegnen, bleibt eine offene Frage.[21]

Werden die programmatischen Konzepte in der Mitte der 1990er Jahre mit den konkreten bildungspolitischen Maßnahmen am Ende des ersten Jahrzehnts im neuen Jahrtausend verglichen, ergibt sich folgendes Bild:

- *Disparitäten:* Zielsetzungen und Maßnahmen stehen unvereinbar nebeneinander. Einerseits sollen alle Gesellschaftsmitglieder über die gleichen Bildungschancen verfügen und andererseits wird die Finanzierung von Bildung privatisiert. Für den Weiterbildungsbereich gilt bereits heute, dass er weitgehend privat finanziert ist.
- *Funktionalisierung:* Die Aspekte „Erhalt der Arbeitsfähigkeit" bzw. „Beschäftigungsfähigkeit" („Employability") prägen heute wesentlich das Konzept des lebenslangen Lernens (vgl. BMBF, 2007; BMBF, 2009b).
- *Marginalisierung:* Zielsetzungen des Anfangs, wie z.B. der „mündige Bürger", sind vom Kern an den Rand gewandert.
- *Segmentation:* Ein priorisierter koordinierter Handlungsplan zur Umsetzung des vielfach als grundlegend wichtig und bedeutsam eingeschätzten und propagierten lebenslangen Lernens ist in Deutschland bislang nicht erkennbar – weder hinsichtlich der Bundespolitik, der Zusammenarbeit der Länder noch hinsichtlich der aufgewendeten Mittel.[22]

Notwendig wäre eine Gesamtstrategie mit einer konzeptionellen Zielsetzung.[23]

---

21 So ist ein wichtiger Teil der Qualifizierungsinitiative von Bund und Länder zur Erhöhung der Ausbildungsstellen, der „Ausbildungsbonus" in einer Umfrage des Deutschen Industrie und Handelskammertages vom Großteil der Unternehmen nicht angenommen.

22 Deutschland liegt im OECD – Ländervergleich unterhalb des Durchschnittswertes für aufgewendete Mittel für Bildung (vgl. BMBF und KMK, 17.09.2007: 79).

23 Vgl. Strategiepapier der Bund-Länder-Kommission (Bund-Länder-Kommission für Bildungsplanung und Forschungsförderung, 2004).

Literatur

AHLHEIT, P. (2008). Lebenlanges Lernen und soziales Kapital. In H. Herzberg (Hrsg.), Lebenslanges Lernen: Theoretische Perspektiven und empirische Befunde im Kontext der Erwachsenenbildung (S. 13–30). Frankfurt a.M.: Peter Lang.

ALHEIT, P. & DAUSIEN, B. (2002). Bildungsprozesse über die Lebensspanne und lebenslanges Lernen. In R. Tippelt (Hrsg.), Handbuch Bildungsforschung (S. 565–585). Opladen: Leske+Budrich.

ARTELT, C., BAUMERT, J., JULIUS-MCELVANY, N. & PESCHAR, J. (2004). Das Lernen lernen: Voraussetzungen für lebensbegleitendes Lernen: Ergebnisse von PISA 2000. Paris: OECD.

ARTHUR, M.B., INKSON, K. & PRINGLE, J.K. (1999). The New Careers: Individual action and economic change. London: Sage.

AUTORENGRUPPE BILDUNGSBERICHTERSTATTUNG (2008). Bildung in Deutschland 2008: Ein indikatorengestützter Bericht mit einer Analyse zu Übergängen im Anschluss an den Sekundarbereich I. Bielefeld: Bertelsmann. URL: http://www.bildungsbericht.de/daten2008/bb_2008.pdf (26.07.2009).

BARZ, H. & TIPPELT, R. (Hrsg.) (2004a). Weiterbildung und soziale Milieus in Deutschland: Adressaten- und Milieuforschung zu Weiterbildungsverhalten und -interessen. DIE spezial, Bd. 2. Bielefeld: Bertelsmann.

BARZ, H. & TIPPELT, R. (Hrsg.) (2004b). Weiterbildung und soziale Milieus in Deutschland: Praxishandbuch Milieumarketing. DIE spezial, Bd. 1. Bielefeld: Bertelsmann .

BAUMERT, J., KLIEME, E., PRENZEL, M., SCHIEFELE, U., SCHNEIDER, W., TILLMANN, K.-J. & WEIß, M. (2000). Fähigkeit zum selbstregulierten Lernen als fächerübergreifende Kompetenz. OECD PISA Deutschland.

BECK, U. (1986). Risikogesellschaft: Auf dem Weg in eine andere Moderne. Frankfurt a.M.: Suhrkamp.

BECK, U., GIDDENS, A. & LASH, S. (Hrsg.) (1996). Reflexive Modernisierung. Frankfurt a.M.: Suhrkamp.

BEHRENS-COBET, H. & REICHLING, N. (1997). Biographische Kommunikation: Lebensgeschichten im Repertoire der Erwachsenenbildung. Neuwied: Luchterhand.

BIBB/wbmonitor Startseite (2009). BIBB - Bundesinstitut für Berufliche Bildung. URL: http://www.bibb.de/de/11920.htm (26.07.2009).

BITTLINGMAYER, U. (2001). „Spätkapitalismus" oder „Wissensgesellschaft". Aus Politik und Zeitgeschichte, H. 36, 15–23.

BLK (2004). Strategie für Lebenslanges Lernen in der Bundesrepublik Deutschland. Materialien zur Bildungsplanung und zur Forschungsförderung, Heft 115. Bonn: BLK.´
URL: http://www.bmbf.de/pub/strategie_lebenslanges_lernen_blk_heft115.pdf (26.07.2009).

BMBF (2004). Expertenkommission Finanzierung Lebenslangen Lernens: Der Weg in die Zukunft. Schlussbericht. URL: http://www.bmbf.de/pub/schlussbericht_kommission_lll.pdf (26.07.09).

BMBF (2004). Lernende Regionen – Förderung von Netzwerken. Bonn. URL: http://www.bmbf.de/pub/lernende_regionen_foerderung_von_netzwerken.pdf (26.07.09).

BMBF (2005). Berufsbildungsbericht 2005. URL: http://www.bmbf.de/pub/bbb_2005.pdf (26.07.2009).

BMBF (2009a). Aufstieg durch Bildung: Die Qualifizierungsinitiative für Deutschland.
URL: http://www.bmbf.de/pub/qualifizierungsinitiative_breg.pdf (26.07.2009).

BMBF (2009b). Berufsbildungsbericht 2009. URL: http://www.bmbf.de/pub/bbb_2009.pdf (26.07.2009).

BMBF & KMK (2007). OECD-Veröffentlichung „Bildung auf einen Blick". Berlin, Bonn. URL: http://www.bmbf.de/pub/bildung_auf_einen_blick_07_wesentliche_aussagen.pdf (27.07.2009).

BMFSFJ (2002). Die bildungspolitische Bedeutung der Familie: Folgerungen aus der PISA-Studie. Stuttgart: Kohlhammer.

BOEKAERTS, M. (1999). Self-regulated learning: Where we are today. International Journal of Educational Research, H. 31, 445–457.

BRÖDEL, R. (Hrsg.) (1998). Lebenslanges Lernen – lebensbegleitende Bildung. Neuwied: Luchterhand.

DEUTSCHER BILDUNGSRAT (1970). Empfehlungen der Bildungskommission: Strukturplan für das Bildungswesen. 2. Auflage. Stuttgart: Klett.

DEUTSCHES INSTITUT FÜR ERWACHSENENBILDUNG (2009). Profil-Pass. Gelernt ist gelernt: Stärken kennen – Stärken nutzen. 4. Auflage. Bielefeld: Bertelsmann.

DEWE, B. & WEBER, P.J (2007). Wissensgesellschaft und lebenslanges Lernen: Eine Einführung in bildungspolitische Konzeptionen der EU. Bad Heilbrunn: Klinkhardt.

DIETSCHE, B. & MEYER, H.H. (2004). Literaturauswertung Lebenslanges Lernen und Literaturnachweis zur Literaturauswertung Lebenslanges Lernen. Herausgegeben von DIE.
    URL: http://nbn-resolving.de/urn:nbn:de:hbz:6-85659520108 (26.07.2009).

DOHMEN, G. (1996). Das Lebenslange Lernen: Leitlinien einer modernen Bildungspolitik. Bonn: Bundesministerium für Bildung, Wissenschaft, Forschung und Technologie.

DOHMEN, G. (2001). Lebenslanges Lernen. In R. Arnold, S. Nolda & E. Nuissl von Rein (Hrsg.), Wörterbuch Erwachsenenpädagogik. Bad Heilbrunn/Obb.: Klinkhardt.

EDDING, F. (1970). Auf dem Wege zur Bildungsplanung. Braunschweig: Westermann.

EUROPÄISCHE KOMMISSION (2000). Memorandum über Lebenslanges Lernen. Arbeitsdokument der Kommissionsdienststellen. Brüssel.
    URL: http://www.bologna-Berlin2003.de/pdf/MemorandumDe.pdf (26.07.2009).

EUROPÄISCHE KOMMISSION (2007). Schlüsselkompetenzen für lebenslanges Lernen: ein europäischer Referenzrahmen. URL:
    http://ec.europa.eu/dgs/education_culture/publ/pdf/ll-learning/keycomp_de.pdf (27.07.2009).

EUROPÄISCHER RAT IN LISSABON AM 22. UND 23. MÄRZ 2000 (2000). Schlussfolgerungen des Vorsitzes.
    URL: http://ue.eu.int/ueDocs/cms_Data/docs/pressdata/de-/ec/00100-r1.d0.htm (26.07.09).

FAULSTICH, P. (2008). Weiterbildungsprobleme und Zukunftschancen des Lebenslangen Lernens: Das Beispiel Hessen. In A. Grotlüschen & P. Beier (Hrsg.), Zukunft lebenslangen Lernens: Strategisches Bildungsmonitoring am Beispiel Bremens (S. 215–226). Bielefeld: Bertelsmann.

FEND, H. (1997). Der Umgang mit Schule in der Adoleszenz: Aufbau und Verlust von Lernmotivation, Selbstachtung und Empathie. Bern: Huber.

FIELD, J. (2000). Lifelong Learning and the New Educational Order. Stoke-on-Trent: Trentham.

FTHENAKIS, W.E. (Hrsg.) (2003a). Elementarpädagogik nach PISA: Wie aus Kindertagesstätten Bildungseinrichtungen werden können. Freiburg: Herder.

FTHENAKIS, W.E. (2003b). Zur Neukonzeptionalisierung von Bildung in der frühen Kindheit. In W.E. Fthenakis (Hrsg.), Elementarpädagogik nach PISA: Wie aus Kindertagesstätten Bildungseinrichtungen werden können (S. 18–37). Freiburg: Herder,

GATZKE, N. (2007). Lebenslanges Lernen in einer alternden Gesellschaft: Studie. Friedrich Ebert Stiftung. URL: http://library.fes.de/pdf-files/stabsabteilung/05365.pdf (26.07.09).

GESSLER, M. & STÜBE, A. S. (2008). Diversity Management: Berufliche Weiterbildung im demografischen Wandel. Münster: Waxmann.

GNAHS, D. (2007). Kompetenzmessung bei Erwachsenen – zum Stand von PIAAC. In A. Grotlüschen & A. Linde (Hrsg.), Literalität, Grundbildung oder Lesekompetenz? Beiträge zu einer Theorie-Praxis-Diskussion (S. 25–30). Münster: Waxmann.

GNAHS, D. & NUISSL VON REIN, E. (2008). Lebenslages Lernen und Kompetenzmessung. In H. Herzberg (Hrsg.), Lebenslanges Lernen: Theoretische Perspektiven und empirische Befunde im Kontext der Erwachsenenbildung (S. 117–132). Frankfurt a.M.: Peter Lang.

HALL, P. (1999). Social Capital in Britain. British Journal of Political Science, Jg. 29, H. 3, 417–461.

HELMKE, A. & WEINERT F.E. (1997). Bedingungsfaktoren schulischer Leistungen. In F.E. Weinert (Hrsg.), Enzyklopädie der Psychologie (S. 105–116). Göttingen: Hogrefe.

HELSPER, W. & BÖHME, J. (Hrsg.) (2008). Handbuch der Schulforschung. 2. Auflage. Wiesbaden: VS Verlag.

HURRELMANN, K. (2005). Lebensphase Jugend: Eine Einführung in die sozialwissenschaftliche Jugendforschung. 8. Auflage. Weinheim: Juventa.

KADE, J. & SEITTER, W. (1996). Lebenslanges Lernen – Mögliche Bildungswelten: Erwachsenenbildung, Biographie und Alltag. Opladen: Leske+Budrich.

KADE, J. & SEITTER, W. (1998). Bildung – Risiko – Genuß: Dimensionen und Ambivalenzen lebenslangen Lernens in der Moderne. In R. Brödel (Hrsg.), Lebenslanges Lernen – lebensbegleitende Bildung (S. 51–59). Neuwied: Luchterhand.

KMK (2003). Lehrereinstellungsbedarf und -angebot in der Bundesrepublik Deutschland Modellrechnung 2002–2015. Dokumentation Nr. 169, September 2003. URL: http://www.kmk.org/fileadmin/veroeffentlichungen_beschluesse/2003/2003_09_01-Lehrerbedarf-BRD-02-2015.pdf (26.07.09).

KOMMISSION DER EUROPÄISCHEN GEMEINSCHAFTEN (2005). Auf dem Weg zu einem europäischen Qualifikationsrahmen für lebenslanges Lernen. SEK 957. URL: http://ec.europa.eu/education/policies/2010/doc/consultation_eqf_de.pdf (26.07.2009).

KONSORTIUM BILDUNGSBERICHTERSTATTUNG (2006). Bildung in Deutschland: Ein indikatorengestützter Bericht mit einer Analyse zu Bildung und Migration. Bielefeld: Bertelsmann. URL: http://www.bildungsbericht.de/daten/gesamtbericht.pdf (26.07.09).

KRAPP, A. (2006). Interesse. In D.H. Rost (Hrsg.), Handwörterbuch Pädagogische Psychologie (S. 280–291). 3. Auflage. Weinheim: Beltz PVU.

KRAPPMANN, L. (2003). Kompetenzförderung im Kindesalter. Beiträge zur Wochenzeitung Das Parlament, H. 9, 14–19.

KRAUS, K. (2001). Lebenslanges Lernen – Karriere einer Leitidee. Bielefeld: Bertelsmann.

KRÜGER, H.-H. & GRUNERT, C. (2009). Jugend und Bildung. In R. Tippelt & B. Schmidt (Hrsg.), Handbuch Bildungsforschung (S. 641–660). 2. Auflage. Wiesbaden: VS Verlag.

LINK, G. (1997). Europarat. In W. Weidenfeld & W. Wessels (Hrsg.), Europa von A bis Z, Taschenbuch der europäischen Integration (S. 198–202). Bonn: Europa-Union-Verlag.

MADER, W. (2002). Bildung im mittleren Erwachsenenalter. In R. Tippelt (Hrsg.), Handbuch Bildungsforschung (S. 513–527). Opladen: Leske+Budrich.

MANDL, H., GRUBER H. & RENKL A. (1997). Lehren und Lernen mit dem Computer. In F.E. Weinert & H. Mandl (Hrsg.), Psychologie der Erwachsenenbildung, Enzyklopädie der Psychologie (S. 437–467). Göttingen: Hogrefe.

MEYER, H.H. (2001). Lernfeste: Brücken in neue Lernwelten. Bonn: BMBF. URL: http://www.bmbf.de/pub/lernfeste.pdf (26.07.2009).

MOOS-CZECH, E. (2009). Editorial. Bildungsberatung. Hessische Blätter für Volksbildung, H.1, 3–4.

MORAAL, D., LORIG, B., SCHREIBER, D. & AZEEZ, U. (2009). Ein Blick hinter die Kulissen der betrieblichen Weiterbildung in Deutschland: Daten und Fakten der nationalen CVTS3-Zusatzerhebung. BIBB Report, Forschungs- und Arbeitsergebnisse aus dem BIBB, 07/09. Bonn: BIBB. URL: http://www.bibb.de/dokumente/pdf/a12_ bibbreport _2009_07.pdf (01.08.2009).

NITTEL, D. (2003). Der Erwachsene diesseits und jenseits der Erwachsenenbildung. In D. Nittel & W. Seitter (Hrsg.), Die Bildung der Erwachsenen (S. 71–93). Bielefeld: Bertelsmann.

NUISSL VON REIN, E. (2009). Weiterbildung/Erwachsenenbildung. In R. Tippelt & B. Schmidt (Hrsg.), Handbuch Bildungsforschung (S. 405–419). 2. Auflage. Wiesbaden: VS Verlag.

OBERHUEMER, P. (2003). Konzeptionelle Neubestimmung von Bildungsqualität in Tageseinrichtungen für Kinder mit Blick auf den Übergang in die Grundschule. Kurzdarstellung der Projektergebnisse. Unveröffentlichtes Dokument. Staatsinstitut für Frühpädagogik. München.

OECD (1996). Lifelong Learning for All. Meeting of the Education Committee at Ministerial Level, 16–17. January 1996. Paris: OECD.

RAT DER EUROPÄISCHEN UNION (2002). Entschließung des Rates vom 27. Juni 2002 zum lebensbegleitenden Lernen. Amtsblatt der Europäischen Gemeinschaften, C 163. URL: http://eur-lex.europa.eu/LexUriServ/LexUriServ.do?uri=OJ:C:2002:163:0001:0003:DE:PDF.

RAT DER EUROPÄISCHEN UNION (2004). Entwurf einer Entschließung des Rates und der im Rat vereinigten Vertreter der Regierungen der Mitgliedstaaten über den Ausbau der Politiken, Systeme und Praktiken auf dem Gebiet der lebensbegleitenden Beratung in Europa. URL: http://ec.europa.eu/education/policies/2010/doc/resolution2004_de.pdf (26.07.2009).

ROHRBACH, D. (2008). Wissensgesellschaft und soziale Ungleichheit. Ein Zeit- und Ländervergleich. Wiesbaden: VS Verlag.

ROSENBLADT V., B. & BILGER, F. (2008). Weiterbildungsverhalten in Deutschland: Berichtssystem Weiterbildung und Adult Education Survey 2007. Bd. 1. Bielefeld: Bertelsmann.

RYAN, R.M. & DECI, E.L. (2000). Intrinsic and Extrinsic Motivations: Classic Definitions and New Directions. Contemporary Educational Psychology, 25, 54–67.

SCHIEFELE, U. (1996). Motivation und Lernen mit Texten. Göttingen: Hogrefe.

SCHIEFELE, U. & KÖLLER, O. (2006). Intrinsische und extrinsische Motivation. In D.H. Rost (Hrsg.), Handwörterbuch Pädagogische Psychologie (S. 303–310). 3. Auflage. Weinheim und Basel: Beltz.

SCHIEFELE, U. & KRAPP, A. (Hrsg.) (2000). Interesse und Lernmotivation: Untersuchungen zu Entwicklung, Förderung und Wirkung. Münster: Waxmann.

SPIEL, C. (2006). Grundkompetenzen für lebenslanges Lernen – eine Herausforderung für Schule und Hochschule? In R. Fatke & H. Merkens (Hrsg.), Bildung über die Lebenszeit (S. 85–96). Wiesbaden: VS Verlag.

SPIEL, C. & SCHOBER, B. (2002). Zusammenfassung des Projekts „Lebenslanges Lernen als Ziel: Welchen Beitrag kann die Schule zum Aufbau von Bildungsmotivation leisten?". Erziehung und Unterricht, 152, 1271–1281.

SPIES, V. (2001). Bildung in der Informationsgesellschaft. Aus Politik und Zeitgeschichte, H. 6–7, 12–19.

STATIS (2004). Finanzen der Hochschulen 2007. Fachserie 11 Reihe 4.5. Wiesbaden: Stat. Bundesamt.

STATIS (2007a). Private Schulen – Schuljahr 2006/07. Fachserie 11 Reihe 1.1. Wiesbaden: Statistisches Bundesamt.

STATIS (2007b). Berufliche Weiterbildung in Unternehmen. Dritte europäische Erhebung über die berufliche Weiterbildung in Unternehmen (CVTS3). Wiesbaden: Statistisches Bundesamt.

STATIS (2009). Statistisches Jahrbuch 2008. Wiesbaden: Statistisches Bundesamt.

STEHR, N. (2001). Moderne Wissensgesellschaften. Aus Politik und Zeitgeschichte, Themenheft Wissensgesellschaft, 36, 7–14.

STRAKA, G. (2004). Informal learning: genealogy, concepts, antagonisms and questions. Forschungsbericht, Nr. 15, Institut Technik und Bildung. URL: http://www.itb.uni-bremen.de/fileadmin /Download/publikationen/forschungsberichte/fb_15_04.pdf (26.07.2009).

TIPPELT, R. (Hrsg.) (2002). Handbuch Bildungsforschung. Opladen: Leske + Budrich.

TIPPELT, R. (2006). Weiterbildungs- und Erwachsenenbildungsforschung als wichtiges Segment der Erziehungswissenschaft und Bildungsforschung. In H. Merkens (Hrsg.), Erziehungswissenschaft und Bildungsforschung (S. 109–128). Wiesbaden: VS Verlag.

TIPPELT, R. &. REICH, J. (2008). Weiterbildung in Deutschland: Weiterbildungsinteressen, -verhalten und Milieuorientierung in einer pluralen Gesellschaft. In H. Herzberg (Hrsg.), Lebenslanges Lernen, Theoretische Perspektiven und empirische Befunde im Kontext der Erwachsenenbildung (S. 31–50). Frankfurt a.M.: Peter Lang.

TIPPELT, R. & SCHMIDT, B. (2009). Einleitung der Herausgeber. In R. Tippelt & B. Schmidt, (Hrsg.), Handbuch Bildungsforschung, 2. Auflage (S. 9–19). Wiesbaden: VS Verlag.

ULRICH, E. (2008). Ergebnisse zum Projekt „Anbieterforschung" des wbmonitor in Tabellen und Grafiken. BIBB Bundesinstitut für Berufliche Bildung. URL: http://www.bibb.de/dokumente/pdf/ wbmonitor_ergebnisse-anbieterforschung_tabellen.pdf (26.07.2009).

UNESCO DEUTSCHE UNESCO-KOMMISSION (Hrsg.) (1997). Lernfähigkeit: Unser verborgener Reichtum. UNESCO-Bericht zur Bildung für das 21. Jahrhundert. Neuwied: Luchterhand.

WEIDENMANN, B. (2006). Lernen mit Medien. In A. Krapp & B. Weidenmann (Hrsg.), Pädagogische Psychologie: Ein Lehrbuch (S. 423–476). 5. Auflage. Weinheim und Basel: Beltz.

WEINBERG, J. (2000). Einführung in das Studium der Erwachsenenbildung. 3. Auflage. Bad Heilbrunn/Obb.: Klinkhardt.

WEINERT, F.E. (1996). Lerntheorien und Instruktionsmodelle. In Pädagogische Psychologie, Psychologie des Lernens und der Instruktion (S. 1–48). Bd. 2. Göttingen: Hogrefe.

Lernen und Lehren

Karsten D. Wolf

Zielsetzung

- Sie können Kompetenzen definieren.
- Sie können wichtige Aspekte des Lernens benennen.
- Sie können beschreiben, wie Lernen und Lehren zusammengehören.
- Sie können erklären, welche Bedeutung Fehler für den Lernprozess haben.
- Sie können Qualitätsmerkmale guten Unterrichts erläutern.
- Sie können verschiedene Formen der Curriculumkonstruktion vergleichen.
- Sie können neue Rollen der Lernenden und Lehrenden am Beispiel erläutern.
- Sie können verschiedene Lehr-/Lernmethoden illustrieren.
- Sie können zwischen Fremd- und Selbstbestimmung in Bildungsprozessen abwägen.
- Sie können instruktionsorientierte Vermittlungsansätze kritisch reflektieren.
- Sie können Vor- und Nachteile konstruktivistisch orientierter Lern-/Lehrarrangements benennen.

1 Einleitung

Im Mittelpunkt dieses Kapitels geht es vorrangig um folgende Fragen:

- Was wissen wir über Lernprozesse?
- Wie können Lernprozesse durch Lehrprozesse unterstützt werden?
- Wie sind Bewertungs- und Beratungsprozesse zu gestalten?
- Welche Möglichkeiten bestehen zur Pflege informell (selbst-)organisierter Lernprozesse?

Bildungsmanager/innen benötigen Antworten auf diese Fragen, um geeignete Maßnahmen zur Anregung und Unterstützung von Lernprozessen zu konzeptionieren, auszuschreiben oder auch auszuwählen. Auf der Basis dieser Kenntnisse können weiterhin Kriterien zur Überprüfung des Erfolgs definiert werden, die das Bildungscontrolling zur Evaluation nutzen kann (siehe Kapitel Bildungscontrolling).

2 Lernprozesse

Beim Lernen geht es um relativ dauerhafte Veränderung und Anpassung von Erleben, Denken und Handeln. Man *er*lernt etwas, was man vorher noch nicht wusste oder konnte; man *ver*lernt etwas, weil man es nicht häufig genug gebraucht bzw. erinnert hat oder man etwas anderes an der Stelle des ursprünglich Gelernten übernommen hat. Das zu Erlernende ist vielfältig; folgt man der Kompetenzdefinition von Straka und Macke (2009), ergibt sich ein umfangreiches Anforderungsbündel:

- *Dispositionen* bezeichnen dauerhafte psychische Personenmerkmale, die überhaupt erst Handeln – definiert als zielgerichtetes, absichtsvolles Verhalten – ermöglichen.

  - Motorische Handlungsdispositionen ermöglichen motorisches Handeln, wie z.B. das Bedienen einer Maschine oder die freundliche Mimik von Angestellten in der Verkaufsberatung.
  - Kognitive Handlungsdispositionen sind zuständig für gedankliche Vorgänge, wie Verstehen, Anwenden, Analysieren, Kritisieren, Reflektieren oder Gestalten.
  - Motivationale Orientierungsdispositionen beinhalten Motive (relativ stabile Ziele), Interessen (innere Bindung an Wissens- und Tätigkeitsgebiete) sowie Absichten (Volition).
  - Emotionale Orientierungsdispositionen bilden die Grundlage für die Ausbildung von aktuellen emotionalen Zuständen. Diese überwiegend nicht bewusst ablaufenden Prozesse haben einen erheblichen Einfluss auf die Motivation und damit das menschliche Verhalten.

- *Wissen* als dauerhaft verfügbare Form „aktueller Informationen über Sachen, andere Personen und über den Handelnden selbst" (ebd.: 15). Wissen wird in deklaratives Wissen („Wissen, dass") und prozedurales Wissen („Wissen, wie") unterschieden. Kenntnisse beinhalten dagegen nur isolierte Sachverhalten, Zeichen und Symbole, die ohne den notwendigen Zusammenhang nicht verstehbar sind.
- *Negatives Wissen*: Nach Oser und Spychiger (2005) bedarf es ebenfalls Wissen darüber, wie etwas nicht zu machen ist bzw. was auf keinen Fall passieren darf.
- *Fähigkeiten*: bezeichnen die Kombination aus dem Handeln können und dem Wissen, wie zu handeln ist. Sie können erworben werden und ermöglichen ein bewusstes Handeln, das auch auf neue Situationen anwendbar ist.
- *Fertigkeiten*: der automatisierte und weitgehend unbewusste Einsatz von Fähigkeiten wird als Fertigkeit bezeichnet.
- *Moralische Urteilsfähigkeit* basiert auf normativem Wissen, Einstellungen und Wertvorstellungen. Die Handelnden müssen ihr Tun begründen können bzw. entscheiden können, ob sie ihre Fähigkeiten einsetzen wollen oder dürfen.

Diese Auflistung ist jedoch nicht rein sachorientiert zu verstehen (Sachkompetenzen), sondern ist im jeweiligen fachlichen Kontext zusätzlich als die Fähigkeit zur Zusammenarbeit mit anderen Personen (Sozialkompetenz; subsumiert die Kommunikationskompetenz) sowie als die Nutzung der eigenen Ressourcen (Selbstkompetenz) zu verstehen.

Es ist unmittelbar einsichtig, dass es sich hier um teilweise sehr unterschiedliche und die Person als Ganzes berührende Prozesse handelt. Lernen ist somit ein äußerst komplexes Phänomen, welches in der Geschichte der Philosophie, Pädagogik und Psychologie immer wieder neu erklärt wurde. Die Erkenntnisse eines Jahrtausende alten philosophischen Diskurses, das didaktische Erfahrungswissen von Lehrenden in der Bildungspraxis sowie das Wissen aus Experimenten und Untersuchungen der psychologisch orientierten empirisch-pädagogischen Lehr-Lern-Forschung und aktuell aus der Neurophysiologie: all dies hat zu einem vielschichtigen Verständnis geführt, welches hier nur sehr verkürzt auf einem möglichst aktuellen Stand dargestellt werden soll. Für einen detaillierten Blick auf unterschiedliche Positionen sowie die

Erkenntnisgeschichte der beteiligten Fächer sei auf die in Klammern angegebene Literatur hingewiesen (Reble, 2002; Arnold & Siebert, 2006; Klauer & Leutner, 2007; Krapp & Weidenmann, 2001; Seel, 2003; Straka, 2005).

Lernen ist ein aktiver Prozess der Bedeutungserzeugung

Lange wurde Lernen in Analogie zur Computertechnologie als ein Prozess der kognitiven Informationsverarbeitung verstanden: Informationen werden aufgenommen, verarbeitet und gespeichert. Das konstitutive Element der Information ist aber die semantische Interpretation der Bedeutung von (transportierbaren) Zeichen sowie deren pragmatischer Aspekt der Handlungsforderung (Küppers, 1986: 63); dies alles kann nur im Menschen selbst entstehen bzw. existieren. Real werden nur physikalische Signale (Schalldruckwellen statt Wörter, Hell-Dunkel-Kontraste statt Zeichen, Buchstaben oder Abbildungen) gesendet. Erst der Rezipient – Aufmerksamkeit vorausgesetzt – kann auf Basis eines vorhandenen Vorwissens und situativen Bedeutungskontextes die *Bedeutung* konstruieren und damit erschließen (Roth, 2006: 49 f.). Folglich ist nach Roth das wichtigste Sinnesorgan des Menschen sein Gedächtnis (Roth, 2002), da dieses die weitere Konstruktion der individuellen Repräsentation der Welt prägt.

Eine identische *Übertragung* von Wissen von einer Person zur anderen würde als Vorbedingung gleiches Vorwissen und Bedeutungskontext voraussetzen – dies ist in der Praxis nicht vorhanden. Und soll es nicht bei bloßen Kenntnissen bleiben, bedarf es auf alle Fälle der Einbindung in das eigene Verständnis durch den Lernenden. Ohne aktives Bemühen des Lernenden kann also nicht gelernt werden.

Diese erkenntnistheoretische Grundposition wird als Konstruktivismus bezeichnet (Siebert, 2005; Glasersfeld v., 2008). Als Gütekriterium ersetzt die *Passung* die Begriffe Realität, Richtigkeit oder Wahrheit. Ausschlaggebend für die Güte ist also, dass das Individuum auf Basis seiner eigenen Weltrepräsentation zu Lösungen gelangt, welche die gewünschten Handlungsziele verlässlich erreichen lassen, nicht, dass es einer Wahrheit entspricht.

Lernen ist untrennbar verbunden mit emotionalen und motivationalen Prozessen

Eine weitere Lücke in der Metapher des Lernens als Informationsverarbeitung ist das Fehlen jeglicher emotionaler (Affekte, Gefühle) sowie motivationaler Einflüsse (Motive, Interessen). Die Lernmotivation stellt bereits seit den 1980er Jahren einen wichtigen Gegenstand der Lehr-Lern-Forschung dar. Dabei stehen Fragen nach dem Entstehen von Interessen und Motiven sowie deren leistungsfördernden Wirkung im Zentrum der Untersuchungen.

In jüngerer Zeit wird allerdings auch die Bedeutung von Emotionen für Lehr-/Lernprozesse verstärkt in der Forschung betont (Sembill, 1992; Astleitner, 2000; Kort, Reilly & Picard, 2001). Konzentrierte sich die Beschäftigung mit Emotionen in Lernprozessen früher insbesondere auf negative Aspekte, wie z.B. Prüfungsangst, so schreibt man ihnen heute eine wichtige Rolle bei der aktuellen und zukünftigen Lernmotivation, bei der Qualität von Verarbeitungsprozessen und deren (meta-kognitiver) Überwachung (z.B. Aufrechterhaltung der Aufmerksamkeit) sowie deren Regulation

(Lernstrategien) zu. Emotionen haben damit letztlich Einfluss auf die Lernleistung bzw. den Lernerfolg (Pekrun et al., 2002; Efklides & Volet, 2005).

Zusammenfassend kann gesagt werden, dass Aufmerksamkeit, Neugier und Konzentration ideale Voraussetzungen für nachhaltige Lernprozesse sind. Negative Zustände dagegen, wie z.B. zu starke Überforderung, Langeweile oder Angst, führen zu einer Blockierung und einem Nicht-Lernen.

Lernmotivation bewegt sich zwischen Fremd- und Selbstbestimmung

War es lange Zeit üblich, lediglich zwischen extrinsischer und intrinsischer Motivation zu unterscheiden, unterscheidet die moderne Motivationsforschung ein Kontinuum zwischen diesen Extrempolen (Deci & Ryan, 2002; Krapp, 2003).

Intrinsische Motiviertheit bedeutet, dass aus Freude am Tun die Handlung durchgeführt wird, ohne dass unbedingt etwas Nützliches dabei herauskommen muss. Dieses Extremziel ist aus pädagogischer Sicht heraus nicht immer realistisch zu erreichen, eine weitere Differenzierung ist nicht nur notwendig, sondern auch äußerst sinnvoll. Deci und Ryan können zeigen, dass die für die Motivation so wichtige Selbstbestimmung nicht erst beim intrinsisch Motivierten anfängt. Somit können auch pädagogisch realistische Konzepte entwickelt werden.

Die *externale Regulation* bezeichnet als Gegenpol ein extrinsisch-fremdbestimmtes Lernverhalten, welches ausschließlich durch externe Kontrollmaßnahmen, wie z.B. Belohnung oder Bestrafung, gesteuert wird, ohne dass die Personen eine Verbindung zu ihren eigenen Zielen herstellen können. Da die Lernenden sich gewissermaßen zum Lernen gezwungen sehen (z.B. Teilnahme an einer verpflichtenden Weiterbildung zum Qualitätsmanagement), versuchen sie, die (fremd gesetzten) Lernziele mit möglichst minimalem Aufwand und in kürzester Zeit zu erreichen. Dies resultiert in oberflächlichen Lernstrategien und mangelndem Transfer in die eigene Arbeitstätigkeit.

Auf der als *Introjektion* bezeichneten zweiten Stufe extrinsischer Handlungsregulation möchte der Lernende Erwartungen seiner sozialen Umgebung gerecht werden, beim Lernen in Organisationen zumeist des Vorgesetzten oder der Teammitglieder.

Viel stärker selbstbestimmt ist die nächste Form *Identifikation*. Lernende erachten einen Lerngegenstand für sich persönlich bedeutsam. Das Lernen ist für das Erreichen eigener Ziele wichtig oder zumindest nützlich, z.B. die Teilnahme an der oben genannten Weiterbildung als Voraussetzung, um eine Leitungsfunktion zu übernehmen.

Als *Integration* wird die höchste Stufe selbstbestimmt extrinsischer Motivation bezeichnet. Sie ist gekennzeichnet durch eine Übernahme der Ziele in das Gesamtsystem der persönlichen Wertbezüge. Die zu erwerbenden Kompetenzen werden als wichtig für die zukünftige eigene Berufstätigkeit eingeschätzt. Die Person verhält sich nach Ryan (1995) nun authentisch: Sie handelt interessengeleitet, eigene Ziele und Lernziele sind überwiegend deckungsgleich.

Anzustreben ist eine auf Interesse und Selbstbestimmung beruhende Lernmotivation, die Krapp als „nachhaltige Lernmotivation" bezeichnet. Dazu bedarf es laut der Selbstbestimmungstheorie (Deci & Ryan, 1985; 1993) neben der Befriedigung biologischer Triebe, wie z.B. Hunger oder Durst, der Berücksichtigung psychologischer Grundbedürfnisse („basic human needs", Deci & Ryan, 2002: 8 f.; Krapp, 2003: 100 f.): (1) Kompetenzerfahrung ist das Gefühl, das das eigene Verhalten etwas bewirken kann und man vorgegebenen oder selbst gewählten Anforderungen entsprechen kann. Sie entspricht weitgehend dem Begriff der Selbstwirksamkeit („self-efficacy"; Bandura, 1997); (2) Soziale Eingebundenheit bedeutet, dass man einer Gruppe von Personen angehören möchte, welche die eigenen Einstellungen, Wertorientierungen und Handlungsziele anerkennt; (3) Selbstbestimmung bzw. Autonomie bezeichnet den Wunsch, selbst entscheiden zu können, was zu tun ist und nicht durch andere kontrolliert und gegängelt zu werden.

Lernen ist Problemlösen

Lernanlässe konstituieren sich aus der subjektiven Sicht des Lernenden durch das individuelle Fehlen von z.B. Lösungsstrategien oder Handlungsfähigkeiten. Situationen, in denen nicht bekannt ist, welche Mittel einzusetzen sind, um von einem (unerwünschten) Ausgangszustand (Ist-Lage) in einen Zielzustand (Soll-Lage) zu gelangen, werden allgemein als Probleme definiert (Sembill, 1992: 83). Der überwiegende Teil der in der Praxis auftretenden Problemlagen ist nicht eindeutig definiert. Weder ist die Ist-Lage klar bestimmbar, noch ist der Zielzustand eindeutig definiert. In diesen Fällen spricht man von sogenannten „nicht wohl-definierten" bzw. „echten" Problemen. Wird das Lösen eines häufiger auftretenden Problems routinisiert, erwirbt der Lernende Expertise und Handlungskompetenz – er oder sie lernt. Situationen, die für Novizen Probleme darstellen, stellen für Experten lediglich Aufgaben dar.

Problemlösen kann somit als Anlass, Grundform bzw. Prozess sowie Ziel des Lernens verstanden werden. Hier zeigt sich ein Bezugspunkt zu Holzkamps Begriff des *Expansiven Lernens*, welches er als Lernen aufgrund eines Handlungsproblems definiert, um die intendierten Aktivitäten des Lernenden weiterzuführen (Holzkamp, 2004: 29).

Bedeutungsvolles Lernen mit einem Potenzial zum Transfer in die Praxis findet überwiegend in komplexen Handlungssituationen statt. Diese sind nach Dörner (1992: 58 ff.; 1999)[1] wie folgt charakterisiert:

1. *Komplexität und Vernetztheit:* Das System besteht aus sehr vielen Variablen, die sich untereinander gleichzeitig mehr oder minder stark beeinflussen (Merkmale x Verknüpfungen). Ein Eingriff in ein komplexes System führt zu Neben- und Folgeeffekten. Menschen begegnen dieser Komplexität durch Mustererkennung, der Gestaltbildung.
2. *Intransparenz:* Dem Handelnden sind einige Merkmale der Situation nicht oder nur mittelbar zugänglich, er oder sie muss Entscheidungen aufgrund von Vermutungen und Einschätzungen fällen.
3. *(Eigen-)Dynamik:* Die Interaktion der Systemelemente läuft im Zeitablauf weiter und wartet nicht auf eine Entscheidung durch den Handelnden, sondern hat eine

---

1   Vgl. hierzu auch Kapitel 3.1 „Komplizierte und komplexe Barrieren" im Beitrag „Projektmanagement" in diesem Band.

immanente Entwicklungstendenz. Beim Problemlösen kann also Zeitdruck entstehen.

4. *Irreversibilität:* Einmal eingeleitete Entwicklungen sind unumkehrbar, man gelangt nie wieder an den Ausgangspunkt zurück.

5. *Polytelie:* Es werden verschiedene, unter Umständen sich gegenseitig widersprechende Teilziele verfolgt.

6. *Unkenntnis und falsche Hypothesen:* Um Strategien für die Beeinflussung eines Systems zu entwickeln, bedarf es neben der Kenntnis des System*zustands* auch des Wissens über die System*struktur*, wie also das Verhalten durch gezielte Intervention manipuliert werden kann. Das Erzeugen eines Modells wird notwendig, welches jedoch bei komplexen Systemen immer unvollständig bleibt und zudem häufig falsche Hypothesen über die tatsächlichen Wirkungszusammenhänge enthält. Neben einem bewussten, also *explizitem* Modell (zumeist in Form von Wenn-Dann-Regeln) entwickeln Experten durch wiederholte Konfrontation mit bestimmten Problemsituationen *implizite* Modelle, also Formen der (unbewussten) Intuition und des *tacit knowledge* (Sternberg et al., 1995).

Für das Problemlösen und somit das Lernen in realen Kontexten günstige Persönlichkeitsfaktoren sind nach Jonassen und Grabowski (1993) (1) geringe Ängstlichkeit; (2) Frustrationstoleranz und Fähigkeit zum Belohnungsaufschub; (3) Ambiguitätstoleranz, also die Fähigkeit, widersprüchliche Meinungen und Sichtweisen zu akzeptieren sowie Mehrdeutigkeiten in Situationen zu ertragen; (4) eine gewisse Risikobereitschaft; (5) Überzeugung der eigenen Selbstwirksamkeit sowie internale Zuschreibung (Attribuierung) von positiven Ergebnissen; und (6) ein ausbalanciertes Verhalten bzgl. Extro- und Introversion.

Lernen ist ein selbstorganisierter Prozess

Zunehmend wird dem Lernenden selbst die Schlüsselrolle bei der Organisation von Lernprozessen zugebilligt, Lehrende werden mehr in Unterstützungsfunktionen eingeordnet (siehe Abschnitt 3). Zur theoretischen Einordnung werden viele verschiedene „Selbst"-Konzepte genutzt. Aus pädagogischer Sicht werden Ideen der Selbstbestimmung ins Feld geführt, aktuelle lernpsychologische Überlegungen spiegeln sich in einem aktiven und konstruktiven Verständnis von selbstgesteuerten bzw. -regulierten Lernen wider, systemtheorisch rekuriert man auf die Selbstorganisation und aus ökonomischer Perspektive verweist man auf die Bedeutung des selbstständigen, lebenslangen Lernens im Sinne eines Selbstmanagements zur Sicherstellung der Wettbewerbsfähigkeit von Unternehmen im globalen Wettbewerb sowie der individuellen „employability".

Das Modell des selbstregulierten Lernens nach Zimmerman (Zimmerman et al., 1996: 11) hebt die metakognitive Ebene der Handlungsregulation hervor. Mittels Selbstbeurteilung und -beobachtung wird die Effektivität der eigenen Lernmethoden bestimmt, um daraufhin Lernziele zu setzen und den eigenen Lernprozess strategisch zu planen. In der Phase der Strategie-Implementation wird durch eine laufende Selbst-Beurteilung und -Beobachtung (Monitoring) sichergestellt, ob die gewählten Lernstrategien genau umgesetzt werden. Abschließend wird das Ergebnis der Strategieanwendung (also die Erfolge ihrer Lernbemühungen) ausgewertet und für eine Überarbeitung ihrer Lernstrategien genutzt. Boekaerts, Pintrich & Zeidner (2000) fügen dem selbstregulierten Lernen analog zu den beschriebenen meta-kognitiven Prozessen die Ebene der emotional-motivationalen Kontrolle hinzu.

Für Sembill et al. (2007) ist das selbst*regulierte* Lernen eine *innere* Strukturierung des Lernprozesses. Die *äußere* Strukturierung dagegen steht im Fokus des Konzepts des selbst*gesteuerten* Lernens. Neber (1978: 40) definiert dieses als „eine Idealvorstellung, die verstärkte Selbstbestimmung hinsichtlich der Lernziele, der Zeit, des Ortes, der Lerninhalte, der Lernmethoden und Lernpartner sowie vermehrter Selbstbewertung des Lernerfolges beinhaltet" und liegt dann vor, wenn Lerner Lernziele/Standards, Operationen und Strategien der Informationsverarbeitung, zielorientierte Kontrollprozesse und den Offenheitsgrad der Lernumgebung selbst bestimmen können.

Bei Weinert (1982: 102) sind selbstgesteuerte Lernformen solche, bei denen „der Handelnde die wesentlichen Entscheidungen, ob, was, wann, wie und woraufhin er lernt, gravierend und folgenreich beeinflussen kann". Beide Definitionen betonen die Handlungsspielräume, die diese Lernform von fremd gesteuertem Lernen abgrenzt, bei dem die Ausgestaltung des Lernprozesses maßgeblich durch andere Personen bestimmt wird.

Schließlich rekurriert das selbstorganisierte Lernen im Unterschied zum selbstgesteuerten oder selbstregulierten Lernen auf Systemtheorien bzw. Theorien dynamischer Systeme (Smith & Thelen, 2003; Kelso, 1995).

Zusammenfassend lässt sich sagen, dass die Selbstregulation die Strukturierung des inneren Lernprozesses beschreibt (Wie lerne ich besonders effektiv?), die Selbststeuerung das Ausmaß der eigenen Entscheidungsfreiheit bestimmt (Was dürfen Lernende unter welchen Bedingungen selbst entscheiden und gestalten?) sowie die Selbstorganisation die Erklärungen für das Entstehen von Ordnung ohne direkte Intervention von außen, aber in Interaktion mit der Umwelt liefert.

Lernen ist selbstbestimmt

Der Begriff der Selbstbestimmung taucht in zwei Theoriekontexten wieder auf. Zum einen findet er sich im oben dargestellten (siehe Abschnitt 2.3) motivationstheoretischen Kontext. Bei Faulstich dagegen umfasst Selbstbestimmung insbesondere die Begründungsstruktur und Intentionalität des Individuums im Umfeld von Gesellschaft (Faulstich, 2002). Diese partizipativen und kritisch-emanzipatorischen Aspekte gehen über eine reine Auswahl von ggf. vorgegebenen Zielen und Inhalten hinaus. Gerade der Aspekt der Interessensgenese ist in der Erwachsenenbildung um eine habitustheoretische Perspektive zu ergänzen (Grotlüschen & Krämer, 2009). Die Ausformung von Interessen des Individuums geschieht demnach schichtspezifisch bedingt durch Gewohnheiten und sozioökonomischer Gefüge – und diese können den Zugang zu bestimmten Themen und Inhalte in der Praxis befördern oder auch nahezu unmöglich machen.

Fragen der Genese der individuellen Intentionen sowie der Entstehung von persönlichen Lernzielen und Interessen sind dabei abzugrenzen von Fragen des Curriculums (siehe Abschnitt 3.2). Grundsätzlich ist zu klären, inwieweit denn nun eigentlich eine Person, die ja in einem familiären und gesellschaftlichen Kontext aufgewachsen ist, überhaupt *selbst* über ihr Wollen *bestimmt*. Sind wir nicht alle lediglich ein Produkt von Sozialisierungs- und Erziehungsprozessen?

Bereits Schleiermacher zeigte diese Dialektik zwischen Individuum und Gemeinschaft auf. Was will die alte Generation von der jungen? Welche eigenen Ziele und Wünsche entwickelt die junge Generation? Welchen Anforderungen will sie entsprechen, welche lehnt sie ab? Der Ausgleich der Interessen von Individuum und Gemeinschaft ist zwingend notwendig, da beide Systeme aufeinander angewiesen sind. Das Individuum kann ohne Gemeinschaft nicht existieren, die Gemeinschaft emergiert aus den einzelnen Individuen. Eine einseitige Orientierung führt mittelfristig zu einer Funktionsstörung. In Konkordanz zu Dewey (1938) haben Bildungsprozesse die Aufgabe, sowohl die Grundlagen der Gesellschaft (z.B. Demokratie) oder einer Organisation (z.B. Qualitätsmanagement) zu sichern als auch das Individuum in die Lage zu versetzen, sich vor einem Übergriff der Gemeinschaft zu schützen und sie gleichzeitig aktiv mit weiterzuentwickeln. Aufgabe des Einzelnen ist also, Verantwortung für sich selbst als auch für die Gemeinschaft zu übernehmen.

Eine theoretische Rahmung erfährt dieser Prozess durch das Konstrukt der balancierenden Identität nach Krappmann (1969; 1979; siehe auch Sembill, 1992: 81). Dabei geht es um Prozesse der Identitätsbildung bzw. -entwicklung und des darauf basierenden Aushandelns der durchzusetzenden und zu akzeptierenden Interessen von Individuum und Gesellschaft. Krappmann schreibt „Diese Identität ... zeigt auf, auf welche besondere Weise das Individuum in verschiedenartigen Situationen eine Balance zwischen widersprüchlichen Erwartungen, zwischen den Anforderungen der anderen und eigenen Bedürfnissen sowie zwischen dem Verlangen nach Darstellung dessen, worin es sich von anderen unterscheidet, und der Notwendigkeit, die Anerkennung der anderen für seine Identität zu finden, gehalten hat." (Krappmann, 1969: 9). Dazu bedarf es nach Krappmann insbesondere der Empathie (Erwartungen von Interaktionspartnern erkennen und verstehen können), der Ambiguitätstoleranz (widersprüchliche Rollenerwartungen und gegensätzliche Motivationsstrukturen dulden können) und der Rollendistanz (entscheiden können, ob und inwieweit man fremden Erwartungen entsprechen will oder kann).

Reinmann (2009) schließlich bindet das philosophische Konstrukt der *Freiheit des Willens* in die Diskussion zur Selbstbestimmung mit ein: Nach Bieri (2001) ist das Ergebnis eines Bemühens, sich frei zu erleben, der sogenannte *angeeignete Wille*. Das Individuum kennt und artikuliert seinen Willen, kann diesen in Entstehung und Eigenart verstehen und bewertet diesen positiv.

Lernen ist ein individuell unterschiedlicher Prozess

Die unterschiedlichen Voraussetzungen der Lernenden (insbesondere Vorwissen, Gedächtniskapazität, kognitive Fähigkeiten, Interessen, Motivation, Wille und emotionale Befindlichkeit) resultieren in äußerst unterschiedlichen Lerngeschwindigkeiten und -qualitäten.

Hoch bedeutsam für den Erfolg von individuellen Lernprozessen sind die Auswahl und Einsatz von Lern- und Kontrollstrategien sowie von (motivationalen) Überzeugungssystemen. Lernstrategien sind Prozeduren oder unterstützende Verhaltensweisen, die beispielsweise der Organisation/Strukturierung von Lernmaterialien und der inhaltlichen Auseinandersetzung mit Lerninhalten dienen. Bei der Beschreibung von Lernstrategien ist zwischen induktiven und deduktiven Verfahren zu differenzieren (vgl. Wild & Schiefele, 1993). Als „induktiv" werden dabei Verfahren bezeichnet, die auf Grundlage von qualitativen Studien auf der Basis von Interviews mit Lernenden vergleichsweise globale Lernermerkmale identifizieren:

- Biggs (1978; 1979) identifiziert drei Motiv-Strategie-Kombinationen: (1) Nutzen-Orientierung (z.B. Lernen, um eine Prüfung zu bestehen, und Auswendiglernen, sofern dies dem Bestehen der Prüfung dient), (2) Internalisierungs-Orientierung (z.B. intrinsische Lernmotivation und verständnisorientierte Lernstrategien) und (3) Leistungs-Orientierung (Wettbewerbsverhalten und systematische Erledigung von Aufgaben).
- Entwistle und Ramsden (1983) unterscheiden zwischen übergeordneten Lernorientierungen (Bedeutungs-Orientierung, Reproduktions-Orientierung und Leistungs-Orientierung) sowie den Lernstilskalen Verständnis- und Detaillernen.

Zur zweiten Gruppe zählen die unter Rückgriff auf Lernmodelle und Motivationstheorien entwickelten Ansätze:

- Weinstein (1987) differenzieren Lernstrategien (Hauptgedanken herausfinden, Informationsverarbeitung, Selbstbefragung, Konzentration, Studienhilfen, Zeitplanung) sowie affektive Lernermerkmale (Prüfungsangst, Einstellungen zur Schule, Lern- und Arbeitsmotivation).
- Pintrich et al. (1991) unterscheiden drei kognitive Strategien (Wiederholungs-, Elaborations- und Organisationsstrategien), drei metakognitive Strategien (Planung, Überwachung, Regulation) sowie vier ressourcenbezogene Strategien (Zeitplanung/Lernortgestaltung, Anstrengungsmanagement, Lernen mit Studienkollegen, Hilfesuchen). Dieses Modell wird auch von Wild und Schiefele (1994) sowie Baumert, Heyn und Köller (1992) aufgegriffen.
- Die Arbeitsgruppe um Straka (Straka, Rosendahl & Kiel, 2005) identifizieren ebenfalls zentrale Aspekte selbstregulierten Lernens in den Bereichen Aneignen, Planen, Organisieren, Metakognition und kognitive Kontrolle.

Friedrich und Mandl (1992) schließlich unterscheiden unter Rückgriff auf Dansereau (1985) zwischen Primärstrategien des Wissenserwerbs und Primärstrategien des Problemlösens. Dabei dienen letztere – abweichend von den bisher aufgeführten Strategien – zur Identifikation neuer Informationen. In Anlehnung an das Phasenmodell von Winne und Hadwin (1998; vgl. auch Wirth, 2004), welches sich bei näherer Betrachtung als ein Modell des Problemlösens entpuppt, können selbstgesteuerte Lernprozesse auch als Problemlöseprozesse verstanden werden (vgl. Sembill et al., 1998; Wuttke, 1999).

Durch individuelle Erfahrungen mit verschiedenen Lernstrategien bzw. unterschiedlichen kognitiven Stilen des Wahrnehmens und Denkens (z.B. visuell, konkret, abstrakt) bilden sich bei Lernenden über die Zeit gewisse Präferenzen des Lernens aus, die auch als Lernstile bezeichnet werden können. Allerdings können diese sich bei ein und derselben Person zwischen verschiedenen Domänen stark unterscheiden.

Das individuelle Lernen baut aufeinander auf (siehe Vorwissen oben). Dennoch ist die resultierende Lernkurve nicht unbedingt linear. Anfangs oder zwischendurch kann der Lernzuwachs trotz hoher Anstrengungen gering erscheinen, später ergibt sich dann plötzlich eine Einsicht oder wird der Transfer auf viele andere ähnliche Probleme ermöglicht.

Fehler sind integrale Bestandteile von Lernprozessen

Menschen streben Verhaltenssicherheit an. Wie wird sich eine Situation weiter entwickeln? Wie kann ich ein gewünschtes Handlungsziel erreichen? Das gesammelte Wissen eines Menschen stellt sein Weltmodell dar. Lernen kann als nun als der Aufbau dieses Weltmodells bzw. dessen Adaptation an gemachte Erfahrungen verstanden werden. Mit der Zeit wird dieses Modell „steifer". Anstatt widersprüchliche Erfahrungen zum Anlass zu nehmen, das eigene Weltmodell infrage zu stellen und zu ändern, werden diese „passend" gemacht. Der Entwicklungspsychologe Piaget bezeichnete diese Prozesse als Akkomodation und Assimilation. Bei der Akkomodation ändere ich mein Weltmodell, ich passe es erwartungswidrigen Erfahrungen an. Die Assimilation bezeichnet die Zuordnung einer Wahrnehmung zu einem bereits vorhandenen Schema (abstrakte und generalisierte Form eines Konzepts).

Fehler helfen, offensichtliche Diskrepanzen in der Passung des eigenen Weltmodells mit der Umwelt zu identifizieren. Fehler sind also wichtige Lernanlässe, die es zu nutzen gilt. Sie sind allerdings nur motivierend, wenn die emotionale Reaktion nicht auf Frustration oder starkes Ärgern hinausläuft. Auch hier spielen wieder die Selbstwirksamkeitsüberzeugung und die Leistungsattribution eine große Rolle: Traut sich der oder die Lernende zu, den Fehler selbst zu korrigieren und in Zukunft nicht mehr zu machen? Ist der Ärger über den Fehler auf einem für den Lernenden leistungssteigernden Niveau?

Erkannte (!) Fehler stellen also bei Lernprozessen direktes Feedback dar und identifizieren treffsicher die Bereiche, auf die besondere Lernanstrengungen zu verwenden sind. Weitgehend ungeklärt dagegen ist die Bedeutung des negativen Wissens (Oser & Spychiger, 2005), also des Wissens, wie etwas nicht zu tun ist oder sein sollte.

Zusammenfassung

Lernen ist ein vielschichtiges Phänomen, welches einer aktiven Beteiligung, Motivation und Willen bedarf. Nicht alle Lernprozesse sind völlig selbstbestimmt, es bedarf jedoch zum nachhaltigen Lernen eines für den Lernenden einsichtigen Lernanlasses. Dies können insbesondere authentische Handlungssituationen sein oder auch erkannte Fehler. Die Organisation tiefgehender Lernprozesse obliegt dem Lernenden selbst. Dabei kommen insbesondere Lern- und Kontrollstrategien zum Zuge.

Abschließend soll im Zeitalter einer allgemeinen Beschleunigung noch ein Hinweis auf den notwendigen Zeitrahmen für Lernprozesse gegeben werden. Die Expertiseforschung schätzt den Zeitraum, innerhalb dessen man in einer professionellen Domäne Experte bzw. Expertin werden kann, auf etwa 10 Jahre (Ericsson & Crutcher, 1990). Experten zeichnen sich durch ihre besondere Gedächtnisleistung (schnelle Auffassung und Speicherung neuer Informationen) in einer Domäne sowie der unmittelbaren Anwendung von neuem domänenspezifischem Wissen zum erfolgreichen Handeln aus. Der Weg zur Expertise ist durch eine intensive Beschäftigung mit der Domäne gekennzeichnet, wobei sowohl die quantitative Menge (ca. 10.000 Stunden) als auch die Qualität und Tiefe der Auseinandersetzung von Bedeutung sind (Gruber, 2007). Insofern handelt es sich um selbstverstärkende Prozesse: Personen, die sich innerhalb einer Domäne intensiv mit herausfordernden Problemstellungen beschäftigen, erweitern ihre Problemlösefähigkeit. Mit dieser können sie eine noch höhere Expertise erwerben.

3 Lern-/Lehrprozesse

Lernprozesse finden nicht automatisch statt. Es mag an der Übersicht des Einzelnen fehlen, was zu lernen ist, oder aber auch an der Einsicht, dass überhaupt etwas zu lernen ist. Vielleicht bestehen sogar Widerstände. Manchmal weiß man auch nicht, wie etwas zu lernen ist, oder es bedarf wichtiger Rückmeldungen durch einen Experten bezüglich der Qualität der eigenen Durchführung, die nicht selbst geleistet werden können. Darüber hinaus werden bei autodidaktischen Lernprozessen häufig aufbereitete Lernmaterialien eingesetzt, die an sich auch wieder einen (medial vermittelten) Lehrprozess darstellen. Beim Lernen in informellen Kontexten übernehmen die Lernenden selbst Lehraufgaben (siehe Abschnitt 4).

Lehrprozesse tragen zu einer effektiven und effizienten Durchführung von Lernprozessen bei. Allerdings hat sich das Grundverständnis des Lehrens in den letzten Jahrzehnten verändert. Dominierten weit über die Mitte des zwanzigsten Jahrhunderts instruktionsorientierte Ansätze, die mit einer hohen Fremdbestimmung das Was und Wie des Lernens vorgaben, fokussiert das aktuelle Verständnis von Lehrprozessen auf die Unterstützung von Lernprozessen, wie sie in Abschnitt 2 charakterisiert worden sind. Dabei helfen Lehrprozesse, Ziele zu benennen oder zu entwickeln, Inhaltsgebiete zu identifizieren sowie Inhalte so aufzubereiten, dass sie erfolgreich gelernt werden können. Fragen der Gestaltung von Instruktion und instruierenden Medien sind also weiter von hoher Relevanz, allerdings obliegen die Entscheidungen über die Nutzung häufig den Lernenden, z.B. im Kontext von Lernstationen oder eines Medienpools.

Personen mit niedrigen Vorkenntnissen und/oder niedrig ausgeprägten kognitiven Fähigkeiten profitieren besonders von vorstrukturierten Lehr-/Lernarrangements. Aber auch Lernende mit hohem Vorwissen und guten Lernstrategien können Effizienzvorteile realisieren, wenn sie bei Bedarf auf strukturierte Lernmaterialien, wie z.B. Lösungsbeispiele, Theorien oder Fragestellungen, zurückgreifen können (Mayer, 2004). Welcher Konfigurationsgrad und welche individuelle Gestaltung von Lernumgebungen (Vollständigkeit vs. Lücken) für welche Typen von Lernenden in unterschiedlichen Domänen optimal sind, konnte von der Forschung bisher aber nicht vollständig geklärt werden.

Um die wechselseitige Verknüpfung von Lern- und Lehrprozessen darzustellen, wird traditionell von Lehr-/Lernarrangements gesprochen (Achtenhagen, 1992). Andere Autoren, wie Straka (2005), betonen das Primat des Lernens und stellen die

Unterstützungsfunktion des Lehrens heraus und sprechen folglich von *Lern-/Lehr-arrangements*.

3.1 Lehr- bzw. Lernzielplanung

Wenn Bildungsmaßnahmen geplant werden, ist es sinnvoll, festzulegen, welche Lernziele im Rahmen von den Lernenden erreicht werden sollen. Auch hier werden die Begriffe Lehrziele und Lernziele verwendet. Der Begriff *Lern*ziel betont, dass es darauf ankommt, dass am Ende die *Lernenden* tatsächlich die Ziele des Kurses gelernt haben. Dagegen wird von Vertretern der Instruktionspsychologie, wie z.B. Klauer und Leutner (2007), argumentiert, dass es keineswegs sichergestellt ist, dass die *Lehr*ziele eines Kurses tatsächlich auch die Ziele der Lernenden seien. Die haben vielleicht nur das Ziel, ein Zertifikat zu erwerben. Das Lehrziel wäre dann, dass die Lernenden das entsprechende Ziel gelernt haben, auch wenn das nicht ihr persönliches, interessengeleitetes Ziel ist. Wir wollen diese Diskussion hier nicht weiterführen und verweisen auf Abschnitt 2.3.

In sogenannten Lernzieltaxonomien werden die Lernziele entsprechend ihrer kognitiven, affektiven oder psychomotorischen Anforderungen in verschiedene Taxonomiestufen eingeordnet. In der aktuellen Überarbeitung der Bloom'schen Lernzieltaxonomie durch Anderson und Krathwohl (2001) wird die kognitive Dimension des Wissens aufgeteilt in Faktenwissen (grundlegende Elemente), konzeptuelles Wissen (Zusammenhänge zwischen den grundlegenden Elementen), prozedurales Wissen (Wie etwas zu tun ist) sowie metakognitives Wissen (Wissen über Kognition). Die kognitiven Prozesse werden in sechs aufsteigenden Stufen klassifiziert:

1. *Erinnern:* Relevantes Wissen aus dem Langzeitgedächtnis auffinden (Wiedererkennen, Identifizieren, Abrufen und Wiederfinden).
2. *Verstehen:* Die Bedeutung aus mündlichen, schriftlichen und grafischen Quellen, wie z.B. Lehrtexten, rekonstruieren können (Interpretieren, Exemplifizieren, Klassifizieren, Zusammenfassen, Ableiten, Vergleichen, Erklären).
3. *Anwenden:* Ausführen eines Arbeitsschritts in einer gegebenen Situation (Ausführen, Durchführen, Gebrauchen).
4. *Analysieren:* Material in seine Bestandteile zerlegen und die Teile untereinander oder zu einer übergreifenden Struktur in Beziehung bringen (Differenzieren, Organisieren, Zuordnen, Zusammenhänge finden, Strukturieren).
5. *Evaluieren:* Urteile fällen auf der Basis von Kriterien und Standards (Überprüfen, Testen, Kritisieren, Urteilen).
6. *Erzeugen:* Elemente zu einer neuen Struktur zusammenfügen oder reorganisieren (Generieren, Hypothesen bilden, Planen, Entwerfen, Produzieren, Konstruieren).

Die Lernziele helfen sowohl bei der Planung, was in einem Training, Lehrgang, Seminar etc. eigentlich geschehen soll, (Lernaufgaben) als auch bei der Gestaltung von Leistungstests, was also geprüft werden soll (Testaufgaben).

Systematische Ordnungen von Kompetenzen werden als Kompetenzmodelle bezeichnet und stellen eine (hypothetische) hierarchische Sequenz des Erwerbs der einzelnen Kompetenzen und deren Stufen dar. Kompetenzmodelle stellen die am höchsten strukturierte Darstellung des zu Lernenden dar und sind im Idealfall empirisch geprüft. Sie haben im Kontext der Diskussion um Bildungsstandards und internationale Leistungsvergleichsstudien, wie die Third International Mathematics and Science Study (TIMSS) oder Programme for International Student Assessment (PISA), in der empirischen Lernzielforschung deutlich an Gewicht gewonnen.

3.2 Entwicklung von Lehrplänen (Curriculumkonstruktion)

Programme und Lehrpläne dienen der Strukturierung eines Lehrarrangements. Sie bieten eine Orientierung für Lehrende und Lernende. In Bezug auf die hier verfolgte Lernorientierung beschreiben sie detailliert, welche Eingangsvoraussetzungen Lernende mitbringen müssen (Ist-Lage u.a. des Vorwissens) und welche (Teil-)Lernziele zu erreichen sind (Soll-Lage). Aus der Diskrepanz zwischen Ist- und Soll-Lage lässt sich der Lernstoff ableiten. Dieser wird zweckmäßigerweise in Teilmengen zerlegt, der in einer Lernsequenz erarbeitet werden kann. Dabei muss auf verschiedene Dinge geachtet werden:

- Eine zu große Zerlegung behindert den Blick auf das Ganze, die Verknüpfungen und Zusammenhänge werden also nicht mehr vermittelt;
- Die Reihenfolge der Teilmengen kann von zentraler Bedeutung sein, wenn frühere Inhalte wichtig für das Verständnis sind. Hier müssen also sowohl hierarchische Strukturen als auch sequentielle Abfolgen des Lernstoffs identifiziert werden. Dabei helfen – falls vorhanden – die oben angesprochenen Kompetenzmodelle;

Bei der Gestaltung von Curricula kann man nun verschiedene Strategien folgen (Klauer & Leutner, 2007):

- Analytische Lehrgänge beginnen mit dem obersten Lernziel und arbeiten dann die notwendigen Teilkenntnisse und Voraussetzungen ab. Sie haben den Vorteil, dass sie zunächst eine Sicht auf das Endprodukt des zu Lernenden geben und somit auch eine kognitive Orientierungsfunktion bieten.
- Synthetische Lehrgänge dagegen beginnen mit den untersten Lernzielen und arbeiten sich langsam nach oben (vom Einfachen zum Zusammengesetzten). Bei sehr umfangreichen Lernstoffen ist es wahrscheinlich günstiger, sowohl analytisch und synthetisch vorzugehen, also sozusagen einen großen Schritt zu gehen (analytisch), diesen zunächst zu sichern (synthetisch), um dann wieder den nächsten größeren Schritt zu machen.
- Spiralige Lehrgänge (Bruner, 1966) versuchen, die wichtigsten Zusammenhänge eines Stoffgebiets bereits am Anfang des Kurses leicht verständlich einzuführen, um diese später auf einem höheren Verständnisniveau erneut durchzugehen. Man arbeitet also zunächst das gesamte Stoffgebiet auf den niedrigen Lernzielstufen durch, um dann schichtweise die Stoffgebiete auf höheren Lernzielstufen wiederholt zu betreten. Es entsteht eine Art Lernspirale. Dadurch werden die Teilziele systematisch und sukzessiv anspruchsvoller wiederholt, allerdings werden viele Einzelheiten zunächst unverbunden und relativ isoliert vermittelt werden.

- Epochale Lehrgänge konzentrieren den Stoff für längere Zeit (die Epoche) auf einen Themenbereich, der somit zusammenhängend vermittelt wird. Insbesondere in fächerübergreifenden Kontexten kann so eine Thematik vertieft und in ihren Zusammenhängen erarbeitet werden. Abhängig von den Lerninhalten können die großen zeitlichen Abstände der Wiederholung aber durch die mangelnde Übung zum Verlernen führen (z.B. mathematische Grundrechenarten). Hier ist ggf. die Kombination eines spiraligen Basiscurriculums mit epochalen Vertiefungen zu realisieren.
- Lehrgänge nach der Zoomtechnik (Reigeluth, 1999) präsentieren zur Förderung des Verständnisses zunächst eine Totalansicht des Stoffes (Überblick), um daran anschließend Einzelheiten detaillierter zu betrachten („heranzoomen"). Durch alternierende Wechsel zwischen Übersicht und Detailsicht soll die Einordnung der Einzelheiten in die Totale unterstützt werden.
- Wird der Lernstoff mit einer Hyperstruktur versehen, wie sie z.B. aus dem World Wide Web bekannt sind, können die Lernenden selbst die Sequenzierung bestimmen. Dies kann für Lernende mit hinreichendem Vorwissen und Lernerfahrung günstig sein. Allerdings sollten diese Hypertexte durch Übersichten, Tourpläne sowie Navigationshilfen ergänzt werden.

3.3 Lehrplanentwicklung für komplex strukturierte Wissensdomänen

Die Cognitive Flexibility Theorie der Arbeitsgruppe um Spiro konzentriert sich auf den fortgeschrittenen Wissenserwerb in schlecht bzw. nur komplex strukturierbaren Wissensdomänen (Spiro et al., 1992). Die Grundidee der darauf aufbauenden curricularen Strukturierung ist es, Inhalte während eines Lernprozesses *mehrfach*, jedoch in jeweils unterschiedlichen Kontexten, mit anderen Zielen und aus unterschiedlichen konzeptuellen Perspektiven in Augenschein zu nehmen (Spiro et al., 1998). Dabei geht es also nicht nur um eine reine Wiederholung, sondern um das Entdecken verschiedener Aspekte und Zusammenhänge in der Wissensdomäne. Als Metapher für das nicht-lineare und multidimensionale Durchkämmen eines komplexen Inhaltsgebiets wählt Spiro Wittgensteins Metapher einer kreuz und quer durchlaufenen Landschaft (*criss crossing*, siehe Abbildung 5.1). In einem traditionellen Lehrarrangement wird der Lernende vom Lehrenden linear durch den komplexen Inhaltsbereich hindurchgeführt, die resultierende Schülersicht hat keine Ähnlichkeit mehr mit dem eigentlichen Zusammenhangsgefüge. Anwendungs- und Transferprozesse auf andere Fälle müssen zwangsläufig scheitern. In einem Lehrarrangement, das in Konkordanz zur Cognitive Flexibility Theorie gestaltet ist, wird dagegen das Inhaltsgebiet aus unterschiedlichen Blickrichtungen mehrfach durchkämmt, um eine robuste Kenntnis der Strukturen zu erzeugen.

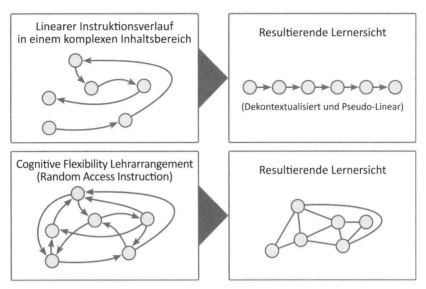

Abbildung 5.1: Schematischer Vergleich der Instruktionsverläufe und der resultieren-den Lernersichten in komplexen Inhaltsbereichen

Quelle: In Anlehnung an Wolf, 2003: 57

Bei der Gestaltung von selbstorganisationsoffenen Lehr-/Lernarrangements nach dem Konzept des selbstorganisierten Lernens (Sembill, 1992; Wolf, 2003; Sembill et al., 2007) werden authentische Problemstellungen entwickelt, bei deren Lösungen die Inhalte eines Curriculums berührt werden. Dabei ist es wünschenswert, dass es bei der Bearbeitung verschiedener Problemstellungen zu Überschneidungen in den Lerninhalten kommt. Die daraus resultierende Bearbeitung durch unterschiedliche Lerngruppen ist schematisch in Abbildung 5.2 dargestellt.

Ausgehend von einer Problemstellung, werden zu deren Lösung unterschiedliche(s) Wissen und Fertigkeiten erarbeitet und angewendet. Dabei gibt es Überschneidungen zwischen den Lernprozessen in den unterschiedlichen Problemstellungen, allerdings auch Unterschiede der Lösungsräume zwischen einzelnen Gruppen. Im Voraus ist dabei nicht planbar, welche Lösungswege die einzelnen Gruppen im Detail einschlagen werden. Durch die überlappende Redundanz in den Problemstellungen ist jedoch zu gewährleisten, dass (a) alle Lerninhalte abgedeckt und (b) zentrale Inhalte mehrfach bearbeitet werden, und somit im Sinne einer Spirale kompetenzfördernd auf ansteigenden Taxonomiestufen eingeübt werden.

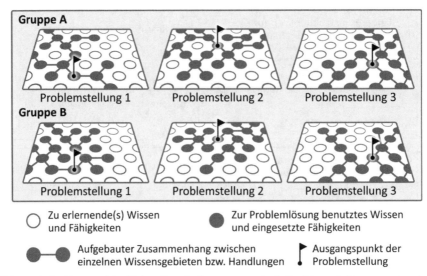

Abbildung 5.2: Unterschiedliche Bearbeitung von drei Problemstellungen durch zwei Gruppen

Quelle: Wolf, 2003: 38

3.4 Qualitätsmerkmale

Was ist aus der empirischen Lehr-Lern-Forschung bekannt zur Qualität eines Lern-/ Lehrarrangements? Im Angebots-Nutzungs-Modell von Helmke sind Lehrprozesse zu verstehen als individuelles Angebot, die vom Lernenden angenommen und selbsttätig genutzt werden müssen. Dessen Nutzung und Wirksamkeit hängen von verschiedenen Faktoren ab (Helmke, 2003):

1. Die Persönlichkeit des Lehrenden setzt sich aus personalen Merkmalen (z.B. Motivation, Engagement), den Einstellungen zu dem Fachinhalt (Identifikation, Bedeutsamkeit), den epistemologischen Überzeugungen (also die Vorstellung zu Abschnitt 2 in diesem Kapitel), der Bereitschaft zur Selbstreflexion und der fachlichen und didaktischen Expertise zusammen.
2. Die Trainingsqualität ist bedingt durch zehn fachübergreifende Merkmale. Unabhängig davon, wie die methodische Gestaltung im Detail aussieht, dienen die folgenden Kriterien der allgemeinen Verbesserung des Lernerfolgs: (a) Passung des Arrangements an die Lernsituation und die Voraussetzungen der Lernenden sowie Berücksichtigung der Heterogenität der Lerngruppe; (b) Klarheit und Verständlichkeit der Aussagen sowie Strukturiertheit der Inhalte und Vorgehensweise; (c) angemessene und an das Fachgebiet sowie die Situation und Lernziele angepasste Variation von Methoden und Sozialformen; (d) Individuelle Forderung und Förderung bzw. Unterstützung der Lernenden (Teilnehmerorientierung) und Ansprechbarkeit des Lehrenden sowohl im fachlichen als auch persönlichen Bereich; (e) Motivierung durch an den Interessen der Lernenden orientierte thematische Auswahl sowie Mitspracherecht bei Themenbereichen und Arbeitsweisen; (f) Effiziente Klassenführung zur effektiven Nutzung der Unter-

richtszeit durch Etablierung von Regeln und Ritualen; (g) Schaffung eines lern-förderlichen Lernklimas durch einen respektvollen Umgang zwischen Lehrenden und Lernenden sowie untereinander sowie Reduzierung von Leistungsbewer-tungen; (h) Ertragsorientierung in Richtung Lernziele und Kompetenzen; (i) För-derung des aktiven, eigenverantwortlichen und selbstständigen Lernens unter Nutzung von individuellen Lernstrategien; (j) Laufende Konsolidierung und Si-cherung des bisher Gelernten sowie intelligentes Üben, also anwendungsbezoge-nes Üben, welches zielstrebig, basierend auf dem Leistungsstand des Lernenden, der Automatisierung und Vervollkommnung dient.

3. Kontextuale Faktoren beziehen sich nicht nur auf den fachlichen Kontext, son-dern beinhalten auch den Kontext der Lerngruppe, wie z.B. die Einbindung in ei-nen Lehrgang, die Alterszusammensetzung sowie die hierarchische Zusammen-setzung, die Heterogenität der Vorkenntnisse, die sprachlichen Voraussetzungen oder auch den kulturellen Kontext.

4. Schließlich gibt es individuelle Eingangsvoraussetzungen, also die in Abschnitt 2 bereits detailliert dargestellten Unterschiede für das Lernpotenzial, wie Vor-kenntnisse, kognitive Fähigkeiten, verfügbare Lernstrategien, Motivation, Wille und Selbstwirksamkeitsüberzeugung. Diese sind zentral für die Nutzung des Un-terrichts durch die Lernenden und den Lernerfolg.

Abhängig von den Zielkriterien sowie ggf. fachdidaktisch notwendigen Akzentuie-rungen gibt es spezifische, aber nicht alleinige Lern-/Lehrkonzeptionen, die erfolg-reich sind. Helmke weist darauf hin, dass es nicht *das* gute oder das beste Arrange-ment gibt, sondern dass die Persönlichkeit des Lehrenden und die methodischen Fä-higkeiten zum gewählten Lern-/Lehrarrangement passen müssen. Abhängig von der Durchführung gibt es guten und schlechten „Frontalunterricht", so wie es auch gute und schlechte interaktive Lern-/Lehrarrangements mit authentischen Problemstel-lungen gibt.

Angelehnt an Helmke, arbeitet Hilbert Meyer weitgehend übereinstimmend zehn praktische Merkmale eines guten Lern-/Lehrarrangements aus (Meyer, 2006), er-gänzend können hier noch genannt werden:

5. Sinnstiftendes Kommunizieren – Planungsbeteiligung, Gesprächskultur, Sinnkon-ferenzen, Lerntagebücher und Feedback der Lernenden.

6. Transparente Leistungserwartungen – ein an den Richtlinien, Vorgaben oder Standards orientiertes, dem Leistungsvermögen der Lernenden entsprechendes Lern-/Lehrangebot und zügige förderorientierte Rückmeldungen zum Lernfort-schritt

7. Vorbereitete Umgebung – gute Ordnung, funktionale Einrichtung und brauchba-res Lernwerkzeug

3.5 Lehr-/Lernmethoden

Die Methoden des Trainierens, Unterrichtens, Vermittelns, also das Wie, sind im vor-angegangenen Abschnitt bereits unter der Anforderung der Methodenvielfalt ge-nannt worden. Tatsächlich ist die Anzahl der Grundformen groß und die Gesamtheit der Varianten fast unüberschaubar. Flechsig identifiziert auf der Basis von 12 Deskriptoren im Göttinger Katalog didaktischer Modelle (Flechsig, 1996) 20 Grundformen didaktischen Handelns: Arbeitsunterricht, Disputation, Erkundung, Fallmethode, Famulatur, Fernunterricht, Frontalunterricht, Individualisierter Programmierter Unterricht, Individueller Lernplatz, Kleingruppen-Lerngespräch, Lernausstellung, Lerndialog, Lernkabinett, Lernkonferenz, Lernnetzwerk, Lernprojekt, Simulation, Tutorium, Vorlesung und Werkstattseminar.

Es ist müßig, darüber zu streiten, ob dieses Ordnungsraster umfassend ist oder ob es neue Grundformen gibt. Zielführender ist es, einen Überblick über die große Annäherung zwischen instruktionsorientierten und konstruktionsorientierten Ansätzen in der didaktischen Methodendiskussion zu geben. Während nämlich die grundlegenden epistemologischen Annahmen (siehe Abschnitt 2) der großen „Lager" weiterhin stark unterschiedlich sind, nähern sich die Konzeptionen in der Praxis stark aneinander an.

Zu unterscheiden sind als Gegenpole reine Instruktionsansätze von konstruktivistischen Ansätzen. Dazwischen findet sich mittlerweile eine größere Anzahl vermittelnder Ansätze, welche die Selbsttätigkeit der Lernenden hervorheben, ohne auf eine helfende Strukturierung durch die Lehrenden zu verzichten, also eine begrenzte Öffnung und Selbstbestimmung ermöglichen. In letzter Zeit melden sich auch Neurowissenschaftler (Roth, Spitzer & Caspary, 2009) in der didaktischen Diskussion zu Wort. Ihre epistemologischen Erkenntnisse sowie Methodenempfehlungen entsprechen gemäßigten konstruktivistischen Perspektiven und ähneln den Ideen der Reformpädagogik Anfang des zwanzigsten Jahrhunderts. Diese dient nicht nur weiter als ein reichhaltiger Fundus innovativer Unterrichtsideen, sondern ist in der alternativen Schulpraxis zunehmend erfolgreich (z.B. Jena-Plan-Schulen, Waldorf-Schule, Freinet-Schule, Sudbury-Schulen).

Ein Stillstand ist hier nicht zu erwarten, denn jede Generation entwickelt ihre eigenen Erziehungskonzepte vor dem Hintergrund geltender Gesellschaftsnormen, des Wissensbestands, der aktuellen Forschungsmethoden, des technischen Fortschritts und wohl auch des Zeitgeistes. Neue Lern-/Lehrkonzepte sind somit immer ein Amalgam aus pädagogischer Tradition und Innovation. Sie sind kein neuer Wein in alten Schläuchen, sondern sind nur im Zeitkontext zu verstehen und anzuwenden.

Reine Instruktionsansätze: Instruktionsansätze stellen die Rolle des Lehrenden in den Mittelpunkt, welche die Inhalte durch Anleiten, Darbieten und Erklären an die eher rezeptiven Lernenden vermitteln. Moderne Varianten werden unter dem Begriff des Instruktionsdesigns (Instructional Design) gefasst. Kennzeichnend sind Instruktionspläne, „die dem Lehrenden genau sagen, unter welchen Voraussetzungen er welche Instruktionsstrategien und Lehrmethoden einsetzen soll" (Reinmann-Rothmeier & Mandl, 1999: 10). Problematisch erscheinen sowohl die Fokussierung auf eine Lernmetapher der Informationsverarbeitung, die Zerlegung von Wissensstrukturen in kleinere Einheiten sowie die mangelnde Berücksichtigung der Bedürfnisse der Lernenden nach Selbstbestimmung (siehe auch 2.3).

Besondere Bedeutung haben Instruktionstheorien weiterhin für die Gestaltung von Selbstlernmaterialien, Übungen sowie der systematisch-didaktisierenden Darstellung von Inhalten.

Konstruktivistische Ansätze: Den Anforderungen aktueller Bildungsanforderungen (Komplexität, hohe Änderungsgeschwindigkeit, Arbeiten in Gruppen, Eigeninitiative, Selbstverantwortung, Kreativität) erscheinen konstruktivistische Ansätze zur Gestaltung von Lern-/Lehrarrangement besser gerecht zu werden. Brooks und Brooks (1993) nennen folgende Anforderungen: (1) Autonomie und Initiative der Lernenden unterstützen; (2) Nutzung unterschiedlicher Materialien anregen; (3) Erkunden des Wissens durch Lernende vorrangig vor Verkünden durch Lehrenden; (4) Konstruktiver Dialog zwischen Lernenden untereinander und mit Lehrenden; (5) Erkunden und Durchdenken durch offene Fragen & Elaboration; (6) Widersprüchliche Erfahrungen ermöglichen: Lernen durch Fehler, Fehlermanagement, in Diskurs aufnehmen; (7) Genügend Zeit zum Einbau in bisheriges Wissen bereitstellen; (8) Überprüfung des konzeptuellen Verständnisses durch die Anwendung und Performanz in komplexen Handlungssituationen.

Vermittelnde Ansätze: Vermittelnde Ansätze versuchen, die aktive Auseinandersetzung des Lernenden mit dem Lernstoff zu kombinieren mit einer gezielten rezeptiven Nutzung von Instruktionssequenzen. Dies soll mögliche Ineffektivitäten und eine Überforderung vollkommen offener Ansätze verhindern helfen. Zumeist wird der Lern-/Lehrprozess um zu lösende authentische („echte") Probleme arrangiert, die für die Lernenden relevant und bedeutsam sind und eine situative Rahmung ermöglichen. Inhalte werden unter multiplen Perspektiven bearbeitet. Die Lernenden arbeiten aktiv und selbstgesteuert an der Lösung (Konstruktion) des Problems. Als Sozialform werden zumeist Gruppenarbeitsprozesse mit eingebunden, da sie den sozialen Austauschprozess und somit den gegenseitigen Abgleich von individuellen Weltmodellen unterstützen.

Ansätze der Erwachsenbildung: In der modernen Diskussion zur Erwachsenenbildung werden zunehmend *subjektorientierte* Ansätze diskutiert. Eine grundsätzliche Fragestellung der *subjektorientierten* Ansätze ist die der Selbstbestimmung des Lernenden. Der Ansatz des *expansiven Lernens* (Holzkamp, 2004; Faulstich, 2002) geht von einer aktuellen Handlungsproblematik des Individuums aus: Man stößt auf eigene Grenzen, die aus eigenem Wunsch überwunden werden sollen. Aus dieser Perspektive heraus verschiebt sich der Fokus „vom Unterrichten und Informieren hin zum Arrangieren und Animieren von Lernen" (Faulstich & Zeuner, 2006: 7).

Auch die *konstruktivistische* Perspektive hat nachhaltigen Anklang gefunden (Siebert, 2005). Im Kontext einer Ermöglichungsdidaktik kritisiert Arnold eine *lehrer*zentrierte Lernerorientierung (Arnold & Schüssler, 2003). Wenn aktuelle Zielgrößen der modernen Personalentwicklung übergreifende Qualifikationen, wie Problemlösefähigkeit oder Selbstständigkeit sind, muss selbstschließendes Lernen ermöglicht bzw. zugelassen werden (Arnold, 1995: 364). Dazu muss der Lehrende lernen, subsidiär zu führen: Bereits bei der Vorbereitung einer Einheit ist die mögliche Selbsttätigkeit aus Sicht der Lernenden zu planen.

Ansätze zur Überwindung des Transferproblems: Ein besonders wichtiger Aspekt der Gestaltung von Lern-/Lehrarrangements ist, wie man den Transfer, also die Anwendung neu gelernten Wissens und neuer Fertigkeiten, im Arbeits- und Alltagsleben unterstützen kann. Simons (2004) identifiziert vier Situationen: (1) Lernen vor dem Training und der Arbeit; (2) Lernen während des Trainings; (3) Lernen am Arbeitsplatz und (4) Arbeiten. Dabei ergeben sich nach Simons sechs potenzielle Transferlücken: (1) Transfer vom Training auf das Arbeiten; (2) Arbeitsthematiken in das Training bringen; (3) Vorwissen in das Training bringen; (4) Vorwissen und Kompetenzen in das Arbeiten einbringen; (5) Lernen am Arbeitsplatz sowie (6) der Transfer vom Training zum weiteren Lernen am Arbeitsplatz.

Zusammenfassend kann gesagt werden, dass die Transferproblematik viel weiter zu fassen ist als der Transfer vom Training auf das Arbeiten. Simons listet eine Fülle von Maßnahmen zur Verbesserung von Transfer auf. Auch hier finden sich die oben genannten Gestaltungsprinzipien, insbesondere aber eine stärkere Vernetzung von Arbeits- und Lernprozessen sowie das an konkrete Inhalte und Anwendungsbereiche gekoppelte Üben von metakognitiven Lernstrategien.[2]

3.6 Rolle der Lehrenden und Lernenden

Es ist unmittelbar einsichtig, dass sich die Rollen sowohl der Lehrenden als auch der Lernenden umfassend ändern. Der Fokus der Lehrerrolle (siehe Tabelle 5.1) konzentriert sich auf die Erhaltung und Setzung von Rahmenbedingungen, die Unterstützung und die Analyse der Lerneraktivität sowie deren Rückmeldung.

Tabelle 5.1: Neue Rolle des Lehrenden

Rolle des Lehrenden	Nähere Erläuterung
Katalysator bzw. Impulsgeber	Durch seine Mitarbeit, Fragen und Rückmeldungen sowie das von ihm eingebrachte Material kann der Lehrende bei den Lernenden Lernprozesse unterstützen, neue Fragen wecken bzw. auf Inhaltsgebiete hinweisen.
Kundschafter	Der Lehrende hat zumeist einen Wissensvorsprung vor den Lernenden. Daher kann er bisher unbekannte Wissensgebiete schneller auskundschaften, wichtige Inhaltsgebiete identifizieren und ggf. eine Fährte für die Lernenden anlegen.
Coach	Als Coach beobachtet und analysiert der Lehrende das individuelle Lernverhalten der Lernenden. Sie geben Rückmeldungen zur bisherigen Performanz und weisen auf Verbesserungsmöglichkeiten hin.
Berater	Bei der Beratung analysiert der Lehrende zusammen mit dem Lernenden die Lern- und Arbeitsprozesse und erarbeitet Verbesserungsmöglichkeiten.
Trainer	Auf Nachfrage der Lernenden stellt der Lehrende wichtige Arbeits-, Lern- und Kommunikationstechniken vor und übt sie ein.
Erzieher und Mentor	Ein Erzieher vermittelt Werte, die er jedoch auch kritisch diskutiert und begründet. Er ist tolerant gegenüber begründeten Gegenpositionen. Er fordert und fördert die moralische Urteilskraft.
Moderator	Der Lehrende unterstützt inhaltliche Diskussionen und Auseinandersetzungen.

---

2   Vgl. zum Zusammenhang von Zufriedenheit der Lernenden und deren Lernerfolg bzw. Transfererfolg Gessler, 2009.

Schiedsrichter bzw. Schlichter	Bei Konflikten wirkt der Lehrende als Instanz bzw. moderiert Wege zu deren Lösung.
Advocatus Diaboli	Zu schnell gefestigte Meinungen der Lernenden werden vom Lehrenden hinterfragt; er fordert und fördert bessere Begründungen und tieferes Durchdenken.
Eichmaß und Orientierungspunkt	Der Lehrende soll eine für alle Lernende akzeptierte Instanz sein, der Lösungsvorschläge zusammen mit den Lernenden beurteilen kann; er soll beobachten und erkennen, ob Lernende sich noch in Reichweite der von ihnen angestrebten Lerninhalte bewegen

Quelle: in Anlehnung an Wolf, 1999

Auch die Rolle des Lernenden (siehe Tabelle 5.2) bekommt aus dem oben dargestellten Lernverständnis deutlich mehr aktive Facetten. Der Schwerpunkt liegt hier auf dem Erarbeiten, Elaborieren, Explizieren, Entscheiden, Überprüfen, Reflektieren und Weitergeben. Dies führt zwangsläufig zu einer weitaus höheren aktiven Partizipation.

Tabelle 5.2: Neue Rolle des Lernenden

Rolle des Lernenden	Nähere Erläuterung
Kreativer Problemlöser	Der Lernende definiert Probleme durch Ist- und Soll-Analyse sowie einen Ist-Soll-Vergleich. Er entdeckt oder entwickelt Lösungsvorschläge, um diese auf ihre Wirkungen und Nebenwirkungen hin zu überprüfen und zu begründen. Er realisiert Lösungsvorschläge und kontrolliert deren Ergebnisse.
Projektmanager	Als Projektmanager obliegt dem Lernenden die gedankliche Vorwegnahme und Strukturierung zukünftigen Handelns in Bezug auf die Lösung eines Problems. Er formuliert Haupt- und Zwischenziele (Meilensteine) und überwacht den Projektablauf. Er muss im Projektverlauf Entscheidungen treffen und das Gelingen oder Scheitern des Projekts verantworten.
Präsentator	Der Lernende stellt für die Mitlernenden Ideen, Wissen oder Problemlösungen verständlich, interessant und nachvollziehbar unter Einsatz verschiedener Medien und Methoden dar.
Dokumentator	Der eigene Problemlöseprozess wird vom Lernenden für sich und für andere nachvollziehbar festgehalten und zugänglich gemacht.
Fragesteller	Durch Fragen an sich selbst und an andere verbessert der Lernende sein eigenes Verständnis.
Experte & Multiplikator	Der Lernende erwirbt Expertise in ausgewählten Inhaltsgebieten. Das erworbene Wissen/die erworbenen Fertigkeiten werden von ihm auf Nachfrage an Mitlernende weitergegeben.
Evaluator & Reflexiver Analytiker	Der Lernende beurteilt eigene und fremde Problemlösungen bezüglich der angestrebten Ziele, der eingesetzten Mittel und vereinbarter Qualitätskriterien. Die eigenen Wahrnehmungen, Überzeugungen, Ziele und Handlung werden von ihm kritisch reflektiert.
Gruppen-	Gruppenprozesse beobachten, reflektieren und ggf. bei Konflikten zwi-

sprecher & Koordinator	schen Gruppenmitgliedern eingreifen. Die Gruppeninteressen nach außen vertreten und die eigene Gruppenarbeit mit anderen Gruppen abstimmen.
Selbst-Motivator	Während sich in den oben genannten Rollen einige meta-kognitive Elemente (z.B. Lernzieldefinition oder Selbstbeurteilung) finden, sind aus dem hier vertretenen Lernverständnis auch meta-emotionale Aufgaben in das neue Rollenverständnis aufzunehmen. Als Motivator tritt der Lernende nicht als Animateur auf, sondern versucht, über eine aufmerksame Beobachtung und Reflexion seiner eigenen Stimmungslage (a) seine eigene Lernstimmung zu verbessern sowie (b) bei problematischen emotionalen Befindlichkeiten beim Lernen im Gruppenkontext dies möglichst transparent zu machen und sich auch ggf. zeitweise zurückzuziehen.
Gruppen-mitglied	Der Lernende vermag, mit anderen Personen produktiv in einer Gruppe zusammenzuarbeiten.

Quelle: in Anlehnung an Wolf, 1999

3.7 Leistungsmessung und -bewertung

Lehrprozesse sind nicht vollständig ohne Leistungsmessung. Diese dienen sowohl individuellen Rückmeldungen sowie der Leistungsbewertung. Dabei ist eine intensive Verknüpfung von Lehr-, Lern-, Prüfungs- und Anwendungsprozessen zu fordern. Reetz (2005: 4) führt aus, dass für eine prognostische Validität einer Leistungsprüfung (hier verstanden als Aussagekraft für eine zukünftige erfolgreiche berufliche Tätigkeit, also insbesondere die Kriteriums- und Inhaltsvalidität) nicht nur die Lernaufgaben weitgehend der künftigen beruflichen Tätigkeit entsprechen sollten, sondern auch die Struktur der Prüfungsaufgaben.

Generell ist also eine Passung der Leistungsprüfung an die Lernprozesse zu fordern. Über die Form der Prüfung werden in hohem Maße die Lernstrategien der Lernenden bei der Prüfungsvorbereitung bestimmt. Ein konkretes Beispiel wäre dazu das im universitären Kontext von Studierenden häufig als „Bulimie"-Lernen bezeichnete Auswendiglernen großer Faktenmengen für wissensorientierte Prüfungen. Die Prüfungsgestaltung beeinflusst darüber hinaus auch die Bereitschaft, möglicherweise ungewohnte oder arbeitsintensive Lernprozesse anzunehmen.

Diese rückwärts gekoppelte Wirkrichtung der Leistungsprüfung auf das Handeln der Lernenden wird in der Sprachdidaktik unter dem Begriff *washback* diskutiert (Cheng & Curtis, 2004: 4). Messick (1996: 241) definiert *washback* als „extent to which a test influences language teachers and learners to do things they would not necessarily otherwise do that promote or inhibit language learning". Negative Washback-Effekte treten immer dann auf, wenn Lernende für die Prüfung etwas lernen, was nicht den eigentlichen Lernzielen entspricht bzw. wenn sie flache, auf kurzfristige Wiedergabe orientierte Lernstrategien bevorzugen, obwohl in der Trainingssequenz der Schwerpunkt auf die Verstehensprozesse und die Förderung von Problemlösekompetenz gelegt worden ist. Hier werden also curriculare Ziele bzw. unterrichtliche Lern-/Lehrprozesse durch die Form der Prüfung beschädigt.

Positive Washback-Effekte unterstützen dagegen sowohl die curricularen Ziele (Was wird gelernt?) als auch die Lernanstrengungen der Studierenden im Rahmen der Veranstaltungen (Wie wird gelernt?). Die Prüfung bildet die Inhalte der Veranstaltung ab und belohnt das Engagement in der Veranstaltung – aktive Mitarbeit ist folglich die beste Vorbereitung für eine solche Prüfung. Allerdings reicht eine reine Passung nicht aus. Insbesondere die Form und Qualität des Feedbacks, die mit den Prüfungen angeboten werden, sind ein weiterer Faktor der Unterstützung von Lernprozessen (Gibbs & Simpson, 2004).

Washback-Effekte liegen aber nur dann in der Verantwortung der Lehrenden, wenn sie sowohl das Curriculum, die Lern-/Lehrprozesse sowie die Prüfung selbst gestalten.

Reine Wissensprüfungen unterliegen der Gefahr, zwei Fehler zu machen: fälschliches Zuschreiben von Können aufgrund von Wissen (träges Wissen) sowie irrtümliches Vermuten von Nicht-Können aufgrund von Nicht-Wissen (implizites Wissen) (Neuweg, 2001: 202).

Die Diskussion über alternative Prüfungsformen geht eindeutig in Richtung formativer, also den Lernprozess begleitender Prüfungen. Auch wenn die ausschließliche Nutzung dieser Prüfungsformen für sogenannte „high stakes" Prüfungen, also z.B. Abschlussprüfungen wegen der Probleme bei der Vergleichbarkeit von Prüfungsleistungen kritisch kommentiert wird (Maclellan, 2004), werden diese Prüfungsformen zunehmend als zentrales Werkzeug zur Unterstützung von Lernprozessen verstanden (Gilen, Dochy & Dierick, 2003).

„Neue" Methoden des alternativen Assessments sind allerdings vielfältig. Insbesondere Portfolio, Lernkontrakte, Beobachtungen im Prozess, Selbstbewertung, wechselseitige Bewertung, beauftragte Bewertung (jeweils mit Rückmeldebögen), Lerntagebücher, Leistungspräsentationen sowie Zertifikate bieten sich hier an. Diese Formen passen dabei zunehmend in die Lebenswirklichkeit der Lernenden, die im „sozialen Netz" eine zunehmend partizipative Rolle einnehmen (Reinmann, 2007; Elliott, 2008). Als Basisdienst erscheint hier insbesondere das ePortfolio – verbunden mit entsprechenden partizipativen Funktionalitäten, wie sie im Kontext von Web 2.0 implementiert werden – besonders vielversprechend (Hornung-Prähauser et al., 2007).

3.8 Beratungsprozesse

Weiterbildungsprozesse werden zunehmend individueller. Die zugeschriebene Selbstverantwortung für lebenslange und selbstorganisierte Lernprozesse verlagert zunehmend Entscheidungen der Planung, Auswahl, Bewertung und Reflexion der eigenen Weiterbildungsanstrengungen auf die Lernenden. Diese sind jedoch zunächst einmal keine Experten für Erwachsenenbildung. Vor dem Hintergrund ihrer eigenen Biografien, aktuellen Lebenskontexte, spezifischen Lernziele und -möglichkeiten sowie Interessen stehen sie vor der Aufgabe, ihre individuellen beruflichen Kompetenzen selbst zu entwickeln (Klein & Reutter, 2004: 92 f.). Dies kann eine Überforderung sein, die im Kontext der organisierten Erwachsenenbildung durch *Lernberatung* aufgefangen werden muss (Hartmann, 2004: 99).

Dem Beratungsbegriff kann etwas Negatives anhaften – hat man bei so einem natürlichen und zentralen Vorgang wie dem Lernen womöglich Defizite? In diesem

Kontext werden deshalb häufig auch weniger negativ besetzte Begriffe, wie Coaching, (Lern-)Prozessbegleitung und (Entwicklungs-)Moderation genannt (BMBF, 2003: 219).

Die Handlungsfelder der Lernberatung werden von Rohs und Käpplinger (2004: 20 f.) relativ weit aufgespannt. Zum einen ist der *individuelle Lernende* zu beraten, und zwar eher langfristig (Berufsberatung, Karriereentwicklung, Persönlichkeitsentwicklung, Coaching) oder kurzfristig im Prozess (Wahl der richtigen Lernmittel/-medien, Unterstützung zur Erreichung von Abschlüssen, Lernberatung bei Lernproblemen, fachliche Beratung). Zum anderen ist die *Organisation* Adressat von Beratungsleistungen zur Gestaltung lernförderlicher Rahmenbedingungen.

Für den Prozess der Beratung ist es von besonderer Bedeutung, dass es sich nicht um „Ratschläge geben" handelt, sondern dass die Selbstveränderung des zu Beratenden (Individuum, Gruppe, Organisation) in Gang gesetzt, aufrechterhalten und selbstverantwortlich getragen wird (Barthelmeß, 1999: 91).

Prinzipiell lässt sich nun kritisch anmerken, dass die Lernberatung eigentlich schon immer ein notwendiger Teil von Erwachsenenbildung war, da der Prozess ja von der Ziel- und Bedarfsanalyse über das eigentliche Lernen bis hin zur Diagnostik, Bewertung und Reflexion reicht. Betonen nicht gerade die aktuellen didaktischen Konzepte die Notwendigkeit der Selbsttätigkeit? Werden hier nicht die Freiräume der Lernenden wie auch die Zumutungen an sie wieder mittels der Lernberatung verkleinert? Dies hängt sicherlich von der Gestaltung der Beratungsprozesse ab, auch diese muss sich in die vorhandene Lernkultur einfügen. Die hier skizzierte Form der Beratung zielt ja gerade auf die Selbstveränderung und Aktivierung der eigenen Ressourcen ab.

Für eine weitere Professionalisierung der Lernberatung bzw. Lernprozessbegleitung scheint es notwendig, eine auf Theorien der Beratung basierende Ausbildung vorauszusetzen (Hasanbegovic, 2008: 83 f.). Inwieweit diese nun in die Ausbildung der Erwachsenenbildung integriert oder in eine spezifische Zusatzausbildung (z.B. systemische Bildungsberater) ausgelagert wird, ist letztlich abhängig von der Nachfrage für solche Dienstleistungen.

4   Informell (selbst-)organisierte Lernprozesse

Die Anforderungen an die Aktualität von Fachwissen bei einer gleichseitigen beschleunigten Veränderung bzw. Erweiterung desselben führt in Kombination mit den neuen technischen Möglichkeiten der Kommunikation und Vernetzung im Internet zum Phänomen zunehmend informell (selbst-)organisierter Lernprozesse. Lernende organisieren ihre Lernprozesse außerhalb formaler Bildungsangebote. Sowohl arbeitsorientierte Communities of Practice (Wenger, 1998) als auch curricular orientierte Learning Communities (Lenning & Ebbers, 1999) stehen aktuell im Zentrum der Diskussion um informelles, arbeitsplatznahes oder selbstorganisiertes Lernen (Dohmen, 2001).

4.1 Lernen in Communities

Communities werden allgemein als informelle Personengruppen oder -netzwerke mit gemeinsamen Zielen und Interessen definiert, die über einen längeren Zeitraum hinweg kommunizieren, Erfahrung austauschen, gemeinsam Problemstellungen lösen, Wissen neu schaffen und sammeln, um voneinander zu lernen (Brown & Duguid, 1991; Shaffer & Anundsen, 1993; Wilson, 1996; Wolf, 1997). Geschieht dies überwiegend virtuell über Inter- oder Intranet, spricht man von Online Communities, deren vielfältige soziale Prozesse von speziellen netzbasierten Softwarediensten unterstützt bzw. bei örtlich verteilten Gruppen durch diese überhaupt erst ermöglicht werden.

Software zur Unterstützung von Kommunikations- und Arbeitsprozessen in Gruppen wird seit den 1980er Jahren als „Groupware" bezeichnet. Seit 2000 hat sich das Angebot netzbasierter Softwareservices für die Unterstützung von Online Communities nahezu explosionsartig erweitert. Dabei steht weniger die Unterstützung von Arbeitsprozessen im Mittelpunkt, sondern mehr die Vernetzung der individuellen Interessen und Tätigkeiten der Benutzer. Folgerichtig spricht man seit ca. 2002 von „Social Software", die den Austausch und die gemeinsame Nutzung von Ressourcen sowie den Aufbau und Vertiefung von Gemeinschaften (Communities) ermöglicht. Shirky (2003) definiert *Social Software* knapp als „software that supports group interaction". Diese ist ein wesentlicher Baustein des seit 2004 stark in das Interesse gerückten Konzepts eines Qualitäts- und Generationensprungs des World Wide Webs („Web 2.0": O'Reilly, 2005).

Mit der Verbreitung neuer Dienste, wie z.B. Wikis und Blogs, etabliert sich ein neuer, informeller Ansatz zur Kooperation und Kollaboration in Gruppen, der spontaner, weniger geplant und gesteuert, dezentral und selbstorganisiert ist. Dies passt zu den derzeitigen Entwicklungen in der Weiterbildungskultur, in der wegen einer komplexer werdenden Umwelt und der schnellen Veraltung und Neu-Generierung von Wissen neue Formen der Lernorganisation gesucht werden (vgl. Cross, 2006).

Kaum ein Begriff in der aktuellen Diskussion wird so inflationär gebraucht wie der Community-Begriff: „Learning Communities", „Knowledge Communities", „Virtual Communities", „Online Communities", „Communities of Interest" oder „Communities of Participation" sind ein kleiner Ausschnitt der üblichen Bezeichnungen (Riel & Polin, 2004: 16). Auch im deutschsprachigen Raum gibt es eine bemerkenswerte Fülle: Lern-, Wissens- oder Interessensgemeinschaften, Experten-Netzwerk oder Erfahrungsaustausch-Gruppen sind ebenfalls nur einige der genutzten Bezeichnungen (Schoen, 2001: 56).

Communities of Practice organisieren sich um die Lösung authentischer, komplexer Problemstellungen und bilden gleichzeitig eine Umgebung zum Kennenlernen neuer Personen. Communities of Practice sind von formalen Abteilungen oder Projektteams abzugrenzen. Diese unterscheiden sich neben ihrem Zweck vor allem in ihrer stärkeren hierarchischen Struktur, ihren von außen vorgegebenen Zielen, ihrer geringeren Größe, der geringeren Freiwilligkeit der Mitgliedschaft sowie bei Projekten in der zeitlichen Begrenzung ihrer Existenz (Wenger, McDermott & Snyder, 2002: 28). Insgesamt kann man sagen, dass diese Standardwerkzeuge betrieblicher Arbeitsorganisation zumindest in ihrer Bildung einem Top-Down-Ansatz entsprechen, während Gemeinschaften sich Bottom-Up von den einzelnen Mitgliedern her bilden.

4.2 Unterstützung von Communities

Die Frage, wie (Online-)Communities optimal zu unterstützen sind, ist nur interdisziplinär zu beantworten (vgl. Wolf, 2007). Eine Vielzahl von Disziplinen beschäftigt sich mit der Bildung, dem Aufbau und dem Erhalt von Gruppen bzw. Gemeinschaften und muss berücksichtigt werden. In den meisten Ausführungen zu Online Communities wird – wenn auch nicht immer explizit – auf mehrere Wissenschaftsdisziplinen zurückgegriffen. Die primären Eigenschaften von Online Communities finden sich bereits in einer Auflistung von Whittaker, Issacs und O'Day (1997), z.B.:

- Gemeinsame Ziele, Interessen, Bedürfnisse oder Aktivitäten der Mitglieder;
- wiederholte und aktive Partizipation der Mitglieder;
- intensive Interaktionen, starke emotionale Beziehungen und geteilte Aktivitäten zwischen den Teilnehmern;
- Zugriff auf geteilte Ressourcen mit genauen Regelungen des Zugriffs;
- reziproke Leistungen, wie Informationsaustausch, Unterstützung und Dienste zwischen den Mitgliedern;
- gemeinsame Verhaltensregeln und Fachsprachen;
- freiwillige Mitgliedschaft.

Weitere von den Autoren genannte Charakteristika sind Rollendifferenzierung, Reputationssysteme, Mitgliedschaft, Gruppenidentität, Initiierungskriterien für neue Mitglieder, Geschichtsschreibung, längere Existenzdauer, Rituale und geteilte Umgebungen.

Im Hinblick auf einzusetzende Softwaresysteme ist zu betonen, dass die Unterstützung der Community-Anforderungen selbst wichtiger ist als technische Anforderungen. So bemerkt Wenger: „Experience has shown over and over that what makes for a successful community of practice has to do primarily with social, cultural, and organizational issues, and secondarily only with technological features" (Wenger, 2001: 45). Für Reeves (2000: 7 f.) sind denn auch die wichtigsten Anforderungen an die Technik nicht etwa eine besonders große Funktionsvielfalt, sondern die Zuverlässigkeit (Reliability) und einfache Nutzbarkeit (Usability), ohne die eine Eignung für Gemeinschaftsbildung (Sociability) nicht gegeben ist.

Da sich Gemeinschaften im Laufe der Zeit entwickeln und verändern, identifiziert Wenger sechs Entwicklungsstufen einer Community (Wenger, 2000; Wenger, McDermott & Snyder, 2002: 69; siehe Tabelle 5.3 unten). Aus einer zunächst nur potenziellen Gemeinschaft entsteht eine Gemeinschaft, die allmählich wächst und sich zunehmend etabliert. Wenn der Nutzen der Gemeinschaft nachlässt oder der Anlass für ihre Gründung wegfällt, kann sie sich auch allmählich auflösen. Gegebenenfalls werden in einer letzten Phase die erarbeiteten Erkenntnisse gesammelt und dokumentiert. Dieses Modell entspricht weitgehend Tuckmans bekanntem Modell zur Gruppenentwicklung (Tuckman & Jensen, 1997): (1) Forming – Orientierung und Exploration; (2) Storming – Auseinandersetzung und Machtkampf; (3) Norming –

Bindung und Vertrautheit; (4) Performing – Differenzierung und Festigung und (5) Adjourning – Abschluss und Neuorientierung.

Tabelle 5.3: Entwicklungsstufen einer Community nach Wenger und daraus abgeleitete zentrale Anforderungen an die Community-Unterstützung

Stufe	Beschreibung	Aktivitäten	Zentrale Anforderungen an Community-Umgebung
Potential (Potenzielle Gemeinschaft)	Loses Netzwerk von Personen mit ähnlichen Problemen und Bedürfnissen, aber ohne eine gemeinsame Praxis	Zueinander finden und Gemeinsamkeiten entdecken.	Darstellung eigener Problemstellung und Bedürfnisse ermöglichen. Findbarkeit sichern. Eintritt erleichtern.
Coalescing (Vereinigend)	Mitglieder kommen zusammen, entdecken ihr gemeinsames Potenzial und gründen die Gemeinschaft.	Verbundenheit entdecken, gemeinsame Ziele definieren und die Gemeinschaft gestalten.	Gemeinsame Interaktionsräume bereitstellen. Interessante Inhalte („Honeypots") anbieten.
Maturing (Reifend)	Die Gemeinschaft nimmt sich ihrer Praxis an und wächst.	Standards werden gesetzt, Lernvorhaben definiert und das Wachstum muss bewältigt werden.	Koordination und Fokussierung unterstützen. Rollendifferenzierung ermöglichen.
Active Stewardship (Aktive Verantwortung)	Die Gemeinschaft ist etabliert und durchläuft mehrere Aktivitäten; die Mitglieder beschäftigen sich mit der Praxis und entwickeln sie weiter.	Engagement in gemeinsamen Aktivitäten, Erzeugen von Artefakten, Bewahren der Energie; Ausbilden von Neulingen; Einfluss gewinnen; eine „gemeinsame Stimme" finden; Interesse und Beziehungen ständig erneuern.	Unterstützung der Sammlung und Ordnung. Platz für Aktivitäten schaffen. Neulingen die „Eingewöhnung" in die gewachsene Struktur erleichtern. Subgruppenbildung ermöglichen.
Dispersing (Zerstreuend)	Die Mitglieder engagieren sich weniger intensiv; manche Mitglieder verlassen die Gemeinschaft	Man bleibt in Kontakt, unternimmt Belebungsversuche oder gibt die Gemeinschaft auf; Definieren einer „Erbschaft".	Kontaktbörse aufrecht erhalten. Anbindung an neue Communities ermöglichen.
Memorable (Erinnerungswürdig)	Die Gemeinschaft hat ihren Nutzen verloren und die Mitglieder sind geschwunden. Sie hat keine zentrale Bedeutung mehr im Leben der ehemaligen Mitglieder, aber ihre Vergangenheit ist ein Teil der eigenen Identität.	Man erzählt sich Geschichten aus der gemeinsamen Vergangenheit, bewahrt die Artefakte und sammelt Erinnerungsstücke.	Archivierung ermöglichen.

Quelle: Eigene Darstellung

Zusammenfassend kann festgestellt werden, dass die Unterstützung von Communities wegen ihren vielfältigen Ausprägungen und Ziele nicht auf ein Standardverfahren mit einem verbindlichen Anforderungskatalog heruntergebrochen werden kann. Als Mindestanforderungen an die Funktionalität von netzbasierten Softwarediensten seien genannt:

- Identitätsdarstellung der Mitglieder sowie Reputationssysteme;
- Unterstützung von Kommunikationsprozessen, Rückmeldungen und Vernetzung der Mitglieder;
- flexible Suchfunktionen;
- Unterstützung von gemeinsamer (kollaborativer) Erstellung, Beurteilung und Ordnung von Inhalten;
- gemeinsamer Zugriff auf Ressourcen mit Zugriffsregelung;
- Gruppenbildung;
- Unterstützung von Meinungsbildung und Entscheidungsprozessen.

5 Resümee

Innerhalb dieses Kapitels wurde der Versuch unternommen, eine aktuelle sowie weitgehend konsensfähige Übersicht über Lern- und Lehrprozesse zu geben. Basierend auf einer konstruktivistischen Position, wurde Lernen als ein aktiver Prozess der Bedeutungserzeugung dargestellt, um die herum sich Lehrprozesse als Unterstützungsfunktion anzuordnen haben. Die Bedeutung von Emotion und Motivation auf das Lernen wurde hervorgehoben und die wichtigsten empirisch gestützten Erkenntnisse zur Gestaltung guten Unterrichts beschrieben.

Insgesamt sind der Transformationsprozess und Paradigmenwechsel beim Lernen und Lehren natürlich nicht abgeschlossen, sondern bewegen sich auf neue Fragestellung zu:

1. Während Bildungsstandards mit Kompetenzmodellen eine Standardisierung von Lehrplänen befördern, erzeugt das „Mitmach-Netz" autonom seine eigenen (postmodernen) Curricula. Beide werden in Zukunft relevant sein. Wie werden Lernende sich zwischen Zertifikaten und der Reputation innerhalb einer Community bewegen? Welchen Wert wird das Bildungsmanagement diesen geben?
2. Selbstbestimmung über die eigenen Lernprozesse impliziert Bildungsfreiheit. Kombiniert mit Selbstverantwortung kann sie aber schnell in ein „Selbst schuld!" münden, wenn die eigenen Lernprozesse eben nicht zur „employability" führen. Welche Verantwortung will und kann das Bildungsmanagement noch übernehmen?
3. Teilhabe an der Gesellschaft hängt zunehmend von der Bereitschaft zum Lernen ab. Bei der sich weiter beschleunigenden Entwicklung sind Lernende aber sehr schnell „bildungsfern" – auch mit ansonsten guten Voraussetzungen. Sind die Animation bzw. Motivation zum Lernen das zentrale Handlungsfeld eines zukünftigen Bildungsmanagements?

Literatur

ACHTENHAGEN, F. & JOHN, E. (1992). Mehrdimensionale Lehr-Lern-Arrangements. Wiesbaden: Gabler.

ALLEN, C. (2004). Tracing the Evoluation of Social Software.
   URL: http://www.lifewithalacrity.com/2004/10/tracing_the_evo.html (10.06.2006).

ANDERSON, L.W. & KRATHWOHL, D.R. (Hrsg.) (2001). A taxonomy for learning, teaching and assessing: A revision of Bloom's Taxonomy of educational objectives. Complete edition. New York: Longman.

ARNOLD, R. (2006). Neue Methoden betrieblicher Bildungsarbeit. In R. Arnold & A. Lipsmeier (Hrsg.), Handbuch der Berufsbildung (S. 355–369). Wiesbaden: VS Verlag.

ARNOLD, R. & SCHÜSSLER, I. (2003). Ermöglichungsdidaktik. Baltmannsweiler: Schneider Hohengehren.

ARNOLD, R. & SIEBERT, H. (2006). Konstruktivistische Erwachsenenbildung: Von der Deutung zur Konstruktion von Wirklichkeit. 5. Auflage. Baltmannsweiler: Schneider Hohengehren.

ASTLEITNER, H. (2000). Designing emotionally sound instruction: The FEASP-Approach. Instructional Science, 28 (3), 169–198.

BANDURA, A. (1997). Self-efficacy: The exercise of control. New York: Freeman.

BARTHELMEß, M. (1999). Systemische Beratung: Eine Einführung für psychosoziale Berufe. Weinheim und Basel: Beltz.

BAUMERT, J., HEYN, S. & KÖLLER, O. (1992). Das Kieler Lernstrategien-Inventar (KSI). Kiel: Institut für die Pädagogik der Naturwissenschaften an der Universität Kiel.

BIERI, P. (2001). Das Handwerk der Freiheit: Über die Entdeckung des eigenen Willens. Frankfurt a.M.: Fischer.

BIGGS, J.B. (1978). Individual and group differences in study process. British Journal of Educational Psychology, 48, 266–279.

BIGGS, J.B. (1979). Individual differences in study processes and the quality of learning outcomes. Higher Education, 8, 381–394.

BMBF (2009). Berufsbildungsbericht 2009. URL: http://www.bmbf.de/pub/bbb_2009.pdf (26.07.2009).

BOEKAERTS, M., PINTRICH, P. & ZEIDNER, M. (2000). Handbook of self-regulation. London: Academic Press.

BOEKAERTS, M., PINTRICH, P. & ZEIDNER, M. (Hrsg.) (2000). Handbook of self-regulation: Theory, research, and application. San Diego, CA: Academic Press.

BROOKS, J.G. & BROOKS, M.G. (1993). In search of understanding: The case for constructivist classrooms. Alexancer, VA: Association for Supervision and Curriculum Development.

BROWN, J.S. & DUGUID, P. (1991). Organizational learning and communities-of-practice: Toward a unified view of working, learning, and innovation. Organization Science, 2 (1): 40–57.

BRUNER, J.S. (1966). Toward a theory of instruction. New York: Norton.

CHENG, L. & CURTIS, A. (2004). Washback or Backwash: A Review of the Impact of Testing on Teaching and Learning. In L. Cheng & Y. Watanabe (Hrsg.), Washback in Language Testing: Research Contexts and Methods (S. 3–18). NJ: Lawrence Erlbaum Associates.

CROSS, J. (2006). What is Informal Learning? URL: http://internettime.com/wordpress2/?p=551 (10.07.2006).

DANSERAU, D.F. (1985). Learning Strategy Research. In J.W. Segal, S.F. Chipman & R. Glaser (Hrsg.), Thinking and learning skills: Relating learning to basic research (S. 209–240). Hillsdale (NJ): Erlbaum.

DECI, E.L. & RYAN, R.M. (1985). Intrinsic motivation and self-determination in human behavior. New York: Plenum Publishing Co.

DECI, E.L. & RYAN, R.M. (1993). Die Selbstbestimmungstheorie der Motivation und ihre Bedeutung für die Pädagogik. Zeitschrift für Pädagogik, 39 (2), 223–238.

DECI, E.L. & RYAN, R.M. (2002). Handbook of self-determination research. Rochester: University of Rochester Press.

DEWEY, J. (1938). Experience und Education. The Kappa Delta Pi Lecture Series (Reprint 1997). New York: Touchstone.

DÖRNER. D. (1992). Die Logik des Mißlingens. Reinbek: Rowohlt Verlag.

DÖRNER, D. (1999). Bauplan für eine Seele. Reinbek: Rowohlt Verlag.

DOHMEN, G. (2001). Das informelle Lernen. Bonn: BMBF.

EFKLIDES, A. & VOLET, S. (2005). Emotional experiences during learning: Multiple, situated and dynamic. Editorial. Learning and Instruction, 15 (5), 377–380.

ELLIOTT, B. (2008). Assessment 2.0: Modernising assessment in the age of Web 2.0. URL: http://www.scribd.com/461041/Assessment-20 (07.08.2009)

ENTWISTLE, N.J. & RAMSDEN, P. (1983). Understanding student learning. London: Croom-Helm.

ERICSSON, K.A. & CRUTCHER, R.J. (1990). The nature of exceptional performance. In P.B. Baltes, D.L. Featherman & R.M. Lerner (Hrsg.), Life-span development and behavior (S. 187–217). Vol. 10. Hillsdale: Erlbaum.

FAULSTICH, P. (2002). Praxishandbuch selbstbestimmtes Lernen. Weinheim: Juventa.

FAULSTICH, P. & LUDWIG, J. (Hrsg.) (2004). Expansives Lernen. Baltmannsweiler: Schneider Hohengehren.

FAULSTICH, P. & ZEUNER, C. (2006). Erwachsenenbildung. Weinheim: Juventa.

FLECHSIG, K.H. (1996). Kleines Handbuch Didaktischer Modelle. Bonn: Managerseminare.

FRIEDRICH, H.F. & MANDL, H. (1992): Lern- und Denkstrategien – ein Problemaufriss. In H. Mandl & H.F. Friedrich (Hrsg.), Lern- und Denkstrategien. Analyse und Intervention (S. 3–54). Göttingen: Hogrefe.

GESSLER, M. (2009). The correlation of participant satisfaction, learning success and learning transfer: an empirical investigation of correlation assumptions in Kirkpatrick's four-level model. International Journal of Management in Education, Vol. 3, Nos. 3/4, 346–358.

GIBBS, G. & SIMPSON, C. (2004). Conditions Under Which Assessment Supports Students' Learning. Learning and Teaching in Higher Education, 1, 3–31.

GIELEN, S., DOCHY, F. & DIERICK, S. (2003). Evaluating the Consequential Validity of New Modes of Assessment: The Influence of Assessment on Learning, Including Pre-, Post- and True Assessment Effects. In M. Segers et al. (Hrsg.), Optimising New Modes of Assessment: In Search of Qualities and Standards (S. 37–54). Kluwer Academic Publishing.

GLASERSFELD V., E. (2008). Radikaler Konstruktivismus: Ideen, Ergebnisse, Probleme. Neuauflage. Frankfurt a.M.: Suhrkamp.

GOLDBERG, D., OKI, B., NICHOLS, D. & TERRY, D.B. (1992). Using Collaborative Filtering to Weave an Information Tapestry. Communications of the ACM, December 1992, 35 (12), 61–70.

GROTLÜSCHEN, A. & KRÄMER, J.E. (2009). Vom Vergessen der Einflüsse: Vermeintliche Selbstbestimmung bei der Interessegenese. Bildungsforschung 1 (6), 17–39.

GRUBER, H. (2007). Bedingungen von Expertise. In K.A. Heller & A. Ziegler (Hrsg.), Begabt sein in Deutschland (S. 94–112). Berlin-Hamburg-Münster: LIT Verlag.

HAGEL, J. & ARMSTRONG, A. (1997). Net Gain: Expanding Markets through virtual communities. Boston.

HASANBEGOVIC, J. (2008). Beratung im betrieblichen Bildungsmanagement: Analyse und Gestaltung eines Situationstypen. Dissertation, Hochschule St. Gallen.

HEINTZE, B. (2000). Gemeinschaft ohne Nähe? In U. Thiedeke (Hrsg.), Virtuelle Gruppen (S. 180–210). Wiesbaden: Westdeutscher Verlag.

HELMKE, A. (2008). Unterrichtsqualität und Lehrerprofessionalität. Seelze: Kallmeyer Verlag.

HOLZKAMP, K. (2004). Wider den Lehr-Lern-Kurzschluß: Interview zum Thema „Lernen". Zuerst erschienen in R. Arnold (Hrsg.) (1996), Lebendiges Lernen. Baltmannsweiler: Schneider Hohengehren. In P. Faulstich & J. Ludwig (Hrsg.) (2004), Expansives Lernen, (S. 29–38). Baltmannsweiler: Schneider Hohengehren.

HORNUNG-PRÄHAUSER, V., GESER, G., HILZENSAUER, W. & SCHAFFERT, S. (2007). Didaktische, organisatorische und technologische Grundlagen von E-Portfolios und Analyse internationaler Beispiele und Erfahrungen mit E-Portfolio-Implementierungen an Hochschulen. Salzburg: Salzburg Research Forschungsgesellschaft.

JONASSEN, D.H. & GRABOWSKI, B.L. (1993). Handbook of Individual Differences, Learning, and Instruction. Hillsdale NJ.: Lawrence Erlbaum.

KELSO, J. (1995). Dynamic patterns. Cambridge, Mass.: MIT Press.

KLAUER, K.J. & LEUTNER, D. (2007). Lehren und Lernen: Einführung in die Instruktionspsychologie. Weinheim und Basel: Beltz.

KLEIN, R. & REUTTER, G. (2004). Lernberatung als Lernprozessbegleitung in der beruflichen Weiterbildung – Voraussetzungen auf der Einrichtungsebene. texte.online 6.2004, URL: http://www.die-bonn.de/publikationen/online-texte/details.asp?ID=990 (07.08.2009).

KORT, B., REILLY, R. & PICARD, R.W. (2001). An affective model of interplay between emotions and learning: Reengineering educational pedagogy – Building a learning companion. URL: http://affect.media. mit.edu/AC_research/lc/icalt.pdf (24.05.2007)

KRAPP, A. (2003). Die Bedeutung der Lernmotivation für die Optimierung des schulischen Bildungssystems. Politische Studien, Sonderheft 3, 91–105.

KRAPP, A. & WEIDENMANN, B. (2006). Pädagogische Psychologie: Ein Lehrbuch. 5. Auflage. Weinheim und Basel: Beltz.

KRAPPMANN, L. (1969). Soziologische Dimensionen der Identität: Strukturelle Bedingungen für die Teilnahme an Interaktionsprozessen. Stuttgart: Klett.

KRAPPMANN, L. (1979). Die problematische Wahrung der Identität. In A. Heiglevers & U. Streeck (Hrsg.), Die Psychologie des 20. Jahrhunderts (S. 413–423). Band 8. Zürich: Kindler.

KÜPPERS, B. (1986). Der Ursprung biologischer Information: Zur Naturphilosophie der Lebensentstehung. München: Piper.

LENNING, O. & EBBERS, L. (1999). The powerful potential of learning communities: Improving education for the future. ASHE-ERIC higher education report, 26 (6), Graduate School of Education and Human Development, George Washington University.

MACLELLAN, E. (2004). How convincing is alternative assessment for use in higher education? Assessment & Evaluation in Higher Education, 29 (3), 311–321.

MAYER, R.E. (2004). Should There Be a Three-Strikes Rule Against Pure Discovery Learning? The Case for Guided Methods of Instruction. American Psychologist, 59 (1), 14–19.

MESSICK, S. (1996). Validity and washback in language testing. Language Testing, 13, 241–256.

MEYER, H. (2007): Zehn Merkmale guten Unterrichts: Anleitung zur Überarbeitung und zum Einsatz eines Beobachtungsbogens. In W. Endres (Hrsg.), Lernen lernen – Wie stricken ohne Wolle? (S. 166–187). Weinheim und Basel: Beltz.

MÖLLER, E. (2006). Die heimliche Medienrevolution – Wie Weblogs, Wikis und freie Software die Welt verändern. 2. Auflage. Hannover: Heise.

NEBER, H. (1978). Selbstgesteuertes Lernen (lern- und handlungspsychologische Aspekte). In H. Neber, A.C. Wagner & W. Einsiedler (Hrsg.), Selbstgesteuertes Lernen (S. 33–44). Weinheim und Basel: Beltz.

NEUWEG, G.H. (2001). Das Können prüfen: Plädoyer für eine andere Prüfungsdidaktik. GdWZ – Grundlagen der Weiterbildung, 12 (5), 202–205.

O'REILLY, T. (2005). What is Web 2.0. URL: http://www.oreillynet.com/pub/a/oreilly/tim/news/2005/09/30/what-is-web-20.html (10.08.2009).

OSER, F. & SPYCHIGER, M. (2005). Lernen ist schmerzhaft. Weinheim und Basel: Beltz.

PEKRUN, R., GOETZ, T., TITZ, W. & PERRY, R.P. (2002). Academic emotions in students' selfregulated learning and achievement: A program of quantitative and qualitatitve research. Educational Psychologist, 37, 91–106.

PINTRICH, P.R., SMITH, D.A.F., GARCIA, T. & MCKEACHIE, W.J. (1991). The motivated strategies for learning questionnaire (MSLQ). Ann Arbor, MI: NCRIPTAL, The University of Michigan.

PREECE, J. (2000). Online Communities – Designing Usability, Supporting Sociability. Chichester: Wiley.

REBLE, A. (2004). Geschichte der Pädagogik. 21. Auflage. Stuttgart: Klett-Cotta.

REETZ, L. (2005). Situierte Prüfungsaufgaben: Die Funktion von Situationsaufgaben in Abschlussprüfungen des Dualen Systems der Berufsausbildung. bwp@ Nr. 8.

REIGELUTH, C.M. (1999). The elaboration theory: Guidance for scope and sequence desicions. In C.M. Reigeluth (Hrsg.), Instructional design theories and models: A new paradigm of instructional theory (S. 425–452). Volume 2. Mahwah, NJ: Erlbaum.

REINMANN, G. (2007). Bologna in Zeiten des Web 2.0. Assessment als Gestaltungsfaktor. Arbeitsbericht Nr. 16, September. Universität Augsburg.

REINMANN, G. (2009). Selbstorganisation auf dem Prüfstand: Das Web 2.0 und seine Grenzen(losigkeit). URL: http://medienpaedagogik.phil.uni-augsburg.de/denkarium/wp-content/uploads/2009/01/selbstorganisation_web20_artikel_jan09.pdf (07.08.2009).

REINMANN-ROTHMEIER, G. & MANDL, H. (1999). Implementation konstruktivistischer Lernumgebungen – Revolutionärer Wandel oder evolutionäre Veränderung? In H.-E. Renk (Hrsg.), Lernen und Leben aus der Welt im Kopf: Konstruktivismus in der Schule (S. 61–78). Neuwied: Luchterhand.

RIEL, M. & POLIN, L. (2004). Online Learning Communities – Common Ground and Critical Differences in Designing Technical Environments. In S.A. Barab, R. Kling & J.H. Gray (Hrsg.), Designing for Virtual Communities in the Service of Learning (S. 16–50). Cambridge: University Press.

ROHS, M. & KÄPPLINGER, B. (2004). Lernberatung: Ein Omnibusbegriff auf Erfolgstour. texte.online 6.2004, URL: http://www.die-bonn.de/publikationen/online-texte/details.asp?ID=989 (07.08.2009).

ROTH, G. (2002). Das Gehirn und seine Wirklichkeit: Kognitive Neurobiologie und ihre philosophischen Konsequenzen. 8. Auflage. Frankfurt a.M.: Suhrkamp.

ROTH, G. (2006). Warum sind Lehren und Lernen so schwierig. In U. Herrmann (Hrsg.), Neurodidaktik: Grundlagen und Vorschläge für gehirngerechtes Lehren und Lernen (S. 49–59). Weinheim: Beltz.

ROTH, G., SPITZER, M. & CASPARY, R. (2009). Lernen und Gehirn: Der Weg zu einer neuen Pädagogik. 6. Auflage. Freiburg: Herder.

RYAN, R.M. (1995). Psychological needs and the facilitation of integrative process. Journal of Personality, 63 (3), 397–427.

SCHOEN, S. (2001). Gestaltung und Unterstützung von Communities of Practice, München: Utz.

SEEL, N.M. (2003). Psychologie des Lernens: Lehrbuch für Pädagogen und Psychologen. 2. Auflage. Stuttgart: UTB.

SEMBILL, D. (1992). Problemlösefähigkeit, Handlungskompetenz und Emotionale Befindlichkeit: Zielgrößen forschenden Lernens. Göttingen: Hogrefe.

SEMBILL, D., WOLF, K.D., WUTTKE, E., SANTJER, I. & SCHUMACHER, L. (1998). Prozessanalysen Selbstorganisierten Lernens. In K. Beck & R. Dubs (Hrsg.), Kompetenzerwerb in der Berufserziehung – Kognitive, motivationale und moralische Dimensionen kaufmännischer Qualifizierungsprozesse (S. 57–79). Zeitschrift für Berufs- und Wirtschaftspädagogik. Beiheft Nr. 14. Stuttgart: Steiner.

SEMBILL, D., WUTTKE, E., SEIFRIED, J., EGLOFFSTEIN, M. & RAUSCH, A. (2007). Selbstorganisiertes Lernen in der beruflichen Bildung – Abgrenzungen, Befunde und Konsequenzen. bwp@, 13, 1–33.

SHAFFER, C. & ANUNDSEN, K. (1993). Creating Community Anywhere: Finding Support and Connection in a Fragmented World, New York: Putnam Pub. Group.

SHIRKY, C. (2003). A Group Is Its Own Worst Enemy. URL: http://www.shirky.com/writings/group_enemy.html (07.08.2009).

SIEBERT, H. (2005). Pädagogischer Konstruktivismus: Lernzentrierte Pädagogik in Schule und Erwachsenenbildung. 3. Auflage. Weinheim und Basel: Beltz.

SIMONS, P.R-J. (2004). Sechs Wege, die Kluft zwischen Lernen und Arbeiten zu überwinden. In H. Gruber, C. Harteis, H. Heid & B. Meier (Hrsg), Kapital und Kompetenz (S.93–110). Wiesbaden: VS Verlag.

SMITH, L.B. & THELEN, E. (2003). Development as a dynamic system. TRENDS in Cognitive Sciences, 7 (8), 343–348.

SPIRO, R.J., COULSON, R.L., FELTOVITCH, P.J. & ANDERSON, D.K. (1988). Cognitive flexibility theory: Advanced knowledge acquisition in ill-structured domains. In Proceedings of the tenth annual conference of the cognitive science society (S. 245–278). Hillsdale, NJ: Lawrence Erlbaum.

SPIRO, R. J., FELTOVITCH, P.J., JACOBSON, M.J. & COULSON, R.L. (1992). Knowledge Representation, Content specification and the Development of Skill in Situation Specific Knowledge Assembly: Some Constructivist Issues as They Relate to Cognitive Flexibility Theory and Hypertext. In T.M. Duffy & D.H. Jonassen (Hrsg.), Constructivism and the Technology of Instruction: A Conversation (S. 121–128). Hillsdale, NJ: Lawrence Erlbaum.

STERNBERG, R., WAGNER, R., WILLIAMS, W. & HORVATH, J. (1995). Testing common sense. American psychologist, 50 (11), 912–927.

STRAKA, G.A. & MACKE, G. (2002). Lern-Lehr-Theoretische Didaktik. Münster: Waxmann.

STRAKA, G.A. & MACKE, G. (2009). Berufliche Kompetenz: Handeln können, wollen und dürfen. Zur Klärung eines diffusen Begriffs. BWP, 3, 14–17.

STRAKA, G.A., ROSENDAHL J. & KIEL, K. (2005). Arbeits-, Lern- und Kontrollstrategien-Inventar (ALK–I). Bremen. Download unter URL: http://www.itb.uni-bremen.de/downloads/Publikationen/manual _alk-i.pdf (07.08.2009).

TUCKMAN, B. & JENSEN, M. (1977). Stages of small group development revisited. Group and Organizational Studies, Vol. 2, 419–427.

WEINERT, F.E. (1982): Selbstgesteuertes Lernen als Voraussetzung, Methode und Ziel des Unterrichts. Unterrichtswissenschaft, 10 (2), 99–110.

WEINSTEIN, C.E. (1987): Learning and study strategies inventory (LASSI). Clearwater (FL): H&H Publishing Company.

WENGER, E.C. (1998). Communities of practice – Learning, meaning, and identity. Cambridge: University Press.

WENGER, E.C. (2000). Communities of Practice and Social Learning Systems. Organization Science, 7 (2), 225–246.

WENGER, E.C. (2001). Supporting communities of practice – a survey of community-oriented technologies. URL: URL: http://www.ewenger.com/tech/ (07.08.2009).

WENGER, E.C., MCDERMOTT, R. & SNYDER, W. M. (2002). Cultivating Communities of Practice. Boston, Mass.: Harvard Business School Press.

WHITTAKER, S., ISAACS, E. & O'DAY, V. (1997). Widening the Net: Workshop Report on the Theory and Practice of Physical and Network Communities. SIGCHI Bulletin, 29 (3), 27–30.

WILD, K.P. & SCHIEFELE, U. (1993). Induktiv versus deduktiv entwickelte Fragebogenverfahren zur Erfassung von Merkmalen des Lernverhaltens. Unterrichtswissenschaft, 21, 312–326.

WILD, K.P. & SCHIEFELE, U. (1994). Lernstrategien im Studium: Ergebnisse zur Fragebogenstruktur und Reliabilität eines neuen Fragebogens. Zeitschrift für Differentielle und Diagnostische Psychologie, 15 (4), 185–200.

WILSON, B.G. (1996). What Is a Constructivist Learning Environment? In B.G. Wilson (Hrsg.), Constructivist Learning Environments: Case Studies in Instructional Design (S. 3–10). Englewood Cliffs (NJ): Educational Technology Publications.

WINNE, P.H. & HADWIN, A.F. (1998). Studying as self-regulated learning. In D.J. Hacker, J. Dunlosky & A.C. Graesser (Hrsg.), Metacognition in educational theory and practice (S. 277–304). Mahwah (NJ): Erlbaum.

WIRTH, J. (2004). Selbstregulation von Lernprozessen. Münster: Waxmann.

WITTGENSTEIN, L. (1922). Tractatus logico – philosophicus. London: Harcourt, Brace & Company.

WOLF, K.D. (1997). Lernen im Internet: Kollaboratives Lernen und Handeln. In Zentralstelle für Weiterbildung TU Braunschweig (Hrsg.), Mediengestützte wissenschaftliche Weiterbildung: Erfahrungen und Perspektiven beruflicher Bildung und Weiterbildung (S. 313–338). TU Braunschweig, Braunschweig.

WOLF, K.D. (1999). Erfahrungspunkte – Prozessfeedback in einer WWW-basierten Lernumgebung. In Zentralstelle für Weiterbildung TU Braunschweig (Hrsg.), Elektronische Medien in der wissenschaftlichen Weiterbildung (S. 150–160). TU Braunschweig, Braunschweig.

WOLF, K.D. (2003). Gestaltung und Einsatz einer internetbasierten Lernumgebung zur Unterstützung Selbstorganisierten Lernens. Hamburg: Kovac.

WOLF, K.D. (2006). Software für Online-Communities auswählen (Selecting Software for Online-Communities). In A. Hohenstein und K. Wilbers (Hrsg.), Handbuch e-learning (Handbook of E-Learning), K5.14.

WUTTKE, E. (1999). Motivation und Lernstrategien in einer selbstorganisationsoffenen Lernumgebung: Eine empirische Untersuchung bei Industriekaufleuten. Frankfurt a.M.: Peter Lang.

ZIMMERMAN, B.J. (2002). Becoming a Self-Regulated Learner: An Overview. Theory Into Practice, 41 (2), 64–70.

Wissensmanagement

Uwe Wilkesmann und Maximiliane Wilkesmann

Zielsetzung

- Sie können verschiedene Aspekte des Wissensbegriffs und verschiedene Ansätze des Wissensmanagements und Wissenstransfers beschreiben.
- Sie können erklären, warum in bestimmten Fällen der Wissenstransfer nicht funktionieren kann, da Sie die Voraussetzungen des Wissenstransfers analysieren können.
- Mithilfe von Best Practice Beispielen können Sie die Erfolge und Barrieren des Wissensmanagements erläutern und illustrieren.
- Sie kennen verschiedene Wege der Motivation von Mitarbeitern und können Anreize für den Wissenstransfer setzen.
- Sie können reale Situationen in Organisationen bewerten und analysieren sowie Handlungsstrategien entwickeln.

1 Einleitung: Warum ist Wissensmanagement ein zentraler Aspekt des Bildungsmanagements?

Die Gestaltung von Bildungsprozessen in Unternehmen und Bildungsinstitutionen hat sich in den letzten Jahren stark verändert. Während es aus der individuellen Sicht früher eine klare Zuordnung von Lebensphasen und Bildungsabschnitten gab, tritt die Ausdifferenzierung von Erwerbsbiografien zunehmend in den Vordergrund. Im Zuge des ‚lebenslangen Lernens' entstehen individuelle Lernbedürfnisse, die mit individualisierten Lernangeboten vonseiten der Bildungsinstitutionen gestillt werden müssen. Es reicht allerdings nicht aus, wenn Organisationen nur auf diese individuellen Lernbedürfnisse (z.B. durch Qualifikations- und Kompetenzmanagement) eingehen. Organisationen selbst haben das Bedürfnis, ihr Wissen zu erweitern und zu optimieren. Um diesen Erfordernissen nachzukommen, ist ein Perspektivwechsel notwendig. Wissensmanagement ist dafür eine geeignete Methode, weil das Ziel dieses Ansatzes darin liegt, vorhandenes Wissen in der Organisation zu bewahren und neues Wissen mithilfe der Beschäftigten *für* die Organisation zu generieren. Wissen wird durch Wissensmanagement systematisch erzeugt und in Situationen überführt, in denen es gebraucht wird: nämlich im Prozess der Arbeit. Dadurch werden Lehr-Lern-Arrangements innerhalb der Organisation selbst geschaffen, welche somit zu einem zentralen Aspekt des Bildungsmanagements werden.

In diesem Beitrag werden wir zunächst verschiedene Dimensionen des Wissensbegriffs betrachten, um anschließend auf zentrale Ansätze des Wissensmanagements, Wissenstransfers sowie auf die Voraussetzungen des Wissensmanagements einzugehen. Drei Beispiele aus der Praxis runden diesen Beitrag ab.

2   Was ist Wissen?

Wenn wir die Frage beantwortet wollen, ob und wie Wissen gemanagt werden kann, dann müssen wir uns zuvor die Frage stellen, was unter dem Begriff Wissen überhaupt verstanden wird. Die interdisziplinäre Ausrichtung der Forschung zum Thema Wissen und Wissensmanagement erschwert hierbei eine einheitliche Definition. So speist sich allein das Verständnis zum Begriff Wissen aus den unterschiedlichen Ansätzen der Neurowissenschaften, Psychologie, Biologie, Philosophie, Soziologie sowie der Ökonomie. Je nachdem, auf welchen theoretischen Ansatz zurückgegriffen wird, ergeben sich unterschiedliche Konsequenzen für den Wissensbegriff und für den Umgang mit Wissen. Die Ansätze zum Wissen lassen sich grob in drei Kategorien unterscheiden:

1. unterschiedliche Wissensebenen (Wissen als Objekt, individuelles, kollektives und organisationales Wissen),
2. verschiedene Wissenstypen (z.B. tazides, implizites, explizites, non-deklaratives, deklaratives Wissen etc.),
3. Wissen in sozialen Kontexten (Wissen als Produktionsfaktor, Wissen als privates oder öffentliches Gut, Wissen als Machtressource).

2.1 Wissensebenen

Die erste Kategorie der Wissensansätze unterscheidet vier Abstraktionsebenen: Auf der untersten Ebene gibt es Vorformen des Wissens, welche unabhängig vom Menschen existieren. Auf der zweiten Ebene wird davon ausgegangen, dass Wissen personengebunden ist und somit auf das Individuum fokussiert. Diese Ansätze stammen zum einen auch aus der Lernpsychologie, zum anderen aber auch aus der Organisationstheorie. Auf der dritten Ebene finden sich die organisationstheoretischen Ansätze, die Wissen als ein kollektives Element betrachten, und auf der vierten Ebene die Ansätze, welche Wissen als einen organisationalen Faktor definieren (vgl. Tabelle 6.1).

Tabelle 6.1: Wissensebenen

	Organi-sationales Wissen	Organisationales Wissen manifestiert sich in Form von Organisationsstrukturen, Organisationskultur und Organisationszielen. Organisationales Wissen reduziert Verhaltensunsicherheit und erleichtert die Koordination in Organisationen.
	kollektives Wissen	Kollektives Wissen setzt sich aus verschiedenen individuellen Perspektiven zusammen, die ausgetauscht und zu einem gemeinsamen Wissen integriert werden.
	individuelles Wissen	Individuelles Wissen existiert nicht in der Außenwelt, sondern es wird vom Individuum in jeder Situation neu konstruiert.
	Vorformen des Wissens	Daten und Informationen als Vorformen des Wissens, die unabhängig vom Individuum auftreten.

Quelle: Eigene Darstellung

Vorformen des Wissens

Die Unterscheidung zwischen *Daten*, *Informationen* und *Wissen* (Willke, 1998) wird in allen Ansätzen des Wissensmanagements zugrunde gelegt (vgl. Tabelle 6.2).

Tabelle 6.2: Definition und Beispiele zu Daten, Information und Wissen

Daten	Daten sind das ‚Rohmaterial', die Variablen, Zahlen und Fakten.	Als Beispiel können hier die Zahlen in einer Bilanz genannt werden. Daten sind immer in Zahlen, Sprache, Text oder Bildern kodiert.
Informationen	Wenn Daten in einen Kontext von Relevanzen eingebunden werden, werden sie zu Informationen.	Wenn jemand noch nie eine Bilanz gesehen hat und nicht gelernt hat, sie zu lesen, dann weiß derjenige nicht, was die Zahlen bedeuten. Der Akteur muss also wissen, was 100 Mio. Euro Umsatz oder 1 Mio. Euro Gewinn bedeuten.
Wissen	Aus Informationen wird Wissen, wenn sie in einen zweiten Kontext von Relevanzen integriert werden. Hierbei werden die Informationen in schon vorhandenes Wissen integriert.	Der Akteur muss darüber hinaus auch noch das Unternehmen und seine Geschichte kennen, um beurteilen zu können, was ein Gewinn von 1 Mio. Euro bedeutet. Ist dies etwa ein Fortschritt gegenüber dem Vorjahr oder ein Verlust?

Quelle: Eigene Darstellung

Daten können (z.B. in Form von Datenbankeinträgen) als Objekt auch außerhalb des Individuums existieren. Sobald Daten durch das Individuum einen Bedeutungsgehalt zugeschrieben bekommen, werden sie zu Informationen. Informationen sind interpretierte Daten in Form von Symbolen und Zeichen. In einem zweiten Schritt werden die Informationen in vorhandenes Wissen integriert, sodass wiederum neues Wissen entsteht (vgl. Abbildung 6.1).

Abbildung 6.1: Das Zusammenspiel von Daten, Informationen und Wissen
Quelle: Eigene Darstellung

Der Pfeil im Schaubild ist daher sowohl nach oben als auch nach unten gerichtet. Denn nur durch entsprechendes Vorwissen kann entschieden werden, ob es sich um brauchbare Informationen handelt oder nicht. Die Überlegung, dass Wissen an Personen gebunden sein muss, führt uns direkt zur nächsten Ebene, deren Ausgangspunkt vor allem die Forschungsarbeiten der Konstruktivisten waren.

Individuelles Wissen

In der lernpsychologischen Forschung des Behaviorismus und des Kognitivismus wurde Wissen lange Zeit als etwas angesehen, das extern und unabhängig vom Individuum existiert. Der Konstruktivismus nimmt hier eine deutliche Akzentverschiebung in der lerntheoretischen Debatte vor. Die Wirklichkeit wird im Sinne des Konstruktivismus subjektiv konstruiert und lässt sich nicht objektiv entdecken (Maturana & Varela, 1987; Foerster v., 1985).

Neo:	„Das hier ist nicht wirklich?"
Mor-pheus:	„Was ist die Wirklichkeit? Wie definiert man das, Realität? Wenn Du darunter verstehst, was Du fühlst, was Du riechen, schmecken oder sehen kannst, ist die Wirklichkeit nichts weiter als elektrische Signale, interpretiert von Deinem Verstand."

Abbildung 6.2: Dialog aus dem Film Matrix
Quelle: Matrix, 1999: Min. 35:08 ff.

Der entscheidende Punkt an diesem Ansatz ist, dass Wissen nicht als Objekt in der Außenwelt existiert, sondern dass es vom Individuum konstruiert wird und das womöglich in jeder Situation neu. Wissen kann nicht passiv aufgenommen werden, vielmehr muss ein aktiver Konstruktionsprozess im Individuum vonstattengehen.

Wissen ist kein Stoff oder Produkt, das wie Erz gewonnen und durch maschinelle Verarbeitungsprozesse veredelt werden kann. Wissen entsteht erst, wenn Informationen sinnvoll in vorhandenes Wissen integriert werden, d.h. Wissen existiert nicht unabhängig vom Individuum und kann daher nicht ohne Weiteres an eine andere Person 1:1 übermittelt werden. Die eigenen Vorerfahrungen spielen bei der Aufnahme und Verarbeitung von neuem Wissen eine wichtige Rolle.

Kollektives Wissen

Vertreter der Organisationsforschung sind der Ansicht, dass es neben individuellem Wissen auch kollektives Wissen in Organisationen gibt. Die kollektive Argumentation in Bezug auf Wissen geht davon aus, dass mithilfe kollektiver Lernprozesse Ergebnisse erzielt werden, zu denen Einzelpersonen nicht gelangen können – auch nicht der ‚Beste' in der Gruppe (Weber, 1997). Wenn es beispielsweise um die Erfüllung bestimmter Kundenanforderungen geht, übersteigt das Wissen, welches zur Lösung des Problems benötigt wird, die individuellen Kapazitäten. Zur Lösung eines größeren Problems (z.B. der Entwicklung eines neuen Produkts, einer Reorganisation) wird in der Regel eine Projektgruppe aus unterschiedlichen Experten zusammengesetzt, sodass alle zur Lösung des Problems wichtigen Wissensgebiete durch entsprechende Experten vertreten sind. Jedes Mitglied hat dabei die gleichen Möglichkeiten, sein (Teil-)Wissen zur Lösung des Gesamtproblems und somit zur gemeinsamen

Wissensproduktion beizutragen. Lösungsmöglichkeiten lassen sich in diesem Fall besser durch die Erzeugung eines kollektiven Wissens bewältigen (Wilkesmann, 1999).

> Auf kollektiver Ebene können neue Wissensstrukturen hervorgebracht werden, indem in Gruppen verschiedene Sichtweisen ausgetauscht und auf diese Weise die gemeinsame Lösung eines Problems gefunden wird, die eine Einzelperson nicht im Blick hat.

Organisationales Wissen

Der Grundgedanke des organisationalen Wissens ist, dass organisationales Wissen mehr als die Summe der Teile ist und zwar dann, wenn es ein ‚Organisationsgedächtnis‘ für geronnene Lernerfahrungen früherer Akteure gibt. Dieses Wissen kann Wissen über Personen, Projekte, Strukturen, Prozesse, Beziehungen usw. sein. In der Literatur wird in diesem Fall gewöhnlich vom Organisationslernen gesprochen, also ein ‚Supersubjekt‘ Organisation unterstellt, das lernt. Diese Redeweise missachtet jedoch, dass die Organisation in diesem Sinne kein Subjekt ist, sondern aus einer Ansammlung von Individuen besteht – Individuen lernen in Organisationen. Das Lernen von Organisationen erschöpft sich jedoch andererseits auch nicht in dem individuellen Lernen der Mitarbeiter. Wenn Mitarbeiterin Frau Müller lernt, heißt dies noch lange nicht, dass das Unternehmen XY, bei dem Frau Müller angestellt ist, ebenfalls lernt. Damit das Unternehmen XY lernt, müssen viele Mitarbeiter ihr Verhalten ändern. Diese Verhaltensänderung wird durch neue Rahmenordnungen bewirkt, innerhalb derer die Akteure handeln (Hanft, 1998). Beispiele dafür sind neue Organisationsstrukturen, neue Anreizsysteme oder neue Arbeitsabläufe. Diese bewirken, dass die einzelnen Mitglieder entsprechendes Verhalten zeigen. Organisationsstrukturen, Anreizsysteme etc. können somit auch als ‚geronnenes Wissen‘ der Organisation verstanden werden (Wilkesmann, 1999).

> Organisationales Wissen sind geronnene Erfahrungen, die sich in Form von Organisationsstrukturen und Organisationskulturen ausdrücken.

2.2 Wissenstypen

Wissen kann unterschiedliche Formen annehmen. Es ist etwas anderes, ob man weiß, wie man Fahrrad fährt, oder weiß, wie man ein mathematisches Problem löst. Unterschiedliche Wissensinhalte werden in verschiedenen Gedächtnissystemen abgespeichert. Es ist einfacher, einer anderen Person das oben genannte mathematische Problem zu erklären, als jemandem zu beschreiben, was man tun muss, um Fahrrad zu fahren. Unterschiedliche Wissensinhalte sind also nur zu einem gewissen Grad kodifizierbar bzw. explizierbar. Wissenstypen können daher hinsichtlich ihrer Speicherung, d.h. ihrer Zuordnung im Gedächtnissystem und ihrer Kodifizierbarkeit differieren.

Speicherung von Wissen im Gedächtnissystem

In der Vergangenheit wurde im Kontext des Wissensmanagements gedächtnispsychologischen Ansätzen wenig Aufmerksamkeit geschenkt. Wie wir oben festgestellt haben, ist Wissen in erster Linie personengebunden und individuelles Lernen sollte daher ein zentrales Element des Wissensmanagements sein. Daher wird an dieser Stelle kurz auf wichtige Einsichten der Gedächtnisforschung eingegangen.

Nach Tulving (2002) teilt sich die Gedächtnisforschung in Ansätze, welche sich an der inhaltlichen Klassifizierung von Speichertypen im Gedächtnis orientieren (classification approach), und in Ansätze, die sich auf die Prozesse des Einspeicherns und des Abrufs konzentrieren (processing approach). Im Sinne des Prozessorientierten wird zwischen dem Arbeits- und dem Langzeitgedächtnis unterschieden (Markowitsch, 2002). Ausgangspunkt des inhaltlich orientierten Klassifikationsansatzes ist, dass das menschliche Gedächtnis eine Fülle von Informationen nach ihrer inhaltlichen Zugehörigkeit differenzieren und zusammenfassen muss (Markowitsch, 2002). Die Klassifikation des Gedächtnissystems ist im Langzeitgedächtnis verortet und gliedert sich in zwei Bereiche, welche sich wiederum unterteilen lassen (Abb. 6.3):

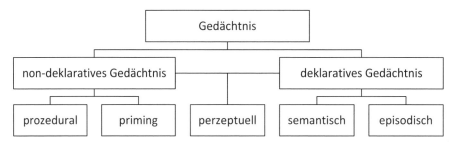

Abbildung 6.3: Gedächtnissysteme
Quelle: Eigene Darstellung

Der unbewusste Teil des Gedächtnisses umfasst das prozedurale und das Priming-Gedächtnis. Im prozeduralen Gedächtnis werden motorische Fertigkeiten und Routinehandlungen gespeichert (z.B. das Fahrradfahren). Das Priming (Bahnung) stellt eine unbewusste Mustererkennung dar, d.h. wenn man einen Hund bellen hört, hat man direkt das Bild eines Hundes vor Augen, ohne diesen gesehen zu haben. Das perzeptuelle Gedächtnis bildet den Übergang vom unbewussten zum bewussten Gedächtnis. Es ermöglicht das bewusste Erkennen von Gegenständen durch die Einordnung in Familiaritätsurteile (z.B. verschiedene Automodelle werden trotz großer Unterschiede als Autos erkannt). Das semantische Gedächtnis, auch Wissenssystem genannt, umfasst das allgemeine Faktenwissen, das kontextfrei abgerufen werden kann (z.B. weiß man, ohne jemals in London gewesen zu sein, dass London die Hauptstadt von England ist). Das episodische Gedächtnis ist kontextgebunden, d.h. es hat einen festen Raum- und Zeitbezug (z.B. der erste Arbeitstag, die Reise nach New York). Zudem werden die Informationen emotional bewertet, weil jeder Mensch unterschiedliche Erfahrungen macht, d.h. diese Informationen werden mit unterschiedlichen Assoziationen verknüpft. Das episodische Gedächtnis ermöglicht dadurch einen Blick in die Vergangenheit und somit auch einen Blick in die Zukunft, da zukünftige Situationen aus der Erfahrung eingestuft werden können.

> **!** Die Gedächtnisforschung unterscheidet zwischen den explizit repräsentierten deklarativen und den implizit repräsentierten nicht-deklarativen Gedächtnissystemen. Nur das deklarative Gedächtnis wird als in seiner Gesamtheit bewusst repräsentiert und als bewusst abrufbar angesehen. Wissen, welches im deklarativen Gedächtnissystem abgelegt ist, lässt sich daher am ehesten ‚managen‘, weil es explizierbar ist.

Die angesprochene Unterscheidung von deklarativen und nicht-deklarativen Wissensinhalten wurde in der Wissensmanagementliteratur unter dem Stichwort implizites bzw. explizites Wissen thematisiert und betrifft die Kodifizierbarkeit von Wissen.

Kodifizierbarkeit von Wissen

Wie wir eben gesehen haben, scheint es bestimmte Formen von Wissen zu geben, die uns erstens nicht bewusst sind und zweitens nur sehr schwer artikulierbar sind. Je nachdem, wie gut man Wissen artikulieren kann, unterscheidet man zwischen explizitem, implizitem und stillschweigendem bzw. tazidem (engl. tacit knowledge) Wissen.

Explizites Wissen ist dabei jenes Wissen, was verbalisiert werden kann. Explizites Wissen ist also Verstandeswissen, lässt sich in formaler Sprache ausdrücken und als Daten weitergeben. *Implizites Wissen* ist Wissen, welches (noch) nicht kodifiziert ist, aber durchaus explizierbar ist. Dazu zählt auch Wissen, welches verinnerlicht wurde. Implizites Wissen kann zum einen eine technische Dimension als schwer beschreibbare Fertigkeiten und zum anderen eine kognitive Dimension als ein für selbstverständlich erachtetes mentales Modell annehmen (vgl. Abbildung 6.4).

Kodifizierbarkeit von Wissen

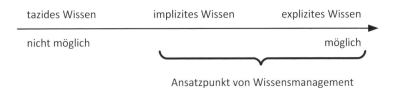

Abbildung 6.4: Kodifizierungsgrad von Wissen
Quelle: Eigene Darstellung

Tazides Wissen umfasst jenes Wissen, welches nicht explizierbar ist. Den Begriff des stillschweigenden Wissens hat Polanyi (1967) in die Diskussion gebracht. In der deutschen Übersetzung wird für tacit knowledge häufig der Begriff implizites Wissen gebraucht, was den Kern der Sache allerdings nicht ganz trifft. Polanyi selbst unterstellt dieser nicht-expliziten Dimension des Wissens eine Zweigliedrigkeit und unterscheidet zwischen zwei Bewusstseinsebenen: dem unterstützenden und dem zentralen Bewusstsein. Wenn die Wahrnehmung des zentralen Bewusstseins auf das unterstützende Bewusstsein gelenkt wird, beispielsweise ein Redner sich auf die Grammatik statt auf die Rede selbst fokussiert, dann wirkt die Ausführung der Handlung ungeschickt. „Im Zusammenhang mit der Ausführung einer Tätigkeit heißt das, dass wir eine Reihe von Einzelheiten wissen, ohne imstande zu sein, diese zu identifizieren" (Renzl, 2003: 39).

Polanyi hat dies mit dem – vor allem im Wissensmanagement – viel zitierten Satz „we can know more than we can tell" (Polanyi, 1967: 4) umschrieben. Das tazide Wissen in Form des unterstützenden Bewusstseins ist in Analogie zur Gedächtnisforschung demnach dem non-deklarativen Gedächtnissystem zuzuordnen.

Tabelle 6.3: Explizites, implizites und tazides Wissen

Explizites Wissen	<ul><li>kann verbalisiert und niedergeschrieben werden und somit als Daten gespeichert werden</li><li>einfach zu imitieren</li><li>know what</li></ul>	In einem Handbuch eines Computerprogramms werden einzelne Handlungsschritte zur Bedienung des Programms erklärt.
Implizites Wissen	<ul><li>kann bewusst gemacht werden</li><li>(noch) nicht expliziert, aber übertragbar</li><li>erfahrungsgebunden</li><li>know how</li></ul>	Ein Facharbeiter weiß, wie sich eine Maschine anhört, deren Werkzeuge gewechselt werden muss. Er kann das Geräuschmuster mithilfe einer Metapher beschreiben: „Das klingt wie das Rasseln einer Kette".
Tazides Wissen	<ul><li>unbewusst</li><li>nicht explizierbar</li><li>Intuition</li></ul>	Das Wissen über ein Unternehmen wächst mit der Erfahrung, die man dort gemacht hat und mündet beispielsweise in bestimmte Einstellungen zu diesem Unternehmen.

Quelle: Eigene Darstellung

Festzuhalten bleibt, dass Wissen immer personengebunden ist und – im Gegensatz zu Informationen und Daten, welche in expliziter Form vorliegen können – durch Kommunikation und Interaktion auf individueller Ebene rekonstruiert werden muss.

2.3 Wissen in sozialen Kontexten

Wissen besitzt aber nicht nur jene inhaltlichen und personengebundenen Ausprägungen, die in den Abschnitten zuvor thematisiert wurden. Dem Faktor Wissen werden in sozialen Kontexten weitere Bedeutungen zugeschrieben. Hier spielen vor allem ökonomische und soziologische Überlegungen eine wichtige Rolle. In der Ökonomie wird Wissen als Produktionsfaktor, als privates bzw. öffentliches Gut betrachtet, soziologische Überlegungen betrachten Wissen als eine private Machtressource. All diese ökonomischen und soziologischen Facetten des Wissens spielen beim Wissensmanagement eine große Rolle.

Wissen als Produktionsfaktor

Der größte Anteil der Wertschöpfung vieler Produkte wird heutzutage nicht mehr durch das Vorhandensein von Maschinen und Gebäuden, sondern durch Wissen erzeugt. Investitionen sind heute auch als Erwerb von Wissen und Ideen aufzufassen (vgl. Stewart, 1998). Neben den klassischen drei Produktionsfaktoren Kapital, Arbeit und Boden tritt nach dieser Vorstellung *Wissen als vierter Produktionsfaktor* in Erscheinung. Allerdings stellt sich die Frage, ob in dieser Betrachtungsweise Wissen nicht eine Unterkategorie des Produktionsfaktors Arbeit ist. Auch der Produktionsfaktor Arbeit kann nur mittelbar angeeignet werden, nämlich durch die Verfügungsgewalt über den Arbeitskraftinhaber. Ebenso kann Wissen als Produktionsfaktor nur mittelbar über die Verfügungsgewalt von Wissensinhabern angeeignet werden. Unternehmen müssen Experten einstellen, damit deren Wissen in den Produktionsprozess einfließen kann.

Wissen als privates Gut

In diesem Ansatz wird *Wissen als persönliches Gut*, persönlicher Besitz eines Akteurs angesehen. Wissen wird damit als ein unveränderliches Objekt definiert, welches in bestimmten Situationen ‚getauscht' wird. Dabei wird unterstellt, dass Wissen ein Objekt ist, das von einer Person zur anderen getauscht werden kann. Wie schon oben ausgeführt, kann allerdings Wissen nicht als unveränderbares Gut von einer Person zur nächsten übertragen werden, d.h. Wissen ist kein marktfähiges Produkt. Bei einem Waschmittel kann der potenzielle Käufer alle möglichen Informationen über das Gut vor dem Kauf bekommen. Auf dieser Grundlage vollzieht er die Kaufentscheidung. Entspricht das gekaufte Produkt nicht den erhaltenen Informationen, kann er es umtauschen. Dies funktioniert aber nicht beim Wissen. Der Käufer muss die ‚Katze im Sack' kaufen. Wenn er nämlich schon ausreichend Informationen über das Wissensprodukt hätte, dann wäre er schon im Besitz des Wissens und bräuchte es nicht mehr zu kaufen. Wissen kann also beim Übertrag seinen ‚Tauschwert' verlieren. Einmal in Besitz genommen, kann es nicht zurückgegeben werden. Zusätzlich kann kein Preis für das Gut festgelegt werden, wie dies bei einem Waschmittel möglich ist: Das Wissen lässt sich nicht miteinander vergleichen wie zwei verschiedene Waschmittel. Wissen ist daher kein privates Gut im Sinne eines Objekts.

Wissen als öffentliches Gut

In diesem Ansatz wird Wissen – genauer der Wissenstransfer – auch als Gut, aber nicht als privates, sondern als öffentliches Gut definiert. Der Blickwinkel wird dabei auf den Transfer von Wissen innerhalb einer Gruppe gelegt. Ein öffentliches Gut ist definiert als ein Gut, von dessen Konsum keiner ausgeschlossen werden kann, egal ob er zur Produktion des Gutes beigetragen hat oder nicht. Auf das ‚Gut' Wissen übertragen, bedeutet dies, dass der Austausch von Wissen als eine soziale Dilemma-Situation definiert werden kann (Cabrera & Cabrera, 2002; Wilkesmann et al., 2009). Die Weitergabe von Wissen unterliegt dabei dem nutzenmaximierenden Kalkül, dass ein Akteur nur dann etwas von seinem Wissen abgibt, wenn er etwas dafür zurückbekommt. Den höchsten Nutzen wird ein Akteur aber dann erzielen, wenn er von anderen Akteuren Wissen bekommt, selbst aber nichts von seinem Wissen preisgibt. Denken jedoch alle Akteure so, dann wird kein Austausch von Wissen stattfinden. In einer solchen sozialen Dilemma-Situation (z.B. Wissensaustausch in einer Projekt-gruppe) müssen Mechanismen gefunden werden, die sicherstellen, dass alle gleich-zeitig bereit sind, ihr Wissen weiterzugeben, d.h. alle müssen bereit sein, zur Produk-tion des Wissens als öffentliches Gut beizutragen. Dies wird aber nur dann der Fall sein, wenn alle wechselseitig voneinander wissen, dass sie sich kooperativ verhalten. Der Ansatz *Wissen als öffentliches Gut* sucht nach Mechanismen, die ein kooperatives Verhalten sicherstellen, d.h. der Wissenstransfer wird von allen betrieben und keiner versucht, den anderen auszubeuten. Im Kapitel 6 werden wir an einem Beispiel auf-zeigen, welche Mechanismen dies sein können.

Wissen als Machtressource

‚Wissen ist Macht' – dieses Motto beschreibt den Ansatz besonders treffend (vgl. Wilkesmann & Rascher, 2005). Wie wir im Ansatz *Wissen als privates Gut* gesehen haben, ist Wissen kein Objekt, welches wie ein Produkt auf dem Markt gehandelt werden kann. Wissen kann allerdings sehr wohl als Zugang oder Verfügungsgewalt über eine knappe Ressource definiert werden, an der die Organisation ein großes Interesse besitzt. Insofern kann die Kontrolle über den Zugang als persönliches Machtmittel eingesetzt werden.

Wenn z.B. ein Unternehmen auf die Software von SAP umgestellt hat und es nur zwei Mitarbeiter im Haus gibt, die Anpassungsprogrammierungen in SAP vornehmen können, so besitzen diese Mitarbeiter Zugang zu einer wichtigen strategischen Res-source. Ohne SAP funktioniert im Unternehmen nichts mehr und sie allein können definieren, ob bestimmte Prozesse in SAP modelliert werden können oder nicht.

Crozier und Friedberg (1979) beschreiben diese Ressourcen als die Beherr-schung verschiedener Ungewissheitszonen, die für das Unternehmen wichtig sind. Aus mikropolitischer Perspektive stellt dies eine Art Machtbasis dar, bestimmte Auf-gaben erfüllen zu können oder relevante Zonen der Ungewissheit (für andere) kont-rollieren zu können. Solche Ungewissheitszonen sind Expertenwissen, Beherrschung von Umweltbeziehungen, Kontrolle über Informationsflüsse sowie Macht aus der Nutzung organisationaler Regeln. Wissenstransfer ist daher stets in Aushandlungs-prozesse eingebettet, die für den erfolgreichen Einsatz von Wissensmanagement in Organisationen reflektiert werden müssen.

3   Zentrale Ansätze und Aufgaben des Wissensmanagements

Der Diskurs zum Thema Wissensmanagement ist interdisziplinärer ausgerichtet. Hauptvertreter sind in den Wirtschaftswissenschaften (z.B. Probst et al., 1998; Paw-lowsky, 1998; North, 2003), in der Informatik (z.B. Gronau, 2005; Lehner, 2000) und in der Organisationsforschung zu finden (z.B. Wilkesmann & Rascher, 2005). Allen Ansätzen ist gemeinsam, dass Lern- und Wandlungsprozesse des Wissens in Organi-sationen initiiert und arrangiert werden sollen.

Mithilfe von Wissensmanagement wird relevantes Wissen einer Organisation identifiziert, gespeichert und weiterentwickelt.

Nachfolgend werden zentrale Ansätze des Wissensmanagements vorgestellt. Hierzu zählen vor allem der Ansatz von Nonaka und Takeuchi (1995) und die Wissensbausteine von Probst et al. (1998). Beide Ansätze haben einen entscheidenden Beitrag für die Forschung und Praxis des Wissensmanagement geliefert. Darüber hinaus hat sich in letzter Zeit der Wissensmanagementdiskurs auf die Aufgabe des Wissenstransfers konzentriert, auf den wir im letzten Abschnitt dieses Kapitels eingehen.

Wissensumwandlung in sozialen Prozessen (Nonaka & Takeuchi, 1995)

Einen regelrechten Boom des Wissensmanagements lösten Nonaka und Takeuchi (1995) aus, indem sie auf die Differenzierung zwischen implizitem und explizitem Wissen und auf deren Bedeutung für Organisationen aufmerksam machten. Vorab sei angemerkt, dass in der Wissensmanagementliteratur häufig implizites Wissen und tazides Wissen gleichgesetzt werden, was man auch aufgrund der Erkenntnisse der Gedächtnisforschung und der Kodifizierbarkeit von Wissen (Kap. 2) jedoch voneinander trennen sollte. Nonaka und Takeuchi selbst heben in ihrer Definition des impliziten Wissens auf die noch nicht vorhandene Verbalisierung ab. Alles verbalisierte Wissen ist demnach explizit. Auch wenn Nonaka und Takeuchi Polanyis Konzept der impliziten Dimensionen des Wissens anders interpretiert haben, so haben sie implizites Wissen erstmals auf die Organisation angewandt und dadurch die Aufmerksamkeit auf eine, bis dahin kaum wahrgenommene Ressource in den Organisationen gelenkt (vgl. Abbildung 6.5).

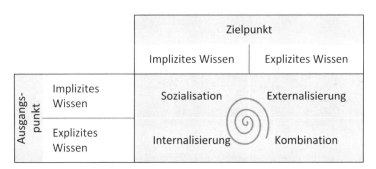

Abbildung 6.5: SECI-Modell der Wissensumwandlungen in sozialen Prozessen
Quelle: in Anlehnung an Nonaka & Takeuchi, 1995: 62

In ihrem Ansatz unterscheiden Nonaka und Takeuchi bei der Wissenserzeugung in Organisationen zwei verschiedene Interaktionsebenen: Zum einen die Interaktion von implizitem und explizitem Wissen bei einem Individuum und zum anderen die Interaktion zwischen Individuen und der Organisation. Die beiden Interaktionsformen führen sie in ihrem SECI-Modell zusammen, welches vier verschiedene Arten der Wissensumwandlungen in sozialen Prozessen vorsieht: Sozialisation (S), Externalisierung (E), Kombination (C) (engl. Combination) und Internalisierung (I). Innerhalb dieser Dimensionen findet eine spiralförmige Wissensentwicklung statt, die sich dynamisch von der individuellen Ebene in Richtung organisationaler Ebene bewegt. Die vier Arten der Wissensumwandlung stellen dabei den Motor des Wissensentwicklungsprozesses dar. Bei der *Sozialisation* wird implizites Wissen einer Person in implizites Wissen einer anderen Person umgewandelt. Dies geschieht ohne jede Artikulation und Formalisierung der Handlung. Ein Lehrling schaut sich beispielsweise einen bestimmten handwerklichen Griff bei seinem Meister ab. Bei der *Externalisierung*, d.h. der Explizierung von Wissen, wird implizites Wissen durch gewisse Formalisierungen zu explizitem Wissen transformiert, indem das verinnerlichte Wissen der Einzelnen für andere Akteure (z.B. in Form von Dokumenten) zugänglich gemacht wird. Individuelles und über eine Vielzahl von Akteuren verteiltes Wissen kann somit zu geteiltem Wissen werden. Im dritten Fall der Wissensumwandlung geht es um die *Kombination*. Explizites Wissen, beispielsweise in Form von Besprechungen, wird als explizites Wissen weitergereicht. Das letzte Element der Wissensumwandlung in sozialen Prozessen ist die *Internalisierung*. Hier wird explizites Wissen zu implizitem Wissen umgewandelt. Anzumerken ist an dieser Stelle allerdings, dass im SECI-Ansatz weniger die Konstruktionsleistungen einzelner Akteure, sondern vielmehr organisationale Lernprozesse im Vordergrund stehen.

Wissensbausteine (Probst et al., 1998)

Der bekannteste Ansatz zur Systematisierung der einzelnen Funktionen im Wissensmanagement stammt von Probst und Mitarbeitern und besteht aus diesen einzelnen Bausteinen (Abbildung 6.6).

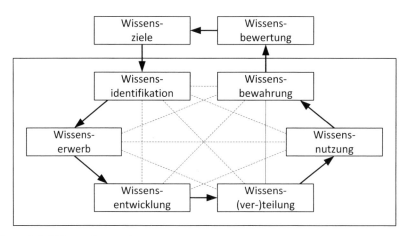

Abbildung 6.6: Wissensbausteine
Quelle: in Anlehnung an Probst et al. 1998

Im Folgenden wenden wir die einzelnen Bausteine des Wissensmanagements auf einen Weiterbildungsanbieter an, der ein neues Studienprogramm zum Thema ‚Human Ressource Management' (HRM) auf dem Weiterbildungsmarkt anbieten möchte.

- *Wissensziele:* Das Wissensziel des Weiterbildungsanbieters wäre in diesem Fall die inhaltliche Gestaltung des Weiterbildungsprogramms ‚HRM'.

- *Wissensidentifikation:* Der Weiterbildungsanbieter muss Transparenz darüber schaffen, welches Wissen dazu bei den internen Akteuren (z.B. Dozenten) vorhanden ist und welches nicht. Welcher Mitarbeiter ist Experte für welches Thema? Wer kann bei der Konzeption mithelfen? Hierzu gibt es auch technische Tools, z.B. sogenannte *Skill-Datenbanken.* Experten lassen sich anhand ihrer zertifizierten Qualifikationen und auch nicht-zertifizierten beruflichen Fachkenntnissen bestimmten Themenfeldern zuordnen und auffinden. Gerade bei einem großen Weiterbildungsanbieter mit vielen freien Mitarbeitern ist dies ein hilfreiches Tool.

- *Wissenserwerb:* Für manche Fachgebiete wird sich herausstellen, dass es intern keine Experten oder entsprechendes Wissen gibt und daher Wissen von außen erworben werden muss. Wissenserwerb kann in Form von Schulungen für vorhandene Mitarbeiter oder aber durch Akquise neuer Dozenten (z.B. von staatlichen Hochschulen) erfolgen. Hier besteht grundsätzlich das Problem, dass nicht vorher eingeschätzt werden kann, ob die externe Person auch wirklich das Wissen hat, was sie vorgibt, zu haben.

- *Wissensentwicklung:* Der zentrale Aspekt des neuen Studienangebots ‚HRM' betrifft die Frage und Umsetzung der inhaltlichen Gestaltung. Welcher Experte übernimmt die Vorbereitung welches Moduls? Zur Unterstützung der Wissensentwicklung wird klassischerweise eine Projektgruppe eingerichtet, die das Curriculum festlegt und die Akkreditierung begleitet. Darüber hinaus ist zu klären, welche Inhalte in Präsenzphasen angeboten werden müssen und welche online durchgeführt werden können.

- *Wissensverteilung:* Die Informationen rund um das Studienangebot ‚HRM' müssen für alle beteiligten Akteure so zugänglich sein, dass sie jederzeit darauf zugreifen können. Dazu zählt auch die Einführung der neuen Dozenten in die Ablauforganisation des Weiterbildungsanbieters. Die Wissensverteilung kann mithilfe von Datenbanken, Wikis, Podcasts oder Filmen erfolgen. Aber auch interne Fortbildungen, Teamsitzungen oder Abteilungsbesprechungen können zur Wissensverteilung beitragen. Ebenso sind auch traditionelle Medien, wie Akten oder Rundschreiben, möglich. Welches Medium sinnvoll ist, hängt zum einen von den Rezeptionsgewohnheiten der Akteure ab und zum anderen von der einfachen Handhabe und Auffindbarkeit von Informationen.

- *Wissensnutzung:* Wenn viele freie Mitarbeiter für das neue Studienangebot tätig sind, müssen bestimmte Inhalte auch von außen (z.B. über ein Extranet) zugänglich sein. Durch Benutzerrechte können Inhalte zum neuen Studienangebot HRM zugänglich gemacht werden.

- *Wissensbewahrung:* Erarbeitetes Wissen kann z.B. durch den Ausfall von Experten oder Dozenten (z.B. Krankheit, Rente) verlorengehen. Deshalb ist auch eine Frage des Wissensmanagements, wie das Wissen zum Studienangebot bewahrt werden kann. In der Regel werden Studieninhalte im Curriculum, in Studienmappen oder Online-Angeboten dokumentiert. Denkbar sind aber auch Hospitationen in Präsenzveranstaltungen (z.B. zum Anlernen neuer Dozenten).

- *Wissensbewertung:* Zunächst muss bewertet werden, ob der Aufbau des Weiterbildungsangebots ‚HRM', d.h. das Ziel, erreicht wurde. Darüber hinaus sollte der

Erfolg des Studienangebots bewertet werden: Haben sich die Investitionen ge-lohnt? Wie schauen die Ergebnisse der Teilnehmer-Evaluation aus?

 Im Probst-Ansatz werden die beiden Hauptaspekte des Wissensmanagements ausdifferenziert, nämlich die Speicherung und Nutzung von Wissen sowie die Generierung und Durchsetzung von neuem Wissen.

Damit kommen wir zu einem weiteren zentralen Punkt, dem Transfer von Wissen. Der Wissenstransfer zählt zu einer der „... schwierigsten und am meisten unter-schätzten Aufgaben im Wissensmanagement ..." (von Krogh & Köhne, 1998: 236).

Wissenstransfer

Seit geraumer Zeit wird dem Thema Wissenstransfer innerhalb und zwischen Orga-nisationen mehr und mehr Aufmerksamkeit geschenkt, was sich letztendlich auch an einer ständig steigenden Zahl von internationalen Publikationen zu diesem Thema manifestiert (van Wijk et al., 2008).

Wissenstransfer wird als Wissensumwandlung in sozialen Prozessen verstan-den (Argote & Ingram, 2000) und umfasst die Prozesse der Wissensverbrei-tung und des Wissenserwerbs. Die Prozesse des Wissenstransfers können so-wohl implizit als auch explizit erfolgen (Wilkesmann et al., 2009). Damit Wis-senstransfer in Organisationen auf der Handlungsebene stattfinden kann, be-darf es bestimmter Rahmenbedingungen.

Die Auseinandersetzungen mit Voraussetzungen und Barrieren des Wissenstransfers sind vornehmlich in der Organisationsforschung verwurzelt. Die individuelle Ebene des Wissenstransfers wird meistens ausgeblendet, obwohl wir auch hier gesehen haben, dass Wissen personengebunden ist und daher Wissenstransfer von der Ak-teursebene aus gedacht werden *müsste*. Auf der organisationalen Ebene wird zwi-schen einem Wissenstransfer innerhalb und zwischen Organisationen unterschie-den, d.h. es gibt interorganisationale und intraorganisationale Formen des Wissens-transfers (Abbildung 6.7).

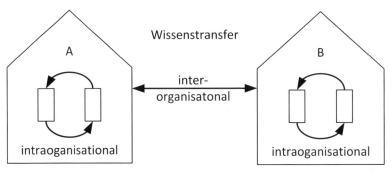

Abbildung 6.7: Intra- und interorganisationaler Wissenstransfer
Quelle: Eigene Darstellung

Wissenstransfer darf nicht als Übertragung eines ‚Wissensobjekts' von einer Einheit auf eine andere Einheit missverstanden werden. Schon Luhmann (1985) machte auf die Unbrauchbarkeit der Übertragungsmetapher aufmerksam: „Sie suggeriert, daß der Absender etwas übergibt, was der Empfänger erhält. Das trifft schon deshalb nicht zu, weil der Absender nichts weggibt in dem Sinne, daß er selbst es verliert" (Luhmann, 1985: 193). Wissen kann nicht einfach von einer Person an eine andere Person weitergegeben werden. Selbst wenn Person A annimmt, dass sie Wissen an Person B weitergegeben hat, so wird dieses Wissen von Person B nicht unbedingt als solches aufgefasst und angenommen (Wilkesmann et al., 2009). Wissenstransfer hat erst dann stattgefunden, wenn der Wissensempfänger die wahrgenommene Information in sein Vorwissen integriert und somit neues Wissen ‚erworben' hat.

Im Wissensmanagement interessieren vor allem die Voraussetzungen und Rahmenbedingungen für intraorganisationale Wissenstransferprozesse.

4 Einflussfaktoren des Wissensmanagements

Organisationen sind daran interessiert, sowohl vorhandenes als auch neuartiges Wissen zu generieren, dieses zu speichern und effektiv zu verteilen. Ziel des Wissensmanagements ist es, Wissen – genauer Informationen – möglichst unabhängig von Personen zu speichern. Daten bzw. Informationen lassen sich dabei auf verschiedenste Art und Weise technisch bereitstellen (z.B. durch Inter-/Intranet-Techniken, Newsletter, Blogs, Datenbanken, Wikis, Podcasts etc.).

Ganz unabhängig davon, mit welchem technischen Tool Informationen bereitgestellt werden: Wissensmanagement basiert vor allem auf einem kommunikativen Austausch der Organisationsmitglieder, damit verteiltes Wissen zu einem geteilten Wissen werden kann. Wie wir in den Beispielen aus der Praxis weiter unten sehen werden, macht es einen Unterschied, ob Wissensmanagement in einem IT-geprägten Unternehmen, im Krankenhaus oder in der Werkshalle stattfinden soll. Wissen zu teilen, stößt, wie wir im Kapitel 2 gesehen haben, auf verschiedene individuelle und organisationale Barrieren. Es reicht nicht aus, wie in vielen populären Ansätzen des Wissensmanagements unterstellt wird, das Wissen zu explizieren, es in Form von Dokumenten zu speichern und allen Akteuren zur Verfügung zu stellen. Viele Wissensmanagementprojekte, vor allem die in den Anfängen des Wissensmanagements, waren häufig technikverliebt und wurden an den Anforderungen der Nutzer vorbei konzipiert. Der Erfolg von Wissensmanagement hängt entscheidend davon ab, ob die bereitgestellte Technik gut in den Arbeitsalltag integriert wird. Dies beginnt mit einer günstigen Anordnung des Computers am Arbeitsplatz, der Schaffung spezieller Anreizsysteme und geht bis zur Gestaltung von Handlungsspielräumen für den Wissensaustausch.

 Im Wissensmanagement ist das Zusammenspiel von Mensch, Technik und Organisation wichtig. Die informations- und kommunikationstechnische Infrastruktur kann lediglich das Rückgrat und der ‚Enabler' für Wissensmanagementaktivitäten sein.

Folgende drei Faktoren im Bereich Mensch und Organisation haben sich in der Vergangenheit für erfolgreiches Wissensmanagement als maßgebend herausgestellt:

1. Organisationsstruktur,
2. Organisationskultur und
3. Motivation.

Organisationsstruktur

Für Lehr-Lern-Arrangements im Wissensmanagement benötigt man Zeit und Raum. Dies ist wörtlich zu verstehen. Nur dann, wenn es Möglichkeiten während der Arbeitszeit gibt, um sich zu treffen und auszutauschen, ist Wissenstransfer möglich. Gemeint sind dabei offizielle Meetings, Schichtübergaben, Teamsitzungen, Abteilungsleiter treffen etc. Aber ebenso sind informelle Treffen, wie z.B. Pausen, wichtig. All dies setzt voraus, dass bewusst die Möglichkeit geschaffen wird, dass sich Mitarbeiter treffen können. Eine Kaffee-Ecke, in der sich die Mitarbeiter begegnen können, wäre ein Beispiel für solch einen Ort. Auch in der Werkshalle ist dies wichtig. Dazu müssen die Maschinen so angeordnet sein, dass die Arbeiter miteinander reden können oder sie müssen einen Ort haben, an dem sie nicht vom Maschinenlärm gestört werden. Schon mit diesen organisatorischen Maßnahmen lässt sich der wechselseitige Wissenstransfer in Face-to-Face Situationen nachhaltig unterstützen. In der Praxis ist es häufig so, dass Personen aus der Produktion von der Nutzung von IT-Systemen ausgeschlossen sind. Das Beispiel Nova.Pe weiter unten zeigt, wie es gelungen ist, auch in diesem Bereich eine entsprechende IT-Infrastruktur aufzubauen und zu nutzen. Doch selbst in Dienstleistungsbereichen ist es nicht selbstverständlich, dass alle Beschäftigten gleiche Zugangsmöglichkeiten zu IT-gestützten Wissensmanagement-Tools haben. Im Krankenhausalltag beispielsweise haben Pflegekräfte größtenteils einen eingeschränkten Zugang zu IT-gestützten Möglichkeiten des Wissensaustauschs. Darüber hinaus ist die Computernutzung in Krankenhäusern insgesamt wenig individualisiert, d.h. das Pflegepersonal arbeitet zwar mit dem Computer, besitzt aber in der Regel keinen eigenen Internet- und E-Mailaccount. Pflegekräfte nutzen daher Gruppenzugänge (z.B. Stationsnutzung). Ärzte hingegen unterliegen diesen Einschränkungen nicht. Diese Zugangsrestriktion stellt eine strukturelle Barriere dar, die aber für Pflegekräfte und Ärzte unterschiedlich ausgeprägt ist.

Organisationskultur

Hofstede (2001) definiert Kultur ganz allgemein als etwas Erlerntes: „Kultur ist immer ein kollektives Phänomen, da man sie zumindest oder teilweise mit Menschen teilt, die im selben sozialen Umfeld leben oder lebten [...] Sie ist die kollektive Programmierung des Geistes, die die Mitglieder einer Gruppe oder Kategorie von Menschen einer anderen unterscheidet" (Hofstede, 2001: 4). In den 1980er Jahren wurde der allgemein formulierte Kulturgedanke auf die Organisation übertragen. Populär wurde das Thema Organisationskultur vor allem in der angelsächsischen Beraterbranche vor dem Hintergrund, dass durch die gezielte Gestaltung der Organisations-

kultur in Firmen bessere Unternehmenserfolge zu erzielen seien (Peters & Waterman, 1982). Organisationskultur legitimiert und strukturiert das Handeln in einer
Organisation. Schein (1995: 25) definiert Organisationskultur als „... ein Muster gemeinsamer Grundprämissen, das die Gruppe bei der Bewältigung ihrer Probleme
externer Anpassung und interner Integration erlernt hat, das sich bewährt hat und
somit als bindend gilt ...“. Die Anpassungsfunktion der Organisationskultur spielt bei
der Interaktion in Organisationen eine große Rolle: Wenn in einer Organisation beispielsweise die Norm vorherrscht, anderen zu helfen und zu kooperieren, im Sinne
einer Teamorientierung, dann ist Wissenstransfer eher möglich als in einer Organisation, wo jedermann darauf bedacht ist, die Gunst des Vorgesetzten zu erlangen.
Eine wichtige Funktion dabei ist, dass Führungskräfte auch so handeln, wie sie reden. Ansonsten haben Mitarbeiter das Gefühl, dass die in ‚Sonntagsreden‘ betonten
Werte nicht ernst genommen werden. Wenn es jedoch gelingt, eine Kultur zu entwickeln, in der Teamgeist und eine Übereinstimmung von Reden und Handeln herrschen, wird es selbstverständlich, dass Wissenstransfer stattfindet (Wilkesmann et
al., 2009). Neue Mitarbeiter lernen direkt diese Kultur kennen und passen sich dieser
Verhaltenweise an. Es reicht also nicht aus, die strukturellen Voraussetzungen des
Wissensaustauschs zu schaffen. Zusätzlich bedarf es einer Organisationskultur, die
diese strukturellen Austauschmöglichkeiten auch als Arbeit definiert. Im Beispiel
Nova.Pe weiter unten berichteten die Arbeiter in einem metallverarbeitenden Betrieb, dass sich nach Einführung des Wissensmanagementsystems auch die Organisationskultur geändert hat: Vom Werksleiter wurde es nun nicht mehr verboten, sich
in der Werkshalle zu treffen und über Probleme zu reden – wie in früheren Tagen,
sondern dies wurde jetzt aktiv unterstützt.

Motivation

Damit Akteure ihr Wissen weitergeben, müssen sie entsprechend motiviert sein. Motive sind Verhaltensbereitschaften, unter denen zum Teil angeborene und im Rahmen der Sozialisation unterschiedlich entwickelte, zeitlich stabile Eigenschaften verstanden werden. Sie legen fest, was Individuen wünschen, um motivational befrie-
digt zu sein. Motive können durch wahrgenommene Arbeitsbedingungen, sprich Anreize, aktiviert werden und sich nachfolgend in individuellem Verhalten manifestieren. Prinzipiell sind zwei Formen zu differenzieren (Wilkesmann, 2001): extrinsische
Anreize und intrinsische Motivation.
    Ein extrinsischer Anreiz wird von außen (durch die Organisation) vergeben, der
ein Leistungsmotiv bei den Akteuren aktivieren soll. Es kann zwischen monetären
und nicht-monetären Anreizen unterschieden werden. Monetäre Anreize sind beispielsweise Bonus-Zahlungen, Leistungslöhne oder Prämien. Nicht-monetäre Anreize sind z.B. Karriere, Status (größere Dienstwagen), Lob des Vorgesetzten etc. Soll
der Transfer von Wissen durch monetäre Anreize belohnt werden, dann brauchen
die Anreize eine Bewertungsgrundlage, auf die sie sich beziehen. Einfache Bewer-
tungsgrundlagen beziehen sich auf die Quantität des Wissenstransfers, indem z.B. für
jedes in die Datenbank gestellte Dokument eine entsprechende Belohnung vergeben
wird (z.B. 10 Euro). Ein rational handelnder Akteur würde dann allerdings möglichst
viele Dokumente ablegen, die dann auch unvollständig oder unverständlich sein

können. Damit wird die Qualität der Dokumente vernachlässigt. Dennoch kann es in der Aufbauphase einer Datenbank sinnvoll sein, solche Anreize zu vergeben, da eine Datenbank nur dann Nutzen stiften kann, wenn sie eine kritische Masse an Dokumenten enthält. Sind nur wenige Dokumente vorhanden, so wird ein Mitarbeiter zu seinem Stichwort kein Dokument finden und nach zwei oder drei vergeblichen Versuchen die Arbeit mit der Datenbank einstellen, da sie ihm nicht weiter helfen kann. Wie ein Qualitätsmaßstab in die Vergabe von extrinsischen Anreizen einbezogen werden kann, wird an einem Fallbeispiel weiter unten erläutert. Insgesamt haben extrinsische Anreize drei Nachteile:

1. Sie können eine Anspruchsspirale erzeugen. Über die Zeit erwarten die Akteure immer mehr Anreize für den gleichen Beitrag, damit weiterhin Motivation erzeugt wird.
2. Es wird nur die Handlung ausgeführt, die belohnt wird, andere werden vernachlässigt. Dies ist bei Aufgaben im Sinne von ‚multiple tasks‘ dysfunktional (vgl. Frey & Osterloh, 2000).
3. Anreize können die bei Mitarbeitern vorhandene intrinsische Motivation verdrängen, d.h. externe Eingriffe verdrängen die intrinsische Motivation, wenn das Individuum sie als kontrollierend wahrnimmt. Die externen Anreize können jedoch auch die intrinsische Motivation verstärken, nämlich dann, wenn sie als unterstützend wahrgenommen werden (Frey & Osterloh, 2000). Das mögliche Auftreten eines Verdrängungseffekts muss jedoch bei der Gestaltung von Anreizsystemen bedacht werden.

Bei qualitativen Interviews einer Studie (Wilkesmann & Rascher, 2005) mit Datenbanknutzern eines Wissensmanagementsystems stellten sich folgende externe Anreize als wichtig heraus, die nach Aussagen der beteiligten Akteure auch nicht deren intrinsische Motivation zerstört hatten: (1) sozialer Status, d.h. Mitarbeiter geben Daten ein, weil sie im Unternehmen als Experten zu dem Thema anerkannt werden möchten, sowie (2) die Reziprozität, d.h. der erfahrene Nutzen. Wenn die Datenbank für die eigene Arbeit nützlich ist, ist man eher bereit, etwas dort hineinzustellen.

Wenn extrinsische Anreize in diesem Kontext nur sehr eingeschränkt funktionieren bzw. nicht-intendierte Effekte erzeugen, dann ist zu fragen, ob intrinsische Motivation eine bessere Motivationsgrundlage wäre. Nach Heckhausen gilt eine Handlung dann als intrinsisch motiviert, „wenn Mittel (Handlung) und Zweck (Handlungsziel) thematisch übereinstimmen; mit anderen Worten, wenn das Ziel gleichthematisch mit dem Handeln ist, so daß dieses um seiner eigenen Thematik willen erfolgt. So ist z.B. Leistungshandeln intrinsisch, wenn es nur um das zu erzielende Leistungsergebnis willen unternommen wird, weil damit die Aufgabe gelöst ist oder die eigene Tüchtigkeit einer Selbstbewertung unterzogen werden kann" (Heckhausen, 1989: 459). Damit definiert Heckhausen den Begriff intrinsische Motivation über die Gleichsetzung von Weg und Ziel. Ein Akteur ist intrinsisch motiviert, wenn ihm eine Handlung ‚Spaß‘ macht. In diesem Kontext ist aber nicht nur die individuelle Wahrnehmung entscheidend, sondern auch die Situation, die diese individuelle Wahrnehmung strukturiert. Von außen kann kein Vorgesetzter seinem Mitarbeiter sagen: „Sei intrinsisch motiviert!". Dies wäre eine paradoxe Intervention, da intrinsische Motivation von innen kommen muss. Aus diesem Grund ist sie nicht so einfach wie extrinsische Anreize einsetzbar. Allerdings besteht die Möglichkeit, eine Arbeitssituation zu schaffen, in der Mitarbeiter mit hoher Wahrscheinlichkeit intrinsisch motiviert sind. Die Untersuchung des Zusammenhangs zwischen Arbeitssituation und intrinsischer Motivation bildet ein zentrales Moment im Ansatz von Hackman und Oldham (1980). Sie konnten fünf Kerndimensionen bestimmen, die zu intrinsischer Arbeitsmotivation führen:

Wenn Arbeit als abwechslungsreich, ganzheitlich und bedeutsam erlebt wird, die Arbeit selbstständig ausgeführt wird, d.h. mit einer gewissen Verantwortung verbunden ist und es Rückmeldung gibt, dann ist das Aufkommen von intrinsischer Motivation sehr wahrscheinlich. Mit Rückmeldung ist dabei nicht die Meinung der Kollegen oder Vorgesetzten gemeint, sie muss aus der Arbeit selbst erfolgen. Hier wird deutlich, dass sich die Ausgestaltung der Arbeitssituation durch entsprechende Strukturen auf das Arbeitshandeln auswirkt. Der Zusammenhang ist natürlich nicht deterministisch. Dennoch bestätigen umfangreiche empirische Untersuchungen, dass die Veränderung der fünf Kerndimensionen nach Hackman und Oldham auch zu einer Veränderung der individuellen Wahrnehmung führt (Schmidt & Kleinbeck, 1999). Intrinsisch motiviertes Verhalten ist insgesamt widerstandsfähiger und dauerhafter als extrinsisch belohntes Verhalten und daher für erfolgreiches Wissensmanagement besonders entscheidend.

Die nachfolgenden Beispiele aus der Praxis verdeutlichen noch einmal die Wichtigkeit der drei Faktoren Organisationsstruktur, Organisationskultur und Motivation.

> **!** Wissensmanagement kann nur dann gelingen, wenn eine Organisationsstruktur vorhanden ist, die Freiräume für Lehr-Lern-Arrangements eröffnet. Ebenso muss eine Organisationskultur existieren, die sich durch Teamorientierung und eine Übereinstimmung von Reden und Handeln auszeichnet und somit den Transfer von Wissen fördert. Außerdem ist die Motivation von Organisationsmitgliedern zum Wissenstransfer notwendig. Dies gelingt vor allem dann, wenn die Organisationsmitglieder intrinsisch motiviert sind.

5 Beispiele aus der Praxis

ShareNet – oder wie motiviere ich die Mitarbeiter, ein Wissensmanagement-System zu nutzen?

Schon im Jahr 2000 wurde in einem weltweiten Wissensmanagementsystem von Siemens ('ShareNet') eine empirische Untersuchung zur Motivation durchgeführt (Wilkesmann & Rascher, 2005). Dieses System ist unter motivationalen Gesichtspunkten sehr interessant, da auch extrinsische Anreize eingesetzt wurden. Die untersuchte Datenbank war im Sales-Bereich des Konzerns angesiedelt. Sie entstand aufgrund der Erfahrung, dass viel Wissen in den einzelnen Verkaufsabteilungen weltweit vorhanden war, niemand aber wusste, welcher Art das Wissen ist. Die Beschäftigten dieser Abteilung mussten vor Einführung der Datenbank häufig doppelte Arbeit leisten (z.B. Angebote, technische Spezifikationen). Die späteren Nutzer wurden aktiv an der Konzeption und Umsetzung der Datenbank beteiligt. Neben einer reinen Dokumentenablage, in der nach gewissen Stichworten freie und freiwillige Dokumenteneingabe möglich war, existierten zum Befragungszeitpunkt 58 unterschiedliche Diskussionsforen zu speziellen Problemen aus dem Unternehmensbereich. Die am meisten genutzte Funktion in der Datenbank war die dringende Nachfrage (‚urgent request'). Hier konnten alle Mitarbeiter, insbesondere die Verkäufer beim Kunden, dringende Anfragen stellen, die ihnen von Kollegen innerhalb kürzester Zeit beantwortet wurden. Ein Verkäufer konnte beispielsweise anfragen, ob eine technische Spezifikation, die ein Kunde wünscht, überhaupt realisierbar war. Im Hinblick auf die motivationalen Aspekte existierten bei dieser Datenbank drei Besonderheiten:

1. Über ein spezielles Anreizsystem wurden die Eingabe von Dokumenten in die Datenbank und die Antworten auf dringende Nachfragen belohnt.
2. Neben der computervermittelten Kommunikation wurde ergänzend die Wissensgemeinschaft in der Form der Face-to-Face Kommunikation gezielt gefördert.
3. Über ein Controllinginstrument wurde die Effizienz der Datenbank überwacht.

Mit dem Anreizsystem sollten nicht nur die Benutzung der Datenbank belohnt, sondern auch eine Qualitätsbewertung der abgelegten Dokumente sowie der Antworten auf die dringenden Anfragen gefördert werden. Hierzu erfolgte eine Vergabe von Punkten (‚Shares') nach einer festgelegten Richtlinie. Grundsätzlich erhielt beispielsweise derjenige, der eine dringende Anfrage beantwortete, drei Shares, bei der Beurteilung von eingestellten Dokumenten konnten bis zu 20 Shares vergeben werden. Wenn ein Objekt zweimal mit null Shares bewertet wurde, wurde es aus dem aktuellen Bestand der Datenbank entfernt und in ein Archiv verschoben. Zu einem bestimmten Zeitpunkt wurden die gesammelten Shares eines Mitarbeiters in Preise umgerechnet (z.B. Fachliteratur, Handys, Weiterbildungsangebote). Der höchste Preis war eine weltweite Reise zu einem Kollegen, mit dem man viele Daten ausgetauscht hatte. Neben dem Anreiz eines Urlaubs sollte damit die Face-to-face Kommunikation gefördert werden.

 Mit den extrinsischen Anreizen sollten vor allem die kritische Masse an Daten in der Datenbank erreicht und ein wechselseitiges Qualitätscontrolling etabliert werden.

Zur Stärkung der Face-to-Face Kommunikation diente noch ein zweites Instrument: Die 10 bis 15 Mitarbeiter, die viel in einem Diskussionsforum miteinander kommuniziert hatten, wurden zu einem dreitägigen Workshop eingeladen, um noch mehr Vertrauen aufbauen zu können und die Interaktionsbeziehungen noch stabiler gestalten zu können. Auf diese Weise wurden relevante Fragestellungen vorangetrieben und die Wissensgemeinschaften gefestigt. Mithilfe des Controllinginstruments wurde aufgelistet, wie hoch der Umsatz mit Produkten/Projekten ist, der über die Datenbank zustande kam. Bei der Auswertung des Online-Fragebogens im Jahr 2000 standen 271 verwertbare, bereinigte Datensätze zur Verfügung, von denen 13 % von Frauen und 87 % von Männern ausgefüllt wurden. Auf die Frage, was für sie der primäre Anreiz ist, Daten im ShareNet bereitzustellen, sah die Antwortverteilung folgendermaßen aus (nur eine Antwort war möglich):

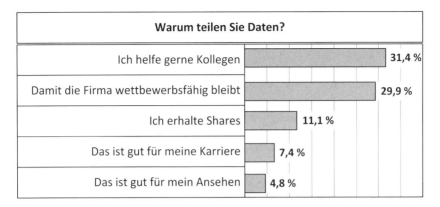

Warum teilen Sie Daten?

Ich helfe gerne Kollegen	31,4 %
Damit die Firma wettbewerbsfähig bleibt	29,9 %
Ich erhalte Shares	11,1 %
Das ist gut für meine Karriere	7,4 %
Das ist gut für mein Ansehen	4,8 %

Abbildung 6.8: Ergebnisse der Online-Befragung
Quelle: Eigene Darstellung, n = 271

Von den Befragten antworteten 11,1 %, dass sie dafür Shares erhalten, also allein wegen des extrinsischen Anreizes. Allerdings antworteten 31,4 % rein intrinsisch, dass sie ihren Kollegen gerne helfen. Für 13,7 % war der Anreiz der Reziprozitätsnorm wichtig, d.h. dass sie ihrerseits ebenfalls auf nützliches Wissen zurückgreifen können. Für 7,4 % war der extrinsische Anreiz der Karriere der primäre Anreiz und für 4,8 % der soziale Status als extrinsischer Anreiz am wichtigsten. Immerhin antworteten 29,9 %, dass die Firma die gemeinsame Anstrengung aller Mitarbeiter braucht, um wettbewerbsfähig zu bleiben. Hierbei handelte es sich um einen vermittelten extrinsischen Anreiz, der auf den Erhalt des eigenen Arbeitsplatzes abstellte. Somit war für 11,1 % ein rein extrinsischer, für 55,8 % ein (indirekter) extrinsischer Anreiz, der entweder mittelbar ist oder vermutlich keinen Verdrängungseffekt bei der intrinsischen Motivation auslöst, und für 31,4 % ein rein intrinsischer Handlungsgrund zu finden.

Welche Faktoren unterstützen den Wissenstransfer in Krankenhäusern?

Wie schon oben angedeutet, haben Ärzte und Pflegekräfte im Krankenhausalltag unterschiedlichen Zugang zu IT-gestützten Möglichkeiten des Wissensaustauschs. Ebenso sind die Arbeitsgestaltung und der Arbeitsauftrag beider Berufsgruppen im Prozess der Dienstleistung am Patienten unterschiedlich. Wie sich diese Unterschiede auf den Transfer von Wissen auswirken, wurde in einer Studie im Jahr 2006 in 11 Krankenhäusern in NRW erhoben. An dieser Studie beteiligten sich 202 Ärztinnen und Ärzte sowie 835 Pflegekräfte (Wilkesmann et al., 2007). Die erste wichtige Botschaft der empirischen Analyse ist, dass Wissenstransfer aus zwei unterschiedlichen Transferrichtungen besteht.

Wissenserwerb und Wissensweitergabe stellen zwei unterschiedlich wahrgenommene Elemente des Wissenstransfers dar. Akteure unterscheiden dabei weniger, ob Wissen implizit oder explizit transferiert wird. Es zeigen sich Unterschiede zwischen den Berufsgruppen (Ärzteschaft vs. Pflegekräfte) in der Wahrnehmung der unterstützenden Faktoren für den Wissenstransfer.

Besonders der organisationskulturelle Aspekt der Teamorientierung ist bei den befragten Pflegekräften – nicht für die Ärzte – für den Wissenstransfer und damit das
Wissensmanagement bedeutsam: ohne Teamorientierung kein Wissenstransfer bzw.
ohne Wissenstransfer keine Teamorientierung. Teamorientierung ist einerseits
wichtig für den Wissenstransfer innerhalb einer Abteilung, andererseits aber auch
über Abteilungsgrenzen hinweg. Innerhalb der Abteilung ist man auf Teamarbeit
angewiesen, die sich auf ein Fachgebiet bezieht, da man als Abteilung hierauf spezialisiert ist. Zusätzlich spielt der organisationskulturelle Aspekt der Transparenz von
zukünftigen Zielen und der strategischen Ausrichtung der Organisation für den Wissenstransfer eine wichtige Rolle. Die Übereinstimmung gemeinsam geteilter Werte
und Normen ist in der Organisationskultur von Organisationen im sozialen Bereich
besonders wichtig. Dies ist kein Faktor, der sich ‚mal eben‘ managen lässt, sondern
sehr viel Zeit in Anspruch nimmt. Eine in diesem Sinne positive Organisationskultur
entwickelt sich über einen langen Zeitraum, kann jedoch in sehr kurzer Zeit wieder
zerstört werden. Krankenhausleitungen müssen mit diesem Faktor also sehr sensibel umgehen. Ebenso ist der Faktor der intrinsischen Motivation nicht einfach ‚ma-
nagebar‘. Managen heißt für die Krankenhausleitung nicht Detailsteuerung und
Kontrolle bis in den kleinsten Arbeitsablauf hinein, sondern – ganz im Gegenteil – die
Schaffung von Freiräumen, d.h. Managen über Kontextfaktoren, die nur indirekt das
Verhalten von Mitarbeitern beeinflussen. Der Versuch der direkten Steuerung wird
immer zu kontraproduktiven Effekten führen. Die Botschaft kann also nur heißen:
Schafft gute Rahmenbedingungen und gebt den Pflegekräften entsprechende Hand-
lungsräume, die sie dann ausfüllen können.

> **!** Handlungsspielräume zur Entwicklung einer Wissenskultur dürfen nicht durch
> zeitliche und soziale Restriktionen gehemmt werden. Wissenstransfer erfor-
> dert ein hohes Maß an Autonomie auf Seiten der Anwender, dazu müssen die
> Organisationsmitglieder aber zuerst auch die Möglichkeit erhalten.

Nova.Pe – damit das Wissen nicht in Rente geht!

Praktische Erfahrungen mit unternehmensnahem Managen von Wissen konnten
durch das Projekt Nova.PE gesammelt werden, bei dem von 2005 bis 2007 elf mit-
telständische Unternehmen im Ruhrgebiet bei der Einführung von Wissensmanagement begleitet wurden (Brandt-Herrmann & Wilkesmann, 2008). Dabei orientierte
sich das Projekt thematisch stark an den Produktionsprozessen der Unternehmen.
Zunächst wurden Wissensträger im Unternehmen zu einem spezifischen Thema
identifiziert, bei dem ein gewisser Optimierungsbedarf bestand. In moderierten Pro-
jektgruppen wurde ihr Wissen expliziert, also verbalisiert und systematisiert, und
anschließend für eine Verbreitung im Unternehmen aufbereitet. Als Beispiel soll hier
die Projektarbeit in einer Maschinenfabrik mit ca. 150 Mitarbeitern dienen, von denen die meisten in der Konstruktion sowie der Fertigung tätig sind.
   Als Pilotbereich wurde die komplexe Fertigung einer großen, sehr hochwertigen
Anlage ausgewählt. Bei diesem Arbeitsprozess handelt es sich um eine Auftragsferti-
gung für eine Anlage, die hohen Qualitätsanforderungen unterliegt. Die einzelnen

Teile sind vom Durchlauf her sehr teuer. Sie werden als Schweißkonstruktionen gefertigt, bearbeitet und einbaufertig ausgeliefert. Nur einzelne Fachleute verfügen über das Wissen zur Bearbeitung und zum Zusammenbau der vielfältigen Teile und Baugruppen. Ein dokumentierter Arbeitsprozess mit Hinweisen der Fachleute, worauf besonders zu achten ist, war nicht vorhanden.

Aus diesem Grunde wurde zuerst der Arbeitsprozess im Rahmen einer Projektgruppe modelliert. Zu den einzelnen Arbeitsschritten wurden Informationen zusammengetragen, kodifiziert (d.h. aufgeschrieben oder in Zeichnungen abgespeichert) und in eine Datenbank eingegeben. Dabei wurde der Arbeitsprozess als Baumglossar abgebildet und alle wichtigen Dokumente darunter abgespeichert. Für die Mitarbeiter in der Produktion wurde extra ein alter PC in die Werkshallen gestellt (der auch dreckig werden durfte) und ein (neuer) PC in den Pausenraum. Von diesem PC aus können die Arbeiter nicht nur vorhandene Dokumente abrufen, sondern selbst neue Dokumente in die Datenbank eingeben. Damit die Datenbank aber genutzt wird, d.h. sowohl Dokumente gesucht als auch selbstständig neue Dokumente abgelegt werden, ist es notwendig, eine kritische Masse von Dokumenten mit den Arbeitern zusammen zu erstellen. Die besondere Herausforderung bei diesem Projekt bestand darin, Wissensmanagement in der Produktion einzuführen. Für die Mitarbeiter aus der Fertigung war es ungewohnt, über die eigenen Tätigkeiten zu reden oder gar selbst neues Wissen zu erarbeiten. Zu den Aufgaben der Moderation gehörte es, die Probleme, Kommentare, Entwürfe und Dokumentationen zu sammeln, die während der Projektsitzungen thematisiert wurden, Erläuterungen zu visualisieren, zu modellieren und immer wieder den Bezug zum Arbeitsprozess herzustellen. Da einige Arbeiter noch nicht mit einem PC gearbeitet hatten, bekamen alle eine Schulung für das Wissensmanagement-System. Erstaunlich war die unglaublich positive Rückmeldung der Arbeiter, die keinen PC zu Hause besaßen. Selbst sie verstanden die Software schnell und hatten großen Spaß, damit zu arbeiten. In der Evaluation gaben die Arbeiter an, dass sie sehr viel gelernt hatten und das System auch in Zukunft nutzen werden.

 Sowohl durch die moderierte Projektgruppe als auch durch das Wissensmanagement-System ist ein Lehr-Lern-Arrangement entstanden, in dem die Arbeiter wechselseitig voneinander sehr viel gelernt haben und noch immer lernen. Durch die begleitete Heranführung an diese (für sie neue) Situation war die Motivation sehr hoch.

6   Fazit

Bislang gibt es kaum Forschung zum Einsatz von Wissensmanagement in Bildungsinstitutionen. Wissensmanagement ist allerdings ein zentraler Aspekt des Bildungsmanagements, weil es heutzutage für (Bildungs-)Organisationen überlebensnotwendig ist, vorhandenes Wissen zu identifizieren, zu bewahren und neues Wissen mithilfe der Beschäftigten zu generieren. Wie wir in den Beispielen aus der Praxis zeigen konnten, stellt Wissensmanagement für diese Prozesse geeignete Methoden zur Verfügung. Allerdings sind dabei gewisse Rahmenbedingungen zu beachten. Diese sind

vor allem eine Organisationsstruktur, die Freiräume ermöglicht und Ressourcen be-
reitstellt, eine Organisationskultur, die den Wissenstransfer sowie die Motivierung
von Organisationsmitgliedern zum gegenseitigen Wissenstransfer fördert. Ebenso ist
zu beachten, dass Wissen stets personengebunden ist und im sozialen Austausch ge-
neriert wird.

Literatur

BRANDT-HERRMANN, G. & WILKESMANN, U. (2008). IT-gestütztes Wissensmanagement in der Werkshalle
    – wie geht das? wissensmanagement – Das Magazin für Führungskräfte, Heft 4, 35–37.
CABRERA, A. & CABRERA, E.F. (2002). Knowledge-sharing dilemmas. Organizations Studies, 23, 687–710.
CROZIER, M. & FRIEDBERG, E. (1979). Macht und Organisation: Die Zwänge kollektiven Handelns. Königs-
    tein/Ts.: Athenäum.
FOERSTER, H. V. (1985). Sicht und Einsicht: Versuche zu einer operativen Erkenntnistheorie. Braun-
    schweig und Wiesbaden: Vieweg.
FREY, B. & OSTERLOH, M. (2000). Managing Motivation. Wiesbaden: Gabler.
GRONAU, N. (Hrsg.) (2005). Anwendungen und Systeme für das Wissensmanagement. Berlin GITO-
    Verlag.
HACKMAN, J. R. & OLDHAM, G. R (1980). Work Redesign. Reading, MA: Addison-Wesley.
HANFT, A. (1998). Personalentwicklung zwischen Weiterbildung und „organisationalem Lernen". Mün-
    chen und Mering: Rainer Hampp Verlag.
HECKHAUSEN, H. (1989). Motivation und Handeln. Berlin Springer.
HOFSTEDE, G. (2001). Lokales Denken, globales Handeln: Interkulturelle Zusammenarbeit und globales
    Management. München: dtv Beck.
LEHNER, F. (2000). Organisational Memory. München: Hanser.
LUHMANN, N. (1985). Soziale Systeme. Frankfurt a.M.: Suhrkamp.
MARKOWITSCH, H.-J. (2002). Dem Gedächtnis auf der Spur: Vom Erinnern und Vergessen.
    Darmstadt: Wissenschaftliche Buchgesellschaft.
MATURANA, H.R. & VARELA, F.J. (1987). The tree of knowledge: The biological roots of human under-
    standing. Boston: Shambhala Publications.
NONAKA, I. & TAKEUCHI, H. (1995). The Knowledge-Creating Company: How Japanese Companies Create
    the Dynamics of Innovation. New York: Oxford University Press.
NORTH, K. (2003). Wissensorientierte Unternehmensführung. Wiesbaden: Gabler.
PAWLOWSKY, P. (Hrsg.) (1998). Wissensmanagement. Wiesbaden: Gabler.
PETERS, T.J. & WATERMAN, R.H. (1982). In Search of Excellence: Lessons from America's Best-Run-
    Companies. New York: Harper & Row.
POLANYI, M. (1967). The Tacit Dimension. London: Routledge.
PROBST, G., RAUB, S. & ROMHARDT, K. (1998). Wissen managen. Wiesbaden: FAZ Verlag.
RENZL, B. (2003). Wissensbasierte Interaktion: Selbstevolvierende Wissensströme in Unternehmen.
    Wiesbaden: Deutscher Universitäts-Verlag.
SCHEIN, E.H. (1995). Unternehmenskultur: ein Handbuch für Führungskräfte. Frankfurt a.M.: Campus.
SCHMIDT, K.-H & KLEINBECK, U. (1999). Job Diagnostic Survey (JDS – deutsche Fassung). In H. Dunckel
    (Hrsg.), Handbuch psychologischer Arbeitsanalyseverfahren (S. 205–230). Zürich: vdf Hochschul-
    verlag.
STEWART, T. A. (1998). Der vierte Produktionsfaktor. München: Hanser.
TULVING E. (2002). Chronestesia: Conscious Awareness of Subjective Time. In D.T. Stuss & R.C. Knight
    (Hrsg.), Principles of Frontal Lobe Functions (S. 311–325). New York, NY: Oxford University Press.

VAN WIJK, R., JANSEN, J.J.P. & LYLES, M.A. (2008). Inter- and Intra-Organizational Knowledge Transfer: A Meta-Analytic Review and Assessment of its Antecedents and Consequences. Journal of Management Studies, 45, 830–853.

KROGH V., G. & KÖHNE, M. (1998). Der Wissenstransfer in Unternehmen: Phasen des Wissenstransfers und wichtige Einflussfaktoren. Die Unternehmung, 52, 235–252.

WEBER, W.G. (1997). Analyse von Gruppenarbeit: Kollektive Handlungsregulation in soziotechnischen Systemen. Bern: Verlag Hans Huber.

WILKESMANN, U. (1999). Lernen in Organisationen. Frankfurt a.M.: Campus.

WILKESMANN, U. (2001). Stichworte: „Leistungsanreize". In A. Hanft (Hrsg.), Grundbegriffe des Hochschulmanagements (S. 259–264). Neuwied: Luchterhand Verlag.

WILKESMANN, U. & RASCHER, I. (2005). Wissensmanagement: Theorie und Praxis der motivationalen und organisationalen Voraussetzungen. 2. Auflage. München und Mering: Rainer Hampp.

WILKESMANN, M., WILKESMANN, U. & VIRGILLITO, A. (2007). Inwieweit unterstützen die Faktoren Motivation und Organisationskultur technikorientiertes Wissensmanagement in Krankenhäusern? In S. Bohnet-Joschko (Hrsg.), Wissensmanagement im Krankenhaus (S. 111–135). Wiesbaden: Deutscher Universitäts-Verlag.

WILKESMANN, U., WILKESMANN, M. & VIRGILLITO, A. (2009). The absence of cooperation is not necessarily defection: Structural and motivational constraints of knowledge transfer in a social dilemma situation. Organization Studies, 30/8 (im Druck).

WILLKE, H. (1998). Systemisches Wissensmanagement. Stuttgart: Lucius & Lucius.

Bildungsmarketing

Michael Bernecker

Zielsetzung

- Sie kennen Grundbegriffe des Bildungsmarketings und können die Besonderheit eines Bildungsmarketings erläutern.
- Sie können den Prozess der Marketingforschung in der Bildung sowie die 5 Ds der Marketingforschung beschreiben.
- Sie können die Bedeutung der strategischen Analyse, Zielplanung und Marketingkonzeption im Rahmen eines strategischen Marketings erläutern und kennen einzelne Instrument (wie z.B. SWOT-Analyse und Produktlebenszyklus-Analyse).
- Sie können den Marketing-Mix eines Bildungsanbieters an einem Beispiel erläutern.
- Sie kennen Aufgaben, Instrumente und Methoden des Marketingcontrollings im Bildungsbereich.

1 Grundbegriffe des Bildungsmarketings

1.1 Aktuelles begriffliches Verständnis

Das Bildungsmarketing hat sich in den letzten 20 Jahren deutlich entwickelt. Dominierten in den 1980er und 1990er Jahren in der Bildungsbranche die kritischen Diskussionen und eine eher ablehnende Haltung gegenüber dem marktorientierten Management im Bildungssektor (Geißler, 1991; Lenski, 1980; Baumeister, 1980), so ist aufgrund der ökonomischen Veränderungen in den letzten Jahren in vielen Segmenten des Bildungsmarkts der Einsatz von Marketingtechniken selbstverständlich geworden. In Anlehnung an das weltweit akzeptierte allgemeine Marketingverständnis lässt sich Bildungsmarketing wie folgt definieren:

> Bildungsmarketing ist die Planung, Umsetzung und Steuerung aller auf die potenziellen Interessensgruppen eines Bildungsanbieters ausgerichteten Aktivitäten. Die Kommunikation, das Leistungsangebot und die Beziehung zum Bildungsanbieter haben für die Kunden, die internen und externen Partner und die allgemeinen Interessensgruppen einen nachhaltigen Wert.

Für dieses Marketingverständnis im Bildungsmarkt sind folgende Merkmale typisch (Bernecker, 2007):

- die bewusste Absatz- und Kundenorientierung aller Bereiche des Bildungsanbieters (*Philosophieaspekt*),
- die Erfassung, Beobachtung und Analyse der Verhaltensmuster aller für die Organisation relevanten Interessensgruppen des Bildungsanbieters (*Verhaltensaspekt*),

- die planmäßige Erforschung des internen und externen Umfelds als Voraussetzung für nachhaltige Wertorientierung des Bildungsanbieters (*Informationsaspekt*),
- die Festlegung der Positionierung und die Festlegung marktorientierter Unternehmensziele und langfristiger Verhaltenspläne (*Strategieaspekt*),
- die planmäßige Gestaltung des Markts durch den zielgerichteten Einsatz aller Marketinginstrumente (*Aktionsaspekt*),
- die Anwendung des Prinzips der differenzierten Marktbearbeitung (*Segmentierungsaspekt*),
- die Koordination aller Aktivitäten des Bildungsanbieters und deren organisatorische Verankerung (*Koordinations- bzw. Organisationsaspekt*) und
- die Einordnung der Marketingentscheidung in ein größeres soziales System (*Sozialaspekt*).

In der praktischen Umsetzung bieten sich dem kritischen Betrachter allerdings vielfältige Ausprägungen des Marketings in der Bildungsbranche. Die wahrnehmbaren Ausprägungen lassen sich wie folgt charakterisieren:

 Marketingkonzepte in der Bildungspraxis: (1) Chaos, (2) Marketing = Werbung, (3) Marketing = Vertrieb, (4) Integrierte Marktorientierung, (5) Werthaltiges Marketing.

1. Chaos

Der Begriff ist selbsterklärend. Aufgrund der Dezentralität vieler Bildungsanbieter (verschiedene Standorte/dezentrale Entscheidungsstrukturen) ist die Idee, den Markt durch Kommunikation zu bearbeiten, in den verschiedenen Bereichen unterschiedlich ausgeprägt. Dadurch wird das Marketing nicht bewusst gesteuert, einheitlich gehandhabt oder koordiniert behandelt. Dem Marketing an sich wird keine große Bedeutung beigemessen, die Wirkung und der Nutzen vielfach geringschätzig geschätzt und der Einsatz der Instrumentarien ist einzelnen interessierten Mitarbeitern vorbehalten.

2. Marketing = Werbung

Bei vielen Bildungsanbietern wird Marketing immer noch mit Werbung gleichgesetzt. Dabei kann man oft die sogenannte „Flyeritis" feststellen. „Wir machen mal einen Flyer". Die Kommunikation der Bildungsanbieter folgt dabei oftmals nicht den modernen Erkenntnissen der Werbeforschung, sondern ist eher hausbacken und amateurhaft. In aller Regel liegt keine langfristige und strategische Sichtweise vor, es existieren keine Marketingbudgetplanung oder formelle Instrumentarien, wie ein Marketingkonzept, ein Corporate-Design-Konzept. In aller Regel liegt auch keine zentrale umfassende Verantwortung für das Marketing des Bildungsanbieters vor. Gelegentlich gibt es einen Verantwortlichen für PR- und Öffentlichkeitsarbeit, dessen Kompetenzbereich jedoch häufig auf operative Umsetzungsarbeit beschränkt ist.

3. Marketing = Vertrieb

Mit steigendem ökonomischem Druck entwickelt sich bei Bildungsanbietern das Verlangen, mehr Teilnehmer bzw. Projektaufträge zu generieren. Unabhängig davon, ob der Anbieter im freien Markt oder im subventionierten und geförderten Umfeld tätig ist, werden Aktivitäten gestartet, um kurzfristig Einnahmen zu erzeugen. Diese Vertriebsaktivitäten werden von hauptamtlichen Mitarbeitern häufig nebenbei durchgeführt oder gar von Teilzeitkräften gesteuert. Ein übergreifende integrierte Vorstellung einer Markt- oder Kundenorientierung liegt häufig nur auf dem Papier vor und nicht als strategisches gelebtes Konzept. Die Geschäftsführung greift bei diesen Thematiken auch nur in Form von Mikromanagement ein. Einzelne kritische Fälle werden dann von der Geschäftsführung gesteuert. Ein gemeinsames Bewusstsein aller Mitarbeiter für Marktprozesse existiert in diesem Falle nicht.

4. Integrierte Marktbearbeitung

Die Ausprägung der integrierten Marktbearbeitung ist im Bildungsbereich anzutreffen, wenn die Bedeutung und die Nutzungsmöglichkeiten des Marketings für das Management des Bildungsunternehmens greifbarer geworden sind. Die Sichtweise geht in der Regel mit einem höheren Personaleinsatz im Marketing einher. Hierbei entsteht dann der Wunsch, die Aktivitäten von zum Beispiel Messeauftritten, Öffentlichkeitsarbeit und Vertriebsaktivitäten besser zu koordinieren. Diese Aktivitäten werden dann auch professionell budgetiert und mit Verantwortungen auf der Führungsebene verankert. Es existieren ein Leitbild und eine konkrete Vorstellung, wie das Bildungsgeschäft betrieben werden soll.

5. Werthaltiges Marketing

Aufbauend auf der Idee der integrierten Marktbearbeitung, entsteht immer die Frage, wie die Marketingaktivitäten langfristig wirken. Hierzu definiert der Bildungsanbieter, abgeleitet von seinen langfristigen Zielen, konkrete Maßnahmen. Die Marketingaktivitäten sind diesen Maßnahmen zugeordnet und Fakten (Marktforschung) belegen, welche Wirkung diese Einzelmaßnamen haben können. Servicedefinition und ein strukturiertes Marketingcontrolling professionalisieren den Einsatz der Marketingaktivitäten. Marketing ist bei dieser Betrachtung im direkten Aufgabenfeld der Geschäftsführung mit professionellen Ressourcen ausgestattet und signifikant budgetiert. In der Regel liegen Erfahrungswerte vor, welche den ökonomischen Erfolg der Marketingaktivitäten unterstützen. Ein organisatorisches Lernen ist dabei selbstverständlich.

   Diese unterschiedlichen Realisierungsformen des Marketings sind in nahezu allen Bildungssegmenten anzutreffen. Tatsächlich lässt sich im Rahmen der Marketingarbeit immer auch eine Evolution der Kompetenzen feststellen. Die Ausgangsbasis ist fast immer die erste geschilderte Fassung: Marketing = Chaos. Natürlich ist der Wunsch, werthaltiges Marketing zu betreiben, sehr groß. Der organisatorische Lernprozess (vom Chaos zum werthaltigen Marketing) in einem Bildungsunternehmen ist aber mit einem Zeitfenster von drei bis fünf Jahren zu kalkulieren.

1.2 Institutionelle Betrachtung des Bildungsmarketings

Der Bildungsmarkt ist durch heterogene Strukturen und eine eher handwerkliche Sichtweise auf Managementprozesse gekennzeichnet. Dadurch bedingt, kann bei Mitarbeitern in Bildungsunternehmen die Neigung groß sein, die kleinteilige und bereichsspezifische Scheinanpassung im Bildungsmarketing einzufordern. Allgemeine Ideen und Darstellungen aus dem Bildungsbereich werden häufig mit der Begründung abgelehnt, dass die spezifische Situation im konkreten Bildungsunternehmen es nicht erlaubt, diese Marketingerkenntnisse anzuwenden. Dies hat zu einer Vielzahl von Publikationen geführt, die scheinbar ein spezifisches Bildungsmarketing für verschiedene Segmente des Bildungsmarkts anbieten. Bei einer kritischen Analyse stellt man jedoch fest, dass es sich in aller Regel um ein sogenanntes „Bindestrich-Marketing" handelt, das auf denselben Prinzipien basiert, allerdings durch die Voranstellung der Segmentbezeichnung (Schul-Marketing, Hochschul-Marketing, Kindergarten-Marketing, Trainer-Marketing) den Anwendern das Gefühl gibt, endlich einen passenden Ansatz gefunden zu haben. Eine Inhaltsanalyse zeigt jedoch erstaunliche Parallelen und dieselbe gedankliche Basis auf.

Der aktuelle Diskussionstand in der deutschsprachigen Literatur deckt aktuell die folgenden Segmente ab:

Marketing für Volkshochschulen

Ca. 2.400 Volkshochschulen bieten in Deutschland flächendeckend Bildung an. Bedingt durch die Trägerschaft (Städte, Kommunen oder Trägervereine) haben diese Anbieter unterschiedliche Zielvorstellungen und Freiheitsgrade, um im Bildungsmarkt zu agieren. Volkshochschulen, die sich frühzeitig auf den Markt ausgerichtet haben, wenden in weiten Teilen ihre Marketingaktivitäten sehr professionell an (Möller, 2002). Eine Vielzahl von Volkshochschulen betrachtet diese Aktivitäten jedoch immer noch als reinen Kostenfaktor und beschränkt die Marketingarbeit auf reine Pressearbeit (Rein & Sievers, 2005) und die Produktion eines Programmhefts.

Marketing für Schulen

Bedingt durch die chronische Knappheit der öffentlichen Kassen sind auch in Schulen immer häufiger Aktivitäten vorzufinden, die dem Marketing zu subsumieren sind, jedoch häufig anders adressiert werden. Viele Schulen denken über Möglichkeiten von Sponsoring und Fundraising nach, um die Ausstattung der Schulen zu verbessern oder Projekte finanzieren zu können (Böttcher, 1999; Böttcher, 2006).

Aber auch strategische Fragestellungen (vgl. Davis & Ellison, 1997; Barnes, 1993), wie zum Beispiel die sinnvolle Positionierung (Lang, 1998; Reisch u.a., 2001), oder Fragen der Corporate Identity (Regenthal, 2001) sind immer häufiger in der offenen Diskussion. Innovative Träger im Schulmarketing sind in der Regel bei privatfinanzierten Schulen anzutreffen, da sie sich im Wettbewerb mit öffentlichen Schulen befinden, welche die Schulleistungen kostenlos anbieten und so ihren Mehrwert deutlich stärker darstellen müssen.

Marketing für Hochschulen

Das Marketing für Hochschulen hat bereits Anfang der 1980er Jahre seine Rezeption in der Literatur gefunden (Wangen-Goss, 1983). Lediglich die praktische Aufnahme in den Hochschulen hat bis heute auf sich warten lassen (Bliemel & Fassot, 2001; Gibbs & Knapp, 2001). Mit dem vereinzelten Eintritt von Hochschulen in private Trägerschaften (Sperlich, 2008) begann auch die intensivere Auseinandersetzung mit dem Marketinggedanken in Hochschulen. Eine flächendeckende Adaption des Themas wurde durch Veränderungen der Hochschullandschaft mit der Realisierung des Bologna-Prozesses angestoßen: Markenführung, Akquisitionsstrategie von Teilnehmern bis hin zu verstärkten Alumni-Aktivitäten sind aktuelle Projekte in der Hochschullandschaft (vgl. Hauser, 2009; Urselmann, 2007; Haibach, 2008).

Marketing für Einzelanbieter

Der freie Bildungsmarkt ist durch eine Vielzahl von Kleinstunternehmen gekennzeichnet, die im Markt als Anbieter für Unternehmen auftreten oder für größere Bildungsanbieter als Zulieferer fungieren. Diese Anbieter treten als Trainer, Berater, Coaches oder Trainingsinstitute auf und werden quantitativ auf ca. 80.000 Anbieter taxiert (Bernecker, 2004), von denen die Mehrzahl in einer Größenordnung mit bis zu fünf Mitarbeitern auftritt und wenige größere Anbieter mit bis zu 100 Mitarbeitern bestehen. Der unübersichtliche und stark umkämpfte Markt hat in diesem Segment für eine deutlich höhere Dichte von innovativen Marketingkonzepten geführt (vgl. Bernecker, 2009a; Bernecker, 2009b). Diese Anbieter positionieren sich sehr stark über eine Expertenprofilierung mit ausgeprägtem Marketinginstrumentarium (vgl. Bernecker, Weihe & Peters, 2008). Themen, wie Positionierung und Akquise, sind in diesem Marktsegment vorherrschend (Bernecker, Gierke & Hahn, 2008).

Unabhängig vom spezifischen Bildungssegment lässt sich jedoch festhalten, dass die Gemeinsamkeiten im Bildungsmarketing in diesem Bereich erstaunliche Parallelen aufweisen. Lediglich die diskutierten Spezialthemen weisen verschiedene Ausprägungen auf. Es gibt in allen Segmenten professionelle Anbieter, die in ihrem Marketing sehr weit sind, und Anbieter, die sich diesem Thema noch nicht hinreichend geöffnet haben.

1.3 Besonderheiten der Bildung als Absatzinstrument

Fasst man die Eigenschaften und Besonderheiten der Bildung als Marktleistung zusammen, können gütertypologische, institutionelle und funktionale Eigenschaften differenziert werden, die das Absatzobjekt Bildung und damit zwangsläufig den Absatzbereich eines Bildungsanbieters beeinflussen (vgl. Bernecker, 2000).

Bildungsleistungen haben einen immateriellen Kern und können somit weder gelagert, noch transportiert werden. Als Konsequenz ergibt sich für den Bildungsanbieter die Notwendigkeit, die immaterielle Bildungsleistung mit materiellen Bestandteilen zu kombinieren, um so die Aufmerksamkeit und Wertschätzung der Nachfrager zu gewinnen.

Die Unmöglichkeit, Bildungsleistungen zu lagern, erfordert eine intensive Koordination zwischen Bildungserstellung und -nachfrage. Dabei macht die spezielle Kapazitätsproblematik eine flexible Einsatzplanung und kurzfristige Nachfragesteuerung notwendig. Da die Erstellung der Bildungsleistung eine Vorkombination (siehe Abb. 7.1) erfordert, hat der Bildungsanbieter die Pflicht, seine Leistungsfähigkeit zu dokumentieren und gesondert herauszustellen, um sich gegenüber anderen Anbietern zu profilieren. Zusätzlich besteht die Notwendigkeit, dass er sein Fähigkeitspotenzial materialisiert. Insbesondere im Bereich der Kommunikationspolitik ist es wichtig, dass der Leistungsanbieter seine Fähigkeiten sowie das Erscheinungsbild seines Personals, der Räumlichkeiten und der Ausstattung nach außen hin kommuniziert. Der Bildungsanbieter ist zudem darauf angewiesen, den Nutzen seiner Leistungen zu dokumentieren und, wenn möglich, zu materialisieren, damit der Nachfrager, der die kostenlose Nutzung des öffentlichen Gutes „Schulbildung" gewohnt ist, auch bereit ist, einen realistischen Marktpreis zu zahlen.

Da der Bildungsnachfrager als externer Faktor Bestandteil des Leistungsprozesses ist, schwankt die Leistungsqualität beträchtlich und das Leistungsergebnis lässt sich nur sehr schwer standardisieren. Der Bildungsanbieter sollte sich daher, um die Leistungsqualität zu sichern und die Kundenzufriedenheit positiv zu beeinflussen, wesentlich bessere Kenntnisse über seine Kunden und Nachfrager aneignen, als dies ein Sachleistungshersteller für notwendig hält.

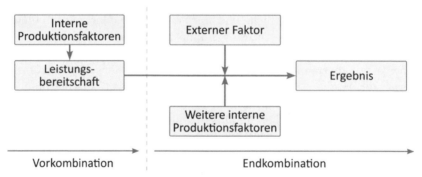

Abbildung 7.1: Leistungsprozesse im Bildungsbereich
Quelle: Eigene Darstellung

Damit erweitert sich die absatzwirtschaftliche Betrachtung vom Leistungsergebnis auf den Leistungsprozess. Der gesamte Leistungserstellungsprozess (Vorkombination und Endkombination) inklusive der beteiligten internen Leistungsfaktoren sollte sich am Markt orientieren. Durch die Heterogenität der angebotenen Bildungsleistungen ergibt sich eine erweiterte Substitutionskonkurrenz im Bildungsmarkt.

Die Profilierung der einzelnen Bildungsleistungen gestaltet sich dabei besonders schwierig, da in der Regel kein direkter räumlicher und zeitlicher sowie interpersonell überprüfbarer Nutzen vorhanden ist, sondern die Bildungsleistung in der Regel einen personenbezogenen substanziellen Nutzen stiftet. Diese Immaterialität der Dienstleistung Bildung stellt den Konsumenten wie den Hersteller vor große Bewertungsprobleme.

2 Marketingforschung in der Bildung

Für ein werthaltiges Marketing im Bildungssektor ist Marktforschung unabdingbar. Neben den klassischen Fragen, wer die Zielgruppe der Bildungsleistung ist, wie diese mit den Leistungen umgeht und welche Erwartungen sie hat, existieren noch weitere Kernfragen, die von einem jeden Bildungsanbieter zu beantworten sind, um effizientes und werthaltiges Marketing betreiben zu können. Im Folgenden wird die Funktion der Marktforschung im Bildungsbereich dargestellt.

2.1 Grundbegriffe, Aufgaben und Arten

Der Begriff der *Marketingforschung* ist in der Literatur mit verschiedenen Inhalten belegt und weist Überschneidungen mit dem Terminus Markt- und Meinungsforschung auf. Ein synonymer Terminus für Marketingforschung stellt der amerikanische Begriff des Marketing Research dar. Üblicherweise lässt sich die Marketingforschung wie folgt definieren:

> Marktforschung ist die systematische Sammlung, Aufbereitung, Analyse und Interpretation von Daten über Marktgegebenheiten, die in bestimmten Marktsituationen vom Unternehmen benötigt werden (vgl. Hermann, Homburg & Klarmann, 2008: 5).

Nach dieser Definition zeichnet sich die Marketingforschung durch folgende Merkmale aus (Bernecker & Weihe, 2009):

- *systematische* Vorgehensweise: Abgrenzung gegenüber der Markterkundung, die nur das zufällige und gelegentliche Abtasten von Märkten umfasst,
- Ausrichtung am *Zweck* der Marketingforschung, der darin besteht, Marketingentscheidungen informatorisch zu unterstützen und
- Hervorhebung des *Prozess*charakters.

In der Definition der Marketingforschung wurde die Zweckorientierung hervorgehoben. Diese soll im Folgenden etwas detaillierter betrachtet werden. Empirisch zeigt sich, dass die konkreten Inhalte der Marketingforschung ein sehr breites Feld abdecken.

Durch veränderte Anforderungen an das Marketing hat sich auch das Aufgabenspektrum der Marketingforschung in den letzten Jahren gewandelt bzw. erweitert. Ein Haupttrend ist der verstärkte Einsatz der Marketingforschung für *strategische Entscheidungen.* Eng verbunden damit ist die Erweiterung des Methodenspektrums um *qualitative Verfahren.* Einen weiteren Trend induziert die Verlagerung vom Transaktions- zum Beziehungsmarketing. Dadurch finden Analysen zu Themen wie *Kundenzufriedenheit und -bindung* verstärkt Aufmerksamkeit. Vor diesem Hintergrund erfüllt die Marketingforschung einige Funktionen für den Bildungsanbieter:

- Innovationsfunktion: Erkennen von Chancen und Trends,
- Frühwarnung: Erkennen von Risiken in der Unternehmensumwelt,
- Intelligenzverstärkung: Unterstützung der Willensbildung in der Unternehmensführung,

- Unsicherheitsreduktion: Präzisierung und Objektivierung bei der Entscheidungs-findung,
- Strukturierung der Planung: Förderung des Verständnisses bei den Lernprozessen der Marketingplanung,
- Selektionsfunktion: Selektion von relevanten Informationen aus der Masse des Informationsangebots.

Zur Deckung dieser unterschiedlichen Informationsbedarfe haben sich das Methodenspektrum und die Vorgehensweisen der Marketingforschung immer weiter ausdifferenziert.

2.2 Prozess der Marketingforschung (5Ds der Marketingforschung)

In der grundlegenden Definition wurde Marketingforschung als systematischer Prozess charakterisiert. Idealtypisch läuft er in fünf Phasen ab, zwischen denen in der Realität zahlreiche Rückkopplungen und Überlappungen existieren (Baumgarth & Bernecker, 1999).

Abbildung 7.2: Die 5Ds der Marketingforschung
Quelle: Eigene Darstellung

In der ersten Phase der Marketingforschung *(Definition)* geht es darum, die Problemstellung möglichst genau zu formulieren. Nur eine genaue Problemformulierung stellt die Erhebung und Auswertung relevanter Informationen sicher. Im Rahmen der *Designphase* sind Entscheidungen über die grundsätzliche Informationsbeschaffungsmethode, die Bestimmung von Skalen zur Messung sowie über die zu befragenden oder zu beobachtenden Merkmalsträger zu treffen. Im Rahmen der *Datengewinnung* werden die verschiedenen Erhebungsinstrumente eingesetzt. Die verschiedenen Methoden der Datengewinnung liefern eine große Anzahl von Einzelinformationen. Im Rahmen der *Datenanalyse* erfolgen die Ordnung, Verdichtung und die Analyse der Daten, um auf dieser Basis Marketingentscheidungen sinnvoll unterstützen zu können. Den letzten Schritt eines jeden Marketingforschungsprojekts bilden die *Dokumentation* und Präsentation der Ergebnisse. Dabei erfolgen bei Marketingforschungsprojekten i. d. R. eine schriftliche Dokumentation sowie eine mündliche Präsentation.

Definition der Marktforschungsinhalte

In der ersten Phase der Marktforschung geht es darum, die Problemstellung möglichst genau zu formulieren. Nur eine genaue Problemformulierung stellt die Erhebung und Auswertung relevanter Informationen sicher. Die Marktforschung eines Bildungsanbieters sollte daher zweckgetrieben sein und den unternehmerischen

Informationsbedarf erfüllen. Regelmäßig bieten sich inhaltlich die folgenden Erhebungen an:

- Ermittlung des Bildungsbedarfs
- Erhebung des Marktpotenzials
- Wettbewerbserhebung
- Erhebung der Kundenzufriedenheit
- Durchführung einer strategischen Umfeldanalyse

Hinzu kommen zahlreiche Fragestellungen, die eher den Spezialbereichen zuzuordnen sind.

Design und Datengewinnung in der Marketingforschung

Im Rahmen der Datengewinnung werden die verschiedenen Erhebungsinstrumente eingesetzt. Die Grundformen bilden die Befragung und die Beobachtung (Berekhoven, Eckert & Ellenrieder, 1993).

Im Rahmen der Marktforschung ist immer zunächst die *Sekundärforschung* zu nutzen. Unter der Sekundärforschung versteht man die Auswertung bereits vorliegender, d.h. nicht für die aktuelle Problemstellung eigens beschaffte, Materialien. Die Methoden der Sekundärforschung haben den Vorteil, dass sie im Vergleich zur Primärforschung schneller durchzuführen sind und geringere Kosten verursachen. Im Rahmen der Sekundärforschung lassen sich nach der Datenherkunft unternehmensinterne und unternehmensexterne Quellen voneinander abgrenzen. Wichtige *interne Quellen* sind u.a. folgende:

- Rechnungswesen, Kostenrechnung, Investitionsrechnung, Deckungsbeitragsrechnung, Mahnwesen, Bilanzierung;
- Teilnehmerstatistik, QM-Reports;
- Beschwerdemanagement, Teilnehmerfeedback;
- Zielgruppen- und Database-Management;
- Beratungs- & Besprechungsberichte;
- eigene Archive sowie frühere Primärerhebungen.

Noch zahlreicher sind die möglichen *externen Quellen,* von denen hier nur die wichtigsten Gruppen aufgeführt werden:

- allgemeine amtliche Statistiken (Statistisches Bundesamt, UN, Eurostat, Statistische Landesämter etc.),
- Ressortstatistik (Deutsche Bundesbank, Kraftfahrtbundesamt etc.),
- Wirtschaftsorganisationen und -verbände (IHK, AHK, VDMA, VDA etc.),
- wirtschaftswissenschaftliche Organisationen (Ifo-Institut, DIW, Universitäten und Fachhochschulen etc.),
- Fachliteratur und -zeitschriften,
- Zeitungen und Zeitschriften,
- Messe- und Ausstellungskataloge,
- Firmenveröffentlichungen,
- Hilfsbetriebe (Adressdienste, Werbeträger etc.) und
- Datenbanken.

Falls die Sekundärforschung den Informationsbedarf des Bildungsanbieters nicht decken kann, ist der Einsatz der *Primärforschung* notwendig. Die Primärforschung zeichnet sich durch die Neuerhebung von Daten für eine konkrete Problemstellung aus. Die Grundmethoden der Primärforschung bilden die Befragung und die Beobachtung. Das *Experiment* und das *Panel* stellen keine eigenständigen Erhebungsmethoden dar, sondern sie stellen spezielle Erhebungsanordnungen dar, die aber letztlich auch auf den Erhebungsmethoden Befragung und/oder Beobachtung basieren.

Die *Befragung* stellt die am häufigsten angewandte Methode der Datengewinnung im Rahmen der Primärforschung dar. Im Gegensatz zur Beobachtung ermöglicht die Befragung auch die Erhebung von nicht beobachtbaren Tatsachen, d.h. die Befragung ermöglicht eher als die Beobachtung die Erforschung von Einstellungen, Wahrnehmungen und Verhaltensweisen, die vom Unterbewusstsein gesteuert sind.

Die zweite grundsätzliche Methode der Primärforschung bildet die *Beobachtung*, die sich dadurch auszeichnet, dass der festzustellende Sachverhalt nicht aufgrund einer ausdrücklichen Erklärung der Auskunftsperson, sondern unmittelbar aus dieser selbst bzw. ihrem Verhalten abgeleitet wird.

Datenanalyse

Die verschiedenen Methoden der Datengewinnung liefern eine große Anzahl von Einzelinformationen. Im Rahmen der Datenanalyse erfolgen die Ordnung, Verdichtung und Analyse der Daten, um auf dieser Basis Marketingentscheidungen sinnvoll unterstützen zu können.

Zur Datenanalyse werden insbesondere statistische Verfahren herangezogen, wobei der Begriff Statistik die Gesamtheit der Methoden umfasst, die für die Verarbeitung empirischer Daten relevant sind. Als Hauptgruppen der Statistik lassen sich die *deskriptive* (beschreibende) und die *induktive* (schließende) Statistik voneinander abgrenzen. Die deskriptive Statistik umfasst alle Verfahren, die sich mit der Aufbereitung und Auswertung der Stichprobe bzw. der Grundgesamtheit befassen. Sie zielen darauf ab, die unüberschaubare Datenmenge durch möglichst wenige, jedoch aussagekräftigere Zahlen zu charakterisieren. Im Extremfall wird lediglich eine Zahl (z.B. arithmetisches Mittel) zur Charakterisierung der gesamten Datenmenge verwendet. Die induktive Statistik dagegen versucht, auf der Basis von Stichprobenergebnissen, Verallgemeinerungen bzw. Schlüssen auf die Grundgesamtheit abzuleiten. Dies bedeutet, dass die induktive Statistik nur dann notwendig ist, wenn in der Design- und Datengewinnungsphase eine Teilerhebung erfolgt ist.

Dokumentation der Ergebnisse

Den letzten Schritt eines jeden Marktforschungsprojekts bildet die Dokumentation und Präsentation der Ergebnisse. Dabei erfolgen bei Marktforschungsprojekten in der Regel eine schriftliche Dokumentation sowie eine mündliche Präsentation. Bei der schriftlichen Dokumentation bietet sich folgende Grobstruktur an:

1. Vorwort/Problemstellung,
2. Zusammenfassung der wichtigsten Ergebnisse („Management summary"),
3. methodische Vorgehensweise,

4. Ergebnisdarstellung mit
   - Tabellen,
   - Grafiken,
   - statistischen Kennzahlen,
5. Schlussfolgerungen,
   - Interpretation/Empfehlungen
   - weitere Vorgehensweise sowie
6. Anhang (z.B. Fragebogenbeispiel, Detailauswertungen).

3 Strategisches Marketing

Moderne marktorientierte Unternehmensführung erfolgt systematisch und strategisch. Die zu treffenden Entscheidungen sind stets langfristige und globale Managemententscheidungen. Von diesen Entscheidungen hängt in der Regel der Erfolg eines Unternehmens unmittelbar ab.

Empirische Studien zeigen, dass überdurchschnittlich erfolgreiche Bildungsanbieter eine strategische Ausrichtung haben und für die konkrete Ausrichtung der Positionierung zentrale Fragestellungen für sich beantwortet haben (vgl. Welge & Al-Laham, 2003; Bernecker, 2007):

- Wie sehen die derzeitigen und zukünftig zu erwartenden Bedingungen aus, unter denen wir heute und in Zukunft agieren?
- Was sind unsere Kernfähigkeiten, mit denen wir im Wettbewerb bestehen können?
- Welche Stärken und Schwächen haben wir im Vergleich zu unserer Konkurrenz?
- Welche Chancen und Risiken bietet der Markt?
- Welche langfristigen Ziele sollen wir verfolgen?
- Welche Strategien werden zur Zielerreichung eingesetzt?
- In welchen Geschäftsfeldern wollen wir tätig sein?
- Mit welchen Maßnahmen wollen wir den Wettbewerb in den Geschäftsfeldern bestreiten?
- Was müssen wir tun, um unsere langfristig angelegten Maßnahmen umsetzen zu können?

Strategisches Marketing ist damit eine von den oberen Hierarchieebenen im Unternehmen durchgeführte *längerfristige Planung mit Leit- und Lenkungsfunktions-Charakter.* Auf dieser Ebene geht es um die Planung der grundsätzlichen Unternehmensstrategien, die auf die Erreichung der formulierten Unternehmensziele ausgerichtet sind. Grundlage der Ziel- und Strategieformulierung ist eine systematische Analyse der aktuellen und zukünftig zu erwartenden Markt- und Unternehmenssituation. Die strategische Planung dominiert alle nachfolgenden Planungsebenen, sie hat Zielcharakter für die nachgeordneten Planungsebenen und weist die größte zeitliche Reichweite auf. Die nachfolgende Abbildung zeigt einen Vorschlag für einen Strategieprozess:

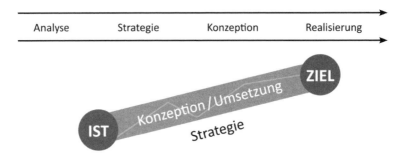

Abbildung 7.3: Strategieprozess
Quelle: Eigene Darstellung

Im Rahmen der strategischen Analyse erfolgt zunächst die Ermittlung der aktuellen Ist-Situation des Unternehmens sowie des relevanten Markts. Darauf aufbauend, werden die strategischen Marketing-Ziele formuliert (Soll-Situation) und in einem nächsten Schritt die strategischen Optionen für eine möglichst effektive Zielerreichung analysiert und festgelegt. Die Umsetzung dieser strategischen Optionen erfolgt dann mithilfe eines Marketingkonzepts, welches in den unternehmerischen Teilbereichen zu realisieren ist.

3.1 Strategische Analyse

Jede Marketingentscheidung hängt grundsätzlich von der Beurteilung der Marktsituation sowie der eigenen Lage eines Unternehmens ab. Den ersten Schritt eines strategischen Marketings bildet also eine strategische Analyse, in der beide Bereiche, d.h. das eigene Unternehmen sowie die Markt- und Umweltsituation, Beachtung finden und systematisch analysiert werden.

Im Folgenden werden einige Instrumente und Methoden einer strategischen Analyse vorgestellt und die jeweiligen Einsatzmöglichkeiten diskutiert.

SWOT-Analyse

Die SWOT-Analyse ist das wohl bekannteste Instrument im Bereich des strategischen Marketings. SWOT ist ein englisches Akronym und die Anfangsbuchstaben stehen für

- **S:** Strengths,
- **W:** Weaknesses,
- **O:** Opportunities,
- **T:** Threats.

Die SWOT-Analyse ist also eine Analyse der Stärken, Schwächen, Chancen und Risiken. In dieser Methode werden sowohl die Stärken und Schwächen (Strengths – Weaknesses) als auch die externen Chancen und Gefahren (Opportunities – Threats) des Bildungsanbieters betrachtet, um die zukünftigen Handlungsfelder eines Unternehmens zu analysieren und abzustecken.

Ihre breite Anwendung erfährt die SWOT-Analyse insbesondere aufgrund ihrer einfachen und flexiblen Methodik. Sie ist ein weit verbreitetes Instrument zur Situationsanalyse und Strategie-Entwicklung. Für diese Einsatzfelder bietet sie ein Analyseraster und berücksichtigt dabei unternehmensinterne sowie -externe Rahmenbedingungen.

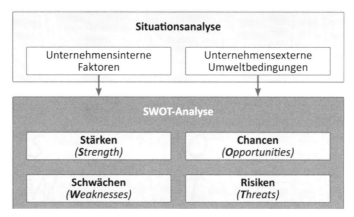

Abbildung 7.4: Aufbau der SWOT-Analyse
Quelle: Eigene Darstellung

Aufgrund dieser allgemeinen Vorgehensweise ergeben sich sehr vielfältige Anwendungsgebiete. Neben einem Einsatz im Rahmen der strategischen Unternehmensplanung findet die SWOT-Analyse insbesondere zur Beantwortung marketingrelevanter Fragestellungen Anwendung, so beispielsweise im Rahmen der Leistungspolitik, zur Positionierung einzelner Produkte oder Produktprogramme oder für die Festlegung der Markteinführung und Marktbearbeitung von Produkten. Auch eine Standortanalyse kann mithilfe einer SWOT-Analyse sinnvoll unterstützt werden, sodass sich vielfach Einsatzmöglichkeiten im Rahmen von Internationalisierungs-Strategien eines Unternehmens ergeben. Zusammenfassend lässt sich sagen, dass eine SWOT-Analyse im Grunde für sämtliche Fragen zur Anwendung kommen kann, bei denen ein Individuum in einem Umfeld agiert und Entscheidungen treffen muss.

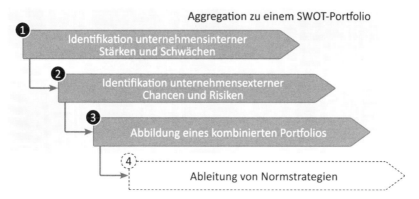

Abbildung 7.5: Idealtypische Vorgehensweise bei der SWOT-Analyse
Abbildung: Eigene Darstellung

Produktlebenszyklus-Analyse

Neben der SWOT-Analyse stellt auch die *Lebenszyklusanalyse* ein wichtiges Instrument sowohl für die Situationsanalyse als auch für die Vorbereitung und Unterstützung strategischer und operativer Entscheidungen dar. Ihren Ursprung findet die ökonomische Lebenszyklusanalyse in der Evolutionstheorie. Das evolutionstheoretisch fundierte Gesetz vom „Werden und Vergehen" biologischen Lebens wurde hierzu auf wirtschaftliche Fragestellungen übertragen. Als Betrachtungsobjekte kommen dabei grundsätzlich verschiedene Konstrukte infrage. So werden beispielsweise die Lebenszyklen von Märkten, Unternehmen, Branchen, Technologien oder Produkten betrachtet. Der Anwendungsschwerpunkt des Ansatzes liegt in der Analyse von einzelnen Produkten oder Produktgruppen, sodass sich der Begriff des Produktlebenszyklus (PLZ) fest etabliert hat (Bernecker, 2009a).

Das Modell des Produktlebenszyklus (PLZ) stellt ein *zeitbezogenes Marktreaktionsmodell* dar und umfasst die Zeitspanne, in der sich die Bildungsleistung am Markt befindet. Das Konzept beruht auf der Annahme, dass eine Bildungsleistung von dessen Markteinführung bis zur Elimination bestimmten (zeitbezogenen) Gesetzmäßigkeiten unterliegt. Das Modell wird als Informationsgrundlage für produkt- und programmpolitische Entscheidungen eingesetzt. Je nach Position im PLZ können Rückschlüsse auf zukünftig zu erwartende Entwicklungen der Bildungsleistungen gezogen werden. Zudem lassen sich Hinweise über die erforderliche Art und Intensität des Einsatzes der Marketing-Instrumente ableiten. Der PLZ wird idealtypisch in fünf Phasen unterteilt. Grundlage der Phaseneinteilung ist die Veränderung des Umsatzes bzw. des Absatzes des Bildungsprodukts im Zeitablauf. Idealtypisch wird folgender ertragsgesetzlicher (glockenförmiger) Kurvenverlauf unterstellt, der zwischen fünf alternativen Lebenszyklusphasen differenziert (vgl. Bernecker, 2009a).

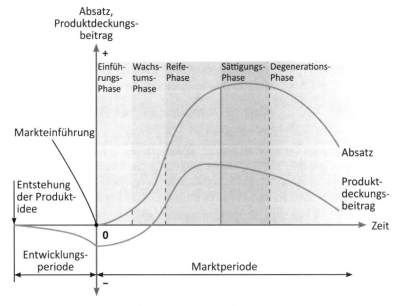

Abbildung 7.6: Phasen im Produktlebenszyklus (PLZ)
Quelle: Bernecker, 2009a

Portfolio-Analyse

Die Portfolio-Analyse ist die wahrscheinlich am weitesten verbreitete Methode im strategischen Marketing. Die Grundidee ist, ein Instrument einzusetzen, das es erlaubt, Unternehmensbereiche – sogenannte Strategische Geschäftseinheiten (SGE) – zu steuern. In Anlehnung an Wertpapierportfolios soll eine optimale Mischung von Produkten und Produktgruppen hinsichtlich des Investitionsbedarfs und des Ertrags erfolgen. Ziel ist es, *Normstrategien* für die einzelnen Strategischen Geschäftseinheiten abzuleiten. Die Portfolio-Analyse stellt ein Verfahren zur Unterstützung von strategischen Entscheidungen in diversifizierten Großunternehmen dar, indem sie eine Analyse der Produkt-Markt-Kombinationen ermöglicht.

Die Ursprungsform der Portfolio-Analyse wurde von dem Beratungsunternehmen Boston Consulting Group *(BCG-Portfolio)* entwickelt und besteht aus einer Vier-Felder-Matrix. Hierbei wird die umfeldbezogene Größe „Marktwachstum" der unternehmensbezogenen Größe „relativer Marktanteil" gegenübergestellt. Es findet sich also auch hier eine Gegenüberstellung interner sowie externer Informationen. Die Strategischen Geschäftseinheiten werden dann gemäß ihrer Werte in Bezug auf diese beiden Dimensionen in die Portfolio-Matrix eingezeichnet.

Der relative Marktanteil ergibt sich für eine einzelne Strategische Geschäftseinheit, indem der Umsatz der Strategischen Geschäftseinheit ins Verhältnis zum Umsatz des größten Wettbewerbers gesetzt wird. Das Kriterium des *Marktwachstums* ist ein Ausdruck der Attraktivität eines Markts und lässt sich über das Absatz- bzw. Umsatzpotenzial eines Markts operationalisieren.

Als dritte ergänzende Größe kann die Umsatzbedeutung der jeweiligen Geschäftseinheit Berücksichtigung finden. In der folgenden Abbildung, welche die Grundstruktur einer BCG-Matrix wiedergibt, wird die Umsatzbedeutung der einzelnen SGEs durch die Größe des Kreisumfangs dargestellt (vgl. Becker, 1998).

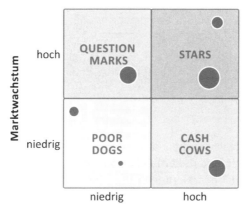

Abbildung 7.7: Marktwachstums-Marktanteils-Portfolio
Quelle: Eigene Darstellung

Die Position der Bildungsleistungen bzw. der SGE innerhalb der vier Felder gibt Auskunft über den Investitionsbedarf bzw. hilft bei der Ableitung der Normstrategien.

Die SGE werden mit den Feldnamen belegt. Daraus lassen sich schließlich Handlungsstrategien ableiten, die eine deutliche Affinität zum Modell des Produktlebenszyklus erkennen lassen.

3.2 Zielplanung

Die Formulierung eines langfristig ausgerichteten *Zielsystems* des Bildungsanbieters ist ein wesentlicher Bestandteil des strategischen Marketings. Idealerweise erfolgt die Zielbildung im Unternehmen in einem mehrstufigen Prozess, dessen Ausgangspunkt die Ergebnisse der strategischen Analyse darstellen (z.B. SWOT). Gleichzeitig stellen die Ziele selbst die Grundlage zur Formulierung von Strategien dar, sodass hier sehr enge Beziehungen zwischen der Analyse, der Zielbestimmung und der Strategieplanung bestehen.

Ziele stellen Aussagen über angestrebte zukünftige Zustände dar, die durch den Einsatz des Marketinginstrumentariums erreicht werden sollen. Sie sind insofern als Orientierungsgrößen für das Handeln und die Aktivitäten des Managements des Bildungsanbieters zu interpretieren. In der Regel verfolgt ein Bildungsdienstleister jedoch nicht nur ein einzelnes Ziel, sondern gleichzeitig mehrere Ziele. Das Zielsystem eines Unternehmens kann in Form einer *Zielpyramide* dargestellt werden. So werden die unterschiedlichen Ebenen der Ziele systematisiert und die Zielhierarchie dargestellt (vgl. Becker, 1998).

Abbildung 7.8: Zielpyramide
Quelle: Eigene Darstellung

An der Spitze eines idealtypischen Zielsystems steht die Unternehmensphilosophie, die sich in aller Regel in einem Leitbild manifestiert. Sie verkörpert die grundlegenden Einstellungen und Überzeugungen des Unternehmens. Sie ist Ausdruck dafür, dass der Bildungsanbieter nicht nur einzelwirtschaftlich agiert, sondern eine gesamtwirtschaftliche, das heißt soziale und ökologische Verantwortung übernimmt. Ausgehend von der Unternehmensphilosophie, wird ein *Unternehmenszweck* (die Mission) formuliert. Dieser drückt die klare Absicht des unternehmerischen Anliegens des Bildungsanbieters aus. Prägnant zusammengefasst, beantwortet sie die Frage: „Was ist unser Geschäft und was soll es sein?". Damit bildet der Unternehmenszweck einen Handlungsrahmen und gibt eine bestimmte Grundrichtung vor. Die Philosophie und der Unternehmenszweck beinhalten noch keine konkreten

Handlungsanweisungen. Sie legen vielmehr einen grundlegenden Rahmen für das unternehmerische Handeln fest.

Auf dieser Basis werden die Ziele des Unternehmens entwickelt. Die *Unternehmensziele* selbst (z.B. Liquidität, Rentabilität, Wachstum, Kostendeckung) fungieren als Oberziele. Diese können nur über entsprechende Beiträge untergeordneter Zielsysteme (Bereichsziele) erreicht werden. Für Unternehmen, die ihre Aktivitäten konsequent am Absatzmarkt ausrichten, spielen vor allem *Marketingziele* eine zentrale Rolle. Hinsichtlich der Marketingziele sind eine Unterscheidung in ökonomische Ziele (z.B. Marktanteil, Absatzmenge) und vorökonomische, psychologische Ziele (z.B. Bekanntheitsgrad, pädagogischer Anspruch) typisch. Innerhalb des Marketingbereichs erfolgt eine weitere Zielkonkretisierung über die Definition der *Instrumentalziele*, welche die Zielvorgaben für den Einsatz des Marketinginstrumentariums darstellen. Entsprechend der vier Marketinginstrumente können Ziele für die Leistungs-, Preis-, Kommunikationspolitik und den Vertrieb unterschieden werden. Die Ziele für den Instrumentbereich weisen bereits einen sehr engen Bezug zu den Marketingstrategien auf. Die definierten Sollvorgaben haben somit schon einen sehr operativen Charakter.

Die Ziele eines hierarchisch aufgebauten Zielsystems stehen in einer *Mittel-Zweck-Beziehung* zueinander. Dies gilt vor allem für die Unternehmens-, Bereichs- und Instrumentalziele. Ein bestimmtes Ziel legt also immer einen Sollzustand für den entsprechenden Bereich fest. Gleichzeitig stellt dieses Ziel auch ein Mittel für die Erreichung des jeweils übergeordneten Ziels dar. In die umgekehrte Richtung, das heißt von oben nach unten, findet beim Prozess der Zielplanung eine zunehmende Zielkonkretisierung statt.

3.3   Marketingkonzeption

Dreh- und Angelpunkt einer fundierten Marketingstrategie ist ein dezidiertes Marketingkonzept. Dabei stellt sich regelmäßig heraus, dass Unternehmen, die systematisch und strukturiert an ihre Marketingaufgaben herangehen, in der Regel auch deutlich professioneller im Markt auftreten. Ein systematisches Marketingkonzept ist jedoch nur eine Ausgangsbasis für eine erfolgreiche Implementierung. D.h. ein gutes Marketingkonzept ohne gute Realisierungsstrategie kann nicht erfolgreich sein.

Ein schriftliches Marketingkonzept weist für den Bildungsanbieter einige wesentliche Vorteile auf:

- Ein Marketingkonzept dient der marktorientierten Kursbestimmung des Unternehmens. Es stellt einen Leitplan für das gesamte Unternehmen dar.
- Ein Marketingkonzept führt zu mehr Transparenz im Marketingprozess des Unternehmens und hilft, die unternehmerische Vision zu kommunizieren.
- Es verhindert blinden, pragmatischen Aktionismus oder dämmt ihn zumindest ein.
- Im Rahmen eines Marketingkonzepts können die Marketingaktivitäten des Unternehmens strukturiert werden.

Ein strukturiertes Marketingkonzept umfasst die folgenden acht Teilbereiche:

I. Charakteristika des Bildungsunternehmens

In diesem ersten Abschnitt des Marketingkonzepts werden der Aufbau und die Struktur des Unternehmens beschrieben. Dabei werden üblicherweise die folgenden Abschnitte dargestellt:

- Eigentums- und Beteilungsverhältnisse,
- Unternehmensgrundsätze,
- Unternehmenszweck und Leistungsprogramm,
- bisherige Unternehmensentwicklung und
- aktuelle Ausgangslage.

II. Struktur und Entwicklung des Markts

In diesem Abschnitt wird der bearbeitete Teilmarkt des Unternehmens vorgestellt. Inhaltlich sollte dieses Kapitel die folgenden Teilaspekte abdecken:

- Entwicklung des Gesamtmarkts,
- Entwicklung wichtiger Teilmärkte,
- Endabnehmer,
- Wettbewerber,
- Absatzmittler,
- sonstige Interessensgruppen,
- relevante Lieferanten und
- relevante Medien.

III. Perspektiven der relevanten Umweltbereiche

Die Marketingkonzeption eines Bildungsanbieters wird von der relevanten Umwelt beeinflusst. Hierbei sind die Ergebnisse der Chancen-Risiken-Analyse relevant.

IV. Situation und Position des Unternehmens

Dieser Abschnitt des Marketingkonzepts gibt die aktuelle Situation und Position des Unternehmens im Wettbewerbsumfeld wieder. Im Einzelnen bestimmt durch:

- Marktpositionsanalyse,
- betriebswirtschaftliche Programmanalyse,
- marktpsychologische Analysen,
- zielstrategische Analysen,
- Stärken und Schwächen des Unternehmens sowie
- aktueller Status quo der Marketingkonzepte.

V. Zielprogramm des Unternehmens

Hier erfolgt die Darstellung der Unternehmensziele sowie der relevanten Bereichs-, Marketing- und Vertriebsziele:

- Unternehmensziele,
- Marketingziele,
- Marketingpolitikziele und
- Restriktionen bei der Realisierung (Begrenzungsfaktoren).

VI. Strategieprofil

Der sechste Abschnitt des Marketingkonzepts umfasst die Darstellung des Strategie-Mix, den der Bildungsanbieter realisiert hat oder zukünftig realisieren möchte. Für die Darstellung wird auf die folgenden Teilbereiche zurückgegriffen:

- Bestimmung des strategischen Basiskonzepts,
- Bestimmung des Strategieprofils,
- Beschreibung wettbewerbsstrategischer Handlungsmuster und
- Formulierung von IST- und SOLL-Portfolios.

VII. Marketing-Mix

In diesem Abschnitt wird die Umsetzung des Strategie-Mix vorgestellt. Dabei erfolgt die Darstellung in der Regel anhand der folgenden Punkte:

- Formulierung der Leistungspolitik,
- Festlegung der distributionspolitischen Instrumente,
- Formulierung des Kommunikationsansatzes,
- Darstellung der Marketingprozesse,
- Fixierung der Richtlinien für die Ressourcenausstattung und
- Formulierung der Schwerpunkte und Aktivitätsniveaus des Marketing-Mix.

VIII. Planungsrechnung und Planungsübersichten

Zu einem umfassenden Marketingkonzept gehören betriebswirtschaftliche Planungs-rechnungen wie zum Beispiel:

- Absatzplanung,
- Deckungsbeitragsplanung und
- Produktgruppenplanung.

4 Festlegung des Marketing-Mix eines Bildungsanbieters

Die Umsetzung der Strategie eines Bildungsanbieters erfolgt mithilfe von spezifischen Marketingaktionen. Ausgangspunkt ist hierfür der Marketing-Mix.

> **!** „Der Marketing-Mix umfasst jene Kombinationen außengerichteter absatzpolitischer Instrumente, mit deren Hilfe eine Unternehmung versucht, in unmittelbarer Weise ihre Beziehungen zu den für sie absatzbedeutsamen Marktteilnehmern zu gestalten und deren marktrelevantes Verhalten im Sinne der Marketingziele zu beeinflussen." (Meffert, 2000: 297)

Der Marketing-Mix systematisiert vier mögliche Instrumentenbereiche. Die sogenannten 4 P im Marketing sind die Instrumente „Product", „Price", „Place" und „Promotion". Der Einsatz dieser Marketing-Instrumente lässt sich durch folgende Fragestellungen charakterisieren:

1. Welche Leistung soll wie angeboten werden? (Product)
2. An wen und auf welchem Weg soll die Leistung verkauft werden? (Place)
3. Zu welchen Bedingungen sollen die Leistungen angeboten werden? (Price)
4. Welche Kommunikationsmaßnahmen sollen ergriffen werden? (Promotion)

Wie bereits dargestellt, kann ein Marketing für einen Bildungsanbieter jedoch nicht nach den gleichen Spielregeln erfolgen wie bei einem Konsumgüterhersteller. Im Rahmen des Dienstleistungsmarketings hat sich daher eine Erweiterung des klassischen Marketing-Mix-Modells zu einem Mix für Dienstleister durchgesetzt: von den 4 P zu einem Mix mit sieben Instrumenten (7 Ps):

5. Mit welchen Mitarbeitern sollen die Leistungen erbracht werden? (People)
6. Wie soll der Standardprozess der Leistung aufgebaut sein? (Process)
7. Mit welcher Ausstattung soll die Dienstleistung vollzogen werden? (Physical Facilities)

Die Produktpolitik wird als Kernstück des Marketing-Mix betrachtet und umfasst alle Entscheidungen, welche die Qualität, die Ausgestaltung, den Service und Fragen der Marken- und Angebotspolitik der Bildungsleistungen umfassen.

Die Distributionspolitik befasst sich mit:

- der Wahl der Absatzform zwischen eigenen und fremden Verkaufsorganen,
- der Wahl des Vertriebssystems und mit der Unterteilung in zentralen und dezentralen Absatz und
- der Wahl des Absatzweges, worunter der direkte und indirekte Absatz (über den Handel) verstanden wird.

Die Kontrahierungspolitik (Preis- und Konditionenpolitik) galt über 150 Jahre lang als die einzige Variable, durch die sich die abzusetzende Menge steuern lässt. Sie beinhaltet die Preisbildung, die Rabattgewährung sowie die Liefer- und Zahlungsbedingungen.

Die Kommunikationspolitik im Bildungsbereich lässt sich in vier Unterpunkte aufteilen:

- Klassische Werbung ist die absichtliche und zwangsfreie Form der Beeinflussung, durch die Menschen veranlasst werden sollen, im Sinne der Werbeziele zu handeln.
- Public Relations dienen dazu, das Firmen-Image und die Beziehung zur Öffentlichkeit systematisch zu pflegen.
- Verkaufsförderung (Sales-Promotion): Der potentielle Kunde wird direkt angesprochen. Das Ziel ist es, durch die Verbesserung des wahrgenommenen Preis-/Leistungsverhältnisses einen Kaufanreiz zu erzeugen, was besonders bei Anbietern von Fernlehrgängen mittlerweile ein stark angewendetes Konzept darstellt.
- Persönliche Kommunikation: Es wird ein schlagkräftiger Außendienst aufgebaut, der den direkten Kontakt zum Kunden knüpfen und durch ein direktes Feedback erreichen soll.

Der erweiterte Marketing-Mix im Dienstleistungsbereich und bei Bildungsanbietern umfasst zusätzlich die folgenden Instrumente:

- People: Bildungsleistungen sind oftmals sehr personalintensiv. Daher ist es von besonderer Bedeutung, die Mitarbeiterzufriedenheit nicht aus den Augen zu verlieren. Festangestellte und freie Mitarbeiter sind der wesentliche Produktionsfaktor bei der Erstellung von Bildungsleistungen.
- Process: Da der Nachfrager der Bildungsleistung, bedingt durch das Uno-actu-Prinzip, in die Leistungserstellung eingebunden ist, hat der Erstellungsprozess eine größere Bedeutung für das Marketing als bei einem Anbieter von Gütern und Waren. Prozessmanagement ist sogar ein Schlüsselelement im Qualitätsmanagement.
- Physical Facilities: Aufgrund der Bewertungsproblematik von immateriellen Bildungsleitungen greifen viele Kunden auf Hilfsindikatoren, wie die Ausstattung des Bildungsanbieters, zurück, um die Qualität zu beurteilen. Gleichzeitig beeinflusst die räumliche Ausstattung des Bildungsanbieters aber auch die tatsächliche Qualität. Im Rahmen einer marktorientierten Unternehmensführung ist dieser Aspekt zusätzlich zu beachten.

4.1 Leistungspolitik (Product)

Die Leistungspolitik beschäftigt sich mit allen Entscheidungstatbeständen, die sich mit der Gestaltung marktgerechter Bildungsleistung auseinandersetzen (Bernecker, 2004: 196).

Aufgaben und Entscheidungsfelder der Leistungspolitik

Für eine systematische Erarbeitung empfiehlt es sich, zunächst die einzelnen Entscheidungsfelder anzusprechen, die im Bildungsmarkt von Bedeutung sind.

Der einfachste Entscheidungstatbestand innerhalb der Leistungspolitik besteht darin, gewisse Eigenschaften bereits produzierter und am Markt befindlicher Angebote zu ändern. Man spricht in diesem Zusammenhang von *Produktvariation*. Ein Beispiel ist: Aus einem zweitägigen Intensivworkshop entwickelt der Anbieter einen Lehrgang mit fünf Trainingstagen. Ziel ist es, die Bildungsleistung in den Augen der potenziellen Nachfrager attraktiver erscheinen zu lassen (Leistungsverbesserung) oder das Produkt dem Bedarf bestimmter Marktsegmente anzupassen (Leistungsdifferenzierung).

Leistungsinnovation: Die Entwicklung von Innovationen ist einer der wesentlichen Wachstumstreiber in der Bildungsbranche. Der Innovationsprozess stellt sich dabei jedoch sehr differenziert dar. In Abhängigkeit vom Innovationsgrad der Leistung können unterschiedliche Niveaus differenziert werden:

- Die einfachste Innovationsart bezieht sich auf sogenannte Mee-Too Leistungen. Das Bildungsangebot ist nur für den Anbieter neu, nicht aber für den Markt. Dieser Fall liegt zum Beispiel dann vor, wenn ein Bildungsanbieter zum jetzigen Zeitpunkt eine NLP-Ausbildung neu konzipiert und diese Leistungen anbietet. Diese NLP-Seminare sind dann neu für diesen Anbieter, aber nicht für den Markt.
- Quasi-neue Leistungen liegen dann vor, wenn einzelne Kombinationen der Leistungen zu neuen Produkten führen. Ein EDV-Training auf einem Segelschiff in der Ägäis könnte, falls es noch niemand angeboten hat, ein quasi-neues Produkt sein.
- Echte Innovationen liegen dann vor, wenn eine völlig neue Leistung in den Markt eingeführt wird, die auf diese Art und Weise vorher noch nicht existierte.

Leistungseliminierung: Im Zeitablauf ist zu beobachten, dass sich Seminare überleben. Technologische Weiterentwicklungen und veränderte bzw. nachlassende Kundenakzeptanz führen dazu, dass das Leistungsprogramm bereinigt werden muss. Die Aufgabe der Leistungspolitik ist es, diese Veralterung der Bildungsangebote zu verhindern bzw. die Austritts- und Rückzugskosten zu minimieren.

Diversifikation: Im Rahmen der Diversifikation bietet der Bildungsanbieter neue Leistungen an, die auch neuen Zielgruppen angeboten werden. Es kommt dadurch zu einer Sortimentserweiterung.

Leistungsbeschreibung

Inhaltliche Studien zeigen regelmäßig, dass Bildungsanbieter immer wieder in klassischen Produktkategorien denken. Kurzbezeichnungen und einfache Inhaltsangaben dominieren die Darstellungen. Eine Bildungsleistung sollte aber auf jeden Fall eine nutzenorientierte Darstellung beinhalten, die beschreibt, warum ein Kunde dieses Seminar buchen sollte. Die nachfolgende Abbildung zeigt ein „typisches" Raster, um Bildungsmaßnahmen zu beschreiben.

Tabelle 7.1: Raster zur Beschreibung von Bildungsmaßnahmen

Bezeichnung der Maßnahme	Es sollte eine Bezeichnung gewählt werden, die den Charakter der Bildungsleistung am besten wiedergibt.
Dauer	Die Dauer von Bildungsveranstaltungen wird in der Regel in Tagen oder Unterrichtsstunden angegeben.
Teilnehmeranzahl	Die Teilnehmeranzahl wird in der Regel vordefiniert. Meistens werden eine Unter- und eine Obergrenze für die Durchführung angegeben.

Teilnehmer-voraussetzungen	Um den Bildungsprozess zu kontrollieren bzw. zu steuern, sollte der Bildungsanbieter im Vorfeld die Voraussetzungen angeben. Falls er die Bildungsbedarfsanalyse spezifisch durchgeführt hat, können die Vorkenntnisse direkt abgeleitet werden.
Lernziele/Nutzen	Zu jeder Bildungsmaßnahme sind Lernziele anzugeben. Denn nur so sind eine Steuerung der Bildungsprozesse, die Erfüllung der Kundenzufriedenheit und die Messung eines Ergebnisses möglich.
Maßnahmeninhalte	Im Angebot sind die Inhalte der Maßnahme detailliert zu schildern, um so die Erwartungshaltung des Nachfragers zu beeinflussen.
Eingesetzte Methodik	Die eingesetzten Bildungstechnologien sind aufzuführen, um so den Nachfrager auf die Bildungsmaßnahme einzustimmen.
Kosten	Die Kosten der Maßnahme, aufgeteilt in fixe und variable Bestandteile oder als Pauschalbetrag, sollten konkret beziffert werden.

Quelle: Eigene Darstellung

Bildungsmarkenpolitik

Markenpolitik umfasst alle Entscheidungen, die mit der Markierung von Leistungen zusammenhängen. Insbesondere dann, wenn ein Bildungsanbieter eine Differenzierungsstrategie mithilfe der Markierung realisiert, gewinnt die Markenpolitik an Bedeutung. Eine Dienstleistungsmarke lässt sich wie folgt definieren (Meffert, 2002; Stauss, 1994):

Unter einer *Dienstleistungsmarke* versteht man ein Zeichen, das der Kennzeichnung von Sachgütern oder Dienstleistungen dient. Die Marke soll die Herkunft der Dienstleistung dokumentieren und sie somit von anderen Produkten und Dienstleistungen abheben. (Herkunfts- oder Identifizierungsfunktion und Abhebungsfunktion).

Seit dem 01.04.1979 können Dienstleistungsmarken beim Deutschen Patentamt eingetragen werden und genießen damit den gleichen Schutz wie Warenzeichen. Sie können entweder als Wortzeichen oder als Bildzeichen eingetragen werden.

Mithilfe der Markenpolitik können unterschiedliche *Ziele* verfolgt werden:

- Schaffung eines Identifikations- und Kommunikationsmittels. Insbesondere bei einer Bildungsleistung gewinnt dieses Ziel immer mehr an Bedeutung. Bei Vertrauensgütern scheint eine starke Markenpolitik das wahrgenommene Auswahlrisiko für den Nachfrager zu senken. Es macht für den Teilnehmer einen Unterschied, ob er eine beruflich bedingte Bildungsleistung von einer Volkshochschule oder einer Handwerkskammer erhält.
- Aufbau von Markentreue. Eine Markentreue kann zu einer Erhöhung der Kundenbindung führen. Die positiven Einstellungen lassen sich dann auch auf neue Leistungen transformieren.
- Gestaltung eines positiven Marken-Images. Mithilfe der Markenpolitik kann ein positives Image unterstützt und gebildet werden.
- Erhaltung eines preispolitischen Spielraums.

Servicepolitik

Ein wesentlicher Differenzierungsfaktor im Bildungsmarkt ist die Qualität des Services. Kunden erwarten in modernen Bildungsmärkten einen deutlich höheren Service als in unterentwickelten Märkten. Gerade in Deutschland wird dieser Aspekt des Marketings häufig jedoch nicht akzeptiert. Das eigene Selbstverständnis der Bildungsanbieter entspricht in der Regel nicht einer serviceorientierten Unternehmenskultur. Die Transformation vom schulischen Selbstverständnis zum Servicecharakter ist eine wesentliche Hürde für die Umsetzung des Dienstleistungsmarketings in Bildungsunternehmen. In diesem Kontext wird hier der Service als eine Möglichkeit verstanden, mit den Kunden und weiteren Interessensgruppen des Bildungsanbieters eine tiefer gehende Beziehung aufzubauen, damit die weiteren Marketinginstrumente ihre Wirkung entfalten können.

Serviceleistungen unterstützen die Kernleistung vor, während und nach der Inanspruchnahme. Serviceleistungen sind demnach nicht als Hauptleistung bzw. als selbstständiges Absatzobjekt zu betrachten, sondern sollen den Absatz der Bildungsleistung fördern. Viele Bildungsanbieter nutzen den Service, um sich als Dienstleistungsanbieter im Markt mithilfe einer Präferenzstrategie zu positionieren und nachhaltige Wettbewerbsvorteile zu realisieren. Im Bildungsbereich liegt eine immaterielle Kernleistung vor, die durch materielle und immaterielle Serviceleistungen ergänzt wird. Insbesondere die materiellen Servicebestandteile bieten die Möglichkeit, die Immaterialität der Kernleistung zu überdecken. Die Serviceleistungen können anhand der verschiedenen *Leistungsphasen*, nämlich der Vorleistungsphase, der Phase während der Leistungserstellung und der Phase nach der Leistungserstellung in immaterielle und materielle Serviceleistungen differenziert und systematisiert werden:

Tabelle 7.2: Materielle und immaterielle Servicediensleistungen

Serviceart	Immaterielle Serviceleistungen	Materielle Serviceleistungen
Vorleistungs-phase	▪ Kursreservierung ▪ Bildungsberatung ▪ Bildungsbedarfsanalyse ▪ Anmeldung ist persönlich und medial möglich ▪ Vorreservierung von Angeboten mit begrenzter Teilnehmerzahl ▪ Referenzkunden ▪ Probetraining/Schnuppertraining ▪ Weiterbildungsberatung	▪ Schriftliches Informations-material ▪ Anfahrtsskizze ▪ Sprechstundenzeiten, Informationsbrief ▪ Reservierungsbestätigung ▪ Umfangreiche Leistungsbeschreibung ▪ Vorbereitungtexte
Erstellungs-phase	▪ Anpassung der Inhalte an die Fragen der Teilnehmer ▪ Begrüßung, Empfang, Verabschiedung ▪ Transport ▪ Spezialwünsche (Kinderbetreuung, spezielle Bedürfnisse für Behinderte, Diabetiker; religiöse Bedürfnisse etc.)	▪ Verpflegung ▪ Skript ▪ Block, Stifte ▪ Raumausstattung, Raumumfeld ▪ Übernachtung ▪ Aufenthaltsmöglichkeiten ▪ Broschüren, Bücher

nach der Leistungs- phase	▪ Differenzierte Stornierungsregeln ▪ Übersichtliche, nachvollziehbare Rechnungen ▪ Reklamationsmanagement (Garantien, kulante Regelungen) ▪ Hotline ▪ Persönliche oder automatisierte Entgegennahme ▪ Automatisches Einzugsverfahren ▪ Großzügige Zahlungsziele	▪ Hauszeitschrift ▪ Seminarzusammenfassung ▪ Checkliste zur Seminar- umsetzung ▪ Information über Neuentwicklungen

Quelle: Eigene Darstellung

Eine wesentliche Frage bei der Konzipierung der Servicepolitik des Bildungsan- bieters ist der Umfang der zu realisierenden Serviceleistungen. Die Spannweite reicht von der „totalen Dienstleistung" bis zur „Lean Leistung" ohne Service.

4.2 Kommunikationspolitik (Promotion)

Neben der inhaltlichen Festlegung der Leistungspotenziale im Rahmen der Leis- tungspolitik sollten diese Leistungspotenziale den Nachfragern kommuniziert wer- den. In der Kommunikationspolitik werden alle Instrumente und Entscheidungs- tatbestände zusammengefasst, die mit der Kommunikation des Unternehmens mit seiner Umwelt zu tun haben (Bruhn, 2007).

Merkmale der Kommunikation sind die Übermittlung von Nachrichten und die durch diese Nachrichten mögliche Steuerung von Erwartungen, Einstellungen und Verhaltensentscheidungen. Die Elemente „Sender" und „Empfänger" werden durch die „Botschaft" miteinander verknüpft, die einen Werbeträger als Transportmittel benötigt. Da Kommunikation in einem sozialen Umfeld abläuft, ist mit einer Reaktion des Empfängers zu rechnen. Gleichzeitig sind aber auch Störsignale bei der Kommu- nikation zu berücksichtigen.

Der Kommunikation werden mehrere Aufgaben zugerechnet:

- *Informationsfunktion:* Kommunikation soll markt- und entscheidungsrelevante Informationen über den Bildungsanbieter bzw. seine Leistungen übermitteln.
- *Beeinflussungsfunktion:* Die Kommunikation soll die Einstellungen, Erwartungen sowie Wünsche des Kunden im Sinne des Bildungsanbieters beeinflussen.
- *Bestätigungsfunktion:* Kommunikative Aktivitäten können darüber hinaus auch bezwecken, dass der Kunde nach seiner Kaufentscheidung nochmals die Bestäti- gung für die Richtigkeit seiner Wahl erhält, um gegebenenfalls auftretenden Zweifeln (kognitiven Dissonanzen) entgegenzuwirken.
- *Wettbewerbsgerichtete Funktion:* Mithilfe der Kommunikation versucht der Bil- dungsanbieter zudem, sich vom Wettbewerb zu differenzieren und somit seinen Wettbewerbsvorteil (USP) zu kommunizieren.

Ausgewählte Beispiele zu Kommunikationsarten

Die Umsetzung der Kommunikationsmaßnahmen eines Bildungsanbieters erfolgt mithilfe unterschiedlichster Instrumente, deren umfangreiche Darstellung diesen Beitrag sprengen würde. Prinzipiell lassen sich interne und externe Kommunikationsmittel differenzieren. Je nach Ausrichtung im spezifischen Bildungssegment muss der Bildungsanbieter einen anderen Kommunikations-Mix zusammenstellen. Neben der klassischen Werbung scheinen jedoch die Instrumente Persönliche Kommunikation und Öffentlichkeitsarbeit und mittlerweile auch das Online-Marketing einen dominanten Stellenwert einzunehmen (vgl. Bernecker, Weihe & Peters, 2008).

Klassische Werbung (Mediawerbung)

Zur Mediawerbung gehören alle nicht-persönlichen Vorstellungen und die Förderung von Ideen, Waren oder Dienstleistungen eines eindeutig identifizierbaren Auftraggebers durch den Einsatz bezahlter Medien (Kotler & Bliemel, 2001: 905). Neben den klassischen Textanzeigen sind in der Bildungskommunikation mittlerweile auch deutlich werberische Ansprachen zu finden.

Abbildung 7.9: Werbung der Macquire-Hochschule Australien

Bei der Umsetzung der Mediawerbung für Bildungsanbieter wird immer wieder hervorgehoben, dass, bedingt durch die Immaterialität der Dienstleistung, kein eigenständiger werblicher Aufforderungscharakter vorhanden ist. Daher sollten dem Betrachter sogenannte Surrogates angeboten werden, für die sich im Bildungsbereich folgende Ansatzpunkte finden lassen:

- Die Werbung kann auf der Darstellung interner Leistungsfaktoren basieren. In der Regel bilden Bildungsanbieter in ihren Printmedien einzelne Dozenten, die Unterrichtsräume oder das Gebäude ab.

- Es besteht die Möglichkeit einer Werbung durch die Wiedergabe zufriedener Kundenstimmen (Referenzen).
- Möglich ist die Abbildung von Preisen, Zertifikaten oder Vereinslogos, bei denen man Mitglied ist. In der EDV-Branche vergeben zahlreiche Hardware- und Softwarehersteller an Bildungsanbieter Logos für die Dokumentation der Kooperation.
- Es besteht die Möglichkeit, Meinungsbildner oder Prominente einzusetzen, die die Nachfrager von der Qualität der Bildungsleistung überzeugen.
- Die Bildungsleistung wird konkretisiert, indem dem Nachfrager gezeigt wird, was er nach der Bildungsleistung erreichen kann bzw. die Bedürfnisbefriedigung wird in den Mittelpunkt gestellt.
- Bei veredelten Bildungsleistungen kann das Trägermedium herausgestellt werden (Schulungsunterlagen, Buch, CD, Diskette).

Öffentlichkeitsarbeit

Die Öffentlichkeitsarbeit als Kommunikationsinstrument des Bildungsanbieters beinhaltet die Planung, Organisation und Durchführung sowie die Kontrolle aller Aktivitäten, um bei ausgewählten Zielgruppen (extern und intern) um Verständnis und Vertrauen zu werben und damit gleichzeitig Ziele der Kommunikation zu erreichen (vgl. Rhein & Siewers, 2005).

Die Öffentlichkeitsarbeit erfüllt mehrere Funktionen:

- *Informationsfunktion:* Vermittlung von Informationen nach innen und außen,
- *Kontaktfunktion:* Aufbau und Aufrechterhaltung von Verbindungen zu allen für das Unternehmen relevanten Lebensbereichen,
- *Führungsfunktion:* Repräsentation geistiger und realer Machtfaktoren sowie Schaffung des Verständnisses für bestimmte Entscheidungen,
- *Imagefunktion:* Aufbau, Änderung und Pflege des Vorstellungsbildes von einem Meinungsgegenstand (zum Beispiel Personen, Organisationen, Sachen),
- *Harmonisierungsfunktion:* PR soll zur Harmonisierung der wirtschaftlichen, gesellschaftlichen und innerbetrieblichen Verhältnisse beitragen,
- *Absatzförderungsfunktion:* Die Anerkennung in der Öffentlichkeit fördert den Verkauf der Waren und Dienstleistungen,
- *Stabilisierungsfunktion:* Die Standfestigkeit des Unternehmens in kritischen Situationen wird aufgrund der stabilen Beziehungen zu den Teilöffentlichkeiten erhöht,
- *Kontinuitätsfunktion:* Ein einheitlicher Stil des Unternehmens nach innen und nach außen sowie in die Zukunft wird gewährleistet.

Als *Zielgruppen* der Öffentlichkeitsarbeit kommen sowohl interne als auch externe Gruppen infrage. Zu den internen Zielgruppen gehören leitende Angestellte, Arbeiter, Betriebsrat und Gewerkschaften. Zu den externen Zielgruppen zählen Meinungsbildner, Lieferanten, Kreditinstitute, Absatzmittler etc.

Es lässt sich feststellen, dass im Bildungsbereich die vielfältigen Instrumente bzw. Marketingaktivitäten der Öffentlichkeitsarbeit zugerechnet werden. Die Öffentlichkeitsarbeit hat im Bildungsbereich eine bedeutend positivere Stellung als die klassische Werbung und kann mit unterschiedlichen Schwerpunkten ausgebildet

werden. Veröffentlichungen stellen das am häufigsten eingesetzte Instrument in der
Öffentlichkeitsarbeit dar.

Die genutzten Medien reichen dabei von der Tagespresse, in der über ein spezielles Seminar berichtet wird, über die Fachpresse, in der Fachbeiträge veröffentlicht
werden, bis hin zu Videos, wie sie zum Beispiel in Amerika von privaten Hochschulen
gedreht und interessierten potenziellen Studenten zugesandt werden. Die Tabelle
7.3 zeigt einige Instrumente.

Tabelle 7.3: Instrumente der Öffentlichkeitsarbeit

Instrumente der Öffentlichkeitsarbeit	
▪ Kundenzeitschriften	▪ Informationsbriefe
▪ Newsletter	▪ Pressekontakte
▪ Buchveröffentlichungen	▪ Pressedienste und Presse-
▪ PR-Anzeigen	verlautbarungen
▪ Spendenaktionen (Sponsoring)	▪ Pressekonferenzen
▪ Messestände	▪ Exklusiv-Interviews
▪ Tag der Offenen Tür	▪ Mitarbeiterzeitschriften

Quelle: Eigene Darstellung

Persönliche Kommunikation

Kennzeichnend für den persönlichen Verkauf ist der direkte Kontakt zwischen Bildungsanbieter und Bildungsnachfrager unter Verzicht eines Mediums. Im Bildungsbereich wird dieses Instrument aufgrund der benötigten Interaktion und der
Erklärungsbedürftigkeit der Bildungsleistungen sehr häufig eingesetzt.

Die *Ziele der persönlichen Kommunikation* sind:

- potenzielle Nachfrager über das Bildungsangebot informieren,
- Kontakte zu aktuellen und potentiellen Kunden halten oder schaffen,
- eine positive Beurteilung des Angebots erhalten,
- Interessenten zu Nachfragern machen,
- latenten Bildungsbedarf wecken,
- die Probleme der Kunden lösen und
- Verkaufsabschlüsse erreichen.

Die gezielte und aktive Ansprache von potenziellen Kunden hat in den letzten Jahren
auch im Bildungsmarkt kontinuierlich zugenommen. Immer mehr Bildungsanbieter
bauen Vertriebsabteilungen auf und schaffen ihrem Personal Anreize für die Gewinnung von Kunden.

Online-Marketing

Durch die ständig wachsende Verbreitung des Internets, die schnelleren Übertra-
gungsraten und die neuen Technologien hat die Bedeutung des Online-Marketings in
den vergangenen Jahren stark zugenommen. Mittlerweile können zwei Drittel der
Bundesbürger online erreicht werden, bei den jüngeren Bevölkerungsschichten be-

trägt die Verbreitung des Internet nahezu 100 % (vgl. Van Eimeren & Frees, 2008). Parallel dazu finden auch immer mehr Unternehmen den Weg ins Internet. 78 % der deutschen Unternehmen verfügen über eine eigene Internetpräsenz (vgl. EUROSTAT, 2007).

Online-Marketing bezeichnet die Übertragung des gesamten Marketing-Mix auf das Internet. Das übergeordnete Ziel der Maßnahmen ist es in der Regel, Besucher auf die eigene Website zu lenken, um dort Umsätze zu generieren oder anzubahnen (vgl. Bernecker & Beilharz, 2009). Zu diesen Maßnahmen zählen:

Suchmaschinenoptimierung: Suchmaschinen spielen eine erhebliche Rolle bei der Generierung von Webseitenbesuchern (Traffic). So nutzen ca. 88 % aller Internetnutzer Suchmaschinen, um Informationen im Internet zu finden (AGOF, 2008). Eine hohe Position für häufig gesuchte Begriffe stellt daher einen wichtigen Wirtschaftsfaktor dar. Im Rahmen der Suchmaschinenoptimierung wird versucht, die Website sowie deren Umfeld so gut wie möglich an die Anforderungen der Suchmaschinen anzupassen und so das Ranking der Website zu beeinflussen (vgl. Bernecker & Beilharz, 2009). Neben der Programmierung der Website spielen vor allem die Verteilung der Suchbegriffe im sichtbaren Seitentext sowie die Anzahl und Qualität der eingehenden Links (Backlinks) eine wichtige Rolle.

Keyword Advertising: Keyword-Advertising wird häufig auch Suchmaschinenmarketing (SEM) genannt und ist eine Form der Online-Werbung, bei der Anzeigenplätze auf den Ergebnisseiten von Suchmaschinen genutzt werden. Der Anzeigenkunde bucht eine beliebige Anzahl von Suchbegriffen. Gibt ein Suchmaschinennutzer einen dieser Suchbegriffe ein, wird die Anzeige neben den normalen Suchergebnissen eingeblendet. Die Bezahlung erfolgt in der Regel für jeden erfolgten Klick auf die Anzeige.

Online-Werbung: Nicht nur Suchmaschinen, sondern auch viele andere Websites stellen Anzeigenplätze zur Verfügung. Anzeigenkunden buchen diese Plätze, um dort Online-Anzeigen (Banner) zu schalten. Durch neue Technologien können diese Banner nicht nur statische Bilder oder bewegte Animationen, sondern auch multimediale und interaktive Elemente enthalten. Die Abrechnung erfolgt entweder ähnlich dem Keyword-Advertising auf Klickbasis oder auf Basis von Impressionen, z.B. mit einem fixen Betrag pro 1000 Einblendungen.

Affiliate-Marketing: Um die Reichweite des eigenen Angebots zu erhöhen, bietet sich die Vermarktung über andere Webseiten an. Bildungsanbieter (Advertiser) stellen über ein Partnerprogramm verschiedene Werbemittel, wie Banner, Textlinks, E-Mail-Vorlagen etc., zur Verfügung, die Betreiber von (meist themenverwandten) Websites (Affiliates) auf ihren Internetpräsenzen einbauen und mit der Website des Advertisers verlinken können. Jeder Affiliate erhält einen Code zugewiesen, über den weitergeleitete Besucher eindeutig zugeordnet werden können. Schließt einer dieser Besucher über eine Affiliate-Seite einen Kauf ab, erhält der Affiliate einen prozentualen Anteil am Erfolg. Aktuell bieten zum Beispiel die Bildungsanbieter Appollon Hochschule, ils, Hamburger Akademie für Fernstudien, die Fernakademie für Erwachsenenbildung oder die Wilhelm Büchner Hochschule Affiliate-Programme an (www.affili.net).

E-Mail-Marketing: Das Versenden von Mailings und Newslettern über das Internet bietet gegenüber dem herkömmlichen Versand von Werbebriefen einige Vorteile (Bernecker & Beilharz, 2009). Neben einer genaueren Messbarkeit, einer schnellen Versandgeschwindigkeit und optimalen Personalisierungsmöglichkeiten stechen besonders die sehr geringen Kosten pro Empfänger hervor. Diese Vorteile öffnen allerdings auch dem Versand unerwünschter Werbemails (Spam) Tür und Tor, so dass sich E-Mail-Marketer ständig mit neuen Herausforderungen konfrontiert sehen (Spamfilter, Informationsüberflutung und Misstrauen seitens der Empfänger etc.). Nichtsdestotrotz können durch die geschickte Verwendung von Newslettern und Mailings hohe Responseraten erzielt werden.

Aktuelle Trends: Ständig tauchen neue Trends im Online-Marketing auf. Neben „etablierten Trends", wie Blogs, Podcasts und Social Communities, spielen besonders technische Neuerungen, wie RSS-Feeds, und multimediale Inhalte eine tragende Rolle.

4.3 Distribution der Bildungsleistung (Place)

Bedingt durch den Dienstleistungsprozess müssen Bildungsanbieter und -nachfrager in irgendeiner Form in Kontakt treten. Die Geschäftsanbahnung steht damit vor dem Problem, die Kontaktphase vorzubereiten. Grundsätzlich kann ein Bildungsanbieter über einen direkten und einen indirekten Absatzkanal den Kontakt aufnehmen. Ein *direkter Absatz* liegt dann vor, wenn zwischen Bildungsanbieter und Bildungsnachfrager keine unternehmensfremde Institution zwischengeschaltet ist. Der Begriff des *indirekten Absatzes* wird verwendet, wenn zwischen Bildungsanbieter und Nachfrager unternehmensfremde (aus Sicht des Produzenten) Institutionen zwischengeschaltet sind (Händler etc.). Wenn ein einzelner Trainer über eine Agentur vermarktet wird, dann nutzt er einen typischen indirekten Vertriebsweg, während die Vermarktung eines offenen Seminars durch einen Anbieter ein klassischer direkter Vertriebsweg ist.

Die Distributionspolitik eines Bildungsanbieters umfasst alle Entscheidungen, die mit dem Weg einer Bildungsleistung zum Endabnehmer im Zusammenhang stehen. Damit ergeben sich folgende Entscheidungstatbestände für den einzelnen Bildungsträger:

- Festlegung der Absatzwege und Auswahl der Absatzorgane,
- Festlegung der physischen Verteilung der Dienstleistung,
- Festlegung und Ausstattung des betrieblichen Standorts und
- Termin- und Zeitplanung der einzelnen Veranstaltungen.

Im Rahmen der Absatzwegepolitik geht es um die Festlegung der Wege, wie die Bildungsleistung vom Bildungsträger zum Nachfrager gelangen soll.

4.4   Preispolitik (Price)

Der Bildungsanbieter muss seine Angebote auf den Markt ausrichten, da in der Regel von den Kunden eine Vergütung zu zahlen ist. Bei Bildungsleistungen ist die Ermittlung des Preises nicht ganz einfach, da diese Leistung einige Besonderheiten aufweist, welche die Preisbildung beeinflussen (Bernecker, 1999: 3):

- Bildung ist immateriell und daher ist die Dokumentation des Preis-/Leistungsverhältnisses schwieriger als bei einer Sachleistung.
- Bildung ist zumindest in weiten Teilen ein öffentliches Gut, für das der Nachfrager keinen direkten Preis zu zahlen hat. Dementsprechend kann er oft nicht einschätzen, was ein fairer Preis für eine Bildungsleistung ist.
- Bei immateriellen Leistungen ist der Preis häufig ein Qualitätsindikator. Da für Bildung oft nichts zu zahlen ist, wird ihre Qualität auch dementsprechend gering eingeschätzt.
- Ein nicht unbedeutender Teil der Kosten der Erwachsenenbildung entsteht durch die Herstellung der Leistungsbereitschaft, sodass die Zurechenbarkeit und Wahrnehmungen der Kosten nur indirekt möglich sind.
- Mithilfe der Preispolitik lässt sich die Auslastung der Kapazitäten des Bildungsanbieters sehr gut steuern.
- Die Bildung kann nur durch Integration des Bildungsnachfragers erstellt werden. Die Preise sind unter Berücksichtigung der Selbstbeteiligung des Nachfragers individuell zu ermitteln.
- Die Qualität des externen Faktors (Teilnehmer) ist eine Determinante der Preiskalkulation.

Diese Faktoren beeinflussen neben den Zielen des Bildungsanbieters die Preisbildung in starkem Maße. Zur Bestimmung der Einzelpreise und Preise für ein gesamtes Angebot existieren in der Betriebswirtschaftslehre zahlreiche Methoden. Üblich ist eine nachfrageorientierte, wettbewerbsorientierte und kostenorientierte Preisbildung. Zusätzlich variieren viele Bildungsanbieter ihre Preise mithilfe von Rabatten.

4.5 Integration der Mitarbeiter (People)

Der besondere Stellenwert der Mitarbeiter im Dienstleistungsprozess Bildung ist bereits einmal angesprochen worden. Durch die Interaktion des Unternehmens mit dem externen Faktor (Kunde) besteht ein besonderes Interaktionsverhältnis zwischen den Teilnehmern und den Mitarbeitern. Der Erfolg des Marketings für einen Bildungsanbieter ist sehr eng mit der Selektion, Weiterentwicklung, Motivation und dem Management der internen und externen Mitarbeiter verbunden.

Es gibt genügend Beispiele dafür, wie Bildungsanbieter durch einen ineffizienten Umgang mit ihren Mitarbeitern gescheitert sind. Dies bezieht sich nicht nur auf die festangestellten, sondern insbesondere auch auf die freien Mitarbeiter, die oftmals als Lehrpersonal eingesetzt werden.

Der Ansatz unterstellt, dass Mitarbeiter ein wichtiger Baustein im Leistungsportfolio eines Bildungsunternehmens sind und einen zusätzlichen Wert beim Kunden erzeugen können – und daher nicht nur als Kostenfaktor definiert werden dürfen. Bei der Betrachtung der Bedeutung der Mitarbeiter für das Marketing fällt regelmäßig auf, dass durch Qualifizierung und Motivation auch der Mitarbeiter, der nicht zu den Kernmitarbeitern zählt (zumeist das Lehrpersonal), die Kundenzufriedenheit deutlich steigert.

4.6 Marktorientierte Unternehmensprozesse (Process)

Durch die Integration des externen Faktors (Teilnehmer) in den Leistungsprozess ergeben sich für den Bildungsanbieter weitere Herausforderungen. Im Gegensatz zu einem Hersteller von Sachleistungen muss er auch den Produktionsprozess kundenorientiert gestalten.

Diese Prozessgestaltung ist in den letzten Jahren im Rahmen der Zertifizierungen nach ISO 9000ff. regelmäßig als qualitätsgetriebene Prozessbeschreibung realisiert worden. Die Nutzung einer marktorientierten Betrachtung dieser Prozesse ist bei vielen Anbietern jedoch unterblieben.

Ein aufwändiger und trotzdem lohnenswerter Ansatz ist die Analyse der Dienstleistungsprozesse des Bildungsanbieters mithilfe der sequenziellen Ereignismethode. Diese Methode wird auch als Blueprinting bezeichnet.

Die nachfolgende Abbildung zeigt eine übliche Leistungskette (Unternehmensprozess) im Bildungsbereich. Die einzelnen Phasen lassen sich dabei in die allgemeinen Abschnitte „Leistungsbereitschaft", „Kernleistung" und „Nachbereitung" untergliedern (Bernecker, Gierke & Hahn, 2008: 16).

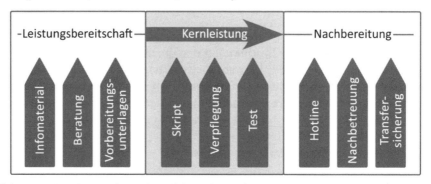

Abbildung 7.10: Leistungskette im Bildungsbereich
Quelle: Bernecker, Gierke & Hahn, 2008: 16

4.7 Ausstattungspolitik des Bildungsanbieters (Physical Facilities)

Im Rahmen der Ausstattungspolitik des Bildungsanbieters geht es um alle Entscheidungen, welche die Gestaltung der sichtbaren Faktoren der Dienstleistungsinfrastruktur betreffen (Gebäude, Standort, Fahrzeuge, Räumlichkeiten etc.).

Der Standort ist der geografische Ort, an dem der Bildungsanbieter seine Leistungsfaktoren für die Leistungserstellung bereithält. Die Entscheidung über den Standort des Bildungsanbieters ist als strategische Entscheidung bei der Unternehmensgründung zu treffen, lediglich bei Franchise- oder Filialsystemen handelt es sich um eine wiederholbare Entscheidung. Die Bedeutung dieses Entscheidungsfelds ist von der strategischen Ausprägung des Bildungsanbieters abhängig. Verfolgt er eine regionale Abdeckungsstrategie, dann sind die Standorte von wesentlicher Bedeutung. Führt der Bildungsanbieter Maßnahmen durch, die ohne Präsenzphasen (Fernlehrgänge, Multimedia) auskommen, dann ist die Standortentscheidung wesentlich unbedeutender.

Bei der Raumausstattung ergeben sich einige Anforderungen, die bei der Gestaltung zu beachten sind:

- Ausreichender Platz
- Passende Möblierung
- Klimatisierung
- Ausreichende Beleuchtung
- Angenehme farbliche Gestaltung
- Aufbewahrungsmöglichkeiten
- Garderobe
- Flexibilität in der Raumaufteilung

Bezüglich des Orts der Dienstleistungserstellung ergeben sich drei unterschiedliche Konstellationen:

1. Die Leistungserstellung erfolgt beim Anbieter der Bildungsleistung.
2. Die Leistungserstellung erfolgt beim Nachfrager der Bildungsleistung.
3. Die Leistungserstellung erfolgt an einem anderen Ort.

Sehr häufig werden Bildungsmaßnahmen in Seminarhotels oder extra angemieteten Räumlichkeiten durchgeführt. Dies geschieht immer dann, wenn keine geeigneten Räume bei Anbieter und Nachfrager vorhanden sind bzw. die Gruppengröße eine Auslagerung notwendig macht.

5   Marketingcontrolling

Komplexe Unternehmensentscheidungen im Bildungsumfeld machen den Einsatz leistungsfähiger Führungskonzeptionen notwendig, welche die Unternehmensleitung wirksam unterstützen. Das Controlling stellt eine solche Führungskonzeption dar. Entsprechend lässt sich Marketingcontrolling als Versuch interpretieren, dem Marketing eine messbare Komponente zu verleihen und insofern eine „Führung vom Ergebnis her" zu ermöglichen. Das Marketingcontrolling soll die Effektivität und Effizienz einer marktorientierten Unternehmensführung sicherstellen. Dies bedeutet, dass Marketingentscheidungen auf Grundlage der gesammelten und ausgewerteten Daten getroffen werden sollen (vgl. Meffert, Burmann & Kirchgeorg, 2008). Das Marketingcontrolling ist Grundvoraussetzung für ein wertorientiertes Marketingverständnis.

Das Controllingkonzept hat in den letzten Jahrzehnten eine sehr starke Verbreitung gefunden. Im Zusammenhang mit dem zunehmenden Bedeutungsgewinn dieses Führungskonzepts hat auch eine enorme Aufgabenausweitung stattgefunden. Marketingcontrolling ist somit längst nicht mehr als reine Kontrolltätigkeit zu verstehen, bei der es nur darum geht, einen Vergleich zwischen den gesetzten Zielen und den erreichten Ergebnissen (Soll-Ist-Vergleich) zu ermitteln. Vielmehr hat sich das Marketingcontrolling längst zu einer zukunfts- und aktionsorientierten Tätigkeit entwickelt.

5.1 Aufgaben des Marketingcontrollings

Die folgenden Aufgabenbereiche stehen im Mittelpunkt des Marketingcontrollings eines Bildungsanbieters. Sie verdeutlichen den gerade skizzierten Bedeutungsgewinn des Controllingansatzes als Führungskonzept. Gleichzeitig kommt in den zentralen Aufgabengebieten zum Ausdruck, dass das Marketingcontrolling derzeit insbesondere von informations-, versorgungs- und koordinationsorientierten Controllingansätzen beeinflusst wird. Ingesamt sind vor allem die folgenden Aufgaben des Marketingcontrollings von Bedeutung (vgl. Meffert, Burmann & Kirchgeorg, 2008):

- *Informationsversorgungsfunktion:* Das Marketingcontrolling hat die Aufgabe, die Unternehmensführung mit allen planungs-, entscheidungs- und kontrollrelevanten Informationen zu versorgen. Im Mittelpunkt stehen dabei sowohl Ergebnisse und Entwicklungen des eigenen Unternehmens (z.B. Kostenstruktur, Deckungsbeiträge) bzw. der relevanten Unternehmenseinheiten (Strategische Geschäftseinheiten) als auch Veränderungen und Entwicklungen der Unternehmensumwelt. Zur Gewinnung und Aufbereitung der erforderlichen Informationen greift das Controlling dabei auf die Marktforschung zurück.
- *Überwachungsfunktion:* Hier steht die Ergebniskontrolle im Sinn eines Soll-Ist-Vergleichs im Mittelpunkt. Es ist die Aufgabe des Marketingcontrollings, den Grad der Zielerreichung festzustellen. Zudem gilt es, im Sinn einer Ursachenanalyse auch die Gründe zu identifizieren und zu untersuchen, die zur Erfüllung bzw. Nicht-Erfüllung bestimmter Zielvorgaben geführt haben. Neben der Ergebniskontrolle (Erfolgs- und Effizienzkontrolle) umfasst das Marketingcontrolling also auch die Ausführungskontrolle (Kontrolle der gewählten Vorgehensweise).
- *Strategische und operative Planung:* Die durch das Controlling gesammelten und ausgewerteten Daten dienen als Informationsgrundlage der strategischen Planung. Um die Planung gewährleisten zu können, reicht es nicht aus, eine bloße Datensammlung zur Verfügung zu stellen, vielmehr ist eine sinnvolle Datenauswertung und -aufbereitung erforderlich. Weiterhin kann es auch Aufgabe des Marketingcontrollings sein, auf Grundlage der Vergangenheitsdaten wichtige Entscheidungsalternativen aufzuzeigen und diese kritisch zu bewerten. Hierbei kommt es vor allem darauf an, die Durchsetzbarkeit sowie das finanzielle Risiko der einzelnen Alternativen zu kalkulieren und zu berücksichtigen. Die planenden Aufgaben des Marketingcontrollings richten sich sowohl auf die Strategieentwicklung als auch auf die Gestaltung der operativen Aufgaben des Marketing-Mix.
- *Koordinationsaufgabe:* In den Aufgabenbereich der Koordinationstätigkeit fallen die Beratung und Unterstützung bei umfassenden Projekten und das Controlling spezifischer Marketing- und Verkaufsprojekte sowie das Controlling von Marketingkooperationen mit anderen Unternehmen. Dieser Aufgabenbereich des Marketingcontrollings hat insbesondere aufgrund der zunehmenden Dezentralisierung der Unternehmens- und Marketingorganisation in den letzten Jahren zunehmend an Bedeutung gewonnen.

Ausgehend von den Aufgabenbereichen des Marketingcontrollings, können die wichtigsten Instrumente zur Durchsetzung des Marketingcontrollings dargestellt werden.

5.2 Instrumente und Methoden des Marketingcontrollings

Die gerade skizzierten Controlling-Aufgaben können mithilfe verschiedener Instrumente ausgeführt werden. Die Vielzahl unterschiedlicher Controlling-Instrumente lässt sich dahingehend strukturieren, ob sie im Rahmen des strategischen Marketingcontrolling oder des operativen Marketingcontrollings zum Einsatz kommen (Link, Gert & Voßbeck, 2000).

Strategisches Marketingcontrolling

Innerhalb dieses Aufgabengebiets geht es darum, die strategische Unternehmensplanung um Elemente der Steuerung, Kontrolle und Frühaufklärung zu ergänzen. Dies kann mithilfe der folgenden Instrumente und Methoden erfolgen (Link, Gert & Voßbeck, 2000):

Tabelle 7.4: Instrumente des strategischen Marketingcontrollings

Instrumente des strategischen Marketingcontrollings	
Früherkennungssysteme	Benchmarking
Szenariotechnik	Erfahrungskurvenanalyse
Delphi-Methode	Lebenszyklusanalyse
Gap-Analyse	Balanced Scorecard
Stärken-Schwächen-Analyse	Investitionsrechnung
Branchenstrukturanalyse	Prozesskostenrechnung
Portfolioanalyse	Target Costing
Positionierungsanalyse	

Quelle: Eigene Darstellung

Operatives Marketingcontrolling

Auch im Rahmen des operativen Marketings hat das Marketingcontrolling eine Planungs-, Steuerungs- und Kontrollfunktion zu erfüllen. Im Kern geht es dabei um die Vorbereitung sowie die Kontrolle des Einsatzes der einzelnen *Marketinginstrumente.* Dabei können sie die einzelnen Controllinginstrumente sowohl auf den gesamten Marketing-Mix als auch auf einzelne Instrumente oder Subinstrumente beziehen (vgl. Meffert, Burmann & Kirchgeorg, 2008).

Analog zum Bereich des strategischen Controllings sollen auch die für das operative Marketingcontrolling besonders wichtigen Instrumente beispielhaft genannt werden (Link, Gert & Voßbeck, 2000):

Tabelle 7.5: Instrumente des operativen Marketingcontrollings

Instrumente des operativen Marketingcontrollings	
Prognosemodelle	Erwartungswertbildung
Abweichungsanalyse	Kurzfristige Optimierungsansätze Produkt- und Programmpolitik
Marketing-Einzelkostenrechnung	Kurzfristige Optimierungsansätze Kommunikationspolitik
Marketing-Gemeinkostenrechnung	Kurzfristige Vertriebsoptimierungsansätze
Break Even-Analyse	Kurzfristige Preisoptimierungsansätze
Deckungsbeitragsanalyse	

Quelle: Eigene Darstellung

Literatur

AGOF Arbeitsgemeinschaft Online-Forschung (2008). Berichtsband Teil 1 zur internet facts 2008. URL: http://www.agof.de/berichtsbaende-internet-facts.605.html (18.10.2008).

BARNES, C. (1993). Practical Marketing for Schools. Oxford : Blackwell.

BAUMEISTER, U. (1980). Öffentlichkeitsarbeit für die Erwachsenenbildung. Sestmat Studieneinheit. PAS des DVV (Hrsg.). 2. Auflage. Bonn: Dt. Volkshochschul-Verband e.V.

BAUMGARTH, C. & BERNECKER, M.(1999). Marketingforschung. München: Oldenbourg.

BECKER, J. (1998). Marketing-Konzeption. 6. Auflage. München: Vahlen.

BEREKOVEN, L., ECKERT, W. & ELLENRIEDER, P. (1993). Marktforschung. 6. Auflage. Wiesbaden: Gabler.

BERNECKER, M. (1999). Seminarkalkulation. Handbuch Management Checklisten, Mai, 1–19.

BERNECKER, M. (2000). Bildungsmarketing. GdWZ, H. 3, 127–129.

BERNECKER, M. (2004). Marketing für Trainer – eine empirische Studie 2003/2004, Köln: DIM.

BERNECKER, M. (2007). Bildungsmarketing. 3. Auflage. Köln: Johanna-Verlag.

BERNECKER, M. (2009a). Grundlagen der Betriebswirtschaftslehre. 3. Auflage. Köln: Johanna-Verlag.

BERNECKER, M. (2009b). Trends im Bildungsmarkt: Studie liefert Einblicke in den gesamten Weiterbildungsmarkt. Wissen+Karriere, Magazin für Persönlichkeitsentwicklung, Motivation, Aus- und Weiterbildung, 05/2009, 24–26.

BERNECKER, M. & BEILHARZ, F. (2009). Online-Marketing. Köln: Johanna-Verlag.

BERNECKER, M., GIERKE, C. & HAHN, T. (2008). Akquise für Trainer, Berater und Coachs. 3. Auflage. Offenbach: Gabal.

BERNECKER, M. & WEIHE, K. (2009). Basiswissen Marktforschung. Berlin: Cornelsen.

BERNECKER, M., WEIHE, K. & PETERS, M. (2008). Marketing im Weiterbildungsmarkt 2008/2009: Eine empirische Befragung von Trainern und Personalentwicklern. Köln: Johanna-Verlag.

BLIEMEL, F. & FASSOT, G. (2001). Marketing für Universitäten. In D.K. Tscheulin & B. Helmig (Hrsg.), Branchenspezifisches Marketing (266–287). Wiesbaden: Gabler.

BÖTTCHER, J.-U. (Hrsg.) (1999). Sponsoring und Fundraising für die Schule. Neuwied, Kriftel: Luchterhand.

BÖTTCHER, J.-U. (2006). Geld liegt auf der Straße: Fundraising und Sponsoring für Schulen. München: Luchterhand.

BRUHN, M. (2007). Kommunikationspolitik: Systematischer Einsatz der Kommunikation im Unternehmen. 4. Auflage. München: Vahlen.

DAVIS, B. & ELLISON, L. (1997). Strategic Marketing for Schools: How to Harmonise Marketing and Strategic Development for an Effective School. London: Financial Times Press.

EUROSTAT 2007. Internetnutzung durch Unternehmen 2007. In A. Wirthmann & M. Smihily, Daten kurz gefasst – Wissenschaft und Technologie, Nr. 25.

URL: http://www.eds-destatis.de/de/downloads/sif/qa_07_025.pdf (25.07.2009).

GEIßLER, H. (1991). Bildungsmarketing – zur Pädagogisierung von Marketing. GdWZ, H. 2, 149–154.

GIBBS, P. & KNAPP, M. (2001). Marketing Higher and Further Education. London: Kogan Page.

HAIBACH, M. (2008). Hochschul-Fundraising: Ein Handbuch für die Praxis. Frankfurt: Campus.

HAUSER, J. (2009). Da muss der Chef ran. duz Magazin. Ausgabe 5, 11–12.

HOMBURG, C., KLARMANN, M. & KROHMER, H. (2008). Statistische Grundlagen der Datenanalyse. In A. Hermann, C. Homburg & M. Klarmann (Hrsg.), Handbuch Marktforschung (S. 213–240). 3. Auflage. Wiesbaden.

KOTLER, P. & BLIEMEL, F. (2001). Marketing-Management. 10. Auflage. Stuttgart: Schäffer-Poeschel.

LANG, H. (1998). Marketing für die Städtische Wirtschaftsschule Ansbach. In A. Meyer (Hrsg.), Handbuch Dienstleistungs-Management (S. 1855–1865). Stuttgart: Schäffer-Poeschel.

LENSKI, J. (1980). Der HPM zwischen Markt und Möglichkeit. In U. Baumeister (Hrsg.), Öffentlichkeitsarbeit für die Erwachsenenbildung. Bonn: Dt. Volkshochschul-Verband e.V.

LINK, J., GERTH, N. & VOßBECK, E. (2000). Marketing-Controlling. München: Vahlen.

MEFFERT, H. (2000). Marketing. 9. Auflage. Wiesbaden: Gabler.

MEFFERT, H., BURMANN, C. & KIRCHGEORG, M. (2008). Marketing. 10. Auflage. Wiesbaden: Gabler.

MEFFERT, H., BURMANN, C. & KOERS, M. (Hrsg.) (2002). Markenmanagement. Wiesbaden: Gabler.

MÖLLER, S. (2002). Marketing in der Weiterbildung. Bielefeld: Bertelsmann.

REGENTHAL, G. (2001). Corporate Identity in Schulen. 2. Auflage. Neuwied, Kriftel: Luchterhand.

REIN V., A. & SIEVERS, C. (2005). Öffentlichkeitsarbeit und Corporate Identity an Volkshochschulen. 3. Auflage. Bielefeld: Bertelsmann.

REISCH, R., LOUCKY-REISNER, B. & SCHWARZ, G. (2001). Marketing für Schulen. Wien: öbv & hpt.

SPERLICH, A. (2008). Theorie und Praxis erfolgreichen Managements privater Hochschulen in Deutschland. Berlin: BWV.

STAUSS, B. (1994). Dienstleistungsmarken. In M. Bruhn (Hrsg.), Handbuch Markenartikel (S. 79–103). Band 1. Stuttgart: Schäffer-Poeschel.

URSELMANN, M. (2007). Fundraising: Professionelle Mittelbeschaffung für Nonprofit-Organisationen. 4. Auflage. Bern u.a.: Haupt.

VAN EIMEREN, B. & FREES, B. (2008). Ergebnisse der ARD/ZDF-Onlinestudie 2008 – Internetverbreitung: Größter Zuwachs bei Silver-Surfern. media perspektiven, 7. URL: http://www. ard-zdf-onlinestudie.de/fileadmin/Online08/Eimeren_I.pdf (25.07.2009).

WANGEN-GOSS, M. (1983). Marketing für Universitäten. Dissertation, Universität Bayreuth.

WELGE, M.K. & AL-LAHAM, A. (2003). Strategisches Management: Grundlagen – Prozess – Implementierung. 4. Auflage. Wiesbaden: Gabler.

Qualitätsmanagement

Michael Steig

Zielsetzung

- Sie lernen eine andere Sichtweise zum Qualitätsbegriff in der Weiterbildung kennen.
- Sie erhalten einen Überblick über die wichtigsten Management-Systeme auf dem Markt zur Sicherung von Qualität in der Weiterbildung.
- Sie lernen den Unterschied zwischen Management-Systemen mit Zertifizierung und Testierung kennen.
- Sie bekommen einen Einblick in die Anforderungen an die pädagogische Professionalität bei Management-Systemen in der Weiterbildung.

1 Einleitung

„Welchen Kriterien müssen Qualitätsentwicklungs- oder Qualitätssicherungssysteme genügen, die sowohl dem pädagogischen „Produkt" beziehungsweise dessen Äquivalent, dem Umgang mit Problemen (der Entwicklung, des Verhaltens, des Lernens) als auch der jeweiligen institutionellen Logik entsprechen?" (Galiläer, 2005: 240)

Mit diesem Zitat von Galiläer wird die Zielsetzung des nachfolgenden Artikels aufgezeigt. Allerdings kann im Rahmen eines einführenden Artikels lediglich die Spitze eines Eisbergs betrachtet werden.

Kaum ein anderer gesellschaftlicher Teilbereich erfährt im Zuge des derzeitigen Strukturwandels hin zur Wissensgesellschaft einen größeren Bedeutungszuwachs als das Bildungssystem. Mit diesem Bedeutungszuwachs steigen auch die gesellschaftlichen Erwartungen an dessen Leistungsfähigkeit sowie an entsprechende Leistungsnachweise. Die Qualifizierung des pädagogischen Personals in Bildungseinrichtungen spielt in diesem Zusammenhang eine besondere Rolle, denn dessen Wissen, Kompetenz und Handeln sind zentrale Voraussetzungen für die Lerngelegenheit der Lernenden.

Wissenschaftlich fundiert, können Qualifizierungsprozesse der pädagogischen Fachkräfte und eine Optimierung der Bildungsprozesse, für die sie ausgebildet werden, nur dann erfolgen, wenn ein Zusammenhang zwischen dem Professionswissen und den Kompetenzen der Pädagoginnen und Pädagogen, der Qualität ihrer Tätigkeiten und dem Ergebnis dieser Tätigkeiten hergestellt werden kann.

2 Begriffe

2.1 Professionalität

Nach Dewe realisiert sich professionelle Arbeit in Interaktionsprozessen, „deren Qualität angemessen nur als Prozessqualität des Handelns bestimmt werden kann. Diese Prozessqualität hängt entscheidend vom situativ realisierbaren Wissen und Können der Professionellen ab." (Dewe & Wagner, 2006: 51) Die Bedeutung der Professionalität in der beruflichen und betrieblichen Weiterbildung soll mit den nachfolgenden Zitaten verdeutlicht werden.

> „Professionelles Handeln wird im Sinne der neuen Professionalisierungsdiskussion als Ort der widersprüchlichen Vermittlung von wissenschaftlichem Wissen und (lebens-)praktischem Erfahrungswissen verstanden." (Galiläer, 2005: 147)
>
> Professionelles Handeln lässt sich nicht als technischer Vollzug von festen Regeln beschreiben, es ist somit auch kaum methodisierbar bzw. standardisierbar." (Dewe et al., 2001: 36 f.)
>
> Wissenschaftliches Wissen ist eine notwendige, aber nicht hinreichende Bedingung für professionelles Handeln." (Dewe et al., 2001: 32 f.)
>
> Die Befähigung zu professionellem Handeln müsste (neben einer spezialisierten Ausbildung) in der Form sozialwissenschaftlicher-pädagogischer Analysefähigkeit und habitueller Vorgehensweisen durch das Agieren im praktischen Feld erzeugt werden, wofür professionelle Kooperation und Beratung nötig sind." (Dewe et al., 2001: 34)
>
> Es ist unklar, was die Menschen, die in der Erwachsenenbildung/Weiterbildung arbeiten, eigentlich tun. Es ist unklar, was der Kern ihrer Arbeit ist und wie dieser professionell zu beschreiben ist." (Peters, 2004: 7)
>
> Professionen sind daher Instanzen einer Begründung von Entscheidungen der Lebenspraxis. Ihre Interventionen lassen sich immer dort feststellen, wo das lebenspraktische Handlungssubjekt bei der Begründung seiner Entscheidungen im interpretierenden Einholen der Wirklichkeit vor Herausforderungen gestellt ist, denen es über Selbstreflexion nicht immer gerecht werden kann." (Dewe & Wagner, 2006: 57)

Die Professionalität liegt im Wollen und Können der Lehrenden. Ist es daher überhaupt zulässig, die Frage nach der pädagogischen Professionalität von Qualitätsmanagement-Systemen zu stellen? Ich denke, ja, es ist zulässig, diese Frage zu stellen. Ob die Systeme am Markt eine Antwort darauf geben, ist fraglich. Zur Klärung dieser Frage soll der Artikel einen Beitrag leisten.

2.2 Qualitätsmanagement

Qualitätsmanagement (QM) bezeichnet grundsätzlich alle organisierten Maßnahmen, die der Verbesserung von Produkten, Prozessen oder Dienstleistungen jeglicher Art dienen. QM ist eine Kernaufgabe des Managements.

In den Wirtschaftswissenschaften wird QM als Teilbereich des funktionalen Managements gesehen, mit dem Ziel, die Effizienz und Effektivität einer Arbeit oder von Geschäftsprozessen zu erhöhen. Als Inhalte werden die Erhaltung oder Steigerung der Zufriedenheit von Kunden sowie der Motivation der Mitarbeiter/innen, die Standardisierungen bestimmter Handlungs- und Arbeitsprozesse, Normen für Produkte oder Leistungen, Dokumentationen, Berufliche Weiterbildung, Ausstattung und Gestaltung von Arbeitsräumen gesehen.

Qualitätsmanagement soll bei der Gestaltung von Arbeitsabläufen in Organisationen sicherstellen, dass Qualitätsbelange zu jeder Zeit und an jedem Ort im Unternehmen eingehalten werden. Qualität bezieht sich dabei sowohl auf die vermarkteten Produkte und Dienstleistungen als auch auf die internen Prozesse der Organisation.

Qualitätsmanagement führt nicht zwangsläufig zu einem höherwertigen Ergebnis, sondern steuert nur die Erreichung der vorgegebenen Qualität. Auch Qualitätszertifizierungen etwa nach DIN EN ISO 9001 sagen nichts direkt über die Produktqualität aus, sondern nur über das Qualitätsmanagement im Herstellungsprozess. Die Produktqualität wird implizit abgeleitet aus der Annahme, dass auch das Produkt von hoher Qualität sein muss, wenn der Herstellungsprozess von entsprechend hoher Qualität ist.

2.3 Qualitätsmanagement-System

„Ein Qualitätsmanagementsystem (Abk. QMS) ist eine Methode der Unternehmensführung, an der sich das Qualitätsmanagement orientiert. Qualitätsmanagementsysteme stellen sicher, dass die Qualität der Prozesse und Verfahren geprüft und verbessert wird. Ziel eines Qualitätsmanagementsystems ist eine dauerhafte Verbesserung der Qualität von Herstellung und Endprodukt. Das System ist dabei grundsätzlich unabhängig von der Branche, der Größe oder der Struktur des Unternehmens, das es anwendet. Das System beschreibt die Methodik und liefert das Handwerkzeug, nach dem die Mitarbeiter im Qualitätsmanagement eines speziellen Unternehmens dann ihre individuellen Verfahren zur Sicherung und Verbesserung der Qualität ausrichten. Heutzutage werden die Unternehmen aus allen Branchen häufig indirekt oder direkt gezwungen, ein Qualitätsmanagementsystem einzuführen, um die Fähigkeit eines Unternehmens zu dokumentieren, kunden- und gesetzliche Anforderungen mit dem Ziel der Kundenzufriedenheit zu erfüllen." (Wikipedia, 2009: QMS)

Der Autor verwendet den Begriff „Qualitätsmanagement-System" nicht, da der Begriff Qualitätsmanagementsystem (QM-System) suggeriert, dass es in Unternehmen neben anderen Management-Systemen eben auch ein QM-System gibt. Diese Tatsache wird von vielen Unternehmen mit „zusätzlichen" Kosten und von den Mitarbeitern mit „zusätzlicher" Arbeit gleichgesetzt.

Damit Unternehmen ihrem Auftrag gerecht werden, müssen sie über funktionierende Management-Systeme verfügen. Die Frage ist nur, welches System sie betreiben, wie dieses dokumentiert und implementiert ist und ob die Mitarbeiter das System kennen und anwenden. Wenn es dann noch nach gewissen Regeln (Nomen) aufgebaut und verwirklicht ist, kann es von unabhängiger Stelle (Zertifizierungsstelle) zertifiziert werden.

Managen bedeutet, unter betriebswirtschaftlichen Aspekten und Perspektiven zu handeln. Diese Handlungsmuster sollten in gut funktionierenden Management-Systemen abgebildet sein. Ein separates Qualitätsmanagement bzw. Qualitätsmanagement-System ist dann nicht mehr nötig.

2.4 Qualität

Der Begriff „Qualität" ist durchweg positiv besetzt. Wir verstehen darunter in erster Linie etwas Gutes. Qualität wird in der Literatur allerdings nicht einheitlich definiert. Weit verbreitet ist die Vorstellung, dass "Qualität als Grad der Übereinstimmung zwischen Ansprüchen bzw. Erwartungen (Soll) an ein Produkt und dessen Eigenschaften (Ist) anzusehen." (Erdrich, 2009). Im Bildungswesen bedeutet das zunächst zweierlei:

1. Wir müssen uns mit dem Begriff „Produkt" anfreunden. Bildung oder Bildungsdienstleistung als Produkt? Undenkbar, werden die Geisteswissenschaftler sagen. Da es sich hier aber um eine reine Begriffsfestlegung handelt, können wir uns sicher mit der Zeit daran gewöhnen.
2. „Ansprüche und Erwartungen" werden im selben Zusammenhang genannt. Das bedeutet doch, dass wir uns völlig im Klaren sein müssen über unsere Ansprüche und Erwartungen, die wir an (Weiter-)Bildungsmaßnahmen stellen. Wie soll das gehen? Ich erwarte, dass ich etwas lerne, was ich noch nicht weiß? Woher soll ich das wissen? Woher soll der Dozent/Trainer/Seminarleiter wissen, was ich nicht weiß, aber wissen möchte?

„Im gleichen Sinne wird Qualität nach DIN EN ISO 8402 als: ‚Die Gesamtheit von Merkmalen einer Einheit bezüglich ihrer Eignung, festgelegte und vorausgesetzte Erfordernisse zu erfüllen', bezeichnet." (Erdrich, 2009). Einen solchen Satz können nur Technokraten geprägt haben. Kein Wunder also, dass die überwiegende Mehrheit diese Definition als unverständlich ablehnt. Sie hilft uns auf den ersten Blick in unserer Aufgabenstellung nicht wirklich weiter. Formulieren wir jedoch diese allgemein gültige Definition für das Bildungswesen um, könnte der Begriff „Qualität" (in der Bildung) zum Beispiel wie folgt erklärt werden:

„Alle für den Bildungsteilnehmer erkennbaren Eigenschaften einer Bildungsmaßnahme bezüglich ihrer Eignung, festgelegte und vorausgesetzte Erfordernisse zu erfüllen." Na also! Auch das impliziert drei Annahmen:

1. Die Eigenschaften müssen für den Bildungsteilnehmer erkennbar sein
2. Festgelegte und vorausgesetzte Erfordernisse müssen definiert sein
3. Der Bildungsteilnehmer muss in die Lage versetzt werden, diese messen beziehungsweise bewerten zu können

„Die neue Qualitätsnorm DIN EN ISO 9000 geht einen Schritt weiter und beschreibt Qualität als: „Vermögen einer Gesamtheit inhärenter (lat. innewohnend) Merkmale eines Produkts, eines Systems oder eines Prozesses zur Erfüllung von Forderungen von Kunden und anderen interessierten Parteien." (Erdrich, 2009)

Schauen wir uns diese Definition an, dann hilft sie schon ein gutes Stück bei der Lösung unserer Aufgabenstellung weiter.

1. Taucht in dieser Definition doch zum ersten Mal der Begriff „Kunde" (in unserem Sinn der Bildungsteilnehmer) auf.
2. Ferner werden neben dem uns bereits bekannten Begriff „Produkt" die Begriffe „System" und „Prozess" aufgeführt. Den Begriff „System" verwenden Geisteswissenschaftler anders als Naturwissenschaftler, also wieder eine Stolperfalle. Den Begriff „Prozess" kennen wir (zum Beispiel als „Bildungsprozess"). Aber was ist ein Prozess in diesem Zusammenhang wirklich?

Nach wie vor wird Wert darauf gelegt, dass jede einzelne Eigenschaft einer Bildungsmaßnahme den Qualitätsanforderungen entsprechen muss. Wo sind diese Anforderungen festgelegt? Wer hat sie festgelegt? Wie werden sie gemessen? Wer hat die Kriterien für die Messungen festgelegt? Die Erweiterung der Qualitätsanforderung auf Kunden und interessierte Parteien trägt der Entwicklung des Qualitätsmanagements in Richtung TQM und EFQM Rechnung. Betrachten wir noch einmal die Diskussion um die Nutzbarkeit der DIN EN ISO 9001 als richtungsweisende Norm für (Qualitäts-)management-Systeme in der Weiterbildung:

> **!** „Formale Verfahren wie Qualitätsmanagement nach der internationalen Norm DIN EN ISO 9000 ff. (1994/2000), EFQM etc. konzentrieren sich auf die Gestaltung von organisatorischen Bedingungen (Verantwortlichkeiten, Abläufe, Dokumentation usw.). Gegenüber der pädagogischen Interaktion verhält sich ein solches Verfahrenskonzept letztlich indifferent, da es organisationsbezogen, fallunspezifisch, schematisch und objektivierend vorgehen muss." (Galiläer, 2005: 237)

Schauen wir uns den Prozess der Qualitätssicherung vergleichender Weise zwischen einer „Produktion" und einem Weiterbildungsprozess einmal etwas genauer an. Im produzierenden Gewerbe läuft der Qualitätsprozess – vereinfacht betrachtet – etwa folgendermaßen ab:

- Der Produzent entwickelt ein Produkt (das in der Regel auch verwendet wird) und stellt dieses Produkt her.
- Am Ende des Herstellungsprozesses wird quasi am Produkt die Qualitätssicherung durchgeführt. Kriterien für die Qualität sind in erster Linie die Kriterien, die der Produzent selber aufstellt, die durch einschlägige Verordnungen vom Gesetzgeber oder von Verbänden vorgegeben werden.
- Anschließend wird das qualitätsgesicherte Produkt auf den Markt gebracht und vom Verwender gekauft.
- Dieser verwendet das Produkt und beurteilt dessen Qualität nach seinen eigenen Qualitätsgrundsätzen. Letztgenannte können dabei deutlich von den Qualitätskriterien des Produzenten abweichen.

In den wenigsten Fällen meldet der Verwender eine für ihn „schlechte" Qualität an den Produzenten zurück („Beschwerde"), sodass dieser Gelegenheit hat, sein Produkt oder den Herstellungsprozess zu verbessern. In den meisten Fällen wird das Produkt entsorgt und der Verwender wechselt den Lieferanten. Das bedeutet in diesem Fall: Der Verwender (Kunde) hat zu keinem Zeitpunkt des Produktprozesses Gelegenheit, auf diesen Prozess bzw. sein Ergebnis (Produkt) Einfluss zu nehmen. Auch der Produzent hat nur wenig Möglichkeiten, die Anforderungen seiner Kunden detailliert zu erfragen und in seinen Entwicklungs- und Herstellungsprozess einzubeziehen, da es in den meisten Fällen gar keine direkte Verbindung zwischen dem Produzenten und dem Verwender gibt (die Lieferkette nach der Produktion bis zum Verkauf an den Verwender verläuft oftmals über mehrere Stationen).

Auf den Punkt gebracht, bedeutet das: Qualität liegt vor, wenn der Kunde zurückkommt und nicht das Produkt. Dieses gilt insbesondere auch für weite Bereiche der Dienstleistungserbringung. Ganz anders verhält es sich in unserem Fall, in dem das Produkt ein Bildungsprodukt ist (vgl. Abbildung 8.1).

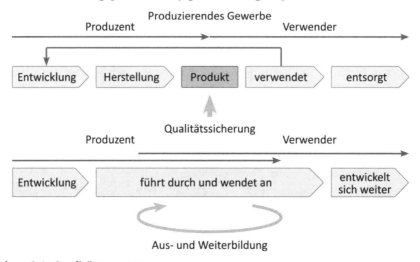

Abbildung 8.1: Qualitätsprozess
Quelle: Eigene Darstellung

Der Produzent entwickelt ein Bildungsprodukt. Bis zu diesem Schritt sind beide Modelle identisch mit einer Einschränkung: Das Bildungsprodukt ist – zumindest aus der Sicht des Verwenders (Kunden) – noch nicht fertig. Denn im eigentlichen Produktionsprozess, also der Durchführung einer Weiterbildungsmaßnahme, wird das ursprüngliche Bildungsprodukt durch die Mitwirkung des Verwenders im Prozess der Vermittlung der Weiterbildungsinhalte selbst zum individuellen Bildungsprodukt und zwar für jeden einzelnen Teilnehmer.

Das heißt, dass die Qualität einer Weiterbildungsmaßnahme neben der Qualität des Bildungsprodukts ganz entscheidend von der Qualifikation und der Qualität des Weiterbildners abhängt (s. Kapitel Professionalität). Diesem Anspruch werden nach Recherchen des Autors nur ganz wenige der unten aufgeführten (Qualitäts-)Management-Systeme gerecht.

„Bildung ist ein ,reflexives' Gut. Es wird nicht hergestellt wie ein Werkstück, sondern dadurch, dass ein Lernender in der praktischen und theoretischen Auseinandersetzung mit den Lerngegenständen das eigene Weltverhältnis verändert und die individuelle Handlungsfähigkeit erweitert." (Holzkamp, 1993: 237)

3   QM-Systeme auf dem Markt

Nach Aussage mehrerer Studien investieren Unternehmen immer noch zu wenig Zeit und Geld in die Weiterbildung ihrer Beschäftigten. Ferner wird immer noch von der überwiegenden Mehrzahl der Beschäftigten Weiterbildung als alleinige Aufgabe der Unternehmen gesehen. Qualifizierung gewinnt aber angesichts des rasant ansteigenden Bedarfs an Wissen und der steigenden Innovationsgeschwindigkeit vor allen Dingen für Unternehmen des Mittelstands eine überlebenswichtige Bedeutung. Davon sind auch deren Mitarbeiter betroffen. Nun ist der Markt der Weiterbildung nach wie vor gekennzeichnet von ungeregeltem Zugang und unübersichtlichen Leistungen. Es fehlen allgemein gültige Kompetenzprofile für die Berufsbildung in der Weiterbildung.

Aus Sicht der Wirtschaft gibt es einen großen Bedarf der klein- und mittelständischen sowie der Großunternehmen, neue Märkte professioneller und reibungsloser in Kooperation mit Weiterbildungsanbietern zu erschließen. Ferner existiert ein großer Bedarf der KMU und Großunternehmen an qualifizierten Trainern und hochwertigen Weiterbildungsangeboten in Deutschland, in Europa und in den EU-Beitrittsländern.

Aus Sicht bildungspolitischer Zielsetzungen wird sich die Weiterbildung auf selbstorganisiertes und selbstverantwortliches „Lebensbegleitendes Lernen" ausrichten. Dazu sind einheitliche, abgestimmte Qualitätsmerkmale und Qualitätsmanagement-Systeme erforderlich. Nach jüngster Gesetzgebung sind Bildungsträger mit öffentlicher Förderung (Stichwort „AZWV") verpflichtet, Qualitätsmanagement zu betreiben und nachzuweisen. Diese Vorgabe wird für Bildungsunternehmen zu einer existenziellen Voraussetzung für das Bestehen am Markt. Gleichzeitig bedeutet es aber auch den Schritt zur Eigenverantwortung und Kundenorientierung. Allerdings macht es die Vielzahl der heute am Markt befindlichen QM-Systeme für die Aus- und Weiterbildung erforderlich, genauer „hinter die Kulissen" zu schauen, um beurteilen zu können, nach welchem Modell eine Einrichtung der Weiterbildung ihr QM-System aufbauen und zertifizieren lassen soll.

Neben den Anforderungen, die durch SGB III und AZWV gegeben sind, muss geprüft werden, welche Anforderungen seitens der Industrie- und Dienstleistungsunternehmen beachtet werden müssen, die ihrerseits heute bereits ein QM-System nach DIN EN ISO 9001 implementiert haben und aufrechterhalten. Und genau das sind das „Problem" und die Herausforderung für Bildungsträger. Am Markt werden heute folgende Qualitätsmanagement-Modelle angeboten, nach denen QM-Systeme in der Weiterbildung erstellt, aufrechterhalten und zertifiziert werden. Hierbei handelt es sich lediglich um eine Auswahl – alle derzeit am Markt befindlichen Systeme werden in der vom Autor zurzeit durchgeführten Studie am Promotionskolleg

„Wandlungsprozesse in Industrie- und Dienstleistungsberufen ..." an der Martin-Luther-Universität Halle/Wittenberg untersucht.[1]

Die zurzeit diskutierten Qualitätskonzepte können wir grob in zwei Gruppen unterteilen: Da sind zum einen solche, die von Einrichtungen selbst entwickelt und umgesetzt werden. Sie beruhen auf dem Prinzip der „Selbstevaluation". Auf der anderen Seite existieren Systeme, die überwiegend von Dritten konzipiert und eingesetzt werden. Sie beruhen auf dem Prinzip der „Fremdevaluation".

Bei den fremd evaluierten Konzepten können wir drei Gruppen unterscheiden:

1. Qualitätsverbünde/Qualitätsringe, wie den Wuppertaler Kreis, das Hamburger Modell oder den Qualitätsverbund Siegen-Olpe-Wittgenstein.
2. Zertifizierungsansätze nach ISO 9001.
3. Wettbewerbe, wie den Ludwig-Erhard-Preis, Malcom Baldrige Award u.a., die allerdings ein zertifiziertes Qualitätsmanagement-Modell funktionsfähig voraussetzen.

Selbst evaluierte Qualitätskonzepte werden natürlich von den am Markt befindlichen Qualitätskonzepten beeinflusst und tragen inhaltlich und methodisch zur Entwicklung der hauseigenen Qualitätsstrategie bei. Oft werden solche Ansätze methodisch und inhaltlich durch Verbände gestützt. Nach Untersuchungen des BIBB liegt die Selbstevaluation mit 76 % deutlich vor der ISO 9001 Zertifizierung (29 %) und spezifischen Qualitäts- und Gütesiegeln (24 %) (vgl. Bali, Krekel & Sauter, 2002: 18).

3.1 Zertifizierung (Fremdevaluation)

DIN EN ISO 9001:2008

Mit der Normenreihe DIN EN ISO 9000 ff. sind Normen geschaffen worden, welche die Grundsätze für Maßnahmen zum Qualitätsmanagement dokumentieren. Gemeinsam bilden sie einen zusammenhängenden Satz von Normen für Qualitätsmanagementsysteme, die das gegenseitige Verständnis auf nationaler und internationaler Ebene erleichtern sollen.

Qualitätsmanagementsysteme sind nicht produktorientiert und können daher unabhängig von der Branche und den spezifischen Produkten einen ähnlichen Aufbau festlegen. Das erfolgreiche Führen und Betreiben einer Organisation erfordern, dass sie in systematischer und klarer Weise geleitet und gelenkt wird. Ein Weg zum Erfolg können die Einführung und Aufrechterhaltung eines Managementsystems sein, das auf ständige Leistungsverbesserung ausgerichtet ist, indem es die Erfordernisse aller interessierten Parteien berücksichtigt. Eine Organisation zu leiten und zu lenken, umfasst neben anderen Managementdisziplinen auch das Qualitätsmanagement.

Die Norm DIN EN ISO 9001:2008 bildet in der Normenreihe die Anforderungen an eine Qualitätsmanagementsystem ab. Auf der Basis dieser Norm können Zertifizierungen durchgeführt werden. Sie legt die Anforderungen an ein Qualitätsmanagementsystem (QM-System) für den Fall fest, dass eine Organisation ihre Fähigkeit dar-

---

1 www.promotionskolleg-wandlungsprozesse.de.

legen muss, Produkte bereitzustellen, welche die Anforderungen der Kunden und allfällige gesetzliche und behördliche Anforderungen erfüllen, und anstrebt, die Kundenzufriedenheit zu erhöhen.

Diese Norm beschreibt modellhaft das gesamte Qualitätsmanagementsystem und ist Basis für ein umfassendes Qualitätsmanagementsystem. Der prozessorientierte Ansatz basiert auf den Hauptprozessen

- Führungsprozesse (wertschaffende Prozesse),
- Kernrpozesse (wertschöpfende Prozesse) und
- Service- oder Supportprozesse (wertgewährleistende Prozesse)

Die acht Hauptabschnitte der Norm sind:

- Kap. 1–3 enthalten Vorwort und Allgemeines
- Kap. 4: Qualitätsmanagementsystem (allgemeine Anforderungen, dokumentierte Anforderungen, QM-Handbuch, Lenkung von Dokumenten, Lenkung von Aufzeichnungen)
- Kap. 5: Verantwortung der Leitung
- Kap. 6: Management von Ressourcen
- Kap. 7: Produkt- und Dienstleistungsrealisierung
- Kap. 8: Messung, Analyse und Verbesserung

Ein wesentlicher Vorteil einer internationalen Norm ist die wiederholte Überprüfung alle fünf Jahre. Damit wird gewährleistet, dass eine Norm den gegebenen Entwicklungen angepasst wird. In der Tat ist es richtig, dass diese Norm nicht speziell auf Bildungsprozesse und deren Ergebnisse ausgerichtet ist. Aber sie ist ebenso wenig auf die Produktionsprozesse in der Automobilindustrie, der chemischen Industrie und anderer Dienstleistungssparten ausgerichtet. Die DIN EN ISO 9001:2008 ist eine generische Norm, die zur Umsetzung in den Unternehmen als Leitfaden zum Aufbau und zur Verwirklichung eines Management-Systems herangezogen werden kann, das durch eine unabhängige Stelle zertifizierbar ist.

Jedes Unternehmen muss seine eigenen Führungs-, Wertschöpfungs- und Support-/Serviceprozesse definieren. Für bestimmte Branchen werden am Markt Ergänzungen zur DIN EN ISO 9000-Familie angeboten, die deren Spezifika regeln (z.B. VDA 6 in der Automobilindustrie).

QM-Stufen-Modell/PAS 1037:2004

Das QM-Stufen-Modell ist als branchenspezifisches QM-Modell für wirtschaftsorientierte berufliche Bildungsunternehmen entwickelt worden unter Einbeziehung von vielen Bildungsorganisationen, die direkt für Kunden in der Wirtschaft Bildungsdienstleistungen anbieten. Das QM-Stufen-Modell ist als PAS 1037:2004 in Kooperation mit dem DIN erarbeitet und veröffentlicht worden (vgl. RKW Berlin, 2009).

Das Modell: Das QM-Stufen-Modell/PAS 1037:2004 erfüllt die Anforderungen der ISO 9001:2000 sowie EFQM auf folgende Weise:

- Die ganzheitliche Herangehensweise (Qualitätsentwicklung und -sicherung beziehen sich nicht nur auf einzelne Teilbereiche der Bildung, sondern verbinden sich in einem komplexen Qualitätsmanagement)

- Die integrative Herangehensweise (die Qualität der Ergebnisse, Prozesse und Strukturen wird zu einem „beherrschenden gemeinsamen Nenner" aller Aktivitäten der Bildungsorganisation im Sinne von Total Quality Management).

Das QM-Stufen-Modell ist ein System nachhaltiger Qualitätsentwicklung und -sicherung für wirtschaftsorientierte Bildungsunternehmen. Es richtet sich an berufliche Aus- und Weiterbildungsorganisationen, die ihr Leistungsprofil primär auf die Wirtschaft, also auf wirtschafts- und unternehmensorientierte Bildungsangebote ausrichten. Das QM-Stufen-Modell baut auf der „ISO 9001:2000-Philosophie" auf. Es adaptiert und erweitert sie auf die Bedingungen und Spezifika von Bildungsdienstleistungen. Es geht von dem umfassenden Charakter eines Qualitätskonzepts aus. Es setzt an den bestehenden Organisationserfahrungen und QM-Regelungen bei den Weiterbildungsunternehmen an und ist in drei Stufen realisierbar:

- *1. Stufe (Basis):* Diese Stufe impliziert die geforderte grundsätzliche Qualitätsfähigkeit und dokumentiert die Prozessorganisation der Bildungseinrichtung. Sie bietet den Bildungsunternehmen, die bisher nicht über ein systematisches Managementsystem verfügen, den „Einstieg" in ein QM-System. Ziel ist die Einführung von Maßnahmen, welche die Qualitätsfähigkeit der einzelnen Bildungsprozesse und der Organisation sichern. Diese Stufe umfasst 37 Anforderungen und kann bereits zertifiziert werden. Sie ist Grundlage für den Übergang zur Stufe 2.
- *2. Stufe (Standard).* Diese Stufe beschreibt den Aufbau und die Umsetzung eines qualitäts- und kundenorientierten Managementsystems. Sie geht über die Anforderungen der Stufe mit 24 weiteren Anforderungen hinaus. Hier werden Forderungen integriert, die dem heutigen Stand der Technik (z.B. ISO 9001, ISO 14001 usw.) von QM-Systemen entsprechen. Mit der Erfüllung dieser Niveaustufe ist auch der Nachweis der Konformität des QM-Systems mit den Anforderungen der DIN EIN ISO 9001:2000 möglich. Für Bildungseinrichtungen in Kooperation mit industriellen Wirtschaftsunternehmen kann die zusätzliche, gekoppelte Zertifizierung nach ISO 9001 empfehlenswert sein.
- *3. Stufe (Excellence).* Diese Stufe gibt Hinweise zur Einführung und Umsetzung von Excellence-Prinzipien nach Europäischen Vergleichskriterien. Damit soll Bildungsunternehmen eine nachhaltige Entwicklungsperspektive gegeben und ein eigenes Verständnis von „umfassendem Qualitätsmanagement" für das Unternehmen ermöglicht werden. Die Anwendung dieser Niveaustufe setzt den Nachweis der Erfüllung der Stufe „Standard" voraus und erweitert diese um weitere 18 Elemente innerhalb der Anforderungsgruppen.

Das QM-Stufen-Modell setzt verstärkt auf interne Mechanismen des Qualitätsmanagements und auf Selbstbewertungsfähigkeit. Das QM-Stufen-Modell wird durch zugelassene externe Prüfer des RKW bewertet. Das Zertifikat dokumentiert die beratene, geprüfte und nachgewiesene Qualitätsfähigkeit der Organisation auf definierten Niveaustufen des Modells. Das QM-Stufen-Modell beschreibt Anforderungen an ein integriertes Managementsystem. Integrationsaspekte sind dabei:

- die Aufnahme branchentypischer Markt- und Kundenanforderungen,
- die Prozessorientierung und
- die Nutzung der Excellence-Prinzipien nach europäischen Vergleichskriterien

Ähnlich wie die prinzipiellen Anforderungen der DIN EN ISO 9001 werden im QM-Stufen-Modell über 70 Anforderungen in vier Hauptprozessen beschrieben:

- Bildungsorganisation führen und entwickeln,
- Mitarbeiter/innen, Lehrende, Lerninfrastruktur bereitstellen und entwickeln,
- Bildungsangebote konzipieren, durchführen und evaluieren sowie
- Bildungsprozesse messen, analysieren und verbessern.

Vorgehensmodell: Im Vorgehensmodell werden fünf Arbeitsschritte unterschieden:

1. Im ersten Schritt werden die für das QM-System benötigten Prozesse und deren Anwendung in der gesamten Organisation identifiziert.
2. Im zweiten Schritt werden die Aufeinanderfolge der Prozesse und die Wechselwirkung zwischen den Prozessen ermittelt.
3. Im dritten Schritt werden die Kriterien und Methoden festgelegt, welche die Wirksamkeit bei der Nutzung und Lenkung der Prozesse sicherstellen.
4. Im vierten Schritt werden die Ressourcen und Informationen bereitgestellt, um den Betrieb und die Überwachung dieser Prozesse zu ermöglichen.
5. Alle relevanten Prozesse werden gemessen, überwacht und analysiert. Ziel ist es, erforderliche Aktionen zu implementieren, die Prozesse permanent zu verbessern.

Die Empfehlung der PAS 1037:2004 nennt neben dem Vorhandensein eines Qualitätsmanagement-Handbuchs ein Minimum an Verfahren, die zu dokumentieren sind:

- Ermittlung des Bildungsbedarfs,
- Entwicklung neuer Bildungsangebote/Bildungsprojekte,
- Bewertung und Auswahl von Lehrenden,
- Durchführung und Evaluierung von Bildungsangeboten/-projekten,
- Erfassung und Bewertung von Kundenzufriedenheit und Erfolgsanalyse,
- Erfahrungssicherung und Verbesserungsprozesse

Im Gegensatz dazu stellt die DIN EN ISO 9001:2008 teilweise völlig andere Anforderungen an dokumentierte Verfahren, die ggf. bei einer geplanten zusätzlichen und gekoppelten Zertifizierung nach DIN EN ISO 9001:2008 vom Unternehmen ebenfalls bereitzustellen, anzuwenden und nachzuweisen sind.

QES(+)

„Das vorliegende Modell QESplus berücksichtigt bildungsmarktpolitische, erwachsenenpädagogische und wirtschaftliche Aspekte. Es

- ist selbsterklärend und fördert mit Hilfe der Beschreibungen und Arbeitshilfen die selbstgesteuerte Umsetzung, ohne auf Ressourcen von außen angewiesen zu sein,
- ist offen für andere, bereits etablierte Qualitätssicherungssysteme und gewährleistet Anschluss an inhaltliche Forderungen der Systeme DIN EN ISO 9001:2000, EFQM (Sächsischer Qualitätspreis) oder LQW2,
- regt an, vorhandene erwachsenenpädagogische Kompetenzen zur eigenen Organisationsentwicklung zu nutzen." (Knoll & Wiesner, 2004: 3)

In Anlehnung an den klassischen Qualitätskreis von *Deming* (Plan-Do-Check-Act) definiert QESplus den Qualitätsentwicklungskreis und das Qualitätsverständnis wie folgt: „einzelne Tätigkeiten usw. in Ablauf, Einzelschritten, Umfang, Kräfte- und Materialbedarf planen; sie dann durchführen und auswerten, d.h. feststellen, was geschehen und entstanden ist, und prüfen, wie sich dieses Ergebnis zum ursprünglich Erwünschten verhält; prüfen und entscheiden, ob die einzelnen Tätigkeiten, Prozesse oder Strukturen so bleiben können, weil das Ergebnis akzeptiert wird, oder ob sie zu verändern sind; von den Erkenntnissen und Ergebnissen das festhalten (dokumentieren), was für die weitere Arbeit gebraucht wird." (Knoll & Wiesner, 2004: 7)

Der PDCA-Zyklus von Deming als Systematik zur kontinuierlichen Verbesserung (KAIZEN) basiert auf dem Prinzip Gemba: "Gehe an den Ort des Geschehens" und stellt vor allem die Mitarbeiter vor Ort mit ihrer exakten Kenntnis der Situation am Arbeitsplatz in den Mittelpunkt der Planung. Der PDCA-Zyklus besteht aus vier Elementen Plan, Do, Check und Act (vgl. Abbildung 8.2).

Abbildung 8.2: Deming Qualitätskreis
Quelle: Eigene Darstellung

- Plan: Der jeweilige Prozess muss vor seiner eigentlichen Umsetzung geplant werden: Plan umfasst das Erkennen von Verbesserungspotentialen (in der Regel durch den Werker beziehungsweise Teamleiter vor Ort), die Analyse des aktuellen Zustands sowie das Entwickeln eines neuen Konzepts (unter intensiver Einbindung des Werkers).
- Do: „Do" bedeutet entgegen weit verbreiteter Auffassung nicht die Einführung und Umsetzung auf breiter Front, sondern das Ausprobieren beziehungsweise Testen und praktische Optimieren des Konzepts mit schnell realisierbaren, einfachen Mitteln (z.B. provisorische Vorrichtungen) an einem einzelnen Arbeitsplatz (wieder unter starker Einbindung des Werkers (Gemba).
- Check: Der im Kleinen realisierte Prozessablauf und seine Resultate werden sorgfältig überprüft und bei Erfolg für die Umsetzung auf breiter Front als Standard freigegeben.
- Act: In der Phase „Act" wird dieser neue Standard auf breiter Front eingeführt, festgeschrieben und regelmäßig auf Einhaltung überprüft (Audits). Hier handelt es sich tatsächlich um eine „große Aktion", die im Einzelfall umfangreiche organisatorische Aktivitäten (z.B. Änderung von Arbeitsplänen, NC-Programmen, Stammdaten, die Durchführung von Schulungen, Anpassung von Aufbau- und Ablauforganisation) sowie erhebliche Investitionen (an allen vergleichbaren Arbeitsplätzen, in allen Werken) umfassen kann.
- Die Verbesserung dieses Standards beginnt wiederum mit der Phase „Plan".

Das System QESplus gliedert sich in die Leistungsbereiche „Einrichtung" und „Dienstleistung". Diese sind wiederum in folgende Leistungssektoren gegliedert:

* Organisation
* Personal
* Teilnehmende/Auftraggeber
* Kommunikation
* Rahmenbedingungen
* Evaluation

Die Leistungssektoren gelten gleichermaßen für beide Leistungsbereiche, allerdings haben sie unterschiedliche Leistungsbestandteile. Auf der Basis von Qualitätsentwicklungskreis, Qualitätsverständnis, Leistungsbereichen, Leistungssektoren und Leistungsbestandteilen entwickeln die Bildungseinrichtungen ihre individuellen Qualitätsstandards. Sie werden von der Einrichtung selbst formuliert und festgelegt, sie sind daher immer einrichtungsspezifisch.

DVWO Qualitätsmodell

Das DVWO Qualitätsmodell (Richter 2007) ist Referenz für die Qualitätskriterien und Prozesse für eine Trainergrundausbildung. Das Modell orientiert sich streng an der Struktur der DIN EN ISO 9001:2008. Es umfasst

* ein Beschreibungsmodell für die zugehörigen Prozesse,
* ein Prozessmodell für die Inhalte der Ausbildung und deren Qualitätskriterien.

Und das ist das Besondere des DVWO Qualitätsmodells gegenüber allen anderen Qualitätsmodellen in der Aus- und Weiterbildung: Es ist die strenge Orientierung an der DIN EN ISO 9001, einer international anerkannten Norm für die Entwicklung, Aufrechterhaltung und Verbesserung eines Qualitätsmanagement-Systems. Institute und Trainer, die sich nach diesem Modell zertifizieren lassen, haben damit automatisch eine Zertifizierung nach DIN EN ISO 9001:2008 und sind damit auch international mit ihrem QM-System vergleichbar und anerkannt.

Die Qualitätsförderung und -sicherung im DVWO-Qualitätsmodell orientiert sich an den Richtlinien der Norm ISO 9000:2005. Demzufolge kommen alle Begriffe und Definitionen im Zusammenhang mit dem Qualitätsmanagement und der Zertifizierung in der Weiterbildung zur Anwendung. Das *Beschreibungsmodell* beschreibt zunächst alle Prozesse des Qualitätsmanagement-Systems und der Dienstleistungserbringung (Durchführung einer Qualifizierungsmaßnahme). Das *Prozessmodell* beschreibt innerhalb der Dienstleistungserbringung die Inhalte einer Qualifizierungsmaßnahme und deren Mess- und Validierungskriterien. Es gibt vor, nach welchen Stufen (Taxonomien) Bildungsteilnehmer und Dozenten/Referenten einzuordnen und zu bewerten sind. Das Beschreibungsmodell und das Prozessmodell fügen sich gleichermaßen nahtlos als sogenannte *ProzessAcht* (vgl. Abbildung 8.3) aneinander und ergänzen somit das Qualitätsmodell der ISO 9001 um das wesentliche Element in der Aus- und Weiterbildung. Damit liegt erstmalig ein Modell vor, das in seiner Ganzheitlichkeit allen Anforderungen in der Aus- und auch in der Weiterbildung gerecht wird.

Das Besondere am DVWO Qualitätsmodell: Worin besteht eigentlich der Unterschied zwischen einer System- und einer Personalzertifizierung? Bei der Zertifizierung eines Qualitätsmanagementsystems geht es darum, nachzuweisen, dass die Einrichtung oder das Unternehmen eines einzelnen Trainers die Aufrechterhaltung und Wirksamkeit einer Organisation und deren Abläufe nachweisen. Im Fall des QM-Systems nach dem DVWO-Modell bedeutet das, dass das Unternehmen ein QM-System nach DIN EN ISO 9001 zuzüglich der vom DVWO geforderten inhaltlichen Qualität des Ausbildungsangebots nachweist. D.h. es werden Prozesse und Inhalte von Weiterbildungsmaßnahmen, deren Ergebnisse sowie zum Beispiel auch Seminarunterlagen geprüft. Der Antragsteller erhält nach erfolgreicher Zertifizierung ein auf drei Jahre befristetes Systemzertifikat für sein Unternehmen, das durch eine unabhängige Zertifizierungsstelle vergeben wird. Das Personal des Unternehmens selbst ist in diesem Fall nicht zertifiziert. Anders verhält es sich bei einer *Personalzertifizierung*. Bei dieser Art der Zertifizierung werden die Kenntnisse und Fähigkeiten einzelner Personen geprüft und zertifiziert. Dazu liegt einer ebenfalls unabhängigen Zertifizierungsstelle ein Zertifizierungsprogramm/Prüfungsprogramm vor, wonach die Prüfungen durch unabhängige Prüfer vorgenommen werden. Der einzelne Trainer kann sich anhand des Zertifizierungsprogramms auf die Prüfung vorbereiten und bei der Zertifizierungsstelle prüfen lassen. Der DVWO hat auf der Basis des DVWO-Qualitätsmodells ein Zertifizierungsprogramm für Trainer entwickelt, das aus drei Bestandteilen zusammengesetzt ist:

1. DIN EN ISO 9001
2. DVWO-spezifischer Teil (mit Bewertungskriterien hinsichtlich der Vergleichbarkeit von Trainerleistungen gemäß den Anforderungen der Europäischen Kommission im Europäischen Qualifikationsrahmen (EQF))
3. Kompetenzanforderungen aus der PAS 1052 (PAS 1052 2004)

Der Nutzen: Wann hat ein Trainer von einer Personalzertifizierung einen Nutzen? Der Nutzen ergibt sich dann, wenn:

▪   die Kunden des Trainers ein systematisches Qualitätsmanagement-System betreiben und in diesem Zusammenhang eine Zertifizierung ihrer Lieferanten fordern.
▪   auf dem Zielmarkt des Trainers Qualität und Zertifizierung eine besondere Rolle spielen (z.B. SGB III/AZWV).
▪   die Mitbewerber zertifiziert sind bzw. dieses beabsichtigen.
▪   die Zertifizierung auf einem national und international anerkannten Stand, wie ISO 9001, EQF und PAS 1052 besteht.

Die Ausbildung: Um die Anforderungen für die Prüfung und Zertifizierung eines „DVWO zertifizierten Trainers" erwerben zu können, werden vom DVWO zugelassene Ausbildungseinrichtungen speziell auf das Zertifizierungsprogramm zugeschnittene Seminare anbieten. Diese Seminare vermitteln Kenntnisse und Fähigkeiten zur ISO 9001, zur Anwendung von Taxonomien (Bewertungskriterien) und zu Kompetenzen gemäß PAS 1052. Das Anerkennungsverfahren für Ausbildungseinrichtungen ist in einem gesonderten Programm des DVWO beschrieben.

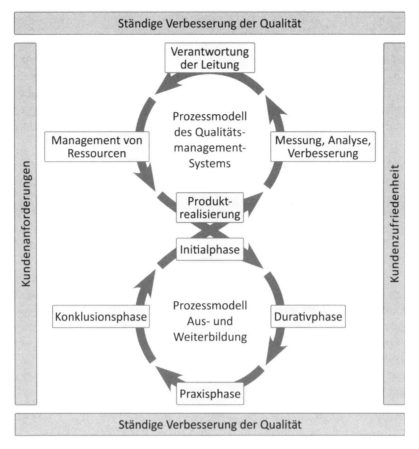

Abbildung 8.3: DVWO Qualitätsmodell ProzessAcht

Quelle: Eigene Darstellung (© DVWO)

Die Zulassung: Über die Zulassung eines Trainers zur Prüfung und Zertifizierung entscheidet eine Zulassungskommission im DVWO. Die Zulassungskriterien sind u.a.: Fundiertheit der Trainerausbildung: Dauer der Berufsausübung als Trainer, Durchschnittlicher Umfang der Trainertätigkeit pro Jahr, Eigener Fort- und Weiterbildungsumfang pro Jahr, Anerkennung des Berufskodizes des Forums Werteorientierung in der Weiterbildung e.V.

Die Zertifizierung: Die Prüfung und Zertifizierung erfolgen durch unabhängige, vom DVWO zugelassene Zertifizierungsstellen und deren Prüfer. Auf Anfrage erhält der Trainer das Zertifizierungsprogramm mit den Details zum Prüfungsinhalt und -ablauf. Wenn die Voraussetzungen erfüllt sind, meldet sich der Trainer bei der Zertifizierungsstelle an. Die Zulassungskommission des DVWO überprüft die Zulassungsvoraussetzungen. Mit der Zulassung erhält der Trainer einen Prüfungstermin. Die Prüfung besteht aus zwei Teilen, einem schriftlichen und einem mündlichen Teil. Sie dauert einen Tag. Der schriftliche Teil besteht aus Fragen zu den Prüfungsschwerpunkten DIN EN ISO 9001, dem DVWO-spezifischen Teil und der PAS 1052. Der mündliche Teil besteht aus einer Lehrprobe aus dem Spezialgebiet des Trainers. Das

Anerkennungsverfahren für Zertifizierungsstellen zur Personalzertifizierung ist in einem gesonderten Programm des DVWO beschrieben.

Das Zertifikat: Das Zertifikat hat eine Gültigkeit von maximal sechs Jahren. Voraussetzung ist u.a., dass der Trainer eine bestimmte Mindestanzahl Trainings/Seminare durchführt, sich weiterbildet und an Informationsveranstaltungen zum DVWO-Qualitätsmodell teilnimmt. Über die Kosten für die Zertifizierung und deren Aufrechterhaltung informiert der DVWO auf seiner Website www.dvwo-qualitaets-modell.de.

Weitere Modelle

PAS 1032: Die PAS (public available specification) 1032 besteht aus zwei Teilen. Sie wurde unter besonderer Berücksichtigung von E-Learning entwickelt und darf nicht verwechselt werden mit der PAS 1037 (dem QM-Stufen-Modell) – obwohl beide dieselbe Intention haben, ein QM-System für die Weiterbildung zu schaffen.

Der Teil 1 nennt sich: Aus- und Weiterbildung unter besonderer Berücksichtigung von E-Learning – Referenzmodell für Qualitätsmanagement und Qualitätssicherung – Planung, Entwicklung, Durchführung und Evaluation von Bildungsprozessen und Bildungsangeboten. Der Teil 2 nennt sich: Aus- und Weiterbildung unter besonderer Berücksichtigung von E-Learning – Didaktisches Objektmodell – Modellierung und Beschreibung didaktischer Szenarien.

Diese PAS nimmt für sich in Anspruch, auf alle Prozesse in der Bildung und Weiterbildung anwendbar zu sein.

Q.E.D. (Qualitätsinitiative E-Learning in Deutschland): Die PAS 1032-1 und -2 wird in einem Teilprojekt „Qualitätsmanagement und Qualitätssicherung" von der Universität Duisburg-Essen weiterentwickelt. Auf der Basis bestehender Qualitätsansätze wird ein harmonisiertes Qualitätsmodell entwickelt und anschließend in die nationalen und internationalen Normungsgremien überführt. Dabei sollen als Ziel eine Entwicklung, Umsetzung und Verbreitung eines international anerkannten, offenen Qualitätsstandards für eine computergestützte Aus- und Weiterbildung erreicht werden.

Landesregelungen: Das Bundesland Bremen hat beispielsweise aufgrund der gesetzlichen Verpflichtung zur Anwendung von QM-Systemen in Weiterbildungseinrichtungen nach dem Bremer Weiterbildungsgesetz ein eigenes Modell zur Qualitätssicherung entwickelt. Falls Einrichtungen Zuschüsse erhalten wollen, sind sie zur Einhaltung von Mindeststandards gezwungen, die durch eine landesseitige Anerkennung der Einrichtung dokumentiert werden.

3.2 Testierung (Selbstevaluation)

EFQM

Mit Beginn der 1990er Jahre kam das Wissen um die Erfolge der Anwendung des amerikanischen Malcolm Baldrige National Quality Awards (MBNQA) schließlich auch nach Europa. Damals wurde beschlossen, eine ähnliche Institution mit dem ‚European Quality Award (EQA)' zu schaffen. Diese Tatsache führte zur Gründung der EFQM, der European Foundation for Quality Management. Eine Vereinigung von Spitzenunternehmen Europas hielt es für notwendig, im Konkurrenzkampf der Weltmärkte ein eigenes Programm zur Erhöhung der eigenen Wettbewerbsfähigkeit ins Leben zu rufen und schuf das europäische Gegenstück zum MBNQA, den European Quality Award. Das Ziel ist die Verbreitung von Total Quality Management in Europa mit der Absicht, die Stellung der europäischen Industrie auf dem Weltmarkt zu festigen und auszubauen und zwar mit dem natürlichen Unterschied, dass jetzt die Verbesserung für die eigene Region Europa erzielt werden soll.

Das Modell-Prinzip: Das Grundschema des EFQM-Modells hat sich seit Anbeginn nicht verändert, sondern basiert auf den drei fundamentalen Säulen von TQM – nämlich der gleichzeitigen Betrachtung von Menschen, Prozessen und Ergebnissen.

Das Grundprinzip lautet: Durch die Einbindung aller Mitarbeiter in einen kontinuierlichen Verbesserungsprozess bessere Ergebnisse zu erzielen. Es zielt also darauf ab, die Mitarbeiter so in die Prozesse einzubinden, dass das Unternehmen seine Ergebniserzielung verbessern kann. Daraus wurde das Modell mit seinen neun Kriterien, die den Komplettumfang des Modells ergeben, entwickelt.

Das Modell besteht aus drei Hauptsäulen. Die jeweils dazwischen liegenden, waagerechten Kästen stellen eine weitere Unterteilung dar und geben an, mit welchen Mitteln die Umsetzung des Modells erreicht werden soll und welche Zwischenergebnisse dafür erforderlich sind (vgl. Abbildung 8.4).

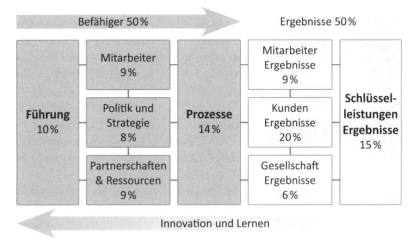

Abbildung 8.4: EFQM-Modell
Quelle: EFQM, 2003: 5

Das Modell soll dazu beitragen, dass die Kundenzufriedenheit, Mitarbeiterzufriedenheit und der Einfluss auf die Gesellschaft durch Führung mithilfe von Politik und Strategie, Mitarbeiterorientierung und Management von Ressourcen erreicht werden. Ferner ist das Modell in zwei große Abschnitte eingeteilt ist: In Befähiger und Ergebnisse, die jeweils die Hälfte des Gesamtmodells in der Bewertung ausmachen. Es ist eines der fundamentalen Erkenntnisse des TQM-Modells, dass es nicht allein ausreicht, Ergebnisse zu managen, sondern dass es erforderlich ist, die Vorgehensweise dazu (die Befähiger) einzubeziehen. Deshalb wird auch die Hälfte der Gewichtung auf die Vorgehensweise gelegt, obwohl es Ergebnisse sind, die letztlich erreicht werden sollen. Mit den Ergebnissen wird definiert, was eine Organisation erreichen will bzw. erreicht hat. Mit den Befähigern wird definiert, wie die Organisation dabei vorgehen will und mit welchen Mitteln sie die Ergebnisse erarbeiten will.

Eine weitere Differenzierung erfolgt durch die relative Gewichtung der einzelnen Kriterien, die in Prozentzahlen in den einzelnen Kriterienkästen dargestellt sind. In Summe ergeben die Prozentsätze 100 %. Sie geben somit den relativen Anteil des Einzelkriteriums am Gesamtmodell an.

Die Ergebniskriterien: Ergebnisse zu erzielen, ist das Hauptziel eines Unternehmens. Sie sind mit 15 % am Gesamtmodell beteiligt. Das Kriterium „*Kunden*" ist das Kriterium mit der höchsten Einzelgewichtung von 20 %. Der Grund dieser hohen Gewichtung liegt in der Struktur des Modells begründet: Kundenzufriedenheit wird wie bei der DIN EN ISO 9001 als das bestgeeignete Instrumentarium zur Erreichung von Unternehmensergebnissen angesehen. Mit Kundenzufriedenheit ist hier die langfristige Kundenzufriedenheit gemeint. Die Haltung der *Mitarbeiter* trägt in sehr großem Maße zur Kundenzufriedenheit bei und wird deshalb mit 9 % am Gesamtmodell angesetzt. Alle Unternehmen müssen gesellschaftliche Verantwortung bzgl. Umwelt oder sozialem Verhalten wahrnehmen; die Ergebnisse, die in Bezug auf die *Gesellschaft* erzielt werden, werden deshalb mit 8 % im Modell bewertet.

Bei den Ergebnissen werden konkrete Kennzahlen finanzieller und nicht-finanzieller Art bewertet und damit wird rückgeschlossen auf die Qualität der Ergebnisse. Ferner wird wie bei DIN EN ISO 9001 verlangt, dass positive Trends aus den Ergebnissen abgelesen werden können. Voraussetzung dafür ist, dass Kennzahlen über einen längeren Zeitraum erfasst und ausgewertet werden, damit überhaupt eine Tendenz erkennbar ist. Der zweite Aspekt bei der Beurteilung der Qualität der Ergebnisse ist der Vergleich mit anderen Größen. Der Vergleich der eigenen Ziele setzt voraussetzt, dass eine derartige Zielsetzung überhaupt getroffen wurde. D.h., dass mittel- und längerfristige Ziele erarbeitet werden, sinnvoll festgesetzt und die Zielerreichung konsequent überprüft wird. Sinnvoll deshalb, weil sie so angesetzt werden müssen, dass sie auf der einen Seite ehrgeizig genug sind, auf der anderen Seite auch eine Realisierungschance beinhalten.

Besonderer Wert wird auf den Vergleich mit den Ergebnissen anderer Unternehmen, insbesondere der Wettbewerber, aber auch branchenübergreifend mit den weltbesten Unternehmen gelegt. Diese sogenannten Benchmarking-Daten sind die Excellence der Ergebnisbetrachtung, da sie gestatten, sich mit Wettbewerbern und den weltbesten Unternehmen zu vergleichen und damit die eigene Position am Gesamtmarkt darzustellen und zu beurteilen. Aber Unternehmen, die ohnehin schon an der Weltmarktspitze stehen, können nicht permanent positive Trends aufweisen. Um hier zu aussagefähigen Einschätzungen zu kommen, wird der Nachweis darüber verlangt, was getan wurde, um diese Spitzenposition zu halten. Ein besonderer Aspekt für alle Ergebniswerte ist dann die Untersuchung, ob diese Ergebnisse vorgehensbedingt oder durch andere Ursachen erzielt wurden.

Die Befähigerkriterien: Aus der Erkenntnis heraus, dass Ergebnisse nur durch entsprechende Prozesse erzielt werden können, werden die übrigen 50 % des Modells für die Befähiger angesetzt. Der Ausdruck „Befähiger" ist nicht unmittelbar verständlich, deshalb wird er im Deutschen Sprachgebrauch auch mit „Mittel und Wege", (von anderen auch mit „Potenzialfaktoren" oder „Einsatzfaktoren") bezeichnet. Mittel und Wege sind einleuchtender, denn sie bringen besser zum Ausdruck, dass es sich um Vorgehensweisen, um Vorgänge, um Prozesse handelt. Es muss noch einmal darauf hingewiesen werden, dass die Differenzierung in „Befähiger" und „Ergebnisse" sehr wichtig ist, da Ergebnisse allein immer nur Informationen über die Vergangenheit liefern. Allein durch die Betrachtung der Prozesse erlangen Unternehmen Informationen für die Zukunft. Das größte Einzelkriterium ist deshalb die Säule *Prozesse* mit 14 % und unterstreicht die wesentliche Bedeutung dieses Denkansatzes, wenn es darum geht, zu beschreiben, wie und wodurch Ergebnisse erzielt werden sollen. Es umfasst alle wesentlichen Fragen, die mit Prozessen verbunden werden können. Dabei ist es wichtig, zu berücksichtigen, dass Prozesse nicht von alleine laufen, sondern durch Menschen vollzogen werden, weshalb die *Mitarbeiter* mit 9 % Gewichtung als wichtiges Kriterium angesehen werden. Die Beteiligung der Mitarbeiter an der Gesamtaufgabe des Unternehmens und ihre damit verbundene Bevollmächtigung zur Durchführung eigenständiger Aufgaben sind eine der Hauptgesichtspunkte in diesem Kriterium. Dabei soll aber auf jeden Fall berücksichtigt werden, dass es nicht möglich ist, alle Einzelheiten zu reglementieren und zu verwalten. Das Kriterium *Partnerschaft und Ressourcen* mit ebenfalls 9 % ist im Unternehmen wichtig, da Mittel und Wege bereitgestellt werden müssen, um die geforderten Aufgaben durchzuführen. Darüber hinaus behandelt es den sorgfältigen Umgang mit finanziellen und nicht-finanziellen Ressourcen, wozu z.B. Informationen sowie insbesondere auch Lieferanten, die jedes Unternehmen hat, gehören. Partner in verschiedenen Positionen spielen eine wesentliche Rolle im Unternehmensgeschehen, sei es als Lieferant, als Kooperationspartner, als Lizenznehmer oder in anderen Eigenschaften. *Politik und Strategie* (8 %) können als „Ausführungsbestimmung" zum Führungsverhalten angesehen werden, da Politik und Strategie weitgehend durch die Führung formuliert werden. Dabei ist es auch besonders wichtig, wie Politik und Strategie auf die Gesamtorganisation ausgedehnt werden, damit „alle am gleichen Strang ziehen". *Führung* ist der übergeordnete Aspekt und soll deshalb Elemente des gesamten Modells im Führungsverhalten des Managements und Topmanagements widerspiegeln. Die Führung mit 10 % als zweithöchstes Befähigerkriterium deutet an, wie wichtig eine generelle Orientierung durch die Führung im Unternehmen ist und vorgelebt werden muss.

Die Tabelle 8.1 zeigt die Vor- und Nachteile dieses Modells auf.

Tabelle 8.1: Vor- und Nachteile des EFQM-Modells

Vorteile	Nachteile
Als offenes Modell propagiert es nicht den goldenen Weg, sondern zeigt auf, dass es viele Vorgehensweisen gibt, um hervorragende Qualität zu erreichen.	Die Arbeit mit dem EFQM-Modell hat kein definiertes Ende und ist auf Dauer und Kontinuität angelegt. Erfolge sind deshalb nicht immer schnell sichtbar.
Die Selbstbewertung als das wichtigste Instrument der EFQM sollte gerade Mitarbeitern in sozialen Organisationen gelingen, da die Selbstreflexion der eigenen Arbeit wichtiger Bestandteil der Ausbildung ist.	Die Selbstbewertungen bergen das Risiko blinder Flecken innerhalb der Organisation.

Das EFQM-Modell ist stark darauf ausgerichtet, die Bezüge der Organisation zu ihrer Umwelt (Kunden und sonstige Kooperationspartner) in das Qualitätsmanagement zu integrieren.	Ohne jegliche externe Begleitung ist eine Arbeit mit dem Modell nur schwer vorstellbar. Dies stellt einen zusätzlichen Kostenfaktor dar.
Der finanzielle Aufwand ist seitens der Organisation steuerbar und davon abhängig, für welches Qualitätsniveau man sich entscheidet.	Bislang gibt es keine Zertifizierung, sondern nur verschiedene Stufen der Excellence, welche die EFQM überprüfen und testieren kann.

Quelle: Eigene Darstellung

LQW

Das Lernerorientierte Qualitätsmodell LQW (Lernerorientierte Qualitätstestierung in der Weiterbildung) wurde von der Firma ArtSet entwickelt. Das im LQW2 beschriebene Verfahren der Qualitätsentwicklung und -testierung definiert konkrete Anforderungen in den Qualitätsbereichen Leitbild, Bedarfserschließung, Schlüsselprozesse, Lern-Lern-Prozess, Evaluation der Bildungsprozesse, Infrastruktur, Führung, Personal, Controlling, Kundenkommunikation und strategische Entwicklungsziele. Hierbei handelt es sich um eine Testierung und nicht um eine Zertifizierung. Allerdings wird für Bildungsträger ein QM-System nach dem LQW-Modell durch die Bundesagentur für Arbeit nach AZWV auch anerkannt.

Im Mittelpunkt einer Testierung nach LQW2 steht die Erstellung eines Selbstreports. Besonders im LQW-Modell geschulte Gutachter führen die Begutachtung des Reports, verbunden mit einer anschließenden Vor-Ort-Visitation, beim Bildungsträger durch.

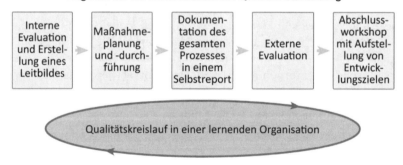

Abbildung 8.5: Vorgehensweise bei der lernerorientierten Qualitätsentwicklung
Quelle: ArtSet

Das LQW-Modell orientiert sich nicht an irgendeiner internationalen Norm. Deshalb werden auch Begriffe, wie „Zertifizierung", „Audit", „Auditor", „Qualitätsbeauftragter" oder „Verfahrensanweisung/-beschreibung", nicht verwendet. Allein diese Tatsache erschwert die Verständigung im Qualitätswesen.

LQW ist ein Qualitätsverfahren, das sich bereits seit Juni 2001 im Einsatz befindet und mittlerweile über 350 Testierungen ermöglicht hat. Im Vergleich zu den bisher vorgestellten QM-Systemen ist LQW keine Norm. Mit LQW wurden im Rahmen eines Förderprojekts der Bund-Länderkommission für Bildungsplanung und Forschungsförderung (BLK) die inhaltlichen und prozeduralen Voraussetzungen eines bundesweiten, einheitlichen und trägerübergreifenden Qualitätsentwicklungs- und Testierungsverfahren für den gesamten Bereich der Weiterbildung geschaffen.

Zielgruppe: Ein QM-System nach LQW ist für jede Weiterbildungseinrichtung nutzbar, die sich der Qualitätsentwicklung verpflichtet und einer unabhängigen Testierung unterzieht. Zielgruppe ist also der gesamte Bereich der allgemeinen, beruflichen, kulturellen und politischen Weiter- und Erwachsenenbildung. Für besondere Sparten wurden aus LQW Branchenmodelle für Kindertagesstätten, Schulen und andere soziale Dienstleistungsanbieter entwickelt.

Verbreitung: Der Stand der Bildungssysteme weltweit ist sehr unterschiedlich. International gesehen, ist das QM-System nach LQW weniger bedeutsam. Das gilt auch für den europäischen Raum. Allerdings stellt es sich der Diskussion arbeitsmarktrelevanter Leistungsfähigkeit (vgl. SGB III §84 und §85) und wird somit ständig verbessert.

Anwendung: Das LQW-Verfahren der Qualitätsentwicklung und -testierung definiert konkrete Anforderungen in folgenden Qualitätsbereichen:

1. Leitbild
2. Bedarfserschließung
3. Schlüsselprozesse
4. Lehr-Lern-Prozess
5. Evaluation der Bildungsprozesse
6. Infrastruktur
7. Führung
8. Personal
9. Controlling
10. Kundenkommunikation
11. Strategische Entwicklungsziele

Die definierten Anforderungen in den zuvor genannten verpflichtenden Qualitätsbereichen müssen in einem Selbstreport nachgewiesen und durch eine Visitation bestätigt werden.

Der Prozess der Qualitätsentwicklung und des Aufbaus eines QM-Systems nach LQW beginnt mit einer internen Evaluation. Anschließend wird das Leitbild einer Einrichtung entwickelt mit der einrichtungsspezifischen Definition des Lehrens und Lernens. Nun folgen die Planung und Durchführung der erforderlichen Qualitätsentwicklungsmaßnahmen. Dieser Prozess wird dokumentiert und mündet in ausformulierter Form in einen Selbstreport. Die Aus- und Weiterbildungseinrichtung muss in ihrem Selbstreport beschreiben und durch entsprechende Nachweise belegen, wie die Qualifikation sichergestellt wird und zwar:

▪   für die Leitung und Mitarbeiter durch Aufgabenprofile, Kompetenzprofile sowie Fortbildungen und Entwicklungsgespräche;
▪   für die Dozenten durch Aufgabenprofile, Qualifikation und Fortbildung;

Der Selbstreport hat den Nutzen einer erhöhten Selbstreflexion nach innen, er ist aber auch ein Qualitätsnachweis beziehungsweise Marketinginstrument nach außen. Ferner ist er eine Planungs- und Entscheidungshilfe. Externe Gutachter überprüfen den Selbstreport und in einer Vor-Ort-Visitation werden die notwendigen Qualitätsmaßnahmen nachgewiesen. In einem abschließenden Workshop werden die strategischen Entwicklungsziele für die nächste Qualitätsperiode festgelegt.

Gültigkeit: Das QM-System nach LQW kennt nur ein Qualitätsniveau (im Gegensatz zu anderen QM-Systemen, die bis zu drei Qualitätsniveaus definiert haben). Das durch die LQW-Testierung erworbene Testat hat eine Gültigkeit von vier Jahren und kann durch eine Re-Testierung aufrechterhalten werden.

Aufwand und Kosten: Die Einführung eines Qualitätsmanagements nach LQW ist mit erheblichem Aufwand durch die Mitarbeiter der Aus- und Weiterbildungseinrichtung verbunden. Dieser Aufwand richtet sich nach der Größe der Einrichtung. Im Internet unter www.artset-lqw.de können viele unterstützende Dokumente heruntergeladen werden.

Kombinierbarkeit mit anderen Systemen: LQW beinhaltet alle geforderten dokumentierten Darlegungen nach SGB III AZWV. LQW berücksichtigt zwar Elemente der DIN EN ISO 9001, setzt jedoch die Schwerpunkte eher in Richtung des EFQM-Modells. Eine sinnvolle Kombination von LQW und ISO 9001 könnte mittel- bis langfristig als Investitionsschutz und Werterhaltung von den bereits testierten Unternehmen gefordert werden.

BQM

Der BQM-Standard wurde vom Bundesverband der Träger beruflicher Bildung (Bildungsverband) e.V. (BBB) entwickelt, um die kompletten Erfordernisse der Paragraphen 84 und 85 SGB III beziehungsweise 8 und 9 AZWV abzudecken. Der BQM-Standard adressiert Bildungsträger. Der Bundesverband der Träger beruflicher Bildung legt Wert auf die Tatsache, dass der BQM-Standard die qualitätsrelevanten Bildungsprozesse in den Mittelpunkt rückt und somit die DIN EN ISO 9001 für die Bildungsbranche anpasst.

Mithilfe einer Selbstbewertungs-Checkliste können Bildungsträger sich selbst hinsichtlich ihrer Qualitätsreife testen. Was ist noch zu tun auf dem Weg zu einem anerkennungsfähigen QM-System? Welche Anforderungen müssen gegebenenfalls noch erarbeitet und eingeführt werden?

Der BQM-Standard wurde mit Experten aus der Bildungsbranche zusammen mit Experten aus dem Qualitätswesen „passgenau" für die berufliche Praxis entwickelt. Für die Qualitätsverantwortlichen und Qualitätsmitarbeiter wurden spezielle Ausbildungsseminare entwickelt, um die Anforderungen des BQM-Standards in der Unternehmenspraxis sicherzustellen. Die Anforderungen an den BQM-Standard sind in einem Kompendium dokumentiert.

4   Besondere Anforderungen aus pädagogischer Sicht

Peters konstatiert „Obwohl Erwachsenenbildung als organisiertes, didaktisch ge-
plantes und angeleitetes Lernen trotz des seit den 1990er Jahren in Wirtschaft und
Politik propagierten selbstorganisierten, autodidaktischen Lernens hohe Teilnah-
menquoten verzeichnen kann … scheint das anspruchvollere, mit der Bildungsreform begonnene Projekt der Professionalisierung der Erwachsenenbildung bis heute
kaum gelungen zu sein. Eine Profession von Erwachsenenbildner/innen/n hat sich
erkennbar nicht gebildet, die auch nur einige der an Professionen üblicherweise angelegten Kriterien erfüllt, wie verbindlich geregelte Qualifikationsstandards und Be-
rufszugangsmöglichkeiten, einheitliche Berufsbezeichnung, professionelle Hand-
lungsstandards, berufliche Interessenorganisation und Selbstkontrolle.“ (Peters,
2004)

Aufgrund der Tatsache, dass Qualität in der Weiterbildung durch den eigentlichen Herstellungsprozess erst entsteht (vgl. Kapitel „Qualität“), müssen wir ganz besondere Anforderungen an die Professionalität der Weiterbildner stellen.

Nach unseren Recherchen gibt es derzeit nur ein Managementsystem, das in der
Weiterbildung Anwendung findet, das diesen Ansatz verfolgt. Es ist das DVWO Qualitätsmodell. Doch klären wir zunächst, wie sich Professionalität in der Weiterbildung
manifestieren sollte. Die nachfolgende Abbildung 8.6 Professionalität veranschaulicht den Zusammenhang:

Abbildung 8.6: Professionalität
Quelle: Eigene Darstellung

Professionalität bedeutet, wissenschaftlich gesichertes Wissen auf konkrete Probleme des Lebens anzuwenden. Die Praxis des pädagogischen Handelns führt dazu, die
Erwartungen der Teilnehmer und ihr Interesse an der Sache zu erfüllen und die bil-
dungstheoretischen Grundsätze zu verstehen.

Was aber ist in der Praxis des pädagogischen Handelns erforderlich? Pädagogisches Handeln lässt sich abbilden durch das Überwinden des Spannungsfelds der
Pole einer Ellipse, die sich im Gleichgewicht befinden sollen.

Den einen Pol der Ellipse stellt das Individuum dar (5), das an einer Weiterbildungsmaßnahme interessiert ist. Der andere Pol (2) wird durch die Bildungsanfor-
derung gebildet. Das heißt, das Individuum kann sich nur entwickeln, wenn Bildungsanforderungen überhaupt vorhanden sind. Zwischen den beiden Polen ent-

steht ein natürliches Spannungsfeld (Kraftfluss zwischen Individuum und Abforde-
rung)(4), das geistige Energie benötigt, um überwunden zu werden. Es handelt sich
hierbei um eine wechselseitige Übereinkunft von Beziehungen. Um die Spannung
zwischen beiden Polen zu erhalten, ist eine Führungspersönlichkeit erforderlich, der
Weiterbildner (1). Er hält durch professionelles pädagogisches Handeln die Balance
und bringt geistige Energie ein, um die Waage „im Gleichgewicht" zu halten. Damit ist
der gesamte Prozess abhängig von der Ich-Zentrierung des Weiterbildners. Professionalität liegt im Wollen und Können des Weiterbildners. Der qualitativ hochwertige Bildungsprozess wird demnach geprägt durch den Konsens in Fragen gemeinsamer Regeln und Werte (vgl. Abbildung 8.7).

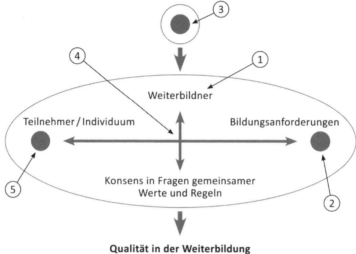

Abbildung 8.7: Spannungsfeld Ellipse
Quelle: Eigene Darstellung

In Abwandlung der Thesen von J. Mägdefrau (2006) kann man folgende Thesen
konstatieren:

> **!** Professionelles Handeln verlangt die Fähigkeit des Ausbalancierens der dialek-
> tischen Spannung zwischen den Bildungsinteressen des Individuums und den
> Bildungsanforderungen der Gesellschaft (Unternehmen, Umwelt, andere
> interessierende Parteien usw.).
>
> Professionelles Handeln verlangt nach individualisierenden Maßnahmen im
> Bezug zum Weiterbildenden. Nur wenn die Unterschiedlichkeit von Menschen
> bei der pädagogischen Arbeit berücksichtigt wird, ist eine Erreichung der Ziele
> möglich.
>
> Professionelles Handeln setzt ständige Reflexion des eigenen Handelns voraus.
> Dazu gehört, das eigene Tun zur Diskussion zu stellen.
>
> Professionelles Handeln verlangt, eine eigene Position und eigene Ziele zu
> entwickeln, zu denen der Weiterbildner konsequent steht und die er nach au-
> ßen offen vertritt.

Die zuvor genannten Thesen müssen wissenschaftlich untersucht werden (geplante Arbeit des Autors am Promotionskolleg „Wandlungsprozesse in Industrie- und Dienstleistungsberufen ..." an der Martin-Luther-Universität Halle/Wittenberg).

Hinsichtlich der in Zukunft von den Weiterbildnern geforderten Kompetenzen konstatieren Kraft, Seitter und Kollewe (2009: 9): „Weiterbildner nehmen im Prozess des lebenslangen Lernens zunehmend eine Schlüsselrolle ein und haben einen entscheidenden Einfluss auf die qualitative Gestaltung des Lehrens und Lernens in der Weiterbildung. Ihre Aus- und Fortbildungen und ihre (erwachsenen-) pädagogischen Kompetenzen standen jedoch wenig im Fokus."

Die Konsequenz daraus ist, dass die (Qualitäts-)Management-Systeme, die in Weiterbildungseinrichtungen Anwendung finden bzw. finden sollen, auch diesem Aspekt gerecht werden müssen. Die Forderung nach qualifiziertem Personal wird in jedem der oben aufgeführten (Qualitäts-)Management-Systeme erhoben. Allein das DVWO Qualitätsmodell stellt dazu eindeutige Kriterien bereit.

Wenn also die These ernst genommen werden soll, „dass sich die pädagogische Qualität in unmittelbaren Lehr-/Lernsituationen zeigt und erweist, dann muss Qualitätsentwicklung in der Weiterbildung sich insbesondere auf diejenigen konzentrieren, die pädagogische Prozesse vor Ort gestalten." (Kraft et al., 2009: 14)

Dieser Forderung wird auch die DIN EN ISO 9001:2008 in ihrer aktuellen Fassung gerecht (DIN 9001:2008-12 2008)

> „Personal, dessen Tätigkeiten die Erfüllung der Produktanforderungen (Anmerkung des Autors: entspricht auch Dienstleistungsanforderungen) beeinflussen, muss aufgrund der angemessenen Ausbildung, Schulung, Fertigkeit und Erfahrung kompetent sein. Anmerkung: Die Erfüllung der Produktanforderungen kann direkt oder indirekt durch Personal, das eine beliebige Tätigkeit innerhalb des Qualitätsmanagementsystems ausführt, beeinflusst werden. Die Organisation muss a) die notwendige Kompetenz des Personals, dessen Tätigkeiten die Erfüllung der Produktanforderungen beeinflussen, ermitteln, b) wo zutreffend, für Schulung sorgen oder andere Maßnahmen ergreifen, um die notwendige Kompetenz zu erreichen, c) die Wirksamkeit der ergriffenen Maßnahmen beurteilen, d) sicherstellen, dass ihr Personal sich der Bedeutung und Wichtigkeit seiner Tätigkeit bewusst ist und weiß, wie es zur Erreichung der Qualitätsziele beiträgt, und e) geeignete Aufzeichnungen zu Ausbildung, Schulung, Fertigkeiten und Erfahrungen führen."

Demzufolge wird die Norm auch den Anforderungen gerecht, in pädagogische Qualitätsprozesse alle pädagogischen Mitarbeiter/innen und auch das Verwaltungspersonal mit einzubeziehen, wie es Kraft et al. (2009: 15) fordern.

„Professionalisierung als Qualitätsentwicklung bedeutet, die pädagogischen Prozesse in der Weiterbildung in den Fokus zu stellen" ... „Damit muss sich das Augenmerk pädagogischer Qualitätsentwicklung insbesondere auf diejenigen Personen und deren Kompetenzen richten, die die Arbeit in den Weiterbildungseinrichtungen gestalten und verantworten. Professionalisierung im Kontext von Qualitätsentwicklung bedeutet, das zur professionellen Ausübung der verschiedenen Tätigkeiten in der Weiterbildung notwendige erwachsenenpädagogische Kompetenzprofile zu benennen. Zugleich müssen die in der Weiterbildung Beschäftigten dahingehend unterstützt und gefördert werden, diese Kompetenzen aufzubauen und kontinuierlich zu aktualisieren." (Kraft et al., 2009: 16)

Aus den formalen Prozessen, die ein Pädagoge vollzieht, schließe ich auf Qualität; andere direkte Rückschlüsse sind nicht möglich. Was in der materiellen Güterproduktion sichtbar wird, muss im Bildungsprozess ersetzt werden.

Wir sollten uns in der Bundesrepublik Deutschland darauf verständigen – gegebenenfalls auf der Basis des Europäischen/Deutschen Qualitätsrahmens – ein Management-System für die berufliche und betriebliche Weiterbildung (vielleicht auch für die Ausbildung) zu entwickeln, das auf den Standards der DIN EN ISO 9000-Familie beruht. Die Ergänzung zur DIN EN ISO 9000-Familie sollte dann die Anforderungen an Professionalität, Kompetenz der Lehrenden, Messbarkeit der Lehrinhalte usw. enthalten. Damit erreichen wir unter anderem auch die von allen Verwendern geforderte Transparenz in der Qualitätsdebatte.

5   Zusammenfassung

Insgesamt gesehen, ist und bleibt der Markt der angebotenen QM-Systeme für den Kunden, also denjenigen, der eine Aus- oder Weiterbildungsmaßnahme absolvieren möchte, undurchschaubar.

Eines scheint sich jedoch deutlich herauszukristallisieren: Trotz aller Kritik an der DIN EN ISO 9001:2008 orientieren sich die vorgestellten Modelle zunehmend an der internationalen Ausrichtung und Anerkennung dieser Norm. Viele Modelle versuchen, im Nachhinein ihre Nähe und Kompatibilität zur DIN EN ISO 9001:2008 zu beschreiben und nachzuweisen. Wesentlicher Punkt ist in diesem Zusammenhang ein dreistufiges Modell der Akkreditierung, Zertifizierung und Qualitätsentwicklung. Das fordert verbindlich (Qualitäts-)Management-Systeme bei den Bildungsanbietern, lässt aber unterschiedliche Modelle offen, für die Mindestkriterien formuliert werden.

Die Qualitätsprüfung wird unabhängig arbeitenden Zertifizierungsagenturen zugewiesen. Diese werden ihrerseits durch einen Akkreditierungsrat als ein öffentlich-rechtliches Gremium aus Vertretern des Bundes, der Länder und der Weiterbildungsträger zugelassen.

Literatur

BALI, C., KREKEL, E.M. & SAUTER, E. (2002). Qualitätsentwicklung in der Weiterbildung aus der Sicht von Bildungsanbietern: Diskussionsstand, Verfahren, Entwicklungstendenzen. In C. Bali, E.M. Krekel & E. Sauter (Hrsg.), Qualitätsentwicklung in der Weiterbildung – Zum Stand der Anwendung von Qualitätssicherungs- und Qualitätsmanagementsystemen bei Weiterbildungsanbietern (S. 5–24). Wissenschaftl. Diskussionspap. H. 62. Bonn: BiBB. URL: http://www.bibb.de/dokumente /pdf/wd_62_ qualitaetsentwicklung_weiterb.pdf (18.07.2009).

DEWE, B., FERCHHOFF, W., SCHEER, A. & STÜWE, G. (2001). Professionelles soziales Handeln: Soziale Arbeit im Spannungsfeld zwischen Theorie und Praxis. Weinheim: Juventa.

DEWE, B. & WAGNER, H.-J. (2006). Professionalität und Identität in der Pädagogik. In M. Rapold (Hrsg.), Pädagogische Kompetenz, Identität und Professionalität (S. 51–76). Baltmannsweiler: Schneider Hohengehren.

DIN EN ISO 9001: 2008-12 (2008). Qualitätsmanagementsysteme – Anforderungen (ISO 9001:2008). Abschnitt 6.2 Personelle Ressourcen. Berlin: Beuth.

EFQM EUROPEAN FOUNDATION FOR QUALITY MANAGEMENT (2003). Excellence einführen. URL: http://www.deutsche-efqm.de/download/Excellence_einfuehren_2003(5).pdf (18.07.2009).

ERDRICH, K. (2009). Definition: Was ist Qualität? URL: http://quality.kenline.de/seiten_d/qualitaet _definition.htm (18.07.09).

GALILÄER, L. (2005). Perspektiven der Qualitätsdiskurse über Schule, Soziale Arbeit und Erwachsenen-bildung. Weinheim: Juventa.

HOLZKAMP, K. (1993). Lernen: Subjektwissenschaftliche Grundlegung. Frankfurt a.M.: Campus.

KNOLL, J. & WIESNER, G. (2004). Das Qualitätsentwicklungssystem QESplus: Modellbeschreibung mit Hin-weisen zur Implementierung und Bewertung. Universität Leipzig, Technische Universität Dresden.

KRAFT, S., SEITTER, W. & KOLLEWE, L. (2009). Professionalitätsentwicklung des Weiterbildungspersonals. Bielefeld: Bertelsmann.

MÄGDEBRAU, J. (2006). Arbeitsfeldspezifische oder disziplinspezifische Professionalität? Subjektive Theorien über professionelles Handeln von Experten und Expertinnen in Feldern sozialer Arbeit. In M. Rapold (Hrsg.), Pädagogische Kompetenz, Identität und Professionalität (S. 161–186). Balt-mannsweiler: Schneider Verlag Hohengehren.

PAS 1052 (2005). Kompetenzanforderungen an Trainer und Trainerinnen in der Aus- und Weiterbil-dung unter Berücksichtigung von e-Learning. URL: http://www.beuth.de/langanzeige/PAS+1052/86991346.html (18.07.09).

PETERS, R. (2004). Erwachsenenbildungs-Professionalität: Ansprüche und Realitäten. Bielefeld: Ber-telsmann.

RICHTER, R. (2007). DVWO Qualitätsmodell: Prozesse sowie Qualitätskriterien für die Zertifizierung von Aus- und Weiterbildungseinrichtungen und Weiterbildnern. Offenbach: GABAL TrainerPraxis.

RKW BERLIN (2009). Das QM-Studenmodell nach PAS 1037. Qualitätsmanagement für wirtschafts-orientierte Bildungsunternehmen. RKW Berlin GmbH Rationalisierungs- und Innovationszentrum. URL: http://www.qm-online-forum.de/sub2/qmsm.php/ (18.07.2009).

WIKIPEDIA (2009). Demingkreis. URL: http://de.wikipedia.org/wiki/Demingkreis (18.07.2009).

WIKIPEDIA (2009). Qualitätsmanagementsysteme. URL: http://de.wikipedia.org/wiki/Qualit%C3%A4tsmanagementsystem (18.07.2009).

Transfermanagement und Evaluation

Ulrich Müller und Mirjam Soland

Lernziele

- Sie können Transfermanagement und Evaluation definieren und weitere wichtige begriffliche Unterscheidungen treffen.
- Sie verstehen die Bedeutung von Transfermanagement und den möglichen Beitrag von Evaluation.
- Sie verstehen Transfermanagement und Evaluation als Handlungsschritte im Kontext eines Regelkreises zum Bildungsprozessmanagement.
- Sie können die Bedingungsfaktoren eines erfolgreichen Transfers benennen.
- Sie kennen die Rollen der unterschiedlichen Akteure und können benennen, welche Handlungsmöglichkeiten sie jeweils haben, um zum Transfererfolg beizutragen.
- Sie verstehen den Unterschied zwischen Produkt- und Prozessevaluation und kennen zwei mögliche Modelle für diese Evaluationsarten.
- Sie verstehen die notwendige Verknüpfung von Transfermanagement und Transferevaluation.
- Sie kennen die wichtigsten Methoden für eine Transferevaluation.

1 Einleitung

Etwas lernen, das ist die eine Sache. Es im betrieblichen Alltag anzuwenden – und zwar auf Dauer – das ist die andere. Betriebliche Investitionen in Weiterbildung sind letztlich erst dann erfolgreich, wenn Mitarbeiter das Gelernte langfristig beibehalten, umsetzen und anwenden. Transfermanagement bezieht sich auf alle Aktivitäten, die dazu beitragen können, die Umsetzung, Anwendung und das langfristige Beibehalten des Gelernten zu unterstützen und sicherzustellen.

Um festzustellen, ob Lernen erfolgreich stattgefunden hat, wird meist zum Ende einer Weiterbildungsmaßnahme die Zufriedenheit der Teilnehmer mit dem Seminar überprüft. Jedoch sagen diese sogenannten „happy sheets" nur wenig darüber aus, ob das Gelernte langfristig beibehalten, umgesetzt und angewendet werden wird. Um jedoch Aussagen über den Erfolg einer Weiterbildungsmaßnahme machen zu können, sollte auch die Evaluation im Kontext des Transfermanagements stehen und nicht nur die Zufriedenheit erfassen, sondern auch den Lernerfolg und die Umsetzung des Gelernten im Arbeitsalltag überprüfen. Darüber hinaus können auch die Evaluationsmaßnahmen selbst schon zur Transfersicherung beitragen.

Der Beitrag beschreibt Transfermanagement und Evaluation im Regelkreis des Bildungsprozessmanagements, die Akteure und Verantwortlichen, zwei Modelle zur Transferevaluation sowie mögliche Methoden.

2 Regelkreis des Bildungsprozessmanagements

Wir verstehen Transfermanagement und Evaluation als Aufgaben im Kontext eines umfassenden Modells für das Bildungsprozessmanagement[1]. Dieses Prozess-Modell benennt konkrete Aufgaben des Bildungsmanagements, das den Gesamtprozess steuert und die anderen Beteiligten im Rahmen ihrer jeweiligen Verantwortlichkeiten einbindet. Evaluation und Transfermanagement können jedoch nicht isoliert von den anderen Teilschritten des Rahmenmodells betrachtet werden, da eine starke Verknüpfung zu jedem der einzelnen Aufgabengebiete besteht.

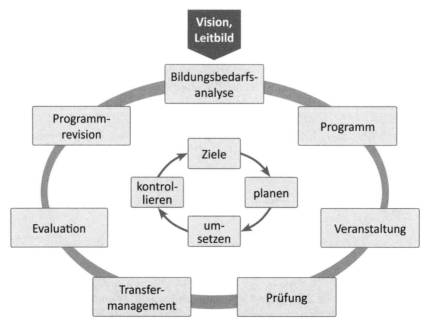

Abbildung 9.1: Der Regelkreis des Bildungsprozessmanagements
Quelle: Müller & Iberer, 2007

3 Transfermanagement

3.1 Begriffe

Der Begriff „Transfer", von lateinisch „transferre" (hin-)übertragen, bezeichnet die Anwendung des gelernten Wissens oder Verhaltens auf neue oder ähnliche Situationen. Bildhaft gesprochen stellt der Transfer also *die Brücke vom Lernen zum Anwenden* dar (vgl. Müller, Nagel & Ihlein, 2007: 194). Aus pädagogischer und betrieblicher Sicht ist es wünschenswert, dass die Anwendung dabei möglichst langfristig und nachhaltig

---

1   Vgl. dazu den Beitrag „Bildungsmanagement – ein orientierender Einstieg" in diesem Band sowie www.bildungsprozessmanagement.de (Müller & Iberer, 2007).

erfolgt. Hummel versteht Transfer als das „Wirksamwerden von Bildung und Lernen" (vgl. Hummel, 1996: 64). Mit dem Ablegen von Prüfungen und dem Erwerb formaler Bildungszertifikate ist daher das eigentliche Ziel noch längst nicht erreicht. Erst mit der erfolgreichen Bewältigung von Handlungssituationen am Arbeitsplatz oder in der privaten Lebenswelt entscheidet sich der Erfolg von Bildung.

Lerntransferprozesse können anhand unterschiedlicher Dimensionen charakterisiert werden:

> **!**
>
> **Lernfeld vs. Funktionsfeld:** Mit Lernfeld bezeichnet man die Situation, innerhalb derer gelernt wird, also z.B. ein Seminar oder einen Workshop. Das Funktionsfeld hingegen ist die Situation, für die gelernt wird, in der das Gelernte zur Anwendung kommen soll, also z.B. der Arbeitsplatz.
>
> **Positiver vs. negativer Transfer:** Werden neue Aufgaben besser bewältigt, spricht man von positivem Transfer, tritt dagegen eine Verschlechterung der Leistung im Funktionsfeld ein (z.B. weil Fertigkeiten nicht genau genug gelernt wurden oder Lerninhalte schlecht auf die Herausforderungen des Arbeitssystems abgestimmt sind), von negativem Transfer (vgl. Solga, 2006: 4).
>
> **Horizontaler vs. vertikaler Transfer:** Weiter wird der positive Transfer in horizontale und vertikale Lernprozesse untergliedert: Wird das Gelernte auf veränderte Anwendungssituationen übertragen, spricht man von horizontalem Transfer, während vertikaler Transfer bedeutet, dass die neuen Kompetenzen zusätzlich auch dazu verwendet werden, neue und anspruchsvollere Kompetenzen zu erwerben (ebd.: 4).
>
> **Transfermanagement vs. Transfersicherung:** Transfermanagement verstehen wir als einen umfassenden Prozess der ganzheitlichen und zielgerichteten Gestaltung und Steuerung des Bildungsprozesses mit dem Ziel einer langfristigen, nachhaltigen Bildungswirkung (vgl. Lemke, 1995: 3; vgl. Solga, 2006: 4). Die Transfersicherung stellt dagegen einen zeitlich begrenzten Abschnitt in der Prozesskette dar, der sich an die „Lernveranstaltung" anschließt, um sicherzustellen, dass das Gelernte am Arbeitsplatz bzw. in der Lebenssituation umgesetzt werden kann. Transfermanagement ist daher der weitere, umfassendere Begriff.

3.2 Bedeutung für die Praxis

Ein fehlender oder unzureichender Transfer des Gelernten aus dem Seminar in die berufliche oder private Praxis ist weit verbreitet. Die Gründe dafür sind vielfältig: Keine oder unzureichende *Bedarfsanalyse*, fehlende Absprachen über *Qualifizierungsziele*, unklare *Seminarziele* und fehlende *Vorbereitung* der Teilnehmer, Standard-Seminare, die wenig auf die *individuellen Bedürfnisse* und auf den *betrieblichen Bedarf* zugeschnitten sind und zu wenig *Praxisbezug* bieten, *Führungskräfte*, die nicht eingebunden sind und zu wenig *Unterstützung* gewähren (z.B. durch Transfergespräche, in denen Transferziele und Maßnahmen für die Umsetzung von Lerninhalten vereinbart werden), *Kollegen*, die sich über den Rückkehrer lustig machen und wenig Unterstützung bieten.

Die Bedeutung der Transferproblematik wird von aktuellen Studien unterstrichen. In der Trendstudie des Swiss Centre for Innovations in Learning steht „Transfersicherung" an erster Stelle: 81 % der befragten Experten wiesen dem Thema eine hohe Bedeutung zu (vgl. Diesner, Euler & Seufert, 2006: 65). Obwohl das Problem bereits seit Jahren bekannt sei, werde Transfersicherung erst in 22 % der Unternehmen realisiert, 55 % planen, in naher Zukunft ihre Bildungsmaßnahmen transferförderlich zu gestalten. Einzelne Experten wiesen daraufhin, „dass trotz der seit Jahren andauernden Diskussion das Problem noch nicht gelöst sei und auch eine transferförderliche Gestaltung der Bildungsmaßnahmen noch lange nicht den Transfer garantiert" (ebd.: 30). Vor diesem Hintergrund verweisen die Autoren der Studie auf die große Herausforderung, „konkrete Maßnahmen zur Lösung der Transferproblematik und zur Erhöhung des Transfers zu erarbeiten" (ebd.: 65).

Zu ähnlichen Ergebnissen kommen Harry Friebel und Renate Winter, die im Rahmen von Experteninterviews in den Jahren 1994 und 2004 leitende Weiterbildungsmanager der Automobilindustrie zur betrieblichen Weiterbildung befragten. Eines der zentralen Themen stellte dabei das Weiterbildungscontrolling dar. Das Ziel ist es dabei, den Nutzen der Weiterbildung quantitativ zu belegen, die Kosten und den Nutzen der betrieblichen Bildungsmaßnahmen „rechenhaft" zu machen (vgl. Friebel & Winter, 2005: 9). Auf diese Weise sollen der Einsatz und die erzielten Wirkungen bilanziert werden: *Kosten*controlling zielt auf die Ermittlung und Dokumentation des Mitteleinsatzes, *Transfer*controlling direkt auf die Ertragsbeurteilung des Mitteleinsatzes.

Im Vergleich der beiden Befragungen (1994 vs. 2004) zeichnen sich im Bereich des Kostencontrollings deutliche Fortschritte ab. So formuliert einer der Befragten: „Im finanziellen Controlling haben wir eine sehr hohe Präzision ... wir können sehr genau sagen, wie viel Geld geben wir wofür aus" (ebd.: 10). Bei der eigentlichen Frage jedoch, wie denn der Lerntransfer zu belegen sei oder gar quantifiziert werden könne, fällt die Bilanz deutlich schlechter aus: „Wir können den Transfer nicht belegen, da sind wir ... keinen Millimeter weitergekommen." „Also wenn Sie sagen: bitte zeigen Sie mir mal ein Modell, dann kann ich nur sagen: haben wir nicht." (ebd.: 11). Als zentrales Hindernis wird der Aufwand gesehen, der mit einer sauberen Dokumentation von Transfererfolgen verbunden ist. Da der eigentliche Transfer nur schwer zu bilanzieren ist, rückt er in vielen Fällen aus den Augen. Die Durchführung einer Veranstaltung wird gleichgesetzt mit Lernen, Lernen wird gleichgesetzt mit Anwenden. Mit fatalen Folgen: Die Kosten können mit einiger Genauigkeit erfasst werden, der Erfolg jedoch nicht. So wird Weiterbildung mehr und mehr als Kostenfaktor, nicht jedoch als Investition verstanden – und ist einer der ersten Bereiche, in denen in finanziell schwierigen Zeiten gespart wird.

Zusätzliche Bedeutung erhält Transfermanagement durch die immer breitere Einführung von Qualitätsmanagementsystemen in Unternehmen und bei Bildungsträgern. Qualitätsmanagement fokussiert nicht nur die *Produkt*qualität, sondern auch die *Prozess*qualität. Die Zertifizierung nach der Normenreihe ISO 9000 ff. gilt „dem Prozess der Leistungserbringung einer Bildungsinstitution. Ihre erfolgreiche Erteilung besagt, dass die Bildungsinstitution in der Lage ist, selbstgesetzte, aus Anforderungen der Auftraggeber abgeleitete Qualitätskriterien, zu erfüllen." (vgl. Severing, 1998). Aus diesem Grund wächst der Druck für die Bildungseinrichtungen, die Wirksamkeit der Weiterbildungsmaßnahme auf die im Kriterienkatalog der Norm genannten Punkte hin zu überprüfen.

Es ist ein weiter Weg vom Erkennen eines Bedarfs über die Gestaltung einer unterstützenden Maßnahme bis hin zur Verhaltensänderung am Arbeitsplatz. Doch Mitarbeitern, Bildungsmanagern und Führungskräften stehen vielfältige Möglichkeiten offen, diesen Weg zu verkürzen.

3.3 Bedingungsfaktoren für erfolgreichen Transfer

Der Transferprozess, die Umsetzung des Erlernten aus dem Lernfeld in das Funktionsfeld, hängt von einer Vielzahl verschiedener interner und externer Faktoren ab (vgl. Hummel, 1999: 67). Im Fall einer typischen betrieblichen Bildungsmaßnahme gestaltet sich dies in etwa so: Der Mitarbeiter wirkt an seinem Arbeitsplatz, an welchem er Aufgaben und Ziele zu erfüllen hat (*Funktionsfeld*). Mit der Führungskraft des Mitarbeiters werden die Ziele und Erwartungen der Organisation konkretisiert. Der Weiterbildungsbedarf wird festgelegt und der Mitarbeiter tritt durch die Teilnahme an einer Lernmaßnahme in das *Lernfeld* ein. In diesem bekommt er Anregungen, Gelegenheit zum Üben, Rückmeldungen und entscheidet, welche Inhalte er umsetzt und welche nicht. Er tritt aus dem Lernfeld wieder in das Funktionsfeld. Dort gibt es Gelegenheiten, bei denen das Gelernte umgesetzt werden kann. Je nach dem, wie die Umwelt reagiert, kann die Umsetzung positive oder negative Konsequenzen für ihn haben. Die Umwelt kann somit Transfer fördernd oder hemmend sein (vgl. Scharpf, 1999: 13). Die wesentlichen beteiligten Lerntransfergrößen sind daher: die Person des Lernenden, das Weiterbildungsseminar und die Organisation – in diesem Fall das Unternehmen (vgl. Rank & Wakenhut, 1998: 12 f.; vgl. Besser, 2004: 16 f.; vgl. Lemke, 1995: 11). Weiterhin wird der Transferprozess vielfach in drei zeitliche Abschnitte unterteilt: vor, während und nach einer Entwicklungsmaßnahme (vgl. Rank & Wakenhut, 1998: 16 f.; vgl. Scharpf, 1999: 22 f.).

Rank und Wakenhut haben die genannten Einflussfaktoren im Kontext der Zeitschiene in einem integrierenden Modell zusammengefasst:

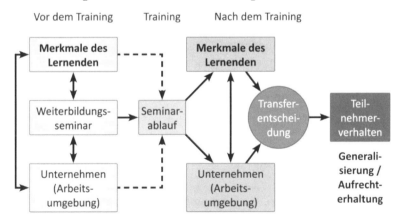

Abbildung 9.2: Das integrative Bedingungsmodell des Transfers
Quelle: Rank & Wakenhut, 1998: 16

3.4 Transfermanagement als ganzheitliche betriebliche Aufgabe

Wie das dargestellte Modell zeigt, beeinflusst eine Vielzahl von Faktoren den Transfererfolg. Um den Gesamtprozess so zu steuern, dass tatsächlich ein erfolgreicher Transfer stattfindet, muss man daher an möglichst vielen Faktoren ansetzen. Aus diesem Grund ist Transfermanagement in der betrieblichen Weiterbildung eine ganzheitliche Aufgabe, an der viele Menschen zu beteiligen sind. Differenziert man das integrative Bedingungsmodell im Hinblick auf die handelnden Personen, so sind dies die Lernenden selbst, das Bildungsmanagement bzw. die Personalentwicklung, die Trainer, die Führungskräfte sowie das Management des gesamten Unternehmens. Wir gehen im Folgenden auf die Gestaltungsmöglichkeiten und Verantwortlichkeiten dieser Personengruppen näher ein.

3.4.1 Transfer als Aufgabe des Lernenden

Anknüpfend an ein Verständnis des Lernens, als eines aktiven und tendenziell sich selbst organisierenden Geschehens, kommt den Lernenden selbst entscheidende Bedeutung zu. Für einen Lernprozess im Sinne aktiver *Aneignung* kann in letzter Konsequenz nur der Lernende selbst die Verantwortung übernehmen.

In Weiterbildungs-Veranstaltungen kommen jedoch immer noch viele Teilnehmer mit der Erwartungshaltung, dass der Trainer/die Trainerin den aktiven Part spielt: „Jetzt wird mir etwas beigebracht". In der Regel bedarf es entschiedener Maßnahmen, um hier den notwendigen Perspektivenwechsel vom passiven Konsumenten zum aktiven Teilnehmer zu erreichen.

Die Verantwortung der Lernenden kann als eine zweifache verstanden werden: zum einen im Einnehmen einer bestimmten *Haltung als aktiver Lerner* („Meine Weiterbildung ist mein eigenes Projekt"), zum anderen im Vorhandensein bestimmter *Lernkompetenzen*, um den Lernprozess auch auf geeignete Weise steuern zu können. Hinsichtlich des Transferaspekts bedeutet dies:

- den Transfergedanken vom Anfang bis zum Ende präsent zu halten – wobei der Anfang des Lernens vor dem Beginn der Maßnahme liegt und das Ende weit nach deren Abschluss,
- eine genaue Vorstellung von dem, was ich wissen möchte: Was will ich für mich mitnehmen? Was sind meine Fragen? Wo sind meine Probleme in der Praxis?
- die Bereitschaft, sich selbst immer wieder zum Lernen zu motivieren,
- die Bereitschaft und Fähigkeit, durch Erfahrungen in der Praxis weiterzulernen,
- ein ausreichendes Maß an Vertrauen in die eigene Fähigkeit, Neues in Altbekanntes zu integrieren,
- persönliche Umsetzungsstrategien,
- Mut, etwas auszuprobieren oder anders zu machen als für gewöhnlich,
- Ausdauer, Veränderungen auch gegen den Widerstand aus der Umgebung durchzusetzen und beizubehalten.

Wie kann man Menschen zu dieser Haltung der Verantwortungsübernahme führen? Diese Frage zielt auf das Grundparadox pädagogischen Handelns. „Aufforderung zur Selbsttätigkeit" – so hat Dietrich Brenner im Anschluss an Fichte ein zentrales Prin-

zip umschrieben. Dieses Prinzip kann als Kriterium für alle Aktivitäten und Maßnahmen gelten, die vonseiten der Personalentwickler, Führungskräfte und Trainer
zur Unterstützung und Begleitung der Lernenden unternommen werden. Alle im
Folgenden dargestellten Aufgaben müssen darauf zielen und sind so zu gestalten,
dass sie den Prozess der Verantwortungsübernahme der Lernenden ermöglichen
(vgl. Benner, 1987: 63 f.).

3.4.2 Transfermanagement als Aufgabe der Personalentwicklung

In der Grafik zum Bildungsprozessmanagement (siehe Abbildung 9.1) ist die Bezeichnung „Transfermanagement" bewusst doppeldeutig: Sie steht einerseits für
Transfer*sicherung* als einen Arbeitsschritt im Rahmen des Modells, der sich im Wesentlichen auf die Planung und Gestaltung von Maßnahmen im Nachfeld einer Veranstaltung bezieht. Sie erinnert andererseits daran, dass sich Transfer*management*
als eine kontinuierliche Aufgabe wie ein roter Faden durch den gesamten Prozess-
kreis zieht. Dieser ganzheitliche Prozess beginnt bereits bei der Bildungsbedarfsanalyse, erstreckt sich über die Programmplanung, das Design und die Durchführung
der Veranstaltung und mündet schließlich in die Umsetzungsphase im Arbeitsalltag.
Bei jedem Handlungsschritt des Prozessmodells sind daher Transfer-Aspekte zu berücksichtigen.

Nach diesem Verständnis bedeutet also *Transfermanagement*, den gesamten
Handlungszyklus des Bildungsprozessmanagements so zu gestalten, dass am Ende
Wirkungen und Veränderungen in der Anwendungssituation erzielt werden. Wie
können wir Lernangebote so vorbereiten, durchführen und nachbereiten, dass die
Lernenden bzw. Mitarbeiter das Gelernte *im Arbeits- oder Lebensalltag umsetzen*
können?

Wir gehen im Folgenden auf die einzelnen Prozessschritte ein und stellen einige
zentrale Gesichtspunkte im Hinblick auf das Transfermanagement dar.

Bildungsbedarfsanalyse

Immer noch findet in vielen Betrieben bzw. Einrichtungen der Weiterbildung eine
systematische Bedarfsanalyse im strengen Sinne nicht oder nur rudimentär statt.
Das Programmplanungshandeln vollzieht sich dann weitgehend im Sinne einer Fort-
schreibung, einer geringfügigen Aktualisierung und Modifikation der bisherigen Praxis. Im Hinblick auf den Lerntransfer nimmt jedoch eine systematische Bedarfsanalyse eine Schlüsselstellung ein. Durch das sorgfältige Erschließen von Lernanforderungen der Anwendungssituation, von Vorwissen, Erfahrungen und Bedürfnissen der
Lernenden werden die Voraussetzungen für die spätere Übertragung des Gelernten
geschaffen. Die Bedarfsanalyse zielt also auf eine „Passung" von Lernfeld und Funktionsfeld ab. Durch die Anbindung an eine langfristige Unternehmensstrategie geht es
darüber hinaus um die proaktive „Vorsorge" im Hinblick auf künftige Herausforderungen und die zu ihrer Bewältigung notwendigen Kompetenzen der Mitarbeiter.

Anknüpfend an die obigen Überlegungen, sollte die Bildungsbedarfsanalyse als
ein integratives Verfahren angelegt sein, d.h., dass bereits bei diesem Prozessschritt
alle Beteiligten – Mitarbeiter/Lernende, Führungskräfte, Trainer, Unternehmenslei-

tung – im Rahmen der Möglichkeiten einbezogen werden. Das gestaltet sich überall dort schwierig, wo man sich mit einem offenen Programmangebot an einen weiten Adressatenkreis wendet. Im betrieblichen Kontext bestehen jedoch die Adressaten häufig aus einer relativ überschaubaren Gruppe. Man muss sich daher bei der Planung nicht auf eine abstrakte und theoretische Zielgruppe beziehen, sondern auf reale Teilnehmer, mit denen man im Vorfeld Kontakt aufnehmen kann. Neben dem Informationswert, den man dadurch gewinnt, erreicht man zudem eine stärkere Identifikation der Teilnehmenden mit einer bestimmten Maßnahme.

Generell gilt es, bereits bei der Bildungsbedarfsanalyse eine systematische Verschränkung zwischen einer betrieblichen Perspektive (Ausrichtung an strategischen und operativen Zielen des Betriebs) und einer Mitarbeiterperspektive (Berücksichtigung individueller Interessen und Bedürfnisse) anzustreben. Die beste Umsetzung betrieblicher Ziele wird dann erreicht, wenn Mitarbeiter diese zu ihren eigenen Zielen machen. Das wird am ehesten gelingen, wenn Mitarbeiter sich selbst als Person mit ihren Anliegen wahrgenommen sehen, wenn sie von „Betroffenen zu Beteiligten" werden und ihre persönlichen Ziele in den betrieblichen Zielen wiederfinden können.

Ein Verfahren, dass sich dazu eignet, den persönlichen Bedarf eines Mitarbeiters zu erfassen, ist die Arbeit mit Kompetenzprofilen. Durch die Definition der notwendigen Kompetenzen für eine Tätigkeit und den späteren Abgleich mit den Kompetenzen des Mitarbeiters kann ein Bedarf für eine Erweiterung der Kompetenzen erfasst werden (vgl. Fischer & Bilert, 2008: 5). Auch hier ist es notwendig, alle Beteiligten von Beginn an mit einzubeziehen. Die Definition der notwendigen Kompetenzen für eine Stelle sowie die Erfassung der Kompetenzen der Mitarbeiter ist nur unter Einbeziehung sowohl der Führungskraft als auch des Mitarbeiters möglich.

Für die Durchführung einer Bildungsbedarfsanalyse und somit auch die Erstellung von Kompetenzprofilen bieten sich die unten beschriebenen Evaluationsmethoden an. Evaluation und Bedarfsanalyse sind somit eng miteinander verknüpft und bedingen sich gegenseitig: Evaluation stellt ein Instrument für die Analyse dar, die Ergebnisse der Bildungsbedarfsanalyse liefern wichtige Ziele und Informationen für die Evaluation.

Programmplanung

Wir verstehen „Programm" als das *Insgesamt der Dienstleistungen und Produkte* einer Bildungsorganisation oder -abteilung. Diesem Programm kann eine angebotsorientierte und/oder nachfrageorientierte Strategie zugrunde liegen.

Das klassische Instrument der Weiterbildung, das Seminar, produziert – als Off-the-job-Maßnahme – häufig erst die Transferprobleme. Erst durch die Trennung von Lernfeld und Funktionsfeld kommt es zu der Notwendigkeit, Gelerntes zu „übertragen", zu transferieren. Die Durchführung von Seminaren oder die „Verschickung" von Mitarbeitern sind oft genug *nicht* die wirkungsvollsten Mittel, um bestimmte Ziele zu erreichen und Veränderungsprozesse anzustoßen und zu unterstützen. Vielfach macht es Sinn, das Lernfeld vom Funktionsfeld erst gar nicht zu trennen (learning-on-the-job, arbeitsintegriertes Lernen) oder aber – bildhaft gesprochen – Lern- und Funktionsfeld näher aneinander zu rücken (near-the-job, arbeitsplatznahes Lernen) bzw. zur Deckung kommen zu lassen, um so Transferschwierigkeiten vorzubeugen.

Programmplanung unter Transfergesichtspunkten zu betreiben, bedeutet daher, ein vielfältiges Portfolio von Lern- und Unterstützungsmöglichkeiten zu entwickeln, in dem arbeitsplatznahes und arbeitsplatzintegriertes Lernen ebenso vertreten sind wie das klassische Seminar. Daneben integriert ein solch ganzheitliches Portfolio auch Unterstützungsformen, wie Lernberatung, Begleitung selbstorganisierten Lernens, Moderation von Problemlösungsprozessen vor Ort etc.

Längerfristige Maßnahmen, wie z.B. Programme zur Führungskräftequalifizierung oder Trainerausbildung, sollten gezielt so konzipiert werden, dass der Arbeitsprozess der Lernenden zum Ausgangspunkt genommen und als unmittelbares Lernfeld in den Lernprozess integriert wird. Um dieses Lernen in der Praxis lassen sich Seminare und Supportstrukturen, wie Coaching oder kollegiale Beratung, gruppieren. Über kollaboratives E-Learning können Lernende miteinander und mit den Lehrenden vernetzt werden und sich auch zwischen den Seminarbausteinen beim Lernen und Arbeiten gegenseitig unterstützen (vgl. Müller, 2002, 2004).

Veranstaltung

In diesem Abschnitt betrachten wir nur die Aufgaben des Bildungsmanagements im Hinblick auf die einzelne Maßnahme. Die Aufgaben der Trainer/innen, Maßnahmen unter didaktisch-methodischer Hinsicht transferfördernd zu gestalten, thematisieren wir unter 3.4.4 Die Unterscheidung ist nicht trennscharf.

Auswahl der Zielgruppe/der Adressaten: Die Auswahl und Bestimmung der Zielgruppe/der Teilnehmer spielen eine wichtige Rolle im Hinblick auf Transferprozesse. Während homogene Lerngruppen die Passung zwischen Lernangebot und Lernenden, z.B. hinsichtlich des Leistungsniveaus, erleichtern, bieten heterogene Lerngruppen andere Vorteile. Da die betriebliche Realität häufig gerade durch interdisziplinäre, oft genug auch interkulturelle Zusammenarbeit gekennzeichnet ist, kann es von Vorteil sein, auch in der Lerngruppe diese Heterogenität abzubilden. Innovationsprozesse scheitern oft auch an widersprechenden Abteilungsinteressen bzw. -egoismen. Hier kann eine abteilungs- oder bereichsübergreifende Zusammensetzung der Veranstaltung geboten sein. Die „Verantwortung für das Ganze" des Unternehmens wird bereits in Lernprozessen durch ein Zusammenwirken unterschiedlicher Gruppen gefördert. Analoges gilt für hierarchieübergreifende Veranstaltungen.

Trainerauswahl, Auftragsklärung und Briefing: Die Trainerauswahl ist Vertrauenssache; eine langfristige Kooperation mit externen Partnern zahlt sich aus. Die in vielen Unternehmen gängige Praxis, den Einkauf zentral Preisverhandlungen führen zu lassen und bei der Trainerauswahl primär über den Preis zu entscheiden, ist hier kontraproduktiv. Trainer/innen sollten mit der Unternehmenskultur vertraut sein und die „Brennpunkte" der aktuellen Geschäftätigkeit kennen. Unter Transfergesichtspunkten ist es entscheidend, durch aktuelle und authentische Beispiele aus der Unternehmensrealität den Teilnehmenden Anknüpfungspunkte für ihre tägliche Arbeit zu bieten. So können sie das Gelernte leichter mit den Anforderungen an ihrem Arbeitsplatz in Beziehung setzen und in das Funktionsfeld übertragen (vgl. Nagel, 2004: 54 f.). Grundlage für das Engagement sollte eine sorgfältige Auftragsklärung mit dem Trainer/der Trainerin sein, nach Möglichkeit unter Einbeziehung der verantwortlichen Führungskräfte. In diesen Gesprächen gilt es, den Kontext, die Hintergründe der Maßnahme, die Ziele, das Seminardesign und die Transfermaßnahmen zu klären und zu vereinbaren (vgl. Besser, 2001: 34-37).

In verhaltensbezogenen Veranstaltungen stellen Trainerinnen und Trainer auch Modelle für die Teilnehmer dar und bieten Orientierungsmöglichkeiten. Ihre Glaubwürdigkeit ist dabei für den Erfolg ausschlaggebend. Es geht dabei weniger darum, scheinbar „optimale" Verhaltensweisen vorzumachen, die von den Teilnehmern unreflektiert adaptiert bzw. „antrainiert" werden. Vielmehr können Trainer/innen eine mögliche Form des Verhaltens zeigen und die Teilnehmer dabei unterstützen, die jeweils für sie individuell stimmigen Verhaltenweisen zu finden, herauszuarbeiten und sich anzueignen (vgl. Neges, 1991: 197; vgl. Müller & Seitz, 1999: 11).

Einbeziehung der Führungskräfte: Aufgabe des Bildungsmanagements ist es, bereits bei der Planung und Vorbereitung von Bildungsmaßnahmen die Führungskräfte mit einzubeziehen und sie bei ihren Aufgaben zu unterstützen. Da viele Führungskräfte ihre Verantwortung für das Lernen, die Kompetenzentwicklung und Qualifikation ihrer Mitarbeiter noch nicht als eine ihrer primären Aufgaben betrachten, ist hier vielfach Überzeugungsarbeit notwendig. Das Bildungsmanagement ist gut beraten, sich hierfür das Commitment und die Unterstützung der Geschäftsleitung bzw. des Top-Managements zu sichern.

Gruppengröße: Die Teilnehmerzahl oder Gruppengröße haben entscheidenden Einfluss. Je größer die Gruppe, umso schwieriger wird es für den Einzelnen, sich zu beteiligen. So bestimmt die Gruppengröße über die Lernmöglichkeit für den Einzelnen mit. Lerninhalte, deren Aneignung ein aktives Üben erfordert, können, damit alle den gleichen Nutzen daraus ziehen, nur in kleineren Seminargruppen effektiv gelehrt bzw. vermittelt werden.

Prüfung

Prüfungen sind Erhebungsverfahren, die zu einem bestimmten Zeitpunkt die erbrachte Leistung, das Wissen, Können und Vermögen eines Lernenden feststellen und bewerten sollen. In der wissenschaftlichen Literatur zur Erwachsenenbildung/Weiterbildung stellen Prüfungen ein vernachlässigtes Gebiet dar. Theoretisch wären sie als lernseitige Evaluation in diesem Kontext zu behandeln, doch wird dies kaum realisiert. Die Praxis scheint durch zwei Extreme gekennzeichnet zu sein einen völligen Verzicht auf Prüfungen oder Leistungsfeststellung auf der einen Seite und eine schlichte Übernahme schulischer Prüfungen auf der anderen Seite.

Um Prüfungen so zu gestalten, dass sie aussagekräftig sind im Hinblick auf den angestrebten Transfer, sind handlungsorientierte Prüfungsformen, wie sie in den letzten Jahren für die berufliche Ausbildung entwickelt wurden, ein aussichtsreicher Weg (vgl. Müller, 2006).

Wichtige Kriterien[2] für handlungsorientierte Prüfungen sind z.B.:

- Praxisorientiert: aus der Erfahrungswelt des Arbeitsalltags stammen.
- Anforderungsgerecht: zentrale Anforderungen eines Berufs repräsentieren.
- Vollständig: alle Phasen eines Handlungsvollzugs erfordern.
- Integriert: von komplexen Aufgabenstellungen ausgehen, die geistige und prakti-sche Operationen erfordern und mehrere Wissenschaftsdisziplinen umfassen.
- Kooperativ: auch kooperative Leistungen umfassen (vgl. ebd.: 145).

Es ist weder wünschenswert noch notwendig, die Weiterbildung durch eine flächen-deckende Einführung von Prüfungen zu verschulen. Dennoch wäre es sinnvoll, ver-stärkt die Grundidee von Prüfungen zu bedenken: an das Ende von Lernsituationen (simulierte) Anwendungs- oder Leistungssituationen zu stellen, in denen die Ler-nenden selbst feststellen können, ob sie das Gelernte auch im praktischen Fall an-wenden können.

Transfersicherung

Transfersicherung bezieht sich auf alle Maßnahmen, die nach einer Veranstaltung geplant sind, um im engeren Sinne den Transfer zu unterstützen. Dazu gehören z.B.:

- Reviews-Sitzungen oder Follow-up-Veranstaltungen, in denen das Gelernte wie-derholt wird, in der Praxis aufgetretene Schwierigkeiten diskutiert sowie Lö-sungs- und Verbesserungsmöglichkeiten erarbeitet werden,
- Praxisbegleitung durch den Trainer/die Trainerin, sofern dies durch die Füh-rungskraft nicht möglich oder leistbar ist.

Evaluation

Evaluation im Kontext des Rahmenmodells zielt neben der Erfassung der Wirkungen und dem Nutzen von Bildungsmaßnahmen auch auf die Verbesserung des Prozesses selbst ab. Evaluation als Instrument trägt zu wichtigen Erkenntnissen in den einzel-nen Aufgabengebieten bei und kann somit grundlegende Informationen zu späteren Entscheidungen liefern.

Unter Transfererfolgsgesichtspunkten interessieren v. a. die *langfristigen* Wir-kungen. Es geht also darum, nicht nur zu erheben, was die Teilnehmer/innen im Se-minar gelernt haben (Output), sondern das, was sie davon auch tatsächlich umsetzen (outcome) (vgl. Stufflebeam & Windham, 1999: 739). Auf Evaluation und Transfer-evaluation wird im Verlauf des Textes noch detaillierter eingegangen.

Programmrevision

Mit der Programmrevision schließt sich der Kreis des Bildungsprozessmanagements. Sie dient der Überprüfung und Weiterentwicklung der eigenen Arbeit. Dazu wird der gesamte Kreislauf einer Revision unterzogen im Hinblick auf die Erreichung der ge-

---

2   Die nachstehende Aufzählung benennt nur ausgewählte Punkte des umfassenden Kriterienkata-logs.

steckten Ziele. Insbesondere werden die Evaluationsergebnisse den Ergebnissen der Bildungsbedarfsanalyse gegenübergestellt.

Die Programmrevision mündet ggf. in der Überarbeitung des Programms. Von Planungszyklus zu Planungszyklus (z.B. ein Jahr, ein Semester) kann das Programm weiterentwickelt und verbessert und so an die veränderten Rahmenbedingungen angepasst werden. Systemisch gesehen, ist die Programmrevision der entscheidende Schritt zur Selbsterneuerung des Systems Bildungsprozessmanagement.

Unter Transfergesichtspunkten gilt es, bei der Programmrevision den Blick auf die Wirkungen im Funktionsfeld zu richten. Dazu gehört die Überprüfung des Gesamtprozesses, insbesondere der „Passung" zwischen Lernfeldern und Funktionsfeldern. In der Programmrevision wird überprüft, ob die Evaluationsergebnisse die Bildungsbedarfshypothesen bestätigen, ob die angebotenen und eingesetzten Lernfelder angemessen auf die Funktionsfelder vorbereiten, ob das Portfolio insgesamt passt oder aber ggf. erweitert werden muss.

3.4.3 Transfermanagement als Führungsaufgabe

Von allen am Transfererfolg beteiligten Faktoren ist das Arbeitsumfeld vermutlich derjenige, der in der betrieblichen Praxis am meisten vernachlässigt wird. Daher bieten sich hier wahrscheinlich die größten Optimierungspotenziale (vgl. zum Folgenden Nagel 2004).

Viele Führungskräfte sehen sich stärker als Fachexperten und widmen sich erst nachgeordnet ihren Führungsaufgaben. Sie sind jedoch die ersten Personalentwickler und vor Ort für die Mitarbeiterentwicklung zuständig. Bei ihnen liegt die Verantwortung, ihre Mitarbeiter den Unternehmenszielen entsprechend zu qualifizieren, zu fördern, zu fordern und so zum Unternehmenserfolg beizutragen. Die Kompetenzentwicklung der eigenen Mitarbeiter muss als eine zentrale und kontinuierliche Aufgabe verstanden werden. Die Wahrnehmung dieser Aufgabe gelingt umso besser, je mehr eine Führungskraft ihre Mitarbeiter und deren Fähigkeiten und Einstellungen, Stärken und Schwächen kennt.

Grundlegende Aufgaben

- Die Themen Kompetenzentwicklung und Weiterbildung sollten fester Bestandteil des jährlichen Mitarbeitergesprächs sein. Hier sind der Ort und Zeitpunkt, langfristige, sowohl an den Unternehmens- bzw. Teamzielen als auch an den Bedürfnissen des Mitarbeiters orientierte Entwicklungsziele und entsprechende Maßnahmen zu definieren.
- Ebenso sollte auch in der Regelkommunikation immer wieder über Lernen gesprochen werden, z.B. indem ein TOP „Lessons learned" und „Lessons to learn" in regelmäßigen Abständen auf die Agenda kommt.
- Insgesamt geht es darum, im Team ein lernfreundliches Klima zu entwickeln, eine „Lernkultur", die sich z.B. durch die gegenseitige Unterstützung der Kollegen, Offenheit und Fragehaltung auszeichnet.

Vor einer Bildungsmaßnahme

- Es sollte eine Selbstverständlichkeit sein, dass Führungskraft und Mitarbeiter vor einer Bildungsmaßnahme ein Gespräch miteinander führen, in dem die Bedeutung und der Sinn der Maßnahme, die Erwartungen des Mitarbeiters und der Führungskraft noch einmal besprochen und konkrete Ziele vereinbart werden.
- Bereits im Vorfeld sollte für die Zeit der Abwesenheit des Mitarbeiters eine Vertretung oder anderweitige Entlastung organisiert sein, welche die wichtigsten Aufgaben „abfängt". Auf diese Weise ist sicherzustellen, dass er nicht nach seiner Rückkehr überflutet wird von liegengebliebenem Tagesgeschäft, unerledigten Aufgaben und unbearbeiteten E-Mails. Das klingt utopisch. Die Erwartung, Mitarbeiter würden sich trotz aufgestauter, drängender, ja überfälliger Aufgaben an die mühsame Veränderung ihrer Routinen machen, um Gelerntes umzusetzen, ist jedoch noch sehr viel gewagter.
- Auch kann bereits im Vorfeld eine Lernpartnerschaft mit einem Kollegen organisiert werden, der beim Transfer unterstützt und auf diese Weise auch von der Bildungsmaßnahme profitiert.

Nach einer Bildungsmaßnahme

- Nach der Rückkehr von einer Bildungsmaßnahme kommt der Führungskraft die bedeutende Rolle zu, den Lernenden bei der Umsetzung des Gelernten ins Funktionsfeld zu unterstützen. Dies ist ein kontinuierlicher Prozess, bei dem die Führungskraft ihren Mitarbeiter begleitet.
- Im Gespräch kann der Mitarbeiter über die Maßnahme berichten, es werden gemeinsam Transfer fördernde Aufgaben identifiziert, konkrete Transferziele und -maßnahmen vereinbart und mögliche Transferhindernisse besprochen.
- Allein die Tatsache, dass eine Führungskraft sich interessiert zeigt und dem Mitarbeiter jetzt ihre Aufmerksamkeit widmet, wird eine positive Wirkung zeigen. Desinteresse dagegen kann eine große Frustration hervorrufen.
- Der Mitarbeiter benötigt zeitliche Spielräume, um neue Arbeitstechniken auszuprobieren. Neues Verhalten oder Wissen anzuwenden, bedarf zunächst einmal *mehr Zeit.* Lerneffekte schlagen sich erst nach und nach in Zeitersparnis nieder. Druck auf eine schnellere Umsetzung stiftet meistens mehr Schaden als Nutzen. Unter Druck fallen viele Mitarbeiter schnell in vertraute Verhaltensweisen zurück, die unproblematisch zur Verfügung stehen. Ausgaben für Seminare sind buchstäblich zum Fenster hinausgeworfen, wenn dem Teilnehmer im Anschluss daran die nötigen Spielräume zur Erprobung vorenthalten werden.
- Dem Mitarbeiter sollte bewusst sein, dass die Vernetzung seines neuen Wissens und Könnens mit der Praxis erwünscht und gewollt ist, auch wenn das mit manchmal unbequemen Umstellungen von Abläufen und Gewohnheiten verknüpft ist.
- Dem Rückkehrer sollte Gelegenheit gegeben werden, die Kollegen im Team über das Gelernte zu informieren und Anregungen für das Team auszuwerten. Das Team muss darauf vorbereitet sein, dass beim Ausprobieren des neu Gelernten auch Fehler möglich sind.

- Als Voraussetzung für gelingenden Transfer ist selbstverständlich, dass der Mitarbeiter über die notwendigen Ressourcen verfügt, die er zur Umsetzung braucht (Geräte, Software, Passwörter, ...).

3.4.4 Transfermanagement als Aufgabe des Trainers/der Trainerin

In der Hand des Trainers/der Trainerin liegt es, die eigentliche Bildungsmaßnahme transferorientiert zu gestalten. Im Mittelpunkt steht dabei die oben angesprochene Aufgabe „Aufforderung zur Selbsttätigkeit": Wie kann es gelingen, die Teilnehmer zur Verantwortungsübernahme für ihr eigenes Lernen und die Anwendung des Gelernten im Arbeitsalltag zu bewegen?

Diese Aufgabe ist im Kern paradox. Sie bedeutet einerseits, erhebliche Energie einzusetzen, um engagierte Impulse zu vermitteln und die Teilnehmer für das Anliegen der Veranstaltung zu gewinnen, sie bedeutet andererseits, sich zurückzunehmen, Raum zu geben für Eigeninitiative und Verantwortungsübernahme.

Zentral ist die grundlegende Haltung des Trainers/der Trainerin. Lässt er/sie sich auf die je spezifische Situation seiner/ihrer Teilnehmer ein? Ist er/sie fähig, bei der Gestaltung seines/ihres Seminars durchgängig die Umsetzungsperspektive der Teilnehmer zu berücksichtigen? Gelingt es ihm/ihr, ein positives Lernklima zu schaffen, in dem die Teilnehmer sich ihrer eigenen Verantwortung bewusst werden und sie wahrnehmen?

Zur transferfördernden Gestaltung von Seminaren und Trainings gibt es eine Vielzahl kreativer und wirkungsvoller Methoden. Da unser Beitrag auf der Ebene des Bildungsmanagements angesiedelt ist, können wir im Folgenden nur einige wenige Hinweise geben.[3]

Im Vorfeld der Maßnahme

- Einsatz partizipativer Formen der Bedarfsanalyse, welche die Teilnehmer mit einbeziehen, um eine Feinabstimmung der Lerninhalte und -ziele zu erreichen.
- Verpflichtung zur Vorbereitung der Seminarinhalte, z.B. durch die Bearbeitung von Lernprogrammen oder -texten im Vorfeld.

Zu Beginn der Veranstaltung

- Gezielt an die im Vorfeld kommunizierten Ziele der Maßnahme anknüpfen.
- Vorkenntnisse und Vorerfahrungen der Teilnehmer aktivieren (z.B. Erwartungsinventar, Bildbetrachtung).
- Die Teilnehmer darauf vorbereiten, eigene Fälle in ihren individuellen Kontext einzubringen; ihnen Gelegenheit geben, das Thema auf ihre individuelle Situation zu beziehen.

---

3   Zu allen Methoden, die wir nennen, und zu weiteren finden Sie eine Beschreibung und z.T. ausführliches Material unter www.bildungsprozessmanagement.de. Weitere Methoden finden Sie bei Alsheimer, Müller & Papenkort (1996), eine umfassende Darstellung von Transfermethoden leistet Besser (2004).

Während der Veranstaltung

- Generell aktivierende Lehr-/Lernverfahren einsetzen.
- Ausreichend Zeit einplanen für Übungen, für die Übertragung des Gelernten auf konkrete Praxisfälle sowie für die Besprechung möglicher Umsetzungsprobleme.
- Bezug zu konkreten Aufgaben aus dem Arbeitsumfeld herstellen.
- An realen Fällen der Teilnehmer oder mit realistischen Fallstudien arbeiten.
- Noch im Verlauf der Veranstaltung Rückmeldung einholen, um die Passung zu den Anforderungen der Teilnehmer steuern zu können.
- Transfergründe und -hindernisse vorwegnehmen, durchdenken und die Überwindung vorbereiten (z.B. Graffiti, Back home, Praxisposition, Phantasiereise).

Am Ende der Veranstaltung

- Die gelernten Inhalte reflektieren und konkrete Transfervorhaben für den Arbeitsalltag planen. Einen Vertrag mit dem/der Trainer/in schließen (Lerntransfervertrag).
- Sich mit anderen verabreden, um Umsetzungsziele zu besprechen und zu reflektieren (Transferpartnerschaft).

Nach der Veranstaltung

- Unmittelbar nach einer Maßnahme ist die intrinsische Motivation hinsichtlich des Transfers sehr hoch, jedoch flaut sie bei Nichtanwendung des Gelernten ab und die Behaltensleistung der Inhalte wird aufgrund einer „Nicht-Inanspruchnahme" minimiert (vgl. Wilkening, 1997: 259). Es geht daher darum, im Nachfeld zusätzliche Unterstützungsnagebote zu machen, die erneute Impulse setzen.
- Ein Fotoprotokoll versenden, in dem z.B. die in Gruppen erarbeiteten Lösungen für konkrete Praxisfälle der Teilnehmer dokumentiert sind.
- Praxisbegleitung (Praxiscoaching).

Follow-up

Es gibt nicht „die Methode", um den Transfer sicherzustellen, sondern nur den wirkungs- und transferoptimierenden Einsatz von Maßnahmen (vgl. Besser, 2004: 14). Somit sind Transfersicherungsmaßnahmen bei der Durchführung ein Muss, damit die Wirksamkeit der Schulung erfolgreich ist. Die dargestellten Beispiele sind ohne großen Aufwand vonseiten des Trainers/der Trainerin zu praktizieren und für die Teilnehmer in Bezug auf die Transferförderung sehr wichtig.

3.4.5 Zur Verantwortung der Geschäftsführung/des Top-Managements

Unternehmen stellen erhebliche Mittel für die Weiterbildung ihrer Mitarbeiter bereit. Damit diese Mittel nicht nur zu guten Lernergebnissen der Mitarbeiter führen, sondern auch zur wirkungsvollen Umsetzung am Arbeitsplatz, ist auch die Geschäftsleitung gefordert. Die Unternehmenskultur, in der gelernt und gearbeitet wird, spielt im Hinblick auf den Transfererfolg eine entscheidende Rolle.

Noch einmal die SCIL-Studie: „Die größten Herausforderungen liegen nach Meinung der Experten in der Änderung des Rollenverständnisses der Führungskräfte, der Förderung der Eigenverantwortung der Mitarbeitenden und der Etablierung einer Lernkultur" (vgl. Diesner, Euler & Seufert, 2006: 52). In der Verantwortung der Geschäftsleitung liegt es, „auch auf Unternehmensebene eine Grundhaltung zu bewirken, im Rahmen derer Bildung nicht nur als Kostenfaktor gesehen wird, sondern als Investition in die Mitarbeitenden und damit in die Zukunft des Unternehmens" (ebd.: 53).

Damit diese grundsätzliche Ausrichtung eines Unternehmens im Sinne einer „lernenden Organisation" gelingen kann, bedarf es einer entschiedenen Positionierung durch die Geschäftsleitung. Sie muss den Themen Lernen, Personalentwicklung, Aus- und Weiterbildung eine generelle Aufmerksamkeit entgegenbringen und sie als Schlüsselfaktoren für die Unternehmensentwicklung insgesamt verstehen. Eine Verankerung im Leitbild hilft, die Bedeutung für Führungskräfte und Mitarbeiter zu akzentuieren, erforderlich ist jedoch vor allen Dingen, diesen Grundsatz in der Unternehmenspraxis auch zu leben. In einem solchen Umfeld wird das Bildungsmanagement zur Agentur für die gezielte Entwicklung einer betrieblichen Lernkultur. Führungskräfte leben ihre Rolle als Lernunterstützer/in und Personen-Entwickler/in auf allen Managementebenen. Arbeitsplätze werden auch unter dem Aspekt der Lernförderung gestaltet.

4 Transferevaluation

4.1 Begriffe

Evaluation

Das Anwendungsgebiet der Evaluation im Bildungsbereich hat sich in den letzten Jahren grundlegend verändert. Diente sie in den 1970er Jahren vor allem dem Aufbau und der Weiterentwicklung der Weiterbildungspraxis, übernimmt sie heute immer mehr die Funktion des Bildungscontrollings (vgl. Gessler, 2005: 1). Die Evaluation bewegt sich, wie diese Entwicklung zeigt, in einem Spannungsfeld zwischen pädagogischen und ökonomischen Zielsetzungen. So verschieden wie die Zielsetzungen der Evaluation, sind auch die Definitionen, die man in der Literatur finden kann.

Das Langenscheidt Online-Fremdwörterbuch beschreibt Evaluation als „Auswertung, Beurteilung, Bewertung" (Langenscheidt, 2009).

Das Joint Committee on Standards for Educational Evaluation definiert Evaluation als „die systematische Untersuchung der Verwendbarkeit oder Güte eines Gegenstandes." (Sanders, 1999: 25)

Im Bildungsbereich hat Evaluation neben der Bewertung, Auswertung und Beurteilung noch weitere Aufgaben. Sie dient als Instrument der Qualitätssicherung und -verbesserung. Deshalb sollte Evaluation hier weitgefasster verstanden werden.

Nach der Definition von Reischmann beinhaltet Evaluation „das methodische Erfassen und das begründete Bewerten von Prozessen und Ergebnissen zum besseren Verstehen und Gestalten einer Praxis-Maßnahme im Bildungsbereich durch Wirkungskontrolle, Steuerung und Reflexion." (Reischmann, 2003: 18)

Häring beschreibt Evaluation als „die systematische Sammlung von Informationen [...], die dazu dient, eine Weiterbildungsmaßnahme hinsichtlich ihrer Auswirkungen, sowohl auf die Teilnehmer als auch auf das Unternehmen, in Abgleich mit vorher festgelegten Zielen qualitativ und quantitativ zu bewerten." (Häring, 2003: 12)

In den unterschiedlichen Definitionen wird deutlich, dass Evaluation zum einen eine qualitätsverbessernde, aber auch eine bewertende Aufgabe hat.

> **!** Für das weitere Vorgehen wird Evaluation als systematisches und methodisches Erfassen, Analysieren und Bewerten von Prozessen und Ergebnissen in Hinblick auf Verbesserungsmöglichkeiten, Qualitätssicherung, Qualitätskontrolle sowie Nutzen- und Wirkungskontrolle verstanden. Diese bezieht sich auf ein Gesamtprogramm oder einzelne Maßnahmen und kann prozessbegleitend oder nach Abschluss eines Projekts erfolgen.

Auch hinsichtlich der Evaluationsformen sind weitere begriffliche Unterscheidungen zu treffen:

Interne und externe Evaluation

Die interne Evaluation wird von einem Mitglied der eigenen Organisation oder Institution durchgeführt. Diese Form der Evaluation kann auch als Selbstevaluation bezeichnet werden. Hier werden die Kriterien, die Standards und Indikatoren selbst festgelegt und die Evaluation eigenständig durchgeführt. Selbstevaluation ist eine Form der internen Evaluation. Sie wird von den an einer Maßnahme oder an einem Projekt beteiligten Personen selbst durchgeführt. Dies können zum Beispiel ein Lehrender oder auch die Teilnehmer einer Bildungsmaßnahme sein, um Lernerfolge zu analysieren oder zu dokumentieren.

Eine externe Evaluation wird von Personen oder Institutionen außerhalb der eigenen Organisation durchgeführt. Neben der Durchführung werden auch meist die Kriterien, Standards und Indikatoren durch die Evaluatoren vorgegeben. Die Auswertung und Verwertung der Ergebnisse obliegen ebenfalls der externen Institution. Eine externe Evaluation wird zum Beispiel von Zertifizierungs- oder Akkreditierungsorganisationen durchgeführt.

Summative und formative Evaluation

Summative Evaluation bedeutet, dass die Evaluation nach Abschluss eines Projekts oder einer Maßnahme erfolgt. Sie kann auch als Produktevaluation bezeichnet werden und bietet sich besonders bei der Bewertung und Nutzenkontrolle von Maßnahmen an. Verbesserungsmöglichkeiten können nur in Hinblick auf zukünftige Maßnahmen gegeben werden und haben auf das abgeschlossene Projekt oder Produkt keinen Einfluss mehr.

Formative Evaluation findet prozessbegleitend statt. Hier liegt der Fokus auf der kontinuierlichen Verbesserung einer Maßnahme oder eines Projekts. Sie kann somit einen positiven Einfluss auf das Erreichen der beabsichtigten Ziele haben.

Transferevaluation

Transferevaluation im engeren Sinne zielt auf die Überprüfung, ob Gelerntes tatsächlich im Funktionsfeld zur Anwendung kommt. Sie ist also eine Produktevaluation, will die längerfristigen Ergebnisse erfassen (outcome) und kann uns Informationen liefern, inwieweit ein Transfer stattgefunden hat oder nicht. Jedoch hängt der Transfererfolg, wie oben dargestellt, von einer Vielzahl von Faktoren ab. Wenn man ein vertieferes Verständnis bekommen möchte, was genau zum Transfererfolg oder -misserfolg beigetragen hat, muss man daher versuchen, möglichst viele der Einflussfaktoren zu erfassen. Transferevaluation in einem weiteren Sinne verstehen wir deshalb als die Evaluation des gesamten Systems und der beteiligten Prozesse unter der Perspektive, ob es den Transfer des Gelernten ermöglicht. Transferevaluation in diesem Sinne evaluiert dann nicht nur die eigentliche Bildungsmaßnahme, sondern auch z.B. die Einflussfaktoren am Arbeitsplatz. Somit dient die Transferevaluation der Transfersicherung und beinhaltet auch eine „Optimierung betrieblicher Abläufe" (vgl. Fischer & Bilert, 2008: 4). Transferhemmnisse sollen so aufgedeckt und ausgeräumt werden. Es soll ebenfalls gewährleistet werden, dass Transferinstrumente zur Anwendung kommen (vgl. Häring, 2003: 34).

Eine Transferevaluation basiert auf den gleichen Grundlagen wie die Evaluation im Allgemeinen. Deshalb sollen in diesem Kapitel zunächst die wichtigsten Grundlagen der Evaluation erläutert werden. Des Weiteren bezieht sich, wie oben dargestellt, Transferevaluation auf eine Prozess- und eine Produktevaluation, weshalb hier zwei Evaluationsmodelle vorgestellt werden, die zusammengefasst beide Bereiche abdecken.

4.2 Gütekriterien und Evaluationsstandards

Für die Evaluation gelten die in der Sozialforschung allgemeinen Gütekriterien: Objektivität, Reliabilität und Validität. Die Objektivität bezieht sich auf die Durchführung, Auswertung sowie die Interpretation der Ergebnisse. Dieses Gütekriterium soll gewährleisten, dass die Evaluation und die Ergebnisse von der evaluierenden Person nicht beeinflusst werden (vgl. Bortz & Döring, 2002: 194). Die Reliabilität soll die Zuverlässigkeit des eingesetzten Verfahrens sicherstellen. Eine Evaluation wird als reliabel angesehen, wenn bei einer nochmaligen Durchführung übereinstimmende Ergebnisse erzielt werden (vgl. Bortz & Döring, 2002: 195). Die Validität, das wichtigste Gütekriterium, bezieht sich auf die Gültigkeit einer Evaluation und zielt darauf, sicher zu stellen, dass mit der Evaluation auch wirklich das untersucht wird, was untersucht werden soll. Dies beinhaltet die gesamte Operationalisierung sowie die aus der Untersuchung entstandenen Schlussfolgerungen (vgl. Bortz & Döring, 2002: 199 f.). Neben diesen Gütekriterien gibt es weitere Standards für Evaluationen.

Die Deutsche Gesellschaft für Evaluation hat, basierend auf den Standards des Joint Committee on Educational Evaluation und der Schweizerischen Evaluationsgesellschaft, Leitlinien für Evaluatoren beschrieben, die als Standards für die Durchführung von Evaluationen gelten. „Die DeGEval-Standards sollen der Sicherung und Entwicklung der Qualität von Evaluationen dienen. Dazu formulieren sie wichtige zu beachtende Aspekte und anzustrebende Ziele. Sie sollen als Orientierung bei der Durchführung und Bewertung von Evaluationen dienen" (DeGEval, 2008: 19). Für die DeGEval sollen Evaluationen vier Eigenschaften aufweisen.

Nützlichkeit

Mit dem Nützlichkeitsstandard soll sichergestellt werden, dass die Evaluation "informativ, zeitgerecht und wirksam" ist (ebd.: 28). Es ist immer wieder zu prüfen, ob Entscheidungen im Evaluationsprozess dem Nutzen der Evaluation dienen und sich nach den Informationsbedürfnissen der Auftraggeber ausrichten (vgl. ebd.: 47).

Durchführbarkeit

Die Durchführbarkeit steht dafür, „dass eine Evaluation realistisch, gut durchdacht, diplomatisch und kostenbewusst geplant und ausgeführt wird" (DeGEval 2008: 11). Dies beinhaltet die Auswahl des Verfahrens, die Schaffung von Akzeptanz bei allen Beteiligten und die Effizenz der Evaluation im Hinblick auf das Kosten-Nutzen-Verhältnis. (vgl. ebd.: 11)

Fairness

Eine Evaluation sollte Fairness gegenüber den betroffenen Personen gewährleisten. Dazu gehören eine unparteiische Durchführung, Vereinbarungen zur Durchführung, eine vollständige Überprüfung, Offenlegung der Ergebnisse und der Schutz von Rechten der betroffenen Personen (vgl. ebd.: 11 f.).

Genauigkeit

„Die Genauigkeitsstandards sollen sicherstellen, dass eine Evaluation gültige Informationen und Ergebnisse zu dem jeweiligen Evaluationsgegenstand und den Evaluationsfragestellungen hervorbringt und vermittelt" (ebd.: 12). Dazu zählen die genaue Beschreibung des Gegenstands, eine Analyse des Kontextes, eine Beschreibung des Zwecks und des Verfahrens, die Angabe der Informationsquellen und deren Auswahl nach validen und reliablen Maßstäben der Sozialforschung. Des Weiteren sollten eine Fehlerüberprüfung, eine begründete Schlussfolgerung und eine Metaevaluation erfolgen (vgl. ebd.: 12 f.).

Diese beschriebenen Standards dienen als Leitlinien und müssen nicht für jedes Evaluationsvorhaben passen. Deshalb sieht die Deutsche Gesellschaft für Evaluation es als Aufgabe „des Evaluationsteams und aller an der Evaluation Mitwirkenden, eine den jeweiligen Zwecken und Rahmenbedingungen der konkreten Evaluation angemessene Lösung zu finden" (ebd.: 19) oder die Nichteinhaltung zu begründen.

4.3 Evaluationszwecke und Funktionen

Evaluationsvorhaben sind immer mit Zielsetzungen und Zwecken verbunden und erfüllen folgende Funktionen:

Bewertungs- und Legitimationsfunktion

Bei der Bewertungsfunktion geht es vor allem um die Nutzenkontrolle als Legitimationsgrundlage für Maßnahmen und Programme. Hier soll der Mehrwert einer Investition durch eine summative Evaluation nachgewiesen werden. Diese Produktevaluation dient vor allem ökonomischen Zielen. (vgl. Häring, 2003: 18)

Optimierungsfunktion und Qualitätssicherung

Hier steht vor allem die Verbesserung von Projekten oder Bildungsmaßnahmen im Vordergrund. Die Evaluation kann als formative, prozessbegleitende oder am Schluss als summative Evaluation erfolgen. Die formative Evaluation hat den Vorteil, dass schon während eines Prozesses Einfluss genommen und so die Zielerreichung eines Projekts positiv beeinflusst werden kann. Bei einer summativen Evaluation steht die Verbesserung der Folgemaßnahmen im Vordergrund. (vgl. ebd.: 19)

Kontrollfunktion

Die Kontrollfunktion soll dazu beitragen, Maßnahmen effizienter zu gestalten und zu überprüfen, ob die vorher festgelegten Ziele erreicht wurden. (vgl. ebd.: 21) Neben der Kontrolle der Zielerreichung und der Effizienz kann auch eine Kostenkontrolle durchgeführt werden. Hier wird geprüft, ob die Kosten mit dem Nutzen in der gewünschten Relation zueinander stehen.

Entscheidungsfunktion

Evaluationen können durch das Sammeln und Bewerten von Informationen als Entscheidungshilfe und als Begründung für Entscheidungen dienen. (vgl. ebd.)

Dokumentationsfunktion

Eine sorgfältige und systematische Sammlung und Dokumentation von Evaluationsergebnissen können später in vielen Bereichen genutzt werden. Sie dienen, wie oben erwähnt, der Entscheidungshilfe, können aber abhängig vom Inhalt auch zu Marketingzwecken oder Ähnlichem eingesetzt werden. (vgl. ebd.: 22)

4.4 Leitfragen zum Beginn einer Evaluation

Um eine Evaluationsvorhaben zu beginnen, sollten wichtige Informationen über das Projekt gesammelt werden. Die folgenden Leitfragen können eine erste Beschreibung für ein Evaluationsprojekt erleichtern.

Warum wird evaluiert?

Was sind die Ziele einer Evaluation? Dabei ist es notwendig, die unterschiedlichen Zielsetzungen der beteiligten Interessengruppen zu beachten. Entscheidungen über Ziele und die Verwendung der Ergebnisse obliegen meist dem Auftraggeber der Evaluation und sind mit diesem vorher genau zu besprechen. Jedoch sollten auch die Ziele der zu befragenden Personen beachtet werden, um mögliche Interessenkonflikte im vornherein abzuwägen. Die Festlegung der Ziele ist maßgebend für das weitere Vorgehen (vgl. Wottawa & Thierau, 2003: 55).

Wer/was wird evaluiert?

Für eine erfolgreiche Evaluation muss der Evaluationsgegenstand festgelegt und beschrieben werden. Im Bildungsbereich können neben einer Bildungsmaßnahme, Personen, Programme, Prozessabläufe, Institutionen, Projekte und Materialien Gegenstand der Evaluation sein (vgl. ebd.: 59).

In welchem Kontext soll die Evaluation stattfinden?

Der Evaluationsgegenstand steht stets im Kontext seiner Rahmenbedingungen, diese müssen ebenfalls genau analysiert und erfasst werden. Dabei sind rechtliche oder auch gesellschaftliche Aspekte zu beachten.

Wo und wann wird evaluiert?

Bevor eine Evaluation beginnen kann, müssen der Ort und der zeitliche Rahmen für die Durchführung definiert werden. Je nach Zielsetzung kann vor allem die zeitliche Planung sehr unterschiedlich sein.

Wie wird evaluiert?

Wie soll das Verfahren der Evaluation aussehen? Soll es eine summative oder eine formative Evaluation sein? Je nach Evaluationsgegenstand gibt es eine Vielzahl von Evaluationsmodellen. In diesem Text sollen zwei Modelle später näher erläutert werden und jeweils eine Möglichkeit für eine prozessorientierte und eine produktorientierte Evaluation aufzeigen.

4.5 Modelle für die Transferevaluation

Wie zu Beginn dargestellt, wird zwischen summativen und formativen Evaluationsformen unterschieden. Das CIPP-Evaluationsmodell von Daniel L: Stufflebeam stellt ein Modell für eine formative, also eine Prozessevaluation dar. Das Vier-Ebenen-Modell von Donald Kirkpatrick eignet sich unseres Erachtens für eine Produktevaluation. Die beiden Modelle ergänzen sich gut, um die gesamte Spannbreite einer Transferevaluation abzudecken.

4.5.1 Das CIPP-Modell von Daniel L. Stufflebeam

Das CIPP-Modell von Daniel L. Stufflebeam wurde zur Evaluation von Programmen, Institutionen, Systemen und Produkten entwickelt (vgl. Stufflebeam, 2007: 1). Das Akronym CIPP steht für die Hauptevaluationsformen des Modells: Context, Input, Process und Product. Diese bauen aufeinander auf und können in einem Flussdiagramm dargestellt werden.

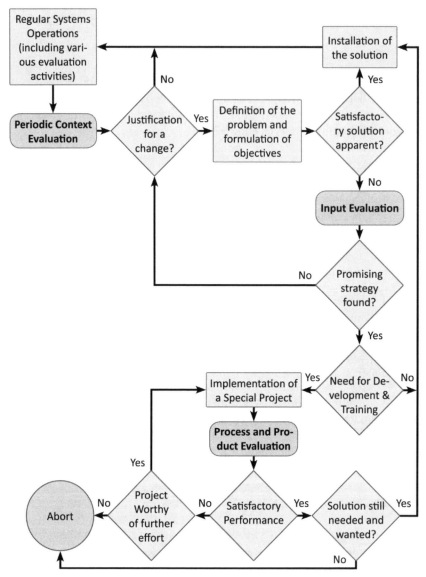

Abbildung 9.3: CIPP-Modell als Flussdiagramm
Quelle: Gessler 2005: 12, nach Stufflebeam 2002: 284

Jede Organisation oder Institution verfährt nach eigenen Prozessen und Arbeitsabläufen. Diese sollten in zeitlichen Abständen auf Veränderungsnotwendigkeiten überprüft werden. Im CIPP-Modell wird dies als Context-Evaluation bezeichnet.

Die Context-Evaluation soll Bedürfnisse der unterschiedlichen Interessengruppen einer Organisation oder eines Systems aufdecken sowie die unterschiedlichen Erwartungen und Ziele identifizieren. Es handelt sich um eine Ist-Analyse, die mit den zu erreichenden Zielen verglichen wird. Diese Ziele können Unternehmensziele, Entwicklungsziele eines Mitarbeiters oder auch Lernziele sein. Die dadurch resultierenden Defizite geben den Bedarf für weitere Vorgehensweisen vor. Des Weiteren werden Informationen zu eventuell auftretenden Problemen und deren Lösungsmöglichkeiten gesammelt (vgl. Gessler, 2005: 13). Diese Art der Evaluation wird im Bildungsprozessmanagement auch als Bedarfsanalyse bezeichnet (siehe oben). Wenn durch die Context-Evaluation ein Bedarf für eine Maßnahme ermittelt und eine Entscheidung für die Durchführung getroffen wurde, werden mithilfe der Input-Evaluation die notwendigen Ressourcen für ein Projekt oder eine Maßnahme erfasst. Diese werden mit den bereits vorhandenen Kapazitäten verglichen und machen somit notwendige Investitionen etc. sichtbar. (vgl. ebd.) Die gewonnenen Ergebnisse sind im Bildungsprozessmanagment vor allem für die Programmplanung von großer Bedeutung.

Bei der Process-Evaluation sollen während der Einführung einer Maßnahme oder eines Projekts Informationen über deren/dessen Fortschritte und Probleme gesammelt und ausgewertet werden (vgl. Stufflebeam, 2007: 6). So können schon während des laufenden Prozesses Verbesserungen und Anpassungen vorgenommen werden. Die gesammelten Daten bilden dabei gleichzeitig eine Grundlage für die spätere Product-Evaluation. Die Ergebnisse werden im letzten Schritt des Modells in der Product-Evaluation erfasst und bewertet (vgl. Gessler, 2005: 13). Für die Product-Evaluation unterscheidet Stufflebeam zwischen Effektivität, Nachhaltigkeit, Übertragbarkeit und der Evaluation selbst auf der Meta-Ebene. Auf diese Teilschritte soll hier aber nicht eingegangen werden, da für die Produktevaluation im Folgenden das Modell von Donald Kirkpatrick herangezogen wird.

Zur Durchführung der CIPP-Evaluation hat Stufflebeam eine Checkliste entwickelt. Hier finden sich detaillierte Informationen für die Durchführung der einzelnen Teilschritte (vgl. Stufflebeam, 2007).

4.5.2 Das Vier-Ebenen-Modell von Donald Kirkpatrick

Das Vier-Ebenen- Modell von Kirkpatrick bezieht sich auf eine Ergebnisevaluation oder Produktevaluation im Bildungsbereich. Die Ebenen beziehen sich auf Reaction/Zufriedenheit, Learning/Lernerfolg, Behavior/Lerntransfererfolg und Result/Output.

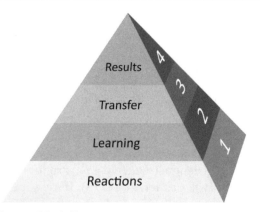

Abbildung 9.4: Vier-Ebenen-Modell
Quelle: Kirkpatrick, 2006 (nach: Winfrey, 1999)

Reaction/Zufriedenheit bezieht sich auf die Teilnehmerzufriedenheit mit einer Bildungsmaßnahme. Diese wird erhoben, um Verbesserungsmöglichkeiten zu erfassen und die Meinung der Teilnehmer wertzuschätzen (vgl. Kirkpatrick, 2006: 38). Es ist umstritten, ob die Kundenzufriedenheit einen Einfluss auf den Lernerfolg hat. So konnte in einer kürzlich veröffentlichten Studie ein Zusammenhang zwischen Zufriedenheit und Lernerfolg sowie zwischen Zufriedenheit und Transfererfolg *nicht* nachgewiesen werden. Untersucht wurden hierbei 43 Managementtrainings mit insgesamt 335 Teilnehmerinnen und Teilnehmern (vgl. Gessler, 2009: 346 f.). Kirkpatrick geht davon aus, dass die Unzufriedenheit der Teilnehmer einen negativen Einfluss haben kann (vgl. ebd.: 20). Die Evaluation der Zufriedenheit wird, da sie nicht sehr aufwändig ist, häufig angewendet.

Die zweite Ebene Learning/Lernerfolg wird wie die erste ebenfalls häufig erhoben. Meist wird durch den erfolgreichen Abschluss einer Maßnahme mit einer bestandenen Prüfung nachgewiesen, ob ein Lernerfolg stattgefunden hat. Diese Prüfung kann sich auf Fertigkeiten, Kenntnisse und Einstellungen beziehen. Um den Lernerfolg auf die Maßnahme zu beziehen, sollte ein Vorher/Nachher- Vergleich stattfinden oder die Ergebnisse anhand einer Kontrollgruppe überprüft werden. (vgl. ebd.)

Behavior/Lerntransfererfolg bezieht sich auf die Anwendung des Erlernten im Arbeitsfeld. Diese Evaluation ist aufwändiger als die beiden ersten und muss, wie bereits erwähnt, viele Einflussfaktoren berücksichtigen. Wir gehen darauf unten noch näher ein.

Die letzte Ebene des Modells von Kirkpatrick bezieht sich auf Results/Output, also den Einfluss einer Maßnahme auf die Geschäftsergebnisse. Dies ist in der Praxis sehr schwierig bis unmöglich, da es zu viele Einflussfaktoren gibt, die ebenfalls Auswirkungen auf Geschäftsergebnisse haben, als dass man den Effekt einer Bildungsmaßnahme darauf exakt darstellen könnte. (vgl. Gessler, 2005: 5)

Um eine Transferevaluation zu vereinfachen, die sich auf das Endprodukt, also eine Bildungsmaßnahme bezieht, ist es notwendig, vorher mit den Auftraggebern zu vereinbaren, welche Ziele verfolgt werden sollen und wann eine Maßnahme als erfolgreich gelten soll. Für diesen Vergleich bieten sich mit dem Auftraggeber vereinbarte Fragebogenkriterien oder das bei der Bildungsbedarfsanalyse bereits erwähnte Kompetenzprofil an.

Die Transferevaluation ist sehr aufwändig, sie kann jedoch erheblich dazu beitragen, die Umsetzung des Gelernten zu verbessern. Aus Kostengründen wird man eine umfassende Evaluation eher exemplarisch, z.B. bei der Einführung eines neuen Projekts durchführen oder aber, wenn es um Projekte einer erheblichen Größenordnung geht. Einzelne Elemente einer solchen ganzheitlichen Perspektive lassen sich jedoch auch in weniger aufwändigerem Stil umsetzen (z.B. die Frage an die Lernenden: „Hat vor der Maßnahme ein Gespräch mit Ihrer Führungskraft stattgefunden?", „Konnten Sie nach der Maßnahme mit Ihrer Führungskraft über Umsetzungsmöglichkeiten des Gelernten am Arbeitsplatz besprechen? Wurden konkrete Vereinbarungen getroffen?"). Diese Fragen können schon in der Zufriedenheitsevaluation am Ende einer Veranstaltung oder in einer Follow-up-Evaluation drei Monaten nach einer Maßnahme berücksichtigt werden.

4.6 Methoden der Transferevaluation

Im Folgenden stellen wir einige Methoden der Transferevaluation dar. Häufig lassen sich die besten Ergebnisse erzielen, wenn verschiedene Methoden miteinander kombiniert werden. So lassen sich z.B. geschlossene Fragebögen, die relativ schnell und einfach auszuwerten sind, einsetzen, um alle Maßnahmen in einem Programm zu erfassen und miteinander zu vergleichen. Für mehr Details, kann man exemplarisch einige wenige Interviews durchführen. Auch wenn man Vorsicht walten lassen und die Reichweite dieser Interviews nicht überbetonen sollte, so erbringen die gewonnenen qualitativen Daten doch einen erheblichen Informationszugewinn. Aus solchen Interviews wiederum lassen sich gezielt Hypothesen generieren, die man mit Fragen in weiteren schriftlichen Befragungen überprüfen kann.

Viele Unternehmen schrecken vor aufwändigeren Verfahren aus Kostengründen zurück. Doch eine zumindest exemplarische, sorgfältige Erhebung von Transfererfolgen (oder -misserfolgen) kann sehr viel Geld sparen. Da eine Investition in eine Bildungsmaßnahme aus unternehmerischer Sicht einen Mehrwert für das Unternehmen darstellen soll, sollte auch sichergestellt werden, dass der wirkliche Bedarf abgedeckt wurde und das neu erlernte Wissen im Arbeitsfeld zum Einsatz kommt. Nur durch eine Evaluation, sei es in kleinem oder großem Umfang, kann dies überprüft und somit auch unnötige Investitionen vermieden werden.

Fragebogen

Der Fragebogen ist die wohl am häufigsten genutzte Methode zur Evaluation. Ein Fragebogen kann standardisiert, mit geschlossenen Fragen, halbstandardisiert, mit offenen und geschlossenen Fragen oder nur mit offenen Fragen erstellt werden. Die standardisierten Fragebögen ermöglichen die Auswertung mit einem geringen Aufwand. Sie bieten jedoch keinen Raum für mögliche Meinungen und Anmerkungen der Befragten. Die Auswertung der offenen Fragebögen ist am aufwändigsten, da die unterschiedlichen Antworten schwer darzustellen sind.

Der Fragebogen kann wie das Interview vor oder nach einer Maßnahme eingesetzt werden. Je nach Zeitpunkt und Zielgruppe können somit unterschiedliche The-
menbereiche erfasst werden. Als Methode kann der Fragebogen zur Bedarfsanalyse,
zur Mitarbeiterbefragung oder zur Transferevaluation in zeitlichen Intervallen eingesetzt werden. Vorteile der schriftlichen Befragung sind der geringe Aufwand, die
geringen Kosten und die Erreichbarkeit einer großen Anzahl von Personen. Ein
Nachteil ist, dass die Befragten durch die anonyme Methode den Fragebogen vielleicht nicht sorgfältig ausfüllen oder aus anderen Gründen falsche Angaben machen
(vgl. Fischer & Bilert, 2008: 9).[4]

Interviews

Interviews können durch Führungskräfte, Personalentwickler oder die Evaluatoren
durchgeführt werden. Je nach Zielsetzung können sie strukturiert, mithilfe von er-
stellten Leitfäden oder unstrukturiert, ohne verbindliche Vorgaben, durchgeführt
werden. Die Befragungen können vor oder nach einer Maßnahme eingesetzt werden.
Vor einer Bildungsmaßnahme können anhand eines Leitfadens die Ziele für den
Lernprozess und die spätere Anwendung festgelegt sowie die Erwartungen abge-
klärt werden. Nach einer Veranstaltung sollten die Zufriedenheit und die Erfüllung
der Erwartungen sowie die Anwendungsmöglichkeiten und -schwierigkeiten erfasst
werden (vgl. ebd. 8).

Der Vorteil einer mündlichen Befragung zeigt sich darin, dass auf den Gesprächs-
verlauf flexibel eingegangen und die Hintergründe und Motive einfacher ermittelt
werden können. Der Nachteil ist, dass das Verhältnis des Interviewers mit dem Befragten Einfluss auf das Ergebnis haben kann. Außerdem ist diese Art der Befragung
sehr aufwändig (vgl. ebd.).

Beobachtung

„Bei dem Beobachtungsverfahren wird das Arbeitsverhalten eines Mitarbeiters
durch eine qualifizierte Person in einer bestimmten Situation systematisch erfasst
und dokumentiert" (ebd.: 9). Diese Art der Beobachtung kommt häufig in Assess-
ment-Centern zur Anwendung. Diese Methode ist jedoch sehr aufwändig. Die Qualität der Beobachtung hängt sehr stark vom Beobachter ab und ist sehr subjektiv. Außerdem kann die Situation der Beobachtung das Verhalten des Beobachteten beeinflussen und verfälschen. Um einen Transfererfolg darzustellen, müsste das Verhalten
vor einer Maßnahme mit dem Verhalten nach der Maßnahme verglichen werden.
Selbst dann, wenn zwei vergleichbare Beobachtungssituationen vorhanden wären,
könnte kein eindeutiger Rückschluss auf den Erfolg einer Bildungsmaßnahme gezogen werden, da das Verhalten eines Menschen noch von weiteren Einflussfaktoren
abhängig ist.

---

4   Für Beispiele zu Transferfragebögen siehe Fischer & Bilert, 2008.

Arbeitsproben

Die Arbeitsproben sollten aus Dokumenten oder Materialien bestehen, die vor, während oder nach einer Maßnahme angefertigt wurden. Sie haben ebenfalls, abhängig vom Zeitpunkt der Erfassung, unterschiedliche Zielsetzungen. Vor einer Maßnahme können Arbeitsproben Rückschlüsse auf den Kenntnisstand des Teilnehmers geben. Während und nach der Maßnahme kann eine Arbeitsprobe zur Erfolgskontrolle eingesetzt werden (vgl. ebd: 11).

5 Ausblick

Greenway bürstet unser gängiges Transferverständnis gegen den Strich. Er merkt an, dass bereits das Denken in den Kategorien des „Transferierens" ein Transferhindernis darstellen kann: „Transfer is a metaphor for change. It is not a very good one, because the everyday meaning of transfer is simply about moving something from here to there – as about moving luggage from one car boot to another. The term 'transfer' doesn't quite capture the myriads ways in which humans learn, grow, change, develop and become high performance workers" (Greenway, 2004: 133).

Wirklich signifikante Lernprozesse und Veränderungen von Menschen enden nicht mit dem Abschluss einer Weiterbildungsveranstaltung, sondern werden vielmehr dort erst angestoßen. Dann wird nicht Gelerntes *übertragen*, sondern es wird am Arbeitsplatz oder in der jeweiligen Lebenssituation *weitergelernt*. Wirkungsvolles Transfermanagement bedeutet daher, kreative Wege zu finden, um Menschen zum Weiterlernen zu inspirieren und diese Prozesse zu unterstützen. Anspruchsvolle Lernszenarien nützen dazu die gesamte Bandbreite methodisch-didaktischer Gestaltungsmöglichkeiten. Letztlich geht es darum, konsequent „weiterzudenken" und Lernen als betriebliche Grundfunktion zu verstehen.

Literatur

ALSHEIMER, M., MÜLLER, U. & PAPENKORT, U. (1996). Spielend Kurse planen: Die Methoden-Kartothek (nicht nur) für die Erwachsenenbildung. Eibelstadt: Lexika.

BAUER, H., BRATER, M., BÜCHELE, U., DAHLEM, H., MAURUS, A. & MUNZ, C. (2004). Lernen im Arbeitsalltag: Wie sich informelle Lernprozesse organisieren lassen. Bielefeld: Bertelsmann.

BECKER, F. G. (2002). Lexikon des Personalmanagements: Über 1000 Begriffe zu Instrumenten, Methoden und rechtlichen Grundlagen betrieblicher Personalarbeit. Beck-Wirtschaftsberater. München: DTV-Beck.

BEHRMANN, D. & SCHWARZ, B. (2003). Selbstgesteuertes lebenslanges Lernen: Herausforderung an die Weiterbildungsorganisation. Bielefeld: Bertelsmann.

BENNER, D. (1987). Allgemeine Pädagogik. Weinheim: Juventa.

BESSER, R. (2004). Transfer: Damit Seminare Früchte tragen. München: Beltz.

BORTZ, J. & DÖRING, N. (2002). Forschungsmethoden und Evaluation: für Human- und Sozialwissenschaftler. 3. Auflage. Berlin: Springer.

DEUTSCHE GESELLSCHAFT FÜR EVALUATION (2008). Standards für Evaluation. URL: http://www.degeval.de /calimero/tools/proxy.php?id=19074 (23.03.2009).

DEUTSCHE GESELLSCHAFT FÜR PERSONALFÜHRUNG (DGFP) E.V. (Hrsg.) (2002). Herausforderung Personalmanagement. Schriftenreihe der DGFP 65. Frankfurt: Frankfurter Allgemeine Buch.

DIESNER, I., EULER, D. & SEUFERT, S. (2006). SCIL-Trendstudie: Ergebnisse einer Delphi-Studie zu den
Herausforderungen für das Bildungsmanagement in Unternehmen. SCIL-Arbeitsbericht Nr. 9.
Swiss Centre for Innovations in Learning. St. Gallen: Universität.

DOLLINGER, M. (2003). Wissen wirksam weitergeben: Die wichtigsten Instrumente für Referenten,
Trainer und Moderatoren. Zürich: Orell Fuessli.

FEIGE, W. (2000). Transfer in die Praxis sichern. Management & Training, 4, 38–39.

FISCHER, M. & BILERT, S. (2008). Transferevaluation. Grundlagen der Weiterbildung – Praxishilfen, Systemstelle 7.90.51. Neuwied: Luchterhand Verlag.

FREIGANG, S. (2007). Qualitätsmanagement in der Weiterbildung: Bilden, Verstehen, Transferieren.
Saarbrücken: Verlag Dr. Müller.

FRIEBEL, H. & WINTER, R. (2005). Betriebliche Weiterbildung in der Automobilindustrie: Innovations-
treiber für die Weiterbildung insgesamt? Grundlagen der Weiterbildung – Praxishilfen, Systemstelle 9.10.10.14. Neuwied: Luchterhand.

GESSLER, M. (2005). Gestaltungsorientierte Evaluation und der Return on Investment von Weiterbil-
dungsprogrammen. bwp@ Ausgabe Nr. 9. Hrsg. der Ausgabe K. Büchter & Martin Kipp. URL:
http://www.bwpat.de/ausgabe9/gessler_bwpat9.shtml (16. 03 2009).

GESSLER, M. (2009). The correlation of participant satisfaction, learning success and learning transfer:
an empirical investigation of correlation assumptions in Kirkpatrick's four-level model. International Journal of Management in Education, Vol. 3, Nos. 3/4, 346–358.

GREENAWAY, R. (2004). How Transfer happens. In A. Ferstl, P. Schettgen & M. Schoöz (Hrsg.), Der Nutzen des Nachklangs: Neue Wege der Transfersicherung bei handlungs- und erfahrungsorientierten
Lernprojekten (S. 133–145). Augsburg: Ziel-Verlag.

HÄRING, KATRIN (2003). Evaluation der Weiterbildung von Führungskräften. Wiesbaden: Deutscher
Universitätsverlag.

HOLZ, H. & SCHEMME, D. (Hrsg.) (2005). Wissenschaftliche Begleitung bei der Neugestaltung des Lernens: Innovation fördern, Transfer sichern. Bielefeld: Bertelsmann.

HUMMEL, TH. R. (1999). Erfolgreiches Bildungscontrolling: Praxis und Perspektiven. Heidberg: Sauer.

IHLEIN, M. (2005). Die Effektivität der „Softskill" – Weiterbildung bei IBM Deutschland in Bezug auf
den Lerntransfer: Möglichkeiten und Grenzen der Effektivitäts-Evaluation. Unveröffentlichte Diplomarbeit. Pädagogische Hochschule Ludwigsburg.

JETTER, W., WOTTAWA, H. & KIRBACH, C. (2005). Der Wert der Weiterbildung. Harvard Business manager,
6, 43–55.

KIRKPATRICK, D. L. (2006). Evaluating Training Programs: The four levels. San Francisco: Berrett-Koehler
Publishers.

LANG, K. (2000). Bildungscontrolling: Personalentwicklung effizient planen, steuern und kontrollieren.
Wien: Linde.

LANGENSCHEIDT FREMDWÖRTERBUCH ONLINE EDITION. URL: http://services.langenscheidt.de/fremdwb
/fremdwb.html (09.03.2009).

LEHNERT, U. (1999). Bildungscontrolling im DV-Bereich: Konzepte, Meilensteine, Checklisten. München: Hanser.

LEMKE, S. G. (1995). Transfermanagement. Göttingen: Verlag für angewandte Psychologie.

MÜLLER, H.-J. (2006). Handlungsorientierte Prüfungen in der beruflichen Fortbildung. Bundesinstitut
für Berufsbildung, Berlin. Bielefeld: Bertelsmann.

MÜLLER, U. (2002). Professionelles Handeln lernen durch Selbstbildung? Eine integrative Rahmenkonzeption zur Weiterbildung der Weiterbildner. In B. Dewe, G. Wiesner, & J. Wittpoth (Hrsg.), Professionswissen und erwachsenenpädagogisches Handeln, Dokumentation der Jahrestagung der
Sektion Erwachsenenbildung in der DgfE (S. 113–124). Bielefeld: Bertelsmann.

MÜLLER, U. (2004). Führen lernen: Eine didaktisch-methodische Rahmenkonzeption für handlungs- und transferorientierte Management-Qualifizierung. In W. Bender et al. (Hrsg.), Lernen und Handeln: Eine Grundfrage der Erwachsenenbildung (S. 387–398). Schwallbach: Wochenschau Verlag.

MÜLLER, U. (2006). Bildungsprozessmanagement eine kurzgefasste Einführung. URL: http://www.bildungprozessmanagement.de (03.04.2009).

MÜLLER, U. & IBERER, U. (2007). Bildung managen: eine Lern- und Arbeitsumgebung für das Bildungsprozessmanagement. URL: http://www.bildungprozessmanagement.de, (03.04.2009).

NAGEL, C. (2004). Bildungscontrolling – Transfersicherung als Führungsaufgabe: Am Beispiel der Alfred Kärcher GmbH & Co. KG. Unveröffentlichte Diplomarbeit. Pädagogische Hochschule Ludwigsburg.

RANK, B. & WAKENHUT, R. (1996). Bildungscontrolling: Erfolg in der Führungskräfteentwicklung. München: Hampp.

REISCHMANN, J. (2003). Weiterbildungsevaluation: Lernerfolge messbar machen. Neuwied: Luchterhand.

SAUER, H. F. (1995). Die Ermittlung des betrieblichen Bildungsbedarfs als Voraussetzung einer systematischen Personalentwicklung: Grundsätzliche Überlegungen und praktische Ansätze. Egelsbach: Hänsel-Hohenhausen.

SCHARPF, R. (1999). Training und Transfer: Lernen, Anwenden und die Bedeutung fähigkeitsbezogener Kognitionen. Diss., Katholischen Univ. Eichstätt. München und Mering: Rainer Hampp.

SEVERING, E. (1998). Qualitätssicherung in der beruflichen Bildung. In I. Richter & H.P. Füssel (Hrsg.), Recht der Jugend und des Bildungswesens (RdJB), Heft 1, 73–82.

SIEBER-BETHKE, F. (2003). Controlling, Evaluation und Reporting von Weiterbildung und Personalentwicklung. Bremen: Medien Institut Bremen.

SOLGA, M. (2006). Lerntransfermanagement: Förderung des Lerntransfers aus Weiterbildungsmaßnahmen. Grundlagen der Weiterbildung – Praxishilfen. Lose-Blatt-Sammlung, Systemstelle 4.50.90. Neuwied: Luchterhand.

STUFFLEBEAM, D.L. (2002): The CIPP Model for Evaluation. In D.L. Stufflebeam, G.F. Madaus & T. Kellaghan (Hrsg.), Evaluation Models, Viewpoints on Educational and Human Services Evaluation, Second Edition, eBook (S. 279–317). New York, Boston u.a.: Kluwer Academic Publishers.

STUFFLEBEAM, D.L. (2007). CIPP Evaluation Model Checklist. 2nd Edition. URL: http://www.wmich.edu/evalctr/checklists/cippchecklist_mar07.pdf (13.03.2009).

WEIDENMANN, B. (2002): Erfolgreiche Kurse und Seminare. München: Beltz.

WINFREY, E. (1999). Kirkpatrick's Four Levels of Evaluation. In Encyclopedia of Educational Technology. URL: http://coe.sdsu.edu/eet/Articles/k4levels/index.htm (06.04.2009).

WOTTAWA, H. & THIERAU, H. (2003). Lehrbuch Evaluation. Bern: Verlag Hans Huber.

Personalmanagement

Michael Müller-Vorbrüggen

Zielsetzung

- Sie kennen die neun Funktionsbereiche des Personalmanagements.
- Sie können pro Funktionsbereich Hauptaufgaben sowie zentrale Fragestellungen benennen.
- Sie kennen die drei Teilbereiche der Personalentwicklung und können Instrumente der Personalentwicklung diesen Teilbereichen zuordnen.

1 Einführung

Personalmanagement bezeichnet jene Aufgaben im Unternehmen, die sich spezialisiert mit der aktiven Gestaltung und Abwicklung all derjenigen Bereiche im Unternehmen befassen, die hauptsächlich mit dem Personal zu tun haben. Dazu gehören als Funktionsbereiche im Wesentlichen folgende Gebiete (vgl. Bröckermann, 2007: 1 f.):

1. Personalbeschaffung
2. Personaleinsatz
3. Personalbeurteilung
4. Entgelt
5. Personalführung
6. Personalservice
7. Personalentwicklung
8. Personalfreisetzung
9. Personalcontrolling

Die wichtigsten Grundzüge dieser Funktionsbereiche sollen im vorliegenden Beitrag überblicksartig vorgestellt werden. Die Personalführung wird nicht näher behandelt, da Götz und Heider dieses Thema in diesem Band gesondert betrachten.

Diese Aufgliederung des Personalmanagements orientiert sich nicht an einer wissenschaftstheoretischen Systematisierung, sondern an jenen Hauptaktivitäten, mit denen sich eine spezialisierte Personalabteilung ab der Größe von circa 100 Mitarbeitern in einem Unternehmen zu befassen hat. Die theoretischen Grundlagen werden jeweils in den Aktionsbereichen genannt, insofern dies in diesem überaus komprimierten Beitrag möglich ist.

In gewisser Weise betreibt jeder Vorgesetzte eines Unternehmens ein Personalmanagement. Die Aufgaben der Vorgesetzten können und dürfen nicht von einem zentralen Personalmanagement übernommen werden. Das Personalmanagement bzw. die Personalabteilung sollten sich heute als eine interne Serviceeinrichtung zur Unterstützung der Unternehmensleitung und der Führungskräfte, aber auch in einigen Fällen der Mitarbeiter und des Betriebsrats verstehen. Hierbei ist die Serviceleistung auf allen drei Zeitebenen des Managements, auf der operativen, der taktischen und der strategischen zu tätigen (vgl. Scholz, 2000: 88 f., 204 ff., 259 ff.). Die strategische Ausrichtung des Personalmanagements hat in den letzten Jahren stark an Bedeutung zugenommen. Dies bedingt, dass z.B. Personalverantwortliche an den strategischen Prozessen eines Unternehmens beteiligt werden müssen. Die operative Ebene hat hingegen, insbesondere durch den Einsatz von Spezialsoftware, an Bedeutung verloren.

Die Begriffe Personalwirtschaft, Human Ressource Management und Personalmanagement bezeichnen im Grunde dasselbe. Aufgrund der stärkeren strategischen Ausrichtung des Aufgabenfelds erscheint der Begriff Personalmanagement als deutscher Begriff zeitgemäßer. Das Ziel modernen Personalmanagements ist es, eine möglichst hohe Qualität zu gewährleisten (vgl. Bröckermann, Müller-Vorbrüggen & Witten, 2007: 3 ff.). Hierzu müssen Methoden und Erkenntnisse aus verschiedenen wissenschaftlichen Disziplinen zum Einsatz gebracht werden. Zu nennen sind vor allem die Betriebswirtschaftslehre, die Psychologie, die Pädagogik, die Rechtswissenschaften und die Soziologie. Die genannten Disziplinen verfügen jeweils über eine speziell auf den Betrieb abhebende Spezialisierung. Innerhalb der Betriebswirtschaftslehre ist das Personalmanagement ein Hauptfach. In Lehre und Forschung werden hierbei die anderen genannten Disziplinen notwendigerweise integriert. Erst in der Ergänzung lässt sich die geforderte hohe Qualität in der Lehre, aber auch in der Praxis erreichen!

In der Bundesrepublik Deutschland ist das Miteinander zwischen Arbeitgebern bzw. deren Vertretern und Arbeitnehmern und deren Vertretern durch das Betriebsverfassungsgesetz geregelt. Als Grundsatz darf festgehalten werden, dass bei fast allen das Personal im Einzelnen und besonders im Kollektiv betreffenden Entscheidungen der Betriebsrat ein Mitbestimmungsrecht besitzt. Je nach Rechtslage kann er eine Sache ablehnen, muss er informiert werden oder muss er in einer Beratung angehört werden (vgl. Scholz, 2000: 172 ff.).

Das Konstrukt der Handlungskompetenz und die daraus folgenden Kompetenzmodelle haben in den letzten Jahren stark an Bedeutung gewonnen, wogegen jenes der Schlüsselqualifikation wegen seiner systematischen Schwächen an Bedeutung stark verliert. Kompetenzmodelle bilden vielfach schon ein Rahmengerüst für alle personalwirtschaftlichen Aufgabenstellungen (vgl. Gessler, 2008). Sie bieten die Möglichkeit einer gemeinsamen Orientierungs- und Bewertungssprache im Unternehmen und sind auf dem besten Weg, zu einem Grundparadigma des Personalmanagements zu werden. Ein Beispiel dafür wird im Abschnitt Personalentwicklung vorgestellt (vgl. Müller-Vorbrüggen, 2008a: 10).

2   Personalbeschaffung

Das Ziel der Personalbeschaffung ist es, Personal in der ausreichenden Anzahl und mit der notwendigen Qualifikation und Kompetenz zur rechten Zeit für einen bestimmten Einsatzort anzuwerben, auszuwählen und unter Vertrag zu nehmen (vgl. Bröckermann, 2007: 38). Die Personalbeschaffung vollzieht sich in der Reihenfolge folgender Aufgaben:

1. Personalbeschaffungsplanung
2. Personalbeschaffungswege

3. Personalauswahl
4. Personalauswahlentscheidung
5. Vertrag

Die Personalbeschaffung setzt eine Vielzahl von planerischen Aktivitäten voraus. Erst dann, wenn die entsprechenden Daten vorliegen, kann die eigentliche Beschaffung beginnen. Aus der Stellenbeschreibung und den aktuellen Anforderungen wird ein Anforderungsprofil erstellt. Das oben genannte Kompetenzmodell dient dabei als Grundmuster. Folgende Beschaffungswege sind zu nennen (vgl. Abbildung 10.1):

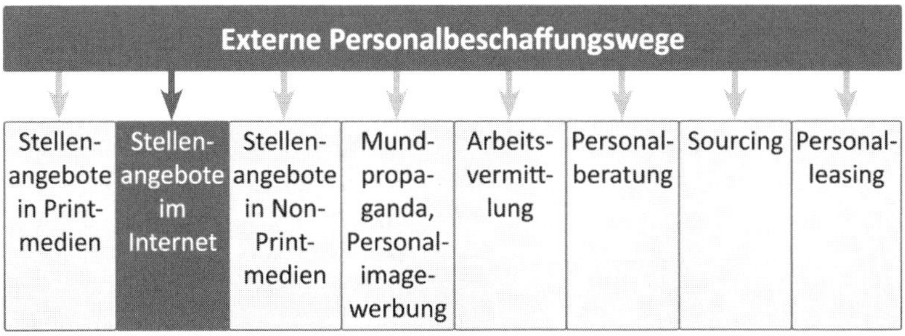

Externe Personalbeschaffungswege							
Stellen-angebote in Print-medien	Stellen-angebote im Internet	Stellen-angebote in Non-Print-medien	Mund-propa-ganda, Personal-image-werbung	Arbeits-vermitt-lung	Personal-beratung	Sourcing	Personal-leasing

Abbildung 10.1: Externe Personalbeschaffungswege
Quelle: Eigene Darstellung

Nachdem geeignete Personen gefunden wurden, erfolgt der Auswahlprozess. Dieser kennt im Wesentlichen fünf Verfahren, die separat oder kombiniert angewandt werden können:

- *Fragebogen:* Sind einfach, werden häufig eingesetzt und sind zweckmäßig.
- *Vorstellungsgespräch:* Wird fast immer angewandt und ist unterschiedlich lang und strukturiert.
- *Testverfahren:* Haben eine sehr unterschiedliche Fragendifferenzierung. Psychologische Tests dürfen nur von Diplompsychologen eingesetzt werden. Tests werden weniger häufig eingesetzt.
- *Situative Verfahren:* Hierbei wird eine betriebliche Praxissituation exemplifiziert und „spielerisch/live" vom Bewerber vorgestellt. Darüber hinaus sind auch reale „Arbeitsproben" von bereits erledigten Arbeiten, z.B. Projekten, möglich.
- *Assessmentcenter:* Ist eine Kombination dieser Verfahren. Dabei wird der gesamte Prozess von „Experten" beobachtet und bewertet.

Am Ende des Auswahlprozesses steht oft noch die *ärztliche Eignungsuntersuchung,* bevor der Vertrag geschlossen wird.

3 Personaleinsatz

Die Aufgaben des Personaleinsatzes erstrecken sich auf den Bereich der Eingliederung der vorhandenen Mitarbeiter in den Arbeitsprozess des Unternehmens. Dabei ist es das Ziel, Stellen und Personen in die bestmögliche Übereinstimmung zu bringen (vgl. Bröckermann, 2007: 164 ff.).

Für den Personaleinsatz stehen im Wesentlichen vier Aufgabenbereiche und Methoden zur Verfügung: Einarbeitung, Stellenzuweisung, Stellenanpassung und Zeitwirtschaft (vgl. Tabelle 10.1).

Tabelle 10.1: Personaleinsatzplanung

Einarbeitung	Stellenzuweisung	Stellenanpassung	Zeitwirtschaft
• Vorbereitung	• Mehrarbeit	Arbeitsstrukturierung	Arbeitszeitmodelle
• Begrüßung	• Versetzung	• Refa-System	• feste Arbeitszeit
• Information	• Personalentwicklung	• Telearbeit	• rollierendes System
• Vorstellung	• Auslandseinsatz	• Job Rotation	• Schichtarbeit
• Orientierung	• Personalreserve	• Fertigungsteam	• Bandbreitenmodell
• Soziale Integration	• Personalleasing	• Job Enlargement	• gestaffelte
• Einweisung	• befristete Verträge	• Job Enrichment	Arbeitszeit
• Kontrolle	• Outsourcing	• teilautonome Gruppe	• Baukastensystem
• Beurteilung		• Fertigungsinsel	• Teilzeit
		• Qualitätszirkel	• Gleitzeit
		• Werkstattzirkel	• Variable Arbeitszeit
		• Projektgruppe	• Jahresarbeitszeit
			• Lebensarbeitszeit
			• Sabbatical
			• Cafeteria-System
		Arbeitsplatzgestaltung	Urlaub

Quelle: Bröckermann, 2007: 165

4 Personalbeurteilung

Eine Beurteilung ist im Grundsatz nichts anders als der Abgleich einer Soll-Vorstellung mit einer Ist-Vorstellung. Man beurteilt Bewerber und Beschäftigte hinsichtlich ihrer Leistung und ihres Verhaltens.

Bei einer Beurteilung lässt man sich von den Grundprinzipien Qualität, Leistung, Potential (zu erwartende Leistung einer Person), Realität und Objektivität leiten. Jeder, der einmal in der Situation eines Beurteilers gewesen ist, weiß, wie schwierig es ist, objektiv zu sein. Wenn es auch bei einer Beurteilung durch Menschen keine volle Objektivität gibt, darf den Beurteiler dies keinesfalls von seinem festen Ziel, möglichst objektiv zu beurteilen, abbringen.

Bei der Personalbeurteilung müssen alle Mitbestimmungsrechte des Betriebsrats sowie alle einschlägigen Tarifverträge beachtet werden. Vor einer Beurteilung sind Form, Turnus, Kriterien, Zuständigkeit, die Personenkreise und der Zeithorizont zu klären (vgl. Tabelle 10.2).

Die Beurteilungskriterien bedürfen dabei besonderer Beachtung.

Bei der *summarischen Personalbeurteilung* wägt man ab, welcher Beurteilte bei welchem Kriterium oder Merkmal am besten, an zweiter Stelle usw. abgeschnitten hat. Man kann auch summarisch zu einer Einschätzung kommen, wer generell an erster Stelle, an zweiter Stelle usw. steht.

Tabelle 10.2: Verfahren zur Personalbeurteilung

Form	Turnus	Beur-teilungs-kriterien	Kriterien-differen-zierung	Zuständigkeit	Personen-kreis	Zeit-horizont
▪ freie Beur-teilung ▪ gebun-dende Beur-teilung	▪ regel-mäßige Beur-teilung ▪ anlass-bedingte Beurtei-lung	▪ quantita-tive Beur-teilung ▪ qualitati-ve Beur-teilung	▪ Summari-sche Be-urteilung ▪ Anlyti-sche Beur-teilung	▪ Personal-auswahl ▪ Selbst-beurteilung ▪ Kollegen-beurteilung ▪ Mitarbeiter-beurteilung ▪ Vorgesetzten-beurteilung ▪ Beurteilung durch Externe ▪ 360-Grad-Beurteilung	▪ Gesamt-beur-teilung ▪ Einzel-beur-teilung	▪ Leis-tungs-beur-teilung ▪ Poten-zial-beur-teilung

Quelle: Eigene Darstellung in Anlehnung an Bröckermann, 2007: 214

In der Praxis dominiert die *analytische Personalbeurteilung.* Ihr wird ein geringeres Fehlerrisiko bescheinigt. Die Beurteiler sind gezwungen, jedes Beurteilungskriterium und -merkmal hinsichtlich jedes Beurteilten einzeln zu durchdenken und mit einem konkreten Wert zu versehen. Das Gesamtergebnis für einen Beurteilten ergibt sich durch die Ermittlung der Wertsumme über alle Beurteilungskriterien und -merkmale (vgl. Abbildung 10.2).

Beurteilungsmerkmal	Arbeitsleistung, Arbeitstempo
Leistungsstufe	**Beschreibung**
5	**hervorragend:** arbeitet immer sehr schnell, Arbeits-leistungswert liegt immer über dem Durchschnitt
4	**sehr gut:** aus eigenem Antrieb liegen Arbeitstempo und Arbeitsleistung über dem Durchschnitt
3	**gut:** gutes Arbeitstempo, auch ohne ständige Aufsicht
2	**verbesserungsbedürftig:** unter Aufsicht zufrieden-stellendes Arbeitstempo, entspricht nicht immer den Leistungsanforderungen
1	**unzureichend:** Arbeitsleistung liegt deutlich unter dem Durchschnitt, Arbeitstempo ist unzureichend
Punktzahl	= Leistungsstufe × Gewichtungsfaktor
...	= ... × 20

Abbildung 10.2: Gewichtungsschlüssel mit Gewichtungsfaktor
Quelle: Bröckermann, 2007: 218

Die obige Abbildung zeigt beispielhaft das Vorgehen einer analytischen Beurteilung.

Das Beurteilungsgespräch zwischen dem Vorgesetzten und seinem Mitarbeiter sollte mindestens einmal im Jahr durchgeführt werden. Dabei ist eine Kopplung mit einem Fördergespräch, bei dem es um die Personalentwicklung geht, dringend zu vermeiden. Eine Beurteilung weckt immer ziemliche Emotionen; sie muss erst einmal verarbeitet werden. Mit einer solchermaßen aufgeladenen Gesprächssituation sind fast alle Vorgesetzten überfordert. Das Argument der Zeitersparnis im Falle einer Kopplung zu einem Jahresmitarbeitergespräch zieht nicht, weil diese Gesprächssituation einen höheren Aufwand verursacht, als wenn man separate Gespräche führen würde. Empfehlenswert ist das Fördergespräch circa 2–4 Wochen nach der Beurteilung.

5   Entlohnung

Das Entgelt ist die materielle Gegenleistung des Unternehmens für die geleistete Arbeit des Arbeitnehmers. Es wird zwischen realen Geldleistungen und geldwerten Leistungen, wie z.B. Dienstwagen und Dienstwohnung, unterschieden. Oberstes Ziel der Geldleistung muss es sein, ein gerechtes Entgelt für die geleistete Arbeit zu zahlen. Obwohl das gerechte Entgelt schwer zu ermitteln ist, muss auch hier dringend danach gestrebt werden, die Motivation der Mitarbeiter zu erhalten. Die wichtigste Orientierungsgröße ist der Branchenvergleich. Daneben sind die Leistungsgerechtigkeit und die Marktorientierung wichtig.

Für die meisten Arbeitnehmer wird in den Verhandlungen zwischen den Arbeitgebervertretern und den Arbeitnehmervertretern der Tarifvertrag ausgehandelt. Er berücksichtigt die verschiedenen Ausbildungen, Aufgabenbereiche und Verantwortlichkeiten der Beschäftigten und versucht, mithilfe von Messverfahren das „passende" Gehalt zu definieren.

Tarifverträge, Betriebs- oder Dienstvereinbarungen sowie betriebliche Übungen haben, wenn sie einmal rechtskräftig sind, einen rechtsverbindlichen Charakter.

Eine übertarifliche Bezahlung obliegt der gegenseitigen Aushandlung zwischen Arbeitgeber und Arbeitnehmer. Die Vertragsparteien sind hierbei in der Festlegung des Gehalts weitgehend frei.

Abbildung 10.3: Zusätzliche Vergütungsmöglichkeiten
Quelle: Bröckermann, 2007: 283

Die Struktur der Vergütung setzt sich aus einer Grundvergütung und meist mehreren Zuschlägen zusammen. Zu nennen sind vor allem der außertarifliche Zuschlag, der Nacht-, Sonn- und Feiertagszuschlag, der Schichtzuschlag, der Erschwerniszuschlag und der Kinderzuschlag. Darüber hinaus gibt es leistungsabhängige Vergütungen und Sonderzahlungen, wie z.B. Weihnachtsgeld, und Gratifikationen, wie z.B. bei Jubiläen. Eine Erfolgsbeteiligung gehört zu einer eigenen Vergütungsgruppe, die sich an der Höhe des Unternehmenserfolgs orientiert.

Von zunehmender Wichtigkeit sind die betrieblichen Altersversorgungen, da die staatliche Altersversorgung an Bedeutung verliert.

Für den Arbeitgeber ist das Entgelt an eine Reihe von sozialen Leistungen gebunden, wie Entgeltfortzahlung im Krankheitsfall, während des Urlaubs und sechs Wochen vor sowie acht Wochen nach der Geburt für die Mutter. Die freigestellten Betriebsräte erhalten ihr Entgelt, obwohl sie nicht mehr in der ursprünglichen Aufgabenstellung tätig sind.

Ein aufwändiger Bereich ist die Entgeltabrechnung. Dabei sind zu berücksichtigen: Lohnsteuer und Solidaritätszuschlag, Kirchensteuer, Krankenversicherung, Rentenversicherung, Arbeitslosenversicherung, Pflegeversicherung und Unfallversicherung. Ohne eine EDV-Unterstützung wäre das alles wohl kaum mehr zu leisten, insbesondere dann nicht, wenn die verschiedenen Entgeltformen auch noch in jedem Monat anders ausfallen können.

Das Schaubild 10.4 verdeutlicht die Zusammensetzung der gesamten Leistungen:

Bruttoentgelt
– Lohnsteuer und Solidaritätszuschlag
– gegebenenfalls Kirchensteuer
– Krankenversicherungsbeitrag
– Pflegeversicherungsbeitrag
– Rentenversicherungsbeitrag
– Arbeitslosenversicherungsbeitrag
= Nettoentgelt
+ zusätzliche Bezüge
– zusätzliche Abzüge
= Auszahlungsbetrag

Abbildung 10.4: Entgeltabrechnung
Quelle: Bröckermann 2007, S. 317

6 Personalführung

Die Personalführung wird in diesem Buch in einem Extrabeitrag gesondert behandelt. Um die funktionale Ausrichtung des Beitrags „Personalmanagement" zu komplettieren, seien die Aktionsfelder moderner Personalführung kurz genannt:

- Zielsetzung
- Personalplanung
- Delegation
- Kooperation
- Beurteilung
- Einfluss
- Kommunikation
- Feedback
- Motivation
- Anreize
- Vertrauen
- Ethische Führung

Diese Aktionsfelder sind in der nachfolgenden Abbildung nochmals grafisch darge-stellt (vgl. Abbildung 10.5).

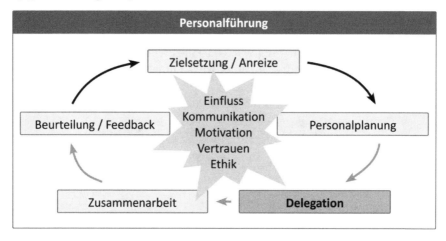

Abbildung 10.5: Personalführung

Quelle: Bröckermann, 2007: 325

Eine gute Führungskraft zeichnet es aus, auf all diesen Ebenen kompetent agieren und handeln zu können. In einer Vorgesetztenbeurteilung und in einem 360° Feed-back sollten diese Aufgaben als zu überprüfende Bereiche auftauchen.

7 Personalentwicklung

Bei der betrieblichen Personalentwicklung geht es um die Vermittlung von Qualifika-tionen und Kompetenzen, damit die Mitarbeiter heute und in Zukunft über Hand-lungskompetenz verfügen, also kompetent handeln können. Das vorgestellte Kompe-tenzmodell ist heute eine zentrale und unabdingbare Hilfestellung für die Personal-entwicklung.

Die Personalentwicklung hat sich, verglichen mit den anderen personalwirt-schaftlichen Aktionsfeldern, in den letzten Jahren vermutlich am meisten entwickelt.

Das Wissen verändert sich in einer immer schnelleren Taktfolge. Was gestern erlernt wurde, ist morgen häufig schon überholt. In dem Umfeld wurden Konzepte, wie „lebenslanges Lernen" und „selbstgesteuertes Lernen", entwickelt, um dieser Situation zu begegnen. Die Unternehmen können es nicht mehr der Personalauswahl überlassen, geeignetes Wissen zu bekommen. Spätestens dann, wenn die derzeitige Krise behoben ist, wird es einen Fachkräftemangel geben, der mehr denn je dazu zwingt, die eigenen Mitarbeiter zu entwickeln.

Innerhalb der Praxis und der Lehre ist die Personalentwicklung ein besonders herausgehobenes Gebiet. Sie zeichnet sich durch eine sehr starke Multidisziplinarität aus. In der Personalentwicklung sind heute mindestens genau so viele Arbeitspsychologen und Betriebspädagogen wie BWLer beschäftigt, was der Qualität dieses Gebiets gut getan hat. Bei den Beschäftigten genießt die Personalentwicklung ebenfalls eine herausragende Bedeutung, da sie zumeist den starken Wunsch haben, sich zu entwickeln. Die Personalentwicklung korrespondiert besonders mit der Selbstverwirklichung und man braucht sich zur Einordnung dieses Begriffs nur an die Bedürfnispyramide von Maslow zu erinnern (vgl. Müller-Vorbrüggen, 2008a: 3 ff.).

Die Strategie der Personalentwicklung ist eine aus der Unternehmensstrategie abgeleitete Strategie. Die Struktur der Personalentwicklung beschäftigt sich mit dem Fachwissen über die Personalentwicklungsinstrumente. Ohne sie ist die Entwicklung einer Personalentwicklungsstrategie für Unternehmen unmöglich. Wenn eine Strategie entworfen wird, kann sie nur dann konkretisiert werden, wenn die Möglichkeiten der Gestaltung bekannt sind, ansonsten bleibt diese Strategie vorläufig und fragwürdig.

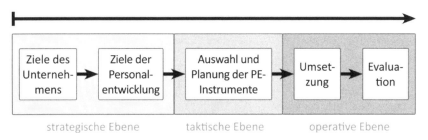

Abbildung 10.6: Unternehmensstrategie und Personalentwicklung
Quelle: Eigene Darstellung

Vor etwas mehr als zehn Jahren hätte man auf die Frage nach dem, was zur Personalentwicklung gehört, vermutlich noch relativ einfach beantwortet, indem man die Personalentwicklung mit der Personalbildung gleichgesetzt hätte. Die Bildung als der Bereich, der auf die Begründung, den Erhalt und die Erweiterung des Wissens zielt, ist und bleibt ein fundamentaler Bestandteil der Personalentwicklung, aber er ist nicht mehr der einzige (vgl. Becker, 2005).

In der heutigen Personalentwicklung unterscheidet man die *Instrumente der Personalbildung* und der *Personalförderung*. Bei der Personalförderung geht es nicht darum, Wissen zu vermitteln. Es geht im wahrsten Sinne des Wortes um fördernde, unterstützende, entwickelnde Angebote und Möglichkeiten für die Mitarbeiter eines Unternehmens (vgl. Müller-Vorbrüggen, 2008a: 7 f.)

Neu abgegrenzt ist der Bereich der Arbeitsstrukturierung. Unter Arbeitsstrukturierung ist die Gestaltung von Inhalt, Umfeld und Bedingungen der Arbeit auf der Ebene des Arbeitssystems zu verstehen. Es dürfte Konsens darüber bestehen, dass Menschen entwickelt werden können, indem die Struktur der Arbeit und des Arbeitsplatzes verändert oder variiert wird. Der Mitarbeiter, der sich auf die neue Arbeitssituation einstellt, wird lernen, diese dem üblichen Qualitätsniveau entsprechend auszuüben. Dabei entwickelt er, meist selbstgesteuert, neue Fertigkeiten und Fähigkeiten, die nicht nur für diesen speziellen Arbeitsplatz von Bedeutung sein werden. Wenn der Personalentwickler, wie zum Beispiel bei der Job Rotation, dies bewusst und planerisch steuert, dann ist diese Arbeitsgestaltung eine Maßnahme der Personalentwicklung. Natürlich befassen sich auch andere personalwirtschaftliche Funktionsbereiche mit der Arbeitsstrukturierung. Das geschieht aber aus einer anderen Aufgabenstellung oder Intention heraus.

Im Folgenden werden die Personalentwicklungsinstrumente dieser drei Teilbereiche bzw. die Säulen der Personalentwicklung aufgelistet (vgl. Müller-Vorbrüggen, 2008a: 9).

A. Instrumente der Personalbildung

   1. Berufsausbildung
   2. Einarbeitung, Integration und Anlernen neuer Mitarbeiter
   3. Training into the Job und Reintegration
   4. Berufliche Neuorientierung und Outplacement
   5. Training on the Job und Training near the Job
   6. Training off the Job
   7. E-Learning, Web Based Learning, Telelearning, Fernunterricht, Blended Learning,
   8. Selbstorganisiertes Lernen und lernende Organisation
   9. Wissensmanagement
   10. Corporate University

B. Instrumente der Personalförderung

   1. Traineeprogramm
   2. Mitarbeiterbefragung
   3. 360° Feedback
   4. Assessmentcenter und psychologische Testverfahren
   5. Moderation und Fachberatung
   6. Coaching und Supervision
   7. Mentoring und Patenschaft
   8. Outdoor Training, insbesondere Teambuilding und Teamentwicklung
   9. Verhaltenstrainings
   10. Förderkreis, Talent- und Karrieremanagement
   11. Juniorfirma

C. Instrumente der Arbeitsstrukturierung

1. Telearbeit und Home Office
2. Job Rotation
3. Job Families
4. Job Enlargement und Job Enrichment
5. Teilautonome Arbeitsgruppe und Fertigungsinsel
6. Qualitätszirkel und Lernstatt
7. Projektgruppe und Task Force Group
8. Stellvertretung und Sonderaufgaben
9. Versetzung und Beförderung
10. Entsendung und Auslandseinsatz

Die Darstellung unten (vgl. Abb. 10.7) verdeutlicht die Prozesshaftigkeit der Personalentwicklung. Man unterscheidet drei Eingangsgrößen: Der Kompetenzbedarf des Unternehmens, die objektivierte Kompetenzeignung der Mitarbeiter und die subjektiven Entwicklungsbedürfnisse der Mitarbeiter. Der Kompetenzbedarf eines Unternehmens wird durch vielfältige Planungsmaßnahmen ermittelt, die heute selbstverständlich weitgehend EDV-gestützt sind. Die Kompetenzeignung der Mitarbeiter wird in der Mitarbeiterbeurteilung beschrieben und in der Regel durch den Vorgesetzten vorgenommen. Diese Beurteilung wird, insbesondere bei Führungskräften, durch verschiedene psychologische Verfahren ergänzt. Neuere Verfahren, wie Mitarbeiterbefragungen und das 360° Feedback, die stark feedbackorientiert und nicht beurteilend sind, spielen eine zunehmende Rolle.

Die Entwicklungsbedürfnisse der Mitarbeiter sind notwendigerweise subjektiv. Es stellt sich die Frage, inwieweit das Selbstbild und das Fremdbild des Mitarbeiters voneinander abweichen. Im Idealfall kann der Mitarbeiter sich selbst gut einschätzen oder er hat es mithilfe der objektivierenden Verfahren gelernt. In der Praxis ist aber der Wunsch, mehr zu verdienen und mehr Geltung zu haben, oft zu verführerisch. Konflikte sind vorprogrammiert und müssen ausgetragen werden. Ziel des Vorgesetzten muss die Deckungsgleichheit von Fremd- und Selbstbild sein. Das ist ein für das Unternehmen wesentlicher Lernprozess. Davon abgesehen, können Entwicklungsbedürfnisse aber so gelagert sein, dass sie zwar im Unternehmen nicht realisiert werden können, aber dennoch der Selbsteinschätzung entsprechen. In diesem Fall wird der Mitarbeiter vermutlich das Unternehmen verlassen.

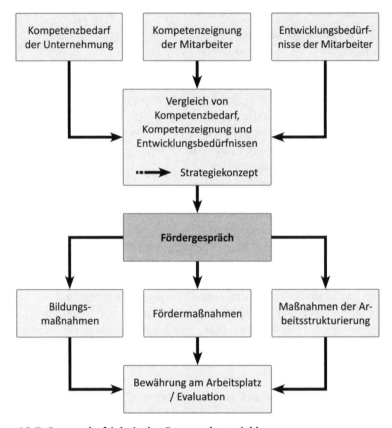

Abbildung 10.7: Prozesshaftigkeit der Personalentwicklung
Quelle: Müller-Vorbrüggen, 2008b: 710

Der Vorgesetzte steht, unterstützt von der Personalabteilung, vor der schwierigen Aufgabe, Bedarf, Eignung und Bedürfnisse der Mitarbeiter miteinander zu vergleichen und daraus ein (vorläufiges!) Strategiekonzept abzuleiten. Erst dann, wenn dieses Strategiekonzept vorliegt, kann das Fördergespräch mit dem Mitarbeiter stattfinden, sonst ist die Gefahr des Misslingens zu hoch. Im Fördergespräch oder als Folge daraus wird eine Entscheidung getroffen, ob der entsprechende Mitarbeiter eine Personalentwicklungsmaßnahme erfährt oder nicht. Der Vorgesetzte entscheidet dann gemeinsam mit der Personalabteilung, wann welche Personalentwicklungsmaßnahme aus dem Bereich der Personalbildung, Personalförderung oder der Arbeitsstrukturierung stattfindet. Die Personalentwicklungsmaßnahmen werden natürlich evaluiert. Dazu gehört die Frage, ob die Maßnahme zu einer Kompetenzerweiterung beim Mitarbeiter geführt hat. An dieser Stelle wird eine erneute Kompetenzmessung erforderlich, womit der Funktionskreislauf geschlossen wäre (zum Thema Evaluierung und Qualität: vgl. Bröckermann, Müller-Vorbrüggen & Witten, 2007). Die Kompetenzen, über die ein Personalentwickler verfügen sollte, sind in Tabelle 10.3 dargestellt.

Tabelle 10.3: Kompetenzprofil eines Personalentwicklers

Kompetenzbereiche		Merkmale/Indikatoren
Fachkompetenz	Erfahrung	PE Erfahrungsart: Länge, Breite, Tiefe
	Wissen	Pädagogik und/oder Psychologie mit Spezialisierung auf Personalmanagement, Berufsausbildung, Personalentwicklung, Organisationsentwicklung, Arbeitsrecht, Arbeitsstruktur
	Strategie	Strategieverständnis, strategisches Denken, Kostenbewusstsein, Diagnostik
	Ausführung	ergebnisorientiertes Arbeiten, Präzision, Verlässlichkeit, Anpassungsfähigkeit, Prozesssteuerung
Methoden-kompetenz	Präsentation	Didaktik, Moderation, Power Point, Rhetorik, Workshop, Statistik, Zeitmanagement
	Verhandlungen	mit Kollegen und Vorgesetzten, Verhandlungsgeschick
	Organisation	Prozesssteuerung, Projektmanagement
	System	Umgang mit Personalinformationssystemen, Informationsmanagement, Wissensmanagement, Softwareanwendungen, Gruppenprozesse
Sozial-kompetenz	Motivation	Motivationswirkung, Motivationssteigerung
	Kooperation	Zusammenarbeit, Netzwerke schaffen und nutzen, Teamfähigkeit
	Kommunikation	Formulieren, kommunizieren, Kontaktfähigkeit, Fremdsprachenkenntnisse, interkulturelle Fähigkeiten
	Konflikt	Umgang mit Konflikten: lösen, steuern
Persönlichkeits-kompetenz	Führung	Mitarbeiterführung, Führung in Stabsfunktion, Selbstmanagement, Selbstbewusstsein, Reflexionsfähigkeit, Entscheidungsfähigkeit, analytisches Denken, Berater
	Ethik	Verantwortungsbewusstsein, Werteorientierung
	Selbstlernen	Analytische/intellektuelle Fähigkeiten, Fähigkeit, eigenes Lernen zu steuern, kontinuierliches Lernen
	Innovation	Kreativität, Flexibilität

Quelle: Müller-Vorbrüggen, 2008b: 716

8   Personalfreisetzung

Die Personalfreisetzung ist für einen Personalmanager die wohl unangenehmste und bedrückendste Aufgabe. Dennoch wäre es eine Illusion, wenn man meinte, es ginge immer ohne. Unternehmen müssen sich den verändernden Wirtschaftsbedingungen anpassen, um sich nicht der Gefahr einer Insolvenz auszusetzen. Die Personalfreisetzung erfolgt allerdings aus ganz unterschiedlichen Anlässen. Zu nennen sind die natürliche Fluktuation, z B. durch Ruhestände, durch Vertragsauslauf bei Zeitverträgen, durch Arbeitnehmerkündigung, weil dieser z.B. das Unternehmen wechselt, durch Aufhebungsverträge im beiderseitigen Einverständnis und durch Ruhestandsvereinbarungen. Kündigungen können unterschiedlich begründet sein. Es gibt verhaltensbedingte Kündigungen, z.B. bei mehrfachen Verspätungen und Arbeitsverweigerungen, personenbedingte Kündigungen, z.B. bei beschränkter Auffassungsgabe, krankheitsbedingte, wenn die Prognose eindeutig schlecht ist. Die beiden letzteren sind schwierig vor Gericht durchzusetzen. Abmahnungen sind dann erforderlich, wenn es sich um ein durch den Arbeitnehmer steuerbares Verhalten handelt sowie bei tangierten Vertrauensverhältnissen. Bei beiden müssen zwei Abmahnungen aus dem gleichen Grund erfolgt sein. Vom Ansatz her sollen diese der Besserung des Arbeitnehmers dienen. In Tabelle 10.4 werden die Kündigungsfristen im Überblick dargestellt.

Tabelle 10.4: Kündigungsfristen im Überblick

Dauer des Arbeitsverhältnisses	Kündigungsfrist	unter der Voraussetzung eines Lebensalters von
Aushilfsverhältnisse bis zu 3 Monaten Dauer	Keine	-
Dauerarbeitsverhältnisse während der Probezeit, längstens 6 Monate	2 Wochen	-
Dauerarbeitsverhältnisse bis zu 2 Jahren	4 Wochen zum 15. oder zum Ende eines Kalendermonats	-
Dauerarbeitsverhältnisse ab 2 Jahren	ein Monat zum Ende eines Kalendermonats	27 Jahren
Dauerarbeitsverhältnisse ab 5 Jahren	2 Monate zum Ende eines Kalendermonats	30 Jahren
Dauerarbeitsverhältnisse ab 5 Jahren	3 Monate zum Ende eines Kalendermonats	33 Jahren
Dauerarbeitsverhältnisse ab 10 Jahren	4 Monate zum Ende eines Kalendermonats	35 Jahren

Quelle: Bröckermann, 2007: 490

Bevor ein Unternehmen daran geht, seine Stammbelegschaft durch betriebsbedingte Kündigungen zu reduzieren, müssen mehrere Maßnahmen berücksichtigt werden, wobei die Vorbeugung durch eine maßvolle Einstellungspolitik vorausgesetzt wird. Zu denken ist an eine Arbeitszeitflexibilisierung bis hin zur Kurzarbeit, an den Abbau von Mehrarbeit, Einstellungsstopps, an die Kündigung der Leiharbeitnehmer, an Wartungsarbeiten, Lagerhaltung sowie an Sonderurlaub (vgl. Tabelle 10.5).

Sollten all diese Maßnahmen nicht fruchten, muss ein Unternehmen als Ultima Ratio den Personalstamm abbauen und betriebsbedingt kündigen. Eine betriebsbedingte Kündigung kann nur dann erfolgen, wenn das Unternehmen nachweislich in einer wirtschaftlichen Notlage ist oder darauf zusteuert. Im Falle der betriebsbedingten Kündigung sind keine Abmahnungen notwendig und die Kündigungsfristen gelten nicht.

Tabelle 10.5: Personalmaßnahmen

Vorbeugung	Erhalt des Personalstamms	Abbau des Personalstamms
▪ Begonnene Personalbeschaffung ▪ Flexibilität ▪ Personal als Wettbewerbsfaktor	▪ Abbau von Mehrarbeit ▪ Versetzung und Personalleasing ▪ Einstellungsstopp ▪ Insourcing ▪ Vertragsauslauf ▪ Wartungsarbeiten ▪ Lagerhaltung ▪ Arbeitsintensität ▪ Urlaubsveränderung ▪ Arbeitszeit/Kurzarbeit ▪ Weiterbildung	▪ Berufliche Neuorientierung ▪ Initiierte Kündigung ▪ Aufhebungs-/ Abwicklungsvertrag ▪ Betriebsbedingte Entlassung ▪ Massenentlassung ▪ Betriebsänderung ▪ Vorruhestand

Quelle: Bröckermann, 2007: 505

Folgende Personengruppen unterliegen einem besonderen Kündigungsschutz. Ihnen kann auch im Falle der betriebsbedingten Kündigung nicht oder nur ganz zum Schluss gekündigt werden (vgl. Tabelle 10.6).

Tabelle 10.6: Besonderer Kündigungsschutz

Rechtsquelle	geschützter Personenkreis
Kündigungsschutzgesetz	Mitglieder von Betriebsverfassungsorganen
Betriebsverfassungsgesetz	Mitglieder von Betriebsverfassungsorganen
Personalvertretungsgesetz	Mitglieder von Personalvertretungen
Sozialgesetzbuch	Schwerbehinderte Menschen und ihre Vertrauensleute
Mutterschutzgesetz	Schwangere und Wöchnerinnen
Bundeserziehungsgeldgesetz	Beschäftigte bei Inanspruchnahme der Elternzeit
Heimkehrergesetz	Heimkehrer und Heimkehrerinnen
Arbeitsplatzschutzgesetz, Zivildienstschutzgesetz	zum Wehrdienst Einberufene und Zivildienstleistende
Eignungsübungsgesetz	uu einer Übung für freiwillige Soldaten Einberufene
Gesetz über den Zivilschutz, Katastrophenschutz	entsprechende Dienstverpflichtete
Berufsbildungsgesetz	Auszubildend

Quelle: Bröckermann, 2007: 482

Die betriebsbedingte Kündigung ist in Deutschland nach dem Betriebsverfassungsgesetz an eine Vielzahl von Rechtsvorschriften gebunden. Sind diese Rechtsvorschriften nicht beachtet worden, kann das Arbeitsgericht diese Kündigung aufheben und der Mitarbeiter muss weiter beschäftigt werden. Aus diesem Grund sollte man folgendes Ablaufschema beachten (vgl. Abbildung 10.8):

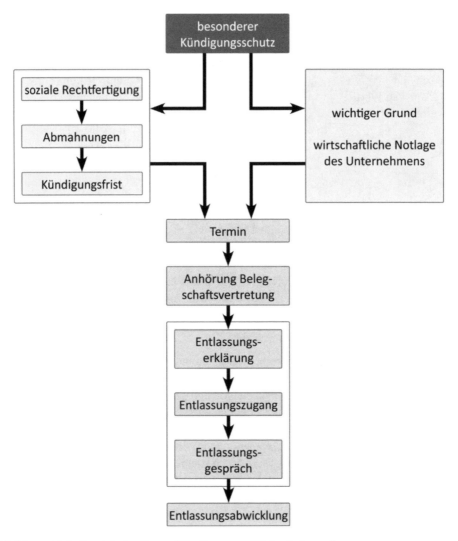

Abbildung 10.8: Betriebsbedingte Kündigungen (Ablaufschema)
Quelle: Bröckermann, 2007: 481

9   Personalcontrolling

Die deutsche Übersetzung des englischen Begriffs „to control" ermöglicht verschiedene Übersetzungen: steuern, kontrollieren, lenken und beherrschen. Der naheliegende
deutsche Begriff „kontrollieren" ist in Wirklichkeit der am wenigsten geeignete. Vermutlich ist die Übersetzung mit „steuern" am sinnvollsten. Unter modernem Controlling versteht man heute den zukunftsorientierten Regelkreis aus Zielsetzung, Planung,
Statistik, Datenauswertung, Information und Steuerung. Ohne diesen Regelkreis
kommt auch das Personalmanagement nicht aus. Organisatorisch können die Personalabteilung selbst oder eine externe Abteilung ein Controlling durchführen. Empfeh-

lenswert ist es, wenn die Personalabteilung dies selbst tut, weil sie ihre eigenen Prozesse am besten kennt. Heute liegen vielfältige Controllingverfahren vor. Die grundlegendste Arbeit ist die exakte und umfassende Datenerhebung in den unten aufgeführten Bereichen:

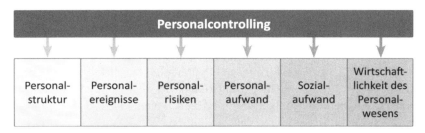

Abbildung 10.9: Personalcontrolling

Quelle: Eigene Darstellung

Auf der Grundlage der erhobenen Statistik lassen sich Grafiken erstellen, die das Ganze veranschaulichen. Danach wiederum ist eine Datenauswertung durch Vergleiche, Trendverfahren, Zielvereinbarungen, Ursachenanalyse, Benchmarking und personalwirtschaftliches Rechnungswesen möglich.

Ein neueres und durchaus bewährtes Verfahren ist die Balanced Scorecard (vgl. Abbildung 10.10). Sie besteht aus einem ausgewogenes Zielsystem, in dem alle Geschäftsbereiche des Personalwesens mithilfe eines Soll-Ist-Vergleichs zukunftsgerichtet optimiert werden sollen. Die anschauliche Darstellungsweise erleichtert es, die Zusammenhänge der Finanzperspektive, der Prozessperspektive, der Kundenperspektive und der Entwicklungs- und Mitarbeiterperspektive zu erkennen und zu beachten.

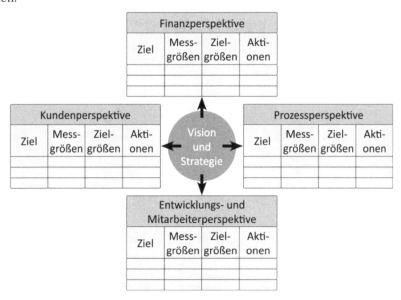

Abbildung 10.10: Die Balanced Scorecard

Quelle: Eigene Darstellung

Ein Personalcontrolling ist nicht sinnvoll, ohne vorher eine Evaluierung der Personalaufgaben, besonders aber der Personalentwicklung durchzuführen. Die Evaluierung betrachtet das inhaltliche Ergebnis, gemessen an den vorher gesetzten Zielen. Ohne die Daten der Evaluierung bleibt das Personalcontrolling ein aussageloses Zahlenspiel. Weiterhin ist zu bedenken, dass Personen anderen Regelwerken und Betrachtungsweisen unterliegen als zum Bespiel Maschinen. Menschen haben einen eigenen Willen, sie machen Fehler, sind abhängig von der Unternehmenskultur, sind selbstgesteuert und nicht in allem steuerbar, können vergessen, haben eigene Ideen, haben unterschiedliche Tagesformen und unterscheiden sich auch im Arbeitsprozess, was ihr Alter und ihr Geschlecht anbelangt. Bei allem sinnvollen und wichtigen Bemühen um ein Personalcontrolling muss den Besonderheiten von Menschen im Arbeitsprozess Rechnung getragen werden.

Literatur

BECKER, M. (2005). Personalentwicklung, Bildung, Förderung und Organisationsentwicklung in Theorie und Praxis. 4. Auflage. Stuttgart: Schäffer-Poeschel.

BERTHEL, J. & BECKER, F. (2007). Personalmanagement. 8. Auflage. Stuttgart: Schäffer-Poeschel.

BRÖCKERMANN, R. (2007). Personalwirtschaft. 4. Auflage. Stuttgart: Schäffer-Poeschel.

BRÖCKERMANN, R., MÜLLER-VORBRÜGGEN, M. & WITTEN, E. (Hrsg.) (2007): Qualitätskonzepte im Personalmanagement. Stuttgart: Schäffer-Poeschel.

GESSLER, M. (2008). Das Kompetenzmodell. In R. Bröckermann & M. Müller-Vorbrüggen (Hrsg.), Handbuch Personalentwicklung, Die Praxis der Personalbildung, Personalförderung und Arbeitsstrukturierung (43–62). 2. Auflage. Stuttgart: Schäffer-Poeschel.

MÜLLER-VORBRÜGGEN, M. (2008a). Struktur und Strategie der Personalentwicklung. In R. Bröckermann & M. Müller-Vorbrüggen (Hrsg.), Handbuch Personalentwicklung (3–20). 2. Auflage. Stuttgart: Schäffer-Poeschel.

MÜLLER-VORBRÜGGEN, M. (2008b). Management der Personalentwicklung. In R. Bröckermann & M. Müller-Vorbrüggen (Hrsg.), Handbuch Personalentwicklung (707–721). 2. Auflage. Stuttgart: Schäffer-Poeschel.

SCHOLZ, C. (2000). Personalmanagement. 5. Auflage. München: Vahlen.

Personalführung

Klaus Götz und Jacqueline Heider

Zielsetzung

- Sie können die Zusammenhänge zwischen Organisation, Planung und Personalführung benennen.
- Sie können die wesentlichen Merkmale der Führung und des Führungsprozesses erläutern.
- Sie können die wesentlichen theoretischen Ansätze von Führung erklären, miteinander vergleichen und deren Vor- und Nachteile benennen.
- Sie können die zentralen Aufgaben der Personalführung erläutern.
- Sie können die Kernkompetenzen für Führungsaufgaben kritisch darstellen.
- Sie können Personalführung am Beispiel von virtuellen Teams erläutern und illustrieren.
- Sie können Tools der Personalführung benennen und deren Vor- und Nachteile kritisch darstellen.

1 Einleitung

Um es im Vorhinein zu sagen: Führung heißt nicht nur „Personalführung", sondern schließt auch die Entwicklung von Strukturen und die Steuerung von Prozessen mit ein. Personalführung ist innerhalb von Führung eine wichtige Komponente, aber nicht die einzig entscheidende Variable für Führungserfolg.

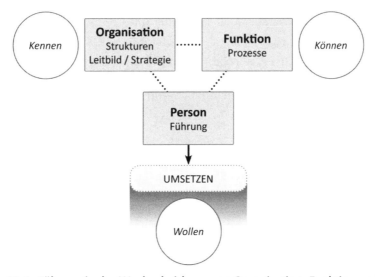

Abbildung 11.1: Führung in der Wechselwirkung von Organisation, Funktion und Person
Quelle: Eigene Darstellung

Zunächst einmal muss in einer Organisation organisiert werden. Die Führungskraft muss die Organisation und die Organisationsstrukturen kennen. Dazu ist es notwendig, sich ein genaues Bild von der Vision, der Mission, den Zielen, dem Leitbild und der Strategie des Unternehmens zu verschaffen. Die Entwicklung von Produkten geschieht in einem sich zunehmend beschleunigenden Innovationszyklus. An Unternehmen wird der Anspruch herangetragen, Produkte schnell, in hoher Qualität und bedarfsgerecht auf den Markt zu bringen. Nur eine schnelle Reaktion auf Kundenwünsche und die parallel dazu stattfindende Einführung von neuen Produktionsverfahren (besser, zuverlässiger, kostengünstiger) können entscheidende Wettbewerbsvorteile bringen. Mit der Veränderung der Produktionsbedingungen geht eine Veränderung der Führungsbeziehungen einher. Sowohl für den Kunden als auch für den Produzenten ist ein verstärktes Anbieten von Dienstleistungen eine wichtige Voraussetzung für Zufriedenheit.

Im Weiteren muss die Führungskraft deshalb planen. Es müssen Funktionen und Prozesse analysiert und mit der Unternehmensstrategie abgeglichen und in Einklang gebracht werden. Es geht hier u.a. um Finanz- und Ressourcenplanung, die in einem unmittelbaren Zusammenhang mit dem Personalmanagement und schließlich auch mit der Personalführung zu sehen ist. Um organisationale Ziele zu erreichen, genügen nicht nur Erfolg versprechende Ziele und eine gute Strategie, sondern man braucht Personen, die diese zum Leben erwecken. Menschen brauchen Ziele, Visionen und Belohnungen – damit dies vor dem Hintergrund von „Entwicklung" geschehen kann, braucht es „Führung". Bei aller Interdependenz müssen jedoch Organisation, Planung und Führung voneinander abgegrenzt werden. Fassen wir zusammen:

- **Organisation** umfasst die formale Gestaltung der Elemente eines Unternehmens und ihrer Beziehungen zueinander.

- **Planung** ist das gedankliche Durchdringen eines zukünftigen Geschehens mit dem Ziel, diejenigen Entscheidungen vorzubereiten und zu treffen, die zur Erreichung des gewünschten Zustands notwendig sind.

- **Personalführung** befasst sich mit dem Menschen in der Organisation. Sie ist gekennzeichnet durch die zielorientierte Beeinflussung der Verhaltensweisen der Einzelmitglieder eines Gesamtsystems und dient der Förderung der Leistungsbereitschaft bzw. Motivation und der Arbeitszufriedenheit der Mitarbeiter.

2   Was ist Personalführung?

Das Verständnis und die Definitionen von Führung divergieren sehr stark. Die Führungsforschung kennt eine Vielzahl von Definitionen. Staehle (1999: 328) versteht unter Führung „die Beeinflussung der Einstellungen und Verhaltensweisen von Einzelpersonen sowie der Interaktion in und zwischen Gruppen, mit dem Zweck, bestimmte Ziele zu erreichen." Kotter (1999: 16) dagegen spricht „von Führung als der Fähigkeit, Visionen und Strategien zu entwickeln, die richtigen Leute zur Verfolgung der Strategien zusammenzubringen und die einzelnen Mitarbeiter auch gegen Hindernisse zur Durchsetzung dieser Visionen zu befähigen". Wunderer und Grunwald (1980: 62) definieren Führung in Organisationen als „zielorientierte soziale Einflussnahme zur Erfüllung gemeinsamer Aufgaben in/mit einer strukturierten Arbeitssituation".

Unter Führung können folglich das Denken und Handeln in offenen Systemen und das Gestalten von Prozessen im Sinne einer Orientierung, Steuerung und Regelung verstanden werden. Führen heißt, jemanden dazu anzuhalten, sich auf ein bestimmtes Ziel hinzubewegen. Personalführung in Organisationen kann nach diesem Verständnis als eine zielgerichtete Einflussnahme auf die Einstellungen und Verhaltensweisen von Mitarbeitern, die der Erfüllung bestimmter Aufgaben dient und letztendlich die Durchsetzung von Organisationszielen zum Zweck hat, bezeichnet werden.

Daraus folgt, dass Führung eine soziale Interaktion zwischen Führungskraft und Mitarbeitern ist. Das wiederum bedeutet, dass nicht nur der Vorgesetzte den Mitarbeiter in seinen Handlungen und Einstellungen beeinflusst, sondern dass Führung eine wechselseitige Einflussnahme impliziert (vgl. Götz, 2000: 14). Diese wechselseitigen Beeinflussungen zwischen Führungskraft und Geführtem geschehen unter Verwendung von Symbolen zwischen Individuen in bestimmten (Gruppen-)Situationen bzw. situativen Kontexten (vgl. Abbildung 11.2). Jedoch basiert die Interaktion auf einer asymmetrischen Beziehung zwischen Führenden und Geführten, wobei das ungleiche Beziehungsgefüge den Einfluss und das Durchsetzungsvermögen des Führenden bedingt. Demnach gründet Führung u.a. auf ‚Macht' (Gmür & Thommen, 2006). Max Weber (1921) versteht Macht als eine soziale Beziehung, die als die Durchsetzung des eigenen Willens auch gegen Widerstand verstanden werden kann. Macht kann dabei auf der formalen Position des Führenden, auf seinem Expertenwissen oder seiner persönlichen Überzeugungskraft beruhen.

Aus diesen Aussagen leitet sich die Frage nach dem eigentlichen Zweck der Führung in Organisationen ab. Unklar bleibt in Leitsätzen zur Führung in Unternehmen und auch in der Führungsforschung nämlich oft die Operationalisierung: Was ist nun eigentlich „Führungserfolg"? Umso schwieriger ist die Ableitung von Kriterien, durch die der Führungserfolg (kausal) zu beeinflussen wäre. Zu beachten bleibt, dass Führung nur eine Steuerungseinrichtung unter vielen ist (vgl. auch Neuberger, 2002: 529). In dieser Unsicherheit über den eigentlichen Führungserfolg ist der potenzielle Beitrag der Führungs-Tools (siehe Kapitel 7) zur Wahrnehmung und Erfüllung dieses Auftrags zu sehen.

Führung kennt keine linearen Erklärungs- und Handlungsmodelle, da Menschen nicht wie Maschinen funktionieren, sondern sich durch ihre Individualität auszeichnen. Führung muss deshalb darauf abzielen, die Weiterentwicklung der eigenen Wahrnehmung und die Sensibilität des eigenen Handlungsspektrums für immer wieder neue Menschen und Situationen zu schärfen. In diesem Sinne geht es in der Personalführung um situationsadäquate Führung, die Schaffung neuer Erkenntnisse und die Erweiterung des Handlungsspektrums. Ein gutes „Managen" hat zur Voraussetzung, dass die Führungskraft gelernt hat (und immer weiterlernt), das eigene Leben zu managen. Wenn man andere Menschen führen will, muss man sich selbst gut führen können (vgl. Müller, 2006).

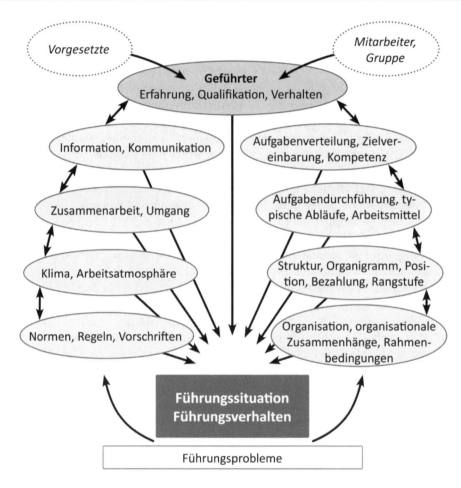

Abbildung 11.2: Die Akteure in der Personalführung
Quelle: Eigene Darstellung

Der Führungsprozess sollte so gestaltet werden, dass er bei Mitarbeitern und Vorgesetzten zur Zufriedenheit führt, was eine wesentliche Voraussetzung für hohe Leistungsbereitschaft und persönliches Wohlbefinden darstellt. Der Prozess des Führens wird von Aspekten beeinflusst, die im Bereich der betrieblichen oder der personalen Rahmenbedingungen liegen. Als betriebliche Aspekte wären u.a. die Produkt- und Aufgabenstruktur (Freiheitsgrade), die technologischen Entwicklungen, die Abnahme fest vorgegebener Tätigkeitsabläufe und die Zunahme von Flexibilität und Verantwortung zu nennen. Personale Aspekte wären u.a. die Erwartungen, Wertvorstellungen, Qualifikationen von Mitarbeitern und Vorgesetzten, das Einbeziehen in Gestaltungsprozesse, das gewachsene Selbstbewusstsein/Selbstwertgefühl und die zunehmenden Wertverschiebungen (Natur, Gesundheit, Familie, Freizeit).

Der Führungsprozess erfordert immer eine notwendige Sach- und Mitarbeiterorientierung. Sowohl Mitarbeiter und Führungssituationen verlangen ein differenziertes Führungsverhalten (situationsgerecht) und die Beeinflussung der Weiterentwicklung des Führungsverhaltens ist vom Vorgesetzten und vom Mitarbeiter wechselseitig abhängig (z.B. Handlungsspielräume). Hier ist jeweils das Verhältnis von „Distanz" und „Nähe" zu beachten. Der Anspruch des Managements ist es, unternehmerisch zu denken und zu handeln. Hier lassen sich als Funktionen von Führung u.a. nennen:

Förderung von Zielklarheit und Zielakzeptanz

- Verdeutlichen der Arbeitsaufgabe der ganzen Gruppe und jedes einzelnen Mitarbeiters,
- Begründung und Erklärung von Vorschriften und Entscheidungen in übergeordneten Bereichen, aber auch eigener Entscheidungen und
- Vertretung der Gruppeninteressen gegen unvernünftige und unakzeptable Vorgaben.

Förderung der Entwicklung der Mitarbeiter

- Beachten der persönlichen Entwicklungsmöglichkeiten,
- Ausbau der beruflichen Fähigkeiten und Kenntnisse und
- Hilfe bei persönlichen Problemen.

Förderung der Beziehungen zwischen den Mitarbeitern

- Anstöße zur Zusammenarbeit geben,
- Verändern und Vermeiden von Außenseiterrollen,
- Möglichkeiten der Aussprache schaffen (z.B. regelmäßige Arbeitsbesprechungen),
- Vermitteln bei Konflikten.

Förderung der Arbeitsbedingungen

- Bereitstellen geeigneter Arbeitsmittel,
- Beseitigung störender Regelungen und sonstiger Hindernisse der Arbeitsausführung,
- regelmäßige und eingehende Arbeitsunterweisung.

3 Theoretische Ansätze der Personalführung

Die theoretischen Ansätze beschäftigen sich mit der Frage, wodurch der Erfolg der Personalführung bedingt wird. Durch die Kenntnis der verschiedenen Theorien wird es möglich, entsprechende Maßnahmen für eine erfolgreiche Personalführung zu prüfen. Im Wesentlichen werden drei klassische Ansätze unterschieden, die im Folgenden vorgestellt werden: verhaltensorientierter, eigenschaftsorientierter und situativer Ansatz. Daneben gibt es eine Vielzahl weiterer Theorien, von denen zwei im Anschluss kurz skizziert werden.

3.1 Eigenschaftsansatz der Führung

In diesem Ansatz wird davon ausgegangen, dass bestimmte Persönlichkeitsmerkmale die Voraussetzung für eine erfolgswirksame Führung darstellen. Demzufolge verfügt die Führungskraft über bestimmte Eigenschaften, die sie dazu befähigt, Führungsaufgaben wahrzunehmen. Dabei wird angenommen, dass die Persönlichkeitsmerkmale relativ stabil sind, d.h. sich im Laufe der Zeit nicht verändern. Solche Eigenschaften sind beispielsweise Sensitivität, Dominanz, Intelligenz, Anpassungsfähigkeit etc. (Wunderer, 2007). Kritisch zu bewerten ist in diesem Zusammenhang die Behauptung, dass die Fähigkeit zu führen aufgrund relativ stabiler Persönlichkeitsmerkmale kaum erlernbar, sondern eher angeboren sei. Weiterhin besteht die Schwierigkeit des Ansatzes in der Operationalisierung und Messbarkeit von erfolgswirksamen Persönlichkeitsmerkmalen.

3.2 Verhaltensorientierter Führungsansatz

Bei den verhaltensorientierten Führungstheorien hängt der Führungserfolg von den Verhaltensweisen des Vorgesetzten ab. Diese werden als „Führungsstil" bezeichnet und beziehen sich auf die innere Haltung und Einstellungen der Führungskraft gegenüber ihren Mitarbeitern sowie auf die Gestaltung der Führungsbeziehungen (Stock-Homburg, 2008). Im Gegensatz zur Eigenschaftstheorie können Verhaltensweisen erlernt und damit verändert werden. Drei Führungsstile zur Beschreibung von Führungsverhalten werden wie folgt dargestellt.

Autoritärer Stil

Der autoritäre Führungsstil ist durch Anweisungen und Befehle, die Nicht-Einbeziehung der Mitarbeiter und die geringe Berücksichtigung personeller Aspekte gekennzeichnet. Bei dem autoritären Führungsstil gestaltet der Vorgesetzte alle betrieblichen Arbeitsabläufe selbst und trifft weitgehend ohne Einbezug seiner Mitarbeiter Entscheidungen. Die Aufgabenerfüllung basiert auf strikten Vorgaben und strengen Kontrollen mit Sanktionierung bei fehlerhaften Leistungen. Der Vorteil dieses Stils liegt in der schnellen Entscheidungsfindung begründet. Eher kritisch zu sehen, ist die geringe Motivation der Mitarbeiter aufgrund der mangelnden Beteiligung sowie der schlechten persönlichen Entwicklungsmöglichkeiten.

Laissez-faire Stil

Dem autoritären Führungsstil steht der Laissez-faire Stil entgegen, der jegliche Einschränkungen und Kontrollen der Mitarbeiter ablehnt. Der Führende gibt seine gesamte Verantwortung ab und greift somit auch nicht in das Handlungsgeschehen ein, sondern gibt nur die sachlichen Arbeitsbedingungen vor. Vorteilhaft bei diesem Führungsstil ist die Motivation der Mitarbeiter durch die damit gewonnenen Freiräume, was sich wiederum positiv auf die Arbeitsleistung auswirkt. Jedoch können diese Freiräume von den Mitarbeitern ausgenutzt werden und somit nachteilig die Arbeitsleistung beeinflussen.

Kooperativer Stil

Prinzipien kooperativer Führung sind u.a. die Delegation von Aufgaben und Verantwortung, die Einbeziehung der Betroffenen, zielorientierte Kompromissfähigkeit,
bessere Entscheidungsqualität und die höhere Identifikation der Mitarbeiter. Der
kooperative Führungsstil kann als Mittelweg zwischen dem autoritären Führungsstil
und dem Führungsstil des Laissez-faire angesehen werden. Bei diesem Stil werden
die Aufgaben von Führungskraft und Mitarbeiter gemeinsam gestaltet und der Mitarbeiter wird an der Entscheidungsfindung beteiligt. Im Gegensatz zum autoritären
Führungsstil schreibt der Vorgesetzte wenig vor und delegiert Aufgaben- und Ver-
antwortungsbereiche. Daraus folgen eine höhere Identifikation mit der Aufgabe sowie eine Steigerung der Motivation, wodurch mehr Leistung erzielt wird. Der Nachteil besteht jedoch in der zeitlichen Verzögerung von Entscheidungen.

Heute erfolgt eher eine Abkehr vom autoritären hin zum kooperativen Führungsstil. Allerdings ist anzumerken, dass in der Praxis meist eine Mischung aus mehreren
Führungsstilen vorzufinden ist. Folglich gibt es keinen optimalen Führungsstil, sondern es sollte vielmehr die Verhaltensweise der Führungskraft auf die jeweilige Arbeitsumgebung und die Mitarbeiter ausgerichtet werden.

3.3 Situativer Ansatz

Aufgrund der Komplexität der Arbeitssituation geht der situative Ansatz nicht von
einer kausalen Beziehung zwischen Verhalten bzw. Persönlichkeit und Führungser-
gebnis aus. Eher sind die entsprechenden Umstände, mit denen eine Führungskraft
und die Geführten konfrontiert werden, z.B. Arbeitsbedingungen, Aufgabenstellungen, Einflüsse von anderen Organisationen und Systemen, Umwelt etc., ursächlich für
den Führungserfolg (Neuberger, 2002). Demzufolge sind je nach Situationen bestimmte Persönlichkeitsmerkmale und Verhaltenweisen gefordert, um das angestrebte Ziel zu erreichen.

3.4 Systemischer Führungsansatz

Systemisch betrachtet, sind Organisationen selbstorganisierende, autopoietische
Systeme, deren Elemente in wechselseitiger Beziehung zueinander stehen. Der Einzelne bestimmt nach diesem Verständnis nicht allein die Konsequenzen seiner Handlungen. Damit ist Führungserfolg nicht nur durch die Person der Führungskraft er-
klärbar, sondern bedingt das Zusammenwirken aller Akteure des Systems. Die Führungskraft übernimmt dabei die Funktion des Prozessgestalters (Götz, 2000).

3.5 Super-Leadership-Theory

Aufgrund großer räumlicher Distanzen zwischen Mitarbeitern und Vorgesetzten sowie zunehmend virtueller Arbeitswelten haben Führungskräfte nicht immer die
Möglichkeit, direkt auf das Verhalten und die Handlungen ihrer Mitarbeiter Einfluss
zu nehmen. Daher geht die Super-Leadership-Theory im Gegensatz zu den klassischen Theorien davon aus, dass erfolgswirksame Führung von dem Mitarbeiter

selbst kommt. Für die Führungskraft kommt es deshalb darauf an, die Mitarbeiter zur selbstgesteuerten und zielgerichteten Gestaltung ihrer Arbeitsprozesse zu befähigen. „The most effective leader is one who can lead others to lead themselves" (Manz & Sims, 1992: 309). Nach diesem Ansatz führt sich der Mitarbeiter letztendlich selbst.

4   Aufgaben der Personalführung

Eine Führungskraft wird ihrerseits von ihren Vorgesetzten beeinflusst und ihr Handeln ist durch rechtliche, wirtschaftliche und politische Rahmenbedingungen sowohl in der Organisation als auch durch die Umwelt beschränkt. Im Wesentlichen kommen der Personalführung bzw. der Führungskraft nach Bröckermann (2000: 31 ff.) folgende Aufgaben zu:

- **Zielsetzung:** Festlegung von struktur-, prozess-, sach- und personenbezogenen Zielen, um den Mitarbeitern Orientierung zu geben.
- **Planung:** Strategien planen, um die festgelegten Ziele zu erreichen.
- **Delegation:** Koordination von Aufgabenbereichen, Aufträgen, Befugnissen und Verantwortungen zur Durchführung der entwickelten Strategie.
- **Zusammenarbeit:** Um eine optimale Erledigung der Aufgaben zu gewährleisten, sind nicht nur die Koordination der Gruppe auf ein gemeinsames Ziel hin erforderlich, sondern Teamfähigkeit und gemeinschaftliche Zusammenarbeit gefragt.
- **Beurteilung:** Die Beurteilung der Mitarbeiterleistungen dient der Sicherstellung der angestrebten Ziele und damit der Verbesserung der Arbeitsleistung der Mitarbeiter.

Des Weiteren sind für eine optimale Arbeitsleistung und Aufgabenerfüllung die Information und Motivation der Mitarbeiter förderlich. Eine zentrale Rolle der Führungskraft ist selbstverständlich die Strategieumsetzung (verbunden mit Wettbewerb, Innovation, Komplexitätsreduktion), die nur im Zusammenhang mit einer zielgerichteten Personalentwicklung zu sehen ist. Personalentwicklung ist wiederum von Weiterbildung und dem damit einhergehenden Transfer von Wissen (Götz, 2009a) abhängig. Wir wollen diesbezüglich einige Kernaufgaben der Personalführung tabellarisch aufführen.

Tabelle 11.1: Personal- und Arbeitsplanung

1	Ermitteln des Personalbedarfs	Veränderungen hinsichtlich des Aufgabenumfangs (qualitativ) und des Arbeitsumfangs (quantitativ) sowie der Leistungskapazität der Mitarbeiter aufzeigen	Konsequenzen und Möglichkeiten eines Ausgleichs zwischen den Gruppen aufzeigen	Abklären mit übergeordneten Zielen/Prämissen, Setzen von Prioritäten, Entscheidungsvorlage für die Vorgesetzten
2	Planung der Aufgaben und Ziele	Bei der Festlegung von Einzelaufgaben unterstützen, Alternativen – insbesondere unter Berücksichtigung der persönlichen Qualifikation der Mitarbeiter – vorschlagen	Aufgaben und Ziele für Gruppen ermitteln und mit Vorgesetzten abstimmen	Aufgaben und Ziele für einzelne Gruppen planen und festlegen. Prioritäten unter Berücksichtigung der Wirtschaftlichkeit und der Bereichssituation setzen
3	Zuordnung von Stellen zu Organisationseinheiten	./.	Vorschläge erarbeiten	Vorschläge prüfen, Gesamtkonzeption vorschlagen und mit Vorgesetzten abstimmen
4	Planung und Beschaffung von Sachmitteln und Dienstleistungen unter Berücksichtigung von Kostengesichtspunkten	Bedarf ermitteln und Beschaffung vorschlagen	Bedarfsermittlung koordinieren, Beschaffung vorschlagen, ggf. auch veranlassen	Vorschläge prüfen, Beschaffung veranlassen

Quelle: Eigene Darstellung

Tabelle 11.2: Personaleinsatz

5	Auswahl der Mitarbeiter	Bei Auswahl von Mitarbeitern – insbesondere unter Berücksichtigung der fachlichen Eignung, des Einfügens in die Gruppe o. Ä. – mitwirken	Die Auswahl von Mitarbeitern unter Berücksichtigung von Kriterien, wie mögliches Potenzial, fachliche Eignung o. Ä. unterstützen	Vorschläge prüfen, über Auswahl entscheiden, dabei übergeordnete Gesichtspunkte, wie z.B. Gehaltsforderung, Gehaltsstruktur, qualitative Bereichsstruktur o. Ä. berücksichtigen
6	Einführung neuer Mitarbeiter	Information/Einarbeitungsplan erarbeiten; Mitarbeiter in Gruppe einführen; über Aufgaben der Gruppe und Detailfragen des Arbeitsplatzes informieren; Einarbeitung sicherstellen	Mitarbeiter in Gruppe einführen und über Aufgaben/ Zusammenhänge der Gruppe informieren	Mitarbeiter in Bereich einführen; über Aufgaben der Abteilung und wesentliche Hintergründe/ Zusammenhänge informieren
7	Einsatz der Mitarbeiter	Mitarbeiter einsetzen	Einsatz der Mitarbeiter über Gruppen hinweg koordinieren, Kapazitätsausgleich sicherstellen	Mitarbeitereinsatz koordinieren, dabei vor allem auch Möglichkeiten der Personalentwicklung und Förderung berücksichtigen
8	Veranlassen von Personalmaßnahmen	Anregen	Vorschlagen	Prüfen und beantragen
9	Zeitplanung (Urlaub, Mehrarbeit, Gleitzeit)	Vorklären	Ermitteln, planen, vorschlagen, ggf. auch entscheiden	Prüfen, koordinieren, entscheiden

Quelle: Eigene Darstellung

Tabelle 11.3: Personalführung und -förderung

10 Vereinbaren von Arbeitszielen	Auf der Grundlage der Bereichsziele und Rahmenbedingungen Arbeitsziele – in Abstimmung mit dem Gruppenleiter – mit den Mitarbeitern vereinbaren	Auf der Grundlage der Bereichsziele und Rahmenbedingungen Arbeitsziele der Gruppe – in Abstimmung mit dem Abteilungsleiter – mit dem Gruppenleiter vereinbaren	Auf der Grundlage der Bereichsziele und Rahmenbedingungen Arbeitsziele für die Abteilung gemeinsam mit Mitarbeitern vereinbaren
11 Kontrolle der Aufgabenerledigung	Im Schwerpunkt ablauf- und ergebnisorientierte Kontrolle im Rahmen der Gruppe durchführen	Ergebnisorientierte Kontrolle im Rahmen der Gruppe/in Einzelfällen auch ablaufbezogene Kontrolle durchführen, dabei auch Kostengesichtspunkte berücksichtigen	Kontrolle der Endergebnisse und Koordination hinsichtlich Gesamtergebnis vor allem auch unter Berücksichtigung von übergeordneten Gesichtspunkten, wie Wirtschaftlichkeit, Auswirkungen auf die Zusammenarbeit mit anderen Bereichen, berücksichtigen
12 Führen von Mitarbeitergesprächen	Gespräche mit direkt zugeordneten Mitarbeitern in aufgaben- und personenbezogenen Fragen	Gespräche mit direkt und indirekt zugeordneten Mitarbeitern in aufgaben- und personenbezogenen Fragen	Gespräche mit direkt und indirekt zugeordneten Mitarbeitern in aufgaben- und personenbezogenen Fragen
13 Informieren der Mitarbeiter	Über aufgaben- und arbeitsbezogene Sachverhalte informieren	Aufgaben- und arbeitsplatzbezogen, ggf. auch übergeordnete Themen	Vorrangig über Gesamtzusammenhänge und übergeordnete Themen, Erläuterung von Konsequenzen getroffener Entscheidungen

14 Förderung der Mitarbeiter	Maßnahmen vorschlagen	Vorschläge prüfen, Maßnahmen entwickeln, ggf. einleiten/durchführen, Entwicklung verfolgen, Maßnahmen zur Förderung vorschlagen	Anregungen/Vorschläge prüfen, Maßnahmen veranlassen und verfolgen, Entwicklung der Mitarbeiter sicherstellen, Maßnahmen zur Förderung vorschlagen
15 Beurteilung der Mitarbeiter	Leistungsstand und -entwicklung der Mitarbeiter darstellen, Leistungsbeurteilung entwerfen und Gespräche führen	Leistungsbeurteilung anfertigen, abstimmen, Gespräche führen	Beurteilungen der Abteilung integrieren, ggf. ergänzende Gespräche nach Abstimmung mit Mitarbeitern
16 Mitwirkung an der Entgeltfindung	Vorschläge für Gehaltsüberprüfung ausarbeiten	Vorschläge prüfen, unterbreiten, Maßnahmen anregen	Maßnahmen beantragen, an Festlegung gemeinsam mit Mitarbeitern mitwirken

Quelle: Eigene Darstellung

5   Kompetenzen von Führungskräften

In diesem Kapitel wird der Frage nachgegangen, über welche Kompetenzen eine Führungskraft verfügen sollte, um den künftigen Herausforderungen, wie zunehmender Internationalisierung, steigender Komplexität der Arbeitsabläufe, virtuellen Arbeitsbeziehungen, eigenverantwortlichen Mitarbeitern etc., gerecht zu werden. Durch die zunehmende globale Vernetzung werden von den Führungskräften nicht nur vielseitige Sprachkenntnisse, sondern auch ein hohes Maß an interkultureller Kompetenz erwartet. Darunter werden die Sensibilität gegenüber anderen Kulturen und die Anpassungsfähigkeit an deren Verhaltensweisen verstanden. Vor dem Hintergrund heterogener und virtueller Teams, flachen Hierarchien und damit selbstverantwortlichen Mitarbeitern werden Fähigkeiten, wie Unterstützung von Teamprozessen, zielgerichtete Förderung der Mitarbeiter sowie deren Integration, erforderlich. Folglich ist die kommunikative Kompetenz des Führenden gefragt, um die Mitarbeiter in Entscheidungsprozesse einzubeziehen und entsprechend zu motivieren (Regnet, 2003).

Weiterhin stellt die zunehmende Komplexität der Führungssituation die Führungskraft zukünftig vor die Herausforderung, ganzheitlich zu denken und flexibel zu reagieren. Der ganzheitliche Denkansatz besteht nach Dörner (1995) darin, dass über alle anstehenden Probleme Informationen gesammelt werden, bevor eine Entscheidung getroffen wird, anstatt ein Problem nach dem anderen zu lösen. Schließlich wird die Fähigkeit zu Veränderungen und Innovationen aufgrund der sich rasch verändernden Unternehmensumwelten und den daraus resultierenden Anforderungen unabdingbar.

Die Studie der „Dr. Stoebe, Kern und Partner HR-Managementberatung" (2009) zeigt, dass die Sozial-, Führungs- und Kommunikationskompetenz die vorderen Plätze bei den künftig verlangten Kompetenzen einer Führungskraft einnehmen. Demzufolge werden die sozialen Fähigkeiten als wichtiger erachtet als die fachlichen Kompetenzen. Aus diesen Ergebnissen resultiert, dass sich das Rollenverständnis des Fachvorgesetzten hin zum Talentmanager und Coach verändert. Weiterhin sollte die zukünftige Führungskraft nach dieser Studie Eigenschaften, wie Integrität, Verlässlichkeit und Glaubwürdigkeit, aufweisen. Um erfolgreich zu sein und die zukünftigen Herausforderung bewältigen zu können, werden Fähigkeiten, wie visionäres Denken, Mitarbeiter begeistern und motivieren, gefordert.

Die Daimler AG stellt an ihre Führungskräfte folgende Anforderungen (Leadership-Kriterien):

1. Denkt und handelt strategisch und gibt Orientierung.
2. Initiiert und treibt Veränderungen.
3. Fordert und ermöglicht Top-Performance.
4. Geht mit Wissen und Informationen professionell um.
5. Schafft Wertschöpfung und handelt im Sinne des Unternehmens.

6 Ein Beispiel: „Führung virtueller Teams"

Veränderte Organisationsstrukturen aufgrund neuer Technologien, komplexer Arbeitssituationen, zunehmender Globalisierung etc. beinhalten Chancen und Risiken für die Personalführung. Das Führen virtueller Teams stellt dabei eine wesentliche Herausforderung dar, die im Folgenden näher beleuchtet wird.

Virtuelle Teams sind Gruppen, die zusammen Aufträge bearbeiten und damit gemeinsame Ziele verfolgen, sich jedoch an verschiedenen Standorten befinden. Sie bedienen sich daher moderner Informations- und Kommunikationstechnologien. Solche Teams können aufgrund eines Zusammenschlusses von autonomen Unternehmen zur Bearbeitung eines Projekts gebildet werden. Auch arbeiten Mitarbeiter infolge der zunehmenden Globalisierung der Unternehmen aus verschiedenen Niederlassungen zusammen, wodurch internationale Informations- und Arbeitsbeziehungen erforderlich werden. Weiterhin richten Unternehmen Telearbeitsplätze zur Flexibilisierung der Arbeitssituation und zur Einsparung von Kosten ein.

Der Einsatz virtueller Teams ist damit eine Antwort auf die Globalisierung und das hohe dynamische Umfeld, mit dem die Unternehmen konfrontiert sind. Diese Organisationsform bringt allerdings Chancen und Risiken mit sich. Chancen bestehen darin, dass virtuelle Teams nicht an räumliche Verfügbarkeiten gebunden sind und infolge dessen Experten mit speziellen Kernkompetenzen nach Bedarf hinzugezogen werden können. Zudem wird für die Mitarbeiter eine autonome und selbstbestimmte Arbeitsweise geschaffen, welche die Ausrichtung der Arbeitssituation an ihren persönlichen Bedürfnissen ermöglicht. Da sie nicht der permanenten Kontrolle durch ihren Vorgesetzten ausgesetzt sind, verfügen sie über einen großen Gestaltungsfreiraum und vielfältige Mitsprachemöglichkeiten. Dennoch sind mit den genannten Chancen auch Risiken der virtuellen Zusammenarbeit verbunden.

Da bei virtuellen Teams wenig persönliche Kontakte zustande kommen, werden das Erkennen von Problemen und Konflikten, die Bewertung der Leistung sowie die Motivation der Mitarbeiter erschwert. Auch der Aufbau von Vertrauen und der Teambildungsprozess dauern länger als bei realen Teams. Ferner sind virtuelle Arbeitssituationen durch Unsicherheit geprägt, da der gewohnte Handlungsrahmen entfällt. Ein weiteres Problem ist die mit der Individualisierung verbundene Isolierungstendenz der einzelnen Mitarbeiter des Teams (Hofmann & Regnet, 2003). Folglich stellt die Führung über Distanz eine hohe Herausforderung für die Führungskräfte dar.

Führung virtueller Teams im Vergleich zu realen Teams erfordert die Koordination der Mitarbeiter über räumliche Grenzen hinweg. Zur Steuerung der Mitarbeiter ist Kommunikation ein entscheidender Erfolgsfaktor. Da die Teams nicht in Face-to-Face Situationen arbeiten, müssen verschiedene Medien eingesetzt werden, um den Informationsaustausch zu fördern. Dazu können Telefon, Bildtelefon, E-Mail, Briefe, Fax, Voice-Mail, Videokonferenzen, Chat-Rooms etc. genutzt werden. Durch diese Kommunikationskanäle können regelmäßige Gespräche der Teammitglieder untereinander sowie zwischen Mitarbeitern und Vorgesetzten ermöglicht werden. Allerdings können aus der distanzierten Kommunikation Probleme hervorgehen, die es als Führungskraft zu absorbieren gilt. So können u.a. Missverständnisse entstehen, Informationen und Anweisungen ignoriert werden, Gefühle nicht wahrgenommen werden, weniger Commitment erzielt werden etc.

Für eine erfolgsversprechende Führung ist es daher nicht ausreichend, lediglich Kommunikationsmöglichkeiten zu schaffen, es müssen zudem feste Termine für die E-Kommunikation vereinbart werden (z.B. Telefonkonferenzen). Auch der persönliche Kontakt zu und zwischen den Mitarbeitern, wie zum Beispiel durch gemeinsame Trainings und die regelmäßige Präsenz der Führungskraft am Standort, ist nicht durch die vielseitigen Kommunikationstechnologien ersetzbar. Gerade die Bearbeitung von Konflikten und Problemen sollte in persönlichen Gesprächen erfolgen. Unabdingbar für die Führung in virtuellen Teams sind Zielvereinbarungen sowie die Delegation von Verantwortlichkeiten und Aufgaben, um den Mitarbeitern eine Orientierung zu geben. Die ständige Kontrolle und Überwachung der Mitarbeiter ist aufgrund der räumlichen Distanz nicht handhabbar. Deshalb ist es von großer Wichtigkeit, Mitarbeiter zu selbstständigem, zuverlässigem und eigenverantwortlichem Arbeiten zu befähigen. Folglich sind hohe Selbstmanagementfähigkeit und Kommunikationsfähigkeit von Mitarbeitern und Teamleitern gleichermaßen gefordert.

Förderlich für die Zusammenarbeit der virtuellen Teams sind ein Wir-Gefühl und Vertrauen zwischen den Mitgliedern, da gegenseitiges Vertrauen die Kontrolle als Kooperationsbasis ersetzt (vgl. Götz, 2006). Dazu ist es nötig, dass sich die Teammitglieder kennen, sich wechselseitig einschätzen und die Sichtweisen der anderen verstehen. Dieser Prozess wird durch Gruppenerlebnisse, wie gemeinsame Trainings und Veranstaltungen, unterstützt. Dadurch werden die Identifikation mit der Gruppe erhöht und damit die Arbeitszufriedenheit gesteigert (Heimburg, 2002). Gut funktionierende virtuelle Teams gründen außerdem auf der Weitergabe von Wissen und Informationen (Götz & Schmid, 2004a, b; Götz 2002). Damit die Teammitglieder ihr

Expertenwissen teilen und ihre Kompetenzen entsprechend einbringen, ist es von großer Bedeutung, geeignete Anreizsysteme (z.B. Beurteilungsverfahren und Gehaltssysteme; vgl. Köck, Sailer & Götz, 2009) zu etablieren, um die Weitergabe von Wissen zu belohnen (Hofmann & Regnet, 2003). Schließlich betont Heimburg (2002: 1), dass das Führen über Distanz die Fähigkeit erfordert, „ohne direkten, persönlichen und regelmäßigen Kontakt zu den Mitarbeitern Teams zusammenzustellen, deren Mitglieder mit einer gemeinsamen Zielsetzung zu verbinden, sie anzuleiten, zu motivieren und auf eine gemeinsame Aufgabe einzuschwören – und das über die verschiedenen Kulturen und Unternehmenswelten hinweg".

7   Welcher Tools bedient sich Personalführung?

Bei der Wahrnehmung ihrer Führungsaufgabe können Vorgesetzte auf ein großes Repertoire an Instrumenten zurückgreifen. Dabei handelt es sich um Verfahrensweisen, mit deren Hilfe Führungskräfte die Verhaltensweisen ihrer Mitarbeiter zielgerichtet beeinflussen können. Dementsprechend dienen die Führungsinstrumente zur Verbesserung der Koordination und Kommunikation zwischen Mitarbeitern und Vorgesetzten.

7.1 Führen durch Ziele

Führung durch Ziele, auch als „Management by Objectives" bezeichnet, „ist ein Führungskonzept, das die direkte Verhaltenssteuerung durch eine indirekte Zielsteuerung ersetzt" (Gmür & Thommen, 2006: 80). Dabei werden von der Führungskraft und dem Mitarbeiter gemeinsam Zielvereinbarungen erstellt, welche die Leistungen des Mitarbeiters innerhalb einer vereinbarten Periode festlegen. Die Ziele des Mitarbeiters werden dabei aus den Oberzielen des Unternehmens abgeleitet. Wichtig bei diesem Prozess ist, dass der Mitarbeiter seine eigenen Vorstellungen mit einbringt, denn nur dann, wenn sich die Vereinbarungen an den Interessen des Mitarbeiters ausrichten, wird er sie akzeptieren.

Bei dem Management by Objectives steht die Zielorientierung anstelle der Aufgabenorientierung im Vordergrund. Das bedeutet, dass Mitarbeiter und Führungskraft gemeinsam Ziele ausarbeiten, an denen der Einzelne seine Arbeitsweise ausrichtet. Dem Mitarbeiter werden dabei weder Aufgaben noch Methoden zu deren Erledigung vorgegeben, sondern er entscheidet selbst, welche Mittel und Wege er zur Erreichung seiner Ziele einsetzt (Jung, 1995). Die aktive Einbindung des Mitarbeiters in den Zielfindungsprozess trägt zur Identifikation mit seiner Aufgabe und damit zu einer höheren Arbeitsmotivation bei. Des Weiteren geben die Zielvereinbarungen dem Mitarbeiter eine Orientierung hinsichtlich der erwarteten Leistungsanforderungen und schaffen eine Grundlage zur Beurteilung seiner Arbeitsleistungen. Somit wird eine Kontrollfunktion eingerichtet, aus der wiederum Lerneffekte resultieren (Stock-Homburg, 2008).

Es können drei Zielarten unterschieden werden. Die Aufgabenziele legen die Qualität und Quantität der Aufgabenerfüllung, wie beispielsweise Vereinbarungen über Umsätze oder Fehlerquoten, fest. Diese Ziele können durch die Bereichsentwicklungsziele ergänzt werden, welche die langfristige Aufgabenerfüllung ermöglichen, wie z.B. die Einführung eines Controlling-Systems. Die dritte Zielart definiert persönliche Entwicklungsziele, welche die Kompetenzen des Mitarbeiters erweitern und damit den Mitarbeiter für neue Einsatzgebiete qualifizieren, z.B. Sprachkurse (Gmür & Thommen, 2006). Um die vereinbarten Ziele realisieren zu können, müssen sie bestimmten Anforderungen entsprechen. Daher sollen die Ziele konkret in Bezug auf Inhalt, Ausmaß und Zeit formuliert werden. Weiterhin ist zu beachten, dass die Ziele realistisch und spezifisch auf die Aufgaben und Handlungsmöglichkeiten der Betroffenen abgestimmt sind, damit der Mitarbeiter nicht im Vorhinein demotiviert und frustriert ist. Schließlich ist auf die Überprüfbarkeit der Ziele zu achten, um eine Mitarbeiterbeurteilung und Erfolgskontrolle zu ermöglichen (Götz, 2009b; Pinnow, 2008). Diese Grundsätze lassen sich in der sogenannten SMART-Formel ausdrücken:

S	*Spezifisch*	→	Was soll erreicht werden?
M	*Messbar*	→	Woran erkennt man, dass das Ziel erreicht wurde?
A	*Anspruchsvoll*	→	Stellt das Ziel eine Herausforderung dar?
R	*Realistisch*	→	Kann das Ziel mit den vorhandenen Mitteln erreicht werden?
T	*Terminiert*	→	Bis wann soll das Ziel erreicht werden?

7.2 Führen durch Delegation

Führungskräfte übertragen einen Teil ihrer Verantwortung und Kompetenzen auf die Mitarbeiter, da sie nicht alle Aufgaben wahrnehmen können. Die Verteilung der Kompetenzen ermöglicht eine schnellere und effizientere Handlungsweise. Damit kommt der Führungskraft die Aufgabe zu, dem Mitarbeiter eindeutig definierte Aufgabenbereiche und Befugnisse im Rahmen seiner Zielvereinbarungen zuzuteilen, innerhalb dessen er eigenverantwortlich handeln kann. Dazu werden konkrete Stellenbeschreibungen vorausgesetzt, welche die Delegationsbereiche darstellen (Bröckermann, 2000). Durch diese Führungstechnik wird der Überlastung der Führungsperson vorgebeugt und außerdem werden die Kenntnisse und Fähigkeiten der Mitarbeiter optimal eingesetzt. Ein weiterer Vorteil der Delegation von Aufgaben besteht in der erhöhten Eigenverantwortlichkeit der Mitarbeiter, wodurch deren Motivation und Leistung gesteigert werden.

Wichtig bei der Übertragung von Kompetenzen sind eine eindeutige Formulierung der Aufgabenstellung sowie die Möglichkeit, Rückfragen an die Führungskraft stellen zu können. Weiterhin sollte die Führungsperson bei der Delegation beachten, dass sie die Aufgaben rechtzeitig zuweist und realistische Termine für deren Erfüllung vorsieht. Auch ist es essentiell, die für die Erledigung der Aufgaben relevanten Informationen bereitzustellen (Stock-Homburg, 2008). Damit die Delegation reibungslos gelingt, ist zudem ein Vertrauensverhältnis zwischen Vorgesetztem und Beschäftigtem unabdingbar. Zu beachten bei dem Management by Delegation ist, dass zwar die Entscheidungsbefugnisse soweit wie möglich auf die Mitarbeiter übertragen werden, jedoch nicht alle Führungsaufgaben delegiert werden können, wie z.B. Mitarbeitermotivation und Erfolgskontrolle (Olfert, 2003).

7.3 Führung durch Mitarbeitergespräche

Zur Einflussnahme auf die Handlungen und Verhaltensweisen der Mitarbeiter ist es für die Führungskraft nötig, regelmäßig mit ihren Mitarbeitern zu kommunizieren. Dieser wechselseitige Austausch von Informationen und Gedanken erfolgt in dem sogenannten Mitarbeitergespräch. Folglich dienen Mitarbeitergespräche der Förderung des Dialogs zwischen Führungskraft und Beschäftigtem und beabsichtigen die frühzeitige Erkennung sowie Bearbeitung von Problemen. Dysfunktionale Organisationsprozesse sind nämlich meist auf unzureichende Kommunikationsstrukturen und -prozesse zurückzuführen. Mitarbeitergespräche finden meist unter vier Augen statt und verfolgen ein bestimmtes Ziel. Sie gehen über die routinemäßige Alltagskommunikation hinaus und können regelmäßig oder aus einem bestimmten Anlass erfolgen. Daher werden verschiedene Formen von Mitarbeitergesprächen unterschieden: Beurteilungsgespräch, Rückkehrgespräch, Kritikgespräch, Anerkennungsgespräch, Jahresabschlussgespräch, Konfliktgespräch.

Das Mitarbeitergespräch wird in drei Teile gegliedert: *Vorbereitung, Durchführung, Nachbereitung.* Die *Vorbereitung* besteht darin, Ziele und Themen festzulegen und die dafür relevanten Informationen zusammenzutragen. Weiterhin ist eine gründliche Planung von Zeit, Dauer, Ort und Teilnehmer für den Erfolg des Gesprächs entscheidend. Bei der *Durchführungsphase* sollte die Führungskraft zu Beginn eine angenehme und positive Atmosphäre schaffen. Danach sollen die Ziele des Gesprächs verdeutlicht werden, bevor die Themen abgearbeitet werden. Während des Gesprächsverlaufs ist es wichtig, dass die Führungskraft auf den Mitarbeiter eingeht und ihm genügend Raum schafft, seinen Standpunkt klarzustellen. Am Ende des Dialogs werden die wichtigsten Punkte zusammengefasst und die weitere Vorgehensweise geplant. In der Phase der *Nachbereitung* werden Maßnahmen für die Umsetzung des Besprochenen veranlasst. Außerdem wird das Gespräch von der Führungskraft reflektiert werden. Dafür können Fragestellungen, wie „Was war gut, was lief schlecht?", „Wurden die Ziele erreicht?", „Was könnte beim nächsten Mal besser werden?", herangezogen werden (Pinnow, 2008).

8   Fazit

Personalführung findet heute in einem Kontext statt, der sehr stark von Determinanten geprägt ist, die immer schwerer vorhersagbar und noch schwieriger kalkulierbar sind. Der Lebenszyklus von Branchen ist genauso wenig determinierbar wie die Phasenentwicklung von Märkten. Die Wettbewerbskonstellation und die permanente Veränderung von Schlüsselfaktoren, Währungskonstellation und Marktposition sind immer undurchschaubarer geworden und stellen somit neue und herausfordernde Aufgaben an Führung dar. Organisationen zeichnen sich heute durch zunehmende Arbeitsteilung und hoch differenzierte interne Strukturen aus. Um die damit einhergehenden Steuer- und Koordinationsprobleme zu bewältigen, wird Personalführung zu einem entscheidenden Erfolgsfaktor. Es geht nun in der Führung von Menschen vor allem darum, Misstrauen als Grundlage der organisatorischen Gestaltung abzubauen und eine bewusste Vertrauensorganisation zu schaffen.

Literatur

BAECKER, D. (1993). Die Form des Unternehmens. Frankfurt a.M.: Suhrkamp.

BRÖCKERMANN, R. (2000). Personalführung: Arbeitsbuch für Studium und Praxis. Köln: Bachem.

GMÜR, M. & THOMMEN, J.-P. (2006). Human Resource Management: Strategien und Instrumente für Führungskräfte und das Personalmanagement. Zürich: Versus.

GÖTZ, K. (2000). Management und Weiterbildung: Führen und Lernen in Organisationen. 2. überarbeitete Auflage. Reihe: „Grundlagen der Berufs- und Erwachsenenbildung", hrsg. von R. Arnold, Band 9. Hohengehren: Schneider.

GÖTZ, K. (Hrsg.) (2002). Wissensmanagement – zwischen Wissen und Nicht-Wissen. 4., verbesserte Auflage. Reihe: „Managementkonzepte", hrsg. von K. Götz, Band 9. München und Mering: Rainer Hampp.

GÖTZ, K. (Hrsg.) (2006). Vertrauen in Organisationen. Reihe: „Managementkonzepte", hrsg. von K. Götz, Band 30. München und Mering: Rainer Hampp.

GÖTZ, K. (2009a). Wettbewerb um Wissen. Reihe: Grundlagen der Weiterbildung. Augsburg: Ziel-Verlag.

GÖTZ, K. (2009b). (Ver)führen mit Zielen?! In M.-O. Schwaab, G. Bergmann, F. Gairing & M. Kolb (Hrsg.), Führen mit Zielen: Konzepte – Erfahrungen – Erfolgsfaktoren (S. 117–131). Wiesbaden: Gabler.

GÖTZ, K. & SCHMID, M. (2004a). Theorien des Wissensmanagements. Frankfurt a.M.: Peter Lang.

GÖTZ, K. & SCHMID, M. (2004b). Praxis des Wissensmanagements. München: Vahlen.

HEIMBURG V., Y. (2002). Führung in virtuellen Teams. Zeitschrift für Personalführung, 23 (2), 1–3.

HOFMANN, L.M. & REGNET, E. (2003). Führung und Zusammenarbeit in virtuellen Strukturen. In L. v. Rosenstiel, E. Regnet & M. Domsch (Hrsg.), Führung von Mitarbeitern (S. 677–688). Stuttgart: Schäffer-Poeschel.

JUNG, H. (1995). Personalwirtschaft. München: Oldenbourg.

KERN, U. (2009). Akrobaten im Spannungsfeld hoher Anforderungen: Studie zu künftigen Anforderungen an Führungskräfte. Zeitschrift Personalführung, 29 (1), 42–45.

KÖCK, M., SAILER, M. & GÖTZ, K. (2009). Qualifikationsprofile und Auswahlverfahren: Bestandsaufnahme von Potentialbeurteilungsverfahren bei Neueinstellungen. In Handbuch Personalentwicklung. Köln: Wolters Kluwer.

KOTTER, J.P. (1999). Wie Manager richtig führen. München: Carl-Hanser.

MANZ, C.C. & SIMS, H.P. (1992). Becoming a SuperLeader. In R. Glatzer (Hrsg.), Classic Readings in Self-Managing Teamworks (S. 309–329). King of Prussia, Pennsylvania: Organization Design and Development, Inc.

MÜLLER, F. (2006). Mitarbeiterführung durch kompetente Selbstführung. Zeitschrift für Management, 1 (1), 8–22.

NEUBERGER, O. (2002). Führen und führen lassen: Ansätze, Ergebnisse und Kritik der Führungsforschung. 6. völlig neu bearbeitete und erweiterte Auflage. Stuttgart: Lucius & Lucius.

OLFERT, K. (2003). Personalwirtschaft. 10. Auflage. Ludwigshafen: Kiehl.

PINNOW, F.P. (2008). Führen: Worauf es wirklich ankommt. Gabler: Wiesbaden.

REGNET, E. (2003). Der Weg in die Zukunft: Anforderungen an die Führungskraft. In L. v. Rosenstiel, E. Regnet & M. Domsch (Hrsg.), Führung von Mitarbeitern (S. 51–66). Stuttgart: Schäffer-Poeschel.

STAEHLE, W. H. (1999). Management. 8. Auflage. München: Vahlen.

STOCK-HOMBURG, R. (2008). Personalmanagement: Theorien – Konzepte – Instrumente. Wiesbaden: Gabler.

WEBER, M. (1921). Wirtschaft und Gesellschaft. Tübingen: Mohr.

WUNDERER, R. (2007). Führung und Zusammenarbeit. Eine unternehmerische Führungslehre. Köln: Luchterhand.

WUNDERER, R. & GRUNWALD, W. (1980). Führungslehre: Grundlagen der Führung. Bd. 1. Berlin: De Gruyter.

Bildungscontrolling

Walter Schöni

Zielsetzung

- Sie können Ansätze, Gegenstand und Aufgaben des Bildungscontrollings beschreiben und Bezüge zu anderen Disziplinen des Bildungsmanagements herstellen.
- Sie können die verschiedenen Ebenen der Operationalisierung beschreiben.
- Sie kennen die Elemente eines Bildungscontrolling-Konzepts.
- Sie können das spezifische Controlling-Verständnis des Bildungscontrollings erläutern.
- Sie verstehen, warum beim Controlling die Anspruchsgruppen aktiv einzubeziehen sind.
- Sie können Ansätze des Bildungscontrollings auf konkrete Bildungskontexte anwenden.
- Sie können Elemente eines Bildungscontrolling-Konzepts erarbeiten.
- Sie können Chancen und Risiken des Controllings im jeweiligen Kontext abwägen.
- Sie können Messdaten hinterfragen und Beurteilungskriterien reflektiert anwenden.

1   Einleitung

Bildungscontrolling befasst sich mit der Planung, Steuerung und Kontrolle von Bildungsprozessen in unterschiedlichen Kontexten: in Schulen, Kursinstituten, Ausbildungszentren, in der betrieblichen Personalentwicklung. Voraussetzung wirksamer Steuerung von Bildung ist ein verlässliches Messsystem, das pädagogische wie ökonomische und politische Aspekte der Bildung zu erfassen erlaubt. Bildungscontrolling verfügt über wissenschaftliche Konzepte und Methoden, aufbauend auf Erkenntnissen aus Erziehungs-, Wirtschafts- und Sozialwissenschaften. Als Steuerungsverfahren hat das Bildungscontrolling enge Bezüge zu anderen Disziplinen des Bildungsmanagements, insbesondere zum Qualitäts-, Prozess- und Ressourcenmanagement.

Kapitel 2 gibt Hinweise zur Relevanz des Themas Bildungscontrolling. Kapitel 3 führt in die Grundbegriffe und Modelle des Bildungscontrollings ein und beschreibt die Abgrenzung zu anderen Steuerungsverfahren. Kapitel 4 widmet sich den methodischen Grundlagen des Controllings: der Operationalisierung und Messung von Merkmalen des Bildungsprozesses. Kapitel 5 erläutert die Inhalte eines Controlling-Konzepts, seine Erarbeitung und die Einführung in der Bildungseinrichtung. Kapitel 6 präsentiert exemplarisch das Controlling-Konzept für die interne Personalentwicklung einer Firma, die Nutzfahrzeuge verkauft.

2   Relevanz des Themas „Bildungscontrolling"

Unsere Gesellschaften messen der Bildung einen zentralen Stellenwert zu und zwar
sowohl für die Erhaltung der Leistungsfähigkeit der Wirtschaft als auch für den Zugang der Einzelnen zu Erwerbs- und Entwicklungschancen. Vielfältige Erwartungen
richten sich daher an die Bildung, z.B. individuelle Laufbahnerwartungen, berufliche
Qualifikationsstandards oder arbeitsmarktpolitische Forderungen, welche die Bildung nie alle gleichzeitig erfüllen kann. Spannungen zwischen den pädagogischen,
sozialen und ökonomischen Zielsetzungen der Bildung sind daher unvermeidbar,
wobei die für die Steuerung erforderlichen Basisinformationen oft genug fehlen. Bildungscontrolling befasst sich mit der Frage, inwieweit Bildungsgeschehen messbar
gemacht und im komplexen Umfeld rational gesteuert werden kann.

2.1 Trends in Politik und Fachdiskussion

Ansätze, die neben der pädagogischen auch die ökonomische Dimension von Bildungsprozessen zu erfassen versuchen, gab es lange vor dem Aufschwung des „Bildungscontrollings". In den USA etwa publizierte D.L. Kirkpatrick bereits Ende der
1950er Jahre die erste Version seines „4-Ebenen-Ansatzes", der die Teilnehmerzufriedenheit, den Lernerfolg, die Verhaltenswirkungen und den wirtschaftlichen Nutzen von Bildungsmaßnahmen erfasst (Kirkpatrick & Kirkpatrick, 2006; Phillips,
1997). Bewertung (evaluation) und Messung (measurement) der Effekte von Bildungsmaßnahmen bleiben zentrale Diskussionspunkte im angelsächsischen Raum.
Auch im deutschsprachigen Raum lassen sich controlling-orientierte Ansätze weiter
zurückverfolgen, so etwa unter dem Begriff der „Erfolgssteuerung in der Weiterbildung" (so Bronner & Schröder, 1983). Theoretische und methodische Grundlagen
erarbeitete insbesondere die Evaluationsforschung (vgl. Stockmann, 2007).

   Einen ersten Aufschwung erlebte das Thema „Bildungscontrolling" im deutschsprachigen Raum zu Beginn der 1990er Jahre und zwar vor allem in der betriebs-
wirtschaftlich geprägten Fachdiskussion (z.B. Landsberg & Weiss, 1992), was unter
anderem mit den Debatten über den internationalen „Standortwettbewerb" zusammenhängen dürfte. Es wuchs damals der wirtschaftliche und politische Druck auch
auf die „Bildungsstandorte", Leistungen der Bildung zu erfassen, sie in Kennzahlen
abzubilden und gemäß Vorgaben zu steuern. Von der Bildung wurde und wird aus-
drücklich erwartet, dass sie wirtschaftlich verwertbare Kompetenzen und flexible
Verhaltensdispositionen bei den Beschäftigten sicherstellt. Wenn ein „nationales"
Bildungssystem in den internationalen Schulleistungsvergleichen (PISA) oder in
„Competitiveness Rankings" renommierter Wirtschaftsinstitute hintere Rangplätze
belegt, entstehen Forderungen nach einem konsequenten Controlling, das Ineffizien-
zen eliminiert und Bildung aufs „Wesentliche" ausrichtet.

   Selbst in der Fachdiskussion[1] ist gelegentlich die Auffassung anzutreffen, Bildungscontrolling sei eine neue Kontrollinstanz, die dem Effektivitäts- und Effizienz-
denken in der Bildung zum Durchbruch verhelfe und dafür sorge, dass Outcomes
maximiert und eingesetzte Mittel minimiert werden. Es ist jedoch fraglich, ob ein

---

1   Ausführlicher zum Stand der Fachdiskussion: Schöni, 2009.

Bildungscontrolling, das sich als Kontrollinstanz versteht und formale Vorgaben durchsetzt, vonseiten der Kontrollierten, vor allem der Lernenden und Lehrenden, akzeptiert würde. Und auch innerhalb der Erziehungswissenschaften wäre eine neue „Kontrollwissenschaft" kaum legitimierbar.

Der wesentliche Grund für die Beschäftigung mit Bildungscontrolling dürfte in der Entwicklung des Bildungssystems selber liegen. In dem Maße, wie dieses zu einem gewichtigen Wirtschaftsfaktor wurde, erhielten Kundenerwartungen, Qualitätssicherung und rationelle Abläufe einen höheren Stellenwert. Professionalisierungsschritte mündeten in neue Standards, in elaborierte Qualitätsmanagement- und Zertifizierungssysteme, welche hohe und nicht immer vereinbare Anforderungen an die Bildungseinrichtung stellen. Damit wuchs das Bedürfnis nach einer fundierten und integrierten Steuerung, welche der internen Prozessgestaltung genauso zugute kommt wie der externen Rechenschaftslegung.

Zu Steuerungszwecken richtet das Bildungscontrolling die betriebswirtschaftliche Optik auf das Bildungsgeschehen, misst u.a. Teilnahme- und Umsatzvolumen, Kosten-Nutzen-Verhältnisse, Verwaltungseffizienz, Budgetabweichungen. Genauso verlässlich muss es aber die Erwartungen des Umfelds analysieren, Inputressourcen und Lernvoraussetzungen erfassen, Prozessqualitäten ermitteln, Lernfortschritte eruieren und Bildungseffekte im Umfeld abschätzen können. Es bedient sich dabei der Instrumentarien der soziologischen Systemtheorie, der Betriebswirtschaft, der sozialwissenschaftlichen Messmethodik und der erziehungswissenschaftlichen Evaluationsforschung, um Zustand und Leistungen von Bildung in beliebigen Kontexten zu messen, zu planen und zu steuern.

> **Fazit:** Der originäre Beitrag des Bildungscontrollings liegt in der gezielten Erfassung von Leistungs- und Einflussfaktoren und ihrer Integration in eine Gesamtsteuerung von Bildungsprozessen und Einrichtungen. Diese Integrationsleistung ist heute gefragt, wenn Bildungseinrichtungen sich nicht im Normendickicht verlieren, Lernende und Lehrkräfte nicht an widersprüchlichen Erwartungen scheitern sollen. Darüber hinaus kann Bildungscontrolling aufgrund seiner fokussierten Messverfahren dazu beitragen, bildungspolitische Postulate, z.B. die Chancengleichheit, im jeweiligen Kontext wirksamer umzusetzen.

2.2 Bildungscontrolling in der Praxis

Ein im beschriebenen Sinne integrales Bildungscontrolling steckt in der Praxis erst in den Anfängen. Dies gilt für Bildungsabteilungen in Unternehmen genauso wie für Bildungsunternehmen öffentlichen oder privaten Rechts (Schulen, Kursinstitute usw.). Empirische Daten aus Untersuchungen im europäischen Raum[2] führen zum Schluss, dass erst eine kleine Minderheit von – vor allem größeren – Unternehmen ein integrales Controlling kennt. Die Befunde lassen sich wie folgt zusammenfassen:

---

2   Vgl. Beicht & Krekel (1999), Krekel et al. (2001), Grünewald et al. (2003), Gonon et al. (2005), Günther & Zurwehme (2005), Hanhart et al. (2005), Zurwehme (2007), Käpplinger (2009), zusammenfassend: Schöni (2006: 21 f.) sowie Schöni (2009).

- Verbreitet sind Steuerungsaktivitäten in Teilbereichen: systematische Ermittlung des Bildungsbedarfs, Zielabsprache zwischen Anbietern und Abnehmern von Bildungsleistungen, strategische Ausrichtung von Bildungsangeboten, regelmäßige Erfolgskontrolle, Programmevaluation sowie die statistische Erfassung von Teilnehmerzahlen, Themenbereichen und Maßnahmekosten.
- Deutlich seltener erfasst werden die genaue Teilnehmerstruktur (Geschlecht, Alter, Qualifikation), die Teilnahme nach Angebotsarten und die indirekten Kosten von Bildungsmaßnahmen (z.B. Personalausfallkosten).
- Kaum gemessen werden der Erfolg im Praxisfeld und der wirtschaftliche Nutzen von Bildungsmaßnahmen für das Auftrag gebende Unternehmen. Letzteres gilt besonders für Bildungsanbieter mit offenem Weiterbildungsangebot, die meist keinen direkten Zugang zu den Praxisfeldern ihrer Teilnehmenden haben und die Schnittstellen zu den Kunden weniger beeinflussen können als etwa die Bildungsabteilungen in Unternehmen (Günther & Zurwehme, 2005: 58).

> **!** **Fazit:** Der großen Mehrheit der Unternehmen fehlen Datenbasis und Methoden, die sie für gezieltes personal- und qualifikationsbezogenes Controlling, z.B. für ein Gleichstellungscontrolling, für ein wirtschaftliches Kosten-Nutzen-Controlling benötigen würden. Zudem gibt es begrifflichen Klärungsbedarf: Handelt es sich bei den in den Unternehmen konstatierten Aktivitäten – Bedarfsabklärung, Zielabsprache, Erfolgskontrolle usw. – um Controlling-Aktivitäten oder erst um Grundlagen eines allfälligen Controlling-Aufbaus?

3 Grundlegende Begriffe und Modelle

Erläutert werden hier das Controlling-Verständnis, der Controlling-Gegenstand (die „Bildung"), modellbasierte Ansätze des Controllings, die Organisation des Controllings im Bildungsbetrieb und die Abgrenzung zu anderen Steuerungsverfahren (Qualitätsmanagement, Evaluation).[3] Die Ausführungen gelten für unterschiedliche Anwendungsfelder, wie Schulen, Kursanbieter oder die betriebliche Personalentwicklung.

3.1 Spezifika des Bildungscontrollings

Aufgabe des Controllings ist allgemein, Schlüsselinformationen zu erfassen und Analysen zu erstellen, die das Management für die Planung und Steuerung von Geschäftsprozessen und Leistungsbereichen benötigt. Beispielsweise werden aufgrund von Controlling-Informationen kostensparende Faktoren identifiziert oder Mittel gezielter zugewiesen. Controlling ist daher mehr als ein Berichtswesen. Es ist gemäß der im angelsächsischen Raum verankerten Begriffstradition Bestandteil des Führungssystems verschiedener Unternehmensbereiche (Landsberg, 1992: 12 f.; Schierenbeck & Lister, 1998: 14 f.; Schulte, 2002: 2 f.; Wunderer & Jaritz, 2006: 10 f.). Gemäß diesem Verständnis hat das Controlling folgende Funktionen zu erfüllen (Abbildung 12.1).

---

3   Die Themen dieses Kapitels sind ausführlicher beschrieben in Schöni (2006: 31 f.).

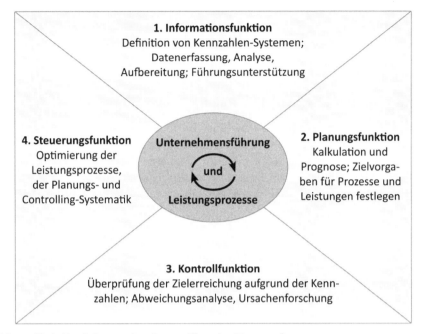

Abbildung 12.1: Funktionen des Controllings im Unternehmen
Quelle: Schöni, 2006: 32

1. *Informationsfunktion:* Es sind Messgrößen verfügbar, welche die Leistungsmerkmale beliebiger Bereiche des Unternehmens abbilden; Verfahren der Datenerfassung und -aufbereitung, der Analyse und Kommunikation sind definiert.
2. *Planungsfunktion:* Für definierte Messgrößen werden Zielwerte festgelegt bzw.
   Prognosewerte kalkuliert, an denen aktuelle Leistungsmerkmale zu messen sind.
3. *Kontrollfunktion:* Zu geeigneten Zeitpunkten werden Leistungsdaten erfasst, die
   Erreichung von Zielwerten überprüft und mögliche Abweichungsursachen
   eruiert.
4. *Steuerungsfunktion:* Aus den Erkenntnissen über Zielerreichung und Abweichung
   ergeben sich Optimierungen im Leistungsbereich, evtl. auch bei den Messmethoden.

Das *Bildungs*controlling teilt dieses Controlling-Verständnis. Es plant, kontrolliert
und steuert Bildungsprozesse und unterstützt das Management im Sinne der Controlling-Funktionen. Es kann sich auf die Personalweiterbildung im Unternehmen
richten, aber genauso auf ein Bildungsangebot am Markt, z.B. auf das Ausbildungs-
gebot einer Schule. Im ersten Fall geht es um das Controlling einer internen Support-
leistung (Personalweiterbildung), im zweiten um das Controlling eines Geschäfts-
prozesses (Bildungsangebot am Markt). Dabei zeichnet sich das Bildungscontrolling
durch spezifische Fokusse aus.

1. *Prozessbezogener Fokus:* Wenn das Bildungscontrolling über Leistungen der Bildungsarbeit Auskunft geben will, kann es sich nicht auf Parameter der wirtschaftlichen Effizienz beschränken (Weiß, 1998: 117 f.; Seeber, 2000: 21 f.). Es

muss auch prozessrelevante Faktoren, wie etwa das Know-how des Lehrperso-
nals, die berufliche Kompetenz von Mitarbeitenden, die Effektivität des Lernfort-
schritts oder die Qualität der Kursverwaltung, erfassen können; ebenso Prozesse
und Standards professionellen Bildungsmanagements.

2. *Systemischer Bezug:* Das Bildungscontrolling richtet den Blick auf alle relevanten
   Kontexte, d.h. auf bildungspolitische Trends, auf Märkte und den Dialog mit dem
   Umfeld. Auszuhandeln ist mit Anspruchsgruppen, welche Messgrößen für das
   Bildungsgeschehen aussagekräftig sind. Darüber hinaus sind politische Erwar-
   tungen, behördliche Richtlinien und Zertifizierungsauflagen zu analysieren, die
   sich an Bildungseinrichtungen oder an die betriebliche Weiterbildung richten
   (Schöni, 2006: 31 f.). Auch sind allfällige politische Risiken eines Controlling-
   Zugriffs auf Bildung zu reflektieren.

Mit seinen Fokussen unterstützt das Bildungscontrolling die „Anpassungsfähigkeit
[der Bildungseinrichtung] an Veränderungen in der Um- und Innenwelt" (Pieler,
1998: 156). Analog hilft das Controlling der betrieblichen Personalentwicklung,
marktbestimmte Anforderungen und Fähigkeiten der Mitarbeitenden „mittel- und
langfristig in Übereinstimmung" zu bringen (Einsiedler, et al., 2003: 228; vgl. auch
Gnahs & Krekel, 1999: 18 f.).

> **!** **Fazit:** Der Nutzen des Controllings für Bildungseinrichtungen liegt in seiner
> zweifachen Optik – nach innen auf die Prozesse, nach außen auf das Umfeld. Es
> dient der Gesamtsteuerung, indem es vielfältige Prozess- und Systeminforma-
> tionen verarbeitet.

3.2 Gegenstand und Optik des Bildungscontrollings

Gegenstand des Bildungscontrollings ist die „Bildung", d.h. Lehren und Lernen, Administration und Infrastruktur, Angebotsentwicklung, Positionierung im Marktumfeld usw. (Schöni, 2006: 34f.). Bildungsgeschehen lässt sich auf drei Ebenen analysieren (Abbildung 12.2):

- *Kernprozesse der Bildungs- und Beratungsarbeit (= Pfeil):* Dazu zählen alle Schritte
  von der Bedarfsabklärung über die Angebotsplanung, die Realisierung des Lehrens und Lernens bis zur Evaluation (Schöni, 2001: 37f.).
- *Bildungseinrichtung als institutioneller Rahmen (= Dreieck):* Sie umfasst alle Leistungsbereiche, wie Angebotssteuerung, didaktische Entwicklung, Services und
  Support, Infrastrukturwirtschaft, Management und Organisationsentwicklung.
- *Wirtschaftliches und politisch-gesellschaftliches Systemumfeld (= Kreis):* Es umfasst das Marktumfeld, Erwartungen von Zielgruppen, gesetzliche Vorschriften,
  Qualitätsnormen und politische Forderungen, die sich an die Bildung richten.

Abbildung 12.2: Bildungsprozess, Bildungseinrichtung und Systemumfeld (Modell)
Quelle: Schöni, 2006: 36

Exkurs: *„Bildungseinrichtung"* ist ein Sammelbegriff für Institutionen, die Lernprozesse ermöglichen und strukturieren. Dazu zählen Volks- oder Berufsschulen, Hochschulen und freie Kursanbieter genauso wie Bildungsabteilungen von Unternehmen oder berufliche Ausbildungszentren. Hinsichtlich der organisatorischen Stellung und Marktorientierung lassen sich zwei Grundtypen von Bildungseinrichtungen unterscheiden:

- Die *„Bildungsabteilung"* ist die Einheit einer Organisation und operiert in deren Auftrag auf internen Märkten; sie befähigt Mitarbeitende, ihre Aufgaben zu bewältigen und mit Kundenwünschen, neuen Gesetzen usw. klarzukommen. Weber et al. (2008: 14) sprechen vom *trägerabhängigen Organisationstyp.*
- Der *„Bildungsanbieter"* ist ein selbstständiges Unternehmen öffentlichen oder privaten Rechts, das Bildungsleistungen direkt für externe Märkte, Zielgruppen und Kunden erbringt und ihren Erwartungen, den Markttrends, regulativen Vorschriften und Auftraggebervorgaben gerecht werden muss. Weber et al. (2008: 13) sprechen vom *selbstständigen Organisationstyp.*

Mischformen sind z.B. das Profit Center eines Unternehmens, das auch an externen Märkten operiert, oder das Kursinstitut, das vor allem die interne Weiterbildung eines Großkunden betreut.

Bildungscontrolling analysiert und steuert auf allen drei Ebenen:

1. Im *Kernbereich* der Bildungs- und Beratungsarbeit überprüft es die Entsprechung zwischen Bedarf und Lernzielen, die Zielorientierung der didaktischen Planung und des Vorgehens, die Lerneffekte und Leistungen.
2. Auf der Ebene der *Bildungseinrichtung* stehen die wirtschaftlichen Bedingungen, die Qualität des Fachpersonals und der Ausstattung, die Professionalität des Bildungsmanagements, die Service-Effektivität und die Leistungsbilanz der Einrichtung (z.B. in Relation zu den verfügbaren Ressourcen) im Fokus.
3. Mit Bezug auf das *Systemumfeld* analysiert das Bildungscontrolling, ob die externen Vorgaben kohärent sind, welche Zielprioritäten sich daraus ableiten und welche Nutzeneffekte für das Umfeld resultieren (d.h. Fragen von strategischer Bedeutung).

Diese Fragestellungen sind für organisationsinterne Bildungsabteilungen genauso anwendbar wie für selbstständige Bildungsanbieter.

3.3 Modellbasierte Controlling-Ansätze

Controlling stützt sich auf strukturierte Information. Vor jeglicher Messung sollte man sich auf die Kernthemen bzw. Parameter eines Bildungsprozesses konzentrieren, über die man Aufschluss gewinnen möchte. Dabei kann ein Modell – eine generelle Beschreibung – des Gegenstands aus der Controlling-Optik helfen, die relevanten Parameter zu identifizieren und Controlling-Fragen zu formulieren. In der Fachdiskussion existieren mehrere (explizite oder implizite) Modellansätze, die sich grob in management- und bildungsprozessbezogene untergliedern lassen (Schöni, 2006: 18 f.).

a) Managementbezogener Ansatz

Im Zentrum stehen hier Informationen, die für das Management eines Bildungsbetriebs in seinem Marktumfeld benötigt werden.[4] Das Modell in Abbildung 12.3 unterscheidet folgende Arten von Parametern:

- *Input-Parameter:* verfügbare materielle und immaterielle Ressourcen der Bildungsarbeit inkl. Marktposition; Vorgaben und Erwartungen von Auftraggebern, Instanzen und Anspruchsgruppen
- *Ist-/Soll-Qualifikation:* gegebenes bzw. angestrebtes oder vorgeschriebenes Niveau der formalen Ausbildung, der Erfahrung oder beruflichen Kompetenz von Zielgruppen
- *Prozess-Parameter:* Effektivität und Professionalität der Bildungsarbeit und des Bildungsmanagements in der Einrichtung
- *Output-Parameter:* Effekte der Bildungsarbeit (Lerneffekte, wirtschaftlicher Nutzen, Outcomes) und Leistungsbilanz der Bildungseinrichtung

---

4   Eine managementbezogene Optik lassen z.B. die Publikationen von Landsberg & Weiß (1992), Weiß (1998), Schulte (2002), Seibt (2005), Weiß (2005), Phillips & Phillips (2005) oder Wunderer & Jaritz (2006) erkennen.

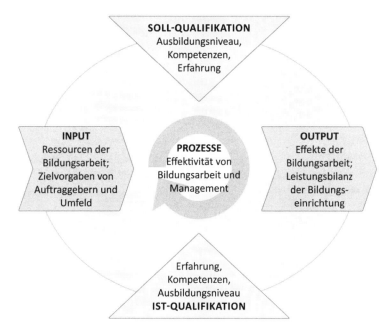

Abbildung 12.3: Steuerungsparameter im Bildungsbetrieb (Management-Ansatz)
Quelle: Schöni, 2006: 62

Sind gemäß diesem Modell die Parameter für den Bildungsbetrieb bestimmt, so gilt es geeignete Messgrößen zu finden, um die richtigen Informationen erfassen und Folgerungen ziehen zu können (vgl. Kap. 4). Welche Messgrößen wir dabei benötigen, hängt von unserem Fokus, von den Informations- und Steuerungsbedürfnissen ab. Messgrößen müssen einen klaren Verwendungszweck haben und für alle Beteiligten – Auftraggeber, Ausbildungsleitung, Trainer/innen, Teilnehmende usw. – nachvollziehbar sein.

Beispiele: Die Kompetenz des Bildungsfachpersonals (Input-Parameter) lässt sich mit den Messgrößen „Dauer der Berufserfahrung der Trainer/innen" oder aber „Quote der zertifizierten Trainer/innen" erfassen. Die beiden Messgrößen dienen unterschiedlichen Zwecken: Die erste liefert Daten, um das Vertrauen von Kunden zu gewinnen; die zweite ermöglicht den formellen Nachweis branchenspezifischer Qualitätsstandards. Oder: Den Leistungsoutput der Einrichtung können wir mithilfe der Messgröße „Realisierte Teilnehmertage pro Semester" erfassen und in Relation setzen zu den verfügbaren Ressourcen der Einrichtung, zu Daten der Konkurrenz, zu Vorgaben des Auftraggebers usw.

b) Bildungsprozessbezogener Ansatz

Einige Abhandlungen zum Bildungscontrolling legen ein „Bildungsproduktionsmodell" zugrunde, das Bildungsprozesse und ihre Teilschritte analog der Wertschöpfungskette von Produktionsbetrieben modelliert und den Fokus auf die Effektivität und Professionalität legt (Seeber, 2000: 35 f.). Jede der im Bildungsprozessmodell

(Abbildung 12.4) abgebildeten Komponenten kann für sich einem Controlling unterzogen werden. Daher spricht man (1) *im Vorfeld* des Bildungsprozesses von einem Bedarfs- und Zielcontrolling, (2) im *Lernfeld* von Input-, Prozess- und Output-Controlling, (3) im *Funktionsfeld* vom Transfer- und Outcome-Controlling, (4) im *Gesamtprozess* vom Kosten-Nutzen-Controlling.[5]

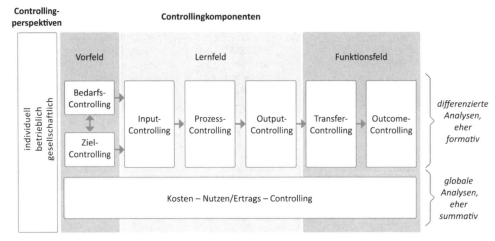

Abbildung 12.4: Controlling-Komponenten im Bildungsprozess (Bildungsproduktionsmodell)

Quelle: Seeber, 2000: 37

Aus konkreten Steuerungsbedürfnissen im Bildungsprozess entstehen Controlling-Fragestellungen, die sich auf einzelne Komponenten und ihre Wechselbeziehungen richten. Auch bei diesem Ansatz gilt es, geeignete Messgrößen zu finden, um die für den Fokus relevanten Informationen erfassen zu können.

Beispiel: Das Controlling interessiert sich für Relationen zwischen den Komponenten. Wer etwa die kompetenzbezogenen „Outcomes" einer Berufsausbildung dem Controlling unterziehen möchte, muss zuerst geeignete Messgrößen bestimmen, um die erworbenen Kompetenzen der Abgänger/innen zu messen; die Messresultate können dann in Relation zu Ausbildungszielen (Soll-Kompetenzen), zu Kompetenzprofilen der Wirtschaftsbranche oder zu Ausbildungsrichtlinien der zuständigen Behörde gesetzt werden.

> **!** **Fazit:** Der *managementbezogene* Ansatz legt den Fokus auf den Bildungsbetrieb in seinem Marktumfeld und erfasst Informationen für die Steuerung von Geschäftsprozessen. Der *bildungsprozessbezogene* Ansatz fokussiert auf die Professionalität der Bildungsarbeit, unter Einbezug des Systemumfelds. Beide Ansätze stellen unterschiedliche Raster zur Verfügung, wobei teilweise auch identische Messgrößen verwendet werden.

---

5   Eine bildungsprozessbezogene Optik lassen etwa die Publikationen von Seeber et al. (2000), Bank (2000), Hummel (2001), Krekel et al. (2001), Kailer & Daxner (2007), Zurwehme (2007) oder Heinsen & Vollmer (2007) erkennen.

3.4 Organisation des Bildungscontrollings

Ein funktionierendes Bildungscontrolling setzt voraus, dass (1) die Bildungsarbeit selbst ein professionelles Niveau erreicht hat und (2) Aufgaben und Verantwortlichkeiten klar geregelt sind. Zur Einführung eines Controllings in der Organisation vgl. Kap. 5.3.

a) Professionelle und dienstleistungsorientierte Bildungsarbeit als Voraussetzung

Grundvoraussetzung funktionierenden Bildungscontrollings ist eine im betreffenden Kontext professionell handelnde Bildungsarbeit. Nur dann, wenn diese systematisch Bedarfe ermittelt, Lernziele definiert und Erfolge kontrolliert, erzeugt sie jene Informationen, die das Bildungscontrolling für seine Analysen benötigt. Eine weitere wichtige Voraussetzung ist ein dienstleistungs- und kooperationsorientiertes Selbstverständnis der Bildungsarbeit (Arnold, 1996; Weiß, 1998: 119; Arnold & Bloh, 2006: 21).

Wenn die Bildungsabteilung eines Unternehmens sich als *Dienstleisterin im Wertschöpfungsprozess* versteht, so erhält die Abstimmung mit Abnehmer/innen/n und Zielgruppen einen hohen Stellenwert; dies betrifft die Definition des Leistungsangebots zusammen mit den Linienverantwortlichen, den Einbezug der Mitarbeitenden und Vorgesetzten bei der Zielfestlegung, bei dem Transfer und der Erfolgskontrolle. Hier übernimmt das Bildungscontrolling die Rolle des kritisch-konstruktiven Partners, der verschiedene Systemebenen im Blick behält und zur Effektivierung des individuellen wie institutionellen Lernens beiträgt.

Wenn dagegen die Bildungsabteilung sich als *Kursorganisatorin oder Seminarveranstalterin* versteht, so sind die Schnittstellen zum Wertschöpfungsprozess von geringerer Bedeutung; die Interaktion mit der Abnehmerseite beschränkt sich überwiegend auf die Bestellung und Realisierung der Angebote, während die Wirksamkeit im betrieblichen Umfeld weniger im Zentrum steht. Bildungscontrolling kann sich hier auf die Kostensteuerung beschränken, was durch eine bildungsfremde Instanz wahrgenommen werden kann.

Auch bei Bildungsanbietern öffentlichen oder privaten Rechts ist das professionelle Selbstverständnis der Bildungsarbeit entscheidend für die Rolle des Controllings. Da Bildung das Kerngeschäft solcher Unternehmen darstellt, richtet sich das Bildungscontrolling direkt auf die Geschäftsprozesse, nicht „nur" auf eine Supportfunktion. Auch hier braucht es jedoch eine ausgeprägte Dienstleistungsorientierung, welche die „Wertkette", den Verwertungszusammenhang der individuellen oder institutionellen Kund/inn/en, einbezieht. Nur so kann sich das Controlling als konstruktiver Partner bei der Effektivierung sowohl der internen Leistungsprozesse als auch der Schnittstellen zwischen Angebot und Zielmarkt etablieren.

> **!** **Fazit:** Das Bildungsverständnis ist entscheidend für den Erfolg des Bildungscontrollings im jeweiligen Kontext. Wo eine dienstleistungsorientierte Kultur fehlt, wo verwaltungstechnische und/oder kostenorientierte Zugriffe auf Bildung dominieren, gilt Controlling als Instrument des Misstrauens. Erfolgschancen bestehen nur in einem Umfeld, das bereit ist, aus Controlling-Ergebnissen zu lernen (Seibt, 2005: 37).

b) Verantwortung, Aufgaben und Funktionen im Controlling

Je nach Typus der Bildungseinrichtung (Kap. 3.2) sind verschiedene organisations-bezogene Lösungen denkbar. In Organisationen mit Bildungsabteilung kann die Verantwortung für Bildungscontrolling grundsätzlich bei der Unternehmensleitung als Aufgabenbereich des Unternehmenscontrollings, bei der Personalleitung im Rahmen des Personalcontrollings oder bei den Bildungsverantwortlichen selber liegen. Die ökonomischen Steuerungsparameter müssen mit dem Finanzcontrolling abgesprochen sein. Bei Bildungsanbietern – Schulen, Kursinstituten – liegt die Controlling-Verantwortung entweder bei der Schulleitung im Rahmen des Controllings von Geschäftsbereichen und Ressourcen, bei den Programmverantwortlichen als Controlling von Produkten und Leistungen oder bei den Querschnittsfunktionen, z.B. im Bereich Qualitätsmanagement. Das Controlling der internen Personalweiterbildung kann bei der Personalleitung liegen.

Anders als beim Finanzcontrolling, das für wirtschaftliche Transparenz verantwortlich ist, Strategie- und Steuerungsentscheide aber dem Management überlässt (Landsberg, 1992: 14), können beim Bildungscontrolling somit beide Verantwortlichkeiten in derselben Funktion vereint sein, weil Bildung als Controlling-Gegenstand Bildungswissen verlangt. Die genaue Aufteilung der strategisch-konzeptuellen und der operativen Bildungscontrolling-Aufgaben (Einsiedler et al., 2003: 230 f.; Friedrich et al., 2005: 31 f.; Schöni, 2006: 38 f.) lässt sich anhand des Funktionszyklus veranschaulichen (Abbildung 12.5).

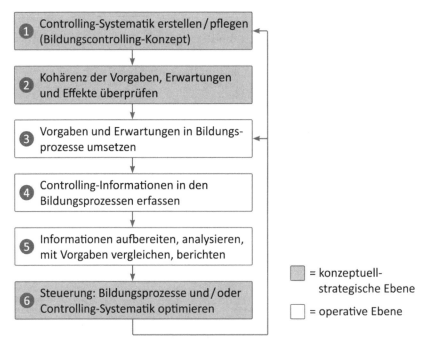

Abbildung 12.5: Funktionszyklus des Bildungscontrollings im Bildungsbetrieb
Quelle: Schöni, 2006: 42

1. Die Aufgaben der jeweiligen Controlling-Verantwortlichen sind *konzeptueller* und *strategischer* Art. Konzeptuelle Aufgaben sind: Erstellen des Controlling-Konzepts für die Einrichtung oder den Programmbereich XY; Pflege der Systematik der Parameter, Messgrößen und Messverfahren; Regelung der Datenerfassung, Analyse und Berichterstattung; Definition der Vergleichsgrundlagen (z.B. Vergleichsdaten aus der Branche, Konkurrenzdaten, Vorjahreszahlen) und Beurteilungsstandards. Strategische Kernaufgabe ist die Positionierung gegenüber Markttrends, politischen Veränderungen und Erwartungen an die Einrichtung (z.B. Forderungen nach Chancengleichheit). Zu prüfen ist beispielsweise,

▪ ob externe Vorgaben untereinander vereinbar sind (zur Zielklärung vgl. Bank 2000),
▪ welche strategischen Zielprioritäten die Bildungseinrichtung selber setzt,
▪ ob erzielte Bildungseffekte den externen Vorgaben und Erwartungen entsprechen.

Daraus ergibt sich, ob die Bildungseinrichtung aktuell „die richtigen Dinge tut", ob Steuerungsbedarf besteht. Der Zeithorizont dieser Fragen ist mehrjährig, die Parameter sind mittel- bis langfristig beeinflussbar.

2. Die *operativen* Aufgaben des Controllings werden von den Verantwortlichen in Zusammenarbeit mit Lehrpersonen und Trainern/innen wahrgenommen, wobei Teilnehmende und Kunden/innen ebenfalls Informationen beisteuern. Auf der Grundlage definierter Messgrößen erfassen sie die Merkmale der Bildungsprozesse, bilden also den aktuellen Stand der Ressourcen, der Prozessqualität und der Ergebnisse ab, analysieren die Daten (Vergleiche mit Referenzdaten, Überprüfung der Zielerreichung usw.) und beurteilen die Ausprägungen aufgrund von definierten Standards. Daraus ergeben sich Hinweise auf die Effektivität der Bildung („Tun wir die Dinge richtig?"). Zeithorizont sind der Jahresablauf bzw. der Programmzyklus, seine Bezugsgrößen sind kurz- bis mittelfristig beeinflussbar. Die Aufgabenverteilung wird z.B. mithilfe eines Funktionendiagramms festgelegt (Beispiel in Kap. 6.6).

Neben dem Standard-Controllingzyklus werden im Bildungsbetrieb auch situativ Steuerungskreisläufe eingeleitet. Auslöser sind Veränderungen im Marktumfeld, im regulativen Umfeld (Ausbildungsvorschriften, Subventionen), beim Lernerfolg (Abbruchquoten, Prüfungserfolg), bei der Leistungsbilanz (Umsatz, Kostendeckung), beim Transfer (Kooperationsbereitschaft) usw. Ad hoc werden zu solchen Themen Daten ermittelt, Lösungen erarbeitet und Maßnahmen umgesetzt. Je aussagekräftiger die Standard-Messgrößen der Einrichtung, desto schneller sind problembezogene Informationen verfügbar.

3.5 Abgrenzung zu anderen Steuerungsverfahren in der Bildung

Wie verhält sich das Bildungscontrolling zu anderen Verfahren der Analyse und Steuerung, insbesondere zum Qualitätsmanagement und zur Evaluation? Die Unterscheidung der drei Steuerungsverfahren ist nicht ganz einfach, wie Analysen von Baethge & Schiersmann (1998: 49), Beywl & Schobert (2000: 12), Hummel (2001: 23), Pawlowski & Teschler (2005) und Schöni (2006: 45) zeigen. Die Disziplinen sind aus unterschiedlichen Fachbereichen hervorgegangen und in der Praxis bestehen heute zahlreiche Überschneidungen. Dennoch lassen sich systematische Unterschiede bei den Kernfragen und bei der Funktionsbestimmung in der Einrichtung festhalten (Tabelle 12.1).

Tabelle 12.1: Kernfragen und Funktionsbestimmung der drei Steuerungsverfahren

Kernfragen der Analyse und Steuerung	Funktion
Bildungsevaluation fragt nach dem Qualitätsniveau: „Welches sind die aktuelle Qualität und Effektivität des Bildungsangebots, der Bildungsdienstleistung, der Bildungseinrichtung (bezogen auf die Zielvorgaben und Erwartungen aus dem Systemumfeld)?"	kann als (befristeter) Projektauftrag extern vergeben werden
Qualitätsmanagement fragt nach der Prozessbeherrschung: „Wie stellen wir sicher, dass Qualität und Effektivität aller Prozesse im Bildungsangebot bzw. in der Bildungseinrichtung systematisch erfasst und weiterentwickelt werden (im Sinne erwarteter Qualität)?"	ist eine Funktion im Managementsystem
Bildungscontrolling fragt nach der Gesamtsteuerung: „Wie sind Qualität und Quantität der Leistungen (Input, Prozesse, Output) im Bildungsangebot bzw. in der Bildungseinrichtung einzuschätzen? Wie können wir alle Leistungsbereiche messen und steuern?"	ist eine (nicht delegierbare) Managementaufgabe

Quelle: Eigene Darstellung

Ohne Zweifel lassen sich in der Praxis stets Beispiele finden, welche sich einer solchen typisierenden Einordnung entziehen. So trifft die Aussage, dass Evaluationen als Projektauftrag extern vergeben werden können, für eine formative – längerfristige Entwicklungsprozesse begleitende – Evaluation nur begrenzt zu. Generell jedoch rechtfertigen die drei Kernfragen eine pragmatische Unterscheidung der Verfahren.

Das Verhältnis des Bildungscontrollings zu den beiden anderen Steuerungsverfahren wird im Sinne einer operationalen Definition wie folgt bestimmt: Bildungscontrolling nimmt, aufbauend auf dem managementbezogenen Controlling-Ansatz (Kap. 3.3 a), die Optik einer *Gesamtsteuerung* der Leistungsprozesse in der Bildungseinrichtung ein. Es greift zu diesem Zweck bei der Messung von Prozess-Merkmalen auf Methoden der Evaluation und des Qualitätsmanagements zurück. Zudem bedient es sich bei der Messung von Input- und Output-Faktoren der betriebswirtschaftlichen Analyse- und Steuerungsinstrumente und in Operationalisierungsfragen generell der sozialwissenschaftlichen Methodik und Messtheorie.

Andere Zugänge (z.B. Pawlowski & Teschler, 2005: 177) verstehen das Qualitätsmanagement als umfassendes Konzept, dem Evaluation und Controlling untergeordnet werden. Für Organisationen, die sich für den Aufbau eines integralen Qualitätsmanagementsystems entschieden haben, ist dies eine pragmatische Alternative. Fokus, Erhebungsraster und Bewertungsmethoden des Qualitätsmanagements sind entsprechend zu erweitern, damit neben den Prozessmerkmalen auch Parameter für die Leistungsmessung und -bewertung integriert werden können.

4   Methodik des Operationalisierens und Messens

Bildungscontrolling macht Merkmale bzw. Parameter des Bildungsgeschehens messbar. Dabei bedient es sich sozialwissenschaftlicher Methoden der Operationalisierung und des Messens.[6] Dieses Kapitel behandelt und illustriert ausgewählte Aspekte, deren Verständnis für die Controlling-Praxis unverzichtbar ist.

4.1 Parameter der Bildung

Bei der Betrachtung von Bildungsprozessen gilt es, zwischen der Konzept-, der Mess- und der Beurteilungsebene zu unterscheiden (Tabelle 12.2). Die *Konzeptebene* beinhaltet allgemeine Vorstellungen über materielle und immaterielle Inputgrößen, Qualifikationsdimensionen, Merkmale von Lernprozessen, Bildungseffekte und Leistungsbilanzen – d.h. eine Systematik mit definierten Parametern für Bildungsprozesse und Bildungsbetrieb. Beispielsweise unterscheidet der managementbezogene Modellansatz vier Gruppen von Parametern: Input-, Qualifikations-, Prozess- und Output-Parameter (Kap. 3.3a).

Eine solche Systematik lässt sich auf den konkreten Bildungsbetrieb (Lehrgang, Bildungsabteilung, Kursinstitut, Schule usw.) anwenden; dabei werden passende Parameter ausgewählt und samt ihren Wechselbeziehungen in einem Controlling-Konzept festgehalten (vgl. Kap. 5).

Tabelle 12.2: Begriffe und Ebenen der Operationalisierung

Begriff	Ebene	Definition
Parameter	Konzeptebene (Konzept, Modell)	Steuergröße zur Beschreibung und Steuerung von Bildungsprozessen und Bildungssystemen (konzeptbasiert)
Messgrößen Indikator, Kennzahl	Messebene (Messen, Skalieren)	Messgröße zur Erfassung der von Parametern bezeichneten Sachverhalte im Bildungsprozess
Standard	Beurteilungsebene (Vergleich, Bewertung)	Kriterien zur Analyse und Beurteilung der erfassten Ausprägungen von Messgrößen

Quelle: Eigene Darstellung

4.2 Messgrößen im Bildungsprozess

Um belegbare Aussagen über die von den Parametern bezeichneten Sachverhalte zu machen, müssen wir von der Konzept- auf die Messebene wechseln (Tabelle 12.2), die Parameter sind zu „operationalisieren" (vgl. Definition). Es gilt, jedem Parameter geeignete Messgrößen und Messverfahren zuzuordnen, die dazu dienen, die aktuelle Ausprägung eines Merkmals zu ermitteln. Damit sind wir in der Lage, Zielvorgaben (Soll-Werte) für dieses Merkmal zu definieren und die Zielerreichung zu überprüfen. Wenn

---

6   Zur Theorie des Operationalisierens und Messens sei hier auf die einschlägige Literatur verwiesen: z.B. Bortz & Döring (2006: 60 f.), Lamnek (2005: 129 f.), Schnell, Hill & Esser (2008: 127 f.)

z.B. das aktuelle „Ausbildungsniveau" eines Teams mit geeigneten Messgrößen erfasst werden kann, lassen sich dafür auch Zielniveaus festlegen, unterstützende Maßnahmen einleiten und die Zielerreichung überprüfen. Neben Messverfahren sind Methoden für die Aufbereitung, Analyse und Beurteilung gemessener Daten zu definieren.

Exkurs: In den Sozialwissenschaften wird „Operationalisierung" wie folgt definiert: „Theoretische Begriffe und Konstrukte (z.B. „Entfremdung" oder „Autoritarismus") haben in der Regel einen zu weitreichenden Bedeutungsinhalt, als dass es unmittelbar und intersubjektiv einheitlich möglich wäre, Vorliegen und/oder Ausmass der dadurch bestimmten Eigenschaft im Einzelfall empirisch zu bestimmen. Die Operationalisierung eines Begriffs besteht in einer Mess- oder Beobachtungsvorschrift, die den theoretischen Begriff mit einem Indikator verbindet. Die mit einer Operationalisierung verbundene Bedeutungseinengung muss bei der Interpretation von Ergebnissen (…) sorgfältig beachtet werden." (Endruweit & Trommsdorff, 1989: 473)

Tabelle 12.3: Beispiele für Parameter, Messgrößen und Standards[7]

Parameter	Messgröße	Standard
„Qualität des Fachpersonals" (Input)	%-Anteil der Trainer/innen, der das staatliche Fachzertifikat „Ausbilder/in" besitzt	≥ 60% = branchenüblich
„Ausbildungsniveau" (Qualifikation)	%-Anteil der Personen mit Berufslehre, der in den letzten 5 Jahren den Auffrischungskurs absolviert hat	≥ 70% = ausreichend
„Transferorientierung" (Prozesse)	%-Anteil der Gesamtlernzeit, der gemäß Kurskonzept für Lernaufträge im Praxisfeld aufzuwenden ist	≥ 30% = Vorgabe für Jahr xx
„Qualitätssteuerung" (Prozesse)	%-Anteil der Empfehlungen aus Kursevaluationen, der innerhalb von 6 Monaten nach Abschluss umgesetzt ist	≥ 80% pro Messperiode
„Teilnehmerstruktur" (Output)	%-Anteile von Frauen und Teilzeitbeschäftigten am Total der Teilnehmenden der Programmperiode	≤ 5% Abweichung von der Struktur der Zielgruppe
„Ertragsstruktur des Angebots" (Output)	Kurseinnahmen aus TN-Gebühren / Einnahmen total (TN-Gebühren + Staatsbeiträge)	≥85% = ökonomisch nachhaltig

Quelle: Eigene Darstellung

Bei den Messgrößen lassen sich Kennzahlen und Indikatoren unterscheiden. Von *Kennzahlen* sprechen wir, wenn wir ein Merkmal direkt zählen, ablesen oder aus Messwerten errechnen können. Kennzahlen sind entweder absolute Zahlen (Summen, Mittelwerte) oder Verhältniszahlen (Prozentanteile, Relationen, Indizes; vgl. Schulte, 2002: 3; Wunderer & Jaritz, 2006: 21 f.; Schöni, 2006: 65 f.). Beispielsweise lassen sich die Leistungsparameter eines Bildungsunternehmens mithilfe betriebswirtschaftlicher

---

7   Umfangreiche Zusammenstellungen von Messgrößen finden sich z.B. bei Schulte (2002), Wunderer & Jaritz (2006) und Schöni (2006).

Kennzahlen operationalisieren: Die „Kostenstruktur" von Bildungsleistungen ergibt sich aus der Summe der direkten (leistungsbezogenen) und der indirekten (betrieblichen) Kosten; die „Ertragsstruktur" errechnet sich aus dem Anteil der Teilnahmegebühren an den Gesamteinnahmen eines Kursanbieters usw. (vgl. Tabelle 12.3).

Von *Indikatoren* sprechen wir dann, wenn wir ein Merkmal nicht direkt messen können, sondern Hilfsgrößen benötigen, die es stellvertretend anzeigen („indizieren"). Viele bildungswissenschaftliche Sachverhalte basieren auf theoretischen Konstrukten und können nur mithilfe von Indikatoren gemessen werden. So ist z.B. die „Transferorientierung" in der Personalentwicklung (Tabelle 12.3) ein wichtiges theoretisches Konstrukt, das sich empirisch nicht direkt beobachten lässt. Daher gilt es, Indikatoren zu finden, die *begründete* Rückschlüsse auf den vom Parameter bezeichneten Sachverhalt zulassen und zwar aufgrund der Einschätzungen von Beteiligten, von Fachexperten/innen oder von aufwändigen sozialwissenschaftlichen Validierungsverfahren.

4.3 Analyse- und Beurteilungsstandards

Für die *Beurteilung* von Messwerten sind Standards erforderlich. Sie werden gewonnen aus Referenzsystemen: aus Statistiken (z.B. Vorjahresdaten, Branchendaten), aus strategischen Zielsystemen (z.B. operative Zielwerte einer Balanced Scorecard), aus regulativen Systemen (z.B. gesetzliche Vorgaben, Qualitätsziele) oder aus fachlichen Communities (Standards für Prozesse). Zudem werden Messwerte in Relation gesetzt zu anderen Messdaten des Bildungssystems (z.B. Ertragskennzahlen zum Budgetvolumen eines Bildungsanbieters, Lernerfolgsquoten zu entsprechenden Zielvorgaben des Auftraggebers).

Exkurs zu Gütekriterien für Messgrößen und Messverfahren: Bei der Konstruktion von Indikatoren und bei der Messung mithilfe von Indikatoren kann es zu Ungenauigkeiten kommen, sei es durch unpräzise Begriffe, durch ungeeignete Messverfahren, durch Vorurteile oder Fehlinterpretationen. Daher wurden in der sozialwissenschaftlichen Forschung Gütekriterien festgelegt (vgl. Bortz & Döring, 2006: 195): (1) *Objektivität:* Führen Messungen durch verschiedene Anwender/innen zum selben Ergebnis? Frage der Standpunktunabhängigkeit, des Standardisierungsgrads;
(2) *Reliabilität:* Erfassen Messverfahren zuverlässig das, was sie messen sollen? Frage der methodischen Präzision bzw. Verzerrungsfreiheit, der Wiederholbarkeit einer Messung;
(3) *Validität:* Erfassen Messverfahren genau das, was sie zu messen vorgeben? Frage der Aussagekraft gemäß Anspruch und Definition des Verfahrens.

Hinzu kommen Kriterien für die Anwendung in Organisationen, z.B.: Stehen Aufwand und Nutzen der Datenerfassung in einem vertretbaren Verhältnis (Ökonomie)? Werden nur Daten erfasst, die auch sinnvoll ausgewertet werden können (Verhältnismäßigkeit)? Sind Messung und Datenverwendung von den Anspruchsgruppen akzeptiert (Akzeptanz und rechtliche Konformität)?

Für jede Messgröße in Tabelle 12.3 ist ein Standard definiert, der hilft, gemessene Ausprägungen zu beurteilen. So spricht z.B. eine Kursanbieterin dann von einer nachhaltigen Ertragsbasis, wenn ihre Einnahmen zu mindestens 85 % aus Teilnahmegebühren und zu höchstens 15 % aus Staatsbeiträgen resultieren, da bei höherem Staatsanteil die autonome Angebots- und Preisgestaltung eingeschränkt sein könnte. Dieser Standard beruht somit auf geschäftsstrategischen Überlegungen. Erst die Bezugnahme auf Standards und Relationen schafft die Grundlage, um Standortbestimmungen vorzunehmen, Steuerungsentscheide zu treffen oder Rechenschaft abzulegen.

4.4 Arbeit mit Messgrößen

Auf der Grundlage definierter Messgrößen, Mess- und Analyseverfahren lassen sich die klassischen Controlling-Funktionen der Information, Planung, Kontrolle und Steuerung (Kap. 3.1) im Bildungsbetrieb wahrnehmen.

a) *Information:* Bildungsverantwortliche sind in der Lage, sich mithilfe ausgewählter Messgrößen und Analysen ein aktuelles Bild der Inputs, Leistungsprozesse und Effekte des Bildungsbetriebs zu verschaffen und an die Entscheidungsträger/innen weiterzuleiten. Aus den Ergebnissen leiten sich die weitere Planung und Steuerung ab.

b) *Planung:* Bildungsverantwortliche legen für ausgewählte Messgrößen Ziel- oder Prognosewerte fest: ein höheres Teilnahmevolumen, eine ausgeglichenere Teilnahmestruktur (z.B. Frauenanteil von n %), eine veränderte Qualifikationsstruktur (höherer Anteil ausgebildeter Berufsleute), eine höhere Prüfungserfolgsquote, geringere Budgetabweichungen usw. Zielwerte legen die zu erreichende Ausprägung der Messgröße fest, Prognosewerte schreiben bereits ersichtliche Trends fort. Fachleute in den jeweiligen Anwendungsfeldern prüfen, ob die Zielwerte realistisch gesetzt sind.

c) *Kontrolle/Evaluation:* Bildungsverantwortliche prüfen nach festgelegten Fristen die Erreichung der Ziel- oder Prognosewerte. Sie gehen dabei gezielten Controlling-Fragen nach, die auch andere Parameter und Kontexte einbeziehen, beispielsweise (mit Bezug auf die Zielvorgaben aus dem vorangehenden Absatz):

- Konnte die Zahl der Teilnehmerstunden erhöht werden? Wie haben sich dabei die Kosten des Angebots entwickelt? Wurde das Ziel auf effiziente Weise erreicht?
- Ist das Geschlechterverhältnis bei den Teilnehmenden ausgeglichen? Haben Frauen auf allen Stufen denselben Zugang zur betrieblichen Weiterbildung wie Männer?
- Entspricht die aktuelle Qualifikationsstruktur in der Abteilung Y den Zielvorgaben des Auftraggebers? Zeigen sich erste Effekte in der Kundenzufriedenheit?
- Konnte die Prüfungserfolgsquote gesteigert werden? Welcher Anteil des Effekts ist auf interne Maßnahmen zurückzuführen, welcher Anteil auf externe Faktoren?
- Konnten die Budgetabweichungen dieses Jahr verringert werden? Haben wir besser geplant oder war das Umfeld günstiger?

d) Steuerung: Bildungsverantwortliche eruieren Ursachen für das Nichterreichen von Zielen: z.B. Regelungsdefizite, falsche Mittelzuteilung, fehlender Mitarbeitereinbezug, Transferhindernisse, Nichtberücksichtigung wichtiger Umfeldfaktoren. Daraus ergeben sich Ansatzpunkte für die Optimierung von Bildungsprozessen. Die Steuerung orientiert sich an Geschäftszielen, wie sie etwa in der Strategie bzw. Balanced Scorecard der Einrichtung festgelegt sind. Die Effekte der Steuerung sind durch erneute Messungen zu eruieren.

> **Fazit:** Messgrößen geben nur punktuelle Aspekte des Bildungsgeschehens wieder. Wichtig ist, dass sie aufgrund von konzeptuellen Überlegungen ausgewählt sind und dass die Messergebnisse begründete Schlüsse auf die Konzeptebene zulassen. Messwerte sind mit Referenzdaten zu vergleichen und zu anderen Parametern in Beziehung zu setzen. Nur so lassen sie sich beurteilen und nur so entstehen verlässliche Grundlagen für Managemententscheide und für die externe Rechenschaftslegung.

5   Konzeption und Einführung eines Bildungscontrollings

Wie lässt sich in der Bildungseinrichtung – Schule, Kursinstitut, Ausbildungszentrum, Bildungsabteilung – ein passendes Controlling einführen? Dazu benötigen wir ein Konzept, einen „Bauplan" (Landsberg, 1992: 17 f.), der die Gesetzmäßigkeiten der Einrichtung abbildet und Ansatzpunkte für die Messung und Steuerung bezeichnet. Dieses Kapitel erläutert Funktion, Inhalte, Erarbeitung und Einführung des Konzepts im Bildungsbetrieb. Ein ausformuliertes Controlling-Konzept ist in Kap. 6 dokumentiert.

5.1 Funktion des Bildungscontrolling-Konzepts

Ein Bildungscontrolling-Konzept formuliert das spezifische Controlling-Verständnis einer Bildungseinrichtung. Es beschreibt ihre Positionierung im Umfeld, ihre Leistungsprozesse, Messgrößen, die Controlling-Abläufe und Controlling-Aufgaben der Beteiligten. Das Konzept liefert die Grundlage für das operative Controlling im Bildungsbetrieb. Je nach Art der Bildungseinrichtung kann sich das Controlling beziehen auf

- das Bildungsangebot der Einrichtung, d.h. das Kerngeschäft der Schule, des Kursinstituts, des Ausbildungszentrums, der Bildungsabteilung usw.,
- die interne Aus- und Weiterbildung des Personals des Bildungsanbieters bzw. der Bildungsabteilung (Supportfunktion).

Für die Erarbeitung eines Bildungscontrollings sollten in der Einrichtung folgende Voraussetzungen erfüllt sein: a) die Einrichtung verfügt über eine strategische Planung und definierte Ziele, auf die sich das Controlling beziehen kann; b) die Bildungsarbeit handelt professionell und ermöglicht ein Controlling (vgl. Kap. 3.4); und c) die Konzepterarbeitung kann sich auf eine konstruktive und kooperative Controlling-Kultur stützen.

5.2 Inhalte und Erarbeitung des Konzepts

Die Inhalte eines Bildungscontrolling-Konzepts lassen sich in die in Tabelle 12.4 aufgeführten Elemente gruppieren. Für jedes Element sind Arbeitsschritte erforderlich, die nachfolgend kurz erläutert werden.[8]

Tabelle 12.4: Inhalte eines Bildungscontrolling-Konzepts und Arbeitsschritte

Inhalte des Konzepts	Schritte der Erarbeitung
I. Umfeld und Zielsetzungen der Bildungseinrichtung	1. Ziel- und Umfeldklärung
II. Leistungsprozesse der Bildungseinrichtung	2. Prozessklärung
III. Fokusse des Bildungscontrollings	3. Fokussierung
IV. Systematik des Bildungscontrollings	4. Operationalisierung
V. Organisation des Bildungscontrollings	5. Organisationsdesign

Quelle: Eigene Darstellung

1. *Ziel- und Umfeldklärung:* Ziel dieses Schritts ist die Positionierung der Bildungseinrichtung in ihrem Umfeld (Abbildung 12.2). Zu diesem Zweck werden Markttrends, Vorgaben von Auftraggebern, Erwartungen der Zielgruppen und Kunden/innen, Auflagen regulativer Instanzen (Gesetze, Behörden, Zertifizierer) und Anliegen politischer Anspruchsgruppen geklärt. Vorgaben und Erwartungen werden auf ihre Kohärenz und Umsetzbarkeit überprüft. Auf dieser Basis sind die eigenen Zielprioritäten der Bildungseinrichtung festzulegen. Dieser Schritt ist exemplarisch dargelegt in Kap. 6.2.
2. *Prozessklärung:* Analysiert werden die internen Kern- und Supportprozesse der Bildungseinrichtung, beispielsweise: Angebotsprozesse, Lehr-/Lernprozesse, Serviceprozesse, Management und Führung, Organisationsentwicklung. Als Basis dient ein Prozessmodell, das erlaubt, die kritischen Erfolgsfaktoren und die Schnittstellen zum Systemumfeld – Markt, Berufsbildungssystem, Wertketten usw. – zu identifizieren (exemplarisch Kap. 6.3).
3. *Fokussierung:* Aus den Erkenntnissen über externe Vorgaben bzw. Erwartungen und über interne Leistungsprozesse der Bildungseinrichtung lassen sich Controlling-Fokusse ableiten. Sie richten sich auf Themen und Ansatzpunkte im Bildungsprozess, die für die interne Leistungssteuerung wie für die externe Rechenschaftslegung von zentraler Bedeutung sind. Dieser Schritt dient also der Bündelung (exemplarisch Kap. 6.4).
4. *Operationalisierung:* Die fokussierten Themen und Ansatzpunkte werden „operationalisiert", d.h. messbar gemacht. Dazu werden – geleitet von einem Modellansatz (Abbildung 12.3 oder 12.4) – aussagekräftige Parameter ausgewählt; für jeden Parameter werden geeignete Messgrößen, Messverfahren und Beurteilungsstandards bestimmt. Resultat ist eine systematische, begründete Zusammenstellung der Controlling-Werkzeuge (exemplarisch Kap. 6.5).
5. *Organisation:* Die Umsetzung der Controlling-Systematik in den Leistungsprozessen des Bildungsbetriebs bedarf organisatorischer Regelungen. Diese betreffen

---

8   Details zur Konzeptarbeit finden sich in Schöni (2006: 127 f.) und in Schöni & Tomforde (2009).

a) die formelle Verantwortung und b) die operativen Aufgaben entlang des Funktionszyklus (Abbildung 12.5), unter Einbezug der Anspruchsgruppen. Ferner werden die Datenhandhabung (Erfassung, Analyse und Beurteilung), das Reporting und die Entscheidfindungsprozesse definiert (exemplarisch Kap. 6.6).

Die Erarbeitung eines Controlling-Konzepts ist recht aufwändig, sowohl personell als auch zeitlich. Die Arbeiten werden in einer Projektorganisation geplant, welche die bereichsübergreifende Zusammenarbeit, ein strukturiertes Vorgehen und eine sorgfältige Kommunikation in der Einrichtung sicherstellt.[9] Die Projektleitung liegt bei den Bildungs- bzw. Controlling-Verantwortlichen (Kap. 3.4); zudem sollten die Anspruchsgruppen – Lehrpersonal, Teilnehmende, Kunden/innen, Abnehmer/innen – in der Projektgruppe vertreten oder zumindest punktuell einbezogen sein.

> **Fazit:** Ein klar strukturiertes Konzept bietet vielfältigen Nutzen: Es beinhaltet ein *begründetes* Set von Messgrößen, das die Diagnose und Steuerung der Leistungsprozesse unterstützt; es liefert einen gemeinsamen Bezugsrahmen, um sich organisationsintern über Fragen der Leistung, der Professionalität und Qualität zu verständigen, und es unterstützt die Kommunikation mit dem Umfeld inklusive die Rechenschaftslegung.

5.3 Einführung des Konzepts im Bildungsbetrieb

Die Einführung von Bildungscontrolling zieht zwangsläufig Veränderungen in der Bildungseinrichtung nach sich. Für das Management sind die Folgen im Allgemeinen abschätzbar: Es gewinnt Transparenz und Steuerungsmöglichkeiten. Für die übrigen Beteiligten ist der Nutzen für die eigene Arbeit zu klären und real sicherzustellen. Nur dann, wenn Mitarbeitende an der Festlegung von Messgrößen und Standards aktiv beteiligt sind, besteht die Chance, dass sie selber die Messgrößen als aussagekräftig für ihre Arbeit und die Standards als grundsätzlich erreichbar einschätzen (Weiß, 2005: 36). Aus diesem Grunde und weil geeignete kulturelle Voraussetzungen nicht überall gegeben sind, kommt folgenden Vorbereitungsschritten große Bedeutung zu (Schöni, 2006: 42 f., 131 f.):

- Ziele, Beweggründe und Nutzen des Controllings aufzeigen: Allfällige Vermutungen über Kontrollabsichten der Leitung können Verhaltensweisen bestärken, die das Controlling unterlaufen. Controlling kann nur in einer kooperativen Kultur Erfolg haben.
- Mitwirkung ermöglichen: Wer in seiner bzw. ihrer Arbeit Informationen erzeugt, die zur Beurteilung der Effektivität der eigenen Arbeit verwendet werden, soll als sachverständige Person bei der Definition der Messgrößen und Beurteilungsstandards mitwirken.
- Effektive Schulungen organisieren: Wer kompetent mitwirken will, braucht solides Wissen über professionelle Bildungsarbeit und Controlling. Schulungen sollten insbesondere das abteilungsübergreifende Controlling-Denken unterstützen.

---

9 Zum Projektmanagement bei Bildungscontrolling-Projekten vgl. Schöni & Tomforde (2009).

- Informationsrechte und Datenschutz gewährleisten: Wer Controlling-Daten liefert, hat Einsichtsrecht in Daten, welche die eigene Arbeit betreffen. Schutzwürdige Personendaten gehören nicht in den Controlling-Kreislauf.

> **!** **Fazit:** Bildungscontrolling braucht Transparenz, Mitwirkung und Fairness, denn: ohne Transparenz keine effektive Steuerung; ohne Mitwirkung keine Professionalität und ohne Fairness kein Anlass für die Beteiligten, Informationen weiterzugeben.

6 Bildungscontrolling bei Industrial Vehicle AG (Fallbeispiel)

Das Beispiel stammt aus einem Unternehmen, das Nutzfahrzeuge verkauft und betreut (Name der Firma geändert). Für die Personalausbildung wurde ein Controlling konzipiert. Der Autor hat die Konzeptarbeiten begleitet. Die Beschreibung dokumentiert die Erarbeitung von Controlling-Elementen bis zum Start der Einführung im Unternehmen. Die Leserinnen und Leser können eigene Transferüberlegungen vollziehen.

Fragen zur Lektüre

1. Welche Chancen und Risiken sehen Sie aufgrund der Ausgangslage im Unternehmen für den Aufbau eines Bildungscontrollings?
2. Können Sie die Schritte von der Zielklärung bis zur Fokussierung inhaltlich nachvollziehen?
3. Sind Parameter und Messgrößen Ihrer Ansicht nach aussagekräftig für die Fokus-Bereiche?
4. Wie schätzen Sie die Zweckmäßigkeit der Controlling-Organisation im Unternehmen ein?

6.1 Ausgangslage

Die Firma Industrial Vehicle AG ist eine Handelsgesellschaft mit einem Netz von 13 größeren Verkaufs- und Servicestellen. Sie verkauft und betreut Nutzfahrzeuge verschiedenen Typs für den Einsatz in Unternehmen und im Öffentlichen Dienst (Transport, Lagerwirtschaft, Straßenunterhalt, Abfall, Reinigung usw.). In der Zentrale arbeiten 180 Personen, in den Verkaufs- und Servicestellen rund 500 Personen.

Die firmeneigene Bildungsstelle unterstützt das Werkstatt-, Verkaufs- und Administrationspersonal in seinen Aufgabenbereichen. Die Bildungsstelle besteht aus der Leiterin, einer weiteren Fachkraft für Personalentwicklung und einer Kursadministratorin. Als Fachreferent/inn/en werden Linienvorgesetzte und externe Referent/inn/en beigezogen. Das Angebot umfasst rund 18 Schulungen pro Jahr, die 1 bis 4 Tage dauern. Die Schulungen decken die Themen Technik, Verkauf, Informatik, Zusammenarbeit und Führung ab.

Die Leiterin der Bildungsstelle plant, ein Controlling aufzubauen, um die Aktivitäten künftig besser steuern und den Beitrag zu den wirtschaftlichen Zielen des Unternehmens dokumentieren zu können. Die Leiterin erhält grünes Licht von der Geschäftsleitung und erarbeitet zusammen mit Ansprechpersonen aus der Linie, aus dem Kreis der Referent/inn/en und der Mitarbeitenden das hier dokumentierte Konzept.

6.2 Zielsetzungen der Bildungsstelle

Zielvorgaben und Erwartungen

Die *Geschäftsleitung* hat neue Zielvorgaben für Verkauf und Service in den nächsten drei Jahren definiert. Von der Bildungsstelle erwartet sie konkrete Beiträge zur Stärkung der produkt-, prozess- und kundenbezogenen Fähigkeiten der Mitarbeitenden aller Geschäftsbereiche. Schulungsbedarf soll rasch erkannt und wirksam bearbeitet werden.

Die *Kunden* erwarten von den Verkäufern/innen und vom Service-Personal Fachkompetenz, Problemlösungsvermögen und Zuverlässigkeit. Sie sollen auch bezüglich neuer Gesetze und Vorschriften stets auf dem neuesten Stand sein.

Die Firma pflegt die Weiterbildungskultur und viele *Mitarbeitende* haben ganz konkrete Erwartungen. Diese reichen von der allgemeinen Nachholbildung (z.B. Deutsch, Mathematik) bis zur Vorbereitung auf eine Kaderlaufbahn. Verkauf und Werkstatt haben in vielen Belangen unterschiedliche Optiken und Erwartungen an die Bildungsstelle (etwa: Sie soll „denen vom Verkauf" dieses oder jenes „mal richtig beibringen".).

Kohärenz und Umsetzbarkeit der Vorgaben

Der Leistungsauftrag macht klare Vorgaben. Allerdings ist der wirtschaftliche Beitrag der Bildung schwer zu messen, denn Verkauf und Kundenbindung hängen nicht nur von der Professionalität des Personals ab, sondern auch von Markttrends, Gesetzgebung und Fahrzeugqualität. Zielkonflikte wie jener zwischen Verkaufsförderung und langer Nutzungsdauer der Fahrzeuge sind auch in der Schulung spürbar. Erwartungen von Mitarbeitenden an allgemeinbildende oder laufbahnbezogene Angebote sind nur im Rahmen des betrieblichen Leistungsauftrags erfüllbar, was in Einzelfällen Zielkonflikte mit sich bringt.

Eigene Zielprioritäten der Bildungsstelle

Die Bildungsstelle achtet stets darauf, die Anspruchsgruppen bei der Angebotsentwicklung einzubeziehen und Erwartungen aktiv zu klären, um allfälligen Zielkonflikten vorzubeugen. Unter Bezugnahme auf die erwähnten Vorgaben und Erwartungen definiert die Bildungsstelle folgende Zielbereiche und Prioritäten (Abbildung 12.6):

Abbildung 12.6: Zielprioritäten der Personalentwicklung (Fallbeispiel)

Quelle: Eigene Darstellung

6.3 Leistungsprozesse der Bildungsstelle

Angebote und Kunden

Die wichtigsten Schulungsbereiche, Zielgruppen/Kunden und Themen sind:

- Technik (Werkstattpersonal): Technische Grundausbildung; Weiterbildung in Produkten und Neuerungen, Fahrzeuginformatik, Kundendienst, Garantiearbeiten
- Verkauf (Verkaufspersonal): Grundausbildung Verkauf; Weiterbildung in Produkten und Neuerungen, Kundenkommunikation und Verkaufskampagnen
- Zusammenarbeit & Führung: Workshops zur Prozessbeherrschung (für Personal mehrerer Bereiche); ausgewählte Führungsthemen (Werkstatt, Verkauf, Administration)

Leistungsprozesse und Erfolgsfaktoren

Die Leistungen der Bildungsstelle erfolgen gemäß den im Prozessdiagramm (Tabelle 12.5) aufgeführten Prozessen. Den Kernprozess bilden das Lehren und Lernen in den Trainings; ermöglicht werden die Trainings durch die Angebots-, Support- und Führungsprozesse der Bildungsstelle. Erfolgsentscheidende Faktoren sind: direkter Abgleich mit dem jeweiligen Auftraggeber, frühzeitiger Einbezug der Anspruchsgruppen, klare Prozessdefinitionen und Standards, ausgeprägte Kundenorientierung, effiziente Abläufe und Wertschätzung. Diese Faktoren sind auch für das künftige Controlling zentral.

Tabelle 12.5: Leistungsprozesse und Erfolgsfaktoren (Fallbeispiel)

Prozesse	Planung	Durchführung	Auswertung	Erfolgsfaktoren
Management und Führung	Programmstrategie, Pflege Referenten/innenstamm, Personal-, Finanz- und Infrastrukturplanung; Controlling			→ Abgleich mit Firmenzielen & Vorschriften; Trendbeobachtung
Angebotsprozesse	Entwicklung Planung, Marketing	Steuerung Kursleitung, Org.	Evaluation von Schulung/Transfer	→ rasche Angebotsanpassung, Einbezug Anspruchsgruppen
Lehr- und Lernprozesse	Klärung Lernvoraussetzungen	Lehren und Lernen; Beraten	Praxistransfer, Feedbacks	→ Prozesse & Standards; Einbezug der Linie in allen Phasen
Serviceprozesse	Beratung Linie/TN Administration, Kalkulation	Betreuung TN/KL Infrastrukturbewirtschaftung	Nachbetreuung TN Statistik, Nachkalkulation	→ kundenorientierte Haltung, effiziente Abläufe
Kultur & Organisation	Leitbild, Qualitätsentwicklung Organisationsentwicklung und Mitwirkung			→ Wertschätzung, Lernbereitschaft

Quelle: Eigene Darstellung

6.4 Controlling-Fokusse

Fragestellungen für das Controlling

Aus den Resultaten der Zielklärung (Kap. 6.2) und der Prozessklärung (Kap. 6.3) ergeben sich folgende Ansatzpunkte und Fragestellungen für das Controlling:

- Befähigt unsere Schulung die Mitarbeitenden, wirtschaftlichen Nutzen zu erzeugen?
- Können wir die Erwartungen der Anspruchsgruppen klären und ggf. erfüllen?
- Entspricht das Angebot dem Bedarf? Reagieren wir auf neue Lernbedürfnisse rasch?
- Tun wir alles Nötige, um den Transfer in die betriebliche Praxis sicherzustellen?
- Sind unsere Prozesse von professioneller Qualität, effizient und kundenorientiert?

Diese Fragen sind von zentraler Bedeutung sowohl für die Steuerung der internen Prozesse der Bildungsstelle als auch für die Berichterstattung an die Geschäftsleitung.

Fokus-Bereiche des Controllings

Um die Fragen beantworten zu können, benötigt die Bildungsstelle regelmäßige Informationen zu folgenden Fokus-Themen:

1. Erfüllung des Leistungsauftrags: Nutzenbewertung aus Auftraggebersicht; Nachhaltigkeit des Lernerfolgs; Zufriedenheit der Anspruchsgruppen
2. Passung des Angebots: Angebotsstruktur, Lernkonzepte, Bedarfs- und Bedürfnisbezug, Ausrichtung am Geschäftsprozess, Angebotserneuerung
3. Effektivität der Schulungen: Prozessstandards zum Transfer und ihre Einhaltung in der Praxis in Zusammenarbeit mit der Linie.

Diese Informationen sind im Bildungsbetrieb mithilfe geeigneter Messgrößen zu erfassen. Zur Abgrenzung: a) In Absprache mit der Linie verzichtet die Bildungsstelle auf die aufwändige direkte Messung des wirtschaftlichen Nutzens (d.h. des Beitrags zur Deckung betrieblicher Kosten). b) Standarddaten zu Teilnahme, Kurskosten, Infrastrukturnutzung und Zufriedenheit werden administrativ erfasst und sind in der Systematik nicht enthalten.

6.5 Systematik der Parameter, Messgrößen, Standards

Nachstehend sind die ausgewählten Parameter für das Bildungscontrolling der Bildungsstelle bei Industrial Vehicle AG in einer Übersicht (Abbildung 12.7) zusammengestellt.

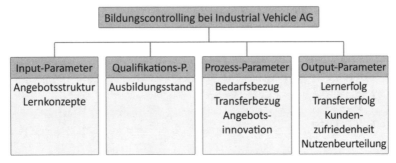

Abbildung 12.7: Übersicht der Parameter (Fallbeispiel)

Quelle: Eigene Darstellung

Für die ausgewählten Parameter wurden Messgrößen, Messmethoden und Standards definiert, die in Tabelle 12.6 dokumentiert sind.

Tabelle 12.6: Operationalisierung der Parameter (Fallbeispiel)

Input	**Messgröße**	**Messmethode**	**Standard**
Angebotsstruktur	Zielgruppen-Fokus	%-Anteil der auf Verkauf und Werkstatt ausgerichteten Kurstage	je 30 % der Kurstage (pro Jahr)
	Geschäftsprozess-Fokus	%-Anteil der geschäftsprozessbezogenen (bereichsübergreifenden) Schulungen	≥ 15 % der Kurstage (pro Jahr)
Lernkonzepte	Gewichtung des Selbstlernens	Definierte Selbstlernzeiten sind Bestandteil aller didaktischen Konzepte	in allen Schulungsbereichen

Qualifikation	**Messgröße**	**Messmethode**	**Standard**
Ausbildungsstand	Funktionsadäquate Ausbildung	Quote der Personen, die über funktionsrelevante Aus-/Weiterbildungen verfügen	Vorgaben für jeden Einsatzbereich

Prozess	Messgröße	Messmethode	Standard
Bedarfsbezug	Intensität der Bedarfsabklärung	Regelmäßigkeit der Soll-/Ist-Analysen in den Einsatzbereichen der Zielgruppen	mind. alle 2 Jahre (je nach Bereich)
Transferbezug	Transferintensität des Lernens	%-Anteil der Gesamtlernzeit des Kurses, der für Transferschritte vorgesehen ist	≥ 40 % (im ∅ je Produktgruppe)
	Kooperation mit dem Praxisfeld	Anteil der Schulungen, bei denen Vorgesetzte die Transferschritte begleiten	alle Kurse mit Transferzielen
Angebots-innovation	Erneuerungsquote	%-Anteil der Angebote pro Programmperiode, welche inhaltlich und/oder methodisch erneuert werden	≥ 20 % der Angebote

Output	Messgröße	Messmethode	Standard
Kurs-zufriedenheit	Kursbeurteilung	Bewertung von 4 Dimensionen durch TN (Durchschnitt aller TN pro Kurs)	mind. Wert 4 (Maximalwert 6)
Lernerfolg	Lernerfolgsquote	%-Anteil der TN mit bestandenem Lerntest bei mehrtägigen Schulungen	≥ 85 % der TN (pro Schulung)
Transfererfolg	Erfolgsquote im Arbeitsfeld	%-Anteil der TN, deren Vorgesetzte bei Nachbefragung Verbesserung bestätigen	≥ 70 % (falls anwendbar)
Nutzen	Nutzenbeurteilung	Nutzenbewertung durch Auftraggeber der Schulung (Linie) bei Nachbefragung	mind. Wert 3 „Nutzen ersichtlich"

Quelle: Eigene Darstellung

6.6 Organisation des Bildungscontrollings

Das Funktionendiagramm (Tabelle 12.7) bildet die operativen Abläufe des Bildungscontrollings im laufenden Ausbildungsbetrieb der Firma Industrial Vehicle AG ab.

Die Kursadministration erfasst die teilnehmerbezogenen Daten und bereitet sie für die Detailplanung der Kurse auf. Die Daten zu Transfer, Lernerfolg und Kursbeurteilung werden vom gesamten Trainerteam erfasst und an die Kursadministration weitergeleitet, die sie im Kompetenz- und Veranstaltungsmanagement-Tool für die Ausbildungsleitung aufbereitet. Weitere Schlüsselinformationen liefern die Nutzenbeurteilungen durch Abteilungsleitungen, Verkaufs- und Servicestellenleiter/innen sowie die periodischen Daten des Kundendienstes zur Zufriedenheit der externen Kunden/innen.

Die erfassten Informationen unterstützen die Bildungsstelle in ihren Steuerungsaktivitäten: bei der Programmarbeit (Vernehmlassung des Halbjahresprogramms), bei Bedarfsumfragen in Geschäftsbereichen, beim Qualitätsmanagement, bei der Evaluation von durchgeführten Angeboten. Damit liegen auch die Grundlagen vor für die Berichterstattung und für die Überprüfung der Strategiekonformität in den periodischen Sitzungen zusammen mit der Geschäftsleitung. Das vorliegende Controlling-Konzept wurde zusammen mit den verschiedenen internen Ansprechpersonen in längeren Gesprächen bereinigt.

Tabelle 12.7: Funktionen des Bildungscontrollings (Fallbeispiel)

Aufgaben \ Personen	GL-Bereich HR	Kun-den-dienst	Leitung Bildung	Kurs-admin.	Trainer	TN	AG
Systematik definieren, pflegen	E		A	I	M		I
Ziele, Sollwerte festlegen	E		A	I	I		
Daten erheben, aufbereiten		A	I	A	A	F	F
Daten analysieren, beurteilen			A	A			
Berichte erstellen	I		A				
Maßnahmen planen, einleiten	E		A	I	M		I
GL=Geschäftsleitung, TN=Teilnehmer, AG=Auftraggeber; Funktionen: A: Ausführen, E: Entscheiden, F: Feedback geben, I : Informiert werden, M: Mitsprache							

Quelle: Eigene Darstellung

Die Geschäftsleitung hat den Start der Einführung in Zentrale und Verkaufsstellen bekanntgegeben. Der Einführungsplan beinhaltet kurze Informationsveranstaltungen und Schulungen für Trainer/innen und Linienverantwortliche. Die Bewährungsprobe in der Praxis steht noch bevor.

Literatur

ARNOLD, R. (1996). Neue Ansätze in der betrieblichen Weiterbildung. In H. Dedering (Hrsg.), Handbuch zur arbeitsorientierten Bildung (S. 605–620). München: Oldenbourg.

ARNOLD, R. & BLOH, E. (2006). Grundlagen der Personalentwicklung im lernenden Unternehmen. In R. Arnold & E. Bloh (Hrsg.), Personalentwicklung im lernenden Unternehmen (S. 5–40). Baltmannsweiler: Schneider.

BAETHGE, M. & SCHIERSMANN, C. (1998). Prozessorientierte Weiterbildung: Perspektiven und Probleme eines neuen Paradigmas der Kompetenzentwicklung für die Arbeitswelt der Zukunft. In Arbeitsgemeinschaft Qualifikations-Entwicklungs-Management (Hrsg.), Kompetenzentwicklung '98. Forschungsstand und Forschungsperspektiven (S. 15–87). Münster: Waxmann.

BANK, V. (2000). Bedarfs- und Zielcontrolling. In S. Seeber, E.M. Krekel & J. van Buer (Hrsg.), Bildungscontrolling: Ansätze und kritische Diskussionen zur Effizienzsteigerung von Bildungsarbeit (S. 51–70). Frankfurt a.M.: Peter Lang.

BEICHT, U. & KREKEL, E. (1999). Bedeutung des Bildungscontrollings in der betrieblichen Praxis: Ergebnisse einer schriftlichen Betriebsbefragung. In E.M. Krekel & B. Seusing (Hrsg.), Bildungscontrolling: ein Konzept zur Optimierung der betrieblichen Weiterbildung (S. 35–53). Herausgeber: Bundesinstitut für Berufsbildung. Bielefeld: Bertelsmann.

BEYWL, W. & SCHOBERT, B. (2000). Evaluation – Controlling – Qualitätsmanagement in der betrieblichen Weiterbildung. 3. Auflage. Bielefeld: Bertelsmann.

BORTZ, J. & DÖRING, N. (2006). Forschungsmethoden und Evaluation für Human- und Sozialwissenschaftler. 4. Auflage. Heidelberg: Springer.

BRONNER, R. & SCHRÖDER, W. (1983). Weiterbildungserfolg: Modelle und Beispiele systematischer Erfolgssteuerung. München und Wien: Hanser.

EINSIEDLER, H., BREUER, K., HOLLSTEGGE, S. & JANUSCH, M. (2003). Organisation der Personalentwicklung: Strategisch ausrichten, zielgenau planen, effektiv steuern. 2. Auflage. München und Neuwied: Luchterhand.

ENDRUWEIT, G. & TROMMSDORFF, G. (1989). Wörterbuch der Soziologie. 3 Bände. Stuttgart: Enke.

FRIEDRICH, K., MEISEL, K. & SCHULDT, H.-J. (2005). Wirtschaftlichkeit in Weiterbildungseinrichtungen. Studientexte für Erwachsenenbildung. Herausgeber: Deutsches Institut für Erwachsenenbildung. 3. Auflage. Bielefeld: Bertelsmann.

GNAHS, D. & KREKEL, E.M. (1999). Betriebliches Bildungscontrolling in Theorie und Praxis: Begriffsabgrenzung und Forschungsstand. In E. M. Krekel & B. Seusing (Hrsg.), Bildungscontrolling – ein Konzept zur Optimierung der betrieblichen Weiterbildung (S. 13–33). Bielefeld: Bertelsmann.

GONON, P., HOTZ, H.-P., WEIL, M. & SCHLÄFLI, A. (2005). KMU und die Rolle der Weiterbildung: Eine empirische Studie zu Kooperationen und Strategien in der Schweiz. Bern: h.e.p. Verlag.

GRÜNEWALD, U., MORAAL, D. & SCHÖNFELD, G. (Hrsg.) (2003). Betriebliche Weiterbildung in Deutschland und Europa. Schriftenreihe des Bundesinstituts für Berufsbildung. Bielefeld: Bertelsmann.

GÜNTHER, T. & ZURWEHME, A. (2005). Wie steuern Weiterbildungseinrichtungen? TU Dresden: Dresdner Beiträge zur Betriebswirtschaftslehre Nr. 105/106 (http://tu-dresden.de).

HANHART, S., SCHULZ, H.R., PEREZ, S. & DIAGNE, D. (2005). Die berufliche Weiterbildung in öffentlichen und privaten Unternehmen in der Schweiz: Kosten, Nutzen und Finanzierung. Zürich: Rüegger Verlag.

HEINSEN, J. & VOLLMER, M. (2007). Bildungscontrolling und Transfersicherung: Überblick, Einordnung und Ergebnisse einer empirischen Untersuchung von Erwachsenenbildung und Wirtschaft. Saarbrücken: VDM Verlag.

HUMMEL, T.R. (2001). Erfolgreiches Bildungscontrolling: Praxis und Perspektiven. Heidelberg: I.H. Sauer.

KÄPPLINGER, B. (2009). Kosten und Nutzen in der betrieblichen Weiterbildung: Bildungscontrolling = Kostencontrolling ? Der pädagogische Blick, 17. Jg., Heft 1, 4–14.

KAILER, N. & DAXNER, F. (2007). Bildungscontrolling in KMU: Betriebliche Kompetenzentwicklung für Klein- und Jungunternehmer. Institut für Unternehmensgründung und Unternehmensentwicklung und Johannes Kepler Universität Linz. www.netzwerk-hr.at (letzte Abfrage: Dez. 2008).

KIRKPATRICK, D.L. & KIRKPATRICK, J.D. (2006). Evaluating Training Programs: The Four Levels. San Francisco: Berrett-Koehler Publishers.

KREKEL, E.M., BARDELEBEN V., R., BEICHT, U., KRAAYVANGER, G. & MAYRHOFER, J. (2001). Controlling in der betrieblichen Weiterbildung im europäischen Vergleich. Herausgeber: Bundesinstitut für Berufsbildung. Bielefeld: Bertelsmann.

LAMNEK, S. (2005). Qualitative Sozialforschung. Lehrbuch. 4. Auflage. Weinheim: BeltzPUV.

LANDSBERG, G. v. (1992). Bildungs-Controlling: „What is likely to go wrong?" In G. v. Landsberg & R. Weiß (Hrsg.), Bildungscontrolling (S. 11–33). Stuttgart: Schäffer-Poeschel.

LANDSBERG V., G. & WEIß, R. (Hrsg.) (1992). Bildungscontrolling. Stuttgart: Schäffer-Poeschel.

PAWLOWSKI, J. M. & TESCHLER, S. J. (2005). Qualitätsmanagement und Bildungscontrolling. In U.-D. Ehlers & P. Schenkel (Hrsg.), Bildungscontrolling im E-Learning: Erfolgreiche Strategien und Erfahrungen jenseits des ROI (S. 175–186). Berlin: Springer.

PHILLIPS, J. (1997). Handbook of Training, Evaluation and Measurement Methods. 3rd edition, Houston: Gulf Publishing.

PHILLIPS, J. & PHILLIPS, P. (2005). Controlling für E-Learning. In U.-D. Ehlers & P. Schenkel (Hrsg.), Bildungscontrolling im E-Learning: Erfolgreiche Strategien und Erfahrungen jenseits des ROI (S. 105–119). Berlin Heidelberg: Springer.

PIELER, D. (1998). Weiterbildungscontrolling – eine neue Perspektive. Von der Prozess- zur Systemsteuerung. In Sozialwissenschaften und Berufspraxis, Heft 2, 150–161.

SCHIERENBECK, H. & LISTER, M. (1998). Finanz-Controlling und Wertorientierte Unternehmensführung. In M. Bruhn et al. (Hrsg.), Wertorientierte Unternehmensführung: Perspektiven und Handlungsfelder für die Wertsteigerung von Unternehmen (S. 13–56). Wiesbaden: Gabler.

SCHNELL, R., HILL, P.B. & ESSER, E. (2008). Methoden der empirischen Sozialforschung. 8. Auflage. München und Wien: Oldenbourg.

SCHÖNI, W. (2001). Praxishandbuch Personalentwicklung: Strategien, Konzepte und Instrumente. Zürich: Rüegger Verlag.

SCHÖNI, W. (2006). Handbuch Bildungscontrolling: Steuerung von Bildungsprozessen in Unternehmen und Bildungsinstitutionen. Zürich: Rüegger Verlag. (2. Aufl. Herbst 2009).

SCHÖNI, W. (2009). Bildungscontrolling. In H. Barz (Hrsg.), Handbuch Bildungsfinanzierung. Wiesbaden: VS Verlag (im Druck).

SCHÖNI, W. & TOMFORDE, E. (2009). Konzeption eines Bildungscontrollings. In A. Neusius (Hrsg.), Fernausbildung schärft Perspektiven. Tagungsband zum 5. Fernausbildungskongress der Bundeswehr. Augsburg: Ziel Verlag (im Druck).

SCHULTE, C. (2002). Personal-Controlling mit Kennzahlen. Frankfurt a.M.: Vahlen.

SEEBER, S. (2000). Stand und Perspektiven von Bildungscontrolling. In S. Seeber, E. M. Krekel & J. van Buer (Hrsg.), Bildungscontrolling: Ansätze und kritische Diskussionen zur Effizienzsteigerung von Bildungsarbeit (S. 19–50). Frankfurt a.M.: Peter Lang.

SEIBT, D. (2005). Controlling von Kosten und Nutzen betrieblicher Bildungsmassnahmen. In U.-D. Ehlers & P. Schenkel (Hrsg.), Bildungscontrolling im E-Learning: Erfolgreiche Strategien und Erfahrungen jenseits des ROI (S. 35–53). Berlin Heidelberg: Springer.

STOCKMANN, R. (Hrsg.) (2007). Handbuch zur Evaluation: Eine praktische Handlungsanleitung. Sozialwissenschaftliche Evaluationsforschung, Band 6. Münster: Waxmann.

WEBER, K., SENN, P.T. & FISCHER, A. (2008). Führungsmodell für Weiterbildungsorganisationen FWB. Arbeitsbericht 33, Koordinationsstelle für Weiterbildung, Universität Bern.

WEISS, R. (1998). Aufgaben und Stellung der betrieblichen Weiterbildung. In Arbeitsgemeinschaft Qualifikations-Entwicklungs-Management (Hrsg.), Kompetenzentwicklung '98: Forschungsstand und Forschungsperspektiven (S. 91–128). Münster: Waxmann.

WEISS, R. (2005). Bildungscontrolling: Messung des Messbaren. In M. Gust & R. Weiß, Praxishandbuch Bildungscontrolling für exzellente Personalarbeit: Konzepte – Methoden – Instrumente – Unternehmenspraxis (S. 31–52). USP Publishing.

WUNDERER, R. & JARITZ, A. (2006). Unternehmerisches Personalcontrolling: Evaluation der Wertschöpfung im Personalmanagement. Neuwied: Luchterhand.

ZURWEHME, A. (2007). Controlling in Weiterbildungseinrichtungen – Aufbau und Ergebnisse einer empirischen Studie. Zeitschrift für Planung und Unternehmenssteuerung, 18, 445–469.

Projektmanagement

Michael Gessler

Zielsetzung

- Sie kennen die Entwicklungsphasen des Projektmanagements (PM).
- Sie kennen Dimensionen der Innovation, den Zusammenhang von Innovation und Projektarbeit und können die Risikothese „Alter" bewerten.
- Sie kennen das Problem der Erfolgsbewertung von Projekten und können typische Fehler in einem Projekt benennen.
- Sie können Projektarten unterscheiden und beschreiben.
- Sie können komplizierte und komplexe Barrieren unterscheiden und können personale PM-Strategien zum Umgang mit komplexen Barrieren erläutern.
- Sie kennen drei Systeme der PM-Personenzertifizierung.
- Sie kennen mögliche Entwicklungsstufen einer projektorientierten Organisation.
- Sie können die Ansätze „Einzelprojekt" und „Projektlandschaften" unterscheiden.
- Sie können die Struktur und Funktion von PM-Organisationsformen erläutern.
- Sie kennen Mindestanforderungen an das Projektmanagement kleiner Projekte.
- Sie kennen die Basiselemente des Prozessansatzes der DIN 69901-2:2009.
- Sie können die Bedeutung des Projektmanagements im Bildungsbereich erläutern.

1 Projektmanagement – eine neue Management-Mode?

Management-Moden geben in der Regel allgemeingültige und modellhafte Antworten (z.B. „Five Disciplines") auf grundsätzliche und oftmals umfassende organisationale Fragestellungen. Die berichteten Erfolge sind meist leicht nachvollziehbar („Best Practice Stories"), selten wissenschaftlich geprüft und die verwendeten oder erfundenen Begriffe und Konzepte sind oftmals diffus und/oder suggestiv (z.B. „Performance Management"). Moden und Mythen „wirken, weil sie vorhandene Sehnsüchte bedienen" (Neuberger, 2002: 101). Die Botschaft, Steuerung und Kontrolle gewährleisten und altbekannte Probleme jetzt lösen zu können, begründet vermutlich den fortwährenden Erfolg von Management-Moden. Hinzu kommt, dass das Bekenntnis zu einer Management-Mode helfen kann, modern und aufgeschlossen zu wirken, was ggf. hilfreich für die eigene Karriere ist (vgl. Höllermann, 2004).

Management-Moden finden meist ebenso schnell Abnehmer wie Verkäufer; insbesondere Berater greifen „Trends" mit Vorliebe auf, verstärken und verschleißen sie. Dieser Markt ist „nun einmal darauf angewiesen, dass er seine Produkte künstlich veralten lässt." (Neuberger, zit. nach Friedmann, 2002). Die Halbwertszeit dieser Trends, Moden und Mythen beträgt meist zwischen 5 und 15 Jahren (vgl. Pascale, 1990: 20), wobei sich die Zyklen verkürzen und die Amplituden vergrößern (vgl. Carson et al., 2000: 1153). Es herrsche eine „Inflation der Trendsetterei" (Löwer, 2007). Handelt es sich beim Projektmanagement um eine neue Management-Mode? Wie hat sich das Projektmanagement entwickelt?

Die Gründungsphase (1920–1960)

Henry L. Gantt veröffentlichte seinen Ansatz und die zugehörigen Gantt-Charts (bzw. Balkenpläne), die heute zum Standardinventar des Projektmanagements zählen, bereits 1919.[1] Der Beginn des modernen Projektmanagements wird allerdings meist mit dem Beginn des „Manhatten Engineering District Project" (1941/1942) in Verbindung gebracht, einem organisationsübergreifenden Großprojekt mit 600.000 Mitarbeitern, dessen Zielsetzung die Entwicklung der Atombombe war (vgl. Litke, 1993: 21; Morris, 1994: 14). Eine bekannte und heute noch verwendete Methode aus der Gründungszeit, die „Critical Path Method (CPM)", stammt aus der Wirtschaft und wurde vom Chemiekonzern du Pont de Nemours in Zusammenarbeit mit Mathematikern der Remington Rand Univac in den Jahren 1956 und 1957 entwickelt. Die CPM bzw. „Methode des kritischen Pfades" erlaubt die Berechnung der Gesamtdauer eines Projektes, der zeitlichen Lage von Arbeitspaketen (und deren Abhängigkeiten) sowie der zeitlichen Puffer innerhalb eines Projektes. Eine ähnliche Methode, die „Program Evaluation and Review Technique (PERT)", wurde zeitgleich von der US-Navy in Zusammenarbeit mit der Lockheed Corporation entwickelt und beim Bau des Polaris-Raketenprogramms eingesetzt. Beide Methoden basieren auf der Netzwerktechnik und den Ideen von H. L. Gantt. Mit der Gründung der NASA National Aeronautics and Space Administration im Jahr 1958 etabliert sich das Projektmanagement in der amerikanischen Luft- und Raumfahrtindustrie. 1959 wird der Ansatz schließlich einer breiten Fachöffentlichkeit bekannt. Auslöser sind eine Veröffentlichung im „Harvard Business Review" („The project manager" von Paul Gaddis) sowie die veröffentlichten Planungsmethoden des Polaris-Raketenprogramms (vgl. Morris, 1994: 27 f.).

Die Etablierungsphase (1960–1990)

1965 wird die IPMA International Project Management Association (zunächst unter dem Namen Internet) und 1979 die GPM Deutsche Gesellschaft für Projektmanagement gegründet. Interessant ist die Reihenfolge: Zunächst etabliert sich ein internationales und anschließend ein nationales Netzwerk. Die ersten DIN-Normen 69900 zur Netzplantechnik erscheinen 1970 und 1971 erreicht das Projektmanagement über einen Fernseh-Schulungskurs erstmals breite Kreise in Deutschland. 1972 wird Projektmanagement in der Deutschen Forschungs- und Versuchsanstalt für Luft- und Raumfahrt (DFVLR) etabliert und diffundiert schließlich in die Industrie. In den Wirtschaftswissenschaften, Ingenieurwissenschaften sowie in der Informatik wer-

---

1   Gantt arbeitete zunächst mit Frederick W. Taylor zusammen und entwickelte sich dann zum Kritiker des Scientific Managements: „it is undoubtedly true that the ‚efficieny' methods which have been so much in vogue for the past twenty years in this country have failed [...] Moreover, these ‚efficieny' methods have been applied in a manner that was highly autocratic. This alone would be sufficient to condemn them, even if they had been highly effective, which they have not." (Gantt, 1919: 89–90). Gantt baut, im Gegensatz zu Taylor, auf die Beteiligung und das Training aller Mitarbeiter: „the era of force must give way to that of knowledge" (ebd.: 102). Die Schrift heißt bezeichnenderweise „Organizing for work" und nicht „Organizing the work". Projektmanagement, als das Management zeitlich befristeter Kooperationen, ist, wie das Management überhaupt, allerdings grundlegender in Verbindung zu sehen mit der Entwicklung der modernen Organisation, deren Entstehungsprozess zu Beginn des 19. Jahrhunderts abgeschlossen war (Türk, 1995: 75).

den an Universitäten erste Lehrstühle eingerichtet.[2] Die 1970 als „Netzplantechnik, Begriffe" veröffentlichte Norm 69900 wird 1980 erweitert und umbenannt in „Projektmanagement, Begriffe" (69900-1). Eine konsolidierte Fassung mit in der Zwischenzeit fünf Normbestandteilen erscheint 1987 (DIN 69900-1, DIN 69900-2, DIN 69901, DIN 69902 und DIN 69903). Neben dieser Institutionalisierung in Deutschland ist eine zweite Entwicklungsrichtung seit 1960 markant: Der bislang stark technisch-mathematisch geprägt Methodenansatz wird erweitert. U.a. aus der Gruppendynamik werden Konzepte übernommen und adaptiert, die heute ebenfalls zum Standardinventar des Projektmanagements zählen.[3]

Die Konsolidierungsphase (ab 1990)

1990 erscheint eine viel beachtete Studie, die eine Welle von Reorganisationen auslöst (vgl. Womack, Jones & Ross, 1990). Die Teamarbeit und das „schlanke Management" werden entdeckt. Die neue Philosophie, das „Lean Management", und das Projektmanagement, das ebenfalls auf flache Hierarchien setzt, sind sich einerseits nahestehende Ansätze. Im Vordergrund steht andererseits für die nächste Dekade die Verschlankung der Routinearbeit („Lean Production") und der Stammorganisation. Die zeitlich befristete und auf Innovation ausgerichtete Projektarbeit und mit ihr das Projektmanagement werden zum Randthema. Gleichzeitig wird die Industrie ab 1990 von einer Welle von Qualitätsmanagement-Zertifizierungen „überrollt". Auslöser hierfür ist einerseits eine aktualisierte Fassung der DIN EN ISO 9001 sowie andererseits das Produkthaftungsgesetz vom 15. Dezember 1989, das die Haftung der Hersteller für fehlerhafte Produkte regelt. Abseits von diesen Mega-Trends entwickeln sich die Projektarbeit und das Projektmanagement weiter. Grund hierfür ist die zunehmende Internationalisierung der Märkte sowie die Etablierung unternehmensübergreifender und zeitlich befristeter Kooperationen, die als „Virtuelle Organisationen"[4] bezeichnet werden (vgl. Müller-Stewens, 1997; Scholz, 1997; Picot et al., 1997). Zielsetzung ist nun, die in und zwischen den Unternehmen bestehenden divergierenden Projektarbeitspraktiken (lokale, regionale und internationale Unterschiede) zu klären. Der Bedarf nach Konsolidierung und Standardisierung führt zu einer reflexiven Standortbestimmung des Projektmanagements, die sich u.a. national in der Revision der PM-Normenreihe niederschlägt, an der ab 2000 gearbeitet wird. 2006 legt eine Fachgruppe der GPM Deutsche Gesellschaft für Projektmanagement dem Normungsausschuss einen Norm-Vorschlag vor und im Januar 2009 wird schließlich eine überarbeitete neue DIN 69901-1 bis 69901-5 veröffentlicht. An einer internationalen ISO-Norm wird derzeit gearbeitet. Die Veröffentlichung ist für das Jahr 2012 geplant (vgl. Wag-

---

2 U.a. Prof. Dr. Heinz Schelle, Universität der Bundeswehr München (1975), Prof. Dr. Dr. h.c. Sebastian Dworatschek, Universität Bremen (1976).

3 Ein Beispiel hierfür ist die sogenannte Stakeholderanalyse (to have a stake in sth. = an etw. beteiligt sein), die eine Adaption der Kraftfeldanalyse darstellt. Untersucht wird in der Stakeholderanalyse, wer innerhalb oder außerhalb eines Projektes welche Interessen hat, wer welche Haltung zum Projekt hat und mit welchen Handlungen (Unterstützung oder Opposition) zu rechnen ist.

4 Diese Thematik neu belebt hat eine Studie der DB Research aus dem Jahr 2007. Der Begriff „Virtuelle Organisation" wird allerdings nicht verwendet. Die Autoren sprechen stattdessen von der Projektwirtschaft.

ner & Waschek, 2009). Bereits 2006 erscheint von der IPMA International Project Management Association ein aktualisierter Standard, die sogenannte IPMA Competence Baseline Version 3.0 (ICB 3.0), die einen anderen Schwerpunkt setzt als die DIN-Normen. Während die DIN-Normen das Projektmanagement-System betrachten und die notwendigen PM-Prozesse, konzentriert sich die ICB 3.0 auf die Kompetenzen des PM-Personals, weshalb neben klassischen PM-technischen Themen (u.a. „Scope & Deliverables", „Control & Reports") zudem kontextbezogene (u.a. „Programme orientation", „Portfolio orientation") und insbesondere personale und soziale Themen (u.a. „Engagement & Motivation", „Conflict & Crises") behandelt werden (vgl. IPMA, 2006).[5] In den Unternehmen richtet sich der Blick seit Mitte der 1990er Jahre zunehmend auf die Steuerung von Programmen (ein Bündel mehrerer Projekte) sowie die Steuerung der Projektlandschaft (die Summe der Projekte in einem Unternehmen). In der öffentlichen Verwaltung sowie dem Bildungs- und Sozialbereich wird zeitgleich das Einzelprojektmanagement bekannt (vgl. Schiersmann & Thiel, 2000).

Handelt es sich beim Projektmanagement um eine Management-Mode?

Einerseits ja, da das Projektmanagement in den letzten 10 Jahren massiv an Popularität gewonnen hat und mit dieser Popularität Erscheinungen zu beobachten sind, die typisch für Management-Moden sind: Simplifizierung, Geschichts- und Mythenbildung und eine steigende Nachfrage nach Beratung mit einem ensprechend entstehenden kommerziellen Beratermarkt. Andererseits nein, da das Projektmanagement für eine Mode zu alt und zu gefestigt ist. Etabliert haben sich u.a. Verbandsstrukturen, projektorientierte Organisationen und Arbeitsweisen und ein intensiver internationaler wissenschaftlicher Diskurs.[6] In Zukunft werden vermutlich zwei Ebenen des Projektmanagements zu unterscheiden sein: Die Ebene der Rhetorik, Mode und Vermarktung, und die Ebene der pragmatischen Projektarbeit.

Drei Entwicklungsrichtungen zeichnen sich derzeit ab, wobei nicht immer eindeutig entscheidbar ist, ob es sich bei diesen Trends aufgrund der Popularität des Projektmanagements um eine Mode oder eine Entwicklung handelt: Eine Annahme ist, dass Projektmanagement in die Gesellschaft diffundiert und sich eine *„projektorientierte Gesellschaft"* entwickelt (vgl. Gareis, 2005). Eine weitere Annahme ist, dass Projektarbeit zum zentralen Arbeits- und Wirtschaftsprinzip einer *„Projektwirtschaft"* wird (vgl. Steeger, 2008). Auf Ebene der Organisationen sind die Transformationsprozesse bislang am deutlichsten sichtbar, gleichwohl diese Entwicklung von der Forschung weitgehend unberücksichtigt blieb. Diese neu entstehenden und entstandenen *„Projektorientierten Organisationen"* entstammen keinem Beraterkonzept, sondern sind selbst initiierte, umfassende und langsame Organisationstransformationen (vgl. Gessler & Thyssen, 2006; Gessler, 2007).

---

5   DIN-Normen und IPMA Competence Baseline (ICB) kennzeichnen zwei komplementäre Ansätze: Während die DIN-Normen einen prozessbasierten Ansatz (Fokus Organisation) verfolgen, beruht die ICB auf einem kompetenzbasierten Ansatz (Fokus Person). Diese Pole werden nachfolgend in Kapitel 3 („Personenbezogene Strategien") sowie Kapitel 4 („Organisationsbezogene Strategien") behandelt.

6   Das „International Journal of Project Management" wird bereits seit 1983 von der IPMA bei Elsevier herausgegeben.

2 Projektwirtschaft – Gegenwart und Zukunft der Projektarbeit

Eine Studie der Deutschen Bank Research prognostiziert der Projektwirtschaft einen Anteil von 15 % der Wertschöpfung in Deutschland im Jahr 2020. Im Jahr 2007 betrug dieser Anteil noch 2 %. In der Studie sind ausschließlich organisations*übergreifende* Kooperationsprojekte in *organisatorischer* und *rechtlicher Eigenständigkeit* gemeint (DB Research, 2007: 23), die auch als „Projektgesellschaften" bzw. „Virtuelle Organisationen" bezeichnet werden. Kooperationsprojekte ohne rechtliche Eigenständigkeit, interne Projekte sowie normale Auftragsprojekte sind bislang hingegen der Normalfall der Projektarbeit. Das Volumen der mittels Projekten geschaffenen Wertschöpfung ist in der Summe weit größer als die für 2007 genannten 2 %. In der Siemens AG wurde 2005 beispielsweise bereits knapp 50 % des Konzernumsatzes mittels Projekten realisiert (vgl. Krubasik, 2008). Die Bedeutung der Projektarbeit ist allerdings von verschiedenen Faktoren abhängig wie z.B. Branche, Produkt, Innovationsdruck, notwendige Expertise, Spezialisierungsgrad sowie Grad der Internationalisierung (Zusammenarbeit und Märkte). Es wird weiterhin Arbeitsbereiche geben, in denen Projektarbeit keine Rolle spielt. Die Bereiche, in denen Projektarbeit eine zentrale Rolle spielen wird, werden allerdings zunehmen, insofern der Trend weiterbesteht, dass Deutschland als Hochlohnland auf Innovationen angewiesen ist. Das Fraunhofer-Institut für System- und Innovationsforschung führt seit 1993 Erhebung zu Innovationen in der Produktion durch. An der Erhebungsrunde 2003 beteiligten sich 1.450 Betriebe der Metall- und Elektrogüterindustrie sowie der Chemischen und Kunststoffverarbeitenden Industrie Deutschlands. Die Erhebung ergab, dass lediglich 5 bis 7 % der Betriebe über personenunabhängige Strukturen und Instrumente verfügen, auf die sich die betriebliche Innovationskompetenz in den in der Studie betrachteten Innovationsfeldern Produktinnovation, Prozessinnovation sowie Reorganisation stützen. „In allen drei untersuchten Innovationsfeldern setzt die überwiegende Mehrheit der Betriebe auf individuelle Fähigkeiten einzelner oder weniger Mitarbeiter." (Armbruster et al., 2007: 82). Projektarbeit ist Wissensarbeit, die oftmals auf der Kompetenz und Initiative weniger Akteure gründet.

2.1 Innovation und Projektmanagement

Unterscheidbar sind u.a. radikale und inkrementelle Innovationen (vgl. Kapitel Strukturmodell in diesem Band). Die Klassifizierung ist abhängig von der jeweiligen Referenz eines Beobachters (vgl. Abbildung 1.4 in diesem Band). Das Bewertungsproblem verdeutlicht, dass Innovationen Deutungsmuster zu Grunde liegen. Die Veränderung oder Entwicklung eines Deutungsmusters, die Invention, bildet den Grundstein einer Innovation. Ein Beispiel: Schiffe wurden zunächst als isolierte Transportmittel gesehen, wobei das Be- und Entladen Kosten verursachte und Zeit erforderte. Durch die Entwicklung des Containers (Produktinnovation) wurden neue Prozesse erforderlich und möglich (Prozessinnovation), womit sich die Hafenorganisation (Strukturinnovation) und die Hafenkultur (Sinnsysteminnovation) veränderten. Innovationen können mittels dieser Objektkategorien beschrieben, nicht jedoch erklärt werden. Eine Innovation baut vielmehr auf der grundlegenden Invention auf. Die Invention im Beispiel bestand darin, sich von der Vielzahl unterschiedlicher

Transportmittel zu lösen und ein standardisierbares Transportmittel, den Container, zu entwickeln. Schiffe wurden nicht mehr als isolierte Transportmittel, sondern als Glied einer Logistikkette gedeutet. Die Invention, die veränderte Deutung, bildete den Anfang. In Anlehnung an West (1990) können insgesamt vier Phasen der Innovation unterschieden werden: (1) Innovation erkennen (= Invention), (2) Innovation auslösen (= Kombination), (3) Innovation umsetzen (= Diffussion) und (4) Innovation stablisieren (= Adoption). Kritisch sind jeweils die Phasenübergänge: Ideen, die zu keiner Beauftragung (Invention/Kombination), Aufträge, die zu keinem Ergebnis (Kombination/Diffusion) und Ergebnisse die zu keiner nachhaltigen Veränderung führen (Diffusion/Adoption). Neben diesen Phasen der Innovation sind zudem die bereits erwähnten Objekte der Innovation zu unterscheiden. Objekte der Innovation können Produkte und Dienstleistungen, Prozesse (Ordnung), Strukturen (Gebilde) und/oder eine Sinnsysteme (Kultur) sein. In der Regel werden mehrere Objekte gleichzeitig bzw. nacheinander in den Innovationsprozess einbezogen. Unterscheidbar sind zudem verschiedene Ebenen der Innovation: (1) Individuum, (2) Team, (3) Organisation (intraorganisational) sowie (4) die Einbindung der Organisation in seine Umwelt (interorganisational). Wie schon im Falle der Objekte sind meist mehrere Ebenen an einer Innovation beteiligt bzw. von einer Innovation betroffen. In Abbildung 13.1 ist der resultierende Würfel nochmals als Grafik dargestellt.

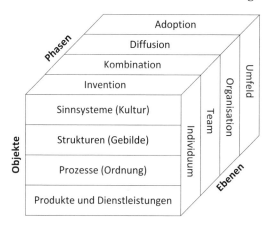

Abbildung 13.1: Innovationsdimensionen der Projektarbeit
Quelle: Eigene Darstellung

In einem Projekt können alle oder auch nur einzelne Objekte, Phasen und Ebenen im Zentrum stehen. Ein Projekt kann beispielsweise nur die Invention oder Adoption einer Innovation zum Gegenstand haben. Projekte sind eine notwendige allerdings keine hinreichende Bedingung für Innovationen in Organisationen. Projektarbeit und Projektmanagement können das Erkennen, Auslösen, Umsetzen und Stabilisieren von Innovationen ermöglichen und wahrscheinlicher machen, aber nicht linear produzieren. „Jede Innovation ist ein Projekt, aber nicht jedes Projekt ist eine Innovation" (vgl. Hauschildt, 1999: 238). Ohne Invention keine Innovation; da hilft auch kein noch so professionelles Projektmanagement. In einer aktuellen Studie wurde dieser Zusammenhang zwischen Innovation und Projektmanagement auf Länderebene bestätigt. Der Zusammenhang zwischen dem Innovationsgrad eines Landes, erfasst durch den „European Innovation Scoreboard 2007" (vgl. PRO INNO Europe, 2008), und dem Professionalisierungsgrad der Projektarbeit, erfasst mittels der gewichteten Zahl zertifizierter Projektmanager, ist in Abbildung 13.2 dargestellt.

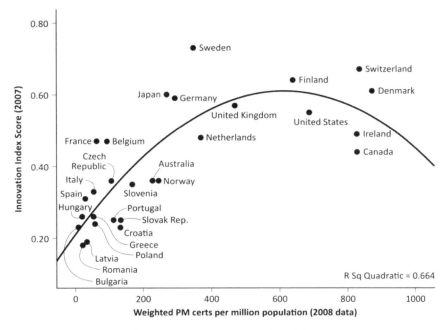

Abbildung 13.2: Zusammenhang von Innovation und Projektmanagement
Quelle: Eigene Darstellung, nach Kavanagh & Naughton, 2009: 4

Aufgabe des Projektmanagements ist die Qualitätssicherung und -entwicklung bzw. die Steuerung der Projektarbeit. Im Gegensatz zum Qualitätsmanagement in Organisationen, das insbesondere darauf ausgelegt ist, Sicherheit zu gewährleisten, ist das Projektmanagement auf den Umgang mit Unsicherheit ausgerichtet. Das Risikomanagement stellt deshalb innerhalb des Projektmanagements ein zentrales Handlungsfeld dar. In der o.g. Studie des Fraunhofer-Instituts für System- und Innovationsforschung werden die individuellen Fähigkeiten der Personen als zentraler Faktor der betrieblichen Innovationskraft identifiziert. Welche Rolle spielt hierbei der demografische Wandel? Stellt der demografische Wandel ein Risiko für die Projektarbeit und für die Innovationskraft der Organisationen dar?

2.2 Demografischer Wandel

Die Bevölkerungszahl in Deutschland nimmt bereits seit 2003 ab (vgl. Statistisches Bundesamt, 2006: 33). Gleichzeitig stieg von 1990 bis 2005 das Durchschnittsalter der Bevölkerung von 39 auf 42 Jahren und wird bis 2050 um mindestens 6 und maximal 10 Jahre weiter ansteigen (ebd.: 38). Was bedeutet dies für den oben skizzierten Zusammenhang von Innovation und Projektarbeit?

Baltes vertrtitt nach mehrjähriger Forschungsarbeit die Auffassung, es gebe „gute Gründe für die Annahme, dass eine ältere Belegschaft [...] weniger Innovationskraft als [eine] jüngere hat, dass also eine ältere Bevölkerung einen nicht zu unterschätzenden Risikofaktor im globalen Wettbewerb und in der Sicherung des künftigen Wohlstandes unserer Gesellschaft darstellt" (Baltes, 2007: 20). Gleichwohl der Rückgang der mechanischen Intelligenz[7] im Alter durch die pragmatische Intelligenz (Erfahrungswissen) abgeschwächt bzw. kompensiert werden kann, sei die Gesamtleistung mit zunehmendem Alter dennoch rückläufig. Eine anspruchsvolle, innovative Arbeit, wie z.B. die Projektarbeit, wäre demnach für ältere Mitarbeiter ab ca. 50 Jahren ungeeignet. Wenn die Gesellschaft einerseits altert und Ältere über eine geringere Innovationskraft verfügen als Jüngere, und sich die Wirtschaft andererseits in Richtung einer Projektwirtschaft entwickelt, die von Innovationen lebt, dann wäre der „künftigen Wohlstand unserer Gesellschaft" allerdings gefährdet. Inwieweit sind die Annahmen von Baltes für den Bereich Projektarbeit zutreffend?

Die kognitive Leistungsfähigkeit seiner Probanden untersuchte Baltes mithilfe berufs*unspezifischer* Aufgaben (Baltes et al., 1995): Wie genau erinnern sich die Personen z.B. an eine Liste von Adjektiven? Expertise ist hingegen *domänenspezifisch* (Ericsson & Smith, 1991). Experten zeichnet aus, dass sie domänenspezifische Informationen *rasch* wahrnehmen und weitgehend *fehlerfrei* erinnern (De Groot & Gobet, 1996). Diese Fähigkeit kommt allerdings nur *innerhalb* einer Domäne zum Tragen (Chi, Glaser & Farr, 1988). Experten zeichnet zudem ein *flexibler* Umgang mit Wissen aus. Überraschend sind insbesondere die Fähigkeit, mit ständig wachsenden Wissensbeständen immer *schneller* operieren zu können, sowie die Fähigkeit, auf der Basis wachsender Erfahrung *innovative* und *nicht determinierte* Problemlösungen entwickeln zu können (Gruber, 1994). Für die Entwicklung von Expertise in einer Domäne sind mehrere Jahre Erfahrung und Lernen erforderlich. Als notwendige Zeitdauer für die Entwicklung von Expertise wird von durchschnittlich 10 Jahren bzw. 10.000 Stunden (Simon & Chase, 1973; Ericsson, Krampe & Tesch-Römer, 1993; Gruber, 2007) *domänenspezifischer* Erfahrung ausgegangen.

Was bedeuten die Befunde der Expertise- und Altersforschung für die Projektarbeit? In einer eigenen Untersuchung[8] überprüften wir die Risikothese „geringere Innovationskraft der Älteren". Wir untersuchten den Zusammenhang zwischen dem Schwierigkeitsgrad eines Projektes und dem Alter der verantwortlichen Projektleiter. Aufgrund der Risikothese wäre anzunehmen, dass ältere Projektleiter nur Projekte mit einem geringeren Schwierigkeitsgrad verantworten, insofern die Unternehmen die Projektaufträge nicht willkürlich vergeben. In Anbetracht der durchschnittlichen Projektbudgets der untersuchten Projekte in Höhe von über 1 Mio. € und einer durchschnittlichen Laufzeit von 30 bis 40 Monaten kann davon ausgegangen werden, dass die Projektvergabe bewusst und nicht zufällig erfolgte. Gemäß

---

7   „Unter kognitiver Mechanik verstehen wir gewissermaßen die biologisch-evolutionär vorgeprägte Hardware des Gehirns; ihre Leistungsfähigkeit äußert sich beispielsweise in der Geschwindigkeit und Präzision, mit der grundlegende Prozesse der Informationsverarbeitung ablaufen, und in basalen Wahrnehmungsfunktionen ebenso wie in elementaren Prozessen des Unterscheidens, Vergleichens und Klassifizierens" (Baltes et al., 1995: 52)

8   Für eine ausführlichere Darstellung der Ergebnisse dieser Untersuchung vgl. Gessler, 2008a (1–24) sowie Gessler & Stübe, 2008 (75–81).

der Risikothese müsste der Zusammenhang negativ sein. In einer hoch innovativen Branche, wie z.B. der IT-Branche, müsste dieser Trend besonders deutlich sein. Die Untersuchung von 394 IT-Projekten, die von 118 Projektleitern durchgeführt wurden, ergab folgendes Bild:

- Zwischen dem Merkmal „betriebserhaltende Projekte" und dem Alter besteht ein signifikanter (p<.01) positiver Zusammenhang (r=.20). Die älteren Projektleiter verantworten im untersuchten Unternehmen betrieblich bedeutsame Projekte.
- Zwischen dem Merkmal Komplexität des Projektgegenstands sowie dem Alter besteht ebenfalls ein signifikanter (p<.05) positiver Zusammenhang (r=.12). Ältere Projektleiter verantworten im untersuchten Unternehmen komplexe Projekte.[9]
- Zwischen den Altersgruppen bestehen signifikante (p<.05) Unterschiede hinsichtlich der Projektdauer: Ältere Projektleiter verantworten Projekte mit langer Laufzeit.[10]
- Zwischen den Altersgruppen besteht kein signifikanter Unterschied hinsichtlich der verantworteten Budgets.[11]

Ältere Projektleiter (ab 50 Jahre) verantworten im untersuchten Unternehmen Projekte, die als komplex und betriebserhaltend eingestuft werden, eine lange Laufzeit aufweisen und mit einem durchschnittlichen Budget ausgestattet sind. Die Untersuchungsergebnisse sind allerdings nur begrenzt gültig: Sie ist domänen- und unternehmensspezifisch (IT-Branche), altersbegrenzt (bis 65 Jahre) und gegenstandsspezifisch (Projektarbeit). Projektarbeit ist eine besondere Arbeitsform, da fortlaufend Probleme zu lösen sind, der Umgang mit Ungewissheit und Komplexität den Normalfall darstellt und die Arbeit nur wenig Routinehandlung bietet. Diese Arbeitsform stellt hohe Anforderungen an eine Person und kann einerseits, aufgrund des Zeitdrucks, der Verantwortung und der Ungewissheit, als belastend empfunden werden. Andererseits ist Projektarbeit eine Arbeitsform, die fortlaufendes Lernen fordert und fördert. Die Ergebnisse der Studie waren insofern nicht überraschend. Wenn allerdings der Anregungsgehalt des Kontexts niedrig ist, die Arbeitsumgebung Lernen nicht fördert, sondern gar verhindert, dann ist damit zu rechnen, dass sich die These von Baltes bewahrheitet. In einem solchen Fall ist es auch nicht ausreichend, mit punktuellen und personenzentrierten Weiterbildungsangeboten außerhalb des Berufs die Leistungsfähigkeit im Beruf sichern zu wollen – insbesondere wenn Innovationen intendiert sind. Im privaten Lebensumfeld sind solche Initiativen hilfreich und sinnvoll. Die Entwicklung beruflicher Expertise unterstützen sie nicht. Hierfür ist ein kontinuierlicher Zusammenhang von Kontext, Problemstellung und Lernerfahrung der Person erforderlich.

---

9   Eine Aufschlüsselung des Kriteriums „fachliche Komplexität der Projekte" ergab, dass 72,7 % der Projekte, die von älteren Projektleitern (50 Jahre und älter) gemanagt werden, eine hohe fachliche Komplexität aufweisen.
10 Bis 39 Jahre: 30,78 Monate; 40 bis 49 Jahre: 28,73 Monate, 50 Jahre und älter: 39,95 Monate.
11 Daraus zu schließen, dass ältere Projektleiter effizienter arbeiten als Jüngere, da Projekt mit längerer Laufzeit und höherem Komplexiätsgrad mit dem gleichen Budget bewältigt werden, kann aufgrund der Daten nicht entschieden nur vermutet werden.

2.3 Erfolg und Misserfolg von Projekten

Der Projektboom hat Schattenseiten. Projekte entstehen oftmals unkoordiniert und mit ihnen selbst ernannte Projektleiter, -koordinatoren, -manager, -direktoren, -berater und -coaches. Projektorientierte Strukturen und Prozesse werden in den Organisationen meist erst mit großer zeitlicher Verzögerung entwickelt. Es ist sodann nicht verwunderlich, dass Projekte sowohl einen hohen Anteil an der Wertschöpfung haben als auch an der Wertvernichtung. Ein dramatisches Beispiel hierfür ist die Insolvenz des Baukonzerns Philipp Holzmann AG im Jahr 2002.

Im Abstand von 6 bis 7 Jahren veröffentlicht die „The Standish Group International" aus Boston Daten (die sogenannten „Chaos-Studien") über die Quote der Projektmisserfolge in einer Branche (hier: IT) und bietet sodann Schulungen und Trainings an. Laut aktueller Chaos-Studie (2007) würden nur 35 % der IT-Projekte erfolgreich abgeschlossen. Ein Vergleich der verschiedenen Studien (vgl. Tabelle 13.1) zeigt allerdings auch, dass sich in der Zeit zwischen 1994 und 2007 die Erfolgsquote verdoppelt hat und gerade im IT-Sektor wurde in den letzten 15 Jahren das Projektmanagement massiv ausgebaut und insbesondere domänenspezifische Ansätze entwickelt (u.a. das V-Modell XT).

Tabelle 13.1: Chaos-Studien

Resolution Type	Specification	1994	2001	2007
project success	„The project is completed on-time and on-budget, with all features and functions as initially specified."	16,2 %	28 %	35 %
Project challenged	„The project is completed and operational but over-budget, over the time estimate, and offers fewer features and functions than originally specified."	52,7 %	49 %	46 %
Project impaired	„The project is canceled at some point during the development cycle."	31,1 %	23 %	19 %

Quelle: The Standish Group International (1994, 2001, 2007)

Der Wahrheitsgehalt der Chaos-Studien wird allerdings massiv bezweifelt. Angenommen wird eine weit geringere Misserfolgsquote (vgl. Glass, 2005), wobei im Bereich der Projektarbeit die Erfolgs- und Misserfolgsmessung besonders schwierig ist: Ein *Abwicklungsmisserfolg* (z.B. Budgetüberschreitung, Terminverzug) kann durchaus zu einem späteren *Anwendungserfolg* führen und umgekehrt. Ein bekanntes Beispiel hierfür sind die Post-its. Ursprünglich sollte ein „Superkleber" mit großer Haftwirkung entwickelt werden. Es entstand allerdings ein Kleber, der sich leicht ablösen ließ.

Der Abwicklungs*erfolg* ist zudem keine objektive Größe: Wer bewertet den Erfolg mittels welcher Kritierien? Eine Budgetüberschreitung von 5 % in einem großen Bauprojekt kann beispielsweise als Erfolg gedeutet werden, während eine solche Budgetüberschreitung in einem öffentlich geförderten Weiterbildungsprojekt problematisch ist aufgrund der begrenzten Fördermittel. Eine Terminverlängerung kann

wiederum in einem geförderten Weiterbildungsprojekt beantragt werden und insofern der begründete Antrag angenommen wird, ist der Erfolg des Projektes nicht gefährdet (Stichwort „kostenneutrale Verlängerung"), während eine Terminüber-
schreitung z.B. in einem Investitionsprojekt aufgrund einer vereinbarten Konventio-
nalstrafe bei verspäteter Lieferung teuer werden kann. Neben Kosten und Terminen
ist insbesondere die Qualität der Leistung der zentrale Faktor, der über den Erfolg
eines Projektes entscheidet. In einem Bauprojekt kann die Leistung physisch geprüft
werden, was jedoch kann in einem Weiterbildungsprojekt gemessen und bewertet
werden? Die Anzahl der Teilnehmer und Trainingstage? Die Berufseinmündungs-
quote? Eine veränderte Performanz oder Kompetenz der Teilnehmer? Der Return on
Investment? Die Mündigkeit der Teilnehmer? Was zum Abschluss eines Projektes
von wem wie gemessen wird, muss zu Beginn des Projektes spezifisch festgelegt
werden. Das Problem der Messung und Bewertung der Leistung eines Weiterbil-
dungsprojektes bestimmt nicht das Ende, sondern den Anfang des Projektes.

> **!** Der Abwicklungserfolg eines Projektes lässt sich hinsichtlich der Termine und
> Kosten sofort, der Anwendungserfolg erst nach Abschluss eines Projektes und
> die Nachhaltigkeit erst lange nach Abschluss eines Projektes bewerten. Welche
> Kriterien am Schluss eines Projektes über Erfolg oder Nicht-Erfolg entschei-
> den, sind zu Beginn eines Projektes festzulegen. Darüber hinaus ist bereits zu
> Beginn des Projektes nicht nur festzulegen, welche Kriterien gelten, sondern
> auch, wer diese wie am Ende misst und bewertet.

Welche Faktoren beeinflussen wie den Erfolg bzw. Misserfolg eines Projektes? Erkenntnisse liefert einerseits die Erfolgsfaktorenforschung. Andererseits steht diese
spätestens seit 2002 in (fachöffentlicher) Kritik: „Kaum eine PaaV-Analyse[12] hält einer rigorosen methodischen Kritik stand. Viele werden nicht einmal dem methodischen Einmaleins gerecht: die Stichproben sind nicht repräsentativ, die Operationali-
sierungen nicht valide oder zuverlässig, nicht angemessene statistische Verfahren
kommen zur Anwendung, Querschnittsdaten werden in nicht zulässiger Weise kausal interpretiert usw. " (Nicolai & Kieser, 2002: 584)
    Das Problem der Erfolgsfaktorenforschung ist weniger, Faktoren für einen mög-
lichen Erfolg oder Misserfolg eines Projektes zu benennen, als vielmehr deren Zusammenspiel sowie Wirkung zu bestimmen. Von Projekt zu Projekt, von Projektphase zu Projektphase und von Situation zu Situation bestehen unterschiedliche Anforderungen, weshalb es schwierig ist, allgemeingültige Erfolgsfaktoren zu bestimmen.
Typische Fehler sind hingegen schnell identifiziert (vgl. Tab. 13.2 sowie Lechler,
1996; Dörrenberg & Möller, 2003). Deutlich wird an den in Tabelle 13.2 genannten
Punkten, dass die Fehler personale, soziale, sachliche und/oder organisationale Hintergründe haben können. Meist ist es ein Zusammenspiel verschiedener Fehlerdi-
mensionen. Die Liste der möglichen Fehler ließe sich fortsetzen.
    Um mögliche Fehler und Herausforderungen eines Projektes antizipieren zu
können, kann es hilfreich sein, den Grundcharakter eines Projektes zu verstehen. Ein
Ansatz in diese Richtung ist die Klassifikation von Projekten nach Projektarten.

---

12   PaaV: Performance als abhängige Variable.

Tabelle 13.2: Typische Fehler in einem Projekt

1	*Ziele:* Die Ziele und die Nicht-Ziele des Projektes werden nicht messbar formuliert und schriftlich festgehalten (gilt insbesondere bei internen Projekten). Den Projektmitarbeitern sind die Ziele des Projektes sowie die Ziele der eigenen Aufgaben unklar.
2	*Befugnisse:* Die Befugnisse der Projektleitung und der Projektmitarbeiter sind nicht eindeutig geklärt. Entscheidungs- und Eskalationswege im Projekt und die Zusammenarbeit mit dem Auftraggeber und dem Projektumfeld sind nicht geklärt.
3	*Planung:* Mit der Umsetzung wird zu früh begonnen. Das Konzept, die Vorgehensweise, die Verteilung der Arbeit, Aufwand der Arbeiten, Zuständigkeiten und Reihung der Aufgaben sind nicht geklärt, weshalb u.a. Fehl- und Mehrarbeit entsteht.
4	*Informationen:* Informationen werden ad hoc gesammelt und verteilt. Ein systematisches Berichts- und Informationswesen (welche Informationen, wann an wen in welcher Form und Güte) existiert nicht. Informationen werden bewusst zurück gehalten. Spekulationen („Gerüchteküche") führen zu Mehrarbeit, Konflikten und Krisen.
5	*Kommunikation und Koordination*: Absprachen sind ungenau und unkoordiniert. Anforderungen werden nicht klar formuliert. Mündliche Absprachen werden nicht festgehalten, sind unverbindlich, geraten in Vergessenheit bzw. werden nicht eingehalten. Aufgaben werden zu spät und nicht oft genug im Vorfeld anvisiert, sodass die Projektmitarbeiter unvorbereitet sind bzw. die für eine spezifische Aufgabe notwendigen Projektmitarbeiter keine Zeit haben.
6	*Fortschritt:* Kriterien zur Bestimmung des Fortschritts sind nicht definiert und im Team vereinbart. Die Fortschrittsangaben beruhen auf (Bauch-)Schätzungen. Der Status des Projekts sowie der Entwicklungstrend des Projekts sind unbekannt.
7	*Leistungsumfang:* Um den Projektauftrag zu erhalten, werden Leistungen und Zusatzleistungen versprochen, die nicht leistbar sind. Aquise und Realisierung des Projektes liegen nicht in einer Hand. Das Budget und die zur Verfügung stehende Zeit sind nicht ausreichend. Kosten und Zeitbedarf werden bzw. können im Vorfeld nicht genau geschätzt und geplant werden. Güter und Dienstleistungen verteuern sich.
8	*Topmanagement:* Die Leitung der Organisation interessiert sich nicht für das Projekt. Ressourcen werden nicht zur Verfügung gestellt und Entscheidungen werden verzögert. Eine Abstimmung zwischen Projekten und eine Priorisierung der Projekte erfolgt nicht.
9	*Auftraggeber:* Die Interessen des Auftraggebers sind unspezifisch, überzogen und/oder der Auftraggeber versucht, sich Optionen offen zu halten. Viele oder späte Änderungswünsche führen zu Mehrarbeit und Zeitverzug. Auftraggeber verzögert Entscheidungen und Abnahmen.
10	*Projektleitung:* Die Projektleitung kümmert sich nicht fortlaufend um das Projekt, koordiniert nicht. Projektmitarbeiter und Projektumfeld werden nicht eingebunden.
11	*Projektteam:* Die Projektmitarbeiter sind nicht ausreichend qualifiziert, informiert, erfahren keine Unterstützung (u.a. Einweisung, Weiterbildung), werden für das Projekt nicht frei gestellt. Projektmitarbeiter unterschätzten den Aufwand für Aufgaben und Absprachen und überschätzen ihre Produktivität und ihre zeitlichen Möglichkeiten.
12	*Umfeld:* Das Projektteam konzentriert sich nur auf die Projektarbeit und vernachlässigt, den Kontakt zum Umfeld zu pflegen, Akzeptanz zu schaffen, Promotoren einzubinden und sachliche und soziale Schwierigkeiten zu antizipieren.

Quelle: Eigene Darstellung

2.4 Projektarten

Projekte der gleichen Projektart weisen einen vergleichbaren „Projektcharakter" auf mit oftmals ähnlichen Herausforderungen, Arbeitsweisen, Risiken und Chancen. Beispielsweise ist für Projekte der Projektart „externe Projekte" (der Auftraggeber gehört nicht zum beauftragten Unternehmen) die Aushandlung und detaillierte Ausgestaltung des Projekt*vertrags* in der Start-up Phase zwingend. In Projekten der Projektart „interne Projekte" (Auftraggeber und Projektleitung gehören zum gleichen Unternehmen) erhält der Projektleiter hingegen (nur) einen Projekt*auftrag*. Ein gesonderter Projektvertrag wird nicht geschlossen. Basis eines internen Projektes ist der bestehende Arbeitsvertrag des Projektleiters sowie der Projektauftrag. Basis eines externen Projektes ist hingegen ein Projektvertrag (Werkvertrag!). Externe Projekte werden auch als Auftragsprojekte bezeichnet. Während externe Projekte eine aufwändige Vorbereitung erfordern (Vertrag), starten interne Projekte oftmals unkoordiniert, ungeplant, unspezifisch und mit ungesicherten Ressourcen. Je nach Projektart bestehen unterschiedliche Probleme mit unterschiedlichen Risiken.

Projektarten können mit Hilfe von *Dimensionen* gruppiert werden. Dimensionen fokussieren spezifische Aspekte: u.a. Projektauftraggeber, Business Value, Projektinhalt. In Tabelle 13.3 sind verschiedene Dimensionen, zugehörige Leitfragen und zugehörige Projektarten aufgelistet.

Tabelle 13.3: Klassifizierung von Projekten mittels Projektarten

	Dimension	Leitfrage	Projektart
1	Projektinhalt	Was ist Inhalt des Projektes?	• Investitionsprojekt • Forschungs- und Entwicklungsprojekt • Organisationsprojekt
2	Relative Neuartigkeit	Wie bekannt ist der Zweck bzw. die Anwendung und wie bekannt sind die erforderlichen Mittel?	• Innovationsprojekt • Standardprojekt • Routineprojekt
3	Auftraggeber	Welche Stellung (intern, extern) hat der Auftraggeber des Projektes?	• Externes Projekt • Internes Projekt
4	Business Value	Welchen Beitrag leistet das Projekt z.B. zur Profilierung und/oder Positionierung der Bildungsorganisation?	• Strategisches Projekt • Taktisches Projekt
5	Projekt-organisation	Welche Befugnisse hat der Projektleiter?	• Einflussprojekt • Matrixprojekt • Autonomes Projekt
6	Komplexität	Wie hoch ist die sozial-kommunikative Komplexität? Wie hoch ist die fachlich-inhaltliche Komplexität?	• Akzeptanzprojekt • Potentialprojekt • Pionierprojekt
7	Projekt-steuerung	Wie wird das Projekt gesteuert?	• Bürokratisches Projekt • Agiles Projekt

Quelle: Gessler, 2009b: 35

Am bekanntesten ist die Unterscheidung nach Projektinhalten (vgl. Schelle, Ottmann & Pfeiffer, 2008: 36). Projektinhalte können materieller oder immaterieller Natur sein wie z.B. Produkte, Dienstleistungen, Prozesse, Konzepte oder Qualifikationen. Unterschieden werden in der Regel drei Projektarten: (1) Investitionsprojekte, (2) Forschungs- und Entwicklungsprojekte sowie (3) Organisationsprojekte. Die drei Projektarten unterscheiden sich idealtypisch: Während Investitionsprojekte einen hohen Planungsgrad erfordern sowie eine plangemäße technische Steuerung, sind Organisationsprojekte in der Regel variabler, da sich die Grundlagen des Projektes (z.B. Unternehmensstrukturen und -prozesse, Wissen, Fertigkeiten und Einstellung der Mitarbeiter) durch das Projekt verändern und sich damit die Voraussetzungen des Projektes verändern. Diese Zirkularität von Ursache und Wirkung erfordert eine fortlaufende Anpassung der Vorgehensweise und eine agile Steuerung. Forschungs- und Entwicklungsprojekte ähneln den Organisationsprojekten, da auch hier das Verhältnis von Input und Output oft unsicher ist. Unklar ist oftmals bei beiden Projektarten, welchen Output ein gegebener Input produzieren wird oder auch welcher Input erforderlich ist, um einen bestimmten Output zu erzielen. Im Gegensatz zu Organisationsprojekten sind jedoch die gefundenen Lösungen in Forschungs- und Entwicklungsprojekten in der Regel reproduzierbar, während sich die Vorgehensweise in Organisationsprojekten an den jeweiligen Bedingungen orientieren muss und eine Vorgehensweise nach dem Prinzip „One-size-fits-all" selten erfolgreich ist.

In Bildungsorganisation sind Projekte dieser drei Projektarten zu finden, wobei einerseits die Kopplung von Forschungs- und Entwicklungsprojekten nicht immer gegeben ist und andererseits auch andere Mischformen (z.B. Kombination von Forschungs- und Organisationsprojekt, Kombination von Investitions- und Entwicklungsprojekt) möglich sind (vgl. Tabelle 13.4).

Tabelle 13.4: Projektarten und Projektbeispiele

Forschungs-projekt	Organisations-projekt	Investitions-projekt	Entwicklungs-projekt
Analyse der Kontextbedingungen und des Bildungsbedarfs	Einführung einer neuen IT-Infrastruktur	Anschaffung einer neuen IT-Infrastruktur	Entwicklung eines Antrags für eine (Projekt-)Förderung
Ermittlung der individuellen Lernvoraussetzungen	Organisation eines Lehrgangs, einer Bildungsmesse	Umbau der Räumlichkeiten (Trainingsräume etc.)	Entwicklung eines Trainingskonzeptes
Kompetenzdiagnose	Einführung lernförderlicher Arbeitsumgebungen	Umgestaltung von Arbeitsplätzen (Ergonomie etc.)	Entwicklung von Trainingsunterlagen
Ermittlung der Transferleistung z.B. nach einem Training	Aufbau eines neuen Geschäftsbereichs, Reorganisation	Beschaffung einer Trainingsinfrastruktur (Beamer, White-Board, Smart Board etc.)	Entwicklung einer IT-unterstützten Lernumgebung, eines Lernprogramms
Ermittlung des Return on Investment	Durchführung einer Marketingkampagne	Gestaltung gesundheitsförderlicher Arbeitsumgebungen	Entwicklung einer Marketingkampagne

Quelle: Eigene Darstellung

Der Umgang mit diesen teilweise unterschiedlichen, teilweise ähnlichen Projekten erfordert einerseits eine Standardisierung der Vorgehensweise in einer Organisation und andererseits Freiheitsgrade, Handlungsspielräume und die Möglichkeit der Selbststeuerung für das Projektpersonal (Projektmitarbeiter und Projektleitung). Standardisierung und Selbststeuerung sind zwei Seiten einer Medaille, wobei weder Standardisierung noch Selbststeuerung absolut, sondern graduell zu sehen sind. Im Projektmanagement werden „Reifegrade" unterschieden – hinsichtlich der personalen Kompetenz (vgl. Kap. 3.3) und hinsichtlich der Systemkompetenz (vgl. Kap. 4.3).

> **!** Projekte können mit Hilfe von *Projektarten* klassifiziert werden. Projekte der gleichen Projektart weisen einen vergleichbaren „Projektcharakter" auf mit oftmals ähnlichen Herausforderungen, Arbeitsweisen, Risiken und Chancen. Das Verständnis von Projektarten hilft, typische Herausforderungen, Arbeitsweisen, Risiken und Chancen von Projekten zu antizipieren.

In Kapitel 3 werden zunächst die personalen Strategien sowie das zugehörige Reifegradmodell („IPMA Four Level System") und anschließend in Kapitel 4 die organisationalen Strategien und das Reifegradmodell („Project Management Maturity Model") vorgestellt.

3   Personenbezogene Sichtweise

In Kapitel 3.1 wird der Ausgangspunkt von Projekten erläutert: Die Überwindung von Barrieren. Anschließend werden personale Strategien des Projektmanagements vorgestellt, die in der Praxis angewendet werden, um diese Barrieren zu überwinden (3.2). Es ergeben sich hierbei bereits teilweise Überschneidungen zum Thema organisationsbezogene Strategien. Abschließend werden Systeme der Personenzertifizierung im Projektmanagement vergleichend diskutiert (3.3).

3.1 Komplizierte und komplexe Barrieren

Ein Arbeitsauftrag kann eher als Aufgabe oder eher als Problem wahrgenommen werden. Während eine Aufgabe mit bekannten Routinen lösbar ist, fehlen diese bei Problemen (vgl. Funke, 2003: 25). Die fehlenden Routinen stellen eine Barriere dar, die zu überwinden sind, um einen Ausgangszustand in einen Zielzustand zu transformieren. *Barrieren* sind ein konstitutives Merkmal des Projektmanagements. Barrieren können kompliziert oder komplex sein.

Komplizierte Barrieren

Dörner (1976) entwickelt auf Basis der Kriterien „Klarheit der Zielkriterien" sowie „Bekanntheitsgrad der Mittel" eine Taxonomie möglicher Barrieren (vgl. 13.5).

Tabelle 13.5: Taxonomie der Barrieren

		Bekanntheitsgrad der Mittel	
		Hoch	Gering
Klarheit der Zielkriterien	Hoch	Interpolation	Synthese
	Gering	Dialektik	Dialektik & Synthese

Quelle: Dörner, 1976: 14

Sind die Zielkriterien klar und die einzusetzenden Mittel weitgehend bekannt, während die Operationen, die konkrete Handlungsabfolge zu klären ist, handelt es sich um eine Interpolationsbarriere. Bei einer Synthesebarriere ist das Ziel geklärt, die Mittel, um dieses Ziel zu erreichen, sind allerdings unbekannt. Eine dialektische Barriere erfordert bei bekannten Mitteln die Klärung der Ziele. Dörner bezeichnet diese Barriere als dialektisch, da die Elaboration der Ziele einen dialektischen Prozess erfordert vom Grobziel (These) zum Nicht-Ziel (Antithese) zum Ziel (Synthese). Sind weder Ziele noch Mittel bekannt, besteht eine Kombination von Dialektik- und Synthesebarriere. Die erforderlichen Mittel werden im Prozess der Zielfindung geklärt. Angenommen wird bei dieser Kategorisierung, dass (1) die relevanten Informationen zur Überwindung der Barriere entweder bekannt sind (Ziele und/oder Mittel sind geklärt) oder (2) erschließbar sind (Ziele und/oder Mittel sind noch nicht geklärt).

Das Modell der komplizierten Barrieren stellt eine Vereinfachung dar, da von stabilen Bedingungen bzw. einer Transparenz ausgegangen wird, die in der Arbeitswelt selten existiert. Der Faktor „Zeit" und eine daraus resultierende Dynamik des Feldes und des Umfeldes sind ausgeklammert. Die Kategorie „Komplexe Barrieren" berücksichtigt diese Dynamik und andere Bedingungen.

Komplexe Barrieren

Dörner (1992) sowie Dörner und Schaub (1995) unterscheiden verschiedene Merkmale komplexer Problemsituationen. Diese Merkmale können wie folgt gruppiert werden:

1. *Komplexität (Vielzahl und Vernetztheit):* Komplexität ist gekennzeichnet durch eine Vielzahl voneinander abhängiger Variablen (vgl. Dörner, 1992: 60)
   * *Vielzahl an Variablen:* Eine Situation kann aus einer Vielzahl an Variablen bestehen, die bedeutsam sind oder sein könnten und deshalb zu beachten wären. „Da das in begrenzter Zeit nicht möglich ist, muss man irgendwie auswählen oder zusammenfassen." (Dörner & Schaub, 1995: 38)
   * *Vernetztheit:* Verschiedene Variablen sind miteinander verbunden und beeinflussen sich wechselseitig. „In einem vernetzten System kann man niemals nur eine Sache machen. [...] Daraus ergibt sich die Notwendigkeit, beim Entscheiden „alles" zu beachten." (Dörner & Schaub, 1995: 38)
2. *Dynamik und Irreversibilität:* Die (Eigen-)Dynamik ergibt sich aus der Vernetztheit der Variablen und aufgrund von positiven oder negativen Rückkopplungs-

effekten, wobei kein Rückgang zur Ausgangssituation möglich ist. Auch ohne Intervention verändern sich Situationen, weshalb Zeitdruck entstehen kann.

3. *Intransparenz:* Komplexe Problemsituationen sind meist nur teilweise erfassbar oder auch zugänglich. „Es ist nicht alles sichtbar, was man eigentlich sehen will." (Dörner, 1992: 63)

4. *Ziele (Polytelie und Offenheit):* Einerseits können verschiedene Ziele nebeneinander bestehen und andererseits sind die Ziele selbst zunächst nur vage bestimmbar.

   • *Polytelie:* In einer komplexen Problemsituationen bestehen meist mehrere Ziele gleichzeitig, die sich komplementär unterstützen und/oder auch wechselseitig behindern, weshalb es erforderlich ist, Priorisierungen vorzunehmen, Ziele zu streichen oder Kompromisse einzugehen.

   • *Offenheit der Zielsituation:* Ziele in komplexen Problemsituationen können oftmals nicht konkret spezifiziert, sondern nur relativ als besser, schlechter, mehr oder weniger festgelegt werden. Unspezifische Ziele bieten allerdings nur wenig Orientierung für zielführende Handlungen.

5. *Situations- und Wirkungsannahmen:* In komplexen Situationen ist meist weder das Wissen über den aktuellen Zustand eines Systems ausreichend noch sind die Wirkungszusammenhänge, die Folge- und Nebenwirkungen, bekannt.

   • *Neuartigkeit:* Komplexe Problemsituationen sind meist vollständig oder teilweise neuartig, weshalb die Anforderung besteht, die Situation zu erkunden und Hypothesen zu bilden.

   • *Modellbildung:* Die Erkundung der Situation gibt Aufschluss über den aktuellen Zustand einer Situation. Zu wissen ist allerdings nicht nur, „was der Fall ist, sondern auch, was in Zukunft der Fall sein wird oder sein könnte, und man muss wissen, wie sich die Situation in Abhängigkeit von bestimmten Eingriffen voraussichtlich verändern wird." (Dörner, 1992: 64). Es ist ein Modell erforderlich, wie sich die Variablen eines Systems in Abhängigkeit von bestimmten Eingriffen oder Nicht-Eingriffen verändern werden. Diese Wirkungsannahmen (wenn-dann) können explizit und für Andere beschreibbar sein oder auch implizit bestehen und wahrnehmbar (z.B. Intuition) oder auch nicht wahrnehmbar, aber dennoch handlungsleitend sein. Aufgrund der Komplexität, Dynamik und Intransparenz komplexer Problemsituationen sind diese Modelle nie vollständig und oftmals, aufgrund der Annahme falscher Wirkungszusammenhänge, auch falsch.

6. *Subjektivität:* Komplexität, Dynamik, Zieloffenheit, Polytelie sowie Situations- und Wirkungsannahmen sind keine objektiven Eigenschaften oder objektive Wahrnehmungen, sondern subjektive Größen.

   • *Kognitiver Umgang mit komplexen Problemsituationen:* Durch „Superzeichen", wie z.B. das Erkennen von Mustern bzw. einer Gestalt, kann aufgrund der Erfahrung die Komplexität einer Situation reduziert werden. „Superzeichen reduzieren Komplexität; aus vielen Merkmalen wird eines. Komplex ist ein System mithin immer im Hinblick auf einen bestimmten Akteur mit seinem Zeichenvorrat." (Dörner, 1992: 62)

   • *Emotionaler Umgang mit komplexen Problemsituationen:* Emotionen beeinflussen kognitive Prozesse. Bei gleichen Anforderungen (z.B. Intransparenz, Polytelie, Offenheit der Zielsituation, Dynamik) können diese von Person zu

Person unterschiedlich empfunden werden. Eine mögliche (Fehl-)Reaktion ist, dass in einer z.B. als belastend erlebten Situation ohne Ziel- und Situationsklärung, ohne Hypothesen- und Modellbildung vorschnell entschieden und gehandelt wird mit dem ggf. paradoxen Effekt, dass die Anforderungen und die empfundene Belastung nicht abnehmen.[13]

Während im Paradigma „komplizierte Barrieren" davon ausgegangen wird, dass das bestehende Informationsproblem gelöst werden kann, sind „komplexe Barrieren" (wie z.B. Intransparenz und Eigendynamik) prinzipiell nicht beherrschbar, sondern nur regulierbar. Projektmanagement ist so gesehen ein *„adaptives Regelungsverfahren"*, um komplizierte und komplexe Barrieren in der Projektarbeit zu überwinden. Adaptiv deshalb, weil in Abhängigkeit von der Problemstellung, das Projektmanagement zu gestalten ist.

Dörner bezeichnet das hierfür notwendige Denken als „strategisches Denken", da Strategien erforderlich sind, wie u.a. in begrenzter Zeit die relevanten Variablen auszuwählen und zusammenzufassen sind, wie die Vernetztheit der Variablen berücksichtigt werden und werden können, wie mit dem Zeit- und Entscheidungsdruck umgegangen wird, wie mit der Offenheit und der Vielzahl an Zielen umzugehen ist, wie Situationen erkundet und Hypothesen sowie Modelle entwickelt werden und wie mit der eigenen Subjektivität, der emotionalen Belastung und der Möglichkeit falscher Modellannahmen umzugehen ist.

 In Anlehnung an Dörner (1992) kann Projektmanagement als das strategische Denken und Handeln in komplexen Problemsituationen bezeichnet werden, das zum Ziel hat, die Barrieren solcher Situationen zu überwinden.

Ohne Barrieren ist ein Projektmanagement nicht erforderlich. Allerdings kann das Projektmanagement auch selbst zur Barriere werden.

Komplexe und komplizierte Barrieren in geförderten Weiterbildungsprojekten

Im Bereich öffentlich geförderter Weiterbildungsprojekte (z.B. Förderung mit Mitteln des Europäischen Sozialfonds) bestehen von Seiten der Mittelgeber dezidierte Vorgaben und Anforderungen an das Projektmanagement. Eine standardisierte Befragung von 30 Weiterbildungseinrichtungen in Bremen ergab, dass das praktizierte Projektmanagement im Bereich der öffentlich geförderten Weiterbildungsprojekte *einerseits* hoch entwickelt ist. Als Grundlage der Bewertung diente die Projektmanagement-Norm DIN 69901-2. Die in der DIN beschriebenen Prozessgruppen (siehe hierzu die Erläuterung in Kapitel 4.4) werden regelmäßig angewendet, da diese vom Mittelgeber vorgeschrieben werden. Der Zwang erschwert allerdings *andererseits* Selbststeuerung, situationsgerechtes Handeln und ein adaptives Projektmanage-

---

13 Dörner beschreibt das Verhalten einer Versuchsperson wie folgt: „Die Versuchsperson lernt fast nichts während der gesamten Entwicklung, verfällt immer mehr in eine aggressiv-hilflose Stimmung, rettet sich in effektlose Routineeingriffe, um sich selbst das Gefühl zu geben: ‚Ich tu ja was!'" (Dörner, 1992: 231).

ment. Freiheitsgrade bestehen kaum. Gleichwohl das Projektmanagement als hoch entwickelt einzustufen ist, ist es, da situative Bedingungen, die sich nach Projektbeginn ergeben, nur schlecht berücksichtigt werden können, nicht professionell. Insbesondere wird durch die Vorgabe rigider Standards eine weitere Professionalisierung nicht gefördert, sondern eher verhindert. Zur Illustration ein Beispiel: Der zu Beginn vereinbarte Projektplan ist die Messlatte für die gesamte Projektlaufzeit. Bereits vor Projektbeginn ist im Detail verbindlich zu kalkulieren, welche Ausgaben im letzten Projektjahr anfallen werden. Für die dann im letzten Jahr angefallenen Ausgaben werden sodann detaillierte Einzelnachweise („Kauf einer Büroklammer") gefordert, die vom Projektplan gedeckt sein müssen. Im begrenzten Umfang ist eine Umwidmung zwischen Kostenarten möglich. Es überrascht deshalb nicht, dass diese Projekte ihre Gesamtbudgets offiziell nicht überschreiten. Sinnvolle Einsparungen, die auf andere Projekte übertragbar wären, sind allerdings genauso wenig möglich.

Ungenügend berücksichtigt wird hierbei, dass sich Bedingungen in der Zeit verändern bzw. klären und sich Erkenntnisse oftmals erst nach Projektstart einstellen. Mit dieser Förderpraxis sind komplizierte Barrieren bewältigbar. Zu fragen wäre dann, welche Innovationen diese Förderpolitik hervorbringen kann und welches Risiko ein Projektleiter eingeht, wenn er komplexe Barrieren als komplizierte behandeln muss. Die Situation scheint absurd: Das Instrument zur Lösung der Probleme in der Projektpraxis, das Projektmanagement, wandelt sich zu einem Kontrollinstrument für den Mittelgeber und für den Projektleiter entsteht ein zusätzlich zu lösendes Problem. Die Notwendigkeit transparenter und vorausschauender Planung wird hierbei nicht in Frage gestellt, sondern die bürokratische Steuerung agiler Projekte.

3.2 Personale Strategien

Im Projektmanagement werden verschiedene Strategien gleichzeitig verwendet, ohne dass diese expliziert wären. Sie sind vielmehr impliziter Bestandteil der angewendeten Methoden, Instrumente und Vorgehensweisen. In diesem Teilkapitel werden grundlegende personale Strategien erläutert, die die Arbeitsweise im Projektmanagement prägen. Extrahiert wurden diese Strategien mittels einer inhaltsanalytischen Auswertung von 19 narrativ-fokussierenden Interviews, die im Zeitraum von 2007 bis 2008 mit Projektmanagern (n=12, Durchschnittsalter 48 Jahre) und Projektmanagerinnen (n=7; Durchschnittsalter 44 Jahre) geführt wurden. Die befragten Projektmanager/innen verfügen über mindestens sechs Jahre Vollzeitberufserfahrung im Projektmanagement.

Neben den fünf nachfolgend aufgeführten Strategien wurden weitere identifiziert, die an dieser Stelle nicht weiter ausgeführt werden können. Es wird stattdessen auf einschlägige Literatur verwiesen. Als weitere Strategien wurden genannt (1) die Kombination von Standards (System) und Selbststeuerung (Person) (vgl. Gessler, 2009a), (2) die Einbindung von Macht-, Fach- und Prozesspromotoren (vgl. Hauschildt & Gemünden, 1999), (3) kooperative Planung als gemeinsame Probehandlung (vgl. Ott & Scheib, 2002), (4) Visualisierung als Kommunikationsmedium (vgl. Nückles et al., 2004) sowie (5) Teamentwicklung als organisationaler Lernprozess (vgl. Schiersmann & Thiel, 2000).

Nachfolgend werden fünf personale Strategien des Projektmanagements vorgestellt. Anschließend werden diese Strategien in Bezug gesetzt zu den oben beschriebenen Merkmalen komplexer Problemsituationen.

Das Prinzip „Frage und Klärung"

Dieses Prinzip erscheint so einfach, dass es scheinbar keiner Erläuterung bedarf. Im Projekt sind fortlaufend Fragen zu beantworten, hierfür ist es jedoch zunächst erforderlich, die richtige Frage zu finden und zu stellen und diese der richtigen Person zum richtigen Zeitpunkt und in der richtigen Form. Das Prinzip ist einfach, die Umsetzung nicht. Wegen der hohen Bedeutung dieser Strategie, ist das Prinzip „Frage und Klärung" zudem ein institutionalisierter Bestandteil im Projektmanagement. Zu Beginn eines Projektes ist eine eigene Phase für die Auftragsklärung vorgesehen (auch Initialisierungs- und Definitionphase genannt). Jede weitere Phase beginnt ebenfalls mit Initialisierungs- und Defintionsarbeiten, da manche Fragen zu Beginn nur grob beantwortet werden können oder sich Antworten in der Zeit ändern. Wichtig ist dies insbesondere, da Projekte „Problemlösungsaufträge" sind. In Projekten werden Probleme bearbeitet, die von einer dritten Person, die nicht dem Projekt angehört, dem Auftraggeber, gestellt werden. Auftraggeber haben eigene Ideen, was in einem Projekt machbar und realisierbar ist. Teilweise ist den Auftraggebern ihre Zielsetzung selbst nur vage bekannt. Diese Vorstellungen zu erfahren und zu klären ist der Bestandteil der Frage. Die Vorstellungen in Projektziele zu *übersetzen* und zu klären, was wie realisierbar ist und was nicht, ist Teil der Klärung.

> **!** *Das Prinzip „Frage und Klärung":* (1) Erfrage, was die verschiedenen Akteure (Beteiligte und Betroffene) wünschen, hoffen, erwarten, vermuten und befürchten. (2) Kläre fortlaufend die Wünsche, Hoffnungen, Erwartungen, Vermutungen und Befürchtungen. (3) Fixiere Antworten (schriftlich wenn möglich) und (4) überprüfe regelmäßig, ob neue Fragen zu stellen sind und erzielte Antworten noch gültig sind. (5) Frage und kläre fortlaufend, um den Standort und die Entwicklung (Trend) zu bestimmen, Überblick zu gewinnen und Annahmen zu überprüfen.

Das Prinzip von Frage und Klärung besteht nicht nur zwischen dem Auftraggeber und der Projektleitung, sondern zudem innerhalb des Projektes. Oftmals sind nur diskursiv im Gespräch die richtigen Fragen entwickelbar sowie die Lösungen möglich. Unerheblich ist hierbei, ob das Verhältnis Auftraggeber und Projektleitung, Projektleitung und Projektmitarbeiter, Projektmitarbeiter und Projektmitarbeiter oder Auftraggeber, Projektleitung sowie Projektmitarbeiter und weitere Interessenten gemeint ist. Die beteiligten Personen stellen fortlaufend sich und anderen Fragen, um den Standort und den Entwicklungstrend zu bestimmten, um Übersicht zu gewinnen und um die eigenen und gemeinsamen Annahmen zu hinterfragen und zu entwickeln. Ein typischer Fehler in der Projektarbeit ist, dass Antworten gegeben werden, ohne das die zugehörigen Fragen geklärt und gestellt wurden. Oftmals sind, ausgehend von der dann gefundenen Frage, verschiedene Antworten bzw. Lösungen möglich.

Das Prinzip der Grenze

Projekte können einerseits zum Ziel haben, Produkte, Dienstleistungen, Prozesse, Konzepte, Modelle etc. zu modifizieren bzw. anzupassen, ohne dass diese Änderung gleich zwingend innovativ ist. Projekte können andererseits zum Ziel haben, neue Produkte etc. zu entwickeln. Merkmal ist sodann die Neuartigkeit. Ob es sich bei Änderungen oder Entwicklungen um eine Innovation handelt oder nicht, entscheidet die jeweilige Referenz. Was für die eine Organisation eine Innovation ist, kann für die andere bereits gängige Praxis sein. Ähnliches gilt für die Frage der strategischen Bedeutung: Programme, ein Bündel von Projekten, haben eine strategische Bedeutung, aber nicht jedes Projekt hat eine strategische Dimension. Der Projektbegriff folgt eher einer kontextabhängigen situativen Figuration mit unterschiedlichen Ausgestaltungsmöglichkeiten, als einer allgemeinen Entweder-oder-Logik mit einer eindeutigen Form. Diese Umstand ist vermutlich verantwortlich dafür, dass der Konsens darüber, was ein Projekt ist und was nicht, rein formal abstrakt erfolgt.

> **!** Ein Projekt ist ein „Vorhaben, das im Wesentlichen durch Einmaligkeit der Bedingungen in ihrer Gesamtheit gekennzeichnet ist, wie z.B. Zielvorgabe, zeitliche, finanzielle, personelle oder andere Begrenzungen, projektspezifische Organisation." (DIN 69901-5, 2009)

Die Definition bildet einen allgemeinen Rahmen. Die wesentlichen Merkmale eines Projektes sind damit:

1. *Projekte sind einmalig in der Gesamtheit der Bedingungen:* In einem Projekt ist vieles neuartig. Notwendig ist jedoch nicht, dass alles vollkommen neu ist. Allein die Gesamtheit der Bedingungen (u.a. Zielsetzung, Auftraggeber, Begrenzungen) sind einmalig.
2. *Projekte sind zielorientiert:* Zum Abschluss eines Projektes liegt immer ein konkretes Ergebnis vor: Dies kann ein neues oder modifiziertes Konzept sein, ein neues oder modifiziertes Produkt, neue oder veränderte Arbeitsstrukturen und -prozesse oder auch eine neue oder modifizierte Dienstleistung.
3. *Projekte weisen Begrenzungen auf:* Projekte sind begrenzt in der Zeit, in ihrer finanziellen Ausstattung, aber auch im Umfang des zu erreichenden Ergebnisses.
4. *Projekte haben eine projektspezifische Organisation:* Projekte sind Unternehmen auf Zeit, in der besondere Regelungen herrschen. Beispielsweise können Mitarbeiter unterschiedlicher Abteilungen ganz oder teilweise für die Dauer des Projektes einem Projektleiter einer fremden Abteilung unterstellt sein.

Die Definition bietet allerdings wenig Konkretisierung, sondern nur eine erste Orientierung: Zielvorgabe, begrenzte Ressourcen und Organisation sind exemplarisch genannte Kernelemente und diese sind wiederum in ihrer Kombination, in der Gesamtheit der Bedingungen, einmalig.

Was im jeweiligen organisationalen Kontext ein Projekt ist, erfordert eine, diese und andere Merkmale konkretisierende, belastbare Definition. Werden solche Festlegungen nicht explizit verhandelt, entschieden, publik gemacht, umgesetzt, überprüft, modifiziert und erneuert ist der Projektinflation Tür und Tor geöffnet mit dem

Ergebnis, dass die Projektlandschaft unübersichtlich und unsteuerbar wird. Wenn Definitionen fehlen, ist alles gleich möglich, gleich richtig, gleich falsch, gleich gültig.

> **!** Was ein Projekt ist bzw. was in einer Organisation als Projekt behandelt wird und welche Konsequenz dies im Detail bedeutet (u.a. Rechte und Pflichten des Projektleiters), muss entweder grundsätzlich definiert oder fallweise ausgehandelt werden. Die DIN-Definition definiert weniger, was ein Projekt ist, als vielmehr, was bei der Erarbeitung einer Projektdefinition zu berücksichtigen ist.

Ein Beispiel für eine organisationsspezifische Projektdefinition ist in Tabelle 13.6 dargestellt.

Tabelle 13.6: Organisationsspezifische Projektdefinition (Beispiel)

	--	C-Projekt	B-Projekt	A-Projekt
Budget	0 €–5 T€	5 T €–20 T €	20 T €–50 T €	> 50 T €
Zeit	0–2 Monate	2–6 Monate	6–12 Monate	> 12 Monate
Befugnisse des Projektleiters	--	--	Fachliche Befugnisse	Disziplinarische und/oder fachliche Befugnisse
...				

Quelle: Eigene Darstellung

Die Notwendigkeit, zu definieren, sich festzulegen, die Festlegung zu überprüfen und ggf. zu verändern ist eine grundlegende Aufgabe im Projektmanagement. Projekte werden oftmals als „Unternehmen auf Zeit" bezeichnet. Der Projektleiter ist somit ein „Unternehmer auf Zeit", der von der Gründung bis zum Abschluss den Kurs „seines Unternehmens" gestaltet bzw. definiert, Definitionen vorbereitet, ermöglicht oder einfordert. Dass Projektleiter nicht immer die Gründung selbst, bzw. die Initialisierungs- und Definitionsphase, mitgestalten, ist nur einer der vielen möglichen Fehler: Ein Projekt ist ohne seinen Kontext nicht zu verstehen und Teil dieses Kontexts ist die Entstehungsgeschichte des Projekts. Ein Projekt beginnt vor dem offiziellen Beginn und wirkt über das offizielle Ende hinweg. Es sind gerade diese Graubereiche, die Definitionen erfordern: Was passiert in der Projektstartphase, dem Vorfeld des Projektes? Wie wird der Übergang zum Projekt gestaltet? Wie wird die Grenze von Projekt und Umwelt definiert, gestaltet und aufrecht erhalten? Was passiert nach Abschluss des Projektes und wie wird der Übergang vom Projekt zur Nach-Projektzeit, der Anwendung, Umsetzung etc. gestaltet? Die Aufgabe „Definition" beinhaltet grundlegende Fragen der Bildung und Gestaltung von Grenzen, wie z.B.:

Grenzbildung (u.a.):

- Termine: Wann beginnt das Projekt, wann endet es?
- Kosten: Welches Budget steht zur Verfügung?
- Leistung: Was sind Ziele, was Nicht-Ziele? Was gehört zum Projektumfang („In-Scope), was gehört nicht zum Projektumfang („Out-of-Scope")
- Projektorganisation: Wer gehört zum Kernteam, wer zum erweiterten Team?

- Projektumfeld: Was ist Umfeld? Wer gehört zum Umfeld? Welches Umfeld ist relevant, welches nicht?

Gestaltung der Grenzübergänge (u.a.)

- Termine: Wie gestaltet sich der Übergang zum Projekt, wie der Übergang in die Nachprojektzeit? Wie gestaltet sich der Übergang zwischen den Projektphasen?
- Kosten: Wie kann das definierte Budget verändert werden? Was ist dafür erforderlich?
- Leistung: Wie wird der Leistungsumfang verändert? Wie wird mit zusätzlichen Wünschen umgegangen und wie mit Leistungen, die nicht erreichbar sind?
- Projektorganisation: Wie ist das Projekt in die Gesamtorganisation eingebunden? Wie werden Mitglieder in das Projekt aufgenommen und verabschiedet?
- Projektumfeld: Wie wird der Informationsfluss zwischen Projekt und Umfeld reguliert? Wer informiert wen worüber?

Zum Prinzip der Grenze gehört die grundsätzliche Definitionsarbeit, einerseits wie das Projekt von der Regelarbeit abgegrenzt wird und andererseits, was erforderlich ist, damit das Projekt beginnen und fortdauern kann und schließlich enden kann. Das Ende kann auch vorzeitig sein, weshalb auch Abbruchkriterien (wenn, dann) zu definieren sind. Das Prinzip der Grenze lässt sich wie folgt zusammenfassen:

> **!** *Das Prinzip der Grenze:* (1) Finde heraus, was/wer zum Projekt gehört und was/wer nicht? (2) Definiere die Grenze mindestens hinsichtlich der Termine, der Kosten, der Leistungen und der Organisation, (3) definiere die Grenzübergänge, die Transaktion, den Austausch.

Standardisierung und Selbststeuerung: Je detaillierter und umfassender Definitionen auf Organisationsebene ausgearbeitet und vorgegeben werden (Standardisierung), desto weniger Aufwand fällt anschließend im Projekt an zur Klärung der allgemeinen Situation. Dies kann einerseits zu einer Begrenzung des Handlungsspielraums führen und die Selbststeuerung einschränken. Andererseits entlasten vorgegebene Standards Projekte von der formalen Definitionsarbeit, womit Freiräume für die inhaltliche Arbeit entstehen und sich der Spielraum der Selbststeuerung ggf. vergrößert.

Das Prinzip der „Black Box"

Die Bezeichnung „Black Box" „stammt von den Ingenieuren. Wenn sie ein Diagramm für eine komplizierte Maschine zeichnen, verwenden sie eine Art Kurzschrift. Anstatt alle Einzelheiten zu zeichnen, setzen sie eine Box ein, die für das ganze Konglomerat von Teilen steht, und bezeichnen die Box mit dem, was dieses Konglomerat von Teilen tun soll." (Bateson, 1994: 75)

Oftmals ist es weder erforderlich noch wünschenswert, einen Arbeitsauftrag im Detail vorzugeben. Das Prinzip besagt, dass statt der Detaildefinition eine „Black Box" geschaffen wird: Es wird eine Arbeitseinheit abgegrenzt, für diese wird ein erwartetes Ergebnis (gemeinschaftlich) definiert und für das Erreichen des Ergebnisses wird eine verantwortliche Person bestimmt. Die Arbeitsweise, das konkrete Vorgehen zur Lösung des Problems, wird nicht vorgegeben.[14]

Im Projekt findet sich das Prinzip auf verschiedenen Abstraktionsebenen: Die kleinste „Black Box" bilden die Arbeitspakete. Der Umfang und die Ergebnisse des Arbeitspaketes werden definiert und einem Arbeitspaketverantwortlichen übertragen. Die Spezifikation der Problemlösung zu finden, das Konglomerat der Einzelaktivitäten zu finden und zu bewältigen, ist Aufgabe der Arbeitspaketverantwortlichen. Diese melden sodann den Fortschritt ihrer Arbeit an den Projektleiter, idealtypisch auf Ergebnisebene, nicht auf Tätigkeitsebene. Die nächste Ebene bilden die Teilprojekte. Es werden wiederum Ergebnisse definiert. Die Aufteilung des Teilprojektes in Arbeitspakete und die Übertragung von AP-Verantwortung ist wiederum Aufgabe des Teilprojektleiters. Der AP-Verantwortliche meldet sodann auf Ergebnisebene an den Teilprojektleiter und dieser wiederum auf Ergebnisebene an den Projektleiter. Die nächste Ebene bilden die Projekte, wobei der Projektleiter auf Ergebnisebene an den Auftraggeber berichtet. Die Abstraktionsleiter kann allerdings noch eine weitere Stufe haben: Verschiedene Projekte können Teil eines Programms sein.[15] Der Projektleiter meldet sodann an den Programmleiter und dieser idealtypisch an den Auftraggeber. Die Verantwortung für das Ergebnis, die Ergebniserbringung, ist allerdings gekoppelt an eine zweite, hiervon getrennte Verantwortung („Prinzip der Grenze"): die Verantwortung für die Ergebnisabnahme und die Bewertung der Leistung. Arbeitspaketverantwortliche verantworten das Ergebnis gegenüber der Teilprojektleitung oder gegenüber der Projektleitung. Projekt- und Programmleiter verantworten ihre Leistung gegenüber dem Auftraggeber. Die Abnahme von Ergebnissen zwischen Projektleiter und externem Auftraggeber ist (in externen Projekten) ein juristisches Verfahren mit Folgen. Mit der Abnahme wird festgestellt, dass die Leistung mängelfrei und vertragsgerecht ist. Geschuldet wird in einem (externen) Projekt der Erfolg, nicht die Leistung. Anders ist dies bei einem Dienstvertrag: Hier wird die Leistung geschuldet und der Erfolg erwartet. Das Prinzip der „Black Box" lässt sich wie folgt zusammenfassen:

> **!** *Das Prinzip der „Black Box":* (1) Grenze Problemstellungen ab. (2) Definiere für diese den Output bzw. das Ergebnis. (3) Übertrage einer Person die Verantwortung zum Erreichen des Ergebnisses. (4) Trenne zur Qualitätssicherung die Verantwortung, ein Ergebnis zu erzielen, von der Verantwortung, das Ergebnis abzunehmen. (5) Erst durch die Abnahme eines Ergebnisses wird der Leistungserbringer von seiner Ergebnisverantwortung entbunden.

---

14 Drei Komponenten professioneller Arbeit sind nach Abbott (1988) unterscheidbar: „Diagnosis" (Problemanalyse), „Inference" (Ableitung der erforderlichen Maßnahmen) und „Treatment" (Umsetzung der Maßnahmen), wobei die Inferenz ein „purely professional act" (ebd.: 40) ist. Es können Konflikte entstehen mit dem Effekt der Deprofessionalisierung, wenn der Freiheitsgrad von Professionellen hinsichtlich der autonomen Ableitung der notwendigen Maßnahmen begrenzt wird (vgl. Mieg, 2000: 72 f.). Im Gegensatz dazu benötigen Nicht-Professionelle gerade bei der Inferenz gezielte und genaue Hilfestellung.

15 In Forschungseinrichtungen wird statt des Begriffs „Programm" meist der Begriff „Verbundprojekt" verwendet.

Das Prinzip der Baumstruktur

Vom „Groben" zum „Feinen" zu arbeiten, ist eine Grundnotwendigkeit im Projekt-management. Ziel ist immer, zunächst grob auf einer allgemeinen Ebene einen Über-blick zu gewinnen, um sich dann anschließend in die Details hineinzuarbeiten: Aus den Grobzielen entstehen die Feinziele, aus der Identifikation der Promotoren und Opponenten entsteht die Stakeholderanalyse, aus dem Projektstrukturplan (struktu-rierte Gliederung aller ergebnisorientierten Aktivitäten/Funktionen bzw. aller zu er-zielenden Ergebnisse) entstehen die Arbeitspakete, aus dem Phasenplan entsteht der Ablauf- und Terminplan, aus der Risikoidentifikation entsteht die Risikoanalyse. Es entstehen Baumstrukturen. Die Schwierigkeit dieser top-down Arbeitsweise ist, die Bezüge zum Ganzen und die Integration der Miniaturisierung im Gesamten zu erhal-ten, weshalb bottom-up die Struktur fortlaufend zu konsolidieren ist, damit der Zu-sammenhang nicht verloren geht. Das Prinzip der Baumstruktur lässt sich wie folgt zusammenfassen:

> **Das Prinzip der Baumstruktur:** (1) Arbeite Top-Down und detailiere vom Groben zum Feinen, vom Großen zum Kleinen und vom Frühen zum Späten. (2) Arbeite bottom-up und integriere: vom Späten zum Frühen, vom Kleinen zum Großen und vom Feinen zum Groben. (3) Prüfe fortlaufend die Stimmigkeit und achte auf die Integration des Ganzen.

Das Prinzip der Rekursion

Das Prinzip der Rekursion wird sichtbar z.B.

- in der Idee der „rollierenden Planung" (auch rollende Planung, engl. Rolling Wave Planning): ein bereits erarbeiteter Planungsstand wird zu einem späteren Zeit-punkt aufgegriffen, weiterbearbeitet, erneuert, verworfen, detailliert.
- in der Idee der PM-Phasen und PM-Prozesse: Ein Projekt besteht aus fünf PM-Phasen: Initialisierung, Definition, Planung, Steuerung und Abschluss. Jede Phase besteht wiederum aus PM-Prozessen: Initialisierung, Definition, Planung, Steue-rung und Abschluss (vgl. Abbildungen 13.4 und 13.5.).
- in der Idee von Lasten- und Pflichtenheft: Der Auftraggeber formuliert seinen Auf-trag im Lastenheft 1, die Projektleitung orientiert sich an diesem Rahmen und for-muliert die eigenen Leistungen im Pflichtenheft 1. Daraufhin erneuert der Auftrag-geber sein Lastenheft und übermittelt die 2. Version. Die Projektleitung knüpft wiederum daran an usw. Ähnlich der Baumstruktur wird vom Groben zum Feinen gearbeitet. Das besondere ist hier die rekursive zirkuläre Vorgehensweise.

> **Das Prinzip der Rekursion:** (1) Wiederhole Planungs- und Arbeitsschritte auf Basis eines neuen Erkenntnisstandes. (2) Integriere spätere Ergebnisse in frü-here Ergebnisse und korrigiere, wenn notwendig. (3) Setze einen Rahmen zur Orientierung, konkretisiere und setze einen neuen Rahmen zur Orientierung.[16]

---

16 In der mathematischen Optimierung wurde ein Algorithmus entwickelt, der ebenfalls mit wach-senden Schwellenwerten arbeitet: der sogenannte Sintflut-Algorithmus (vgl. Dueck, 1993).

Die fünf PM-Strategien wirken wie folgt regulierend auf die oben beschriebenen Merkmale komplexer Problemsituationen (vgl. Tabelle 13.6).

Tabelle 13.7: Wirkung personaler PM-Strategien im Überblick

Strategie	Wirkt regulierend auf ...
Prinzip Frage und Klärung	*Subjektivität:* Umgang mit der Subjektivität komplexer Problemsituationen durch fortlaufendes (diskursives) Fragen und Klären. Das Prinzip wirkt auf alle anderen Strategien.
Prinzip der Grenze	*Komplexität und Ziele:* Umgang mit der vernetzten Vielzahl von Variablen und Zielen durch fortschreitende Definition von Variablen, Schnittstellen und Zielen bei gleichzeitiger Begrenzung des Gültigkeitsbereichs. *Wirkt zudem auf Intransparenz:* Insbesondere durch die kontrollierte Definition werden die Grenzen der Intransparenz zunehmend sichtbar.
Prinzip der „Black Box"	*Intransparenz:* Umgang mit der Intransparenz durch Orientierung auf das Ergebnis anstelle der konkreten Handlungsabläufe. Ein bestimmter Grad an Intransparenz wird bewusst akzeptiert („Black Box"). *Wirkt zudem auf Situations- und Wirkungsannahmen:* insbesondere als Bausteine bzw. Elemente der Modelle.
Prinzip der Baumstruktur	*Situations- und Wirkungsannahmen:* Umgang mit unbekannten Wirkungszusammenhängen durch schrittweise Annäherung, Definition, Integration und Revision (vom Groben zum Feinen und vom Feinen zum Groben etc.). *Wirkt zudem auf Dynamik:* Insbesondere erlauben die Heuristiken mit dem Zeitdruck umzugehen, da erste vorläufige Entscheidungen möglich sind.
Prinzip der Rekursion	*Dynamik:* Umgang mit der Eigendynamik von Situationen, den Rückkopplungseffekten, Folge- und Nebenwirkungen der vernetzten Variablen durch rekursive Optimierung der Situations- und Wirkungsannahmen. *Wirkt zudem auf Situations- und Wirkungsannahmen:* insbesondere durch fortlaufende Optimierung.

Quelle: Eigene Darstellung

Inwiefern eine Person in der Lage ist, adäquate Problemlösungen zu entwickeln, wird im Projektmanagement zunehmend durch Personenzertifizierungen geprüft.

3.3 Personenzertifizierung

In einer Personenzertifizierung im Projektmanagement werden das Wissen und ggf. das Können einer Person von einer unabhängigen und auf die Durchführung von Zertifizierungsverfahren spezialisierten Institutiton geprüft und bewertet.[17] In der Zertifizierung wird die Erfüllung vorab definierter Leistungsmerkmale überprüft. Zertifizierungsinstitutionen sind in der Regel akkreditiert nach ISO/IEC 17024.[18]

---

17 Neben der Standortvergewisserung für eine Person und weitere Funktionen (u.a. marktfähige Nachweise) kann die Zertifizierung des PM-Personals auch eine organisationsbezogene Strategie darstellen, um die Arbeitsweise im Projektmanagement zu standardisieren. Das Thema „Zertifizierung im Projektmanagement" bildet den Abschluss des Kapitels personale Strategien und den Übergang zum Thema organisationale Strategien. Peters stellt diese Entwicklung in einen größeren Diskussionszusammenhang: Im Kontext neuer gesellschaftlicher Herausforderungen sowie einer zunehmenden Flexibilisierung des Berufs- und Praxisbezugs in Organisationen beschreibt Peters Professionalisierungstrends im Projektmanagement (vgl. Peters, 2008).

18 Deutsche DIN EN ISO/IEC 17024 Fassung 2003: „Konformitätsbewertung – Allgemeine Anforderungen an Stellen, die Personen zertifizieren". ISO = International Organization for Standardiza-

In der internationalen PM-Landschaft prägen drei Zertifzierungssysteme das Bild. Es handelt sich um Angebote von internationalen (IPMA) und international agierenden Organisationen (PMI und APM Group Ltd.): (1) IPMA International Project Management Association, (2) PMI Project Management Institute (USA) und (3) OGC Office of Government Commerce in Zusammenarbeit mit der APM Group Ltd. (UK).[19] Die Zertifikate sind nach Ebenen, „Reifegrade", gestaffelt und werden in Abhängigkeit vom jeweiligen Erfahrungshintergrund (Zulassungsprüfung), dem persönlichen Wissen und ggf. Können (Zertifizierung) vergeben (vgl. Tabelle 13.7).

Die drei Institutionen IPMA, PMI und APM Group Ltd. verwenden teilweise identische, teilweise unterschiedliche Zertifizierungsverfahren und -instrumente. Übereinstimmung besteht bei den Institutionen IPMA und PMI im angewandten zweistufigen Verfahren: Zunächst wird formal geprüft, ob die Voraussetzungen für eine Zertifizierung auf dem jeweiligen Level erfüllt sind (Erfahrung). Nach Zulassung zum Verfahren findet die eigentliche Zertifzierung statt. Die Zulassungsvoraussetzungen sind unterschiedlich sowohl zwischen den einzelnen Ebenen als auch zwischen den Institutionen. Eine solche formale Zulassungsprüfung erfolgt bei OGC/APM Group Ltd. nicht: Es bestehen keine Voraussetzungen zur Teilnahme an der PRINCE2 Foundation Prüfung. Voraussetzung zur Teilnahme an der PRINCE2 Practitioner Prüfung (die zweite Stufe) ist sodann das PRINCE2 Foundation Zertifikat.

Tabelle 13.8: Zertifikatssysteme im Projektmanagement im Überblick

GPM/IPMA[20]		PMI		OGC/APMG	
Zertifizierter Projektdirektor (GPM)/IPMA Level A	W+K	Program Management Professional	W	--	--
Zertifizierter Senior Projektmanager (GPM)/IPMA Level B	W+K	--	--	--	--
Zertifizierter Projektmanager (GPM)/IPMA Level C	W+K	--	--	--	--
Zertifizierter Projektmanagement-Fachmann (GPM)/IPMA Level D	W+K	Project Management Professional	W	PRINCE2 Practitioner	W
Basiszertifikat im Projektmanagement (GPM)	W	Certified Associate in Project Management	W	PRINCE2 Foundation	W

Quelle: Eigene Darstellung; Fokus der Zertifizierung: W = Wissen, K = Können

Weitgehend vergleichbar sind die Systeme auf der ersten Ebene Basiszertifikat (GPM)/Associate (PMI)/Foundation (APMG). Geprüft wird jeweils (nur) das Wissen. Es bestehen Unterschiede allerdings hinsichtlich der Dauer des Tests (GPM: 2 h, PMI:

tion (internationale Norm), IEC = International Electrotechnical Commission (internationale Norm).

19 Die IPMA ist eine Netzwerk-Organisation mit föderativen Strukturen. Laut der ISO International Organization for Standardization handelt es sich bei der IPMA um eine internationale Organisation (ISO Liaison Status A) und der PMI um einen international agierenden amerikanischen PM-Fachverband. Die OGC ist eine unabhängige Dienststelle des britischen Finanzministeriums.

20 Die GPM Deutsche Gesellschaft für Projektmanagement ist Mitglied der IPMA. Neben der oben erwähnten Akkreditierung überprüft die IPMA im Abstand von 5 Jahren die Einhaltung der IPMA-Anforderung an nationale Zertifzierungsstellen.

3 h, APMG: 1 h) sowie der verwendeten Frageformate (GPM/IPMA: offene Fragen + geschlossene Fragen + Fallaufgabe, PMI: geschlossene Fragen, APMG: geschlossene Fragen). Die Form der Frageformate kann ggf. das Ergebnis beeinflussen. Eine Untersuchung an der Universität Frankfurt ergab beispielsweise, dass 90–99 % der Studierenden eine Antwort in einem Multiple-Choice-Test (MC) zwar erkennen (geschlossenes Frageformat), aber nur 30–40 % die richtigen Antworten niederschreiben konnten (offenes Frageformat). Das MC-Format[21] beeinflusse wesentlich die Prüfungsergebnisse, das Wissen würde hingegen „nicht beherrscht" (Schulze et al., 2005: 1) bzw. das Wissen würde systematisch überschätzt (Schläppi et al., 2000). Das Frage-Antwort-Format von MC-Tests entspricht zudem selten den Bedingungen der Praxis: „Auch der Zwang, sich für eine und nur eine Antwort entscheiden zu müssen, entspricht nicht der späteren Situation, in der die „Lösungen" aktiv erarbeitet und häufig mehrere Alternativen untersucht werden müssen, die mit Wahrscheinlichkeiten, nicht aber mit absoluten Sicherheiten belegt sind." (Schulze et al., 2005: 2). Je nach Frageformat werden unterschiedliche Wissensarten und -qualitäten geprüft (De Jong & Ferguson-Hessler, 1996). Wissen, das zwar vorhanden, aber nicht anwendungsfähig ist, wird auch als „träges Wissen" (Renkl, 1996) bezeichnet. Insbesondere bei geschlossenen Frageformaten besteht die Möglichkeit, dass träges Wissen geprüft wird. Experten zeichnet zudem aus, dass sie sich von Routinen lösen und innovative Lösungen entwickeln können (Gruber, 1994). In einem geschlossenen System, das mit einem feststehenden Frage und Antwortformat arbeitet (z.B. MC-Test), kann eine solche Performanz nicht geprüft werden. Ein weiteres Phänomen ist kennzeichnend sodann für das Können: Nicht alles Wissen kann verbal ausgedrückt werden, kann expliziert werden, gleichwohl es in Handlungen wirksam ist. Polanyi hat hierfür den Begriff des „impliziten Wissens" geprägt (Polanyi, 1985). Wir können beispielsweise sicher mit dem Auto durch eine Großstadt navigieren, ohne dass wir genau sagen könnten, wie wir das machen. Aus diesem Grund wird in den IPMA (Kompetenz-)Zertifizierungen zudem das Können geprüft u.a. mittels Arbeitsproben und Assessment-Workshops. Ab IPMA Level D / „Zertifizierter Projektmanagement-Fachmann (GPM) findet zudem ein Interview statt, um das Begründungswissen und die Reflexivität zu prüfen.

Die unterschiedlichen Prüfungsformen entspringen unterschiedlichen Zielsetzungen: Während in der PMI sowie APMG Zertifizierung geprüft wird, ob der vorgegebene Wissenskanon der PMI bzw. APMG beherrscht wird (geschlossener Ansatz), wird in der IPMA-Zertifizierung geprüft, ob eine Person Kompetenz im Projektmanagement nachweisen kann, ob sie in der Lage ist, situationsangemesse Problemlösungen für die Projektpraxis zu entwickeln (offener Ansatz). Zudem: In der PMI-sowie APMG-Prüfung wird weitgehend abstrahiertes Wissen geprüft. In der IPMA-Zertifizierung wird abstrahiertes und situiertes Wissen geprüft. Abstrahiertes und situiertes Wissen sind keine Gegensatzpaare, sondern vielmehr komplementäre Wissensarten (Anderson et al., 2000), weshalb in einer berufsbezogenen Zertifizierung beide Wissensarten geprüft werden sollten.

Im folgenden Kapitel werden organisationsbezogene Strategien des Projektmanagements betrachtet.

---

[21] Zur Rechtswirdrigkeit von MC-Tests vgl. das Urteil des Oberverwaltungsgerichts Münster (2006).

4 Organisationsbezogene Sichtweise

Am Beispiel einer Praxisstudie wird zunächst der Transformationsprozess in Richtung einer Projektorientierten Organisation dargestellt (Kap. 4.1). Im Anschluss an dieses Praxisbeispiel wird der Unterschied zwischen „Projektorientierten Organisationen" und „Organisationen mit Projekten" erläutert (Kap. 4.2). Dieser Unterschied verdeutlicht, dass organisationale Reifegrade zu unterscheiden sind. Im Kontext einer solchen Reifegrad-Betrachtung werden sodann Projektmanagement-Organisationsformen dargestellt (Kap. 4.3). Im Anschluss an diese Betrachtung wird der prozessbasierte Ansatz der DIN-Normen vorgestellt (Kap. 4.4).

4.1 Praxisstudie

Die Entwicklung einer Projektorientierten Organisation zu erfassen und zu beschreiben, ist aufgrund der langsamen Organisationstransformation sowie der Komplexität des Untersuchungsgegenstandes schwierig. Die nachfolgenden Entwicklungsschritte sind das Ergebnis einer qualitativen Längsschnittbetrachtung über einen Zeitraum von fünf Jahren (Gessler & Thyssen, 2006).

Phase 0: Ausgangssituation und Anlass

1. *Prozessentwicklung:* Die Produktpalette der Unternehmen in der untersuchten Branche ist nahezu identisch. Entwicklungspotenziale bestehen insbesondere in der Erneuerung und Weiterentwicklung der internen Prozesse und Verfahren.
2. *Produktentwicklung:* Um einen Dienstleistungsbereich neu aufzubauen, wurde ein strategisches Programm aufgesetzt bestehend aus mehreren Projekten. Hierfür wurde mit einer anderen Unternehmung kooperiert.

Phase I: Initiierung (1. Jahr)

3. *Management:* Für das strategische Programm übernahm ein Vorstand die Patenschaft. Als Auftraggeber sicherte er die fortlaufende Unterstützung des Gesamtvorstands.
4. *Programmbüro:* Bereits früh wurde ein „Programme Office" geschaffen, um die Aktivitäten in den verschiedenen Projekten zentral koordinieren und unterstützen zu können. Das Projektmanagement als Funktion wurde im Unternehmen erstmals sichtbar.

Phase II: Inkrementelle Innovation (2. und 3. Jahr)

5. *Personalentwicklung im Kernbereich:* Zunächst wurde dem Personal im „Programme Office" eine Qualifizierung im Projektmanagement ermöglicht. Durch eine kompetenzbasierte Zertifizierung wurde ein einheitlicher Standard geschaffen.
6. *Prozesse:* In einem gesonderten Projekt wurden ausschließlich Methoden, Verfahren und Instrumente zur Regulierung der Projektarbeit (Projektmanagement)

entwickelt und über die Mitarbeiter des „Programme Office" in die Projekten eingeführt.

7. *Strukturen:* Zur Etablierung und Sicherung des Projektmanagements wurde ein
   unternehmensspezifisches Kompetenzmodells geschaffen, dass den Soll-Zustand
   definiert (vgl. Gessler, 2008b). Auf Basis dieses Kompetenzmodells wurde ein
   Karrierepfad für Projektleiter etabliert, der einen betrieblichen Aufstieg in der
   Projektarbeit neben der klassischen Karriere in der Fach- und Führungslaufbahn
   ermöglicht. Projektmanagement wurde instituionalisiert.

8. *Personalentwicklung in der Projektarbeit:* Zunächst auf freiwilliger Basis konnte
   sich das weitere Projektpersonal im Projektmanagement qualifizieren und sodann
   zertifizieren lassen. Die Zertifizierung wurde in einer späteren Phase verpflichtend
   gemacht. Das Unternehmen förderte zunächst und forderte anschließend einen
   unabhängigen Nachweis der persönlichen Kompetenz von dritter Seite.

Phase III: Radikale Innovation (4. Jahr)

9. *Reorganisation:* Nachdem die Voraussetzungen schrittweise geschaffen waren
   und sich eine Kultur der Projektarbeit und des Projektmanagements in der traditionellen Linien-Organisation etabliert hatte, wurde die Organisation in zwei Organisationsbereiche untergliedert: Der eine Bereich ist fortan für alle (Neu-)Ent-
   wicklungen zuständig mit einem festen Personalstamm, der ausschließlich in
   Projekten arbeitet (Pool-PM-Organisation, vgl. folgendes Kapitel). Der zweite Bereich verantwortet die zeitlich unbefristeten Aufgaben. Die zwei Bereiche werden charakterisiert als „Change the Business" und „Run the Business".

Phase IV: Inkrementelle Innovation (5. Jahr)

10. *Multi-Projektmanagement:* In der neu geschaffenen projektorientierten Organisa-
    tionseinheit, die für sich genommen bereits ein kleines Unternehmen bildet,
    werden Instrumente entwickelt, um das Zusammenspiel nicht mehr nur in den
    Projekten sondern zwischen den Projekten steuern zu können. Das Stichwort
    hierfür lautet: Integration und Kontextualisierung von Projekt-, Programm- und
    Portfoliomanagement.

Die Entwicklung und Stabilisierung einer Projektorientierten Organisation erfordert
einen Zeitraum von mehreren Jahren. Erst wenn die Projektarbeit die wesentliche
Arbeitsform in einer Organisation oder Organisationseinheit darstellt und die Menschen, Strukturen, Prozesse und Kultur der Organisation auf diese Arbeitsform eingestellt sind, kann von einer Projektorientierten Organisation gesprochen werden.

4.2 Projektorganisation und Projektmanagement-Organsiation

Die Projektorganisation, also die Frage, wie Aufgaben, Zuständigkeiten und Verantwortung im Projekt organisiert werden, wird in der Regel idealtypisch ohne Bezug
auf den in Kapitel 4.1 skizzierten Entwicklungsstand der Gesamtorganisation darge-

stellt. Zu unterscheiden ist allerdings die Projektorganisation einerseits und die Projektmanagement-Organisation andererseits. Zudem ist, je nach Entwicklungsstand der Gesamtorganisation, die eine oder andere Form der Projektmanagement-Organisation vorteilhafter. Diese beiden Aspekte stehen in einem inneren Zusammenhang.

Projektorganisation und Projektmanagement-Organisation

Wenn ein Projekt erstmalig in einer Organisation durchgeführt wird, wird auch erstmalig für diese temporäre Form der Kooperation eine *Projektorganisation* etabliert mit Projektleitung, Projektmitarbeitern und definierten Schnittstellen (u.a. zum Auftraggeber und zum Projektumfeld). Nach Abschluss des Projektes wird die Projektorganisation wieder aufgelöst. Mit Beginn eines weiteren Projektes wird erneut eine spezifische Projektorganisation etabliert. Es wird erneut definiert, wer wofür zuständig ist. Die Definition der konkreten Rollen, Zuständigkeiten, Kompetenzen und Verantwortung ist das Thema der Projektorganisation.

Nimmt das Volumen der Projektarbeit zu, wird diese Form der Einzellösung aufwändig und führt zudem zu unterschiedlichen Regelungen, weshalb ein Prozess der Klärung und Standardisierung beginnt. Die „Organisation" reagiert auf die veränderten Arbeitsbedingungen. Erst dieser Entwicklungsstand führt zur Entwicklung einer Meta-Ebene. Wenn nicht nur einzelne projektspezifische Projektorganisationen definiert, sondern projektübergreifend die Projektorganisation reguliert wird, erweitert sich die Perspektive von der Projektorganisation in Richtung der *Projektmanagement-Organisation (PM-Organisation)*. Der Unterschied der Ebenen bzw. des Entwicklungsstandes findet sich durchgängig im Projektmanagement:

- *Dokumentation:* Die „Lebensbiographie" eines Projektes, die Chronologie der Arbeit im Projekt, wird im „Projekt-Handbuch" dokumentiert. Mit zunehmendem Reifegrad der Organisation entsteht in der Regel ein Projektmanagement-Handbuch, in welchem definiert wird, wie Projekte im Unternehmen durchgeführt werden. Hierbei wird u.a. die Form der Projekt-Handbücher definiert.
- *Unterstützung:* Mit zunehmendem Entwicklungsstand des Projektmanagements in der Organsiation werden gesonderte Unterstützungseinheiten geschaffen. In der Regel zunächst projektspezifisch und zeitlich befristet als „Projekt-Büro" bzw. „Project Office (PO)" und anschließend projektübergreifend und kontinuierlich als „Projektmanagement-Büro" bzw. „Project Management Office (PMO)".
- *Regulierung:* Für manche Projektarten, insbesondere bie der Matrix-PM-Organisation, empfielt sich die Einrichtung projektspezifischer Lenkungsausschüsse, um die Arbeit im Projekt und die aufkommenden Konflikte regulieren zu können. Die Projektleitung berichtet sodann an diesen Lenkungsausschuss. Lenkungsausschüsse sind in der Regel zeitlich befristet und projektspezifisch orientiert. Mit zunehmendem Entwicklungsstand entsteht allerdings der Bedarf, nicht nur die Arbeit in *einem Projekt*, sondern die Arbeit *der Projekte* regulieren zu müssen. Meist ist die Klärung des notwendigen Ressourcenbedarfs der Projekte Auslöser für diesen Entwicklungsschritt. Parallel zu den zeitlich befristeten Lenkungsausschüssen werden sodann zeitlich unbefristete Steuerungsausschüsse eingerichtet. Es hat sich wiederum eine Meta-Ebene etabliert.

Der Unterschied der Ebenen wird an zwei Aspekte deutlich: Zeit (zeitlich unbefristet vs. zeitlich befristet) sowie Reichweite (projektübergreifend vs. projektspezifisch). Insofern eine Organisation nur über projektspezifische Lösungen verfügt, ist der Reifegrad des institutionalisierten Projektmanagements niedrig. Die unterschiedlichen Begriffe sind nochmals in Tabelle 13.9 dargestellt.

Tabelle 13.9: Einzelprojekt und Projektlandschaft

	Zeitlich befristet und projektspezifisch	Zeitlich unbefristet und projektübergreifend
Organisation	Projekt-Organisation	Projektmanagement-Organisation
Dokumentation	Projekt-Handbuch	Projektmanagement-Handbuch
Unterstützung	Projekt-Büro	Projektmanagement-Büro
Regulierung	Lenkungsausschuss	Steuerungsausschuss
Fokus	**Einzelprojekt**	**Projektlandschaft**
Entwicklungsrichtung		

Quelle: Eigene Darstellung

Der Fokus „Einzelprojekt" ist ausreichend, wenn in einer Bildungsorganisation nur von Zeit zu Zeit Projekte durchgeführt werden und diese Projekte in der Summe eine geringe Bedeutung für die Organisation haben. Die Erweiterung der Perspektive „Einzelprojekt" in Richtung der „Projektlandschaft" ist allerdings erforderlich, wenn Projekte häufig durchgeführt werden und/oder die Summe dieser Projekte eine hohe Bedeutung für die Organisation hat. Erst mit der Erweiterung der Perspektive besteht die Voraussetzung zur Entwicklung einer Projektorientierten Organisation.

Reifegradmodell des Projektmanagements

Der Projektmanagement-Reifegrad einer Organisation wird in der Regel als Stufenmodell dargestellt. Ein bekanntes Modell stammt von Kerzner (2001; 2003). Kerzner unterscheidet 5 Stufen: Die erste Herausforderung ist die Entwicklung einer gemeinsamen Projektmanagement-Sprache („Common Language"). Die zweite Herausforderung ist die Entwicklung einheitlicher PM-Abläufe und PM-Verfahren („Common Process"). Die dritte Herausforderung ist die Integration bislang separierter Lösungen durch die Integration von z.B. Projekt-, Qualitäts-, Wissens- und Personalmanagement („Singular Methology"). Die vierte Herausforderung ist die Weiterentwicklung des Systems. Dies kann durch den Vergleich des geschaffenen Systems mit den Lösungen anderer Organisationen erfolgen („Benchmarking"). Die fünfte und sodann letzte Herausforderung ist die Etablierung eines kontinuierlichen Verbesserungsprozesses („Continous Improvement"). Während die Ebenen eins bis drei im Modell nur nacheinander möglich sind, überlappen sich die Ebenen drei bis fünf. Zudem bestehen zwischen den drei höheren Ebenen rekursive Schleifen: Das Ergebnis des Benchmarks (Stufe 4) kann z.B. zu einer Veränderung des singulären Management-Systems führen (Stufe 3).[22]

Je nach Reifegrad des Projektmanagements bzw. erreichter Stufe sind unterschiedliche Projektmanagement-Organisationsformen vorteilhaft bzw. realisierbar.

4.3 Formen der Projektmanagement-Organisation in Abhängigkeit vom Reifegrad

Gleichwohl die Form der möglichen PM-Organisation abhängig ist von der strukturellen Fähigkeit der Organisation, mit Komplexität umgehen zu können, wird dieser Zusammenhang in der Literatur und Praxis selten berücksichtigt. Beispielsweise stellt die Matrix-PM-Organisation eine häufig praktizierte Form der PM-Organisation dar, gleichwohl die Organisationen aufgrund eines geringen PM-Reifegrades für diese PM-Organisation oftmals nicht ausgelegt sind. Die strukturellen Spannungen führen in der Regel sodann zu persönlichen Konflikten und ggf. zu Krisen im Projekt. Insgesamt gilt: Je geringer die strukturelle Fähigkeit der Organisation ist, soziale Komplexität reduzieren zu können, desto höher sind die Anforderungen an die Projektleitung. Ein bislang heuristisches Modell ist in Tabelle 13.10 dargestellt. Auf Stufe 3 existiert ein vollwertiges PM-System, das auf den Stufen 4 und 5 (nur) noch optimiert wird. Die Darstellung endet deshalb auf Stufe drei.

Tabelle 13.10: PM-Organisationen in Abhängigkeit vom Reifegrad

Stufe	Merkmal	Einfluss-PM-Org.	Autonome PM-Org.	Matrix-PM-Org.	Pool-PM-Org.
Stufe 0	Keine einheitliche Spache	X			
Stufe 1	Einheitliche Sprache	X	X		
Stufe 2	Einheitliche Prozesse	X	X	X	
Stufe 3	Integrierte Prozesse	X	X	X	X

Quelle: Eigene Darstellung

Grafisch vereinfacht sind die vier PM-Organisationsformen in Abbildung 13.3 dargestellt. Sie werden nun kurz erläutert.

Einfluss-PM-Organisation

Die Einfluss-PM-Organisation erfordert keine Veränderung der Gesamtorganisation, weshalb sie auch für Organisationen mit einem niedrigen Reifegrad geeignet ist. Die strukturell geringe Absicherung stellt allerdings ein Problem für die Projektkoordi-

---

22 Der theoretisch erwartete strikte Phasenablauf konnte empirisch nicht bestätigt werden. Die Phasen überlappen sich stärker als theoretisch angenommen (vgl. Gessler & Thyssen, 2006).

nation dar, da sie in der Regel über keine Befugnisse verfügt und das Projekt nur über den Einfluss des internen Projekt-Auftraggebers sowie den eigenen persönlichen Einfluss steuern kann. Insofern diese Form der Einflussnahme nicht funktioniert, scheitern Projekte dieser Art. Die Einfluss-PM-Organisation baut auf das Committment der Beteiligten und Betroffenen, weshalb sie auch in Organisationen mit hohem Reifegrad für interne Organisationsentwicklungsprojekte eingesetzt wird. Die Hauptfunktion ist die Koordination und nicht die Leitung.

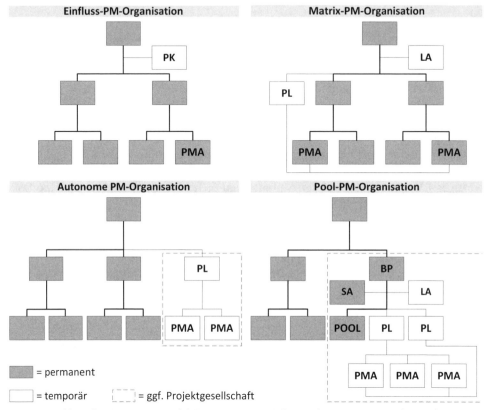

PK = Projektkoordination, PL = Projektleitung, PMA = Projektmitarbeiter, BP = Bereich Projekte
LA = Lenkungsausschuss, SA = Steuerungsausschuss, POOL = Projektpool (PL + PMA)

Abbildung 13.3: PM-Organisationsformen

Quelle: Eigene Darstellung

Autonome PM-Organisation[23]

Die Projektleitung verfügt hier, im Gegensatz zur Einfluss-PM-Organisation, sowohl über fachliche als auch disziplinarische Befugnisse. Ein „Management per Anweisung" ist theoretisch möglich. Die Organisation hat das Linienprinzip der Regelarbeit übertragen auf die temporäre Arbeit in Projekten. Die Projektmitarbeiter werden für

---

23   Wird oftmals auch als „Reine PM-Organisation" bezeichnet.

die Dauer eines Projektes dem Projektleiter unterstellt. Diese klare Stuktur der Organisation erleichtert die Arbeit in den Projekten. Im Vergleich zur Matrix-PM-Organisation ist die soziale Komplexität im Projekt und zwischen Projekt und Stammorganisation deutlich reduziert. Da die Bereiche Projektarbeit und Regelarbeit getrennt sind, sind gemeinsame Prozesse nicht erforderlich. Notwendig ist allerdings eine gemeinsame Sprache, da z.B. bei internen Projekten der Projektbereich Dienstleistungen für die Stammorganisation erbringt. Ohne eine gemeinsame Sprache besteht zudem die Gefahr, dass sich die Organisationsbereiche isolieren.

Matrix-PM-Organisation

In der Matrix-PM-Organisation wird die PM-Organisation über die Struktur der bestehenden Linienorganisation gelegt. Die Mitarbeiter arbeiten parallel an ihren Abteilungsaufgaben und an ihren Projektaufgaben. Die Projektleitung hat im Projekt die fachliche Leitung, während die disziplinarische Verantwortung beim jeweiligen Abteilungsleiter verbleibt. Für die weiterhin reguläre Arbeit in der Abteilung ist der Abteilungsleiter fachlicher und disziplinarischer Vorgesetzter. Diese Form der PM-Organisation führt häufig zu Spannungen, da sowohl die Projektleitung als auch die Abteilungsleitung Aufträge an die gleichen Mitarbeiter erteilen. Um diesen Konflikt strukturell aufzufangen, wird in der Regel ein Lenkungsausschuss geschaffen, um die Interessen zwischen Projekt und Linie auszubalancieren. Diese Form der PM-Organisation stellt einen hohen Eingriff in den Regelablauf der Stammorganisation dar, weshalb einheitliche Prozesse erforderlich sind.

Pool-PM-Organisation

Eine Pool-PM-Organisation ist eine Weiterentwicklung der Gesamtorganisation in Richtung einer Projektorientierten Organisation. Projektarbeit ist hier ein fester Bestandteil des Organisationsgeschehens, weshalb die Projekte gesammelt in einem eigenen Bereich (z.B. BP = Bereich Projekte) durchgeführt werden. Da mehrere Projekte parallel laufen, ist neben einem Lenkungsausschuss, der projektbezogen eingerichtet werden kann, zudem ein Steuerungsausschuss sinnvoll, der die Projektlandschaft reguliert. Die Projektleiter und die Projektmitarbeiter arbeiten ausschließlich in Projekten. Zwischen den Projekten sind sie weiterhin durch den Pool in die Organisation eingebunden. Der Pool kann unterschiedlich gestaltet sein: (1) Disziplinarisch sind die Mitarbeiter dem Pool-Manager unterstellt, der sich sowohl um die Personalentwicklung als auch die Vermittlung der Mitarbeiter in die Projektarbeit kümmert. Während der Projektarbeit verbleibt die disziplinarische Verantwortung beim Pool-Manager und der Projektleiter übernimmt sodann zeitlich befristet die fachliche Leitung. Sind die Mitarbeiter nicht ausreichend oder falsch qualifiziert, kann ein Projektleiter vom externen Arbeitsmarkt Personen auf Zeit einstellen. Der Pool-Manager steht damit in Konkurrenz zum externen Arbeitsmarkt. Da im Pool keine inhaltliche Arbeit angesiedelt ist, treten die Konflikte, die typisch für die Matrix-PM-Organisation sind, nicht auf. Die Projektleiter sind wiederum in einem zweiten Pool angesiedelt, der ebenfalls von einem Pool-Manager geleitet wird. Im Pool „überbrücken" die Projektmitarbeiter oder Projektleiter die Zeit zwischen zwei Projekten. Sie können diese Zeit u.a. nutzen, um sich oder andere zu qualifizieren, Urlaub zu machen, Projekterfahrung auszuwerten, das PM-System weiterzuentwickeln, neue Projekte zu aquirieren oder als Coach andere Projekte zu unterstützen. (2) Ein zweites Prinzip nach Maßgabe der autonomen bzw. reinen PM-Organisation wäre, dass der Pool einen „hierarchiefreien Organisationsbereich" (Dörrenberg & Möller, 2003: 12) bildet und die Mitarbeiter, sobald sie im Projekt arbeiten, dem Projektleiter fachlich und disziplinarisch unterstellt sind. Pool-PM-Organisationen haben in der Regel in ihrem Pool die Prozesse integriert.

Bislang ungeklärt ist, inwiefern der Pool eine Integration der Prozesse auf Ebene der Gesamtorganisation ermöglicht oder ggf. bewusst stört, um die Weiterentwicklung der Organisation (Lernen) zu ermöglichen. Das Paradox der Organisation ist, dass sie einerseits Ordnung und Strukturen schafft und festigt, Stabilität ermöglicht und Flexibilität reduziert. Der Gewinn an Stabilität verhindert die notwendige Flexibilität. Insofern die Projektarbeit Bestandteil der stabilisierenden Stuktur wird, verliert sie das Potenzial, die Flexibilität einer Organisation zu sichern.

Projektgesellschaft

Aus der Autonomen PM-Organisation sowie der Pool-PM-Organisation können Projektgesellschaften entstehen, insofern diese Bereiche mit organisatorischer oder rechtlicher Selbstständigkeit ausgestattet werden. Projektgesellschaften können zudem durch Gründung entstehen, wenn z.B. verschiedene Organisationen zeitlich befristet kooperieren. Eine bekannte Projektgesellschaft war die Toll Collect GmbH (Stichwort: Maut). Für die Projektgesellschaften prognostiziert die eingangs zitierte Studie der Deutschen Bank Research einen Anteil an der Wertschöpfung in Höhe von 15 % im Jahr 2020 (vgl. DB Research 2007).

Bislang wurden Formen der Aufbauorganisation betrachtet. Im nächsten Kapitel wird die Strukturierung der Ablauforganisation bzw. die Prozessorganisation des Projektmanagements vorgestellt.

4.4 Prozessmodell nach DIN 69901-2:2009

Heinz Schelle (2007: 46) hat ein Minimalschema für kleine Projekte entwickelt. Nach diesem Schema sollten folgende Punkte hinsichtlich des Projektmanagements auch in kleinen Projekten berücksichtigt werden:

1. Offizielle Ernennung eines Projektleiters
2. Offizielle Ernennung des Projektteams
3. Eintragung des Projektes in die organisationsinterne Projektliste
4. Durchführung einer Projektstartsitzung
5. Schriftlicher Projektauftrag
6. Schriftlich fixierte Projektdefinition (Pflichtenheft)
7. Projektstrukturplan mit ausgefüllten Arbeitspaketbeschreibungen
8. Bewertung der Arbeitspakete mit Kosten bzw. Mengen (z.B. Bearbeitungsstunden)
9. Erfassung der pro Arbeitspaket angefallenen Kosten bzw. Stunden (eventuell einer Kostentrendanalyse)
10. Terminierung der Arbeitspakete in einem Balkenplan oder einer Terminliste

11. Laufende Aktualisierung der Terminierung
12. Definition von Meilensteinen (> 2) mit zugeordneten Meilensteinergebnissen
13. Ermittlung des Leistungserstellungstrends mittels einer Meilensteintrendanalyse
14. Festlegung eines einfachen Berichtsformats
15. Durchführung regelmäßiger Projektstatussitzungen
16. Durchführung einer Projektabschlusssitzung
17. Erstellung eines Projektabschlussberichts

Diese Liste erscheint bereits sehr umfangreich. Gleichwohl stellt sie nur ein Minimal-schema dar. Ein umfassendes prozessbasiertes Vorgehensmodell ist in der DIN 69901:2009 dokumentiert.

PM-Phasen, PM-Prozesse und Produktprozesse

Ein Projekt ist ein zeitlich befristeter Prozess. Zu unterscheiden sind befristete Basis- bzw. Leistungsprozesse (Produktprozesse) und befristete Steuerungs- bzw. Regulie-rungsprozesse (PM-Prozesse). Das Prozessmodell besteht aus der Unterscheidung von A) PM-Phasen, B) Prozessgruppen und C) PM-Prozessen.

Unterschieden werden fünf *PM-Phasen*: (1) Initialisierung, (2) Definition, (3) Pla-nung, (4) Steuerung und (5) Abschluss. Der eigentliche Projektbeginn, der definierte Anfang, beginnt mit der PM-Phase „Planung". „Initialisierung" und „Definition" zäh-len zur Vorbereitung des Projektes. Das Projektmanagement reguliert die Produkt-prozesse.

Der Aufwand der Produktprozesse ist in den ersten PM-Phasen zunächst niedrig und steigt dann an. Der größte Aufwand entsteht, sobald die Planung abgeschlossen ist und der Plan ausgeführt wird. In der Grafik ist diese Aufwandsentwicklung ideal-typisch dargestellt. Je nach Projektart ist die Verteilung des Aufwands für die Pro-duktprozesse unterschiedlich (vgl. Abbildung 13.4).

Am Ende jeder PM-Phase liegt mindestens ein bestimmtes Ergebnis vor (Meilen-stein) als Grundlage für eine Entscheidung (Weiter, Korrektur, Pause oder Abbruch). Diese Meilensteine werden auch als „Quality-Gates" bezeichnet.

Initiiert wird ein Projekt aufgrund einer Entscheidung des Managements (vgl. Abbildung 13.4). Zwischen dem Projekt und dem Management kann, insbesondere wenn mehrere Projekte in einer Organisation durchgeführt werden, eine weitere Ebene liegen, das Programm- und/oder Portfoliomanagement. Einem Programm-mangement kann, falls verschiedene Projekt zu einem Programm zusammengefasst werden, die Steuerung der Projekte in diesem Programm übertragen werden. Mög-lich ist auch ein Portfoliomanagement, wenn Programme und/oder Projekte in einer Organisation von einer zentralen Instanz, dem Portfoliomanagement, gesteuert wer-den.

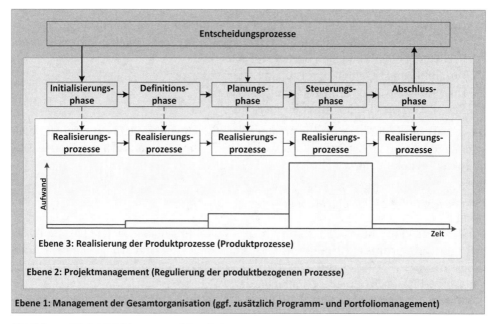

Abbildung 13.4: PM-Phasen und Produktprozesse
Quelle: Eigene Darstellung

Jede PM-Phase besteht wiederum aus Initialisierung-, Definitions-, Planungs-, Steuerungs- und Abschlussprozessen. Die PM-Phasen sind jeweils nach demjenigen PM-Prozess bezeichnet, der den größen PM-Aufwand in der jeweiligen Phase darstellt. Am Beispiel der Planungsphase ist dies illustriert (vgl. Abbildung 13.5).

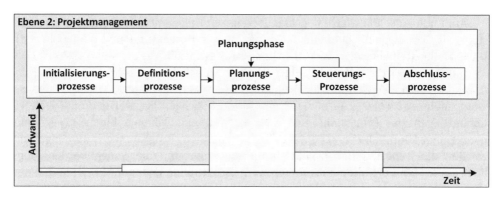

Abbildung 13.5: PM-Prozesse einer PM-Phase
Quelle: Eigene Darstellung

PM-Phasen und Projektphasen

Die fünf PM-Phasen finden sich in jedem Projekt. Sie stellen allerdings nur die Mindestanzahl der möglichen Anzahl von Projektphasen dar und können weiter, produkt- und tätigkeitsbezogen, untergliedert werden in weitere Projektphasen (vgl. Tabelle

13.11). Jede Projektphase endet mit mindestens einem konkreten Ergebnis (Meilenstein). In einer Phase können auch mehrere Meilensteine vorgesehen werden.

Tabelle 13.11: Projektphasen am Beispiel einer Evaluationsstudie

PM-Phase	Projektphase	Ergebnis (Meilenstein)
Initialisierungsphase	Grobe Klärung der inhaltlichen Fragestellung und Ziele	Committment zur gemeinsamen Durchführung
Definitionsphase	Detaillierte Klärung der inhaltlichen Fragestellung, Ziele etc.	Projektvertrag unterschrieben
	Ableitung und Definition der Evaluationsfragen	Fragen konkretisiert
Planungsphase	Planung der Evaluation	Projektplan erstellt
Steuerungsphase	Entwicklung der Evaluationsinstrumente	Evaluationsinstrumente erstellt
	Datenerhebung	Daten erhoben
	Datenauswertung	Daten bereinigt und ausgewertet
	Datenrückmeldung	Ergebnisse präsentiert und besprochen
Abschlussphase	Berichtslegung	Bericht erstellt und abgenommen
	Interne Auswertung	Reflexion abgeschlossen und dokumentiert

Quelle: Eigene Darstellung

Prozessgruppen des Projektmanagements

Definiert werden in der DIN 69901-2:2009 zudem 11 *Prozessgruppen des Projektmanagements (PG)*. Die Prozessgruppen (PG) des Projektmanagements sind in der linken Spalte der Tabelle 13.12 und Abbildung 13.6 aufgeführt. Die *PM-Prozesse* der DIN sind in Tabelle 13.12 genannt. Jeder PM-Prozess ist definiert (vgl. Tabelle 13.13: Beispiel PM-Prozess „Ziele definieren"): Input (was wird vorausgesetzt), PM-Methoden (was wird getan) und Output (was ist das Ergebnis). Die PM-Prozesse sind miteinander verbunden und bilden eine PM-Prozesslandkarte. In Abbildung 13.6 ist exemplarisch ein Ausschnitt, die Definitionsphase, dargestellt: Der Output des PM-Prozessvorgängers steuert den Input des PM-Prozessnachfolgers.

Tabelle 13.12: PM-Prozesse im Überblick

	Initiali-sierung	Definition	Planung	Steuerung	Abschluss
1		• Meilensteine definieren	• Vorgänge planen • Terminplan erstellen • Projektplan erstellen	• Vorgänge anstoßen • Termine steuern	
2			• Umgang mit Änderungen planen	• Änderungen steuern	
3	• Freigabe erteilen	• I, K/BW festlegen • Projektmarketing definieren • Freigabe erteilen	• I, K/BW und Dokumentation planen • Freigabe erteilen	• I, K/BW & D steuern • Abnahme erteilen	• Abschlussbericht erstellen • Dokumentation archivieren
4		• Aufwände grob schätzen	• Kosten- und Finanzmittelplan erstellen	• Kosten und Finanzmittel steuern	• Nachkalkulation erstellen
5	• Zuständigkeit klären • PM-Prozesse auswählen	• Projektkernteam bilden	• Projektorganisation planen	• Kick-off durchführen • Projektteam bilden • Projektteam entwickeln	• Abschlussbesprechung durchführen • Leistungen würdigen • Projektorganisation auflösen
6		• Erfolgskriterien definieren	• Qualitätssicherung planen	• Qualität sichern	• Projekterfahrung sichern
7			• Ressourcenplan erstellen	• Ressourcen steuern	• Ressourcen rückführen
8		• Umgang mit Risiken festlegen • Projektumfeld/Stakeholder analysieren • Machbarkeit bewerten	• Risiken analysieren • Gegenmaßnahmen zu Risiken planen	• Risiken steuern	
9		• Grobstruktur erstellen	• Projektstrukturplan erstellen • Arbeitspakete und Vorgänge beschreiben		
10		• Umgang mit Verträgen definieren • Vertragsinhalte mit Kunden festlegen	• Vertragsinhalte mit Lieferanten festlegen	• Verträge abwickeln • Nachforderungen steuern	• Verträge beenden
11	• Ziele skizzieren	• Ziele definieren • Projektinhalte abgrenzen		• Zielerreichung steuern	

Quelle: Eigene Darstellung, in Anlehnung an DIN 69901-2: 2009a: 11

1 = Ablauf- und Termine, **2** = Änderungen, **3** = Information, Kommunikation/Berichtswesen, Dokumentation, **4** = Kosten- und Finanzierung, **5** = Organisation, **6** = Qualität, **7** = Ressourcen, **8** = Risiko, **9** = Projektstruktur, **10** = Verträge und Nachforderungen, **11** = Ziele

Tabelle 13.13: Beispieldefinition des PM-Prozesses „Ziele definieren"

Vorgänger-prozess	Projektkernteam bilden	Nachfolge-prozess	Projektinhalte abgrenzen
Zweck und Hintergrund	Schon zu Beginn eines Projekts ist es wichtig, ein klares Verständnis darüber zu entwickeln, was durch das Projekt erreicht werden sollte. Der Projektleiter initiiert diesen Prozess und bindet den Auftraggeber möglichst eng ein. So können Missverständnisse und Mehraufwände schon frühzeitig verhindert werden.		
Prozess-beschreibung (Vorgehen)	Auf Basis der freigegebenen Skizze der Projektziele tritt der Projektleiter in einen intensiven Dialog mit dem Auftraggeber ein und definiert gemeinsam mit diesem die Projektziele. Dabei kommt es vor allem darauf an, die Ziele möglichst spezifisch und messbar zu formulieren, gegebenenfalls ist auch eine strukturierte Darstellung (Zielhierarchie) bzw. eine vorgegebene Form (z.B. Lastenheft) hilfreich.		

Input	PM-Methoden	Output
▪ Projektidee ▪ Skizze der Projektziele ▪ Erfahrungen aus vergangenen Projekten	▪ Balanced Scorecard ▪ Zielbeschreibung	▪ Beschreibung der Projekt-ziele

Quelle: DIN 69901-2: 2009, D.11.1, S. 11

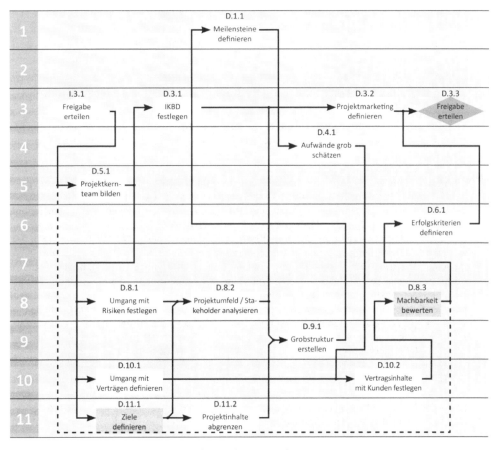

Abbildung 13.6: Prozesslandkarte der Definitionsphase

Quelle: Wagner, Roeschlein, Waschek 2009: 47

5 Bedeutung des Projektmanagements für die Weiterbildung

Projektmanagement etabliert sich zunehmend in (Weiter-)Bildungsorganisationen bzw. ist teilweise bereits Normalbestandteil der Organisation. Die Gründe für diese Entwicklung sind vielfältig:

1. In den letzten zehn Jahren (insbesondere ab 2004 und aktuell) haben (Weiter-) Bildungseinrichtungen verstärkt *Qualitätsmanagement-Systeme* eingeführt.[24] In jedem Qualitätsmanagement-System ist zu definieren, wie Produkte und Dienstleistungen entwickelt werden. Projektmanagement, als System zur Sicherung und Entwicklung der Qualität von Projektarbeit, hat im Zuge des Bedeutungszugewinns von Qualitätsmanagement-Systemen ebenfalls an Bedeutung gewonnen.

2. Insofern eine Bildungsorganisation *geförderte Weiterbildungsprojekte* durchführt (z.B. Projekte mit Förderung des Europäischen Sozialfonds), werden Standards des Projektmanagements vom Projektträger detailiert vorgeschrieben und überprüft. Ohne Projektmanagement bleibt der Weg zur Förderung verwehrt.[25]

3. Das Leistungsangebot der Weiterbildungsorganisationen verändert sich.[26] Es wird weiterhin standardisierte Bildungsangebote geben. Die Zahl *individualisierter Bildungsangebote* nimmt allerdings zu. Individualisierte Bildungsangebote werden häufig in Projektform entwickelt und durchgeführt.

4. Weiterbildungseinrichtungen individualisieren einerseits ihre Angebote und überschreiten andererseits zunehmend die Grenzen ihres klassischen Kerngeschäfts, um *bestehende Geschäftsfelder weiterzuentwickeln* und *neue Geschäftsfelder* aufzubauen.[27] Hierzu sind oftmals Kooperationen mit anderen (Bildungs-)

---

24 Zwei Wellen der Einführung von Qualitätsmanagement-Systemen sind in der Weiterbildung offenkundig. Die „Anerkennungs- und Zulassungsverordnung – Weiterbildung (AZWV): Verordnung über das Verfahren zur Anerkennung von fachkundigen Stellen sowie zur Zulassung von Trägern und Maßnahmen der beruflichen Weiterbildung nach dem Dritten Buch Sozialgesetzbuch" verpflichtet Weiterbildungsorganisationen, die von der Bundesagentur für Arbeit geförderte Maßnahmen durchführen möchten, ein QM-System nachzuweisen. Diese Regelung führte spätestens seit 2004 zu einer vermehrten Einführung von QM-Systemen in Institutionen, die bereits mit der Arbeitsagentur kooperierten. Eine zweite Welle ist derzeit (2009) feststellbar. Im Rahmen des Konjunkturpaktes II wurde die Förderung für Weiterbildung aufgestockt („Weiterbildung in der Kurzarbeit"). Die Bundesagentur für Arbeit erstattet nun 25–80 % der Lehrgangskosten, allerdings nur, wenn die durchführende Weiterbildungsorganisation nach SGB III (Sozialgesetzbuch III, AZWV) zugelassen ist. Insbesondere Weiterbildungsorganisationen, die bislang ohne Förderung am Markt aktiv waren, haben nunmehr in kürzester Zeit ein „dokumentiertes, den anerkannten Regeln der Technik entsprechendes System der Qualitätssicherung und Qualitätsentwicklung" (AZWV, § 2,6) etabliert. Sobald die Bundesregierung die Fördermittel für den Weiterbildungsbereich wieder kürzt, was sicher ist, wird es im Bereich der geförderten Weiterbildung zu einem Verdrängungswettbewerb kommen (Zeitpunkt vermutlich ab 2011).

25 Das Ministerium für Arbeit und Soziales Baden-Württemberg hat als Fondsverwalter des Landes ein Landesprojekt eingerichtet zur Unterstützung von ESF-Projekten, das wiederum gefördert wird mit Mitteln des Europäischen Sozialfonds. Das Projektmanagement-Handbuch (156 Seiten) sowie der Auditfragekatalog (62 Seiten) sind online verfügbar unter: http://www.esf-epm.de/.

26 Vgl. hierzu der Beitrag „Programmentwicklung und Revision" von Monika Kil in diesem Band sowie Kil & Schlutz (2009).

27 Ein Beispiel für die Weiterentwicklung ist die Integration von Web 2.0 Diensten in der Weiterbildung. Ein Beispiel für die Neuentwicklung ist aktuell von Seiten privatwirtschaftlicher Weiterbildungsanbieter die Hinwendung zu geförderten Weiterbildungsangeboten nach AZWV. In den

Organisationen erforderlich. Diese Kooperationen finden, insofern sie zeitlich befristet sind, auf Projektbasis statt.

5. Grenzen finden sich allerdings nicht nur zwischen der Bildungsorganisation und seiner Umwelt, sondern teilweise auch innerhalb der Organisationen. In stark funktional gegliederten Organisationen, wie z.B. der Fachbereichsstruktur in Volkshochschulen, bietet Projektarbeit die Chance zur *abteilungsübergreifenden Zusammenarbeit.*

6. Neben der funktionalen Gliederung erschwert in größeren Organsiationen, wie z.B. manchen Spitzenverbänden der freien Wohlfahrtspflege, die *hierarchische Gliederung* schnelle Entscheidungswege. Da Projekte in der Regel eine flache Hierarchie aufweisen, können sie agiler agieren als die Stammorganisation, weshalb in größeren Organisationen, wie z.B. manchen Spitzenverbänden der freien Wohlfahrtspflege, die Einführung projektorientierter Organisationsstrukturen bereits zu einer internen Organisationsentwicklung geführt hat.

7. Insofern die Aufbau- und Ablauforganisation verändert wird (Organisationsentwicklung) oder das Management-System ausgebaut und weiterentwickelt wird (u.a. Einführung eines QM-Systems) finden diese Entwicklungen in der Regel in Projektform statt. Ähnliches gilt für die Entwicklung und Revison von Programmen (in Abhängigkeit vom Umfang sowie dem Grad der Neuartigkeit des Programms) sowie die Entwicklung oder Veränderung weiterer Bildungsangebote.

8. Auslöser für solche Projekte ist allerdings nicht nur der Markt, sondern zudem notwendige Anpassungen an geänderte *gesetzliche Rahmenbedingungen.* Solche Anpassungen werden in der Regel ebenfalls in Projekten bewerkstelligt.[28]

9. Statt personenbezogener Einzelmaßnahmen besteht einerseits ein Trend in Richtung *intergrierter Weiterbildungsprogramme.*[29] Weiterbildung wird kombiniert mit Maßnahmen der Team- und Organisationsentwicklung. In Projekten können bislang separierte Einzelbildungsdienstleistungen (wie u.a. Training, eLearning, Coaching, Beratung, Personalentwicklung – u.a. Assessment Center, Laufbahnplanung, Mitarbeitergespräche –, Gesundheitsbildung, Gestaltung lernförderlicher Arbeitsplätze) in größere Leistungspakete zeitlich befristet integriert werden. Es besteht allerdings derzeit *ein weiterer Trend* in die entgegengesetzte Richtung: Unternehmen koppeln Kurzarbeit mit von der Arbeitsagentur geförderten Weiterbildungsmaßnahmen. Da diese Weiterbildung einerseits meist für größere Personenkreise ausgelegt ist (z.B. 30 % der Mitarbeiter der Produktion),

---

Jahren 1999 bis 2007 als die öffentlichen Mittel für Weiterbildung massiv gekürzt wurden, war der gegenläufige Trend feststellbar, als bislang SGB III geförderte Bildungsträger in Richtung der Privatwirtschaft sich orientierten und versuchten, in die betriebliche Weiterbildung einzusteigen. Ein weiteres Beispiel für die Neuentwicklung findet sich Punkt 10: Internationalisierung.

28 Im Weiterbildungsbereich hat beispielsweise die Einführung der AZWV zu einer Flut von Projekten zur „Einführung eines Qualitätsmanagement-Systems" geführt. Der Weiterbildungsbereich ist allerdings insgesamt eher schwach reguliert. Im Gesundheitsbereich ist die Regelungsdichte weit höher, weshalb Projekte aufgrund von gesetzlichen Änderungen hier häufiger anzutreffen sind. Vgl.: Rechtskonforme Bereitschaftsdienste einführen – Projektmanagement am Beispiel des Caritas-Verbundprojektes CAT:
URL: http://www.arbeitszeitberatung.de/dateien/publikationen/pdf/pub70.pdf.

29 Vgl. „Trends in der Weiterbildung: Verbandsumfrage 2008 bei den Mitgliedsinstitutionen des Wuppertaler Kreises", URL: http://www.wkr-ev.de/trends08/trends2008.pdf.

der Begründungsaufwand für eine individualisierte Förderung für die Personal-abteilungen oftmals nicht realisierbar ist, werden häufig standardisierte und kos-tengünstige Weiterbildungsangebote gewählt.[30] Für diese vereinfachten Formen von Weiterbildung sind keine Projekte erforderlich. Dieser Trend ist allerdings im Zusammenhang mit der aktuellen Wirtschaftslage zu sehen und vermutlich zeitlich befristet.

10. Bereits 1995 trat das GATS-Abkommen in Kraft, das eine internationale Liberali-sierung des Bildungsmarktes ermöglichen soll. Der Bildungssektor unterliegt bis-lang noch massiven Beschränkungen. Der dauerhaften Erbringung von Dienst-leistungen durch eine kommerzielle Präsenz in einem anderen Land sowie der temporären Erbringung von Dienstleistungen durch Personen wird von der OECD ein großes Wachstumspotenzial zugeschrieben.[31] Solche *internationalen Dienstleistungen* erfolgen in der Regel auf der Basis von Projekten.[32]

11. In der oben genannten Studie der DB Research wird davon ausgegangen, dass *projektorientierte Organisationen* entstehen werden, da bis zum Jahr 2020 „der Markt für Lerndienstleistungen in Deutschland dramatisch gewachsen [ist]. Die neuen privaten Anbieter auf diesem Markt konnten sich stärker als die staatliche „Bildungsgrundversorgung" an den Bedürfnissen derer orientieren, die in der Projektwirtschaft arbeiten. Diese Anbieter sind parallel mit der Projektwirtschaft entstanden – auf der Basis von Projekten wie Ausgründungen aus staatlichen Bildungsanbietern oder Kooperationen von öffentlichen und privaten Lern-dienstleistern." (DB Research, 2007: 31). Die Individualisierung der Angebote in Verbindung mit der Entwicklung neuer Geschäftsfelder kann zu einem neuen Typ von Weiterbildungsorganisation führen, die, wie oben beschrieben, den Wandel in Richtung einer Projektorientierten Organisation oder Projektgesellschaft voll-zogen haben.

Im Bildungssystem ist die Bedeutungszunahme der Projektarbeit deutlich sichtbar: In Kammerprüfungen werden Projekte gefordert und bewertet (z.B. IT-Berufe, Me-chatronik), in allgemeinbildenden Schulen wird der Projektunterricht wiederent-deckt (z.B. Baden-Württemberg und Rheinland-Pfalz), in berufsbildenden Schulen wird Projektmanagement in das Curriculum aufgenommen (z.B. Bayern und Bre-men) und in der beruflichen Weiterbildung hat sich ein PM-Zertifizierungsmarkt mit Zuwachsraten von jährlich +15 % und mehr etabliert (IPMA, 2009).

Die Ausbreitung der Projektarbeit sowie die damit verbundenen Tendenzen (wie zeitlich befristete Tätigkeiten, Entwicklung von Produkten und Dienstleis-tungen sowie die Erschließung neuer Geschäftsbereiche, Sicherung des Abwicklungs-und Anwendungserfolges der Projektarbeit, Finanzierung und Rechenschaftspflicht, organisationsübergreifende Kooperationen, organisationsinterne Entwicklung pro-

---

30 Eine Stunde „Selbstlernen" in einem „Selbstlernzentrum" mit „Selbstlern-Software" (z.B. MS Office-Paket) in Bremen kostet derzeit ca. 5 Euro pro Person (Stand Juli 2009).

31 Vgl. Rahmenbedinungen des Bildungsmanagements, Kapitel 2.1 „Internationalisierung und Öko-nomisierung" von M. Knust und A. Hanft in diesem Band.

32 Das BMBF hat eine Arbeitsstelle eingerichtet, iMOVE, die die Erschließung des internationalen Weiterbildungsmarktes unsützen und international die Marke „Training Made in Germany" positionieren soll (http://www.imove-germany.de).

jektorientierter Strukturen und Prozesse und einer entsprechenden Kultur) haben den Bildungsbereich erreicht. Diese Entwicklungen erfordern nicht nur eine Professionalisierung des PM-Personals (Personale Kompetenz), sondern die Entwicklung organisationaler Strukturen und Prozesse, die auf die Durchführung von Projektarbeit ausgerichtet sind (Systemkompetenz). Eine Herausforderung hierbei wird sein, die Prinzipien der Linien-Organisation nicht einfach nur auf Projekte anzuwenden, sondern die Spannung zwischen dem Linien- und dem Projekt-Prinzip zu erhalten. Etwas holzschnittartig sind die verschiedenen Aspekte dieser beiden Prinzipien in Tabelle 13.14 abschließend zusammengefasst.

Tabelle 13.14: Linien- und Projekt-Prinzip

Linien-Prinzip	Projekt-Prinzip
Kontrolle	Vertrauen
Hierarchie	Kooperation
Exklusion	Inklusion
Stellen / Abteilung	Teamarbeit
Standardisierung	Selbststeuerung
Stabilität	Flexibilität
Sicherheit	Risiko
zeitlich unbefristet	zeitlich befristet
Dienstvertrag	Werkvertrag
komplizierte Barrieren	komplexe Barrieren
Aufgabe	Problem
Kompetenz als Zuständigkeit	Kompetenz als Fähigkeit
Verbesserung	Entwicklung
Regel	situative Entscheidung
Routine	Innovation

Quelle: Eigene Darstellung

Literatur

ABBOTT, A. (1988). The System of Professions. Chicago: University of Chicago Press.

ANDERSON, J.R., GREENO, J.G., REDER, L.M. & SIMON, H.A. (2000). Perspectives on learning, thinking, and activity. Educational Researcher, 29 (4), 11-13.

ARMBRUSTER, H., KINKEL, S. & KIRNER, E. (2007). Innovationskompetenz auf wenigen Schultern: Wie abhängig sind Betriebe vom Wissen und den Fähigkeiten einzelner Mitarbeiter. In Gesellschaft für Arbeitswissenschaft (Hrsg.), Kompetenzentwicklung in realen und virtuellen Arbeitssystemen (S. 81–84). Dortmund: GfA.

BALTES, P.B. (2007). Alter(n) als Balanceakt: Im Schnittpunkt von Fortschritt und Würde. In P. Gruss (Hrsg.), Die Zukunft des Alterns: Die Antwort der Wissenschaft (S. 15–34). München: C.H. Beck.

BALTES, P.B., LINDENBERG, U. & STAUDINGER, U.M. (1995). Die zwei Gesichter der Intelligenz. Spektrum der Wissenschaft, 10, 52–61.

BATESON, G. (1994). Ökologie des Geistes. 5. Auflage. Frankfurt a.M.: Suhrkamp.

CARSON, P., LANIER, P., CARSON, K. & B. GUIDRY (2000). Clearing a Path through the Management Fashion Jungle: Some Preliminary Trailblazing. The Academy of Management Journal, 43 (6), 1143–1158.

CHI, M.T.H., GLASER, R. & FARR, M.J. (Hrsg.) (1988). The nature of expertise. Hillsdale, NJ: Erlbaum.

DB Research (2007). Deutschland im Jahr 2020: Neue Herausforderungen für ein Land auf Expedition. Verf. von J. Hofmann, I. Rollwagen & S. Scheider. Frankfurt: Deutsche Bank Research.

De Groot, A.D. & Gobet, F. (1996). Perception and memory in chess. The Hague: Mouton.

De Jong, T. & Ferguson-Hessler, M. (1996). Types and qualities of knowledge. Educational Psychologist, 31, 105–113.

DIN (2009). DIN 69901-2. Projektmanagement – Projektmanagementsysteme. Teil 2: Prozesse, Prozessmodell. Berlin: Beuth.

DIN (2009). DIN 69901-2. Projektmanagement – Projektmanagementsysteme. Teil 5: Begriffe. Berlin: Beuth.

DIN EN ISO/IEC 17024 (2003). Konformitätsbewertung: Allgemeine Anforderungen an Stellen, die Personen zertifizieren. Berlin: Beuth.

Dörner, D. (1976). Problemlösung als Informationsverarbeitung. Stuttgart: Kohlhammer.

Dörner, D. (1992). Die Logik des Mißlingens: Strategisches Denken in komplexen Situationen. Reinbek bei Hamburg: Rowohlt.

Dörner, D. & Schaub, H. (1995). Handeln in Unbestimmtheit und Komplexität. Organisationsentwicklung, 14 (3), 34–47.

Dörrenberg, F. & Möller, T. (2003). Projektmanagement. München: Oldenbourg.

Dueck, G. (1993). New Optimization Heuristics: The Great Deluge Algorithm and the Record-to-Record Travel. Journal of Computational Physics, 104, 86–92.

Ericsson, K.A., Krampe, R.T. & Tesch-Römer, C. (1993). The role of deliberate practice in the acquisition of expert performance. Psychological Review, 100 (3), 363–406.

Ericsson, K.A. & Smith, J. (Hrsg.) (1991). Toward a general theory of Expertise. Cambridge: Cambridge University Press.

Friedmann, J. (2002). Theorien aus dem Supermarkt: Die Coaching-Branche in der Kritik. SZ vom 21.01.2002, URL: http://www.sueddeutsche.de/jobkarriere/763/337611/text, 18.07.2009.

Funke, J. (2003). Problemlösendes Denken. Stuttgart: Kohlhammer.

Gantt, H.L. (1919). Organizing for work. New York: Harcout, Brace and Howe.

Gareis, R. (2005). Happy projects! Projekt- und Programmmanagement, Projektportfolio-Management, Management in der projektorientierten Organisation, Management in der projektorientierten Gesellschaft. 2. Auflage. Wien: Manz.

Gessler, M. (2007). Development of Project-Orientated Organizations: Key Factors of Organizational Change. Taiwan Project Management Magazine, 2 (1), 58–67.

Gessler, M. (2008a). Aging Project Workforces. In M. Gessler, C. Campana, H.G. Gemünden, D. Lange & E. Meyer (Hrsg.). Projekte erfolgreich managen. Kap. 8.5 (S. 1–24). Köln: TÜV Media Verlag.

Gessler, M. (2008b). Das Kompetenzmodell. In R. Bröckermann & M. Müller-Vorbrüggen (Hrsg.), Handbuch Personalentwicklung: Die Praxis der Personalbildung, Personalförderung und Arbeitsstrukturierung (S. 43–62). 2. Auflage. Stuttgart: Schäffer-Poeschel.

Gessler, M. (2009a). Einleitung: Grundannahmen eines Kompetenzbasierten Projektmanagements. In GPM Deutsche Gesellschaft für Projektmanagement & M. Gessler (Hrsg.), Kompetenzbasiertes Projektmanagement (PM3): Handbuch für die Projektarbeit, Qualifizierung und Zertifizierung auf Basis der IPMA Competence Baseline Version 3.0 (S. 7–28). Nürnberg: GPM.

Gessler, M. (2009b). Projektarten. In GPM Deutsche Gesellschaft für Projektmanagement & M. Gessler (Hrsg.), Kompetenzbasiertes Projektmanagement (S. 34–41). Nürnberg: GPM.

Gessler, M. & Stübe, B.A. (2008). Diversity Management: Berufliche Weiterbildung im demografischen Wandel. Münster: Waxmann.

Gessler, M. & Thyssen, D. (2006). Projektorientierte Organisationsentwicklung bei der Postbank Systems AG. Zeitschrift Führung und Organisation, 75 (4), 227–233.

GLASS, R.L. (2005). IT Failure Rates: 70 Percent or 10-15 Percent? IEEE Software, 22 (3), 110–111.

GRUBER, H. (1994). Expertise. Opladen: Westdeutscher Verlag.

GRUBER, H. (2007). Bedingungen von Expertise. In K.A. Heller & A. Ziegler (Hrsg.), Begabt sein in Deutschland (S. 94–112). Münster: LIT Verlag.

HAUSCHILDT, J. & GEMÜNDEN, H.G. (1999). Promotoren: Champions der Innovation. 2. Auflage. Wiesbaden: Gabler.

HÖLLERMANN, S. (2004). Das Auswahlproblem der Management-Moden in der Unternehmensführung. Dissertation, Hochschule St. Gallen.

IPMA INTERNATIONAL PROJECT MANAGEMENT ASSOCIATION (2006). ICB – IPMA Competence Baseline. Version 3.0. Nijkerk: IPMA.

IPMA INTERNATIONAL PROJECT MANAGEMENT ASSOCIATION (2009). Yearbook. Nijkerk: IPMA.

KAVANAGH, D. & NAUGHTON, E. (2009). Innovation & Project Management – Exploring the Links. PM World Today, April, Vol. XI, Issue IV. URL: http://www.pmforum.org/library/papers/2009/PDFs/apr/Kavanaugh-Naughton-Innovation-PM.pdf (01.07.2009).

KERZNER, H. (2001). Strategic planing for project management using a project management maturity modell. New York, New Jersey: John Wiles & Sons.

KERZNER, H. (2003). Project Management: A Systems Approach to Planning, Scheduling and Controlling. New York, New Jersey: John Wiles & Sons.

KIL, M. & SCHLUTZ, E. (2009). Veränderungen und Ausdifferenzierung im Anbieter- und Leistungsspektrum der organisierten Weiterbildung. In C. Hof, J. Ludwig & C. Zeuner (Hrsg.), Strukturen Lebenslangen Lernens (S. 64–75). Baltmannsweiler: Schneider Hohengehren.

KRUBASIK, E. (2008). Grusswort. In H. Schelle, Ottmann, R. & Pfeiffer, A., ProjektManager. Hrsg. von der GPM Deutsche Gesellschaft für Projektmanagement. 3. Auflage. Nürnberg: GPM.

LECHLER, T. (1996). Erfolgsfaktoren des Projektmanagements. Frankfurt a.M.: Peter Lang.

LITKE, H.-D. (1993). Projektmanagement: Methoden, Techniken Verhaltensweisen. 2. Auflage. München: Hanser.

LÖWER C. (2007). Inflation der Trendsetterei. Outsourcing, CSR, Shareholder Value: Managementtrends kommen und gehen. Aber wie entstehen sie? SZ vom 30.3.2007, URL: http://www.sueddeutsche.de/jobkarriere/234/336083/text, 18.07.2009.

MIEG, H.A. (2000). University-based projects for local sustainable development: Designing expert roles and collective reasoning. International Journal of Sustainability in Higher Education, 1, 67–82.

MORRIS, P. W. (1994). The Management of Projects. London: Telford.

MÜLLER-STEWENS, G. (Hrsg.) (1997). Virtualisierung von Organisationen. Stuttgart: Schäffer-Poeschel.

NEUBERGER, O. (2002): Führen und führen lassen: Ansätze, Ergebnisse und Kritik der Führungsforschung. 6. Auflage. Stuttgart: Lucius und Lucius.

NICOLAI, A. & KIESER, A. (2002). Trotz eklatanter Erfolglosigkeit: Die Erfolgsfaktorenforschung weiter auf Erfolgskurs. DBW, 62 (6), 579–596.

NÜCKLES, M., GURLITT, J., PAPST, T. & RENKL, A. (2004). Mind Maps & Concept Maps: Visualisierung – Organisieren – Kommunizieren. München: Dt. Taschenbuch Verlag.

OTT, B. & SCHEIB, T. (2002). Qualitäts- und Projektmanagement in der beruflichen Bildung. Berlin: Cornelsen.

OVG OBERVERWALTUNGSGERICHT MÜNSTER (2006). Diplomprüfung. Beschluss vom 4. Oktober 2006. URL: http://www.birnbaum.de/downloads/20061004ovgmuenster.pdf (01.02.2009).

PASCALE, R.T. (1990). Managing on the edge – How the smartest use conflicts to stay ahead. London: Penguine Books.

PETERS, S. (2008). Professionalisierung und Projektmanagement. Arbeitsberichte des Instituts IBBP der Otto-von-Guericke-Universität, H. 64. Magdeburg: Universitätsdruck.

PICOT, A., REICHWALD, R. & WIGAND, R.T. (1998). Die grenzenlose Unternehmung: Information, Organisation und Management – Lehrbuch zur Unternehmensführung im Informationszeitalter. 3. Auflage. Wiesbaden: Gabler.

POLANYI, M. (1985). Implizites Wissen. Frankfurt a.M.: Suhrkamp.

PRO INNO EUROPE (2008). EIS European Innovation Scoreboard 2007: Comparative Analysis of Innovation Performance. Hrsg. von der Europäischen Kommission. Luxemburg: Office for Official Publications of the European Communities. URL: http://www.proinno-europe.eu/admin/uploaded_documents / European_Innovation_Scoreboard_2007.pdf (28.07.2009).

RENKL, A. (1996). Träges Wissen: Wenn Erlerntes nicht genutzt wird. Psychologische Rundschau, 47, 78–92.

SCHELLE, H. (2007). Projekte zum Erfolg führen: Projektmanagement systematisch und kompakt. 5. Auflage. München: Dt. Taschenbuch-Verlag.

SCHELLE, H., OTTMANN, R. & PFEIFFER, A. (2008). ProjektManager. 3. Auflage. Nürnberg: GPM.

SCHIERSMANN, C. & THIEL, H.-U. (2000). Projektmanagement als orgaisationales Lernen: Ein Studien- und Werkbuch (nicht nur) für den Bildungs- und Sozialbereich. Opladen: Leske + Budrich.

SCHLÄPPI, P., HOFER, D., HOFER, R. & BLOCH, R. (2000). Kurzantwortfragen oder Multiple-choice-Fragen? Schweizerische Ärztezeitung, 81 (6), 287-291. Online im www: http://www.saez.ch/pdf/2000/2000-06/2000-06-1441.pdf (01.02.2009).

SCHOLZ C. (1997). Strategische Organisation: Prinzipien zur Vitalisierung und Virtualisierung. Landsberg, Lech: Verlag Moderne Industrie.

SCHULZE, J., DROLSHAGEN, S., NÜRNBERGER, F., OCHSENDORF, F., SCHÄFER, V. & BRANDT, C. (2005). Einfluss des Fragenformates in Multiple-choice-Prüfungen auf die Antwortwahrscheinlichkeit. Zeitschrift für Medizinische Ausbildung, 22 (4). URL: http://www.egms.de/pdf/journals/zma/2005-22/zma000218.pdf (01.02.2009).

SIMON, H.A. & CHASE, W.G. (1973). Skill in Chess. American Scientist, 61, 394–403.

STATISTISCHES BUNDESAMT (2006). 11. koordinierte Bevölkerungsvorausberechnung – Annahmen und Ergebnisse. Wiesbaden. URL: http://www.destatis.de/jetspeed/portal/cms/Sites/destatis/Internet/DE/Presse/pk/2006/Bevoelkerungsentwicklung/Annahmen__und__Ergebnisse,property=file.pdf (01.07.2009).

STEEGER, O. (2008). „Die Projektwirtschaft wird 15 Prozent der deutschen Wertschöpfung liefern". GPM Vorstand Reinhard Wagner über das Projektmanagement im Jahr 2020. projektmanagement aktuell, 4, 3–8.

THE STANDISH GROUP (1994). The Chaos Report. Boston (Mass.): SGI.

THE STANDISH GROUP (2001). Extreme Chaos. Boston (Mass.): SGI.

THE STANDISH GROUP (2007). Chaos Report 2007. Boston (Mass.): SGI.

TÜRK, K. (1995): „Die Organisation der Welt": Herrschaft durch Organisation in der modernen Gesellschaft. Opladen: Westdeutscher Verlag.

WAGNER, R., ROESCHLEIN, R. & WASCHEK, G. (2009). Projekt, Projektmanagement, Projektarten und PM-Prozesse. In GPM Deutsche Gesellschaft für Projektmanagement & M. Gessler (Hrsg.), Kompetenzbasiertes Projektmanagement (S. 29–52). Nürnberg: GPM.

WAGNER, R. & WASCHEK, G. (2009). Neue deutsche PM-Normen setzen auch international Maßstäbe. projektmanagement aktuell, 2, 29–31.

WEST, M.A. (1990). The social psychology of innovation in groups. In M.A. West & J.L. Farr (Hrsg.), Innovation and Creativity at work (S. 309–333). Chichester: Wiley.

WOMACK, W.T., JONES, D.T. & ROSS, D. (1990). The machine that changed the world: based on the Massachusetts Institute of Technology 5 million dollar 5 year study on the future of the automobile. New York: Rawson Ass.

Programmentwicklung und Revision

Monika Kil

Zielsetzung

- Sie kennen zentrale Komponenten der Programmentwicklung und Revision.
- Sie bekommen Einblick in empirische Herangehensweisen zum Thema.
- Sie erhalten Anhaltspunkte zur Rolle der „Führung" während der Programmentwicklung und Revision.
- Sie erfahren Trends in der derzeitigen Weiterbildungslandschaft zum Thema Programmentwicklung.
- Sie lernen zwei Tools für den praktischen Einsatz kennen.

1 Einleitung

Programmentwicklung und/oder Programmplanung[1] beantworten in jedweder Weiterbildungseinrichtung die Frage: Wie werden „Wissen" und „Bedarf" mittels (didaktischer) Handlungen zu einem Programm, d.h. in ein Veranstaltungs- und Leistungsangebot transferiert? Aufgrund der Manifestierung in ein kommunizierbares und/oder vorzeigbares Produkt ist sie zwar als geschlossen, aber auch als vorläufig geltend und zunächst „nur" leistungsversprechend zu verstehen. Denn ob ein Programm/ein Angebot zustande kommt und wie Abnehmer/innen es nutzen werden, bleibt noch offen. Als Bildungsdienstleistung kann ein Programm/ein Angebot im Gegensatz zu Konsumgütern nicht vorher in Augenschein genommen werden. Die Anbieter müssen stattdessen mit Angaben zu erwartbaren Eigenschaften und mit stellvertretenden Hinweisen auf die mögliche Qualität der späteren Leistung Vertrauen bei den möglichen Abnehmern schaffen (vgl. Schlutz, 2001: 265 f.)[2]. Die Programmentwicklung beinhaltet als Kernstücke pädagogischen Arbeitens die Bedarfsermittlung und Curriculumentwicklung, setzt sich jedoch zusätzlich auch aus (fach-) wissenschaftlichen und allgemein strategisch ausgerichteten Handlungsketten zusammen, die im Bereich Kommunikation (vgl. der Beitrag „Bildungsmarketing" von Bernecker in diesem Band), Entscheidung, Vernetzung und Zusammenarbeit liegen und damit den Bereich des Bildungsmanagements betreffen. Darüber, wie „eine" Programmentwicklung tatsächlich am besten stattfindet und steuerbar ist, besteht allerdings Unklarheit. Dies hat mehrere Gründe, wie deren methodische Erfassung, die Heterogenität der Anbieter und ihrer Leistungen und die Uneindeutigkeit und Vielseitigkeit ihrer Entstehungsparameter.

---

1   In der Literatur wird kein einheitlicher Begriff benutzt: Angebotsplanung, Angebotsentwicklung, Programmplanung, Programmentwicklung (vgl. Höffer-Mehlmer, 2009).
2   Hierzu gehören nach wie vor auch das „mitgelieferte" Ambiente, die gute Verpflegung und das Avisieren von bekannten Trainer/innen/n. Zu den Ersatzqualitäten, die mehr im Zusammenhang mit der Lernleistung liegen, s.u.

2 Methodische Erfassung

In dem Bereich der Analyse von Programmplanung dominiert der Forschungstyp des Experteninterviews mit leitend und planend Tätigen (z.B. Henze, 1998; Dollhausen, 2008). Diese „Self-Reports" sind jedoch mit Attribuierungsfehlern behaftet. So können aus der Retrospektive heraus systemische Effekte, Zufälle, externe Verursacher aufgrund der in der Interviewsituation wirksam werdenden personalen Zuschreibung kommunikativ „abgeschliffen" und in ihrer Wertigkeit und Steuerbarkeit fehl eingeschätzt werden. Handlungsleitende Werte, Normen, Stereotype und Motive, die in Planungs- und Entscheidungsprozessen jedoch eine große Rolle spielen, sind in diesem methodischen Setting kaum identifizierbar, da nicht explizierbar. Erst dann, wenn diese Methodik mit Programmanalysen im Längsschnitt (z.B. Körber u.a., 1985) und Verfahren, wie Beobachtung und Teilnehmendenanalysen (vgl. Kil & Schlutz, 2006; Heuer & Robak, 2000), trianguliert und/oder perspektivenverschränkt werden, lassen sich validere Entstehungszusammenhänge ableiten. So ist es auch nicht verwunderlich, dass Henze (1998) anhand der ökologischen Weiterbildung in Nordrhein-Westfalen nachweisen kann, wie hochgradig individuell und persönlichkeitsspezifisch sich Programmbereiche unabhängig von der Gesamtorganisation bzw. Leitung profilieren und herausbilden. Dollhausens Daten (2008) belegen entgegengesetzt, dass so etwas wie eine übergreifende Planungskulturtypik[3] – ausgehend vom leitenden und planenden Personal – in den jeweiligen Einrichtungen zu identifizieren sei.

Die einzige Studie, die m.E. im Bereich der Erfassung von Weiterbildungsmanagementaufgaben aufwändig triangulativ angelegt ist, um implizites Wissen[4] zu erfassen, stammt von Robak (2003). Sie nimmt die Beobachtung bzw. ihre Beobachtungsergebnisse am Arbeitsplatz eines führend oder planend Tätigen in den Fokus für sich anschließende Interviews. Die Konfrontation mit der gebündelten, gespiegelten Sicht unterstützt einen kommunikativ validierenden Effekt bei der Ergebnissicherung. Nach dieser valideren Studie stützen Leiter/innen die Programmentwicklung, indem sie Handlungsspielräume der Planenden sichern und weniger selbst diese Prozesse „steuern" (vgl. Gieseke & Robak, 2004).

3 Heterogenität der Anbieter und ihrer Leistungen

Spätestens seit der Jahrhundertwende erscheint die Klassifikation von Leistungen und Bildungsanbietern anhand von Veranstaltungsinhalten nicht mehr durchgängig möglich: Seminarangebote werden nicht mehr regelmäßig ausgeschrieben, daneben erscheinen andere Leistungsformen, was auch sehr deutlich an den Preisträgern des

---

3   Drei Planungskulturen wurden hier identifiziert: Die integrierte Planungskultur: Pädagogisches Engagement und Distanzierung vom wirtschaftlichen Effizienzparadigma; die differenzierte Planungskultur: Kollision von kulturellen Perspektiven unter dem ‚Dach' des öffentlichen Bildungsauftrags; die fragmentierte Planungskultur: Changieren von Angebotsmöglichkeiten unter dem Diktat der Wirtschaftlichkeit.

4   Ähnlich zu Büssing (2002); dieser hat echte Pflegehandlungen in Laborsituationen durchführen lassen, um sie im Nachhinein mit den Proband/innen/en zu analysieren.

vom Deutschen Institut für Erwachsenenbildung (DIE) begründeten Innovations-
preises (Schlutz, 2002) und anhand neuerer Organisationsanalysen (Kil & Schlutz,
2009) abzulesen ist. Dieser „Leistungsmix" zwischen (klassischer) Weiterbildung
und andersartigen Dienstleistungen scheint dort besonders zukunftweisend, wo er
zum Zustandekommen oder zum Folgenutzen von Bildung beiträgt: zur gesellschaftlichen Integration durch Beratung/Coaching, durch Vermittlung eines Ausbildungs-
oder Arbeitsplatzes, zur zusätzlichen Modernisierung eines Betriebs etwa durch Po-
tenzialanalyse oder fachliche Unterstützung. Angebote zum selbstständigeren Lernen mit Beratung und Begleitung wirken bislang besonders überzeugend im Zusammenhang mit neuen Lernorten: am Arbeitsplatz, besonders an dem gewerblich-
technischen, im Praktikum als kulturelles oder naturnahes Angebot. Neugründungen
entstehen häufig als neuartige Lernorte: Selbstlernzentrum, Science Center, Kreativ-
haus, Brandland (ebd.). Infolgedessen sind viele Anbieter nicht mehr eindeutig als
Weiterbildungseinrichtungen zu klassifizieren, sondern nur noch als „Grenzfälle" zu
markieren (Kil & Schlutz, 2006).

Programme sind ebenfalls nicht mehr eindeutig Fachsystematiken[5] zuzuordnen
und neben den Programmbereichen werden auch in den öffentlich geförderten Weiterbildungsorganisationen (Drittmittel-)Projekte durchgeführt, die bereits in der
Durchführung oder aber spätestens nach ihrem Ende mit bestehenden Programmbereichen verwoben werden oder gar einen neuen – außerhalb von öffentlicher Förderung liegenden – verstetigten Programmbereich in der Einrichtung bilden können.
Insgesamt ist es aufgrund der geänderten Finanzierungsbedingungen grundsätzlich
schwierig, Weiterbildungsanbieter überhaupt noch zu systematisieren und voneinander zu unterscheiden: die SGBIII Förderung ist stark rückläufig, der Anteil von
Landesmitteln an der Volkshochschul-Finanzierung sinkt, die Weiterbildungsberei-
che mit öffentlicher Förderung erhalten staatliche Mittel zunehmend über kompete-
tive Verfahren und privatwirtschaftlich organisierte Weiterbildungsanbieter erhalten nicht unerhebliche öffentliche Fördersummen für die regionale Strukturentwick-
lung. Es gibt immer mehr geschlossene Angebote für Unternehmen und Unternehmen öffnen sich dagegen für Teilnehmendengruppen auch außerhalb des betrieblichen Zusammenhangs. Unterscheidungen, wie öffentlich/privat oder geschlos-
sen/offen, haben deshalb ebenfalls ihren Distinktionswert verloren. Kooperations-
veranstaltungen von Volkshochschulen mit Weiterbildungseinrichtungen, „neuen
Lernorten" (z.B. Science Center), aber auch Schulen und Vereinen/Initiativen nehmen zu. Das Leistungsverhalten wird von regem Ex- und Import an Leistungen bzw.
von kooperativer Leistungserstellung bestimmt. Es gibt mehr gezielte Kooperationen, Allianzen, Verbünde, Mitbeteiligungen (bis hin zur Fusion), wobei die eigenen
Stärken ausgebaut und die wenig erfolgreichen Diversifikationen vermieden werden
können. Die Angebotsdauer in der beruflichen Weiterbildung nimmt ab und individualisierte Angebote gewinnen insgesamt an Stellenwert (alle empirisch belegten
„Trends" nach Deutsches Institut für Erwachsenenbildung, 2008, und Kil & Schlutz,
2009). Es wäre also insgesamt sinnvoll, wenn Anbietertypologien stärker aus dem
Leistungsbild der Einrichtungen entnommen würden. Eine erste mögliche Unter-

---

5   Vgl. noch die Fachbereichsgliederung der Volkshochschulen aus dem KGst-Gutachten 1973 in
    Arnold & Wiegerling (1983).

scheidung der Anbieter aufgrund ihrer Leistungen wird in dem von der DFG geförderten Projekt „Dienstleistung Weiterbildung" vorgenommen (Kil & Schlutz, 2009). Dort wurden 21 analysierte Anbieter[6] unterschieden nach:

- Kerndienstleistung allgemeine Weiterbildung,
- Kerndienstleistung berufliche Weiterbildung,
- Leistungsmix Weiterbildung und andere Dienstleistungen,
- Weiterbildung als interne Dienstleistung und
- Grenzfälle (Angebote mit Lernpotenzial)

4 Uneindeutigkeit und Vielseitigkeit von Entstehungsparametern

4.1 Anlässe

Viele Hypothesen zum erwarteten Wandel der Weiterbildung und Programmentwicklung, die oft abseits empirischer Untersuchungen aufgestellt werden, unterstellen implizit eine bloße Außensteuerung von Bildungsorganisationen nach dem Muster: der Reiz von außen erzeugt Veränderungsdruck und bewirkt als Reaktion die organisatorisch-didaktische Umstellung. Die internen Bedingungen, Intentionen und wahrgenommenen Handlungsspielräume von Mitarbeitenden und Nutzer/innen/n müssen jedoch als mögliche Schubkräfte und/oder Gegenkräfte im Veränderungsprozess berücksichtigt werden. Diese institutionellen Entstehungskräfte von „Programmen" sind vielfältig und können nicht allein „mechanistisch" durch einen von oben nach unten verlaufenden Ablaufschematismus erklärt werden. So sind Kursleitende und Trainer/innen nicht nur an der Ausgestaltung und Revision von Angeboten beteiligt, sondern, wie bei Kil (2002) nachgewiesen, sogar durchaus als autonome Akteure in der Programm-/Angebotsentwicklung tätig. Ausgangspunkte, um generell neue Programmangebote zu entwickeln, sind vielfältig:

- Angebotsvergleiche (Benchmarking) und (Nicht-)Teilnehmerstatistik
- Beratungskontakte und Arbeitsplatzanalysen
- Drittmittel-Projekte zur Wissens-/Bedarfsgenerierung
- Analysen von branchenspezifischen Bedarfen
- Ex- und potentielle Teilnehmer/innen von Maßnahmen (Roadshows, Happy Hour als Ehemaligentreffen, Messen ...)
- „Foot in the door": ausgeschriebene Expertisen, Gutachten ...
- Externe Wissensträger schaffen sich den eigenen Arbeitsplatz[7]
- „Cold Call": (Externe) Auftraggeberanfragen aufgrund von Restgeldern/noch

---

6   Alle Praxisbeispiele, die in diesem Text verwendet werden, beziehen sich, falls nicht anders gekennzeichnet, auf dieses „Best-Practice-Sample" des Projekts.

7   So hat eine Sozialpädagogin mit einer ersten Erzieherinnenfortbildung in einer Kreisstadt angefangen. Aufgrund der ihr zugestandenen Handlungsspielräume und strukturellen Absicherung in einer halben Projektstelle hat sich daraus ein neuer Programmbereich „Pädagogik und Schule" entwickelt, der Angebote für die Übermittagsbetreuung von Schüler/innen/n, Ausbildungsfindungsunterstützung, Fortbildung für Lehrer/innen etc. enthält und damit die betreffende Volkshochschule zu einer führenden Einrichtung in diesem Segment macht.

vorhandenen Budgets, der Notwendigkeit von Ad-hoc- Dokumentationsnach-
weispflichten (z.B. bei gesetzlichen Vorlagen für Betriebe), Reparaturfunktionen,
Incentives und natürlich auch Lern-/Veränderungsanlässe).

4.2 Ablauf und Rahmenbedingungen

Die übergreifenden Phasen der Angebotsentwicklung, in denen die sieben didaktischen Fragen Wofür? Für Wen? Wozu? Was? Wie? Womit? Wo? beantwortet werden
müssen, die es für einen oder mehrere Akteure abzuarbeiten gilt (Schlutz, 2006: 75,
78), sind:

a) Angebotsentwicklung
   1. Ideen und Anstöße (nach Bedarfserschließung und/oder Bedarfsanfrage)
   2. Von der Idee zur Konzeption
   3. Prüfen der Tragfähigkeit
b) Angebotsrealisierung
   1. Angebote organisieren und kommunizieren
   2. Lehr-Lernprozesse gestalten
   3. Lernergebnisse und Angebote evaluieren
c) Angebotsverbesserung

Dieses sich hier als geschlossen präsentierende Phasenmodell ist auch in Teilen bereits als Leistung anbietbar. So gibt es strategische Versuche von Weiterbildungseinrichtungen, Teilleistungen, die bisher zur Kursplanung und zum Kursangebot gehörten, zu verselbstständigen, z.B. Bedarfserschließung, Beratung, Kompetenzbewertung,
Überlassung von Weiterbildungsmitarbeitenden und direkte Anwendungslösungen
für interne organisationale Probleme (vgl. Kil & Schlutz, 2009). Eine zusätzliche
Schwierigkeit liegt allerdings im Transfer solcher diversifizierter Leistungen und in
der Gewährleistung der Klarheit ihrer Ziele und der Form. Dies kommt vor allem in
Weiterbildungseinrichtungen vor, wenn das Leistungsversprechen der entsendenden
Organisation gegenüber gemacht wurde und erst am eigentlichen Lern-/Anwen-
dungsort mit den realen Teilnehmenden wieder neu kommuniziert und ausgehandelt
werden muss. Um diese von verschiedenen Personen zum Teil parallel oder sogar zeitlich entkoppelt stattfindenden Handlungen durchführen zu können, sind eine subjektiv empfundene Zielklarheit und ein Transparenzerleben erforderlich, deren Vermitt-
lungsmodus „Vertrauen" ist, statt ein Mehr an Information (vgl. Meyerhuber, 2001).

Für die jeweils mit der Angebotsplanung beschäftigten Mitarbeitendengruppen
lassen sich allgemeine Befunde zum Entrepreneurship und zur Einführung von Innovationen geltend machen (vgl. Guldin, 2001, und der Beitrag „Entrepreneurship" von
Freiling & Wessels in diesem Band). Dabei erweist es sich für die „Offenheit gegenüber
Veränderungen" und das „Erschließen von Neuem" von Vorteil, wenn insbesondere
die operativen Mitarbeitenden[8] mit den Neuerungen direkt konfrontiert werden und
diese intensiv ausprobieren können. Besonders der externe Austausch bzw. die Lern-
kontakte der Weiterbildungsorganisation mit ihrer Umwelt, ihren Teilnehmenden und

---

8 Als angebotsmodifizierende und evaluierende Expert/innen/en vor allem in öffentlichen großen
   Weiterbildungseinrichtungen mit hoher Arbeitsteilung noch viel zu wenig geförderte und geforderte Akteur/innen/e; vgl. Kil (2003).

eine lernorientierte Führung erweisen sich als günstig für ein eigenverantwortliches und innovatives Verhalten von Mitarbeitenden. Im Vergleich zu allgemeinen Lernkulturmerkmalen sind allerdings lernförderliche Aufgabenmerkmale (Abb. 14.1 in der Mitte) als der determinierende Faktor für neuen Kompetenzerwerb, Ideenentwicklung und Angebotsneuerungen anzusehen (vgl. Friebe, 2005). Diese Aufgabenmerkmale können im Einzelnen aus der Sicht der Mitarbeitenden mit dem Job Diagnostic Survey[general] erfasst und insgesamt als Motivationspotenzial (Kil, Leffelsend & Metz-Göckel, 2000) bezeichnet werden. Angewendet auf die in dem bereits erwähnten DFG-Projekt 21 Best-Practice-Einrichtungen, die trotz finanzieller und struktureller Veränderungen bisher erfolgreich mit ihrem Angebotsspektrum umgegangen sind (Kil & Schlutz, 2009: 67), konnte nachgewiesen werden, dass diese ihren Mitarbeitenden (N = 409) hohe Motivationspotenziale über Arbeitsaufgaben zur Verfügung stellen.

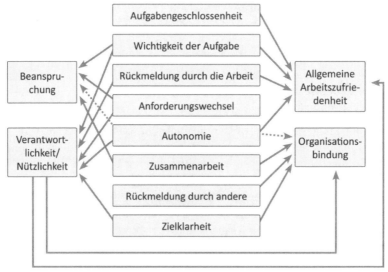

Abbildung 14.1: Pfadmodell „Motivationspotenzial"[9]
Quelle: Kil, Leffelsend & Metz-Göckel, 2000

Zwischen allen Weiterbildungsanbietern zeigen sich „nur" zwei signifikante Unterschiede im Bereich der Motivationspotenziale. Ein „Grenzfall" und ein „beruflicher Weiterbildungsanbieter" weisen eine signifikant niedrigere Zielklarheit auf. Die Verwaltungsmitarbeitenden geben in diesem Sample im Vergleich zu Leitung, Entwicklung/Planung und Lehren das niedrigste Motivationspotenzial an, auch wenn die erreichten Werte bei den Best-Practice-Einrichtungen höher liegen als in einer früheren VHS-Studie (vgl. Kil, 2003). Damit bleibt auch hier die Aufgabe bestehen, gemeinsam mit der Verwaltung Anregungen zur Innovation und Revision des Programms zu erzielen, (vgl. Trend 16, Deutsches Institut für Erwachsenenbildung 2008: 76 ff.). Es gibt zwischen den Organisationen, wenn sie eine eigene Gruppe Verwaltung aufweisen, keine Unterschiede. Bei den Anbietern allerdings, die einen

---

9   Linien/Zusammenhänge signifikant p < .01; gestrichelte Linien bedeuten negative Zusammenhänge; AGFI/Adjusted Goodness-of-fit-Index = .986); berechnet mit einem N von 691 personenbezogenen Dienstleistern bzw. Weiterbildner/innen/n.

hohen Integrationsstand aufweisen (d.h. wenig Verwaltungspersonal eingestellt haben, diese Tätigkeiten in die Arbeitsaufgaben des konzeptionellen Personals integriert und automatisiert oder die Verwaltung sogar ganz „outgesourcet" haben), sind die Handlungsspielräume signifikant höher. Hohe Motivationspotenziale sind also insgesamt als konstitutiv für erfolgreiche Bildungsangebote anzusehen. Weiterbildner/innen nehmen einen hohen „Motivierungs- und Lerngehalt" in ihren Arbeitsaufgaben wahr und leiten leistungsförderliche Kognitionen daraus ab (Verantwortlichkeit/Nützlichkeit). So können sie ihre Arbeit professionell bewältigen und insbesondere neuen Anforderungen und Aufgaben effektiv begegnen. Sie benötigen dabei ein erweitertes Motivationspotenzial gegenüber dem Produktionssektor, denn ihre Arbeitsaufgabe ist kein „fassbares" Produkt, sondern erst im Verbund mit Zusammenarbeit, Rückmeldung durch Andere und Zielklarheit stellt sich eine hohe Verantwortung gegenüber den eigenen Bildungsdienstleistungen ein. Deshalb ist es auch nicht verwunderlich, dass selbst nach Veränderung und sogar Insolvenz an den Prinzipien einer motivationsförderlichen Arbeitsgestaltung festgehalten wird; es wird in den jeweiligen Weiterbildungsorganisationen nicht mit einer Verringerung des Motivationspotenzials reagiert, wie es in Krisen und Veränderungsprozessen im Produktionsbereich durchaus vorkommt (z.B. im dokumentierten spektakulären Fall des Volvo-Werkes in Udevalla; Ulich, 2004).

4.3 Antinomisches Führen zwischen Autonomie und Organisationsbindung

Die Handlungs-/Gestaltungspielräume bilden für die Programmentwicklung eine wesentliche Voraussetzung (Gieseke, 2008). Das Bildungspersonal benötigt Autonomie aber auch, um mit Beanspruchung umgehen zu können (vgl. negativer signifikanter Pfad, Abb. 14.1). Die jeweilige Ausprägung der Autonomie hat aber ambivalente Folgen für die Organisationsbindung, denn je höher die Autonomie, desto niedriger ist die von den Mitarbeitenden angegebene Organisationsbindung (vgl. zweiter negativer signifikanter Pfad).[10] Der Umgang mit diesem quasi antinomischen Verhältnis von Autonomie und Organisationsbindung setzt ein professionelles spezifisches Führungsverhalten in Bildungsorganisationen voraus. Die Autonomie muss vonseiten der Führung zugelassen werden, sonst steigt die Beanspruchung und sinken die Innovationsfähigkeit und Lernbereitschaft insgesamt, im Sinne einer doch auch notwendigen Organisationsbindung muss sie in ihren Auswirkungen aber beobachtet werden. Mittels Zielklarheit, Rückmeldung durch Andere und Zusammenarbeit lässt sich eine positive Organisationsbindung dann wieder erreichen. Dieses Ausbalancieren von Autonomie und Organisationsbindung bildet eine zentrale Führungsaufgabe ab, denn sonst könnten die Programme und Zielstellungen so auseinanderdriften, dass ein Schaden für den Fortbestand einer Bildungsorganisation entsteht.[11] Es ist je nach der Größe, Anzahl der Programmbereiche und Anzahl der Ziel-

---

10 Dieser Pfad ergibt sich auch, wenn die Kursleitenden als Gruppe herausgerechnet werden. Das Phänomen betrifft also nicht nur die freiberuflichen Mitarbeitenden, sondern alle Mitarbeitenden einer Weiterbildungsorganisation.

11 Rothenberg (2007) belegt dies in Kursen der Gesundheitsbildung „auf Rezept". Es bleibt „unbeobachtet", dass dort kaum „Abhängigkeiten" im Sinne des lebenslangen Lernens erzeugt werden, sondern durch das Bereitstellen sicherheitsgebender Strukturen. Durch eine Überintegrati-

gruppen unterschiedlich schwer, diese Führungsaufgaben wahrzunehmen. So weisen „Spezialanbieter" mit einer homogenen Zielgruppe und spezifischem Programm im „Best-Practice-Sample" die signifikant höchste Autonomie und Zielklarheit auf und dies im Vergleich zu Anbietern mit heterogenen Zielgruppen und heterogenen Programmbereichen und Anbietern mit heterogenen Zielgruppen und spezifischem Programm.

Das historisch bewährte und von öffentlichen Weiterbildungsorganisationen nicht mehr hinterfragte Arbeitsteilungs- und Organisationsmodell – planend Tätige, Verwaltung und befristet beschäftigte Kursleitungen – kann auch nicht mehr als der einzig mögliche Organisationsaufbau für eine Bildungseinrichtung angesehen werden. In einer DFG-Vorstudie erwiesen sich „neue" Anbieter, E-Learning-Produzenten und ein naturwissenschaftliches „Mitmach-Center" (Kil, Körber & Rippien, 2004) mit anderen Organisationsmodellen als durchaus arbeitsfähig und in ihren Angebotsformen und Leistungsspektren als sehr flexibel. Z.B. sind dort die Trainer fest angestellt, die Planung und Konzeption in Teilen ausgelagert und die laufenden Betreuungen von Nutzern unterliegen einem Monitoring von wenigen hoch bezahlten Programmbereichsmitarbeitenden. Da der Inhalt und die Lernarrangements medial vorfabriziert sind, kann die direkte Teilnehmendenbetreuung sogar von studentischen Mitarbeitenden übernommen werden.

4.4 Ersatzqualitäten

Im Sample des DFG-Projekts „Dienstleistung Weiterbildung" konnten auch Ersatzqualitäten, die im Hinblick auf die zukünftigen Teilnehmenden Vertrauen in das Leistungsangebot wecken sollen, genauer untersucht werden (Kil & Schlutz, 2009). Immerhin fünf Weiterbildungsanbieter des Samples hatten dafür aber überhaupt keine Qualitätszertifizierung durchführen lassen. Dabei hat insbesondere überrascht, dass zwei davon sogar u.a. hochpreisige Angebote für Mittel- und Großbetriebe anbieten, die, selbst aus dem Produktionssektor stammend, durchaus zu den ersten Unternehmen in Deutschland gezählt haben dürften, die sogar den Total-Quality-Management-Ansatz umgesetzt haben und anscheinend nicht darauf bestehen, dass ihre Weiterbildungsaufträge ausschließlich an eine nachzuweisende Qualitätszertifizierung zu koppeln sind. Es gelingt diesen beiden Weiterbildungsanbietern, einem Spezialanbieter für Embedded Systems und einem Spezialanbieter für E-Learning und Blended-Learning, ihre Kunden offensichtlich ohne Zertifikat von ihrer Qualität zu überzeugen. So hat der E-Learning/Blended-Learning-Anbieter seine Angebote so stark standardisiert, d.h. in Produktionssegmente aufgeteilt, dass jeweils Spezialisten (und mögliche Zulieferer) daran arbeiten. Dadurch werden die Leistungen nicht nur kostengünstiger, sondern so transparent, dass sie in unterschiedlicher Weise und zu unterschiedlichen Preisen nach Bedarf geändert werden können. Die Kunden können z.B. auf drei verschiedenen Stufen des Prozesses der Programmentwicklung mit einbezogen werden: von einem Bedarfs- und Konzeptworkshop, der kostenpflichtig ist, bis hin zum Mitschreiben an den Inhalten des Angebots. Flankierend wird das

---

on gesundheitssystemischer Logiken „beraubt" sich die Gesundheitsbildung des Anbieters ihrer perturbierenden Bedeutung, die sie durch ihre systemfremden Logiken für das Gesundheitssystem und die Teilnehmenden übernehmen könnte.

Vertrauen neuer Interessenten vor allem durch die Referenzen früherer Abnehmer gewonnen. Dies hat aus der Sicht des Anbieters eine höhere Ersatzqualität bei der erfolgreichen Akquise neuer Kunden als eine allgemeine Zertifizierung.

Der andere Anbieter profiliert sich in einem hoch spezialisierten und stark innovativen Wissensbereich (Embedded Systems). Die Qualität ist hier also hochgradig abhängig vom Wissen und dessen Neuigkeitswert. Der Anbieter erhält sich dies durch die Zusammenarbeit mit Forschungsinstituten, Chip-Herstellern und durch Lizenzverträge und Trainingsautorisierung. Die Seminarform wird dabei tendenziell aufgegeben, weil sie nur für größere und homogenere Teilnehmergruppen sinnvoll erscheint, als in diesem Angebotssegment zu erreichen sind. Stattdessen werden zusätzlich die unmittelbare Beratung am Arbeitsplatz (Coaching) und die zeitweilige Überlassung von Spezialisten für die Projektleitung oder Mitarbeit (Engineering) angeboten. Man könnte dies auch als Versuch ansehen, eine besondere Qualität dadurch zu erreichen, dass die Vermittlung des Wissens individualisiert und anwendungsnäher geschieht oder dass die ursprünglichen Wissensträger (Lehrkräfte) unmittelbar in Forschung und Entwicklung der Betriebe mitwirken. Aufgrund dieser Nähe zum Kunden können externe Angebote, wiederum stark am betrieblichen Nutzen orientiert, umgesetzt werden. Als das pädagogische Qualitätskriterium dieser Einrichtung überhaupt erschien aber hier, dass keine Seminare ohne einen Probelauf mit der Führung, den Experten und Lehrkräften angeboten werden. Der Perspektivwechsel zum Lernenden hin wird hier so absolut vollzogen, dass sogar mögliche Akzeptanzprobleme bestimmter Lernzumutungen, die aber von didaktischer Relevanz für den Kurserfolg sind, vorweggenommen werden können. Zusätzliche interventionsbezogene Erfordernisse werden frühzeitig erkannt und den Trainern können Hilfestellungen angeboten werden, bevor sie im Seminar zu lernbehindernden Problemen werden können.

Insgesamt lassen sich bereits aus diesen beiden Fällen folgende, an den zukünftigen Kunden kommunizierbare „Ersatzqualitäten" zusammenfassen: Referenzen, Angebotsflexibilität, Kunden- und Teilnehmerbeteiligung, Wissenspflege und Erfahrung/Erprobung des eigenen Angebots.

4.5 Revision

Wenn unter der offenen systemischen Perspektive Weiterbildungsorganisationen in der Interaktion mit ihrer Umwelt betrachtet werden, so ist auch bei diesen von kontinuierlichen Struktur erhaltenden Prozessen auszugehen, die sich im Zeitverlauf weiterentwickeln (vgl. Kil, 2008). Mit dem Phänomen der „Mimese" wird dabei das Kopieren von vermeintlich erfolgreichen Problemlösungsmustern anderer Organisationen bei eigener hoher Unsicherheit bezeichnet (Di Maggio & Powell, 1983). Formale Evaluationen, Zertifizierungen, Akkreditierungen und Auszeichnungen stellen die für mimetische Prozesse notwendige Sichtbarkeit und Zurechenbarkeit von Leistungsprofilen her. Hierdurch steigt für Bildungseinrichtungen der Druck, sich an gleichartigen Organisationen und an deren Angeboten und Leistungen zu orientieren. So wird eine starke Konformität mit den Erwartungen und Vorschriften an Qualitätslegitimation erreicht, die bereits von Auftraggebern, staatlichen Stellen und Beratungseinrichtungen relativ homogen formuliert wurden. Diese Angleichungsprozesse haben zum Ziel, sich den Erhalt der materiellen Ressourcen zu sichern (vgl. Krücken, 2004). Für die Flexibilität und Innovationsfähigkeit, die im Umgang mit den veränderten Nutzerbedürfnissen und neu geforderten/geförderten Bildungsinhalten eigentlich nötig wären, kann diese Form struktureller und programmatischer Angleichung fatale Folgen haben, gerade auch für den Bereich der öffentlich geförderten Weiterbildungseinrichtungen.[12] Die Elemente, die in Bezug auf die Programmplanung zur Umgehung dieser „Trägheitsbarrieren" dann eine wichtige Rolle spielen, sind nach Gebert (2002: 173):

- Analyse der (Un-)Zufriedenheit der internen und externen Kunden,
- Benchmarking,
- Fundamentalkritik,
- quantitativ angehobene/qualitativ ausdifferenzierte Innovationsziele,
- visionäre Führung,
- Quereinsteiger/innen fördern,
- Minderheitenmeinungen schützen

Mit diesen Maßnahmen sind innerorganisationale Ansatzpunkte angesprochen, um Entscheidungsbereitschaft und -fähigkeit für eine mögliche Beibehaltung, Eliminierung, Modifikation, Erweiterung und/oder Neuerung des Programmangebots (wieder) anzustoßen. In Bildungsorganisationen liegt es jedoch auch nahe, die am Leistungserstellungsprozess wesentlich beteiligten Akteur/innen/e in Revisionsprozesse mit einzubeziehen: die Lernenden selbst. Auch dann, wenn Konsumenten häufig kaum eine genaue Vorstellung davon haben, was sie sich wünschen und was sie in Bezug auf Bildung und Lernen in Zukunft benötigen, sind sie doch in der Lage, wenn sie erste Erfahrungen und Lernergebnisse in einem Bildungsangebot vermittelt bekommen haben, dieses in Bezug auf ihr eigenes Lernvermögen in Beziehung zu setzen, ggf. neue Lernziele zu formulieren und Bedarfe an zusätzlichen Unterstützungsleistungen anzugeben. Herkömmliche Evaluationen, die auf die bloße Feststellung der Zufriedenheit der Teilnehmenden rekurrieren, helfen bei einer Programmrevision jedoch nicht wirklich weiter. Stattdessen ist zu berücksichtigen, dass die Einschätzungen der Teilnehmenden erheblich von ihren „mitgebrachten" personalen Merkmalen beeinflusst werden (Abb. 14.2) und diese in Analysen mit einzubeziehen sind.

---

12 Weitere für Innovationen eher ungünstige Befunde zu Total-Quality-Programmen bestehen nach Hedberg & Wolff (2001: 546 ff.) darin, dass sie tendenziell bestehende Prozesse und Standards konservieren und spontane Hilfsbereitschaft in Organisationen mindern.

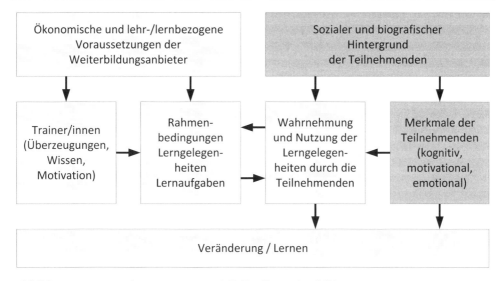

Abbildung 14.2: Angebots-Nutzenmodell für die Weiterbildung

Quelle: Eigene Darstellung

Die Teilnehmenden, die den Lernprozess selbst steuern und Produzenten der Lernergebnisse sind, können auch mit ihren Erwartungen, Interessen und motivationalen und metakognitiven Voraussetzungen für eine Programmrevision berücksichtigt werden. Ein Inventar, welches versucht, diese verschiedenen Aspekte im Lehr-/Lernprozess zu berücksichtigen, ist der Fragebogen „Organisation und Teilnehmende [OrTe] (Kil & Wagner, 2006)[13]. Mithilfe der Ergebnisse kann mehr Transparenz über die Lehr-/Lernvoraussetzungen und Erwartungen der Teilnehmenden an Bildungsveranstaltungen erzielt werden. Personale Faktoren, wie Motive und Interessen, sind zentrale Ursachen dafür, dass erwachsene Personen Lernangebote überhaupt (freiwillig) aufgreifen, sich bestimmte Aufgaben aussuchen, sich aktiv mit Inhalten auseinandersetzen und Ergebnisse anstreben. Vom bereichsspezifischen Vorwissen hängt es zusätzlich ab, wie die vorgefundenen Lernumgebungen angenommen und die jeweiligen Lerninhalte verarbeitet werden. Metakognitive volitionale Kontrollsysteme spielen dann im Durchhalten des Lernprozesses eine Rolle und während der einzelnen Lernhandlungen kommt es immer wieder zu Erfahrungsbilanzen, die sich wiederum in den personalen Faktoren, wie die jeweilige Lernumgebung verarbeitet wird, niederschlagen. Die organisationalen Faktoren vor und während der Teilnahme haben ebenfalls eine Wirkung auf die Lern- und Qualifizierungsprozesse, ihnen kommt dabei die Funktion von „Dissatisfiers“ (nach Herzberg, 1968) zu, d.h. erst dann, wenn diese nicht erfüllt sind, könnten sie für den laufenden und späteren Lernprozess als hinderlich erlebt werden. Regressionsberechnungen mit dem [OrTe] belegen, dass die Erwartungsbilanzen mit dem Lehr-/Lerngeschehen um so positiver ausfallen, je höher das mitgebrachte Interesse, die Anstrengungsbereitschaft und

---

13 Dieser Fragebogen wurde für das bereits erwähnte Projekt „Dienstleistung Weiterbildung“ entwickelt und ist von über 1600 Teilnehmenden, zum größten Teil aus dem Sample der beteiligten
    21 Anbieter von Bildungsdienstleistungen, ausgefüllt worden.

Erfolgszuversicht sind; auch der erreichte formale Bildungsabschluss spielt hier noch eine zusätzliche Varianz aufklärende Rolle. Der Umgang mit Neuem, die Bereitschaft zur Eigenleistung oder der Wunsch nach Lernautonomie variieren jedoch erheblich nach den situativen Faktoren, wie dem Anbietertypus, dem gewählten Kursthema und dem dort eingeforderten Wissensniveau. Generell erwarten aber Befragte aus allen Gruppen der Best-Practice-Einrichtungen vom Besuch einer Weiterbildungseinrichtung – im Vergleich zur Alternative, autodidaktisch zu lernen – eine deutliche Entlastung (z.B. didaktische Vorschläge, Kontrolle) und einen Dozenten als Fachvermittler (Experte für den Inhalt und die verständliche Darstellung). Diese Aspekte müssen also aus der Perspektive der verantwortlich Planenden und Lehrenden sehr genau betrachtet werden, um mit Revisionen reagieren zu können. Auf die personalen Faktoren, wie „Interesse" und „Vorwissen", die von den Weiterbildungseinrichtungen zwar nur bedingt beeinflussbar sind, aber trotzdem auf „Unzufriedenheiten" abfärben, muss allerdings reagiert werden. So kann über die erreichten Zielgruppen nachgedacht, ggf. in Kopplung mit Milieustudien (Reich-Claassen & Hippel v., 2009) überlegt werden, ob an bestimmten Teilnehmendengruppen festgehalten wird, andere angesichts des anvisierten Anbieterprofils gewonnen werden müssten oder aber, ob den Teilnehmenden Aufklärungs- und Unterstützungsleistungen im Hinblick auf die Verarbeitung und den Umgang mit Zumutungen in der Lehr-/Lernsituation angeboten werden müssten.

Zwischen verschiedenen Kurstypen und Kursinhalten bestehen signifikante Unterschiede in den Erwartungen und den jeweilig erfassten personalen Einstellungssystemen. Auf Seiten der Kursleitenden wäre hier ein professionelles Ausbalancieren zwischen den erforderlichen Eigenleistungen der Teilnehmenden und den angegebenen Einstellungen erforderlich. Dazu benötigen sie Unterstützung und Berücksichtigung vonseiten der konzeptionell und planend Tätigen. Diese sollten in der Lage sein, aufgrund von Erwartungsabfragen und Kenntnissen über ihre (zukünftigen) Teilnehmenden, z.B. mit dem [OrTe], einschätzen zu können, ob Kundenzufriedenheit und/oder Lernen/Bildung tangiert werden. Für Kursleitende können die Ergebnisse des Fragebogens direkt Hinweise für die Ausgestaltung und Revision ihrer pädagogischen Interventionen geben. Die Planenden können dagegen Erwartungen und Eingangsvoraussetzungen von Teilnehmenden aufgreifen, um für die mesodidaktische Ebene Revisionshinweise zu erhalten. Erwünschte „Zufriedenheit", auch im Sinne des Wiederkommens und Weiterlernens, muss sich der Notwendigkeit von „Zumutung" im Sinne des Erreichens eines Lernziels stellen, statt Bilanzierungen über herkömmliche Evaluationsverfahren (z.B. über Noten) interpretieren zu müssen. Nicht nur das Lehrverhalten, sondern auch die personale Lernverarbeitung der Teilnehmenden und deren Erwartungen an die didaktischen Arrangements sind in die Gesamtbilanz für ein Weiterbildungsangebot mit einzubeziehen, wenn tatsächlich die pädagogische Qualität innerhalb des Programmangebots eines Bildungsdienstleisters gewährleistet und „gesteuert" werden will.

Ein Zitat eines innerbetrieblichen Weiterbildungsdienstleisters illustriert diese Herausforderung und zeigt pointiert noch einmal diese Besonderheit von Planung, dass sie sich eben mit Wissensgenerierung und Handlungsmodellierung unter den jeweiligen Kontextbedingungen zu beschäftigen hat und mit den sich anschließenden

Konsequenzen für die Angebots- und Lernkulturentwicklung der Bildungsorganisation selbst „leben" muss:

„Nehmen wir mal das Thema Menschenrechte: Da möchte man weltweit – oder eine Sache, die schon gelaufen ist, Menschenrecht läuft gerade erst an, Kartellrecht und allgemeines Gleichstellungsgesetz. Die Aufgabe ist ja nicht wirklich, ein Training über Gleichstellungsgesetz zu machen, sondern dafür zu sorgen, dass alle Führungskräfte, die irgendwie damit in Konfrontation kommen können, dazu geschult wurden und diese Schulung dokumentiert wurde. Der Fokus liegt aber nicht auf Schulung, sondern auf Dokumentieren. Das müssen sie natürlich herausfinden, wenn sie ein Training machen, dann können sie da einen relativ großen Anspruch machen, wenn sie aber nur dokumentieren möchten, kann man das auch mit ein bisschen weniger Qualität machen und dafür schneller. So, und diese Entscheidung trifft dann wieder der Auftraggeber und sie bringen es dann so raus. Sie müssen dann natürlich anschließend mit den Endnutzern dieses Trainings diskutieren, warum das Ganze denn so gemacht wurde und wie das in die Gesamtphilosophie passt."

Literatur

ARNOLD, R. & WIEGERLING, H.-J. (1983). Programmplanung in der Weiterbildung. Frankfurt a.M. u.a.: Diesterweg.

BÜSSING, A., HERBIG, B. & EWERT, T. (2002). Implizites Wissen und erfahrungsgeleitetes Arbeitshandeln. Zeitschrift für Arbeits- und Organisationspsychologie, 46, 1, 2–21.

DEUTSCHES INSTITUT FÜR ERWACHSENENBILDUNG (Hrsg.) (2008). Trends der Weiterbildung. DIE-Trendanalyse 2008. Bielefeld: Bertelsmann.

DI MAGGIO, P.J. & POWELL, W.W. (1983). The Iron Cage Revisited: Institutional Isomorphism and collective rationality in organizational fields. American Sociological Review, No. 48, 147–160.

DOLLHAUSEN, K. (2008). Planungskulturen in der Weiterbildung. Bielefeld: Bertelsmann.

FRIEBE, J. (2005). Merkmale unternehmensbezogener Lernkulturen und ihr Einfluss auf die Kompetenzen der Mitarbeiter. Dissertation. Universität Heidelberg. URL: http://archiv.ub.uni-heidelberg.de /volltextserver/volltexte/2005/5847/pdf/Dissertation_Judith_Friebe.pdf (30.3.2006).

GEBERT, D. (2002). Führung und Innovation. Stuttgart: Kohlhammer.

GIESEKE, W. (2008). Bedarfsorientierte Angebotsplanung in der Erwachsenenbildung. Bielefeld: Bertelsmann.

GIESEKE, W. & ROBAK, S. (2004). Programmplanung und Management aus der Bildungsforschungsperspektive: Empirische Befunde und konzeptionelle Wendungen. REPORT, 27, Heft 2, 33–41.

GULDIN, A. (2004). Veränderung von Organisationen. In H. Schuler (Hrsg.), Organisationspsychologie – Gruppe und Organisation (S. 701–771). Enzyklopädie der Psychologie, D, III, Bd. 4. Göttingen: Hogrefe.

HEDBERG, B. & WOLFF, R. (2001). Organizing, Learning, and Strategizing: From Construction to Discovery. In M. Dierkes et al. (Hrsg.), Handbook of Organizational Learning and Knowledge (S. 535–556). Oxford: Oxford University Press.

HENZE, C. (1998). Ökologische Weiterbildung in Nordrhein-Westfalen: eine empirische Studie zur Programmplanung und Bildungsrealisation an Volkshochschulen. Münster: Waxmann.

HERZBERG, F. (1968). One more Time: How do you motivate Employees? Harvard Business Review, H. 1, 53–62.

HEUER, U. & ROBAK, S. (2000). Programmstruktur in konfessioneller Trägerschaft: Exemplarische Programmanalysen. In W. Gieseke (Hrsg.), Programmplanung als Bildungsmanagement? Qualitative Studie in Perspektivverschränkung (S. 115–209). Recklinghausen: Bitter.

Höffer-Mehlmer, M. (2009). Programmplanung und -organisation. In R. Tippelt & A. von Hippel Aiga (Hrsg.), Handbuch Erwachsenenbildung/Weiterbildung (S. 989–1002). 3. Auflage. Wiesbaden: VS Verlag.

Kil, M. (2002). Das Betriebswissen von Kursleitenden. In B. Dewe, G. Wiesner & J. Wittpoth (Hrsg.), Professionswissen und erwachsenenpädagogisches Handeln. Beiheft zum REPORT (S. 53–64). Bielefeld: Bertelsmann.

Kil, M. (2003). Organisationsveränderung in Weiterbildungseinrichtungen: Empirische Analysen und Ansatzpunkte für Entwicklung und Forschung. Bielefeld: Bertelsmann.

Kil, M. (2008). Zwischen Best-Practise und organisationaler Entwicklungszumutung – Beobachtungen zur Qualitätszertifizierung. Hessische Blätter für Volksbildung, 58. Jg., H. 3, 256–264.

Kil, M., Körber, K. & Rippien, H. (2004). Neue Weiterbildungsorganisationen? Explorative Fallstudien zu Entwicklungen und „Grenzfällen" im Leistungs- und Organisationsspektrum von Weiterbildung. Der pädagogische Blick, H. 2, S. 90–107.

Kil, M., Leffelsend, S. & Metz-Göckel, H. (2000). Zum Einsatz einer revidierten und erweiterten Fassung des Job Diagnostic Survey im Dienstleistungs- und Verwaltungssektor. Zeitschrift für Arbeits- und Organisationspsychologie, 44, 3, 115–128.

Kil, M. & Schlutz, E. (2006). „Dienstleistung Weiterbildung": Feldforschung zu gegenwärtigen Veränderungen und Handlungsspielräumen. In Ch. Schiersmann & K. Meisel (Hrsg.), Zukunftsfeld Weiterbildung (S. 159–170). Bielefeld: Bertelsmann.

Kil, M. & Schlutz, E. (2009).Veränderungen und Ausdifferenzierung im Anbieter- und Leistungsspektrum der organisierten Weiterbildung. In C. Hof, J. Ludwig & C. Zeuner (Hrsg.), Strukturen Lebenslangen Lernens (S. 64–75). Baltmannsweiler: Schneider Hohengehren.

Kil, M. & Wagner, S. (2006). Entwicklungsarbeiten zum Fragebogen „Organisation und Teilnehmende" [OrTe]: Ein Instrument zur Erfassung von Erwartungen an Lehre, Lernen und Organisation in der Weiterbildung. REPORT, H. 1, S. 63–76.

Körber, K. u.a. (1995). Das Weiterbildungsangebot im Lande Bremen: Strukturen und Entwicklungen einer städtischen Region. Bremen: IfEB.

Krücken, G. (2004). Hochschulen im Wettbewerb: Eine organisationstheoretische Perspektive. In W. Böttcher & E. Terhart (Hrsg.), Organisationstheorie in pädagogischen Feldern (S. 286–301). Wiesbaden: VS Verlag.

Meyerhuber, S. (2001). Transparenz in Arbeitsorganisationen. Grundzüge einer interaktionistischen Ausarbeitung aus arbeits- und organisationspsychologischer Perspektive. Wiesbaden: Vs Verlag.

Reich-Claassen, J., Hippel v., A. (2009). Angebotsplanung und -gestaltung. In R. Tippelt & A. von Hippel (Hrsg.), Handbuch Erwachsenenbildung/Weiterbildung (S. 1003–1015). 3. Auflage. Wiesbaden: VS Verlag.

Robak, S. (2003). Weiterbildungsmanagement: Eine Analyse zum Management in Weiterbildungsinstitutionen und -organisationen. Dissertation. Humboldt-Universität zu Berlin.

Rothenberg, J. (2007). „Gesundheitsangebote" in einer Volkshochschule: „ ... und unsere Kunden kriegen das auf Rezept". Der pädagogische Blick – Zeitschrift für Wissenschaft und Praxis in pädagogischen Berufen, 15. Jg., H. 2., 97–110.

Schlutz, E. (2001). Programmplanung. In R. Arnold (Hrsg.), Wörterbuch Erwachsenenpädagogik (S. 265 f.). Bad Heilbrunn/Obb.: Klinkhardt.

Schlutz, E. (2002). Weiterbildungsinnovationen vor dem Hintergrund des Wandels zur Wissensgesellschaft. In ders. (Hrsg.), Innovationen in der Erwachsenenbildung. Bildung in Bewegung (S. 135–159). Bielefeld: W. Bertelsmann.

Schlutz, E. (2006). Bildungsdienstleistungen und Angebotsentwicklung. Münster: Waxmann.

Ulich, E. (1994). Arbeitspsychologie. Bern: Huber.

Entrepreneurship

Jörg Freiling und Jan Hendrik Wessels

Zielsetzung

- Sie können den Unterschied zwischen dem Entrepreneurship- und dem Managementverständnis erläutern.
- Sie können Ziel und grundlegende Ergebnisse der Traits School wiedergeben.
- Sie können Ziel und Ergebnisse der ökonomischen Entrepreneurshipforschung wiedergeben.
- Sie können die zentralen Aufgabenkomplexe der organisationalen Entwicklung aufzeigen.
- Sie können die Relevanz der Ausübung unternehmerischer Funktionen für die organisationale Entwicklung und die Wettbewerbsfähigkeit von Unternehmen verdeutlichen.
- Sie können erläutern, warum unternehmerische Handlungskompetenz lehr- und erlernbar ist.
- Sie können die Relevanz der unternehmerischen Handlungskompetenz für den Bildungssektor im Allgemeinen und für die organisationale Wettbewerbsfähigkeit im Besonderen verdeutlichen.
- Sie können unterschiedliche Formen des Corporate Entrepreneurship benennen.
- Sie können die Vor- und Nachteile der Voraussetzungen von Großunternehmen für unternehmerisches Handeln aufzeigen.
- Sie können Ansatzpunkte für normative, strategische und operative Voraussetzungen des unternehmerischen Handelns in Unternehmen benennen.

1 Entrepreneurship – Grundlagen des Konzepts

1.1 Historisch-etymologische Wurzeln des Entrepreneurship-Begriffs

Was ist Entrepreneurship? Der heutige Sprachgebrauch lässt viele Antworten auf die Frage zu. Aus diesem Grunde ist es sinnvoll, die Entstehungsgeschichte des Begriffs kurz einzuordnen. Etymologisch kann Entrepreneurship auf das lateinische Verb „prehendere" (übersetzt: „etwas unternehmen") zurückgeführt werden (Fallgatter, 2002: 15 ff.; Freiling, 2006: 11). Unverkennbar und prägend ist aber der französische Einfluss auf den Begriff. Im 16. Jahrhundert galten in Frankreich Entrepreneure zunächst als Söldnerführer, die Kriegsherren ihre Dienste gegen Entgelt anboten, und später als Glücksritter und Projektemacher. Die auch für das heutige Verständnis noch wesentliche ökonomische Prägung erfuhr der Begriff im 18. Jahrhundert. Fortan verstand man unter Entrepreneuren Akteure, die öffentliche Aufträge ausführten, innovative Agrartechniken durchsetzten oder ihr Kapital in bestimmten Branchen investierten.

Einen Meilenstein markierte das 1725 von Richard Cantillon, einem Iren französischer Abstammung, verfasste und 1755 posthum veröffentlichte Werk *„Essai sur la nature du commerce en général"*. Cantillon verstand den Entrepreneur als einen Wirtschaftsakteur, welcher bereit war, zur Nutzung geschäftlicher Chancen Risiken zu übernehmen (Martinelli, 1994: 476). Retrospektiv kann man Cantillons Beitrag als Entstehungszeitpunkt der Entrepreneurship-Theorie verstehen, die somit auf eine beachtliche Historie von knapp drei Jahrhunderten zurückblickt. Das Verständnis von Cantillon ist in der Folgezeit mehrfach ergänzt worden, sodass eine beachtliche Deutungsvielfalt des Begriffs Entrepreneurship entstanden ist, der mittlerweile ein fester Begriff der englischen Sprache ist und auch im deutschen Sprachraum verwendet wird. Teilweise werden im Deutschen Unternehmertum und Entrepreneurship gleichgesetzt, stellenweise wird Unternehmertum umfassender verstanden und Entrepreneurship als Teilmenge unternehmerischer Tätigkeiten im Gründungskontext interpretiert (Freiling, 2006: 16 f.). Tabelle 15.1 gibt einen Überblick über wichtige Beiträge zur Entrepreneurship-Diskussion.

Tabelle 15.1: Unternehmerkonzepte und -funktionen im historischen Überblick

Name (Erscheinungsjahr der Hauptquelle)	Kennzeichnung der Unternehmerfunktionen
Richard Cantillon (1755)	Entrepreneur als Risikoträger, Pächter als Prototyp: feste Abgaben an den Grundeigentümer, aber unsicherer Lohn; Unternehmer ihrer eigenen Arbeit auf eigene Gefahr und Rechnung; auch Bettler und Räuber sind Unternehmer.
Francois Quesnay (1758)	Entrepreneur als reicher und intelligenter Betreiber einer Großfarm; Statik: gegebener Output, gegebene Preise und Produktionsfaktoren; physiokratisch-materialistische Tradition: alleinige Produktivität des Bodens.
Anne-Robert Jacques Turgot (1766)	Entrepreneur Manufacturier als industrieller Kapitalanwender und Arbeitgeber; „laissez faire, laissez aller".
Adam Smith (1776)	Undertaker als Kapitalist und Kapitalanwender; laissez faire: Eigeninteresse als Bedingung für allgemeinen Wohlstand (unsichtbare Hand des Marktes als natürliche Ordnung).
Jeremy Bentham (1793)	Projector als Ausfüller neuer, innovativer Kanäle; verbreitet den „Geist des Neuen" in der Volkswirtschaft; typisch: „Government Contractor".
Jean-Baptiste Say (1815)	Entrepreneur als Nachfrager/Vereiniger von Produktivdiensten und Anwender/Produzent für den Markt; „gutes Urteil" als Hauptqualität: Mittler für die Erfüllung von Bedürfnissen.
Johann Heinrich von Thünen (1826)	Unternehmer als Träger von Risiko und innovativer Genialität; Probleme und „schlaflose Nächte" als Förderer unternehmerischen Talents.
Hans K.E. von Mangoldt (1855)	Unternehmer als Träger nicht versicherbaren Risikos und spekulativer Produzent für den Markt; „Rentabilität" als Vergütung für besondere Fähigkeiten und Übernahme von Verantwortung.
John Stewart Mill (1859)	Entrepreneur als Kapitalist, Risikoträger und Oberaufseher; Bezieher von Kapitalzins, Risikoprämie und Unternehmerlohn.
Léon Walras (1860)	„Entrepreneur" als Kombinator der produktiven Dienste; steter Wiederhersteller des Gleichgewichts im statischen System: „faisant ni bénéfice ni perte".

Karl Marx (1867)	Unternehmer als despotischer Nutznießer des „Mehrwertes" (= ausbeuterischer Profit aus unbezahlter Mehrarbeit); alleinige Produktivität der Arbeit.
Carl Menger (1871)	Unternehmer als Dirigent im Hintergrund; zeitliche Koordination der Produktionsfaktoren; Österreichische Schule: subjektivistische Perspektive.
Francis A. Walker (1876)	Entrepreneur als „Captain of Industry"/Arbeitgeber; wird durch seine Funktion zum Kapitalisten; Führer des gesellschaftlichen Fortschritts: Organisator und Energetisierer.
Frederik B. Hawley (1882)	Enterpriser als Träger von produktivem Risiko (Spekulant: unproduktives Risiko); ökonomisch unentbehrlicher Kombinator der Produktionsfaktoren.
Victor Mataja (1884)	Unternehmer als Bezieher von Unternehmergewinn neben Einkommen aus Naturgaben, Arbeitsprodukten oder Kapitalertrag.
Karl Rodbertus (1884)	Unternehmer als Träger einer staatswirtschaftlichen Funktion; vierte Klasse, welche die anderen „auskauft" und deren Produktivdienste kombiniert.
Alfred Marshall (1891)	Undertaker als „Multifaceted Capitalist"; Versorger der Bedürfnisse anderer; geborener Menschenführer, Arbeitgeber, Manager, Kombinator usw.
John Bates Clark (1899)	Entrepreneur macht Arbeit und Kapital erst produktiv; „mit leeren Händen": trägt kein Risiko; Verwirklichung von Ideen: Sozialisierungstendenz von Unternehmertum.
Gustav von Schmoller (1900)	Unternehmer als zentraler Faktor jeglichen ökonomischen Handelns; kreativ-innovativer Organisator; Deutsche Historische Schule.
Werner Sombart (1903)	Unternehmer als treibende Kraft des Kapitalismus; schöpferische Tat des Einzelnen; aber Erwerbsidee: Objektivierung der kapitalistischen Motivation.
Josef A. Schumpeter (1912)	Unternehmer als aktiver, innovativer Durchsetzer neuer Kombinationen: wirtschaftliche Führerschaft als Funktion; dynamischer (Zer-)Störer des Marktgleichgewichts.
Max Weber (1920)	Unternehmer als Rationalisierer/Überwinder des Traditionalismus (Bürokratieansatz) und protestantischer Asket: Disziplin, Selbstkontrolle.
Kurt Wiedenfeld (1920)	Unternehmer als Gestalter des Risikos; Risiko entsteht erst durch die unternehmerische Entscheidung.
Frank H. Knight (1921)	Entrepreneur als Produkt wahrer, nicht messbarer Ungewissheit; Träger letzter Verantwortung; Broker neuer Technologien; Menschenkenner.
Charles A. Tuttle (1927)	Entrepreneur als Geschäftseigentümer: Abgrenzung von Kapital- und Grundeigentum sowie Arbeit.
Alfred Amonn (1928)	Unternehmer als Verkehrssubjekt mit Verfügungsmacht über Kapital; statischer (potenzieller) versus dynamischer (aktueller, eigentlicher) Unternehmer.
Johannes Gerhardt (1930)	Unternehmer als einzige gegen die bureaukratische Wissensherrschaft immune Instanz; eigentliches Risiko: Verlust der Unternehmerstellung.
Erich Häussermann (1932)	Unternehmer als disponierender, „wirtschaftlich schöpferischer" Arbeitgeber; volkswirtschaftliches Ausgleichs- und Regulierungsorgan „wider Willen".
John M. Keynes (1936)	Entrepreneur als Eigentümer und Entscheidungsträger; unsichere Erwartungen: gemischtes Spiel aus Können und Zufall („Animal Spirits").
Ludwig von Mises (1940)	Jeder handelnde Mensch ist Entrepreneur (dynamische Wirtschaft): Demokratisierung des Konzepts; „Promoter" als besonders findiger Entrepreneur.
Arthur H. Cole (1949)	Entrepreneur als Gründer, Erhalter oder Ausbauer eines gewinnorientierten Geschäfts; Innovation, Management und Anpassung an äußere Umstände.
Leland H. Jenks (1949)	Entrepreneur als Role Taker; Geschäftseinheit als System von unternehmerischen und nicht unternehmerischen Rollen: Umfelddominanz.
Fritz Redlich (1949)	Unternehmer als dämonische Figur: schöpferisch-zerstörerische Interpretation des persönlichen Elements im Wirtschaftsleben.

G.L.S. Shackle (1955)	Enterpriser als Unsicherheitsträger und Entscheider: Improvisator, Erfinder; „Bounded Uncertainty" als Quelle von Kreativität.
Harvey Leibenstein (1968)	Entrepreneur als Ausnutzer von Unzulänglichkeiten: „X-Inefficiency"; „Slack"; „Fuzzy Areas"; Input-Completer.
Israel M. Kirzner (1973)	Entrepreneur als findiger Arbitrageur: Ausnutzer von Preisunterschieden (unvollkommene Information); Wiederhersteller des Marktgleichgewichts.

Quelle: in Anlehnung an Bretz, 1988: 33 f.

Unter der Vielzahl von Interpretationen ist vor allem die begriffliche Wendung hervorzuheben, die auf Joseph Alois Schumpeter zurückzuführen ist. Schumpeter setzte mit seinen Monografien in den Jahren 1912 („Theorie der wirtschaftlichen Entwicklung") und 1942 („Capitalism, Socialism and Democracy") Akzente, die weltweit das Entrepreneurship-Verständnis beeinflussten und bis heute nachhaltig prägen:

- In seiner „Theorie der wirtschaftlichen Entwicklung" stellte Schumpeter (1912) sein Bild vom (Pionier-)Unternehmer als elitärere Person vor, die mittels Innovationen unterschiedlichster Formen ein vorhandenes Gleichgewicht durchbricht. Sein Innovationsverständnis umfasst dabei ebenso Produktinnovationen wie Prozess-, Organisations-, Beschaffungs- und Vermarktungsneuheiten. Auch wenn andere Autoren vor, aber auch nach Schumpeter die Innovationsfunktion des Unternehmers in den Mittelpunkt rückten, so hat die Zuspitzung bei Schumpeter wohl den weltweit größten Eindruck hinterlassen.

- Später stellte Schumpeter (1942) die Wirkung unternehmerischen Handelns im Wettbewerb in den Vordergrund. Es steht außer Frage, dass durch die Wahrnehmung der Innovationsfunktion durch den Unternehmer und durch das Umsetzen von Neuerungen die alten Verhältnisse im Wettbewerb außer Kraft gesetzt oder zumindest maßgeblich geändert werden können. Daher prägte Schumpeter den Begriff „creative destruction", der schöpferischen Zerstörung, in nachträglicher Übersetzung. Insbesondere durch das innovative Handeln werden die gegebenen Bedingungen hinterfragt und die alten Angebote durch neue, bessere ersetzt, was zugleich zu einer Neuverteilung der Verhältnisse im Wettbewerb führt.

Auch in der heutigen Zeit wird der Entrepreneurship-Begriff noch immer interpretiert, was sicherlich auf die vielfältigen Auffassungsmöglichkeiten zurückzuführen ist, die durch die lange Diskussion entwickelt worden sind. Deutlich wird dabei, dass eine Grenze zwischen Management und Leadership bzw. Entrepreneurship gezogen wird. Dabei unterscheidet sich Entrepreneurship von Management vor allem durch folgende Merkmale vom Managementverständnis (ähnlich Hinterhuber, 2004: 20):

- permanente Entdeckung neuer Möglichkeiten für eine eigene geschäftliche Tätigkeit,
- Schaffung und Eröffnung neuer geschäftlicher Horizonte,
- „pro-aktive" Gestaltung der Rahmenbedingungen (im Gegensatz zur reaktiv ausgerichteten Anpassung) und
- eine Mitarbeiterorientierung, die darauf ausgerichtet ist, deren (insbesondere, aber nicht nur kreatives) Potenzial anzuregen, zu erschließen und nach Möglichkeit zu erweitern.

Insbesondere mit Blick auf empirische Untersuchungen hat sich die Notwendigkeit ergeben, Entrepreneurship als Konstrukt zu konzeptualisieren und zu operationalisieren. Tabelle 15.2 zeigt auf, welche Wege dabei zurzeit herkömmlicherweise beschritten werden. Es ist festzustellen, dass das zu Grunde liegende Verständnis stark auf Neuerungen und deren Schaffung ausgerichtet ist. Es tritt damit die sog. „explorative" Komponente von Unternehmertum stark in den Vordergrund, während die „exploitativen" Aufgaben dadurch zurzeit eher an den Rand gedrängt werden (zur Unterscheidung von Exploration und Exploitation: March, 1991). Anhand von Tabelle 15.1 ist nachzuvollziehen, dass damit nur noch ein Ausschnitt der Gesamtdiskussion betrachtet wird. Im weiteren Verlauf wird zu diskutieren sein, ob diese Blickfeldverengung – auch und gerade mit Blick auf Bildungsinstitutionen – zweckmäßig ist. Darauf wird innerhalb von Abschnitt 1.3 eingangen, in dem die ökonomische Dimension von Entrepreneurship spezifiziert wird. Unbestritten ist, dass Entrepreneurship auch über eine psychologische Dimension verfügt, die vorab im nächsten Abschnitt kurz vorzustellen ist.

Tabelle 15.2: Typische aktuelle Interpretationen von Entrepreneurship

Miller & Friesen, 1982; Miller, 1983	Covin & Slevin, 1989; Zahra & Covin, 1995 (ähnlich: Knight, 1997; Wiklund & Shepherd, 2003)	Lumpking & Dess, 1996; Lyon, Lumpkin & Dess, 2000
▪ the willingness to engage in product innovation ▪ to take risks to try out new products ▪ to be more proactive than competitors in taking advantage of new market opportunities	▪ innovativeness ▪ proactiveness ▪ risk-taking	▪ innovativeness ▪ proactiveness ▪ autonomy ▪ risk-taking ▪ competitive aggressiveness

Quelle: Eigene Darstellung

1.2 Entrepreneurship und seine psychologische Dimension

Viele Arbeiten der Entrepreneurshipforschung fokussieren zunächst das Individuum, die Person des Unternehmers, welche anhand von spezifischen Persönlichkeitseigenschaften („traits") von denen der Nicht-Unternehmer unterschieden werden sollte (Gartner, 1989: 47). Eigenschaften sind definiert als physische und psychische Merkmale einer Person, welche über Raum und Zeit hinweg eine relative Stabilität aufweisen. Der Eigenschaftsansatz hat eine Vielfalt an Merkmalslisten hervorgebracht. So identifiziert Klandt (1984) über 200 in der Literatur verwendete Merkmale von Unternehmensgründern. Die diesbezüglichen Forschungsarbeiten beabsichtigen vor allem, Unternehmer von anderen Personen zu unterscheiden, um das originär „Unternehmerische" zu isolieren. Es ist nicht sonderlich überraschend, dass die Arbeiten dieser „Traits School of Entrepreneurship" zu keinem belastbaren Ergebnis geführt haben. Gartner resümiert im Anblick der Vielzahl an Eigenschaften, dass der Unternehmer wohl ein „generic ‚Everyman'" sei (Gartner, 1989: 57). Offensicht-

lich ist, dass in jedem Menschen Attribute angelegt sind, die ihn zu unternehmerischem Denken und Handeln befähigen. Dies gilt ungeachtet der Tatsache, dass die
Attribute nach Art und Umfang unter den Menschen höchst ungleich verteilt sind.

Gleichwohl ist die Auseinandersetzung um unternehmerische Persönlichkeitsmerkmale auch nicht ergebnislos geblieben. Ohne alle diesbezüglichen Facetten
nachzeichnen zu wollen, sind insbesondere drei Faktoren in besonderer Weise er-
wähnenswert (Dollinger, 2003: 38; Thome, 1998: 47):

- **Need for Achievement:** Die in der deutschen Sprache kaum über eine treffende
  Entsprechung verfügende Eigenschaft des Need for Achievement ist von McClelland (1966: 201) in die Diskussion eingebracht worden. Er stellt auf Basis empirischer Untersuchungen heraus, dass Entrepreneure über eine hohe Leistungsmotivation verfügen und sich ihre unternehmerische Energie gerade auch daraus
  erklärt, dass unternehmerische Menschen Interesse und Freude daran haben,
  sich herausfordernde Leistungsziele zu setzen, deren Einhaltung zu überwachen
  und sich an der Zielerfüllung begeistern. Entrepreneure verlangen daher in besonderer Weise nach Verantwortungsübernahme.

- **Locus of Control:** Der Locus of Control kennzeichnet die Frage, ob bestimmte
  Ereignisse in der Interpretation der Betroffenen eher als durch eigene Fähigkeiten und Eigenschaften („internal locus of control") oder als durch äußere situative Einflüsse verursacht („external locus of control") angesehen werden. Internals, d.h. Personen mit einem „internal locus of control", zeichnen sich durch ein
  ausgeprägtes Machbarkeitsdenken sowie ein hohes Selbstbewusstsein aus. In der
  eigenschaftsorientierten Entrepreneurship-Forschung wird davon ausgegangen,
  dass Internals mehr Gründungselan als Externals aufweisen. Die jüngsten Erkenntnisse der Entrepreneurship-Forschung zeigen jedoch, dass erfolgreiche
  Gründer eher zu einer Mittelposition zwischen „internal und external locus of
  control" tendieren (Freiling, 2006: 133).

- **Risk-taking propensity:** Eine lange Tradition in der Entrepreneurship-Literatur
  besitzt die Annahme, dass die Bereitschaft zur Risikoübernahme eine konstituierende unternehmerische Persönlichkeitseigenschaft sei (Thome, 1998: 95). Im
  Vergleich zu anderen Marktakteuren seien Entrepreneure risikoaffiner. Ein eindeutiger und hinreichend abgesicherter Nachweis solcher Unterschiede konnte
  bislang jedoch nicht erbracht werden (Dollinger, 2003: 40 f.). In der Literatur
  wird inzwischen häufig eine Gegenposition eingenommen, welche das Ausmaß
  an Risikoorientierung von Entrepreneuren und Nicht-Entrepreneuren nicht als
  Persönlichkeitseigenschaft, sondern vielmehr als abhängige Variable einer Vielzahl situativer Einflussfaktoren auffasst (Haid, 2004: 73).

Neben den drei diskutierten Größen existiert in der Literatur eine Vielzahl weiterer
Persönlichkeitseigenschaften, die als charakteristisch für Unternehmer erachtet
werden. Wichtige Beispiele sind das Unabhängigkeitsstreben („Need for indepen-
dence"), das Streben nach Macht („Need of power") oder der Wunsch nach gesellschaftlicher Anerkennung („Need of affiliation") (Klandt, 1984). Die o.g. Bedenken
bezüglich eines eindeutigen und konsistenten Nachweises der Relevanz spezifischer
Persönlichkeitseigenschaften zur Unterscheidung zwischen Entrepreneuren und
Nicht-Entrepreneuren gilt hier analog (Freiling, 2006: 134).

1.3 Entrepreneurship – ein ökonomischer Zugang über die Lehre der Unternehmerfunktionen

Der vorangegangene Abschnitt hat erkennen lassen, dass in der Forschung die Neigung besteht, Entrepreneurship, auf die Unternehmerperson fokussiert, zu betrachten. Diese Einengung gilt im Übrigen nicht nur für die psychologische Forschung, sondern auch für die Wirtschaftswissenschaft: Wesentliches Ziel der ökonomischen Entrepreneurship-Forschung ist es, die Funktion des Unternehmers innerhalb wirtschaftswissenschaftlicher Modelle zu beschreiben. Dabei wird unter den Unternehmerfunktionen derjenige dispositive Aufgabenkomplex beschrieben, der unternehmerisches Handeln markiert.

Die Modellierungen sind vor allem auf die Erklärung von Erfolg auf personeller und organisationaler Ebene sowie des Einflusses auf Wettbewerb, wirtschaftliche Entwicklung, Wohlstand und Erneuerungsdynamik als abhängige Variable ausgerichtet. Anhand von Tabelle 15.3 wird ersichtlich, wo die wichtigsten Beiträge zur Erforschung von Unternehmerfunktionen ansetzen. Im Mittelpunkt der Forschung standen bislang primär Ansätze, die eine Unternehmerfunktion (mono-funktionale Ansätze) bzw. ein funktionales Konglomerat (z.B. die oben beschriebene vielschichtige Innovationsfunktion im Sinne Schumpeters) mit personalem Fokus betrachten. Die Argumentationslogik ist, dass die Ausübung der jeweils betreffenden Funktion zum Erfolg der betrachteten Unternehmerfunktion führt. In betriebswirtschaftlichen Betrachtungen interessieren jedoch primär Funktionen, die den Erfolg von Unternehmen erklären. Mit Blick auf Bildungsinstitutionen, die im Mittelpunkt dieses Beitrags stehen, gilt dies in besonderem Maße. Hier setzen organisationale Ansätze an, die bislang kaum entwickelt sind. Dieses Versäumnis überrascht, da maßgebliche Unternehmerforscher, wie etwa Ludwig von Mises, bereits frühzeitig den Blick über die Unternehmerperson hinaus richteten: „Wenn wir in der Nationalökonomie von Unternehmern sprechen, meinen wir nicht Menschen, die sich von anderen Menschen dadurch unterscheiden, dass sie im Marktgetriebe eine besondere Funktion erfüllen, sondern eine Funktion [...]" (von Mises, 1940: 246).

Tabelle 15.3: Unternehmerfunktionsansätze im Überblick

	monofunktionale Ansätze	metafunktionale Ansätze	multifunktionale Ansätze
personale Ansätze	z.B. Cantillon (1755): Übernahme von Unsicherheit; Kirzner (1973): Arbitrage	z.B. Schumpeter (1934): Innovation; Casson (1982): Koordination	Barreto (1989) „Katalog-Ansatz": Innovation, Risikoübernahme, Arbitrage, Koordination
organisationale Ansätze	z.B. von Mises (1940): „market making"		Schneider (1987): Übernahme von Einkommensunsicherheit, Arbitrage, Durchsetzung von Änderungen

Quelle: Eigene Darstellung

Wenn somit organisationale Ansätze für die Betriebswirtschaftslehre und das Bildungsmanagement in besonderer Weise betrachtenswert erscheinen, stellt sich die Frage, ob eine einzelne Funktion allein – sei sie im Rahmen mono- oder metafunktionaler Ansätze erfasst – die Vielfalt dispositiver Aufgaben in turbulenten (Bildungs-) Märkten überhaupt erfassen kann. Es wird im Einklang mit jüngeren Beiträgen (Schneider, 1987; Barreto, 1989) argumentiert, dass es hierzu sog. „multifunktionaler Ansätze" bedarf. Diese multifunktionalen Ansätze sind von dem Versuch geleitet, Funktionen zu finden, die in Summe das Feld dispositiver unternehmerischer Aufgaben vollständig und möglichst überschneidungsfrei abdecken. Dann aber stellen sich zwei Anschlussfragen: (1) Welche Funktionen dienen der vollständigen Abdeckung? (2) Nach welchem Grundansatz bzw. nach welcher Systematik werden die Unternehmerfunktionen geordnet? Auf beide Fragen ist kurz einzugehen.

Ad (1): Bei der Auswahl derjenigen Funktionen, die sowohl unter gegenwärtigen Wettbewerbsgesichtspunkten als auch unter Berücksichtigung der vergangenen drei Jahrhunderte Entrepreneurship-Forschung zentral erscheinen, kann auf die Auswahl von Barreto (1989) verwiesen werden, der auf Basis einer Literaturanalyse vier relevante dynamische Unternehmerfunktionen identifiziert, die nachfolgend chronologisch anhand ihrer wichtigsten Vertreter kurz skizziert werden.

Knight (1921) sieht die zentrale Funktion des Unternehmers als **Träger von Unsicherheit**. Für ihn sind Ungewissheit und unvollständige Information zentrale Elemente des wirtschaftlichen Handelns. Durch diese Unsicherheit bieten sich jedoch auch Marktchancen. Der Entrepreneur übernimmt mit der Wahrnehmung von Marktchancen auch die damit verbundenen Risiken. Der erzielte Gewinn ist daher die Entlohnung des Unternehmers für das Treffen von Entscheidungen unter Unsicherheit (Haid, 2004: 60 ff.).

Schumpeter sieht in dem schöpferischen, innovativen Pionierunternehmer die treibende Kraft für Veränderungen in wirtschaftlichen Strukturen (Schumpeter, 1912; Krüsselberg, 1992: 129f.). Diese **Innovationsfunktion** wird, wie oben beschrieben, weit gefasst.

Kirzner versteht den Unternehmer als findigen Arbitrageur, dessen Aufgabe es ist, einen kreativen Brückenschlag zwischen Angebots- und Nachfrageseite zu vollziehen, wodurch eine bessere Marktkoordination als im Ausgangszustand erreicht wird (Kirzner, 1973). Um diese Funktion wahrnehmen zu können, benötigen Unternehmer Wissen und Wachsamkeit bzw. Findigkeit („alertness") (Kirzner, 1973; Fallgatter, 2001: 1221). Kirzner definiert „alertness" als die Fähigkeit, Informationen über Objekte, Ereignisse und Verhaltensmuster besonders gut wahrzunehmen. Dadurch verfügen Unternehmer über einen besonderen Spürsinn für marktliche Ungleichgewichte und damit geschäftliche Chancen (Fueglistaller et al., 2008: 8). Ihre im Vergleich zu anderen Marktakteuren überlegene Fähigkeit, sich marktrelevantes Wissen zu beschaffen, befähigt sie, Arbitragegewinne zu erzielen. Der Unternehmer nimmt in diesem Verständnis die Funktion des Arbitrageurs wahr, die ihm selbst Arbitragegewinne sichert.

Casson sieht den Unternehmer als Planer und Entscheider, der knappe Ressourcen zur Erfüllung einer spezifischen Aufgabe koordiniert, um dadurch Gewinne zu erzielen: „[…] an entrepreneur is someone who specializes in taking judgmental decisions about the coordination of scarce resources." (Casson, 2003: 20)

Aus dem Zitat von Casson wird deutlich, dass das Treffen ökonomischer Entscheidungen („judgmental decisions") für ihn das konstitutive Element unternehmerischen Handelns darstellt. Zur vollständigen Erfüllung dieser unternehmerischen Koordinationsfunktion sind drei Teilfunktionen wahrzunehmen:

- die Entdeckung von Koordinationsgelegenheiten,
- das Treffen von Koordinationsentscheidungen sowie
- die Durchsetzung von Koordinationsgelegenheiten gegenüber externen Hemmnissen (Freiling, 2004: 442).

Casson interpretiert die Unternehmerfunktion der Koordination sehr weit, was zu Überschneidungen mit anderen Funktionen (z.B. Arbitrage) führt. Insgesamt lässt sich durch diesen Katalog zentraler Unternehmerfunktionen nach Barreto (1989) die Vielfalt dispositiver Aufgaben im Entrepreneurship-Kontext tatsächlich erfassen. Auf diese Weise wird zugleich deutlich, dass entgegen moderneren Versuchen der Kennzeichnung von Entrepreneurship im Sinne von Abbildung 15.1 eine alleinige Ausrichtung auf explorative Aufgaben zu Zwecken der Geschäftserneuerung und der Schaffung gänzlich neuer Geschäftsgrundlagen zu kurz greift. Zwar sind die damit verbundenen Aufgaben aus einem wie auch immer gearteten Entrepreneurship-Verständnis nicht wegzudenken, allerdings ist unübersehbar, dass explorative durch exploitative Aufgaben zu begleiten sind, wobei letztere die gezielte Ausnutzung der Möglichkeiten bieten, die durch exploratives Arbeiten geschaffen wurden. Dies setzt erfolgreiche Geschäftsabschlüsse ebenso voraus wie eine Aktivierung aller kreativen Potenziale, die dem Betrieb zur Verfügung stehen. *Exploration und Exploitation greifen somit ineinander und sind im Sinne des Entrepreneurship-Gedankens untrennbar miteinander verbunden.* Dies wirft unmittelbar die Frage auf, wie eine in sich stimmige und überschneidungsfreie Ordnung der genannten Unternehmerfunktionen möglich ist.

Ad (2): Betriebe im Allgemeinen und Bildungsorganisationen im Besonderen stehen Herausforderungen des internationalen Wettbewerbs gegenüber, die sich teilweise rasch und durchgreifend verändern. Vor diesem Hintergrund orientiert sich die Organisationsentwicklung vor allem an drei Aufgabenkomplexen, die auch für die Zuordnung von und die Abgrenzung zwischen Unternehmerfunktionen zentral sind (Freiling, 2008; Freiling, 2009):

1. die permanente Systemerneuerung – sei es durch die Entwicklung neuer oder die Weiterführung bestehender Geschäftsgrundlagen,
2. die Nutzung der Systemvoraussetzungen, die im Zuge der Erneuerungstätigkeit entstanden sind – und zwar aus der Organisation betrachtet sowohl nach innen als als auch nach außen,
3. die Systemabsicherung vor den negativen Konsequenzen, die mit der unvermeidbaren und zahlreiche Chancen eröffnenden Unsicherheit einhergehen.

Bezogen auf diese Anforderungen, ist in jüngster Zeit ein multifunktionaler Ansatz entstanden, dessen Ziel es ist, den Katalog an nicht überschneidungsfreien und ungeordneten Unternehmerfunktionen nach Barreto (1989) in eine Systematik zu überführen, die eine ähnliche inhaltliche Strenge aufweist wie der Ansatz von Schneider (1987), der jedoch für Managementzwecke unter Praktikabilitätsgesichtspunkten von der Entrepreneurship-Forschung nicht rezipiert wurde. Um diesen Ansatz für die vorliegende Thematik zu erschließen, wird er in Abbildung 15.1 zunächst in seiner Grundstruktur beschrieben.

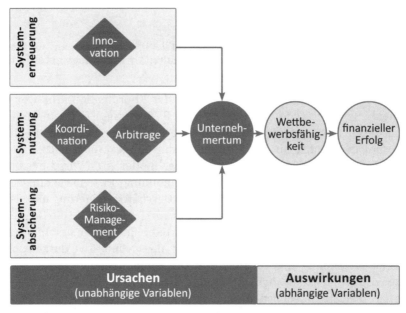

Abbildung 15.1: Der multifunktionale Entrepreneur-Ansatz nach Freiling
Quelle: Freiling (2008)

Die Systemerneuerung erfolgt durch die Wahrnehmung der Innovationsfunktion im Sinne von Schumpeter (1912). Durch diese weite Fassung von Innovation besteht die Möglichkeit, sämtliche Erneuerungsimpulse aufzufassen, welche die betrachtete Organisation betrifft. Zugleich stellt eine derart verstandene Innovationsfunktion die treibende Kraft der explorativen Tätigkeit dar. Diese auf Pioniervorstöße gerichteten Aktivitäten bedürfen jedoch einer Flankierung, da das Fehlschlagrisiko beträchtlich sein kann. Exploration fällt damit zu einem erheblichen Teil zugleich in den Bereich der Risikomanagement-Funktion. Ihr Gegenstand ist die Erkennung, die Übernahme und die Verteilung von Risiken im Sinne negativer Konsequenzen gegebener Unsicherheit. Die Risikomanagementfunktion dient somit in einem umfassenden Sinne der Systemabsicherung gemäß Abbildung 15.1. Diese systemabsichernden Aufgaben erstrecken sich allerdings auch auf operative Risiken der normalen Geschäftstätigkeit. Insofern ist die Wahrnehmung dieser Funktion nicht rein explorativ, sondern zu einem gewissen Grade zugleich exploitativ.

Während durch das auf Exploration gerichtete Zusammenspiel von Innovations- und Risikomanagementfunktion die Systemvoraussetzungen für das tägliche Handeln in Organisationen geschaffen werden, dienen die beiden nachfolgenden Funktionen der möglichst wirkungsvollen Nutzung dieser Grundlagen (s. Abbildung 15.1). In diesem Zusammenhang erscheint es sinnvoll, zwischen nach innen und nach außen gerichteten Maßnahmen der Systemnutzung zu unterscheiden. Alle Maßnahmen, welche die Systemnutzung im Innenverhältnis des Unternehmens betreffen, werden der Koordinationsfunktion zugeordnet. Im Einzelnen handelt es sich hierbei um den Betrieb des vorhandenen Wertschöpfungssystems, die möglichst effektive Allokation verfügbarer Ressourcen, das interne Sense-making zwecks umfänglicher Ausschöpfung der Mitarbeiterpotenziale und um die Organisation von Lernprozessen. Die Koordinationsfunktion ist somit deutlich enger als bei Casson (1982) und auch vom Inhalt her nicht vergleichbar. Ihr steht die Arbitragefunktion im Sinne Kirzners gegenüber, die der Aufspürung, Erkennung und Nutzung von Tauschgelegenheiten zum Zwecke der Besserstellung der eigenen Organisation dient. Die Inhalte der einzelnen Funktionen und ihre Einordnung in den Kontext von Explorations- und Exploitationstätigkeit finden sich in Abbildung

Tabelle 15.4: Unternehmerfunktionen und deren Inhalte im Überblick

Unternehmer-Funktion / Kriterien	Innovation	Risko-Management	Koordination	Arbitrage
Rolle der Funktion in der organisationalen Entwicklung	Gründung und Erneuerung des Systems	System-absicherung	Nutzung der System-infrastruktur (intern)	Nutzung der System-infrastruktur (extern)
Primärer Charakter der Funktion	explorativ	explorativ (z.T. auch exploitativ)	Exploitativ	exploitativ
Zentrale Inhalte	▪ Produkt-innovationen ▪ Prozess-innovationen ▪ Organi-sations-innovationen ▪ Markt-innovationen ▪ Beschaf-fungs-innovationen ▪ Geschäfts-modell-innovationen	▪ Erkennung von Risiken ▪ Bewertung von Risiken ▪ Verteilung von Risiken ▪ Verlagerung von Risiken	▪ Effizienter Betrieb des Wert-schöpfungs-systems ▪ Ressourcen-allokation ▪ Lernen und Wissens-transfer ▪ Motivation/ „Sense-making"	▪ Aufbau/ produktive Schaffung von Geschäftsge-legenheiten ▪ Identifikation vorhandener Geschäftsge-legenheiten ▪ Zielführende Abschlüsse ▪ Aufbau markt-relevanter Märkte

Quelle: Eigene Darstellung

 Unternehmertum wird in diesem Sinne als die integrierte, aufeinander abgestimmte Wahrnehmung der vier o.g. Unternehmerfunktionen verstanden.

Die Wirkungen von Unternehmertum in diesem Sinne sind in Abbildung 15.1 erkennbar: Es erfolgen mit der verbesserten Wahrnehmung von Unternehmerfunktionen eine Steigerung der Wettbewerbsfähigkeit (konzeptualisiert nach Schneider, 1997) sowie eine Erhöhung des finanziellen Erfolgs der betrachteten Organisation. Eine mangelnde Anpassung an die Dynamik der externen Umwelt – damit die Vernachlässigung der systemerneuernden Innovationsfunktion – kann zum Verlust der Geschäftspotenziale führen. Selbst dann, wenn die Innovationsfunktion wahrgenommen wird, müssen die Änderungen auch intraorganisational angepasst und gegen Widerstände durchgesetzt werden. Gelingt der Brückenschlag zwischen Beschaffungs- und Absatzmarkt nur ungenügend, zehrt das Unternehmen von seinen Reserven und gefährdet im Zeitablauf die Liquidität. Eine mangelnde Übernahme oder Verteilung geschäftlicher Risiken kann zu unmittelbaren Krisensituationen führen.

 Je stärker also die einzelnen Unternehmerfunktionen vernachlässigt werden, desto wahrscheinlicher ist die Erosion der Wettbewerbsfähigkeit.

Jüngste empirische Studien untermauern exakt diesen Sachverhalt (Rauch et al., 2009; Lütke Schelhowe, 2009). Auf dieser Grundlage ist nunmehr die Bedeutung von Unternehmertum im Bildungssektor aufzuarbeiten.

2   Entrepreneurship und dessen Relevanz im Bildungssektor

Die Rahmenbedingungen des Handelns für Beschäftigte im deutschen Bildungsmarkt haben sich in der jüngeren Vergangenheit mit zunehmender Dynamik gewandelt und sind weiterhin Veränderungen unterworfen. Die Liberalisierung des internationalen Handels mit Dienstleistungen (GATS) und die politischen Integrationsinitiativen zur Etablierung eines europäischen Bildungs- und Forschungsraums (Lissabon-Strategie) haben zu einem verschärften internationalen Wettbewerb um Bildungsdienstleistungen und Forschungsmittel geführt. Der stetige Zuwachs an verfügbarem Wissen führt zum schnelleren Veralten des bestehenden Wissens. Die damit einhergehende politische Forderung des lebenslangen Lernens und der kontinuierlichen beruflichen Weiterbildung im Lebenslauf eines Menschen sowie die Integration der Neuen Medien innerhalb innovativer Lern-/Lehr-Arrangements bergen neue Herausforderungen für die Angebotsentwicklung und Profilbildung der deutschen Bildungsdienstleister im internationalen Wettbewerb (Hanft, 2008).

Mit den Herausforderungen aktueller Entwicklungen, so z.B. einer zunehmenden Wettbewerbsintensität aufgrund der Globalisierung, sehen sich auch weite Bereiche der deutschen Wirtschaft konfrontiert. Viele Vertreter aus Wissenschaft, Politik und Wirtschaft fordern daher eine Abkehr vom häufig vorherrschenden „verwaltenden" Denken in deutschen Unternehmen und propagieren die Stärkung unternehmerischen Denkens und Handelns in etablierten Unternehmen, um als Antwort auf die wachsenden Herausforderungen Innovations- und Flexibilitätspotenziale zu generieren (Lackner, 2002: 1). In diesem Zusammenhang hat die Europäische Union die unternehmerische Handlungskompetenz als eine von acht für das lebensbegleitende Lernen relevanten Schlüsselkompetenzen identifiziert (Europäische Union, 2006).

> **!** Entrepreneurship hat damit für Bildungsinstitutionen zwei bedeutende Facetten: Einerseits beinhaltet Entrepreneurship gemäß der bildungspolitischen Forderungen ein enormes zu erschließendes Marktpotenzial, andererseits ist unternehmerisches Handeln innerhalb von Bildungsinstitutionen selber als Reaktion auf die angeführten Herausforderungen bedeutsam.

Es liegt auf der Hand, dass ein Entrepreneurship-Verständnis im oben beschriebenen Sinne in der Lage ist, auf die genannten Herausforderungen nicht nur zu reagieren, sondern auch im Sinne eines proaktiven Handelns darauf gezielt Einfluss zu nehmen. In diesem Zusammenhang kann Entrepreneurship im Sinne dieses Beitrags aber nur ein rahmengebendes Konzept sein, dass es anhand der Herausforderungen von Bildungeinrichtungen zu konkretisieren gilt. Diese Konkretisierung vollzieht sich entlang der drei Herausforderungen, denen sich Organisationen in Wettbewerbsverhältnissen generell gegenübersehen: Erneuerung, Absicherung und Nutzung der Potenziale, die Bildungseinrichtungen zur Verfügung stehen. Um diese Herausforderungen zu erfüllen, ergeben sich zwei Hauptansatzpunkte:

1. Befähigung zum unternehmerischen Denken und Handeln in (und durch) Bildungsorganisationen (sog. Entrepreneurship Education),
2. Handlungsschwerpunkte unternehmerischen Handelns in Bildungsorganisationen (sog. Corporate Entrepreneurship).

Die nachfolgenden Schritte werden diese Aktionsschwerpunkte nacheinander aufgreifen und im vorliegenden Kontext herausarbeiten. Vorab ist jedoch zu klären, um welche Form von Entrepreneurship es sich handelt, wenn der Entrepreneurship-Gedanke zur Vitalisierung von Bildungsorganisationen genutzt wird.

In diesem Zusammenhang wird üblicherweise im gründungsbezogenen Kontext zwischen Entrepreneurship und Maßnahmen des sog. „Internal Corporate Venturing" – oder auch „**Corporate Entrepreneurship**" – unterschieden (Klein, 2002; Frank, 2006; Freiling, 2006). Entrepreneurship wird hier – weitaus enger als oben – verstanden als die Anwendung unternehmerischen Denkens und Handelns im Gründungskontext zur Schaffung neuer Entitäten. Im Gegensatz dazu bezieht sich das Internal Corporate Venturing auf Impulse zum Zwecke der Schaffung neuer Geschäftsgrundlagen innerhalb bestehender Institutionen – wie z.B. auch Bildungsinstitutionen. Es liegt auf der Hand, dass der letztgenannte Bereich für den vorliegenden Beitrag zentral ist.

Dieses Internal Corporate Venturing ist indes in weitere Sektionen aufteilbar. Besonders wichtig ist, ob die Triebfeder unternehmerischer Impulse (insbesondere Erneuerung) die Basis der Organisation ist und somit einzelne Mitarbeiter zu „Unternehmer im Unternehmen" werden („Bottom-up-Initiativen"). In solchen Fällen ist es üblich, mit Burgelman (1983) von „**Intrapreneurship**" zu sprechen. Im Gegensatz dazu werden auch unternehmerische Impulse an der Spitze der Organisation gesetzt. Dies ist der Fall bei dem sog. „**Internal Venture Management**" („Top-down-Initiativen"), auf das nachfolgend nicht weiter eingegangen wird.

Erneut ist augenfällig, dass die beschriebenen Ansatzpunkte primär explorativ geprägt sind. Um diese Asymmetrie in der Auslegung von Unternehmertum von Beginn an zu vermeiden, ist es sinnvoll und erforderlich, auch Maßnahmen zur Verbreitung und Vertiefung von Unternehmergeist in Bildungsinstitutionen als Aktionsschwerpunkt zu berücksichtigen, bei denen der Fokus auf Koordinations- und Vermarktungsfragen liegt.

3 Befähigung zu unternehmerischem Denken und Handeln in Bildungsorganisationen

Ist es überhaupt möglich, Menschen im Allgemeinen und Mitarbeiter im Besonderen zu unternehmerischem Denken und Handeln zu befähigen? Die Beantwortung dieser Frage führt zur Diskussion, ob Unternehmertum und die damit verbundenen Merkmale und Fähigkeiten erlernbar sind. Mit der Frage hinsichtlich der Lehr- und Erlernbarkeit von Entrepreneurship setzt sich der Forschungsbereich der Entrepreneurship Education auseinander. In der Entrepreneurship-Forschung werden in diesem Zusammenhang gekorene und angeborene Unternehmereigenschaften diskutiert. Fallgatter (2002: 120 ff.) identifiziert aus 14 einschlägigen Studien fünf Eigenschaftsmerkmale erfolgreicher Unternehmensgründer:

- ein interner „**Locus of Control**",
- ein **Unabhängigkeitsstreben**,
- eine hohe **Leistungsmotivation**,
- eine relative hohe **Ambiguitätstoleranz** und
- eine moderate **Risikoneigung**.

Zu einem ähnlichen Ergebnis kommen Unger et al. (2007), die spezifisch unternehmerische Persönlichkeitsmerkmale von allgemeinen Persönlichkeitsmerkmalen trennen. Spezifische Persönlichkeitsmerkmale in ihrem Sinne weisen dabei im Gegensatz zu den allgemeinen Persönlichkeitsmerkmalen einen Bezug zu unternehmerischen Aufgaben auf und beeinflussen den Unternehmenserfolg indirekt über die unternehmerischen Prozessvariablen Ziele, Visionen und Strategien. Zwar bestätigen sie in diesem Zusammenhang nicht das Merkmal der Ambiguitätstoleranz, identifizieren jedoch über die genannten Merkmale hinaus folgende Faktoren:

- **Innovationsneigung** als die Motivation eines Individuums, nach neuen Handlungswegen zu suchen sowie
- die **Selbstwirksamkeit** als der Glaube, Aufgaben erfolgreich ausführen zu können.

Grundsätzlich herrscht die Auffassung, dass Unternehmertum zu einem erheblichen Teil eine individuelle – und darüber hinaus auch organisationale – Fähigkeit darstellt. Dem Charakter von Kompetenzen entsprechend (Freiling et al., 2008), setzt dies eine Erlernbarkeit voraus. Dies schließt allerdings nicht von vornherein aus, dass auch individuelle Veranlagungen eine Rolle spielen.

Diese bisher beschriebene eigenschaftstheoretische Perspektive ermöglicht zwar eine annähernd präzise Beschreibung von Persönlichkeiten, jedoch liefert sie diesbezüglich lediglich eine statische Momentaussage und kann keine Aussagen über den Entwicklungsprozess von Persönlichkeiten ableiten. Vielmehr erklärt die Interaktion zwischen den genetischen Anlagen und der Umwelt eines Menschen seine Persönlichkeitsentwicklung, womit für das aktive Erlernen bzw. Entwickeln von Persönlichkeitseigenschaften folgende Konsequenzen einhergehen:

- Die Entwicklung der verschiedenen Persönlichkeitsmerkmale ist sowohl personen- als auch eigenschaftsspezifisch genetisch begrenzt.
- Das individuelle Lernpotenzial ist genetisch bedingt unterschiedlich.
- Anlagebedingte Grenzen können erreicht, jedoch nicht überwunden werden.
- Die Erfahrungen des Einzelnen bedingen im Wesentlichen, ob und wofür individuelle Lernfähigkeiten genutzt werden (Braukmann & Schneider, 2007: 99 f.).

Braukmann/Schneider (2007: 100 ff.) stellen damit heraus, dass die individuelle Motivation zur Entwicklung der eigenen Persönlichkeit sowie die Überzeugung, dies auch zu schaffen, die Grundlagen für den Erfolg der Persönlichkeitsentwicklung sind. Sie formulieren, darauf aufbauend, Grundlinien einer Didaktik der Entwicklung unternehmerischer Persönlichkeit, auf die an dieser Stelle zur weiteren Vertiefung verwiesen wird.

Bestimmte Fähigkeiten, wie z.B. Kreativität, Belastbarkeit oder Risikotoleranz, sind also prinzipiell erlernbar (Ripsas, 1998: 218). Bezüglich der Handlungsschwerpunkte in der unternehmerischen Kompetenzbildung werden Qualifikationen in den Bereichen

- Fachkompetenz,
- Methodenkompetenz,
- Sozialkompetenz sowie
- der personalen Kompetenz

als notwendig und sinnvoll erachtet (Braukmann & Schneider, 2007; für einen allgemeinen Überblick zu den Kompetenzarten siehe Gessler, 2008).

Die o.g. Kompetenzarten sind im Bereich der Angebotsentwicklung zur **Gründerqualifizierung** im Sinne des Schlüsselkompetenzrahmens der EU für ein lebensbegleitendes Lernen einzubeziehen. Für den Bereich der Qualifizierung von Mitarbeitern zu unternehmerischem Verhalten im Unternehmen (**Intrapreneurship**) wird in der Literatur allerdings der Fachkompetenz eine wesentlich unbedeutendere Rolle zugesprochen als den übrigen Kompetenzarten. Ursache hierfür ist, dass Fachkompetenz innerhalb der Unternehmung kaum Unterschiede zu generellen Managementfähigkeiten aufweist und Ansätze zum internen Unternehmertum insbesondere die Innovationsfunktion eines unternehmerischen Mitarbeiters zur Vitalisierung der Organisation (Systemerneuerung) fokussieren. Gleichwohl sind diese Managementfähigkeiten zur Umsetzung von Innovationen und damit für ein erfolgreiches unternehmerisches Handeln unabdingbar (Draeger-Ernst, 2003: 194).

Für den Bereich des Intrapreneurship entwirft Wunderer (für einen zusammenfassenden Überblick über die Arbeiten Wunderers siehe Draeger-Ernst, 2003: 195 f.) ein eigenes Konzept relevanter Schlüsselkompetenzen, denen er konkrete Fähigkeiten und Eigenschaften zuordnet:

> **Gestaltungskompetenz**: Im Hinblick auf die Motivation und Begabung für innovatives Problemlösungsverhalten ordnet Wunderer der Gestaltungskompetenz Fähigkeiten und Eigenschaften wie Phantasie, Intuition, Ideenreichtum, die Fähigkeit zu analytischem Denken und zum Erschließen von Handlungsspielraum sowie das Bedürfnis nach Abwechslung und Offenheit für Neues zu.
>
> **Umsetzungskompetenz**: In Bezug auf die Fähigkeit und Motivation zur Verwirklichung und Implementierung innovativer Problemlösungen werden insbesondere konzeptionelles und analytisches Denken, Expertise, Selbstkontrollfähigkeit, Selbststeuerung, Einfluss- und Durchsetzungsvermögen, Initiative, Organizational Awareness, Leistungsstreben, Hartnäckigkeit, Machbarkeitsglaube, interner „Locus of Control" sowie eine hohe Identifikation mit der Unternehmung genannt.
>
> **Sozialkompetenz**: Hier stehen Kooperations- und Integrationsfähigkeiten, Verantwortungsbewusstsein, Flexibilität, Kontakt- und Konfliktfähigkeit, Durchsetzungs- und Organisationsfähigkeit sowie Lernfähigkeit im Vordergrund.

Nachdem die Lehr- und Lernbarkeit von Entrepreneurship im Allgemeinen und innerhalb von Organisationen im Besonderen herausgearbeitet wurden, wird nachfolgend auf die zu schaffenden Voraussetzungen eingegangen, welche zu einer erfolgreichen Implementierung von Mitunternehmertum in Organisationen notwendig sind.

4 Voraussetzungen zur Aktivierung unternehmerischen Denkens und Handelns in Bildungsorganisationen

Die geschaffenen Voraussetzungen sind nunmehr zu explorativen und exploitativen Zwecken zu nutzen. In diesem Zusammenhang ist zunächst auf die Ansatzpunkte im explorativ ausgerichteten Bereich des Corporate Entrepreneurship einzugehen. Corporate Entrepreneurship baut – wie oben beschrieben – auf dem Grundgedanken des Entrepreneurship auf und überträgt diesen auf am Markt etablierte Unternehmen mit dem Ziel der Schaffung eines dauerhaft unternehmerisch agierenden Unternehmens (Haid, 2004: 86): „Corporate Entrepreneurship is a process whereby an individual or a group of individuals, in association with an existing organisation, create a new organization or instigate renewal or innovation within that organization" (Sharma & Chrisman, 1999: 18). Die Kontextbedingungen von Corporate Entrepreneurship unterscheiden sich von Entrepreneurship zur Schaffung gänzlich neuer Entitäten kategorial:

- Durch die bestehende organisationale Anbindung verfügen die Initiativen beim Corporate Entrepreneurship über einen Background, der den Erneuerungsprozess erheblich unterstützen und beschleunigen kann. Hierzu ist bei weitem nicht nur an finanzielle Unterstützung (Corporate Venture Capital), sondern vor allem an Managementunterstützung und Wissentransfer zu denken. Die Risikosituation der unternehmerischen Akteure ist mit den zum Teil existenziellen Unwägbarkeiten bei originär gründungsbezogenem Entrepreneurship nicht vergleichbar.

- Umgekehrt kann die organisationale Anbindung auch zum Belastungsfaktor werden. Dies gilt insbesondere für strukturträge Organisationen mit einem hohen Bürokratisierungsgrad der internen Abläufe. Hierdurch können unternehmerischer Elan und erneuerungsorientierte Vorhaben gebremst und ggfs. entkräftet werden.

Die Maßnahmen zur Schaffung unternehmerischer Potenziale durch Mitarbeiter innerhalb etablierter Unternehmen können hinsichtlich ihrer perspektivischen Schwerpunktlegungen in organisations-, personen- und strategieorientierte Ansätze unterschieden werden (Draeger-Ernst, 2003: 24). Auf diese Ansatzpunkte ist nachfolgend kurz einzugehen.

- **Organisationsorientierte Ansätze** fokussieren organisatorische Strukturen als maßgebliche Rahmenbedingungen zur Förderung unternehmerischen Verhaltens. Insbesondere in größeren Unternehmen vorhandene bürokratische Organisationsstrukturen wirken unternehmerischem Denken und Handeln entgegen, wohingegen die flachen Hierarchien kleiner und mittlerer Unternehmen Unternehmertum zumindest tendenziell fördern. Durch Corporate Entrepreneurship sollen die strukturellen Vorteile beider Unternehmenstypen miteinander verbunden und genutzt werden (Fueglistaller et al., 2008: 206). Maßnahmen organisationsorientierter Gestaltungsansätze zielen daher darauf ab, durch Neubildung oder Umstrukturierung kleine (teil-)autonome Organisationseinheiten zu schaffen, die für die Muttergesellschaft als Keimzellen von Innovationsprozessen fungieren sollen.

- Ziel **personenorientierter Ansätze** ist es, Maßnahmen zur Förderung unternehmerischen Verhaltens der Mitarbeiter und Führungskräfte abzuleiten. Grundlagen dieser Maßnahmen sind dabei – wie weiter oben zur Entrepreneurship Education schon erläutert – die jeweils zugrunde gelegten Annahmen über spezifische unternehmerische Eigenschaften oder Motive der Mitarbeiter. Innerhalb der personenorientierten Ansätze bestehen hinsichtlich der relevanten Zielgruppe für Maßnahmen zur Förderung unternehmerischen Verhaltens zwei Strömungen. Einige Vertreter personenorientierter Ansätze argumentieren, dass bestimmte Mitarbeiter mit besonderen Fähigkeiten eher als andere in der Lage seien, unternehmerisches Verhalten zu entwickeln. Nach Pinchot (1985) qualifizieren sich diese „Intrapreneure" für die Förderung, da sie sich durch besonderes Engagement, durch die Konzeption Erfolg versprechender Pläne oder bereits erzielte unternehmerische Erfolge ausgezeichnet haben. Witte (1999) spricht im anderen Zusammenhang anstatt von Intrapreneuren von Promotoren – in Gegenüberstellung zu den Opponenten des damit verbundenen Wandels. Promotoren seien in der Lage, einen Innovationsprozess aktiv und intensiv zu fördern. Diese Mitarbeiter nehmen unterschiedliche Rollen ein: Während Fachpromotoren Impulse für Innovationsprozesse liefern, ist es Aufgabe der Machtpromotoren, diese innovativen Elemente mittels ihrer hierarchisch legitimierten Macht zu schützen und zu unterstützen. Als Vertreter eines Ansatzes mit einer breiteren Zielgruppendefinition kann etwa Wunderer (2007: 62 ff.) angeführt werden, welcher alle

Mitarbeiter einer Unternehmung als Zielgruppe zur Förderung unternehmerischen Verhaltens fokussiert. Hierbei differenziert Wunderer nach dem Ausprä-
gungsgrad von Motivation und seiner – wie oben erläutert – für Intrapreneuship
identifizierten Schlüsselkompetenzen vier unterschiedliche Typen von Mitarbeitern, an denen die Instrumente der Personalauswahl und Personalentwicklung
anknüpfen können.

- **Strategieorientierte Ansätze** setzen ganzheitlich und funktionsübergreifend an.
  Als zu verfolgende Ziele des Corporate Entrepreneurship werden in der Literatur
  recht einheitlich die Erhöhung von Innovationsvermögen, Proaktivität und Risikobereitschaft innerhalb der Organisation angeführt. Die Formulierung einer unternehmerischen Strategie zur Förderung der genannten Ziele soll dabei als rich-
  tungsweisender Impulsgeber für zielorientiertes unternehmerisches Handeln
  sowie als Prozesssteuerungsmechanismus bei der Aktivierung von Erfolgspoten-
  zialen dienen (Haid, 2004: 110 f.).

Organisationale und personale Ansätze beziehen unternehmerisches Verhalten auf
die individuelle Ebene innerhalb der Unternehmung, wohingegen strategieorientierte Ansätze zunächst das gesamtunternehmerische Verhalten betrachten und erst in
einem weiteren Schritt auf das individuelle Verhalten zielen. Draeger-Ernst (2003)
konstatiert, dass zwar das Humanvermögen als wichtigste Ressource der Innovati-
onsentwicklung der Kernbereich zur Förderung unternehmerischen Denkens und
Handelns sei, eine umfassende Vitalisierung der Gesamtunternehmung jedoch entsprechend eines integrierten Gesamtkonzepts bedürfe. Draeger-Ernst (2003: 42 ff.)
identifiziert aus den bestehenden Beiträgen zum Corporate Entrepreneurship fünf
Bereiche für Ansatzpunkte, die für die Entstehung und Förderung von Intrapreneurship relevant sind. Diese Bereiche zur Implementierung von Intrapreneurship in
ein gesamtunternehmerisches Konzept sind Kultur, Strategie, Struktur, Personal und
Prozess.

Nimmt man diese Überlegungen ernst und berücksichtigt man ferner die zentrale
Rolle, die Kulturfaktoren, z.B. bei der Wahrnehmung der Innovationsfunktion auf
Basis empirischer Nachweise, zufällt (Lütke Schelhowe, 2009), gelangt man zu der
Erkenntnis, dass aus Sicht der Unternehmensführung auf drei verschiedenen Ebenen
angesetzt werden muss, um unternehmerisches Denken und Handeln in Bildungsorganisationen zu verankern. Hierbei handelt es sich erstens um die **normative Ebene**, die Werte und Kulturfaktoren betrifft. Durch sie besteht die Möglichkeit, das
„Sense-making" in Richtung auf Corporate Entrepreneurship zu fördern. Es kann bei
weitem nicht als Selbstverständlichkeit vorausgesetzt werden, dass Bildungsorganisationen im internationalen Wettbewerb über ein hohes Maß an Fehlertoleranz verfügen, was sicherlich verständlich ist. Für Intrapreneurship-Zwecke hingegen ist eine
solche Fehlertoleranz hingegen unbedingt erforderlich, um Kreativitätspotenziale zu
erschließen und innovative Vorhaben nicht schon frühzeitig durch geltende Grundsätze in ungünstiger Weise zu kanalisieren. Überdies verweist Behrends (2006) auf
die Wirkung von Kultur auf die Innovationskraft sozialer Systeme und stellt erstens
eine tiefenstrukturale Wirkung auf die Grundvoraussetzungen der Innovationskraft
(Spannung, lose Kopplung, Slack) fest. Zweitens sieht er eine prozessuale Wirkung
auf die Störungsfreiheit organisationaler Lernprozesse, was die Bedeutung der Organisationskultur hervorhebt. Vor diesem Hintergrund liegt es nahe, die oben be-

schriebenen personen-, organisations- und strategieorientierten Ansätze um solche kulturbezogener Art zu ergänzen, wie dies auch Frank (2006) nahelegt. Neben die normative Ebene treten die **strategische** und die **operative Ebene**. Wenngleich die Maßnahmen auf strategischer Ebene umfassend sind, so steht – eng verbunden mit der normativen Ebene – die Schaffung einer herausfordernden Vision bezüglich der Rolle der Bildungsorganisation in der näheren und ferneren Zukunft im Vordergrund. Diese Vision schließt die Ableitung von Grundsatzzielen mit ein, durch die auch in Bezug auf Intrapreneurship-Aktivitäten Erwartungen formuliert und deren Einhaltung nachgehalten werden. Im operativen Bereich wiederum werden wichtige Umsetzungsentscheidungen getroffen, welche nicht zuletzt die Struktur- und Personalfragen im o.g. Sinne tangieren. In diesem Zusammenhang stellt sich die Frage, welche Rahmenstrukturen für Intrapreneurship-Aktivitäten förderlich sind. Unter personellen Gesichtspunkten muss entschieden werden, wieviel Kapazität für derartige Initiativen zur Verfügung gestellt werden kann. Die Kapazitätsbemessung läuft dabei ständig Gefahr, sich als Residualgröße des Alltagsgeschäfts zu ergeben. Das wiederum dürfte nur in den seltensten Fällen mit der definierten Bedeutung von Intrapreneurship auf der normativen und strategischen Ebene in Einklang stehen.

5 Abschließende Bemerkungen

Entrepreneurship ist ein Begriff mit vielen Facetten, der über die Jahrhunderte gewachsen ist und aus dem heutigen Sprachgebrauch immer weniger wegzudenken ist. Im originären Verständnis bezeichnet Entrepreneurship den Prozess der Unternehmensgründung. Hiermit gehen einher die ursprünglich gründungsinitiierende und im Zeitablauf revitalisierende permanente Schaffung und Entdeckung geschäftlicher Chancen (Innovationsfunktion), deren Absicherung (Risikomanagementfunktion) sowie deren Nutzung und Ausbau im Innen- und Außenverhältnis der Organisation (Koordinations- und Arbeitragefunktion). Mit der Betrachtung des Managementkonzepts des Corporate Entrepreneurship verlagert sich der Fokus innerhalb der Innovationsfunktion auf die Komponente der organisationalen Erneuerung. Grundlegende Potenziale zur Ausübung unternehmerischer Funktionen stellen dabei grundsätzlich alle Mitarbeiter der (Bildungs-)Organisation dar, welche durch geeignete Maßnahmen zu unternehmerischem Denken und Handeln qualifiziert werden können – und gemäß bildungspolitischer Richtlinien zu lebensbegleitendem Lernen auch hingeführt werden sollten. Insbesondere für Dienstleister, wie Bildungsinstitutionen, stellen die Mitarbeiter das wichtigste Abgrenzungspotenzial zum Wettbewerb dar.

Gelingt es nun, Mitarbeiter – je nach Motivation und Lernpotenzial in unterschiedlicher Ausprägungsstärke – zu Intrapreneuren zu entwickeln, stehen Unternehmen jedoch vor einem Dilemma, welches es aufzulösen gilt: Je unternehmerischer der angestellte Mitarbeiter denkt, desto größer ist die Gefahr des Wechsels in die Selbstständigkeit. Selbst dann, wenn es hierzu nicht kommt, muss klar sein, dass die Ansprüche unternehmerisch qualifizierter Mitarbeiter an sich selbst – und auch an ihre Vorgesetzten – steigen werden. Dies ist einerseits genau das verfolgte Ziel und kann andererseits eine Menge konstruktiver Unruhe erzeugen („die gerufenen Geister"). Gleichwohl müssen die kanalisierenden Voraussetzungen für vielfältiges unternehmerisches Handeln gegeben sein, soll die Gestaltungslust nicht in Frust umschlagen. Um diesem entgegenzuwirken, müssen – unter prozessualer Perspektive in dieser Reihenfolge – normative, strategische und operative Voraussetzungen geschaffen werden, die dem Intrapreneur unternehmerische Freiräume ermöglichen und hierdurch an die Organisation binden.

Exemplarisch für diese Schlussfolgerung lässt sich als begleitendes Beispiel zum Intrapreneurship die Hilti AG, in Person ihres CEO Michael Hilti, anführen (Hilti, 1999):

„Das Wirtschaftsleben ist heute gekennzeichnet durch zunehmende Komplexität und Facettenreichtum. Zeit und Geschwindigkeit spielen eine immer größere Rolle. Aktion statt Reaktion ist die Devise. Hohe Sachkompetenz, differenziertes Vorgehen, ganzheitliches, vernetztes Denken, gekoppelt mit einer hinreichenden Entscheidungsbefugnis sind daher unabdingbar. Um diesen Herausforderungen begegnen zu können, brauchen wir Mitarbeiter, die unternehmerisch denken und handeln, eine hohe Selbstständigkeit und Eigenverantwortung besitzen sowie Bereitschaft zum Risiko und hohe Lernfähigkeit zeigen. Wir sehen unsere Mitarbeiter als Unternehmer im Unternehmen.

Der Mensch avanciert unter den heutigen Wettbewerbsbedingungen mehr und mehr zum zentralen Erfolgsfaktor des Unternehmens. Mitarbeiterqualifikation und Mitarbeitermotivation sind das Ergebnis gezielter, jahrelanger Entwicklung und Pflege. Die Förderung des internen Unternehmertums bei Hilti basiert auf zwei Säulen:

- gemeinsame Werte und Ziele sowie
- persönliches Wachstum und Entwicklung des Menschen

Menschen mit unternehmerischen Ambitionen wollen wachsen und sich weiterentwickeln. Unser Personalmanagement ist gefordert, ständig entsprechende Möglichkeiten zu bieten. Empowerment wird in diesem Sinne zur zentralen Herausforderung. Empowerment erfordert Mut und Ehrlichkeit, gleichzeitig aber auch ein funktionierendes System zur Messung der Zielerreichung, der eigenen Leistung des Beitrages zur Strategieerfüllung.

Wenn wir Unternehmer im Unternehmen wollen, müssen wir uns auch der Konsequenzen bewußt sein: Mündige Mitarbeiter stellen höhere Ansprüche, erwarten eine höhere Managementleistung, mehr Aufmerksamkeit sowie eine wesentlich intensivere Kommunikation. Das Management muss ein Umfeld schaffen und laufend erneuern, in dem sich Unternehmer wohl fühlen und in dem sie auch ihre Zukunft sehen. In der Gestaltung und dem Erhalt einer solchen Kultur liegt die Kernkompetenz unserer Führungskräfte.“

Literatur

BARRETO, H. (1989). The entrepreneur in microeconomic theory: Disappearance and Explanation. London u.a.: Routledge.

BARRINGER, B.R. & BLUEDORN, A.C. (1999). The Relationship between Corporate Entrepreneurship and Strategic Management. Strategic Management Journal, 20, 421–444.

BEHRENDS, T. (2006). Corporate Entrepreneurship und Organisationskultur. In H. Frank (Hrsg.), Corporate Entrepreneurship (S. 113–149). Wien: Facultas.

BRAUKMANN, U. & SCHNEIDER, D. (2007). Die Entwicklung der Persönlichkeit des Unternehmers aus wirt-schaftspädagogischer Perspektive. In R. Bader, G. Keiser & T. Unger (Hrsg.), Entwicklung unter-nehmerischer Kompetenz in der Berufsbildung (S. 93–121). Bielefeld: Bertelsmann.

BRETZ, H. (1988). Unternehmertum und Fortschrittsfähige Organisation: Wege zu einer betriebswirt-schaftlichen Avantgarde. München: Kirsch.

BURGELMAN, R.A. (1983). A Process Model of Internal Corporate Venturing in the Diversified Major Firm. Administrative Science Quarterly, 28, 223–244.

CANTILLON, R. (1755/1931). Essai sur la nature du commerce en général. London: Macmillan for the Royal Economic. Dt. Übersetzung: Abhandlung über die Natur des Handels im Allgemeinen. Jena: G. Fischer.

CASSON, M. (1982). The Entrepreneur: An Economic Theory. Oxford: Robertson.

CASSON, M. (2003). The Entrepreneur: An Economic Theory. Cheltenham u.a.: Elgar.

COVIN, J.G. & SLEVIN D.P. (1989). Strategic Management of Small Firms in Hostile and Benign Environ-ments. Strategic Management Journal, 10, 75–87.

DOLLINGER, M.J. (2003). Entrepreneurship: Strategies and Resources. Upper Saddle River u.a.: Prentice Hall.

DRAEGER-ERNST, A. (2003). Vitalisierendes Intrapreneurship: Gestaltungskonzept und Fallstudie. Mün-chen und Mering: Rainer Hampp.

EUROPÄISCHE UNION (2006). Empfehlung des Europäischen Parlaments und des Rates vom 18. Dezem-ber 2006 zu Schlüsselkompetenzen für lebensbegleitendes Lernen [Amtsblatt L 394/10 vom 30.12.2006]. Brüssel. URL: http://eur-lex.europa.eu/LexUriServ/LexUriServ.do?uri=OJ:L:2006: 394:0010:0018:DE:PDF (31.07.2009).

FALLGATTER, M.J. (2001). Unternehmer und ihre Besonderheiten in der wissenschaftlichen Diskussion. ZfB, 71, 1217–1235.

FALLGATTER, M.J. (2002). Theorie des Entrepreneurship. Wiesbaden: Dt. Univ.-Verlag.

FRANK, H. (2006). Corporate Entrepreneurship – eine Einführung. In H. Frank (Hrsg.), Corporate Entre-preneurship (S. 9–32). Wien: Facultas.

FREILING, J. (2004). Unternehmerfunktionen im kompetenzorientierten Ansatz. In S.A. Friedrich von den Eichen, H.H. Hinterhuber, K. Matzler & H.K. Stahl (Hrsg.), Entwicklungslinien des Kompetenz-managements (S. 411–443). Wiesbaden: Dt. Univ.-Verlag.

FREILING, J. (2006). Entrepreneurship. Theoretische Grundlagen und unternehmerische Praxis. Mün-chen: Vahlen.

FREILING, J. (2008). „SME Management – What Can We Learn From Entrepreneurship Theory". Inter-national Journal of Entrepreneurship Education, 6, 1–19.

FREILING, J. (2009). Uncertainty, Innovation, and Entrepreneurial Functions: Working out an Entrepre-neurial Management Approach. International Journal of Technology Intelligence and Planning, 5, 1, 22–35.

FREILING, J., GERSCH, M. & GOEKE, C. (2008). On the Path Towards a Competence-based Theory of the Firm. Organization Studies, 29, 1143–1164.

FUEGLISTALLER, U., MÜLLER, C.A. & VOLERY, T. (2008). Entrepreneurship: Modelle, Umsetzung, Perspekti-ven. Wiesbaden: Gabler.

GARTNER, W. (1989). „Who Is an Entrepreneur?" Is the Wrong Question. Entrepreneurship Theory and Practice, 13, 47–68.

GESSLER, M. (2008). Das Kompetenzmodell. In M. Müller-Vorbrüggen & R. Bröckermann (Hrsg.), Handbuch Personalentwicklung (S. 43–62). Stuttgart: Schäffer-Poeschel.

HANFT, A. (2008). Bildungs- und Wissenschaftsmanagement. München: Vahlen.

HAID, D. (2004). Corporate Entrepreneurship im strategischen Management: Ansatz zur Implementie-rung des Unternehmertums im Unternehmen. Wiesbaden: Dt. Univ.-Verlag.

HILTI, M. (1999): Auszüge aus: „Unternehmer im Unternehmen am Beispiel der Hilti AG". URL: http://www.hilti.de/holde/modules/editorial/edit_singlepage.jsp?edtid=careers2/addeditorials_0

00009 (03.08.2009). Zuerst veröffentlicht in R. Wunderer (Hrsg.), Mitarbeiter als Mitunternehmer (S. 251–258). Neuwied, Kriftel: Luchterhand.

HINTERHUBER, H.H. (2004). Leadership. Franfurt a.M.: Frankfurter Allg. Buch im F.A.Z.-Institut für Management-, Markt- und Medieninformationen.

KIRZNER, I.M. (1978). Wettbewerb und Unternehmertum. Tübingen: Mohr.

KLANDT, H. (1984). Aktivität und Erfolg des Unternehmensgründers. Bergisch-Gladbach: Eul-Verlag.

KLEIN, H. (2002). Internal Corporate Venturing. Wiesbaden: Dt. Univ.-Verlag.

KNIGHT, F.H. (1921). Risk, Uncertainty, and Profit. Chicago: University of Chicago Press.

KNIGHT, G.A. (1997). Cross-cultural Reliability and Validity of a Scale to Measure Firm Entrepreneurial Orientation. Journal of Business Venturing, 12, 213–225.

KRÜSSELBERG, U. (1992). Theorie der Unternehmung und Institutionenökonomik. Die Theorie der Unternehmung im Spannungsfeld zwischen neuer Institutionenökonomik, ordnungsprozesstheoretischem Institutionalismus und Marktprozesstheorie. Heidelberg: Physica-Verlag.

LACKNER, S. (2002). Voraussetzungen und Erfolgsfaktoren unternehmerischen Denkens und Handelns: Eine empirische Analyse mittelständischer Unternehmen. Hamburg: Kovac.

LÜTKE SCHELHOWE, C. (2009). Erfahrung und Entrepreneurship-Orientierung im Internationalisierungsprozess. Diss., Universität Bremen. Bremen.

LUMPKIN, G.T. & DESS, G.G. (1996). Clarifying the entrepreneurial orientation construct and linking it to performance. Academy of Management Review, 21, 135–172.

LYON, D.W., LUMPKIN, G.T. & DESS, G.D. (2000): Enhancing entrepreneurial orientation research: operationalizing and measuring a key strategic decision making process. Journal of Management, 26, 1055–1085.

MARCH, J.G. (1991). Exploration and Exploitation in Organizational Learning. Organization Science, 2, 71–87.

MARTINELLI, A. (2005). Entrepreneurship and Management. In N.J. Smelser (Hrsg.), The handbook of economic sociology (S. 477–503). Princeton, NY: Princton University Press.

MCCLELLAND, D.C. (1966). Die Leistungsgesellschaft. Stuttgart: Kohlhammer.

MILLER, D. (1983). The correlates of entrepreneurship in three types of firms. Management Science, 29, 770–791.

MILLER, D. & FRIESEN, P.H. (1982). Innovation in Conservative and Entrepreneurial Firms: Two Models of Strategic Momentum. Strategic Management Journal, 3, 1–25.

MISES V., L. (1940). Nationalökonomie. Genf: Philosophia Verlag.

PINCHOT, G. (1985). Intrapreneuring: Mitarbeiter als Unternehmer. Wiesbaden: Gabler.

RAUCH, A., WIKLUND, J., LUMPKIN, G.T. & FRESE, M. (2009). Entrepreneurial Orientation and Business Performance: An Assessment of Past Research and Suggestions for the Future. Entrepreneurship Theory and Practice, 33, 761–787.

RIPSAS, S. (1997). Entrepreneurship als Prozess: Perspektiven zur Förderung unternehmerischen Handelns. Wiesbaden: Dt. Univ.-Verlag.

RIPSAS, S. (1998). Elemente der Entrepreneurship Education. In G. Faltin, S. Ripsas & J. Zimmer (Hrsg.), Entrepreneurship: Wie aus Ideen Unternehmen werden (S. 217–234). München: Beck.

SCHNEIDER, DIETER (1987). Allgemeine Betriebswirtschaftslehre. München: Oldenbourg.

SCHUMPETER, J.A. (1912). Theorie der wirtschaftlichen Entwicklung. Berlin: Duncker & Humblot.

SCHUMPETER, J.A. (1934). The Theory of Economic Development. Cambridge/Mass: Harvard University Press.

SCHUMPETER, J.A. (1942). Capitalism, Socialism, Democracy. New York: Harper & Brothers.

SHARMA, P. & CHRISMAN, J.J. (1999). Toward a Reconciliation of the Definitional Issues in the Field of Corporate Entrepreneurship. Entrepreneurship: Theory and Practice, Spring, 11–29.

THOME, T. (1998). Unternehmer im Unternehmen: Ein Beitrag zur Intrapreneuship-Diskussion. Marburg: Phillips-Universität.

UNGER, J., RAUCH, A. & FRESE, M. (2007). Persönlichkeit und Entrepreneurship. In R. Bader, G. Keiser & T. Unger (Hrsg.), Entwicklung unternehmerischer Kompetenz in der Berufsbildung (S. 122–136). Bielefeld: Bertelsmann.

WALTERSCHEID, K. (1998). Entrepreneurship Education als universitäre Lehre. Hagen: FernUniversität Hagen.

WIKLUND, J. & SHEPHERD, D. (2003). Knowledge-based resources, entrepreneurial orientation, and the performance of small and medium-sized businesses. Strategic Management Journal, 24, 1307–1314.

WITTE, E. (1999). Das Promotoren-Modell. In J. Hauschildt & H.-G. Gemünden (Hrsg.), Promotoren: Champions der Innovation (S. 9–41). Wiesbaden: Gabler.

WUNDERER, R. (2007). Führung und Zusammenarbeit: eine unternehmerische Führungslehre. Köln: Luchterhand.

ZAHRA, S.A. & COVIN, J.G. (1995): Contextual Influence on the Corporate Entrepreneurship-Performance Relationship: A Longitudinal Analysis. Journal of Business Venturing, 10, 43–58.

Change Management

Klaus Doppler

Zielsetzung

- Sie kennen mögliche Folgen der Informatisierung, Globalisierung und Steigerung der Komplexität.
- Sie können erläutern, warum herkömmliche Bildungsmaßnahmen oftmals als „geplante Folgenlosigkeit" charakterisierbar sind.
- Sie können erläutern, inwiefern das Selbstverständnis des „Durchschnittsmenschen" sowie das herkömmliche Verständnis von Organisation und Führung problematisch sind für die Gestaltung von Veränderungen.
- Sie kennen Schwerpunkte und Zielsetzungen einer zeitgemäßen Lernarchitektur.
- Sie können praktische Modelle einer solchen Lernarchitektur benennen und an Beispielen illustrieren.
- Sie kennen exemplarische Ziele, Inhalte und Vorgehensprinzipien eines praxisbezogenen Verhaltenstrainings und können den begrenzten Wert von Sozialtechniken erläutern.
- Sie kennen allgemeine übergreifende Aspekte praxisbezogener Verhaltenstrainings.
- Sie können Gesichtspunkte benennen, die eine Checkliste für Veranstalter sowie eine Checkliste für Teilnehmer zur Überprüfung von Maßnahmen beinhalten sollte.

1 Einleitung

Ein Markt boomt

Der radikale, schnelle und immer häufigere Wandel in der Wirtschaft macht Druck auf die politischen und gesellschaftlichen Institutionen, sich entsprechend anzupassen, um die notwendigen Unterstützungsleistungen erbringen zu können. Daraus ergibt sich auch ein immenser Bedarf an (Weiter-)Bildung. Wegen der immer kürzeren Verfallszeiten von Wissen wird eine immer schnellere Qualifikation erwartet. Alles ist in Bewegung, alles ist zu überprüfen und gegebenenfalls ist vieles Überkommene auszumustern, zu verändern oder Neues aufzubauen. Kein Wunder, dass in den Zeiten allgemeiner Verunsicherung und im Kampf um Arbeitsplätze, immer auch verbunden mit der Angst, letztendlich doch nicht aufgestellt oder im Spiel urplötzlich durch einen anderen ersetzt zu werden, viele auf (Weiter-)Bildung setzen. Die einen, weil sie sich selbst fit machen oder fit halten wollen, die anderen, weil sie es als ihre Aufgabe ansehen, Mitarbeiter gut zu qualifizieren, wieder andere, weil sie vielleicht außer Bildungsmaßnahmen nicht viel zu bieten haben, es sei denn, vage Hoffnungen auf einen späteren Einsatz – und schließlich die vielen Anbieter, weil sie darauf aus sind, gut im Geschäft zu bleiben oder ins Geschäft zu kommen. In Zeiten der Not kommt manches auf den Markt, das nicht unbedingt allen Qualitätskriterien entspricht. Wie die Spreu vom Weizen trennen? Wie unterscheiden zwischen wirksamen Heilmitteln und Placebos, zwischen neuen zeitgemäßen Ansätzen und nur flink neu etikettierten alten Hüten, zwischen seriösen Anbietern und Scharlatanen?

Bildungsmanagement zur Sicherung von Nachhaltigkeit

Wer (Weiter-)Bildung mit dem Anspruch von Nachhaltigkeit durchführen will, muss sein Handeln in einen größeren Kontext stellen und an der übergeordneten Leitfrage ausrichten: Wie kann es gelingen, Gesellschaften und Organisationen so zu gestalten sowie Personen so auszustatten, dass sie nachhaltig zukunftsfähig sind? Die folgenden Ausführungen sind immer in diesem Kontext zu lesen und zu verstehen. Es geht also nicht um Change Management an und für sich, auch nicht um die isolierte Anreicherung von Bildungsmanagement durch Change Management, sondern um die ganzheitliche Betrachtungsweise, die verdeutlichen soll, auf welche Weise und unter welchen Bedingungen Bildungsmanagement seinen Teil dazu beitragen kann, die Zukunftsfähigkeit von Menschen und Organisationen – und in ihrer Vernetzung und Interdependenz damit auch die Zukunftsfähigkeit der jeweiligen Gesellschaft, in der sich das Ganze abspielt – zu sichern und welche Rolle Change Management dabei spielen kann.

2 Das Umfeld, in dem sich alle bewegen und behaupten müssen

2.1 Information und Informatisierung

Die Welt um uns herum, die den Rahmen für das gesellschaftliche, wirtschaftliche, organisationale und persönliche Handeln bildet, lässt sich in etwa durch folgende Merkmale skizzieren: Revolutionäre Entwicklungen auf den Gebieten der Mikroelektronik, der Informatik, der Software-Technologien und der Telekommunikation. Einhergehend mit einem andauernden Preisverfall, machen diese Entwicklungen, die noch mitten im Fluss sind, es möglich, Informationen beliebig zu kanalisieren sowie weltweit über alle organisatorischen und gesellschaftlichen Grenzen hinweg ohne Zeitverzug zu transportieren. Die Tatsache, dass Informationen und die neuartigen Formen von Kooperation an den Grenzen von Nationen oder Kulturen nicht Halt machen, stellt uns vor die Herausforderung, mit sehr unterschiedlichen Denkmustern, Wahrnehmungsfiltern, Erlebens- und Handlungsgewohnheiten zu kommunizieren und zu kooperieren. Dabei sind das Schwierige daran weniger die Unterschiede selbst, sondern die Tatsache, dass sich die Betroffenen der Unterschiede oft gar nicht bewusst sind auf dem Hintergrund ihrer Überzeugung, dass ihre eigene Einstellung die normale und damit die einzig richtige und wahre ist.

Mögliche Folgen:

- *Drastische Beschleunigung von Arbeitsprozessen:* Durch die globale Vernetzung ist weltweit immer irgendwo Arbeitszeit. Gleichzeitig sind alle dank der vorhandenen technischen Kommunikationsmedien prinzipiell jederzeit und an jedem Ort – auch außerhalb ihrer eigentlichen Arbeitszeit – prinzipiell immer erreichbar. Wer sich vor dieser permanenten Erreichbarkeit nicht schützen kann bzw. nicht darf, ist deshalb einem immer stärkeren Arbeits- und Erledigungssog ausgeliefert.

- *Abbau von Hierarchie:* Die moderne Informationstechnik ersetzt eine der ganz grundlegenden Funktionen des mittleren Managements, nämlich Informationen sammeln, verdichten, interpretieren und weiterleiten – sowohl von unten nach oben als auch umgekehrt – und entzieht dieser Ebene damit einen wesentlichen Teil ihrer herkömmlichen Existenzberechtigung.

- *Dramatische Steigerung der Mobilität von Personen und Arbeitsprozessen:* Mithilfe dieser globalen und gleichzeitig kostengünstigen neuen Infrastruktur der Informatik und der globalen Ökonomie sind die Menschen prinzipiell in der Lage, von einem Ort her viele Prozesse gleichzeitig zu steuern, und, weil dem so ist, können andererseits zunehmend bestimmte Arbeitsprozesse an jedweden Ort der Erde verlagert werden, an dem die notwendige Arbeits- bzw. Dienstleistung in der gewünschten Qualität und zu einem vernünftigen Preis zur Verfügung gestellt werden können.

- *Neudefinition von Wertschöpfungsketten:* Anstatt vertikaler Silos werden horizontal übergreifende Wertschöpfungsketten geschaffen – auch virtuell über die bestehenden Organisationen hinaus.

- *Verknappung der Ressource Zeit:* Wir leben in einem besetzten Käufer-Markt, der nach dem Prinzip der Verdrängung arbeitet. Ein Anbieter, der untergeht, wird nicht vermisst; es gibt immer Wettbewerber, die ihn schnell und nahtlos ersetzen. Schnelligkeit ist auf diesem Hintergrund ein strategischer Erfolgsfaktor. Wer mit seinen Produkten und Dienstleistungen in der richtigen Qualität und mit dem passenden Preis nicht schnell genug am Markt ist, braucht es schon gar nicht mehr zu versuchen.

2.2 Polarisierung, Bedrohung und dramatische Steigerung der Komplexität

Die Kluft zwischen Arm und Reich wird immer größer. Die Reichen werden reicher, die Armen ärmer. Das Nord-Süd- und das West-Ost-Gefälle bleiben ein Dauerthema, trotz – oder auch wegen? – der Globalisierung. Die prinzipielle Entgrenzung der Ökonomie durch die Globalisierung führt nicht nur zu bisher nicht gekannten Chancen, sondern ist gleichzeitig eine permanente Bedrohung. Probleme, die früher regional eingrenzbar waren, können heute und in Zukunft jederzeit in einem Dominoeffekt blitzschnell auf die gesamte Welt übergreifen, solange es keine globalen Kontroll- und Regulierungsmechanismen gibt. Darüber hinaus sind die Nationalstaaten immer weniger in der Lage, ihren Gemeinschaftsaufgaben im Bereich der Sozial-, Gesundheits- und Bildungssysteme ausreichend nachzukommen.

Insgesamt gehen wir in eine Zukunft, die turbulent, in sich nicht stimmig, sondern eher widersprüchlich ist. Deshalb unterliegt unser Handeln dermaßen vielen Beeinflussungen, dass es nie möglich sein wird, eindeutige Kausalitäten zu identifizieren. Alles ist mit allem vernetzt – und trotzdem müssen Entscheidungen getroffen werden, die zumindest in ihrer groben Zielausrichtung nicht nur kurz-, sondern möglichst auch mittelfristig Bestand haben sollten, ohne der Verlockung zu erliegen, wegen der unsicheren Lage Entscheidungen zu verschieben, denn wer Entscheidun-

gen vertagt, hat entschieden, sich nicht zu entscheiden. Auch dafür trägt er die Verantwortung. Wir leben sozusagen in einem *permanenten Ausnahmezustand.* Natürlich gab es auch früher immer wieder Veränderungen. Davor und danach lagen aber
längere Zeiten der Konsolidierung, Stabilität und Kontinuität. Heute gilt: Das Leben
in und mit dauerhaft instabilen, turbulenten und unkalkulierbaren Umwelten ist der
ganz normale Alltag. Wandel in jedweder Form erfolgt immer schneller, immer radikaler – und insgesamt immer häufiger.

Mögliche Folgen:

- *Grundsätzliche Ersetzbarkeit:* Wer sich in einem besetzten, global agierenden und
  gleichzeitig volatilen Umfeld behaupten, neu positionieren oder gar ausdehnen
  will, muss andere verdrängen – und muss gleichzeitig immer auf der Hut sein,
  nicht verdrängt zu werden. Wer untergeht, wird nicht vermisst.
- *Steigende Unübersichtlichkeit:* Die zunehmenden Instabilitäten und Turbulenzen
  führen zu einem teilweise dramatischen Verlust an Orientierung, was andererseits den Wunsch nach Eindeutigkeit und Klarheit umso stärker werden lässt.
- *Zunehmende Unverbindlichkeit:* Wo sich so vieles dermaßen schnell verändert
  und kaum eine klare Orientierung geboten werden kann, entsteht gleichzeitig der
  Nährboden für eine grundsätzliche Unverbindlichkeit im Hinblick darauf, wie
  einzelne und Gruppen auf diese Entwicklungen reagieren (können).
- *Wunsch nach schnellen Ergebnissen:* Weil sich das Umfeld und die Rahmenbedingungen so schnell ändern, verlagert sich die Aufmerksamkeit zunehmend von
  der einzelnen Tätigkeit auf das Ergebnis des jeweiligen Handelns.
- *Wachsender Bedarf für Flexibilität, Qualifizierung und Change Management:* Bei
  allen Betroffenen nimmt insgesamt der Druck zu, sich flexibel auf Überraschungen
  einzustellen und sich entsprechend neu oder weiter zu qualifizieren und in der
  Anwendung respektive Umsetzung der vorhandenen Qualifikationen zu behaupten und zu bewähren. Gleichzeitig nimmt die Angst zu, dies nicht zu schaffen.

2.3 Herkömmliche Ansätze von Bildungsmaßnahmen

Betrachtet man nun auf dem Hintergrund der allgemeinen Lage und den daraus resultierenden Anforderungen die nach wie vor gängigen Konzepte von Bildungsmaßnahmen, so lassen sich diese durch folgende Merkmale kennzeichnen:

- Der Teilnehmer ist in den meisten Fällen nach wie vor ein passives Objekt der
  Bildungsmaßnahme.
- Die Weiterbildung erfolgt nahezu ausschließlich in seminaristischer Form oder
  auch per E-Learning.
- Die Bildungsmaßnahmen erfolgen in aller Regel außerhalb des Jobs (off the job),
  sind ausschließlich auf die Person des Teilnehmers und seine persönliche Qualifikation gerichtet, ohne Berücksichtigung des Kontextes, in dem sie/er handelt
  und in dem die neue Qualifikation etabliert werden müsste.
- Viele Maßnahmen werden von den veranlassenden Stellen im Unternehmen nach
  dem Gießkannenprinzip zugeteilt oder durch beliebige Selbstbedienung der
  Interessierten genutzt.

- Der Transfer des Gelernten in die Praxis ist nicht systematisch eingeplant, sondern bleibt dem guten Willen der Beteiligten überlassen.

Fazit: (Weiter-)Bildung als geplante Folgenlosigkeit

Und so ist es kein Wunder, dass es viele Konzepte und Maßnahmen zur (Weiter-) Bildung gibt, die man getrost als geplante Folgenlosigkeit bezeichnen darf. Drei Parteien sind die Ursachen dafür – allein oder in jeweiligem Eigeninteresse gemeinsam verbunden: die Adressaten, die Anbieter – und diejenigen, welche die Ware „Training" bestellen, einkaufen oder in sonst einer Weise dafür die Verantwortung (mit-) tragen. Geplante Folgenlosigkeit heißt, es ist beileibe nicht so, dass Nichtkönnen oder Nichtwissen der Einkäufer und Adressaten zufällig mit dem Nichtkönnen, Nichtwissen oder Nichtwollen der Anbieter zusammentreffen. Im Gegenteil, ich möchte geradezu unterstellen: Nicht selten machen beide Seiten sehr wohl gemeinsame Sache, um aus Angst vor wirklichen Veränderungen die Folgenlosigkeit der Maßnahmen gezielt zu produzieren – und sind bereit, um den Schein zu wahren, diese in gezielter Absprache auch falsch zu etikettieren. Ich werde versuchen, im Folgenden den einen oder anderen Aspekt näher zu beschreiben und zu begründen.

3 Integration von Bildungsmanagement und Change Management

Wenn wir nun davon ausgehen, dass einerseits das generelle Umfeld und der allgemeine Handlungsrahmen eigentlich allen bekannt sind und dass andererseits Menschen sich in ihren eigenen Augen immer vernünftig verhalten – selbst wenn wir dies, von außen betrachtet, nicht unbedingt immer nachvollziehen können – stellen sich drei grundsätzliche Fragen: *Erstens*, wie müssten denn nun Bildungskonzepte konkret aussehen, die in die Situation passen? *Zweitens*, warum können solche geeigneten Konzepte nicht so ohne Weiteres entwickelt bzw. umgesetzt werden? *Drittens*, fehlt es uns an Wissen oder mangelt es „lediglich" an der Umsetzung – und wenn ja, warum?

Anforderungen an Menschen und Institutionen

Auf dem Hintergrund der eingangs geschilderten Rahmenbedingungen müsste sich eigentlich jedes Unternehmen ebenso wie jedes einzelne Individuum grundsätzlich andauernd in Frage stellen, ständig seine Produkte bzw. Leistungen, seine Strategien, Organisationsstruktur und die Spielregeln seines Handelns überprüfen, gegebenenfalls neu erfinden und neu definieren. Dreh- und Angelpunkt: Schneller am Kunden und am Markt sein, dazu kostengünstig und trotzdem mit der vom Kunden geforderten Qualität. Um dies zu gewährleisten, müssten viele herkömmliche Lösungen über den Haufen geworfen und gegebenenfalls völlig neue Formen der Zusammenarbeit entwickelt werden. Ganzheitliches und vernetztes Denken, Flexibilität und Wandel wären zentrale Punkte auf der Tagesordnung. Soweit zu den prinzipiellen generellen Erfordernissen, denen Menschen und Institutionen theoretisch entsprechen müssten. Wie aber sieht demgegenüber die alltäglich erlebbare Praxis aus – und warum sind die Dinge so, wie sie sind?

3.1 Der „Durchschnittsmensch" im Hinblick auf die aktuellen Herausforderungen

Ohne Not will sich niemand verändern

Der durchschnittliche, also „normale" Mensch sucht grundsätzlich nach Ruhe, Ordnung, Stabilität und Sicherheit. Er schützt sich zunächst einmal gegen jede neue Anforderung mit Abwehrroutinen. Er ist quasi ein Energiesparer und verlässt höchst ungern die Komfortzone des Gewohnten. Lust und Überlebensangst sind meiner Ansicht nach die einzigen wirklichen Antriebsfaktoren für Veränderung. Und außerdem: Je älter Menschen werden, desto stolzer blicken sie auf ihre Erfahrungen aus der Vergangenheit, die ja einen wesentlichen Teil ihrer Identität ausmachen. Wir fahren sozusagen nach vorne – den Blick fest in den Rückspiegel gebannt. Erfahrungen aber sind doppelbödig. Ihr wesentlicher Wert liegt darin, für zukünftige ähnliche Situationen besser gerüstet zu sein. Was aber sind Erfahrungen für die Zukunft (noch) wert, wenn sich die Rahmenbedingungen immer wieder so dramatisch ändern, dass die aktuelle Situation mit der Vergangenheit nicht mehr vergleichbar ist?

Sigmund Freud hat einmal konstatiert: „Alles Unbekannte bereitet Angst". Dem elementaren Grundbedürfnis des Menschen nach Sicherheit, Ordnung und Kalkulierbarkeit werden stürmische Zeiten wie diese überhaupt nicht gerecht. Die Konsequenz ist Angst – und um diese Angst zu binden – Verdrängung. Wir sind deshalb weit davon entfernt, aktuelle Krisen als Chance zu nutzen, um Altes aus dem Verkehr zu ziehen und Neues auszuprobieren – und deshalb auch weit davon entfernt, dem Hinweis des österreichischen Nationalökonoms Josef Schumpeter zu folgen: Wer Innovation will, muss dafür durch „schöpferische Zerstörung" Platz schaffen.

Überholte mentale Modelle

Die generelle, Veränderungen abwehrende Basisprogrammierung wird zusätzlich gestützt durch weitere detailliertere Programmierungen. Wir haben zu allen verhaltensrelevanten Aspekten innere Orientierungsmuster beziehungsweise Leitbilder im Kopf (mental models), mit denen wir uns die Welt erklären und nach denen wir unser Handeln ausrichten. Solche *Deutungsmuster* sind uns oft gar nicht bewusst. Wir haben sie im Verlauf unserer Erziehung und späteren Erfahrung „gelernt" – und diese Muster erfüllen das grundsätzliche Bedürfnis nach Ordnung und Sicherheit. Das Problem: Unsere Modelle ändern sich nicht automatisch mit der sich verändernden Umwelt. Die aktuellen Entwicklungen im Umfeld stellen alle – Institutionen und Menschen – vor neue Herausforderungen. Verlangt werden Reaktionsfähigkeit und Flexibilität, um den notwendigen Wandel sicherzustellen. Viele Probleme und Situationen lassen sich aber innerhalb der herkömmlichen funktionsteiligen Linienorganisation mit den damit verbundenen hierarchischen Führungsmodellen kaum noch oder nicht schnell genug lösen. Gefragt sind neue Leitbilder und Modelle im Hinblick auf Organisation, Führung und Verantwortung. Ich möchte das an einigen Beispielen deutlich machen.

3.2 Verständnis von Organisation

Im Hinblick auf die Gestaltung von Organisationen standen und stehen häufig drei Elemente im Vordergrund: Trennung von Funktionen, eindeutige Zuständigkeiten, auf den eigenen Teilbereich eingegrenzte Verantwortung. Jeder handelt und optimiert nur im Interesse seines Sektors. Wissen und Information sind Herrschaftsgüter der einzelnen Funktionsträger oder Ab-Teilungen. Die Beziehungen zu anderen Bereichen sind geprägt von Vorsicht, Misstrauen, auf jeden Fall von Abgrenzung – und viele Vorhaben verenden im Niemandsland zwischen den einzelnen Zuständigkeitsbereichen. Fataler noch als die Funktionsteilung ist die daraus folgende Teilung der Verantwortung. Im Olymp, auf dem die übergreifende Gesamtverantwortung angesiedelt ist, ist das für die Koordination notwendige konkrete Wissen in den meisten Fällen nicht mehr verfügbar.

Schlüsselaspekte des herkömmlichen Verständnisses von Organisation:

- Klare Strukturen und Zuständigkeiten
- Vertikal exakt voneinander abgegrenzte Funktionen
- Auf die eigene Ab-Teilung eingegrenzte Verantwortung
- Analogie: feste Burg, byzantinische Kathedrale, Großtanker etc.

Das Leitbild für die Entwicklung zu einem zeitgemäßen Verständnis von Organisation lautet:

 Von der vertikalen funktionsteiligen Ab-Teilungs-Struktur zur horizontalen funktionsübergreifenden Wertschöpfungskette.

Gewachsene Organisationsstrukturen werden aufgebrochen, funktionale Abteilungsgrenzen eingerissen und im Sinne von übergreifenden Geschäftsprozessen radikal neu gestaltet. Jede Leistung wird gewissenhaft an ihrer eigentlichen Wertschöpfung gemessen und als überschaubare Abfolge von Lieferanten-Kunden-Beziehungen neu konzipiert und organisiert. Statt in starren Verfahren und eindeutigen Zuständigkeiten zu denken, müssen alle in erster Linie nach guten und schnellen Lösungen suchen – über die Grenzen von Bereichen, Funktionen, selbst über die Grenzen des Unternehmens hinweg. Die ausschlaggebende Messgröße ist nicht die Einzelleistung, sondern der Gesamterfolg.

Schlüsselaspekte eines zeitgemäßen Verständnisses von Organisation:

- Primat der horizontalen Wertschöpfungskette, ausgerichtet am Markt und Kundennutzen
- Flexible bereichs- und unternehmensübergreifende Netzwerke und virtuelle Organisation
- Maßstab: schnelle Lösungen
- Durchgängige Verantwortung für den Gesamterfolg

Leitbild in Anlehnung an Rudi Wimmer:

- „Nur diejenige Organisation ist gut, die ohne großen Aufwand jederzeit veränderbar ist …
- … nur diejenige Organisation handelt klug, die auf Überraschungen gefasst und gleichzeitig in der Lage ist, anderen Überraschungen zu bereiten"

3.3 Verständnis von Führung

In der herkömmlichen Form kann das Leitbild für „gute" Führung und damit eines „guten" Managers und „guten" Mitarbeiters in etwa wie folgt skizziert werden: Wer führt, ist oben, die anderen sind Untergebene. Ein Manager ist ein Macher, er treibt an, zieht und motiviert, die Untergebenen haben zu folgen. Der Manager hat per se alle und alles im Griff, hat das Sagen und trägt die Bürde der Verantwortung (damit rechtfertigt er auch sein höheres Einkommen). Je mehr Menschen er unter sich hat, desto wichtiger ist er. Geläufiges Prinzip: Viel Leut', viel Ehr'. Als Gegenleistung wird ein Manager mit allen Privilegien und Insignien der Macht ausgestattet. Gängiges Führungsprinzip ist: „Führen durch An- und Zurechtweisung". Der herkömmliche gute Mitarbeiter arbeitet eben (nur) mit – und passt sich an, damit er in diesem System überleben und gegebenenfalls auch Karriere machen kann.

Schlüsselaspekte für das herkömmliche Verständnis von Führung:

- Nur oben befinden sich das gesammelte Wissen und der genaue Überblick
- Führungskräfte sind Lokomotiven, Helden und Heroen
- Manager wissen immer, wo's langgeht
- Die unten tun gut daran, sich anzupassen und zu folgen
- Modell: „Führen durch An- und Zurechtweisung"

Wer in seinem Unternehmen das Verhalten an schnellen Lösungen ausrichten will, muss Entscheidungswege verkürzen und die Entscheidungsbefugnisse möglichst dorthin verlagern, wo die Arbeitsprozesse tatsächlich ablaufen, nämlich an die Basis. Dadurch wird auch der Handlungs- und Steuerungsspielraum verlagert – weg von den (zentralen) Funktionshierarchien hin zum Ort der Wertschöpfung. Auf diesem Hintergrund steht bei einem zeitgemäßen Verständnis von Führung die eigenverantwortliche Selbstführung des Mitarbeiters als Unternehmer im Unternehmen im Vordergrund und die Selbstorganisation in Teamstrukturen. Wer allerdings in einem solchen Rahmen führen will, muss eine wahrnehmbare zusätzliche Wertschöpfung zu bieten haben, sonst wäre Führung eine Form von Entmündigung. Führung von anderen wird so zur begründungspflichtigen Dienstleistung.

Schlüsselaspekte für ein neuzeitliches Verständnis von Mitarbeiter und Führung:

- Soviel Selbstführung, Selbststeuerung und Selbstverantwortung wie möglich
- Lean Management, flache Hierarchien, Teamsteuerung
- Führung als Wert schöpfende Dienstleistung mit folgenden Schwerpunkten:
  - Konzentration auf strategische Ausrichtung

- Kernaufgabe: Mobilisierung der systeminternen Selbststeuerungskräfte
- Lebendige, d.h. laufend zu aktualisierende Zielvereinbarungen
- Führung als Dienstleistung und Coaching
- Führungskraft als Lerndesigner und Manager des Wandels

Insgesamt:

- mehr *am* System arbeiten (sorgen, dass die Dinge ins Laufen kommen)
- statt *im* System (die Dinge selbst ins Laufen bringen und am Laufen halten).

Die neuen Leitbilder sollen helfen, unfunktionale Führungs- und Silo-Organisationszustände in ein Modell zu transformieren, das sich durch hohe Mobilität, kurze Wege, zwangsläufige Kommunikation und geringen Formalisierungsgrad auszeichnet.

Soweit die generelle Ausgangssituation, die damit verbundenen Anforderungen und die Trends für die Gestaltung von Organisationen und Führung, die sich daraus ableiten. Diese Trends sind allgemein bekannt und relativ unstrittig. Die eigentlichen Fragen kreisen um ein anderes Thema, nämlich nicht darum, was sein sollte, sondern wie die Transformation gelingen kann.

4   Eine zeitgemäße Lernarchitektur und praktische Modelle

4.1 Breites Spektrum der inhaltlichen Schwerpunkte und Zielsetzungen

(Weiter-)Bildung ist nicht eingeschränkt auf den Ausbau von personalem Wissen. Als Funktion für den Einzelnen und seine persönliche und berufliche Weiterentwicklung einerseits, als Funktion für die rechtzeitige Weiterbildung von Unternehmen bzw. Institutionen zur Sicherung ihrer Zukunftsfähigkeit andererseits und schließlich als Funktion für eine Gesellschaft, die als soziales System in globaler Vernetzung für alle Mitglieder einen geeigneten Lebensrahmen gewährleisten will, sind grundsätzlich alle dazu relevanten Felder berührt, z.B.

- *strategische Kompetenz,* um besser zu verstehen, was im Markt abläuft und was zu tun ist, um sich Erfolg versprechend (neu) zu positionieren,
- *Fachwissen und fachliches Können* – differenziert nach Maßgabe der aktuellen und vorhersehbaren Erfordernisse im derzeitigen beruflichen Feld, zusätzlich aber in eingeschränkter Form im Hinblick auf vernetzte Bereiche, um in der Lage zu sein, Interdependenzen und Zusammenhänge zu erkennen und berücksichtigen zu können – und darüber hinaus im Hinblick auf andere Bereiche, für die man sich rüsten will, um sich Optionen zu schaffen bzw. zu erhalten für gegebenenfalls absichtliche oder auch unfreiwillige Wechsel,
- *Basiskompetenz im Bereich von Sozialtechniken,* wie zum Beispiel Präsentations-, Moderations-, Visualisierungstechniken, die Kunst des Fragens, Rhetorik, Brainstorming, Mind-Mapping usw.: alles was dazu dient, kommunikative Prozesse steuern zu können – und sich dabei auch selbst zu profilieren,

- *Organisationsentwicklung und Change Management,* um auf der Basis einer ganzheitlichen Betrachtung die Unternehmensstrategie mit zu entwickeln, zumindest aber zu verstehen, in der Markt, Kunden, Finanzen, Anteilseigner, Mitarbeiter, neue Technologien, Geschäftsprozesse – eben alle relevanten Einflussgrößen ihren angemessenen Platz haben und auf der Basis dieser immer lebendigen Strategie entsprechend flexible Geschäftsprozesse und Strukturen zu definieren, für ihre laufende Anpassung Sorge zu tragen – und dabei nach allen Regeln der Kunst Betroffene zu beteiligen und Widerstandsmanagement zu betreiben,
- *interkulturelle Kompetenz,* um in Zeiten der globalen Vernetzung und der horizontalen Verkettung völlig unterschiedlicher Funktionsbereiche Bescheid zu wissen über die wahrscheinlichen Knotenpunkte, an denen sich mögliche Konfliktfelder ergeben können – um zumindest eine Notausstattung dafür zu haben, möglichst vorausschauend handeln zu können und bei „Kulturcrashs" in der Lage zu sein, wenigstens erste Hilfe zu leisten,
- *soziale Kompetenz und Persönlichkeitsentwicklung,* die befähigen, in einer Zeit des laufenden Wandels, geprägt durch vielerlei Unwägbarkeiten, Widersprüche und Vieldeutigkeiten, mit den daraus resultierenden Verunsicherungen und in deren Folge mit Angst umzugehen, sich in den neuen, teilweise ungewohnten Feldern neuer Organisationsformen richtig zu bewegen und sich mit den wesentlichen Themen zu befassen, wie z.B. Führung, Kooperation, Kommunikation, Umgang mit Konflikten, emotionale Intelligenz, soziale Wahrnehmung, angewandte Gruppendynamik, die eigentlich uralt, aber in der aktuellen Konstellation von neuer großer Bedeutung sind;
- *persönliches Rollenverständnis* im neuen Spiel der Kräfte als Ich AG oder Selbst GmbH und Konsequenzen für Handlungsräume und Übernahme von Verantwortung bis zum Selbstmarketing, um sich im Kampf um Arbeitsplätze und Positionen zu behaupten,
- *Coaching,* um als Vorgesetzter, Netzwerkkollege oder Berater in der Lage zu sein, andere bei solchen Entwicklungs- und Veränderungsprozessen halbwegs professionell zu begleiten,
- *und, und, und ...*

Das Reservoir von Zielen und inhaltlichen Schwerpunkten ist nahezu unerschöpflich, entsprechend stark sind der Druck und die Hoffnung auf Unterstützung durch einschlägige (Weiter-)Bildungsleistungen.

4.2 Ausgewählte praktische Modelle

Das weiter oben geschilderte neue Selbstverständnis des Mitarbeiters und damit einhergehend das neue Führungs- und Organisationsverständnis in Richtung auf mehr Eigenverantwortung und Selbststeuerung haben schon längere Zeit einige Pioniere veranlasst, im Bereich Weiterbildung und Personalentwicklung zu experimentieren:

a) Die Lernfirma

Eigentlich ist die zugrunde liegende Erkenntnis relativ simpel: Am besten lernt man durch Tun. Noch stärker: Am besten lernt man, wenn man etwas tun muss – und, weil man eben nicht alles kann, dann schauen muss, wo und wie man herbekommt, was an Wissen und Fertigkeiten fehlt. Und so wird zum Beispiel im Unternehmen für die Lehrlingsausbildung eine eigene kleine Firma gegründet mit allen Funktionen, die von Bedeutung sind, um eine Firma erfolgreich zu machen – Einkauf, Verwaltung, Finanz und Controlling, Marketing und Werbung, Verkauf, Logistik, Geschäftsführung etc. Es gibt ein Unternehmensziel und eine klare Ertragsvereinbarung und natürlich ein Produkt- beziehungsweise ein Leistungsangebot. Und in gewissen Abständen werden die Funktionsträger in andere Funktionen überwechseln. Und so sind insgesamt drei Dinge garantiert: Erstens, man lernt wirklich aus der Praxis für die Praxis. Es bleibt einem schließlich nichts anderes übrig, da man den Lernstoff und die zu übenden Fertigkeiten direkt in der Anwendung benötigt. Zweitens, man erlebt, wozu das Gelernte wirklich taugt oder eben nicht taugt, weil man von den unmittelbaren Auswirkungen betroffen ist. Denn gemessen wird man nicht an dem, was man weiß oder kann oder eben vorgibt zu wissen oder zu können, sondern ausschließlich an dem, was man tatsächlich zuwege bringt. Drittens, jeder erlebt die Situation nicht – wie manche Angestellte ihr ganzes Leben lang – aus einer einzigen Funktionsperspektive, sondern im Rahmen mehrfacher Rotation im Endeffekt ganzheitlich als Unternehmer.

b) Selbstverantwortetes Bildungs-Budget

(Weiter-)Bildung und Trainings erfordern eine Investition – in Zeit und meistens auch in Geld. Üblicherweise entscheiden die Führungsverantwortlichen oder auch der Personalbereich über solche Investitionen. Anders in diesem Fall: Die Unternehmensleitung stellt zum Beispiel einer Gruppe von sogenannten Nachwuchsführungskräften eine fixe Summe zur Verfügung, die diese in ihre Weiterbildung investieren können. Aber es gibt Bedingungen – und die sind nicht ohne: Die Gruppe muss dem Investor ein Fortbildungskonzept vorlegen, das nicht nur den Teilnehmern einen Trainingsnutzen, sondern auch in irgendeiner messbaren Form einen direkten Nutzen für das Unternehmen verspricht. Wenn das Konzept gebilligt ist, kann das Geld abgerufen werden. Die Gruppe muss aber in regelmäßigen Abständen, in Sonderfällen natürlich auch außerhalb dieser Regelung, den Entscheidern die Wirksamkeit ihres Konzepts nachweisen beziehungsweise neue Konzepte vorschlagen, wenn es neue Erkenntnisse oder Entwicklungen gibt, die für die zugrunde liegende Zielsetzung von Bedeutung sind. Die Gruppe ist im Übrigen frei, sich im Rahmen ihres Budgets und kalkulierter Hoffnung auf Wirksamkeit auch Unterstützung von außen zu holen – in Form von (Weiter-)Bildung, Training oder Beratung. Auch bei diesem Ansatz spürt man sehr klar, welche Annahmen zugrunde gelegt werden und welche Ziele die Geschäftsführung mit diesem Vorgehen verfolgt: Die Verantwortung für die eigene Entwicklung selbst in die Hand nehmen, Vernetzung und Ausgleich zwischen Unternehmens- und Mitarbeiterinteressen herstellen, sich an der erfolgreichen Anwendung und Umsetzung ausrichten, messen und messen lassen – also am Tun statt nur am theoretischen Wissen und prinzipiellen Wollen und Können.

c) *Eine entscheidende Reihenfolge: Zuerst die Infrastruktur, dann die Hilfe*

Wenn in einem von seiner Grundbeschaffenheit her trockenen Gebiet Wassermangel herrscht, so kann man diesen durchaus erfolgreich beheben, indem man von Zeit zu Zeit je nach Bedarf Wassertransporte organisiert mithilfe von Tankwagen oder speziellen Flugzeugen. Das ist allerdings meist eine nicht billige Angelegenheit. Die Alternative: Man schafft eine entsprechende Infrastruktur, indem man zum Beispiel Brunnen bohrt oder eine Wasserleitung legt. Dann hat man zwar zunächst einen höheren Aufwand zur Schaffung der Infrastruktur. Sobald diese aber existiert, reduziert sich der anschließende Aufwand drastisch, der nötig ist, um regelmäßig in ausreichenden Mengen das gewünschte Gut in der gewünschten Menge in die gewünschte Gegend zu schaffen.

Nach einem ähnlichen Prinzip ist vor einigen Jahren die Sozialbehörde in Teilen Kaliforniens vorgegangen: Es wurde schon immer sehr viel Geld ausgegeben, um den bedürftigen Teil der Bevölkerung auf einem Lebensniveau zu halten, das leidlich menschenwürdig ist. Ziel dieser Sozialhilfe war es eigentlich schon immer, Menschen zu befähigen, sich selbst in einer Weise weiter zu qualifizieren, dass sie im regulären Arbeitsmarkt eine Stelle finden würden. In den meisten Fällen handelte es sich um nicht oder nicht ausreichend gut qualifizierte Arbeitslose, häufig gekoppelt mit anderen Erschwernissen: allein erziehend, mehrere kleine Kinder, keine optimale Wohnung – jeder kann sich diesen Elendskreislauf vorstellen. Das Sozialbudget stieg und stieg, die Erfolge im Sinne von Hilfe zur Selbsthilfe folgten aber der Anstiegskurve der Ausgaben nicht, sondern wurden geringer und geringer. Viele Empfänger hatten gelernt, die Sozialhilfe als festes monatliches Einkommen anzusehen, entsprechend einzuplanen und sie hatten auch gelernt, damit in irgendeiner Weise, wenn auch mehr schlecht als recht, auszukommen. Und dann wagte man von Seiten des Staates eine Radikalreform: Die regelmäßigen Sozialmittel wurden gestrichen. Es wurde eine grundsätzlich neue Spielregel eingeführt: Zuerst muss sich jemand einen Arbeitsplatz besorgen beziehungsweise einen angebotenen Arbeitsplatz annehmen. Um einen Arbeitsplatz erfolgreich zu halten und sich dort auch weiterzuentwickeln, ist die Sozialbehörde bereit, jede sinnvolle Unterstützung zu gewährleisten – angefangen von Fahrzeugen, um in zumutbarer Zeit überhaupt an den Arbeitsplatz zu gelangen, über gezielte Trainings von Fertigkeiten in modernen Techniken oder auch notwendigem Verhalten, Hilfe bei der Suche nach Kindergartenplätzen oder auch nach einer geeigneteren Wohnung etc. Soweit ich diesen Versuch verfolgen konnte, ist er erfolgreich: die Kosten stiegen nicht weiter, die eigentlichen Ziele, nämlich die echte Eingliederung in ein normales Arbeitsleben und die Hilfe zur Selbsthilfe, werden deutlich besser erreicht.

Auch hier sind die zugrunde liegenden Prinzipien eindeutig: Selbstverantwortung und Eigeninitiative, statt sich zurückzulehnen und auf andere zu hoffen; Lernen aus der Praxis für die Praxis statt präventives Lernen, wie man es von der Schule gewöhnt war – und wie es nachgewiesenermaßen schon dort nicht erfolgreich war.

Obwohl bereits die alten Lateiner behauptet beziehungsweise gefordert hatten: Non scholae, sed vitae discimus (nicht für die Schule, sondern für das Leben lernen wir...)

d) Sich selbst „vermarkten"

Dieses Modell beruht auf der Grundüberzeugung, dass es grundsätzlich nur einen Hauptverantwortlichen für (Weiter-)Bildung, Training und Entwicklung gibt, nämlich den Mitarbeiter selbst. Das Unternehmen hat zwar ein hohes Interesse an der hohen Qualifikation seiner Mitarbeiter, aber die eigentlichen Träger der Maßnahmen, die dazu führen (sollen), sind die Mitarbeiter selbst. Sie werden nicht „gepampert", sondern müssen sich selbst um ihre (Weiter-)Bildung kümmern und diese auch selbst organisieren.

Das kann zum Beispiel folgendermaßen aussehen: Junge Menschen in einem Unternehmen wollen sich weiterbilden und weiterkommen. Die Firma bietet dafür ganz bewusst weder ein obligatorisches Trainingsprogramm, noch eines der häufig praktizierten Trainee- oder Personalentwicklungsprogramme an, in deren Verlauf sichergestellt ist, dass der Trainee verschiedene Funktionen und Funktionsträger des Unternehmens als Beobachter und Unterstützungsleister hautnah persönlich erleben, dadurch lernen und das Unternehmen kennenlernen kann. Nein, das Unternehmen geht einen völlig anderen Weg. Die Geschäftsführung fordert ihre entwicklungswilligen Mitarbeiter auf, besser gesagt, sie lädt sie ein, die Dinge selbst in die Hand zu nehmen. Fünf Spielregeln dienen als Wegweiser: Erstens, suche dir selbst ein Thema beziehungsweise eine Problemstellung, von der du annimmst, das Unternehmen hätte einen Nutzen davon, wenn dieses Thema angegangen oder dieses Problem gelöst werden würde. Zweitens, suche dir für dieses Thema unter deinesgleichen Mitstreiter. Drittens, finde einen, der in diesem Unternehmen bereits etwas zu sagen hat, der euch mit diesem Thema beauftragt. Viertens, besorgt euch die für dieses Thema und das von euch vorgeschlagene Vorgehen die notwendige Unterstützung – Ressourcen (Zeit, Geld, sonstige Mittel), Beratung, einen mikropolitischen Machtschirm beziehungsweise Promotoren, die dieses Projekt euerer Meinung nach benötigt. Macht fünftens mit dem Vorgehen und dem erreichten Ergebnis im Unternehmen in einer Weise auf euch aufmerksam, wie es der Kultur des Unternehmens entspricht und euerer Weiterentwicklung dient. Auf diese Weise kann Weiterbildung lustvoll, wirksam und Erfolg versprechend angelegt werden.

e) Qualifizierungskonzepte mit integrierter Projektarbeit und eingebautem Transfer

Mehr und mehr Unternehmen bieten für mittlere und obere Führungskräfte mehrstufige, in Module aufgeteilte, an der Unternehmenspraxis ausgerichtete Lehrgänge zum Thema Change Management oder General Management an. Gemeinsam mit den Teilnehmern werden einerseits die relevanten Themen festgelegt. Gleichzeitig werden für das Unternehmen relevante Projekte definiert, die, in die Module integriert, parallel zu den Wissensthemen bearbeitet werden. Prinzip: unmittelbarer Theorie-Praxis-Bezug einerseits und ausgeglichene Balance von Nutzen für das Unternehmen und Nutzen für den Teilnehmer andererseits.

f) Outdoortraining zur Teambildung – Abenteuerspielplatz für Erwachsene?

Ob Outdoortraining, Höhlenworkshop, Überleben in der Wildnis, Wildwasserrafting
– eine ganze Branche hat sich mittlerweile darauf spezialisiert, Menschen – mit Vorliebe Teams, die im Unternehmen zusammenarbeiten müssen – dem Abenteuer in
der Natur auszusetzen. Ziel: Den Zusammenhalt und die Rollenverteilung in der
Gruppe zu erproben und die Mitglieder für ihr Zusammenspiel am Arbeitsplatz fit zu
machen. Die physischen und emotionalen Erlebnisse sind sicher eindrücklich. Aber
inwieweit eine Übertragung der Erfahrungen in den Arbeitsalltag gelingt, ob diese
überhaupt möglich ist, darf in Frage gestellt werden. Zusammenarbeit und Rollenverteilung haben nicht unmaßgeblich damit zu tun, was man miteinander zu tun hat,
welche Kompetenzen dazu erforderlich sind, welche Erfahrungen bislang miteinander gemacht wurden, in welchem Rahmen diese Zusammenarbeit zurzeit geschieht
und in welchem sie in Zukunft geschehen soll. Und dies alles unterscheidet sich in
aller Regel mehr oder weniger drastisch von den körperlichen Herausforderungen in
der freien Natur, die es zu bewältigen gilt – und was dabei alles eine Rolle spielt.

Darüber hinaus bedarf es einer nicht zu unterschätzenden psychologischen
Kunst, das „Outdoor"-Erleben auf dem Hintergrund der betrieblichen Situation und
der individuellen Blickwinkel der beteiligten Personen professionell zu beobachten,
sie zu deuten und sie schließlich gemeinsam mit den Betroffenen auszuwerten und
zu versuchen, sie in generalisierbare Lernprozesse für die Alltagssituation im Unternehmen umzumünzen.

g) Gruppendynamisches Training zur Verhaltensänderung

Manager sind in Bezug auf ihre emotionalen Defizite in ihrem geschäftlichen Umfeld
oft sprachlos. Hauptgrund für diese Sprachlosigkeit ist Angst. Man fürchtet zum Beispiel, verspottet, ausgenutzt, öffentlich bloßgestellt zu werden oder ganz einfach die
Kontrolle über sich und über die Situation zu verlieren. Wer über Gefühle redet, zeigt
Schwäche. Wer Schwäche zeigt, ist verwundbar: Man fühlt sich von Gegnern umzin-
gelt, die nur darauf warten, eine verletzbare Stelle zu finden. Das gruppendynamische Verhaltenstraining wirkt dieser Sprachlosigkeit und allgemeinen Verdrängung
entgegen. Es bietet den bisher nicht vorhandenen Raum, ohne Angst vor Sanktionen
den eigenen Verhaltensmustern auf die Spur zu kommen. Der Zugang kann die Analyse des Verhaltens in konkreten Arbeitssituationen aus der eigenen Alltagspraxis
sein. Und zwar Verhalten, mit dem man entweder selbst nicht zufrieden ist oder: mit
dem Personen aus dem Arbeitsumfeld nicht zurechtkommen. Bedingung: Echtes
persönliches Interesse, daran zu arbeiten.

Das Vorgehen im gruppendynamischen Training ist speziell dadurch gekennzeichnet, dass nicht der Trainer die einzelnen Teilnehmer nacheinander in der Gruppe berät, sondern dass eine kollegiale Beratung stattfindet. Die Gruppe ist also nicht
nur der Ort, sondern auch das wesentliche Instrument des Geschehens. Der Vorteil
dieser gruppendynamischen Form der kollegialen Beratung besteht in der Dichte
und Gleichzeitigkeit von Wahrnehmungen der anderen Teilnehmer und des Trainers.
Bei jedem Teilnehmer läuft sozusagen der innere Film als Heimkino mit. Damit werden die Lernmöglichkeiten potenziert.

Im gruppendynamischen Training geht es nicht darum, was richtig und falsch, was gut und was schlecht ist, sondern darum, das eigene Verhalten zu reflektieren. Und genau hier setzt die Gruppe an: Mithilfe von Verhaltensfeedback liefert sie unerbittlich Hinweise über den blinden Fleck. Dazu braucht sich Gruppe nicht ausschließlich auf das zu verlassen, was jemand über seine Situation in seinem beruflichen oder auch persönlichen Umfeld berichtet, sondern sie macht ja aktuelle Erfahrungen in der Gruppe: Während jemand seine Situation darstellt, verhält er sich – und die Art und Weise, wie er dies tut, lässt eine sehr spezifische Beziehungsdynamik in und mit der Gruppe entstehen. Das Muster bildet sich sozusagen life in der Gruppe ab. Eine optimale Möglichkeit, das, was von dort und dann, also von draußen aus der Arbeitswelt, berichtet wird, mit dem zu verbinden, was gerade hier und jetzt life abläuft – d.h. die taufrischen Beobachtungen und Empfindungen der Teilnehmer mit den Erzählungen des Teilnehmers aus seiner Situation zuhause in Beziehung setzen und abgleichen.

Wie wortreich und kunstvoll auch immer sich jemand als Opfer widriger Umstände präsentiert – er wird über kurz oder lang im Hier-und-Jetzt des Trainings als (Mit-)Verantwortlicher entlarvt. Und exakt dies ist die entscheidende Chance für ihn: Die (Mit-)Verantwortung übernehmen für das, was (geworden) ist – mit allen Folgen und Zumutungen, die das eigene Verhalten für das Umfeld bedeutet.

Für unsere Zwecke hier möchten wir zwei Formen solcher Trainings grundsätzlich unterscheiden: Erstens, das Training als externe, prinzipiell für alle möglichen Teilnehmer offene firmenübergreifende Veranstaltung, bei dem die Teilnehmer weder vor, noch nach dem Training beruflich etwas miteinander zu tun haben und aus unterschiedlichen Unternehmen kommen. Zweitens, das Training als Veranstaltung im eigenen Haus, bei dem die Teilnehmer aktuell vor und nach dem Training mehr oder weniger eng beruflich miteinander in Beziehung stehen – und für die Zukunft zumindest potentiell immer damit rechnen müssen, miteinander zu tun zu haben.

Das externe Training: Als Fremder unter Fremden gilt nach dem Training nicht das Gesetz des Wiedersehens im normalen Unternehmensalltag. Sicherungsmaßnahmen sind also nicht in dem Maß erforderlich wie zuhause. Als unbeschriebenes Blatt, das nach der Veranstaltung wieder abtauchen kann, steigt die Bereitschaft, Persönliches im geschützten Raum des Trainings zum Thema zu machen.

Das hausinterne Training: Sogenannten Inhouse-Seminaren kann eine vergleichbare Wirkung zukommen – aber nur unter einer Bedingung: „Störendes" Verhalten muss aufgedeckt werden können, ohne dass daraus Kapital geschlagen wird für spätere mikropolitische Machtspiele. Das ist nicht einfach zu bewerkstelligen. Die Grundvoraussetzung dafür ist, Vertrauen hinsichtlich der Schweigepflicht herzustellen, die es verbietet, Internes aus dem Training herauszutragen und für sich oder gegen andere, die ihre Schwächen offengelegt haben, auszunutzen. Kann dieser Schutz nicht gewährleistet werden, ist von gruppendynamischen Inhouse-Seminaren abzuraten. Die unerwünschten Nebenwirkungen wären zu hoch. Die Gruppendynamik könnte leicht für die Fortsetzung destruktiver Kriegsführung instrumentalisiert werden.

Andererseits lohnt es sich, den notwendigen Sicherheits-Rahmen zu schaffen, auch wenn dies nicht einfach ist. Denn die Vorteile von Inhouse-Trainings sind verlockend: Erstens, die intimere Kenntnis der Schleichwege und all der ungeschriebenen Gesetze, die das Verhalten im Unternehmen bestimmen; zweitens, stärkere gegenseitige Unterstützung vor Ort bei der Umsetzung, und last but not least, eindrucksvollere Modellbildung für andere. Wenn es zum Beispiel gelingt, durch gezielte Inhouse-Trainings bei einer ganzen Gruppe von Führungskräften eines Unternehmens ein neues zeitgemäßeres Führungsverständnis zu entwickeln, so ist damit gleichzeitig auch ein kollegiales Netzwerk etabliert, das im anderen Fall der isolierten Teilnahme Einzelner bei externen Veranstaltungen erst noch gebildet werden müsste.

h) Übungen und Spiele im Training

Es gibt für nahezu alle Verhaltensaspekte, die trainiert werden sollen, maßgeschneiderte Übungen bzw. Spiele. Auch hier besteht generell das Problem, das, was im Spiel gesehen und erlebt wurde, auf die betriebliche Realität zu übertragen. Eins zu eins wird dies nie möglich sein, umso weniger, je ausgeprägter und intensiver der Spielcharakter der jeweiligen Übung ist. Das ist ein richtiges Dilemma: je spannender und aufregender das Spiel, umso weiter weg wahrscheinlich von der Realität, auf welche die Erfahrungen aus dem Spiel übertragen werden sollen ähnlich wie beim Outdoor-Training.
　　Am wirksamsten scheinen mir das aus dem Psychodrama hervorgegangene Rollenspiel und die Fallstudien, die möglichst exakt auf die Situation und die Ausgangssituation der Teilnehmer zugeschnitten sind, am besten – eine Kombination von beiden: zuerst die Fallstudie, die dann in einer zweiten Phase übergeleitet wird in spontane Rollenspiele, die dazu dienen, in wechselnden Konstellationen und mit unterschiedlichen Schwierigkeitsgraden bestimmte Verhaltensaspekte gezielt einzuüben.

5 Exemplarisches Konzept eines praxisbezogenen Verhaltenstrainings

5.1 Ziele, Inhalte und Vorgehen

a) Durchgängige Ziele und inhaltliche Schwerpunkte

In und durch diese Art von Trainingsarbeit werden gleichzeitig mehrere Anliegen verfolgt:

- *Sensitivität:* Grundsätzlich geht es immer wieder darum, die Selbst- und Fremdwahrnehmung zu überprüfen bzw. zu verbessern durch eine Auseinandersetzung mit Fragen wie: Welche Auswirkungen hat mein eigenes Verhalten auf andere? Wie nehme ich andere wahr, inwieweit verstehe ich andere, was löst das in mir aus und wie (angemessen) reagiere ich darauf?
- *Feedback:* Hier besteht die Lernchance darin, im aktuellen Kontext unmittelbar erfahren zu können, wie einen andere wahrnehmen, welche Wirkung das auf sie hat, dies mit der eigenen Einschätzung vergleichen und das eigene Verhalten dahingehend zu überprüfen, ob oder inwieweit es den eigenen Zielen und der jeweiligen Situation angemessen ist.

- *Verhaltenssteuerung:* Die Gruppe konfrontiert den Einzelnen mit seinem Verhalten und den zugrunde liegenden Einstellungen, Werten, Normen, mit seiner Art und Weise, an Menschen und Situationen heran – und mit sich selbst umzugehen. Erfahrungen und Reaktionen anderer Gruppenmitglieder bringen Anregungen, neue Gesichtspunkte, Relativierungen und Alternativen in die eigene Sichtweise.

- *Angst salonfähig machen:* Veränderungen werden nahezu immer als Zumutung erlebt und sind nicht selten auch so gemeint. Warum sollte jemand also Veränderungen an sich heranlassen, wenn er keine Notwendigkeit dafür sieht? Um Menschen soweit bringen zu können, dass sie bereit sind, sich mit Veränderungen grundsätzlicher Art auseinanderzusetzen, scheint mir ein gewisses Ausmaß an Angst unverzichtbar – im Sinne von „auf der Hut sein", wie ein Tier in der Wildnis, das beim geringsten Gefahrensignal, mit höchster Aufmerksamkeit und Anspannung witternd, seine Umwelt einer genauen Musterung unterzieht. Edgar Schein sagt zu diesem Thema: „Die Überlebensangst muss größer sein als die Angst zu lernen". Das bedeutet: Im Zusammenhang mit Veränderungsprozessen müssen Angst und Verunsicherung eine andere Rolle und Gewichtung erhalten: Keiner darf sich in Sicherheit wiegen, dass seinem Unternehmen keine Gefahr droht, die sein Überleben gefährdet. Wenn diese „Überlebensangst" nicht vorhanden oder zu schwach ausgeprägt ist, muss man sie entsprechend anfachen. Wenn dagegen der Angstpegel, etwas nicht zu verstehen oder nicht zu können, zu hoch ist, muss man ihn durch Ermutigung und Coaching senken, weil diese Angst vor dem Lernen sonst blockiert. Entscheidend ist also in beiden Fällen die Dosierung. Gerade Dozenten oder Trainer mit sozialer oder psychologischer Herkunft tun sich häufig schwer, die positive Seite der Angst zu akzeptieren und aktiv mit ihr zu arbeiten.

- *Professionell mit Widerstand umgehen:* Widerstand bei Veränderungsprozessen ist eine völlig normale Reaktion. Nicht das Auftreten, sondern das Ausbleiben von Widerstand muss Verdacht erwecken. Widerstand zu unterdrücken, zu verteufeln oder zu versuchen, ihn „wegzumanagen", ist das Dümmste, was man tun kann. Widerstand ist in den meisten Fällen eben nicht das Nicht-Wollen, sondern hat seine Ursache in unzureichender Kommunikation. Widerstand ist ein Symptom dafür, dass Menschen etwas, was im Rahmen der geplanten Veränderung von Bedeutung ist, entweder nicht wissen oder nicht verstehen oder nicht glauben oder befürchten, das neu Erforderliche nicht zu können. Da hilft nur eines: nachschauen, reinhören, erkunden, wo das Defizit oder die Schwachstellen liegen. Das aber wird nur gehen, wenn genügend Vertrauen und Glaubwürdigkeit vorhanden sind oder aufgebaut werden können.

- *Kommunikativ austauschen statt infiltrieren:* Um uns zu verständigen, müssen wir uns miteinander austauschen, statt von beiden Seiten versuchen, uns einseitig zu informieren oder zu infiltrieren. Echte Kommunikation ist ein tiefes gegenseitiges Erkunden und dann ebenso eine intensive gegenseitige Spezialmassage, bis die Dinge und die Beziehungen klar und die Verspannungen gelöst sind. Oder aber bis die Bemühungen schließlich eingestellt werden, weil klar ist, was der wirkliche Grund dafür ist.

b) Grundprinzipien im Vorgehen

Vom theoretischen Hintergrund und der prinzipiellen Vielzahl von methodischen Möglichkeiten her gesehen, können Konzepte und Formen von Verhaltenstrainings völlig unterschiedlich orientiert sein – verhaltenstherapeutisch, gruppenanalytisch, psychoanalytisch, sozialpsychologisch, sozialpädagogisch, systemisch, esoterisch und einiges mehr. Unter Verzicht auf esoterische und therapeutische Elemente könnte ein an den Erkenntnissen der Sozialpsychologie orientiertes pragmatisches Konzept sich im Wesentlichen nach folgenden Schritten und Aspekten ausgestalten:

Phase 1:

- Auftauen, verlernen, sich irritieren zu lassen, bereit sein, eingefahrene Verhaltensweisen in Frage zu stellen (lassen) – dies sind wohl die grundlegende Voraussetzung und Basis, um Verhaltenslernen zu ermöglichen.

Phase 2:

- Mit zunehmender Vertrautheit der Teilnehmer mit den angewandten Lernprozessen verzichtet der Trainer mehr und mehr darauf, im Training Strukturen vorzugeben oder gar vorzuschreiben. Die Gruppenmitglieder sind vielmehr aufgefordert, Inhalte selbst zu bestimmen, Struktur und Vorgehensweise selbst zu entwickeln und dabei ihre eigenen Erfahrungen zu machen, ihre bereits vorhandene Kompetenz zu entdecken und diese durch Anwendung auszubauen.
- Die Arbeit geschieht nach dem Prinzip eines Doppeldeckers: Auf der einen Seite bringen die Teilnehmer in das Training ihre eigenen Themen und Problemstellungen mit ein, die sie im Rahmen des Generalthemas *Sozialkompetenz* beschäftigen, auf der anderen Seite bearbeiten die Trainer auch die aktuellen (gruppendynamischen) Prozesse, die im *Hier-und-Jetzt* der Trainingssituation ablaufen: Es geht darum, die inhaltliche Sachebene und die emotionale Ebene der Beziehungen untereinander simultan im Blick zu haben und miteinander in Beziehung zu setzen. Nur die Koppelung dieser beiden Aspekte – die Themen aus der Praxis der Teilnehmer und die Analyse der aktuell ablaufenden (gruppendynamischen) Prozesse – rechtfertigt den Anspruch, wirklich praxisbezogen zu arbeiten.
- Mit und durch die Arbeit an den Themen und den Beziehungen in der Gruppe wird die Gruppe selbst zum Lerngegenstand. Sie erforscht sich selbst: die Art und Weise, wie sie sich entwickelt, durch wen und durch was diese Entwicklung beeinflusst wird – und wie die Prozesse zu steuern sind.

5.2 Der begrenzte Wert von Sozialtechniken

Eine nicht unbeträchtliche Menge an Mitarbeiterzeit und Geld wird in das Training von sogenannten Sozialtechniken gesteckt. Heerscharen von Multiplikatoren, Gruppensprechern oder Koordinatoren, Fach- und Prozessberatern, internen Change Agents, sogenannten Nachwuchsführungskräften – und zu einem nicht unerheblichen Ausmaß auch das mittlere Management werden geschult in der Kunst der Präsentation, der Moderation, der freien Rede, der Visualisierung, des Brainstormings, des Mind-Mappings, des Projektmanagements, der Personalführung sowie in der Kunst der Konfliktlösung und Mediation. Alle diese Trainings sind zumindest unschädlich – und das sollte das Erste sein, was man wie bei einem Medikament zu überprüfen hat. Die nachgewiesene Unschädlichkeit ist ja schon einmal etwas in einem Gesamtmarkt, der voll ist mit Angeboten, die sehr wohl einen nicht unerheblichen Schaden anrichten können. Inwieweit diese für den Mitarbeiter und für das Unternehmen aber auch nützlich sind, hängt von drei Faktoren ab:

Zum einen ob, wie schnell und wie intensiv das, was im Training gelernt wurde, direkt im Anschluss an das Training in der Arbeitspraxis erprobt werden kann. Jedermann weiß: Nur „Übung macht den Meister" und „wer rastet, der rostet". Nur die regelmäßige Ausübung der gelernten Kunst gewährleistet, dass sie nicht schneller vergessen wird, als sie gelernt wurde. Das trifft auf Fremdsprachen zu, auf alle möglichen Sportarten – und auf Sozialtechniken.

Ein *zweites* Element ist allerdings genauso ausschlaggebend: Techniken werden nie isoliert im luftleeren Raum angewandt, sondern immer in einem konkreten Umfeld von Personen und Gruppen mit jeweils unterschiedlichen, zum Teil nicht miteinander kompatiblen Befindlichkeiten und möglicherweise kollidierenden Interessen. Nur wer dieses möglicherweise auch turbulente gruppendynamische Umfeld einigermaßen beherrscht, zumindest seine Selbstsicherheit nicht verliert, dem wird es möglich sein, seine sozialtechnische Kompetenz professionell von der Theorie in die Praxis zu transportieren.

Drittens, Techniken sind Instrumente, die immer den Menschen als Vehikel benötigen. Ob eine Technik ihre volle Wirkmöglichkeit entfaltet oder nicht, hängt nicht zuletzt davon ab, in welchem Geist sie angewendet wird. Man kann, rein technisch gesehen, perfekt moderieren oder auch visualisieren, aber eine solche Kühle und Distanz denen gegenüber ausstrahlen, die man eigentlich mobilisieren soll, dass diese das persönliche Desinteresse oder das Fehlen von persönlicher Wertschätzung unmittelbar spüren und mit entsprechender Enthaltsamkeit reagieren, was das geforderte Mitmachen angeht. Wem gewisse Persönlichkeitsmerkmale mangeln, die soziales Verhalten ausmachen, der kann diese Defizite auch nicht mit noch so vielen und noch so perfektionierten Techniken kompensieren.

Gesucht: Sozialkompetenz

Es gibt keine absolute Trennschärfe zwischen Sozialtechniken und Sozialverhalten. Stattdessen prägen Grauzonen und Übergänge das Bild. Trotzdem: Sozialtechniken lernen und sie auf dem Trainings-Trockendock ausüben, das kann jeder; Sozialverhalten gehört insofern einer anderen Kategorie an, als das Soziale am Verhalten nicht einseitig definiert werden kann. Entscheidend dafür, ob ein Verhalten sozial oder eben unsozial ist, bestimmt nicht derjenige, der sich verhält, sondern wie das jeweilige Verhalten beim Adressaten ankommt, wie es erlebt wird und was es beim Adressaten auslöst. Die dazu notwendigen Informationen können nur über entsprechende Rückmeldungen gewonnen werden. Insofern sind Feedback und der angemessene Umgang damit ein substantieller Bestandteil von Sozialverhalten – im Unterschied zu Sozialtechniken.

Es gibt eine ganze Reihe von gruppenorientierten Methoden und Verfahren zur Überprüfung und Einübung von Sozialverhalten mithilfe von Feedback: Gruppendynamik, Gruppenanalyse, Themenzentrierte Interaktion, systemische Familientherapie, um nur einige zu nennen. Eines ist allen Verfahren, so unterschiedlich sie auch sein mögen, gemeinsam: Keinem ist bisher die allgemeine wissenschaftliche und damit auch gesellschaftliche Reputation zuteil geworden - im Gegensatz zum Beispiel zur Medizin. Alle diese psychologischen, psycho- oder gruppendynamischen Verfahren werden von den nicht eingeweihten „normalen Menschen" als mehr oder weniger exotisch eingestuft. Und weil die generelle Akzeptanz (noch) fehlt, ist es nicht verwunderlich, dass sich die Anbieter einen Streit der Schulen liefern, um sich in einem insgesamt noch wenig stabilen Gesamtfeld durch individuelle Prominenz die jeweils bessere Ausgangssituation zu verschaffen.

Ich möchte an dieser Stelle von einer speziellen Bewertung der einzelnen Verfahren absehen. Zumal mir als Betroffener durchaus mit Recht Befangenheit unterstellt werden könnte. Ganz generell scheinen mir die folgenden Aspekte wesentlich:

Erstens, ohne Gruppe geht nichts. Ein wie auch immer geartetes Gruppenverfahren ist meines Erachtens zur Entwicklung von Sozialkompetenz unverzichtbar, soweit man mir zustimmt, dass Feedback als konstituierender Bestandteil zur Entwicklung von Sozialkompetenz betrachtet werden muss. Das soziale Ich kann sich nur im Umfeld und Zusammenspiel mit anderen überprüfen und weiterentwickeln.

Zweitens, wie gut ein Training im Endeffekt für den Teilnehmer ist, hängt von einer ganzen Reihe von Faktoren ab, die sich in ihrem Einfluss weder voneinander isolieren, noch genau messen lassen, z.B. (ohne Anspruch auf Vollständigkeit):

- Die direkte Wirkkraft des Verfahrens
- Die Verfassung des Teilnehmers
- Die Qualifikation des Trainers
- Die Zusammensetzung und die Qualität der Gruppe

So kann ein suboptimales Verfahren durchaus zu einem insgesamt hervorragenden Ergebnis für den Teilnehmer führen, wenn die anderen Faktoren stimmen. Und das beste Verfahren nützt wenig, wenn einer der anderen Faktoren nicht stimmt.

Drittens, aus Mangel an eindeutigen objektiven Kriterien führt wohl kein Weg daran vorbei, sich mit einem Mix subjektiver Ansätze zu behelfen:

- Gezielt Erkundungen bei verschiedenen Menschen einholen, die entweder direkte Erfahrungen als Teilnehmer gewonnen haben, oder von Menschen, die Teilnehmer vor und nach ihrer Teilnahme erlebt haben.
- Sich auf subjektive Empfehlungen einlassen, nicht darauf hoffen, dass ein Seminarprospekt eine bessere Qualität haben könnte als ein Urlaubskatalog.
- Sich durch Mehrfachempfehlungen nach mehreren Seiten hin absichern, damit man weder der Euphorie eines Einzelnen auf den Leim geht, die sehr wohl durch ein geschicktes Design vom Trainer erzeugt werden kann, aber nichts über die mittel- und längerfristige Wirkkraft des Trainings aussagt, oder umgekehrt, dass man Leidtragender einer schlechten Beurteilung eines eigentlich guten Seminars wird, die sehr wohl darauf beruhen kann, dass der Teilnehmer mit Themen in Berührung kam, die ihm im Moment nicht in sein Selbstkonzept passen, die aber

sehr wohl in ihm etwas in Gang gebracht haben können, was halt seine Zeit braucht, um sich tatsächlich auswirken zu können.

- Sich darüber im Klaren sein, dass schlussendlich ein nicht unerhebliches persönliches Restrisiko bleibt, das nur durch persönliches Engagement in der Veranstaltung selbst gemindert werden kann – mit dem Bestreben, die Veranstaltung zur eigenen zu machen und das Beste für sich herauszuholen.

Flucht in den Wunderglauben, oder: Training als Beruhigungspille

Es war immer so und daran wird sich auch in Zukunft nichts ändern: Menschen lieben – zumindest vorübergehend – die Flucht in die Abhängigkeit und glauben nur zu gerne an Wunder. Lotto und Spielbanken leben schon Jahrhunderte davon. Warum soll es gerade im Psychomarkt anders sein? Umso mehr gilt dies in Zeiten, in denen alles immer unübersichtlicher und immer weniger berechenbar wird.

Es gab und gibt immer wieder Effekt heischende Inszenierungen von selbsternannten Gurus – professionell gestaltet nach allen Regeln des Marketingmix: Großveranstaltungen, Bücher, Videos, CDs, Fernsehauftritte usw. mit dem ausdrücklichen Anspruch, einen wichtigen Beitrag zur Verhaltensänderung zu leisten. Für den Moment sei es uns gleichgültig, ob es um das Thema Sozialverhalten, Persönlichkeitsentwicklung oder auch um körperliche Fitness geht, die sich unmittelbar auf die seelische Verfassung auswirken sollen. Was soll man davon halten? Sind diese Inszenierungen minimal ungefährlich, weil folgenlos – und damit nur ärgerlich oder muss man davor warnen, wenn auch, wie beim Rauchen, mit wenig Aussicht auf Erfolg, weil riskante Wirkungen nicht ausgeschlossen werden können?

Auf der einen Seite liegt es in der Verantwortung der Teilnehmer, selbst zu entscheiden, wofür sie ihr Geld ausgeben. Wunderglaube und Lottospielen sind nicht strafbar. Heißt es doch schon bei GOETHE: „Wie glücklich würde sich der Affe schätzen, könnt' er nur auch ins Lotto setzen". Und warum nicht der Aufforderung Folge leisten: Mach' dir ein paar schöne Stunden und geh' ins Kino, respektive zur Fortbildung. Einfach mal abschalten und für ein paar Stunden wenigstens in eine künstliche Welt eintauchen, aus der man sowieso schnell genug wieder erwacht oder herausgerissen wird. Stellt sich darüber hinaus ein Placebo-Effekt ein – umso besser! Soweit die positive, zumindest aber unschädliche Seite.

Diejenigen allerdings, die solche Vorstellungen im angeblichen Unternehmensinteresse für Mitarbeiter einkaufen oder beschicken, möchte ich weniger schonend behandeln: Entweder sie setzen gezielt Sedative oder sie sind bodenlos dumm. Und da bleibt wahrscheinlich nur der uralte Trost: Gegen die Dummheit kämpfen selbst die Götter vergebens.

5.3 Allgemein übergreifende Aspekte – unabhängig von der Art der Maßnahme

Wer (Weiter-)Bildung nicht als eine geplante Folgenlosigkeit versteht, sondern mit nachhaltiger Wirksamkeit gestalten will, muss prinzipiell zwei Aspekte berücksichtigen: einerseits die generellen Rahmenbedingungen, in denen wir uns alles befinden, andererseits aber auch die grundsätzliche innere Programmierung von durchschnittlichen Menschen – beides haben wir weiter oben eingehend beschrieben. In der Konsequenz bedeutet das, in der Konzeption und Umsetzung von Maßnahmen der (Weiter-) Bildung, gleichgültig, um welche inhaltlichen Schwerpunkte oder Ziele es sich im Einzelnen handelt, sich generell an folgenden Kriterien auszurichten, die im Ansatz auch den kurz skizzierten ausgewählten zeitgemäßen Bildungskonzepten zugrunde lagen:

a) Ganzheitliches und integriertes Konzept

Der ganzheitliche und integrierte Ansatz ist in einem doppelten Sinn erforderlich: inhaltlich und methodisch-didaktisch. *Inhaltlich* bedeutet dies, folgende Dimensionen in ausgewogener Weise zu berücksichtigen:

- Zukunftskonzepte und Strategien des Unternehmens;
- die betroffenen Personen(gruppen) in ihren konkreten Situationen, ihren Befindlichkeiten, Bedürfnissen und Qualifikationen;
- die Geschäftsprozesse und die dazu notwendigen Strukturen, unter Berücksichtigung der neuen Möglichkeiten der Informatik und Telekommunikation, die Unternehmenskultur, speziell die ungeschriebene Spielregeln, die einen wesentlichen Teil des traditionellen Selbstverständnisses, wie man sich in dem jeweiligen Unternehmen (nicht) zu verhalten hat, ausmachen und die gegebenenfalls schnellen Entwicklungen, die der aktuellen Kultur nicht entsprechen, nachhaltig im Weg stehen können.

Was die *Pädagogik, Methoden und Didaktik* betrifft, reicht es nicht aus, beim Teilnehmer einzelne Aspekte isoliert zu fokussieren. Gefragt ist, sowohl bei der Konzeption als auch in der Durchführung verschiedene Dimensionen immer gleichzeitig im Blick zu haben, sie in ausgewogener Form zu berücksichtigen, – d.h. weder zu gering, noch zu stark – und dabei zu bedenken, dass sich alle diese Dimensionen gegenseitig beeinflussen:

- Mentale Einstellung (Jede Veränderung beginnt im Kopf!)
- Wissen
- Fertigkeiten
- Emotionale Befindlichkeiten
- Unterstützende und hindernde Faktoren im direkten Arbeitsumfeld

Im Kern geht es immer darum, zunächst einmal gemeinsam mit den Betroffenen ihre erlebte Ausgangsituation in allen diesen Dimensionen herauszuarbeiten, um auf der Basis der daraus gewonnenen Erkenntnisse maßgeschneiderte Konzepte zu entwickeln.

b) Betroffene zu Beteiligten machen – Selbstverantwortung, Selbstverpflichtung und Ownership der Teilnehmer

Der Teilnehmer trainiert, so wie der Schüler lernt oder jemand sich ändert. Trainer, Lehrer und sonstige an der Erziehung oder Entwicklung Beteiligte können zwar Rahmenbedingungen schaffen, aber das eigentliche Geschehen liegt in den Händen der Betroffenen selbst. Gerade Bildungs- und Trainingsmaßnahmen könnten einerseits Dozenten und Trainer verführen, zum Zwecke der Eigenprofilierung eine zu dominante Rolle zu spielen und die Teilnehmer dadurch zu folgsamen Adressaten von Belehrungen und Übungen zu machen – und könnten andererseits Teilnehmer verlocken, eine derartige verantwortungsfreie Entmündigung, wie im Kino oder im Krankenbett, auch noch zu genießen. Und genau diese Rollenaufteilung wäre die sichere Garantie dafür, dass das nicht erreicht werden kann, was eigentlich das Hauptanliegen solcher Maßnahmen ist: der mündige Mensch, der die Verantwortung für sich und die Umstände, in denen er sich bewegen muss, ohne Einschränkung übernimmt – und der bei allem, was er tut, an sich und an sein Handeln glaubt.

c) Die Menschen dort abholen, wo sie sind

Menschen sind unterschiedlich und haben deshalb folgerichtig unterschiedliche individuelle Ausgangspunkte, was ihre Erwartungen, Ziele, Fertigkeiten, Einstellungen und Befindlichkeiten betrifft. Wer maßgeschneidert trainieren will, muss diese Verschiedenheit der Ausgangspunkte in seinem Konzept ernst nehmen. Er muss sozusagen die Menschen erst einmal bei ihrer Unterschiedlichkeit abholen, muss verstehen, was sie bewegt auch im Hinblick auf ihre unbewussten Erfahrungen und verdrängten Energien. Nur so wird er entscheiden können, welche Aspekte als Antrieb genutzt werden können und was zu verlernen ist, um Boden für Neues zu bereiten.

d) Ausgeprägter Praxis-Bezug

Eine Bildungs- oder Trainingsmaßnahme ist ein ganz spezielles, zeitlich begrenztes Geschehen mit ganz speziellen Voraussetzungen, das nicht dem entspricht, womit es der Teilnehmer in seinem normalen Arbeitsalltag zu tun hat. Insofern bezeichnen und erleben Teilnehmer solche Situationen immer auch als theoretisch und nicht real. Der Teilnehmer soll aber Dinge verstehen lernen und einüben, die sich im Endeffekt in seiner realen Lebens- und Arbeitspraxis auswirken. Dadurch existiert in jeder Maßnahme zur (Weiter-)Bildung oder Training das so genannte Transferproblem: Wie kann es gelingen, das im Training Gelernte in die reale Praxis zu übertragen? Um dieses Problem von vornherein nicht zu groß werden zu lassen, hat es sich bewährt, relevante Situationen aus der Arbeitssituation in das Training hineinzuholen (Wo fehlt was oder/und wo und warum klemmt es tatsächlich? Worin bestehen die neuen Herausforderungen? Inwieweit sind die Probleme eine Sache fehlenden Wissens, fehlenden Verstehens, zu geringer Akzeptanz, mangelnden Könnens, zu dürftiger Unterstützung im direkten Arbeitsumfeld?), um diese Fragestellungen dann so praxisnah wie möglich zu bearbeiten. Sonst besteht die Gefahr, dass zwar theoretisch gelernt, das Gelernte aber nicht in die Realität umgesetzt wird.

e) Prinzip des eingebauten Transfers in die Praxis

Es geht darum, die Verantwortung dafür zu übernehmen, nicht nur die eigene persönliche Kompetenz auszubauen, sondern das Umfeld auf die damit verbundene Veränderung einzustellen und dafür zu erschließen. Es nützt nichts, einen Schlüssel zu verändern, ohne gleichzeitig auch das Schloss entsprechend anzupassen. Denn nicht jede neue Kompetenz wird ohne Weiteres vom Umfeld freudig begrüßt. Je nach Lage der Dinge kann dadurch so manches bisherige (faule) Arrangement kräftig durcheinander gebracht werden. Deshalb ist es klug, von Anfang an die Umsetzung mit zu bedenken, z.B. anhand folgender Fragen:

- Wie könnte die neue Kompetenz von anderen erlebt werden, welche Reaktionen sind zu erwarten und wie stelle ich mich selbst und die anderen darauf ein?
- Wie passt die neue Kompetenz in das bestehende Kräftefeld der Interessen der Menschen, die mein Umfeld bilden? Welche Verschiebungen könnte sie mit sich bringen? Welche Widerstände sind zu erwarten?
- Welche Verlockungen könnte ich mir selbst und könnten andere mir bieten, das Neue in der Praxis nicht anzuwenden?

f) An der Umsetzung orientiert qualifizieren

Insgesamt sollten alle Beteiligten auf ihre Weise dazu beitragen, dass die Bildungs- und Entwicklungsprogramme nicht reduziert werden auf Maßnahmen zur Verbesserung der persönlichen Kompetenz im engeren Sinn, sondern dass immer auch der Kontext mitbedacht wird, innerhalb dessen die neu erworbene Kompetenz angewandt werden soll – und somit auch immer mitbedacht wird, wie diese Kompetenz umgesetzt werden kann.

Nur wenn persönliche Entwicklungsmaßnahmen mit Aspekten der Organisationsentwicklung beziehungsweise des Change Managements verknüpft werden, besteht die Chance, eine breitere Qualifikation zu ermöglichen. Ziel: Die Teilnehmer verstehen sich vor Ort wirklich als verantwortliche Unternehmer ihres Aufgabengebiets, übernehmen entsprechende Verantwortung und entfalten passende Initiativen. Um dieser Rolle gerecht zu werden, müssen allerdings im Bildungsprogramm auch die relevanten Themen mit bearbeitet werden, die es ermöglichen, das eigene Handeln im Kontext größerer Zusammenhänge zu begreifen und zu gestalten, z.B.

- Beschäftigung mit dem relevanten *Umfeld*, den sichtbaren aktuellen Trends und ihren (potentiellen) Auswirkungen, in dem die neue Kompetenz eine Rolle spielen soll,
- Kernelemente des *Change Managements*,
- *„Politische" Kompetenz*, d.h. unter anderem Umgang mit Macht und Mikropolitik innerhalb der für die Umsetzung relevanten Interessengruppen.

g) Rolle und Feldkompetenz der Dozenten bzw. Trainer

Zu diesem an der Praxis und Umsetzung orientierten Vorgehen ist nur ein Trainer bzw. Dozent in der Lage, der sich eine halbwegs konkrete Vorstellung davon machen kann und auch machen will, in welchen Rahmenbedingungen die Teilnehmer leben und arbeiten, der Interesse hat, sich in diesen Rahmen wirklich hineinzudenken, der seine Konzepte entsprechend maßschneidert und der sich in diesem Milieu auch sprachlich so bewegen kann, dass die Teilnehmer ihn verstehen können und akzeptieren. Er muss beileibe kein Fachmann sein. Aber die Teilnehmer müssen sein Verständnis und sein Interesse an ihnen und an ihrer Bewährung in der Praxis spüren.

h) Antriebsfaktor Lust oder Angst?

Was nicht herausfordert, kann nicht dazu beitragen, eine Spitzenleistung zu errei-chen. Nur, worin besteht die Herausforderung? Was schon in der Schule bei Kindern gilt, gilt bei Erwachsenen „in der Schule des Lebens" umso mehr: Lernen kann man nicht in jemanden hineindrücken oder „hineinprügeln". Wer das tut, mag zwar im Moment scheinbar Erfolg haben, aber die Nebenwirkungen sind hoch. Menschen sind auch keine leeren Gefäße, in die man das Neue unbehindert einfüllen kann. Eine Grundfrage lautet deshalb: Woher kommt die Antriebsenergie? Die allgemeinen Rahmenbedingungen im gesellschaftlichen und wirtschaftlichen Umfeld und die Ausgangssituation in den Unternehmen – warum sich etwas ändern muss, warum Mitarbeiter sich in ihren Fertigkeiten und in ihrem Verhalten ändern müssen und dass trotzdem das Überleben des Unternehmens dadurch nicht auf Dauer gesichert sein wird – das alles mag Unsicherheit und Angst auslösen. Diese Angst kann man in vielen Fällen weder abmildern, schon gar nicht wegreden – und man sollte es auch gar nicht erst versuchen. Aber so ernst der Rahmen selbst unter Umständen auch ist, wenn wir das, was wir lernen wollen, um trotzdem zu überleben, nur mit Angst an-gehen würden, würden wir uns jeglicher Kreativität berauben. So muss also ein Spa-gat gelingen zwischen der durchaus angstbesetzten Gesamtsituation und einer At-mosphäre beim Lernen und im Training, die von Energie und Lust geprägt ist.

i) Eine spezielle Dreifaltigkeit als Träger von Entwicklungsmaßnahmen in Unternehmen

Die Verantwortung für Entwicklungsprogramme, ihre inhaltlich-methodische Gestal-tung und die Gewährleistung der Effizienz müssen sich drei Gruppen miteinander teilen:

- *Die Teilnehmer des Programms:* Unter Berücksichtigung allgemeiner Trends, wie sie oben geschildert wurden, werden clevere Teilnehmer darauf achten und dar-an mitwirken, sich durch das Programm einerseits für ihre jetzige Tätigkeit bes-ser auszustatten, andererseits auch für zukünftige Arbeitsfelder, die auch außer-halb des aktuellen Unternehmens beziehungsweise Arbeitsumfelds, dem sie an-gehören, liegen können.
- *Ggf. das entsendende Unternehmen:* Es liegt in der Verantwortung der Unterneh-mensleitung bzw. einer speziellen Geschäfseinheit oder des zuständigen (Wei-ter-)Bildungsbereichs, wie hoch das entsprechende Budget sein wird, für welche Maßnahmen es verwendet wird und wie die Effizienz und nachhaltige Umset-zung kontrolliert und gewährleistet werden sollen.
- *Ggf. die Vorgesetzten der Teilnehmer:* Vorgesetzte und Teilnehmer müssen im gemeinsamen Interesse für den Praxisbezug und den Nutzen des Programms für den Teilnehmer und für die Arbeit an ihrem Arbeitsplatz sich vor, während und nach der Maßnahme gezielt miteinander darüber verständigen,
    - wie sie die Situation vor Ort einschätzen,
    - wo sie den Entwicklungs- und Lernbedarf sehen und
    - ggf. in entsprechenden Zielvereinbarungen verbindlich festlegen,
        - a) was in der Maßnahme theoretisch und praktisch zu bearbeiten ist,

b) was sich am Arbeitsplatz und in der Arbeitsweise und

c) was sich eventuell auch in ihrem persönlichen Umgang miteinander verändern soll.

j) Aufbau und Pflege dauerhafter Netzwerke

Wer mehr will als eine einmalige Fortbildung, deren Erkenntnisse mit dem zunehmenden Abstand zum Abschluss verblassen, muss eine entsprechende Infrastruktur
schaffen, die gewährleistet, dass die Erkenntnisse beibehalten und weiterentwickelt
werden. Dazu dienen unterschiedliche Formen von Netzwerken innerhalb einer Organisation oder/und von Absolventen einer Maßnahme aus unterschiedlichen Firmen, die sich gegenseitig darüber austauschen und beraten, wie das „Gelernte" für
die praktische Arbeit nutzbar gemacht werden kann, z.B. in Form regelmäßiger,
selbst organisierter Follow-ups.

6   Checklisten zur Überprüfung von Maßnahmen

Die beiden Checklisten können dem Veranstalter, dem Teilnehmer, aber auch dem
Dozenten bzw. Trainer helfen, die Maßnahmen so auszuwählen bzw. so zu gestalten,
dass sie möglichst passgenau den Erwartungen entsprechen, die sich aus den in diesem Artikel beschriebenen Annahmen und Konzepten ergeben.

Tabelle 16.1: Checkliste für den Veranstalter

Ziele
❏ Klar und messbar
❏ Den Teilnehmern bekannt und von ihnen akzeptiert
❏ Für das Unternehmen und für die Teilnehmer von Bedeutung
❏ Prinzipiell erreichbar und an realistischen Erwartungen orientiert (keine Wunderdroge)
❏ In übergreifende Ziele integriert
　　❏ Sozialkompetenz auf- und ausbauen
　　❏ Den Ausbau von Netzwerken fördern
　　❏ Entspannung vom beruflichen Alltagsstress bieten

Inhalte
❏ Für die aktuelle Aufgabe und Arbeit der Teilnehmer relevant
❏ In die Arbeit und Aufgabe der Teilnehmer übertragbar und dort umsetzbar
　　❏ Direkt und unmittelbar
　　❏ Indirekt
❏ Zukunftsfähig, d.h. auch auf andere Aufgabenstellungen übertragbar

Methoden
❏ Ganzheitlich, d.h. es wird gleichzeitig auf unterschiedlichen Dimensionen trainiert und
　　gelernt:
　　❏ Innere Einstellung/Haltung der Teilnehmer
　　❏ Wissen

❑ Fertigkeiten
❑ Emotionale Befindlichkeit
❑ Unterstützende bzw. hindernde Faktoren im Arbeitsumfeld
❑ „State of the Art"
❑ An der Arbeitspraxis der Teilnehmer orientiert und darauf übertragbar
❑ Interaktiv, d.h. die Teilnehmer werden aktiv in die Trainingsgestaltung mit einbezogen statt ausschließlicher „Musik von vorn"
❑ Die Gruppe wird aktiv als Resonanzboden für Feedback und Verstärkung genutzt

Dozenten/Trainer
❑ Fachliche Kompetenz
❑ Feldkompetenz, d.h. die Dozenten/Trainer kennen die spezifischen Anforderungen des Unternehmens bzw. der Branche und das Umfeld der Teilnehmer
❑ Pädagogisch-didaktische Kompetenz und soziale Akzeptanz
❑ Praxisbezogenes Arbeiten, d.h. die Dozenten/Trainer orientieren sich in ihrem Konzept an der Umsetzung des „Gelernten" am Arbeitsplatz

Rolle der Teilnehmer
❑ Mit verantwortlich dafür, dass ein Training und dass es auf diese Weise stattfindet
❑ Mit verantwortlich für den Erfolg und die Umsetzung in die Praxis
❑ Im Training verantwortliche und aktive Mitgestalter, nicht passive Zuschauer

Vorbereitung/Einstimmung
❑ Durch die zuständige *Führung*
　❑ Gespräch mit dem Teilnehmer zur Einstimmung und Abklärung der Erwartungen des Unternehmens
　❑ Schaffung der Rahmenbedingungen, die für die spätere Umsetzung des Gelernten in die Praxis förderlich sind
　❑ Ggf. Gespräch mit den Dozenten/Trainern zur Information über
　　❑ relevante Rahmenbedingungen und zur Klärung der eigenen Rolle bei
　　❑ der Umsetzung in die Praxis
❑ Durch die *Teilnehmer*
　❑ Auseinandersetzung mit den Zielen und Inhalten
　❑ Klärung der Erwartungen der Führung im Hinblick auf das Training
　❑ Persönliche Einstimmung in die Rolle als Mitunternehmer der Veranstaltung

Nachhaltigkeit sichern
❑ Durch persönliches Engagement und Selbstverantwortung der Teilnehmer
❑ Durch praxisrelevante Fallstudien und Projekte aus dem Arbeitsumfeld der Teilnehmer Im Verlauf des Trainings
❑ Durch Controlling und Coaching sowohl von Teilnehmern untereinander als auch von Seiten der zuständigen Führung
❑ Durch Schaffung der eventuell für eine dauerhafte Umsetzung notwendigen Rahmenbedingungen (Strukturen, Prozesse, Incentive-Systeme, Ressourcen etc.)

Aufwand – Nutzen – Relation/Benchmark
❑ Was würde dem Unternehmen fehlen, wenn es die Maßnahme in dieser Form nicht gäbe?
❑ Könnte man das gleiche Anliegen innovativer, gezielter und kostengünstiger erreichen?
❑ Gibt es in anderen Unternehmen noch bessere Ansätze?

Tabelle 16.2: Selbst-Check für den Teilnehmer an einer Weiterbildung

Worin bestehen mein Bedarf und mein persönliches Interesse an dieser Maßnahme?
❑ Beruflich:
❑ Privat:
Welchen konkreten Nutzen verspreche ich mir – direkt und indirekt?
❑ Für mich:
❑ Für das Unternehmen aktuell:
❑ Für eventuell spätere neue Herausforderungen:
Wie gut bin ich vorbereitet und eingestimmt?
❑ Überprüfung des Angebots im Hinblick auf
  ❑ Ziele, Inhalte, Methoden und Leistungsversprechungen
  ❑ Fach-, Feld- und Sozialkompetenz der Trainer
  ❑ Ernsthaftigkeit des Unternehmens mit der Maßnahme wirklich etwas
    erreichen zu wollen
  ❑ bessere Alternativen im Markt
❑ Habe ich die richtige innere Einstellung?
❑ Sehe ich bei mir eventuelle Trainings- und Lernblockaden – und wie kann ich
  diese beheben?
Wie kann ich Anwendung und Nachhaltigkeit bereits vorab und danach sichern?
❑ Austausch mit dem Vorgesetzten, Kollegen, Mitarbeitern, internen und
  externen Kunden über ihre Sicht der Dinge und ihre Erwartungen an meine Teilnahme
❑ Öffentlichkeit herstellen über die Trainingsmaßnahme, um die eigene
  Verbindlichkeit und den Druck zu Umsetzung zu erhöhen
❑ Persönliches Controlling, Coaching und sonstige Elemente eines
  maßgeschneiderten Stützsystems gezielt aufbauen und nutzen

Weiterführende Literatur

ANWANDER, A. (2002). Strategien erfolgreich verwirklichen. 2. Auflage. Berlin: Springer.
BATE, P. (1994). Strategies for Cultural Change. Oxford: Butterworth-Heinemann.
DÖRNER, D. (1989). Die Logik des Misslingens. Rowohlt, Hamburg.
DOPPLER, K. (1991). Coaching: Markt, Mode oder Notwendigkeit. In A. Papmehl & I. Walsh (Hrsg.),
    Personalentwicklung im Wandel (S. 93–102). Wiesbaden: Gabler.
DOPPLER K. (1992). Kommunikation als Schlüsselfaktor der Organisationsentwicklung. Zeitschrift Orga-
    nisationsEntwicklung, 11/3, 40–56.
DOPPLER K. (2003). Der Change Manager: Sich selbst und andere verändern – und trotzdem bleiben,
    wer man ist. Frankfurt a.M., New York: Campus.
DOPPLER, K. (2003). Veränderungsmanagement. In Campus Management, 30 Jahre Campus, Bd. 1
    (S. 493–497). Frankfurt a.M.: Campus.
DOPPLER, K. (2004). Menschen in Zeiten der Veränderung: Schwierige Lernprozesse. Zeitschrift Diako-
    nie Impulse. Magazin für Führungskräfte.
DOPPLER, K. (2004). Zeitgemäße Organisationsentwicklung: Abschied von der heilen Welt. Zeitschrift
    managerSeminare, 81, 70–78.
DOPPLER, K. (2006). Führen in Zeiten der Veränderung. OrganisationsEntwicklung, Zeitschrift für Un-
    ternehmensentwicklung und Change Management 1, 28–39.
DOPPLER, K. (2006). Incognito: Führung von unten betrachtet. Hamburg: Murmann.

DOPPLER, K., FUHRMANN, H., LEBBE-WASCHKE, B. & VOIGT, B. (2002). Unternehmenswandel gegen Widerstände: Change Management mit den Menschen. Frankfurt a.M., New York: Campus.

DOPPLER, K. & LAUTERBURG, C. (2008). Change Management: Den Unternehmenswandel gestalten. 12. Auflage. Frankfurt, New York: Campus.

DOPPLER, K. & VOIGT, B. (1981). Gruppendynamik und der institutionelle Faktor: Dynamisierung und Stabilisierung von Verhaltens- und Systemstrukturen durch gruppendynamische Praxis. In C. H. Bachmann (Hrsg.), Kritik der Gruppendynamik: Grenzen und Möglichkeiten sozialen Lernens (S. 340–362). Hamburg: Fischer Taschenbuch.

DRUCKER, P. F. (2002). Managing in the Next Society. Oxford: Butterworth-Heinemann.

HANDY, C. (1995). Beyond Certainty. London: Arrow Business Books.

LEC, S. (1971). Das große Buch der unfrisierten Gedanken. München: Hanser.

MALIK, F. (2001). Führen Leisten Leben. 11. Auflage. Stuttgart, München : Dt. Verl.-Anst.

NAGEL, R. & WIMMER, R. (2002). Systemische Strategieentwicklung: Modelle und Instrumente für Berater und Entscheider. Stuttgart: Klett-Cotta.

NEUBERGER, O. (2002). Führen und führen lassen. 6. Auflage. Stuttgart: Lucius & Lucius.

PRAHALAD, C.K. (1998). Managing Discontinuities: The Emerging Challanges. Research Technology Management, 41/3, PA, 14–23.

SCHEIN, E.H. (2003). Angst und Sicherheit: Die Rolle der Führung im Management des kulturellen Wandels und Lernens. Zeitschrift OrganisationsEntwicklung, 3, 4–13.

SCOTT-MORGAN, P. (2008). Die heimlichen Spielregeln: Die Macht der ungeschriebenen Gesetze im Unternehmen. Frankfurt a.M., New York: Campus.

SENGE, P.M. (1990). The Fifth Discipline: The art and pratice of the learning organization. New York: Doubleday, Currency.

SENNETT, R. (1998). The Corrosion of Character. New York: W.W. Norton.

TICHY, N.M. (1993). Handbook for Revolutionaries. In Control Your Destiny or Someone Else Will. New York: Doubleday.

TREBESCH, K. (Hrsg.) (2000). Organisationsentwicklung: Konzepte, Strategien, Fallstudien. Stuttgart: Klett-Cotta.

TROMPENAARS, F. (1993). Riding the waves of culture. London: The Economist Books.

WEICK, K.E. & SUTCLIFFE K.M. (2003). Das Unerwartete managen. Stuttgart: Klett-Cotta.

Autorinnen und Autoren

Prof. Dr. Michael Bernecker, Marketingunternehmer und Geschäftsführer des Deutschen Instituts für Marketing mit Sitz in Köln, forscht, berät und trainiert im Kompetenzfeld Marketing und Vertrieb. Als Professor für Marketing lehrt er zudem an der Hochschule Fresenius in Köln in den Fachgebieten Dienstleistungsmarketing, Bildungsmarketing sowie Marktforschung. Mehrere Buchveröffentlichungen und Fachbeiträge stützen seine Kompetenz auf dem Gebiet. Als Referent tritt er regelmäßig auf Kongressen und Messen auf.

Dr. Klaus Doppler, Theologiestudium (Päpstl. Universität Gregoriana Rom), Psychoanalytische Ausbildung, Trainer für Gruppendynamik im DAGG, Psychologiestudium und Promotion (Universität Salzburg), arbeitet seit vielen Jahren als selbständiger Verhaltenstrainer, Coach, Organisations- und Managementberater – spezialisiert auf die Begleitung von Veränderungsprozessen branchenübergreifend in der Privatwirtschaft und in Nonprofit-Bereichen; Mitbegründer der Managementzeitschrift OrganisationsEntwicklung; Autor verschiedener Standardwerke insbesondere zum Thema Change Management.

Prof. Dr. Jörg Freiling ist seit 2001 Inhaber des Lehrstuhls für Mittelstand, Existenzgründung und Entrepreneurship (LEMEX) an der Universität Bremen. Er ist zugleich Direktor des SCOUT-Instituts für Strategisches Kompetenz-Management an der Universität Bremen. Arbeits- und Forschungsschwerpunkte: Wissens- und Kompetenzmanagement, Internationalisierung von Mittelstandsbetrieben, Gründungsmanagement, Kooperationsstrategien in dynamischen Märkten, Unternehmertum, Dienstleistungs-Management, Change Management und Marketing-Organisation/marktorientierte Organisation.

Prof. Dr. Michael Gessler, Dipl.-Päd., ist seit 2005 Juniorprofessor für berufliche Bildung und berufliche Weiterbildung an der Universität Bremen, Fachbereich Erziehungs- und Bildungswissenschaften. Im ITB Institut Technik und Bildung leitet er die Abteilung „Lernen, Lehren und Organisation". Arbeits- und Forschungsschwerpunkte: Theorie und Didaktik beruflicher Bildung und beruflicher Weiterbildung, empirische Berufsbildungsforschung, Kompetenz- und Qualitätsentwicklung, Bildungs- und Projektmanagement, Organisations- und Innovationsforschung.

Prof. Dr. Klaus Götz, Univ.-Prof., Dipl.-Päd., Studium der Pädagogik, Psychologie und Philosophie in Eichstätt, Wolverhampton, Wien und Regensburg. Von 1982 bis 2002 hauptberuflich in der Wirtschaft tätig (Personal, Bildung, Management). Seit 2002 Professor für Weiterbildungsforschung und -management an der Universität Koblenz-Landau. Gastprofessuren an Universitäten in Österreich (Klagenfurt, Innsbruck, Graz), der Schweiz (Zürich), Russland (Murmansk), USA (Maryland) und Spanien (Valencia). Honorarprofessor an der Universität Bremen.

Prof. Dr. Anke Hanft ist Universitätsprofessorin für Weiterbildung an der Carl von Ossietzky Universität Oldenburg. Sie ist Sprecherin des Arbeitsbereichs Weiterbildung und Bildungsmanagement der Fakultät I, wissenschaftliche Leiterin des An-Instituts „Wolfgang Schulenberg Institut für Bildungsforschung" und wissenschaftliche Direktorin des Centers für Lebenslanges Lernen (C3L). Arbeits- und Forschungsschwerpunkte: Qualitätsmanagement und -entwicklung in Bildungs- und Wissenschaftseinrichtungen.

Jacqueline Heider, Dipl.-Soz. Wiss., Studium der Sozialwissenschaften mit den Schwerpunkten Wirtschaft und Soziologie. Seit 2009 wissenschaftliche Mitarbeiterin am Institut für Erziehungswissenschaft, Arbeitsbereich Weiterbildungsforschung und -management der Universität Koblenz-Landau. Arbeits- und Forschungsschwerpunkte: Organisationsberatung und Personalmanagement.

PD Dr. Monika Kil, Dipl.-Päd., Organisationspsychologin, Privatdozentin Universität Bremen, Institut für Erwachsenen-Bildungsforschung, Vorsitzende des Berufsverbandes der Erziehungswissenschaftler/-innen, BV-Päd. e.V., Herausgeberin und Redaktionsmitglied „Der Pädagogische Blick – Zeitschrift für Wissenschaft und Praxis in pädagogischen Berufen" (Juventa Verlag), Lehr-/ Forschungsgebiet: Erwachsenenbildung und empirische Bildungsforschung.

Dr. Michaela Knust ist geschäftsführende Direktorin des Centers für Lebenslanges Lernen (C3L) der Universität Oldenburg. Zuvor war sie wissenschaftliche Mitarbeiterin am Arbeitsbereich Weiterbildung und Bildungsmanagement der Universität Oldenburg. Arbeits- und Forschungsschwerpunkte: Weiterbildungs- und Hochschulmanagement im nationalen und internationalen Kontext mit Schwerpunkten im Qualitätsmanagement, Bildungsmarketing, strategischen Management und Finanzmanagement.

Prof. Dr. Ulrich Müller ist seit 2003 Professor für Bildungsmanagement und für Erwachsenenbildung am Institut für Bildungsmanagement der Pädagogischen Hochschule Ludwigsburg. Er leitet den berufsbegleitenden Masterstudiengang Bildungsmanagement. Arbeits- und Forschungsschwerpunkte: (Weiter-)Bildungsmanagement, Führungskräfteentwicklung, Methodik/Didaktik der Erwachsenenbildung, betriebliche Weiterbildung, Umweltbildung/Bildung für nachhaltige Entwicklung.

Prof. Dr. Michael Müller-Vorbrüggen, Diplom Theologe, studierte zusätzlich Wirtschaftspädagogik und Psychologie. Er war als Personalverantwortlicher im Kirchlichen Dienst und in der Bankgesellschaft Berlin AG tätig und spezialisierte sich auf die Felder Personalmanagement, Personalentwicklung und Coaching. Seit 2002 ist er Professor für Personalmanagement insbesondere Personalentwicklung am Fachbereich Wirtschaftswissenschaften der Hochschule Niederrhein und ist dort seit 2006 geschäftsführender Direktor des Instituts für Personalführung und Management (IPM).

Dr. Walter Schöni, Dr. phil., ist Soziologe und Inhaber der Firma schöni personal & qualifikation in Basel. Arbeitsgebiete: Bildungsmanagement, Bildungscontrolling, Personalentwicklung, Weiterbildungs- und Arbeitsmarktforschung. Lehraufträge an verschiedenen Hochschulen; Beratung von Wirtschaftsunternehmen und Bildungseinrichtungen; Autor zahlreicher Fachpublikationen.

Andreas Sebe-Opfermann, Dipl.-Päd. studierte Erziehungswissenschaft/Erwachsenenbildung, Psychologie und Informatik an der Universität zu Köln sowie der RWTH Aachen. Seit 2005 ist er wissenschaftlicher Mitarbeiter am Lehr- und Forschungsgebiet berufliche Bildung und berufliche Weiterbildung, Universität Bremen. Er promoviert am Institut Technik und Bildung und ist Mitglied im IfEB Institut für Erwachsenenbildungs-Forschung. Thema der Dissertation: Didaktische Gestaltung und Wirkung von Projektunterricht in der beruflichen Bildung.

Mirjam Soland, Dipl.-Päd., Akademische Mitarbeiterin, Institut Bildungsmanagement der PH Ludwigsburg. Während ihres Studiums arbeitete Frau Soland in der Weiterbildungsabteilung der IBM Deutschland GmbH und war schwerpunktmäßig für die Konzeption neuer Seminare sowie die Durchführung von Kursen zum Thema interkulturelle und virtuelle Zusammenarbeit zuständig. Arbeitsschwerpunkte: Marketing, Evaluation, Bildungsbedarfsanalyse, Transfermanagement, Moderation, Didaktik und Methodik, Kommunikation und Kooperation.

Michael Steig, Dachverband der Weiterbildungsorganisationen e.V., Vizepräsident Qualität, studierte 1970 bis 1976 an der TU Berlin Bau- und Verkehrstechnik. In verschiedenen Unternehmen sammelte er anschließend Erfahrung in den Bereichen Projektmanagement, Vertrieb und Personalführung und ist seit 1993 als Unternehmensberater selbstständig. 1996 bis 2002 studierte er berufsbegleitend Betriebs- und Führungspädagogik (Universität Koblenz-Landau) und ist heute als Projekt- und Prozessberater, Trainer, Auditor und QM-Berater tätig.

Jan H. Wessels, Dipl.-Kfm., wissenschaftlicher Mitarbeiter am Lehrstuhl für Mittelstand, Existenzgründung und Entrepreneurship (LEMEX) der Universität Bremen. Studium der Betriebswirtschaftslehre (2002–2008) mit den Schwerpunkten „Innovatives Markenmanagement" und „Dienstleistungs-, KMU- und Gründungsmanagement" an der Universität Bremen. Er bearbeitet schwerpunktmäßig die Bereiche der Management- und Organisationsforschung, insbesondere Gründungsmanagement, und beschäftigt sich im Rahmen seiner Dissertation mit dem Gründertypus des „Restart Entrepreneurs".

Prof. Dr. Uwe Wilkesmann ist seit 2006 Inhaber des Lehrstuhls für Organisationsforschung, Weiterbildungs- und Sozialmanagement am Zentrum für Weiterbildung der Technischen Universität Dortmund und Direktor des Zentrums für Weiterbildung an der TU Dortmund. Er ist zudem Adjunct Professor der Hong Kong Polytechnic University. Arbeits- und Forschungsschwerpunkte: (Weiter-)Bildungsforschung, Organisationsforschung, Wissensmanagement, lernende Organisationen, Weiterbildungsforschung, Motivation und Anreize, Steuerung von Universitäten, gesellschaftliche Erwartungsmilieus.

Dr. Maximiliane Wilkesmann ist Mitarbeiterin in der Unternehmensberatung bkp, Bochum. 2004 Master of Arts mit dem Studienschwerpunkt Dienstleistungsmanagement, 2005–2008 Stipendiatin im Promotionskolleg „Wissensmanagement und Selbstorganisation" der Hans Böckler Stiftung. Promotion „Wissenstransfer im Krankenhaus. Institutionelle und strukturelle Voraussetzungen" an der Fakultät für Sozialwissenschaft, Ruhr-Universität Bochum. Lehrtätigkeiten an der Ruhr-Universität Bochum und der TU Dortmund.

Prof. Dr. Karsten D. Wolf leitet am Fachbereich Bildungs- und Erziehungswissenschaften der Universität Bremen das Arbeitsgebiet „Didaktische Gestaltung multimedialer Lernumgebungen" und ist Vorstandsmitglied des Zentrums für Multimedia in der Lehre der Universität Bremen. Seine Forschungsinteressen sind die Gestaltung und die empirisch-pädagogische Analyse von partizipativen Online-Lernumgebungen, die Prozessmodulierung von Unterricht, die Prüfungsdidaktik von E-Assessments sowie spezielle Fragen der Medienpädagogik unter besonderer Berücksichtigung des Gender Mainstreaming-Ansatzes.